Alfred Schüller und H. Jörg Thieme (Hg.)

Ordnungsprobleme der Weltwirtschaft

Schriften
zu Ordnungsfragen der Wirtschaft

Herausgegeben von

Prof. Dr. Gernot Gutmann, Köln
Dr. Hannelore Hamel, Marburg
Prof. Dr. Helmut Leipold, Marburg
Prof. Dr. Alfred Schüller, Marburg
Prof. Dr. H. Jörg Thieme, Düsseldorf

Unter Mitwirkung von

Prof. Dr. Dieter Cassel, Duisburg
Prof. Dr. Karl-Hans Hartwig, Münster
Prof. Dr. Hans-Günter Krüsselberg, Marburg
Prof. Dr. Ulrich Wagner, Pforzheim

Redaktion: Dr. Hannelore Hamel

Band 71: Ordnungsprobleme der Weltwirtschaft

Lucius & Lucius · Stuttgart · 2002

Ordnungsprobleme der Weltwirtschaft

Herausgegeben von

Alfred Schüller und **H. Jörg Thieme**

Mit Beiträgen von

Werner Baer, Hartmut Berg, Oliver Budzinski, Tiago Cavalcanti, Diemo Dietrich, Gerrit Fey, Ralf Geruschkat, Siegfried Greif, Peter Hertner, Corinne Kaiser, Rolf Langhammer, Helmut Leipold, Martin Leschke, Albrecht Michler, Christian Müller, Thomas Pfahler, Ingo Pies, Razeen Sally, Alfred Schüller, Peri Silva, Michael Sket, Heinz-Dieter Smeets, H. Jörg Thieme, Uwe Vollmer, Katharina Wacker, Ludger Wößmann

Lucius & Lucius · Stuttgart · 2002

Anschriften der Herausgeber:

Prof. Dr. Alfred Schüller
Philipps-Universität Marburg
FB Wirtschaftswissenschaften
Barfüßertor 2
35032 Marburg

Prof. Dr. H. Jörg Thieme
Heinrich-Heine-Universität Düsseldorf
Lehrstuhl für Volkswirtschaftslehre
Universitätsstraße 1
40225 Düsseldorf

Bibliografische Information Der Deutschen Bibliothek

Die Deutsche Bibliothek verzeichnet diese Publikation in der Deutschen Nationalbibliografie; detaillierte bibliografische Daten sind im Internet über http://dnb.ddb.de abrufbar.

Druck und Einband: ROSCH-BUCH Druckerei GmbH, 96110 Scheßlitz
Printed in Germany

ISBN 3-8282-0231-4
ISSN 1432-9220

Vorwort

Die wirtschaftlichen, sozialen und ökologischen Konsequenzen der Internationalisierung wichtiger Lebensbereiche finden unter der vagen Bezeichnung „Globalisierung" in den Medien und in der Politik wachsende Aufmerksamkeit: Viele Menschen fürchten, durch zunehmende weltwirtschaftliche Offenheit und Integration würden ihre Lebenschancen reduziert, am wirtschaftlichen Wohlstand teilzuhaben und die kulturellen, infrastrukturellen und ökologischen Bedingungen ihres Zusammenlebens zu wahren. Dieser Verdacht gründet in einem ganzen Komplex von brisanten Problemen und vielschichtigen Aspekten, von denen einige im vorliegenden Sammelband „Ordnungsprobleme der Weltwirtschaft" aufgegriffen und analysiert werden.

Dieser Thematik war die 35. Tagung des „Forschungsseminars Radein e. V." gewidmet. Junge und ältere Wissenschaftler (siehe Anhang) aus verschiedenen Ländern haben sich im Februar 2002 in dem kleinen Bergdorf Radein/Südtirol zusammengefunden und verschiedene Facetten der Ordnungsprobleme der Weltwirtschaft intensiv diskutiert. Im Zentrum steht die Interdependenz von Waren-, Dienstleistungs-, Faktor- und Finanzmärkten einerseits und von nationaler und supranationaler Wirtschafts- und Währungspolitik andererseits. Geprüft wird, warum offene Gesellschaften und Marktsysteme stets auf unsicheren Existenzbedingungen beruhen. Geprüft wird auch, warum ordnungsökonomisches Denken und Handeln notwendig, ja unverzichtbar sind, wenn wohlstandsbestimmende Einflußfaktoren, Konflikte und Perspektiven der internationalen Integrationsprozesse erklärt und neue Anforderungen für die Wirtschafts- und Währungspolitik aufgezeigt werden sollen.

Für solche Einsichten wollen die Herausgeber Interesse wecken in einer Zeit, in der das Denken in Ordnungszusammenhängen immer mehr verkümmert. Das ist der Beweggrund, die Ergebnisse des Forschungsseminars zu publizieren. In den vier Abschnitten des Buches werden den Lesern nicht nur ordnungs- und institutionentheoretische Orientierungen gegeben, sondern auch konkrete ordnungspolitische Empfehlungen zu weltwirtschaftlichen Einzelaspekten angeboten. Nicht zuletzt die in die Beiträge eingearbeiteten Anregungen von Korreferenten und Seminarteilnehmern haben die inhaltliche und methodische Vielfalt des Sammelbandes geprägt.

Für die großzügige finanzielle Förderung des Seminars und der Publikation danken die Herausgeber der *Konrad-Henkel-Stiftung*, Düsseldorf, der *Fazit-Stiftung*, Frankfurt/Main sowie dem *Institut für internationale Kommunikation*, Düsseldorf.

Frau Dr. *Hannelore Hamel* hat die Publikation redaktionell betreut. Ihr danken die Herausgeber für die überaus intensive Durchsicht der Manuskripte. Herrn Diplom-Volkswirt *Gerrit Fey* sei gedankt für seine Hilfe bei der Vorbereitung des Seminars und Frau *Christel Dehlinger* für die sorgfältige Anfertigung der Druckvorlage.

Marburg und Düsseldorf,
im Oktober 2002

Alfred Schüller und *H. Jörg Thieme*

Inhalt

III. Internationale Ordnung der Finanzmärkte

IV. Ordnungspolitik in einer wettbewerblichen Weltwirtschaft

I.

Ordnungsprobleme und Ordnungsaufgaben in einer offenen Weltwirtschaft

Alfred Schüller und H. Jörg Thieme (Hg.), Ordnungsprobleme der Weltwirtschaft
Schriften zu Ordnungsfragen der Wirtschaft · Band 71 · Stuttgart · 2002

Internationale Integrationsprozesse: Ursachen, Auswirkungen und ordnungspolitische Spannungsfelder

Alfred Schüller und *Gerrit Fey*

Inhalt

1. Einleitung

Globalisierung als Prozeß beschleunigter weltwirtschaftlicher Öffnung kann zunächst einmal aufgefaßt werden als Zunahme von Assoziationsmöglichkeiten über herkömmliche Raum- und Zeitgrenzen hinaus – in geistig-kultureller, politischer, militärischer und wirtschaftlicher Hinsicht. Die infrastrukturelle Basis hierfür wird häufig in informations-, kommunikations- und transporttechnologischen Innovationen gesehen. Auf der Grundlage dieser Globalisierungstechnik können sich die lokalen, regionalen und nationalen Wirtschaftsbeziehungen, die hier vor allem interessieren, mehr denn je ineinander schieben und neue Gelegenheiten und Anreize bieten, produktive Betätigungsfelder zu entdecken und zu nutzen.

Wie und in welchem Maße können die technischen *Möglichkeiten* der globalen wirtschaftlichen Assoziation (auf dem Gebiet des internationalen Waren- und Dienstleistungsverkehrs sowie der internationalen Faktorbewegungen) tatsächlich zur Knappheitsminderung genutzt werden und welche veränderten Wirkungen gehen davon aus? Diese Fragen bedürfen – so wird hier angenommen – der sozialtheoretischen Klärung im Kontext möglicher ursächlicher Kraftfelder der wirtschaftlichen Globalisierung. So hat sich zum Beispiel der Wirtschaftsraum traditionell mit dem Staatsgebiet und der entsprechenden Jurisdiktion (Gesetzgebung, Rechtsprechung und Verwaltung) verändert. Die Geschichte ist bis weit ins 20. Jahrhundert hinein reich an Versuchen, als Ersatz für die Weltwirtschaft „Großwirtschaftsräume" zu schaffen und wirtschaftliche Zusammenschlüsse zu organisieren, um politische Expansionsbestrebungen oder Blockbildungen wirtschaftlich zu untermauern – mit unterschiedlichen Zielen und Methoden staatlichen Handelns („Der Handel folgt der Flagge").

Ein Merkmal der Globalisierung von heute wird nun aber vielfach in der Ausdehnung des Wirtschaftsraums unabhängig von politischen Staatsgebilden und deren Jurisdiktionen gesehen – gleichsam in einer wirtschaftsräumlichen Expansion in einem größer werdenden rechtlichen und politischen Vakuum. So fordert *E. U. von Weizsäcker* (*Enquete-Kommission* 2001, S. 12) die Unterwerfung der „bislang weitgehend ungezügelte(n) Dynamik der globalen wirtschaftlichen Entwicklung" unter wirtschaftspolitische, soziale und ökologische Leitlinien einer Global Governance. Ist diese Forderung begründet? Wie steht es also mit den ursächlichen Kraftfeldern der Globalisierung und damit den Faktoren, die die wirtschaftliche Assoziation begünstigt haben? In dieser Frage wird im folgenden das *erste* Globalisierungsproblem gesehen (Kapitel 2 und 3).

Die Globalisierung hat in der öffentlichen Wahrnehmung einen einzigartigen Umsturz in der Geschichte bewirkt. Im Gefolge werden die technisch-wirtschaftliche Umwelt menschlichen Handelns und die Formen, in denen dieses mit dem Globalisierungsprozeß verwoben ist, als völlig verändert empfunden. Das Ganze des Wirtschaftsprozesses scheint sich den Menschen wie nie zuvor zu entziehen und neuartige wirtschaftliche und soziale Unsicherheiten und Gefährdungen in sich zu bergen.

Freilich ist schon früher der Einfluß der Industrialisierung und der modernen Technik ähnlich umschrieben worden (siehe etwa *Eucken* 1948). Auch die Einschätzung, nach der die technisch-wirtschaftlichen Möglichkeiten, die mit dem Begriff der Globalisierung in Verbindung gebracht werden, die historisch bekannten *Möglichkeiten* der Ausdehnung des Wirtschaftsraums in einem außergewöhnlichen Maße übertreffen, gilt vielfach als zu undifferenziert. So wird darauf verwiesen, daß die weltwirtschaftliche Verflechtung von 1914 im großen und ganzen erst 1980 wieder erreicht worden ist.[1] Aus den Schwierigkeiten der Menschen, die als tiefgreifend empfundenen Änderungen zu überschauen und die Beschleunigung des wirtschaftlichen Wandels zu akzeptieren, entsteht das, was als „Neue Angst vor der Weltwirtschaft" bezeichnet werden kann.[2] In den daraus folgenden Neigungen zur wirtschaftlichen Dissoziation wird hier das *zweite* Globalisierungsproblem gesehen (Kapitel 4).

In der globalisierten Wirtschaft kann die Wissens- und Arbeitsteilung mehr denn je gewaltige Leistungen hervorbringen. Das setzt Ordnungsbedingungen voraus, die den Menschen in der veränderten Umwelt gleichwohl ein hohes Maß an Handlungs- und Erwartungssicherheit ermöglichen, so daß der Globalisierungsprozeß im Widerstreit assozierender und dissoziierender Kräfte offen bleiben kann. Darin wird das *dritte* Globalisierungsproblem gesehen (Kapitel 4).

2. Globalisierung – technisch bedingt?

2.1. Die Automatismuslehre

Vielfach wird die wirtschaftliche Globalisierung auf die massive Senkung der Transaktionskosten – also der Informations-, Übertragungs- und Kontrollkosten – im Dienstleistungs-, Waren- und Kapitalverkehr zurückgeführt. In der Technik, die eine weltumspannende Vernetzung menschlicher Handlungen ermöglicht, wird die entscheidende Ursache für das Zusammenwachsen von Wirtschaftsräumen gesehen. Handel und Faktorwanderung folgen demzufolge der Technik.

Man kann in dieser Erklärung eine Variante des nationalökonomischen Historismus sehen:

Erstens: Die technischen Elemente der Globalisierung und ihre breite Anwendung werden als normenneutrale Ergebnisse betrachtet, die gleichsam vom Himmel fallen. Die Technik kann demzufolge von jedermann aus einem universell offenen Selbstbedienungsladen bezogen werden.

Zweitens: In einer weitergehenden Interpretation läßt die Technik Staatsräume und Jurisdiktionen zusammenwachsen. Das technische Geschehen zieht die rechtlichen und politischen Handlungsbedingungen wirtschaftlicher Assoziation wie ein Schleppnetz hinter sich her, unter Umständen auch unabhängig von der geistig-moralischen Tradition der Bevölkerung. Der Mechanismus wirkt wie eine Assoziationskette.[3] Vereinfacht gesagt folgt aus dieser These: Die Globalisierungstechnik führt über eine ungemeine Stärkung des grenzüberschreitenden Wettbewerbs in den zurückbleibenden Staaten ge-

---

[1] Siehe etwa die Nachweise bei *Bordo* et al. (1999) und *Mussa* (2000).

[2] Im Anschluß an den Begriff „Angst vor der Weltwirtschaft" von *Röpke* (1945/1954).

[3] Hierbei werden bestimmte Handlungen derart miteinander verknüpft, daß das Auftreten des einen Assoziationsgliedes die Aktivierung des anderen nach sich zieht oder zumindest begünstigt.

nau die wirtschaftlichen und sozialen Notlagen herbei, die eine rechtliche und politische (institutionelle) Anpassung unausweichlich machen. In Abwandlung des Kampflieds der sozialistischen Arbeiterbewegung erzwingt statt der „Internationalen" die Globalisierung „das Menschenrecht" – nunmehr allerdings im bürgerlichen Verständnis. Regierungen, die sich im politischen Prozeß behaupten wollen, werden nach der Automatismuslehre im globalen Wettbewerb der Systeme zur Anpassung ihrer Ordnungsbedingungen gezwungen, mögen sie sich auch noch so sehr dagegen sträuben. Es wird ihnen von der technischen Entwicklung eine Politik der Liberalisierung und Selbstbeschränkung aufgezwungen, wenn sie nicht zu Zuschauern einer entsprechenden spontanen Ordnungsentstehung, in deren Gefolge der politische in den wirtschaftlichen Handlungsraum hineinwächst, degradiert werden wollen. Beide bilden schließlich dann auch institutionell eine Einheit. Im Ergebnis bewirkt die multimediale Vernetzung der Welt die Universalisierung des abendländischen Zivilisationsmodells.

2.2. Die ordnungsökonomische Sicht

Die Automatismuslehre übersieht die institutionelle Bedingtheit der technisch-wirtschaftlichen Entwicklung.

Staaten wie Nordkorea, Kuba, große Teile Afrikas, Asiens und insgesamt der islamischen Welt sind erst spärlich in die globalisierten Tauschbeziehungen eingebunden. Gleichwohl nutzen diese Länder, die meist von Einparteien- und Militärregimen beherrscht sind, die Globalisierungstechnik und die Vorteile weltoffener Märkte. Freilich tun sie dies nur selektiv mit Hilfe einer meinungs- und handlungsbeschränkenden Staatsgewalt – nicht zuletzt für eine transaktionskostengünstige Gestaltung und Sicherung des geistig-kulturellen und politischen Autonomieanspruchs dieser Staaten, für ideologische und propagandistische Kampagnen und internationale Missionsaktivitäten sowie für die Durchsetzung theokratischer Lebens- und Staatsformen bis hin zum Einsatz von Waffen, die gegen deren Erfinder und Lieferanten gerichtet werden.

Die Globalisierungstechnik dient in diesen Fällen der Bekämpfung jener Normen des liberalen Verfassungsstaats, die Meinungsfreiheit[4], Eigentumsschutz, Toleranz und Gerechtigkeit im Sinne von Rechtsstaatlichkeit, also im Kern *Wettbewerbsfreiheit* ermöglichen. Der „Digitale Graben" ist daher Teil einer kulturellen und politisch-rechtlichen Spaltung der Weltwirtschaft. An diesem Aspekt der globalen Vernetzung wird das Ausmaß der Normengebundenheit der Globalisierungstechnik und deren Anwendungsbezüge erkennbar.

Aus den Beispielen für eine Beseitigung oder Beschränkung der Meinungsfreiheit, die sich in der Regel auch und vielfach zu allererst auf die technische Infrastruktur der modernen Informations- und Kommunikationssysteme beziehen, folgt: Nach wie vor bestimmt die nationale Jurisdiktion eines Landes, ob und in welchem Maße die Menschen an der weltweiten Wissens- und Arbeitsteilung teilnehmen, auf dieser Grundlage

---

4 Außenwirtschaftliche Liberalisierungsschritte werden bezeichnenderweise dort über große Räume hinweg unternommen, wo Meinungsfreiheit herrscht. Handelsbeschränkungen und Devisenbewirtschaftung torpedieren die Freiheit der Tauschmöglichkeiten und damit die Freiheit des Wortes.

ihre Interessen wahrnehmen und an der Überwindung ihrer wirtschaftlichen und sozialen Probleme selbstverantwortlich mitwirken können. Entgegen einer landläufigen Auffassung spielen staatliche Grenzen für globale ökonomische Transaktionen auf den Finanz- und Gütermärkten, vor allem aber auf den Arbeitsmärkten, nach wie vor eine entscheidende Rolle. Die Ausdehnung des Wirtschaftsraums ist also keineswegs unabhängig von der staatlichen Jurisdiktion. Aus der beispiellosen Entwicklung der Globalisierungstechnik und den hierdurch ermöglichten dynamischen Prozessen folgen auch nicht zwingend staatliche oder nationale Identitäts- und Autoritätskrisen bzw. das Ende nationaler Politik, ja der Demokratie (siehe Kapitel 4).

3. Wechselwirkungen zwischen Globalisierungstechnik und institutionellem Wandel

3.1. Über Personen, Institutionen und Traditionen: der allgemein-abstrakte Bezug

An die Feststellung von der politisch-institutionellen Gebundenheit globalen Wirtschaftens schließt sich unmittelbar die Frage an, wie Institutionen entstehen und welche Bedeutung ihnen in diesem Kontext zukommt.

Zur *Bedeutung von Institutionen*:

Institutionen als formale und informale Regeln erhalten ihre besondere Bedeutung für die Vernetzung menschlicher Sozialbeziehungen dadurch, daß mit der räumlichen Ausdehnung, der zunehmenden Intensität und Anonymität der Wissens- und Arbeitsteilung, mit der Überschreitung von Wirtschafts- und Währungsräumen und politisch-kulturellen Grenzen die gegenseitige wirtschaftliche Abhängigkeit der Individuen wächst – und mit ihr die Unsicherheit der Entscheidungsgrundlagen und Handlungsreaktionen. Ohne angemessene institutionelle Regeln würden entsprechende Transaktionen an prohibitiv hohen Kosten scheitern, also erst gar nicht entstehen. Daran können die technischen Elemente der Globalisierung aus sich heraus nichts ändern.

Die Potentiale für Transaktionskostensenkungen, die gleichwohl in den technischen Möglichkeiten für eine globale Assoziation der Menschen liegen, lassen sich nur in dem Maße erschließen, wie sich potentielle Tauschpartner mit ihren wechselseitigen Ansprüchen in einem formell und materiell schützenden Rahmen so weitgehend geborgen fühlen können, „daß sie bereit sind, die mit dem wohlstandssteigernden Austausch verbundenen Risiken fortgesetzt auf sich zu nehmen" (*Röpke* 1945/1954, S. 105). Ein globalisierungsgerechter Rahmen von Institutionen ist offensichtlich für Art und Ausdehnung des Wirtschaftsraums entscheidend.

Zur *Entstehung von Institutionen*:

Institutionen entstehen unter dem Einfluß von gesellschaftlichen Traditionen, von Ideen (Sozialtheorien), Interessen und Zielen der Akteure im gesellschaftlichen und politischen Raum. Die bisherige Geschichte zeigt, daß Institutionen wandelbar und nachahmungsfähig sind. Dabei zeigt sich auch, daß formal identische Institutionen im Zeitablauf – nicht selten im selben Land – gesellschaftlich, politisch und kulturell unterschiedlich interpretiert und wirtschaftlich wirksam werden. Auslösendes Moment für die Entstehung und den Wandel ist häufig die Einsicht, daß die bestehenden Ordnungsbedingungen nicht mehr geeignet sind, als brennend empfundene Probleme, die häufig in Verknappungserscheinungen bestehen, zu lösen. Die Kräfte, die den handelspolitischen Merkantilismus im 18. und 19. Jahrhundert und den wirtschaftspolitischen Nationalismus nach dem II. Weltkrieg überwunden haben, sind klassische Beispiele hierfür. Die Regeln des General Agreement on Tariffs and Trade (GATT) sind durch Rückbesinnung auf die Praxis der bilateralen Handelsvertragspolitik, zum Beispiel den *Cobden-Chevalier*-Vertrag von 1860, entstanden.

Weil die zugrundeliegenden sozialtheoretischen Erkenntnisse und Handlungskonzepte an Personen gebunden sind, liegt es nahe, für die Analyse wirtschaftlicher Erscheinungen, wie sie ursächlich mit dem Begriff der Globalisierung in Verbindung gebracht werden, das Zusammenwirken von Personen und Institutionen in Abhängigkeit von Traditionen[5] ins Blickfeld zu rücken (siehe *Popper* 1963/1994, S. 175 ff.). Bei diesem Wechselspiel ergeben sich freilich Handlungsfolgen, die nicht selten andere als die angestrebten sind.

So sind die Regeln der marktwirtschaftlichen Ordnung prinzipiell auf weltoffene Assoziation hin angelegt (siehe *Sally* 2000, S. 97 ff.). Die Frage, wie weitgehend und verläßlich die darin liegenden Möglichkeiten der Gewerbe- und Handelsfreiheit auf internationaler Ebene genutzt werden, hängt von politischen Bedingungskonstellationen, den eigenen Interessen und Zielen sowie der Einsicht und Erfahrung der politisch Handelnden ab, damit Probleme lösen zu können. Aus der Unzulänglichkeit dieser Einsicht hat sich international ein dichtes Netz von mehr oder weniger spontan entstandenen Regeln mit starker Selbstbindung und -durchsetzung herausgebildet. Dieses selbstgeschaffene Recht der Wirtschaft[6], heute „Neue Lex Mercatoria“ genannt, wirkt bereits vielfach in die Rechtspraxis souveräner Staaten hinein. Die Entstehung solcher und ähnlicher Regeln der Selbstregulierung und deren Zusammenwirken mit staatlich gesetzten Regeln bieten interessante Forschungsperspektiven. Erkenntnisse der jüngeren experimentellen Wirtschaftsforschung deuten zum Beispiel darauf hin, daß fehlendes formales Recht die Neigungen Privater, freiwillig zu kooperieren („Crowding-In“), erhöht. Dagegen wird die freiwillige Kooperation Privater vermindert, wenn formales Recht zwar besteht, aber defektive Verhaltensweisen nicht ausreichend sanktioniert werden („Crowding-Out“) (siehe hierzu *Bohnet, Frey* und *Huck* 2000; *Ostrom* 2000).

Allein die Zufälligkeiten und Ungewißheiten, die Personen als die letztendlich entscheidenden Ideengeber und Akteure verursachen, sind mit der Automatismuslehre selbst bei prinzipiell marktwirtschaftlichen Ausgangsbedingungen nicht zu vereinbaren: Mögen politische Regime wie die Demokratie vom Grundverständnis auch darauf angelegt sein, Regeländerungen hervorzubringen, die Perspektiven für eine breite Zu-

---

5 Traditionen im Sinne gemeinsamer Verhaltensweisen, Bestrebungen, Wertvorstellungen und Bedürfnisse nehmen nach *Popper* (1963/1964, S. 194) in der Sozialtheorie „gewissermaßen eine Mittelstellung ein zwischen Personen und Institutionen“.

6 Zu diesem selbstgeschaffenen Recht der Wirtschaft zählen internationale Handelsbräuche, Verhaltenskodizes, Standardverträge, Muster- und Handelsklauseln, allgemeine Rechtsgrundsätze, Vereinbarungen über die internationale Schiedsgerichtsbarkeit.

stimmung bieten; es ist damit keineswegs gesagt, daß sich das Marktsystem immer weltoffener entwickelt. Die Wiederbelebung des handelspolitischen Protektionismus seit den 70er Jahren des 19. Jahrhunderts, das Aufkommen des handelspolitischen Nationalismus nach 1918 und seine extreme Ausformung in den 30er Jahren, die bis heute in immer neuen Varianten zu beobachtenden neo-merkantilistischen Neigungen der Industrie-, Entwicklungs- und Transformationsländer zeigen dies. Und wer wird bestreiten, daß demokratische Regime – vor allem im Hinblick auf soziale Wünsche – mit erheblichen wirtschaftlichen Freiheitsbeschränkungen, Fehlinformationen, Denk-, Handlungs- und Verantwortungsblockaden verbunden sein können und daß Interessengruppen und Parteien sich häufig mißbräuchlich demokratischer Regeln und des Gewaltmonopols des Staates bedienen? Selbst wenn die Demokratie sich über viele Jahre etabliert und stabilisiert hat, besteht immer die Gefahr, daß sie als etwas Selbstverständliches betrachtet wird, die Menschen den drohenden Verlust der Freiheit erkennen und der Zusammenhang zwischen Freiheit und Wettbewerb gelockert wird. Zu den Folgen zählten in der Vergangenheit Terrorismus und Krieg (*Popper* 1994, S. 303 f.), heute sind es vor allem soziale Dilemmasituationen (*Watrin* 1999, S. 35 ff.).

3.2. Über Personen, Institutionen und Traditionen im Globalisierungsprozeß: Der konkrete historische Hintergrund

Die Entstehung des Prozesses der Globalisierung im heutigen Verständnis des Zusammenwirkens von Personen und Institutionen ist ebenfalls im Gefolge weltweiter wirtschaftlicher Krisenerscheinungen zu analysieren.

Anfang der 60er Jahre begann die Regierung *John F. Kennedy*, die Wirtschafts- und Sozialpolitik des „New Deal" *Roosevelt*scher Prägung durch eine sog. „New Frontier"-Variante des Keynesianismus wieder aufleben zu lassen. Die geistigen Anstöße hierzu gehen im wesentlichen auf *John M. Keynes*, *John K. Galbraith* und *Walt W. Rostow* zurück. Vorher war ein starker internationaler Koordinationszwang, der vom Internationalen Währungsfonds (IWF) unter dem Einfluß der unbestrittenen währungs- und wirtschaftspolitischen Autorität der USA ausging, die entscheidende Bedingung dafür, daß die damals in einigen Ländern – vor allem in Großbritannien – betriebene *keynes*ianische Fiskalpolitik während der 50er Jahre noch nicht zu einer weltweiten wirtschaftlichen und sozialen ‚Demoralisation' (*Hahn* 1967, S. 270 ff.) und ‚Massenerkrankung' führen konnte (siehe *Laidler* 1986, S. 345 f.).

Das änderte sich, als die USA seit 1961 unter *Kennedy* und verstärkt ab Ende 1963 unter *Lynden B. Johnson* auf einen inflatorischen Kurs einschwenkten und die währungspolitischen Konsultations- und Koordinationsverfahren des IWF dazu mißbrauchten, sich den Koordinationszwängen eines realistischen Fixkurssystems auf Kosten stabilitäts- und anpassungswilliger Länder zu entziehen.

Diese Neuorientierung der amerikanischen Wirtschaftspolitik ermutigte andere Länder (vor allem in Europa und in Lateinamerika) zur Nachahmung. Mit Hilfe der Internationalen Finanzorganisationen IWF und Weltbank setzten die USA eine Finanzpolitik der „Großen Kelle" durch (*Röpke* 1963). Das Beiwerk der damit verfolgten entwicklungs- und wachstumspolitischen Ziele bestand in einem weltweiten Inflationismus in Verbindung mit starken Neigungen, Schuldnerpositionen zu privilegieren und die Binnen- und Außenwirtschaftspolitik interventionistisch zu gestalten. Die dementsprechenden währungs- und handelspolitischen Konvertibilitätsbeschränkungen drückten sich einmal im Niedergang des Weltwährungssystems von Bretton Woods aus. Zum anderen boten sie Anreize für Innovationsprozesse im monetären Sektor mit dem Ziel, nationale Regulierungen zu umgehen. Damit wurde erkennbar, daß nationale Wettbewerbsbeschränkungen – freilich bei grundsätzlicher Offenheit der Volkswirtschaften – schon damals einer spürbaren Sanktionierung ausgesetzt waren. Ähnlich wie die Euromärkte sind Entstehung und Verbreitung von Finanzinnovationen vielfach Reaktionen auf Regulierungen der nationalen Finanzmärkte. So entstanden parallel zur zunehmenden Irrealität des Fixkurssystems von Bretton Woods und zu wachsenden Neigungen, den Kapitalverkehr zu beschränken, Wünsche der Marktteilnehmer, ihre Währungspositionen effektiv absichern zu können. Die Expansion der neuen Finanzierungs-, Anlage- und Arbitragefazilitäten wurde hierbei durch die Entwicklung der Globalisierungstechnik erheblich begünstigt.

Vor diesem Hintergrund spricht manches dafür, daß für die Offenhaltung und dynamische Entwicklung des Globalisierungsprozesses drei Faktoren von größerer Bedeutung sind als die Liberalisierungserfolge durch die GATT/WTO-Runden (siehe auch *Curzon-Price* 2000, S. 43 ff.):

- die seit Ende der 50er Jahre zunehmende Zahl von prinzipiell konvertiblen Währungen,
- eine leistungsfähigere Globalisierungstechnik und daraus folgend:
- neue Möglichkeiten der Expansion des Kapitalverkehrs und dessen Orientierung an Standortvorteilen und Regulierungsunterschieden.

Zusammen mit der ungewöhnlichen Ansammlung von nationalen und weltweiten ordnungspolitischen Fehlentwicklungen und Enttäuschungen war Ende der 70er Jahre eine Konstellation geschaffen, die für die wirtschaftspolitischen Revolutionen in Großbritannien und in den USA eine im Vergleich zum Liberalisierungsprozeß der Nachkriegszeit günstigere Ausgangslage bot – und damit für die Entstehung dessen, was als wirtschaftliche Globalisierung bezeichnet wird. *Margaret Thatcher* ab 1979[7] und *Ronald Reagan* seit 1980 (siehe *Hasse* und *Koch* 1990) vollzogen eine grundlegende Wende in der Wirtschaftspolitik, die mit den Begriffen monetäre Stabilisierung, Deregulierung, Privatisierung und Revitalisierung der Marktkräfte nur grob umrissen werden kann. Dies geschah mehr oder weniger direkt unter Berufung auf das Gedankengut von *Friedrich A. von Hayek*, von *Milton Friedman* und von anderen liberalen Sozialtheoretikern. In Großbritannien haben die weitgreifenden wirtschaftspolitischen Reformen und die Entwicklung der Kapitalmarktordnung nicht nur die Wettbewerbsfähigkeit britischer Unternehmen auf den Güter- und Faktormärkten, sondern auch die Attraktivität Groß-

---

[7] Der Politikwechsel folgte hier wie auch sonst meist einer tiefen Krise: In England verursachte die Streikwelle zwischen November 1978 und März 1979 („Winter of Discontent") einen Zusammenbruch des öffentlichen Verkehrs, die Schließung der Schulen, einen Aufnahmestopp in den Krankenhäusern, riesige Müllberge auf den Straßen und die Einschränkung der Versorgung mit Energie und Nahrungsmitteln. Diese Beeinträchtigung der Lebensqualität beantworteten die Wähler im Mai 1979 durch ein mehrheitliches Votum für *Margaret Thatcher* (siehe *Strätling* 2000, S. 113).

britanniens als Finanzplatz und Produktionsstandort gefördert. Andere westliche Industriestaaten sowie eine Reihe von Entwicklungsländern haben versucht, diese Politikwende nachzuvollziehen.

Die damit ausgelöste Innovations- und Wachstumsdynamik ging einher mit einer sprunghaft zunehmenden Internationalisierung der Unternehmenstätigkeit und der Finanzmärkte, mit dem Vordringen des substitutiven (intra-industriellen) gegenüber dem komplementären (inter-industriellen) Güteraustausch, mit dem Aufkommen neuer wettbewerbsfähiger Produktionszentren – vor allem im asiatisch-pazifischen Raum.

Spätestens jetzt erwies sich das sowjetische Wirtschaftssystem und Konzept des Großwirtschaftsraums wegen des nicht länger übersehbaren Ausmaßes an nicht kompensierbaren Nachteilen als hoffnungsloses Unterfangen. In den 80er Jahren ließ sich der rasch zunehmende Rückstand der UdSSR gegenüber dem Westen in wichtigen technischen, militärischen sowie ökonomisch-sozialen Belangen nicht länger beschönigen. Die Hoffnung der Sowjets, mit Hilfe des Rates für gegenseitige Wirtschaftshilfe (RGW) und gezielten Kapitalgütereinfuhren aus dem Westen ein konkurrenzfähiges industriewirtschaftliches und handelspolitisches Gravitationszentrum neben den USA, Japan und dem pazifischen Raum sowie der EG zu schaffen, erwies sich als Illusion.

Als *Gorbatschow* 1985 an die Macht kam, erkannte er schon bald, daß über den Wohlstand eines Landes im offenen Wettbewerb der Systeme und nicht so sehr auf dem Gebiet der materiell-technischen und geologischen Standortvorteile entschieden wird. Auf der XIX. Unionsparteikonferenz im Juli 1988 stellte er fest: „Der Internationalisierung der Wirtschaft, ja des gesamten gesellschaftlichen Lebens können wir nicht ausweichen. Jegliches Streben nach nationaler Abgeschiedenheit kann nur zu ökonomischer und geistiger Verkümmerung führen.“[8]

Die ordnungspolitische Antwort darauf bestand bekanntlich in der Zulassung von Meinungsfreiheit („Glasnost“)[9], im Versuch, mit „Perestroika“ ein „freies Feld für Ordnungspolitik“ zu schaffen, im Verzicht auf die These vom unbedingten Bestehen von zwei deutschen Staaten und im ersatzlosen Verzicht auf die *Breshnew*-Doktrin, also der begrenzten Souveränität und des beschränkten Selbstbestimmungsrechts aller Staaten des Warschauer Pakts. Damit hatte *Gorbatschow* einen erdrutschartigen Zusammenbruch des Ostblocks ausgelöst. Diese Art von „Entkolonialisierung“ der UdSSR war von ihm gewiß nicht beabsichtigt. Gleichwohl wurde damit in diesem Wirtschaftsraum

---

[8] Im Gegensatz hierzu orientierte sich die DDR-Regierung in der Tradition des marxistischen Geschichtsdeterminismus an der Automatismuslehre. Bezeichnend hierfür ist, daß der zitierte Satz von *Gorbatschow* in der DDR wie folgt übersetzt wurde: „Die Internationalisierung der Wirtschaft und des ganzen gesellschaftlichen Lebens ist ein *gesetzmäßiger Prozeß*. Jegliches Streben nach nationaler Abgeschlossenheit kann nur zu wirtschaftlicher und geistiger Verarmung führen“ (Hervorhebung durch die Verf.). Siehe *Neues Deutschland* vom 6. Juli 1988, S. 7.

[9] Das meiste davon ist bereits im Memorandum enthalten, das die Professoren *Sacharow*, *Turtschin* und *Medwedew* 1979 an die sowjetische Führungsspitze gerichtet und darin eine breit angelegte Demokratisierung der sowjetischen Wirtschafts- und Gesellschaftsordnung gefordert haben. Siehe *Sacharows* Brief an die sowjetische Führungsspitze. In: *Neue Zürcher Zeitung*, Nr. 109 vom 22. April 1970, S. 13.

auf Institutionen und auf eine Tradition verzichtet, die bis dahin die Entstehung weltwirtschaftlicher Rechtsprinzipien und Verhaltensnormen völlig ausgeschlossen hatten.

3.3. Das Erfordernis nationaler und regionaler Ordnungspotenzen

Die geschilderten Zusammenhänge und historischen Erfahrungen legen folgenden Schluß nahe: Damit ein weltoffenes Marktsystem entstehen und sich entwickeln kann, bedarf es eines dominierenden Staates oder einer Gruppe dominierender Staaten (*Röpke* 1942, S. 385).[10] Die Augen der Welt richteten sich in dieser Hinsicht seit Ende des I. Weltkriegs nicht mehr so sehr auf Großbritannien, sondern auf die USA, wenngleich zunächst vergeblich. Erst mit dem Eintritt in den II. Weltkrieg entwickelten sich die USA zur ordnungspolitischen Führungsmacht, die gegen Ende dieses Krieges die Grundlagen für die heutige Weltwirtschaftsordnung gelegt hat (*Watrin* 1988, S. 213 ff.). Die erfolgreiche Entstehungsgeschichte des GATT, der Bretton Woods-Organisationen, der NATO und die nachdrückliche Unterstützung des europäischen Integrationsprozesses zeigen dies, vor allem wenn das Ergebnis an den letztlich mißlungenen Bemühungen der 20er Jahre, eine internationale Wirtschaftsordnung zu etablieren, und am Chaos der 30er Jahre gemessen wird.

Wer in ordnungspolitischer Hinsicht dominieren und führen will, kann dies aber auf Dauer nur dann erfolgreich tun, wenn – so die Auffassung von *Wilhelm Röpke* (1942, S. 385) – „dabei die Einsicht vorherrscht, die Welt im Sinne der Freiheit und Gleichberechtigung und des alten Grundsatzes ‚suum cuique‘ zu ordnen und ihre Aufgabe als treuhänderische Mission aufzufassen“. Dabei müssen äußere Macht, geistig-moralische Qualität der führenden Politiker und der Menschen zusammenkommen. Hinsichtlich der Frage, ob und wie eng die Möglichkeiten der Globalisierungstechnik und die Möglichkeiten der weltweiten Integration der nationalen Märkte aufeinander bezogen bleiben, wird vielfach mit fragloser Selbstverständlichkeit – vor allem wieder seit den 80er Jahren des 20. Jahrhunderts – ausschließlich in den USA der vermittelnde Garant gesehen. Allerdings ist inzwischen zu fragen, ob der Globalisierungsprozeß nicht aus sich heraus, also eigengesetzlich, die Grundlage seiner institutionellen Bedingtheit zu sichern und zu erweitern vermag, ohne auf ordnungspolitische Lokomotiven herkömmlicher Art angewiesen zu sein.

3.4. Zur ordnungspolitischen Eigendynamik der Globalisierung

Im Spannungsfeld zwischen Wirtschaftsraum einerseits und dem rechtlichen und politischen Raum andererseits gewinnen im Globalisierungsprozeß dynamische Elemente an Bedeutung. So ist – gleichsam „von unten“ her – aus der multimedialen Vernetzung der Welt überall dort eine erhöhte Nachfrage nach wirtschaftlicher und politischer Freiheit zu erwarten, wo das entsprechende Angebot als unzureichend empfunden wird. Es hat den Anschein,

---

[10] Die seit der Mitte des 19. Jahrhunderts im wesentlichen von England, Deutschland und Frankreich getragene große Freihandelsbewegung erwies sich schon in den 70er Jahren – vor allem in Deutschland – als zu schwach, nachdem der Wachstumsboom von einer Phase der konjunkturellen Stagnation abgelöst worden war. Es kam zu einer rasch fortschreitenden handelspolitschen Dissoziation in Europa und Übersee.

– daß Parteien und Regierungen im politischen Prozeß der Demokratie aus Selbstinteresse gezwungen sind, ihre Volkswirtschaften geistig-institutionell den wettbewerblichen Anforderungen globaler Wirtschaftsprozesse anzupassen,
– daß Regierungen, die ihr antidemokratisches Regime nicht gefährden wollen, darauf bedacht sein müssen, im verstärken Maße Wissen und Kapital zu importieren, also sich an diesem Prozeß zu beteiligen, um Produktivitätsreserven ausschöpfen und die Bevölkerung mit steigendem Wohlstand weiterhin politisch beherrschen zu können.[11] Müssen sie dann nicht ihr antidemokratisches bürgerfeindliches Regime lockern und schließlich aufgeben, weil das Prinzip der selektiven wirtschaftlichen Freiheit einen explosionsartigen Anstieg unproduktiver Kontrollkosten verursacht?

Ist also die Globalisierung nicht doch ein mitreißender ordnungspolitischer Gleichrichter, wie es die Automatismuslehre annimmt? Tatsächlich verteuert die wirtschaftliche Globalisierung das Verharren in Institutionen und Traditionen der Dissoziation erheblich – sowohl in der politischen als auch in der wirtschaftlichen Sphäre. Dirigistisch-protektionistische Ordnungsstrukturen sowie Neigungen der Politiker zur rationalen Ignoranz werden härter sanktioniert, vor allem durch Vergrößerung des Wohlfahrtsgefälles gegenüber offenen Gesellschaften. Dies läßt sich wie folgt begründen:

Erstens ermöglichen die Globalisierungstechnik und die bereits bestehenden, auf Assoziation angelegten Institutionen neue Handelsrouten und eine bisher nicht gekannte Ökonomisierung des Zeitfaktors mit einem rasch wachsenden Potential von international handelbaren Dienstleistungen auf vielfältigen neuen Märkten sowie grundsätzlich flexiblere Unternehmensgrenzen und Beschäftigungsmöglichkeiten.

Zweitens: Dies geht einher mit einer Abnahme der Standortspezifität und erleichtert es somit, Arbitragevorteile über die gesamte Wertschöpfungskette der Unternehmen, über alle Märkte und staatlichen Regulierungen hinweg zu erkunden und zu nutzen – wie immer sich im Ergebnis das Gewicht zwischen marktmäßiger (horizontaler) und unternehmensinterner (hierarchischer) Koordination verlagern mag.

Drittens: Insgesamt besteht daher ein günstigerer Rahmen für Exit-Entscheidungen international mobiler Unternehmen und Investoren. Im hierdurch intensivierten Wettbewerb der Jurisdiktionen entscheidet nicht zuletzt die Erfüllung der Bedingungen realer und monetärer Konvertibilität (siehe hierzu Kapitel 4.2.) über das globalisierungsspezifische Wachstumspotential von Volkswirtschaften und deren Standing auf den Finanzmärkten. Regierungen, die in dieser Hinsicht mit ihren Aktionsparametern zurückbleiben, verschlechtern die Steuerkraft ihres Landes und die finanzielle Grundlage für eine zustimmungsfähige Wirtschafts- und Sozialpolitik. Es spricht daher auch einiges dafür, daß es der Politik durch eine hohe Zahl international mobiler Unternehmen erschwert wird, einmal abgebaute Globalisierungshindernisse wieder zu errichten oder entsprechende (internationale) Regeln zu verletzen.

---

[11] Länder, die wie China und die Sowjetunion bis Ende der 80er Jahre versuchten, anstelle eines grundlegenden Ordnungswechsels mit Hilfe westlicher Technik in der Weltwirtschaft eine führende Rolle zu spielen, sind hinter Ländern wie Japan weit zurückgeblieben, die erkannten, daß grundlegende institutionelle Reformen hierfür im Innern erforderlich sind, ohne hierbei auf politische und kulturelle Eigenheiten verzichten zu müssen.

Viertens: Der Vergleich mit den erfolgreichen und/oder politisch offeneren Volkswirtschaften (yardstick-competition) läßt sich weniger denn je unterbinden. Hierdurch können auch Voice-Bestrebungen eine größere Chance erhalten – und zwar auch ohne glaubhafte Exit-Drohung. Dies dürfte für einflußreiche Gruppen, die im Wettbewerb der Systeme um ihre Renten fürchten müssen, ebenso gelten wie für breitere Bevölkerungsschichten. Der *Economist* (2001, S. 14) meint hierzu treffend: „Authoritarian Regimes from China to Saudi Arabia still silence subversion, but they cannot always stop people from visiting banned web sides."

Die angeführten Momente stützen sämtlich die These von der ordnungspolitischen Eigendynamik des Globalisierungsprozesses. Darin kann zugleich eine Art von eingebauter Tendenz zur Absicherung dieses Vorgangs, vielleicht sogar seiner Akzeptanz in der Bevölkerung gesehen werden. Allerdings wird hierbei unausgesprochen von der Existenz einer hinreichenden Zahl und Größe von Staaten oder Staatengemeinschaften ausgegangen, die im Innern beständig eine letztlich unbestrittene Einheitlichkeit in der Einstellung der Bevölkerung zur Wettbewerbsfreiheit aufweisen und auf der Grundlage dieser Tradition einigermaßen verläßlich immer wieder Maßstäbe im Standortwettbewerb setzen, an denen sich nicht nur Länder mit aktueller Bereitschaft und Fähigkeit orientieren können, bisherige Globalisierungshindernisse aufzugeben, sondern auch die nach wie vor große Zahl von Regierungen, die an herrschaftssichernden Entwicklungsblockaden festhalten.[12]

Deshalb ist immer wieder zu bedenken: Der institutionelle Wandel hängt nicht nur von Personen und Institutionen ab, sondern vollzieht sich im Kraftfeld von herrschaftssichernden Beharrungsmomenten oder traditionellen Bindungen. Viele Länder suchen – nicht selten unterstützt durch politische Blockbildung – ihren Halt im Vorwand religiös-kultureller Besonderheiten ihrer Völker, um dem ordnungspolitischen Schleppnetz einer offenen wirtschaftlichen Kooperation auszuweichen bzw. diese dem präferierten institutionellen Rahmen anzupassen – auch wenn solche Ausweichmanöver teurer geworden sind. Der konkrete Verlauf des Nachahmungswettbewerbs – aber auch des vorstoßenden Wettbewerbs – wird wegen der Unbestimmtheiten im Zusammenwirken von Personen, Institutionen und Traditionen wohl stets unberechenbar bleiben.

4. Ordnungspolitische Spannungsfelder

4.1. Die „Neue Angst vor der Weltwirtschaft"

Diese Einschätzung kann bekräftigt werden, wenn die Ursachen dissoziativer Neigungen und Bestrebungen genauer in die Betrachtung einbezogen werden: Fehlanreize bestehender internationaler Regelsysteme (hierzu Kapitel 4.3.), grundsätzlich widerstrebende Interessenlagen sowie Fehleinschätzungen, geringe Fühlbarkeit der positiven

---

[12] Siehe hierzu die bemerkenswerte Studie „Arab Human Development Report", die von arabischen Politikern und Wissenschaftlern im Rahmen des Entwicklungsprogramms der UNO erstellt wurde (*UNDP* 2002). Der Bericht kann als eine Anklageschrift für ein „Tribunal gegen Hunderte von arabischen Herrschern und Politikern" betrachtet werden (siehe *Neue Zürcher Zeitung*, Nr. 160 vom 13./14. Juli 2002, S. 5).

Wirkungen offener Märkte oder mangelnde Bereitschaft und Sensibilität, diese zu erkennen. Die sich aus diesen und ähnlichen Quellen speisende „Neue Angst vor der Weltwirtschaft" schlägt sich nieder in ordnungspolitischen Zielvorstellungen auf nationaler wie internationaler Ebene. Nach dem Härtegrad lassen sich folgende Globalisierungsblockaden feststellen:

Die weltwirtschaftliche Öffnung stößt *erstens* dort auf angstgetriebene Feindschaft, wo anstelle von Meinungsfreiheit und Rechtsstaatlichkeit antiliberaler Doktrinarismus, dämonische Leidenschaften und totalitaristische Instinkte vorherrschen. Typisch für diese Haltung sind – wie in Kapitel 2.2. angedeutet – Versuche, die Globalisierungstechnik für Zwecke der anonymen Erpressung und Einschüchterung oder der geheimen Kommunikation von kriminellen und terroristischen Organisationen zu mißbrauchen. Sie können „zivilisierten" Ländern schweren Schaden zufügen.

Eine prinzipielle Gefährdung der Offenheit des wirtschaftlichen Geschehens ist darin so lange nicht zu sehen, wie es Länder oder Ländergruppen gibt, die bereit sind, dem geistig und sittlich zu begegnen – notfalls auch mit militärischen Mitteln. Der 11. September 2001 hat nicht nur das Nachdenken über globale gesellschaftliche, wirtschaftliche und politische Zusammenhänge verstärkt, sondern auch die Probleme der Unternehmen (wie etwa der Luftfahrtbranche, der Werbewirtschaft oder der Printmedien) und die institutionellen Defizite, die in einigen Ländern vielfach schon vorher bestanden, noch krasser zum Vorschein gebracht, als es im weltweiten Wettbewerb ohnehin geschehen wäre.

Die Angst vor der weltwirtschaftlichen Öffnung wird *zweitens* mit Recht immer wieder auf kulturelle Traditionen zurückgeführt. Bei genauerem Hinsehen zeigt sich aber häufig, daß die stärksten Blockaden nicht in der Bevölkerung, schon gar nicht bei den Bürgern als Konsumenten zu suchen sind, sondern in der Interessenlage politisch einflußreicher Gruppen sowie religiöser Kräfte und wirtschaftlicher Verbände[13], die sich durch ein „Zuviel" an außenwirtschaftlicher Öffnung um Machtfülle und Bereicherungsmöglichkeiten (wirtschaftliche und geistige „Renten") gebracht sehen.

Globalisierung stößt *drittens* fast schon traditionell dort auf Bedenken und Widerstand, wo das Konzept der „unbeschränkten Demokratie" als einziges identitätsstiftendes staatliches Regime normiert und kritischen Fragen auf eventuelle Nachteile entzogen wird. Die damit verbundenen Fehlanreize und -allokationen werden im Standortwettbewerb schonungslos aufgedeckt. Die darin liegenden Herausforderungen werden dann gerne als Ausdruck staatlicher Identitäts- und Autoritätskrisen interpretiert und als

[13] So haben sich im Reformklima von „Glasnost" und „Perestrojka", angesichts einer gezielten Reformnachfrage potentieller Auslandsinvestoren, regelrechte Deregulierungsspiralen entwickelt, die die Gesamtordnung der Sowjetgesellschaft in den Grundfesten erschütterten. Allerdings hat *Gorbatschow*, unterstützt durch den politisch einflußreichen Verband der Industriellen, dieser Entwicklung im Interesse des Erhalts der UdSSR Einhalt zu bieten versucht und den sog. *Schatalin*-Plan für einen marktwirtschaftlichen Umbau abgelehnt. Wie rasch andererseits ausländische Direktinvestoren auf marktwirtschaftliche Reformansätze reagieren, läßt sich an den 1992 von *Gajdar* eingeleiteten Liberalisierungsmaßnahmen aufzeigen. Als diese immer mehr im Sande zu verlaufen drohten und marktwirtschaftliche Reformansätze wieder rückgängig gemacht wurden, lief der Zerfallsprozeß in Rußland in ähnlicher Weise ab wie vorher in der UdSSR (siehe hierzu *Schneider* 1995).

inakzeptable Gefährdung staatlicher Handlungsspielräume und der Demokratie kritisiert.

Die globalen wirtschaftlichen Entwicklungsperspektiven lösen *viertens* aber auch deshalb Angstgefühle aus, weil viele sich auf der Verliererseite sehen und nicht erkennen, daß die globale (Markt-)Integration zunächst einmal einen – wenn auch breit gestreuten – Souveränitätsgewinn für den Bürger und den Konsumenten bringt. Größere Märkte haben regelmäßig aufgrund der Ausgleichsmechanismen im Preis-, Mengen- und Qualitätswettbewerb eine geringere Stoßempfindlichkeit gegenüber Datenänderungen, weisen also eine größere Stetigkeit und Verläßlichkeit in der Güterverfügbarkeit auf.[14]

Der weltweit zunehmende Wettbewerb hat für die Anbieter allerdings zwei Gesichter: Auf der einen Seite verschafft er denjenigen neue oder zusätzliche Gewinnchancen, die mit ihren Handlungspotentialen im Leistungswettbewerb führend sind oder mithalten können. Das sind heute vielfach auch Unternehmen aus den aufholenden Regionen der Welt, die sich durch Überwindung ihrer traditionellen Angst vor der Weltwirtschaft auf den Weg einer beispiellosen, wenn auch stets umstrittenen Wohlstandssteigerung begeben haben. Auf der anderen Seite müssen diejenigen Anbieter, die – nicht selten unter dem Einfluß des wirtschaftspolitischen Umfelds – dem verstärkten Anpassungsdruck auszuweichen versuchen, damit rechnen, in der Einkommensentwicklung und den Beschäftigungsperspektiven zurückzufallen. Weil die aktuellen und potentiellen Gewinner unberücksichtigt bleiben, verläuft die Verliererdiskussion meist einseitig.

Fünftens bündeln sich in der „Neuen Angst vor der Weltwirtschaft" erneut die meisten Fehlurteile über die Wirkungen des Freihandels und die angeblichenVorteile der dirigistisch-protektionistischen Außenwirtschaftspolitik, wie sie in den 60er und 70er Jahren des vorigen Jahrhunderts vertreten wurden, um die Verstaatlichung der Schlüsselindustrie und der Banken, eine weitreichende staatliche Investitionslenkung und eine systematische internationale Umverteilung mit Hilfe einer Neuen Weltwirtschaftsordnung zu fordern und durchzusetzen – nunmehr unter kräftiger Zuhilfenahme der modernen Informations- und Kommunikationstechnik, neuer Organisationsformen und medienwirksamer Gewaltbereitschaft.

Die verzerrte Verliererdiskussion verbindet sich dann ebenso folgerichtig auf internationaler Ebene häufig mit der Wiederbelebung der Dualismusthese, nach der freie Marktkräfte dahin tendieren, die internationalen Ungleichheiten kumulativ zu vergrößern. Die *Weltbank* (2002, S. 28 ff.) korrigiert dieses einseitige Urteil. Sie stellt fest, daß zwischen 1960 und 1980 im Gefolge der Liberalisierungen, die im Rahmen des GATT vereinbart worden sind, das Handelsvolumen erheblich angestiegen ist, der Großteil der Entwicklungsländer aber davon und von der gleichzeitigen weltwirtschaftlichen Wohlstandssteigerung ausgeschlossen geblieben ist – zu einem großen Teil wegen ihrer vorherrschenden Importsubstitutionspolitik. Dagegen haben die Länder, die seit Ende der

[14] Frühere Ängste, es könnte an hinreichender und preiswürdiger Versorgung mit Gütern mangeln, sind – abgesehen von lokalen Katastrophen- und Kriegszuständen – weniger denn je begründet. Das größere Marktsystem mit zahlreichen Anbietern und Nachfragern aus einer Vielzahl von Ländern wirkt wie „eine Versicherung auf Gegenseitigkeit" (*Hasse* 1982).

70er Jahre auf marktwirtschaftliche Reformen im Innern gesetzt und sich weltwirtschaftlich mehr oder weniger weitgehend geöffnet haben, gegenüber den Industriestaaten aufgeholt. Diejenigen, die dies weiterhin nicht getan haben, sind dagegen relativ und auch absolut zurückgefallen.[15]

4.2. Nationale Ordnungspolitik

Das grundlegende Kraftfeld der globalen wirtschaftlichen Entwicklung besteht offensichtlich in einer globalisierungsfähigen Ordnungspolitik auf der nationalen Ebene. Diese Aufgabe ist gleichzusetzen mit der Herstellung der institutionellen Bedingungen monetärer und realwirtschaftlicher *Konvertibilität* – als Voraussetzung multilateraler Tauschbeziehungen (*Lutz* 1954, S. 297 ff.; *Weber* 1995, S. 67 ff.).[16] Die politische Rahmensetzung hierfür kann im Hinblick auf die Rechts-, Finanz-, Sozial- und Sicherheitspolitik – je nach dem Zusammenwirken von Personen, Institutionen und Traditionen – durchaus verschieden sein, solange davon nicht die grundsätzliche Bereitschaft tangiert ist, am Wettbewerb der Systeme teilzunehmen. In „unbeschränkten" Demokratien betrifft dies die Bereitschaft, sich dem Wettbewerb „beschränkter" Formen der Demokratie zu stellen. Soll aus der Angst vor den wirtschaftlichen und sozialen Konsequenzen keine Achillesferse der globalen wirtschaftlichen Assoziation werden, sind im politischen Prozeß Einsichten der folgenden Art zu vermitteln und institutionell so zu verankern, daß daraus eine soziale Tradition werden kann, die als Verbesserung gegenüber der bisherigen anerkannt wird:

- Die Nachteile, die mit der Abkoppelung von der Dynamik des Globalisierungsprozesses sowohl in wirtschaftlicher wie auch in sozialer Hinsicht verbunden sind, nehmen zu.
- Die Vorteile der „beschränkten Demokratie" liegen in einer verminderten Abgabenlast der Bürger und im Gewinn an Möglichkeiten einer stärkeren Personalisierung, Vermögensfundierung und Marktorientierung der Systeme der Sozialen Sicherung, bei gleichzeitig größerer finanzieller Stoßfestigkeit im Globalisierungsprozeß.
- Weltoffenes Wirtschaften bietet auch den weniger qualifizierten oder umstellungsbereiten Menschen größere Einkommenschancen. Allerdings sind solche Gelegenheiten für komplementäre Routinearbeiten vielfach nur in Verbindung mit dem Produktivi-

---

15 „The most recent wave of globalization – starting around 1980 and continuing today – has been spurred by technological advance in transport and communications technologies and *by the choice of large developing countries to improve their investment climates and to open up to foreign trade and investment*" (*Weltbank* 2002, S. 4 f., Hervorhebung durch die Verf.)

Die Weltbankstudie basiert vor allem auf Arbeiten von *Dollar* und *Kraay* (2000 und 2001). Demnach werden Einkommensungleichheiten *zwischen* Ländern vom Ausmaß ihrer länderspezifischen binnen- und außenwirtschaftlichen Reformen bestimmt. Für die Ungleichheit *innerhalb* der Länder ergibt sich kein systematischer Zusammenhang mit dem Globalisierungsgrad oder der Wachstumsrate. Inwieweit die erzielten Wachstumserfolge stärker auf die außenwirtschaftliche Liberalisierung zurückgehen oder mehr auf die nationalen Basisinstitutionen zurückzuführen sind, ist eine umstrittene Frage (siehe etwa *Rodrik* 2001).

16 Die Bedingungen decken sich im Kern mit den *Lutz*schen Spielregeln der Goldwährung: Verzicht auf autonome Konjunktur-, Beschäftigungs- und Handelspolitik, Sicherung eines flexiblen Preissystems, internationales Vertrauen in die Regeltreue der Mitgliedsländer (*Lutz* 1935, S. 224 ff.)

tätsvorsprung hochqualifizierter Arbeitsplätze und den Wissens- und Ertragssteigerungen aus weltoffenen Engagements zu erwarten. Dies erfordert freilich die Schaffung einer Ordnungstradition[17], die nicht – wie oben beschrieben – die ohnehin vorhandenen Angstgefühle der immobilen Bevölkerung zu realen Arbeitsplatz- und sonstigen sozialen Abstiegsängsten werden läßt. Arbeitsmarkt- und Sozialpolitik kann daher auch nur im Rahmen einer Wettbewerbswirtschaft mit knappheitsgerechten Lohnstrukturen erfolgreich sein. Die stärkere Einbeziehung der Arbeitsmarkt- und Sozialpolitik in die Wirtschaftsverfassung des Wettbewerbs eröffnet die Chance, unternehmerische und gewerkschaftliche Freiheit und Innovationsfähigkeit in weltoffenen Wirtschaftsprozessen nicht nur für den produktionswirtschaftlichen und den sozialen Fortschritt zu nutzen, sondern auch für die soziale Sicherheit.[18]

In dem Maße, wie in dieser Hinsicht unmittelbare Erfahrungen mit neuen verläßlichen Regeln und Organisationen gemacht werden, können auch die Teilstücke, die dem Einzelnen in einer weltoffenen wissens- und arbeitsteiligen Wirtschaft immer weniger verständlich erscheinen, konkretere (rechenhaftere) Formen annehmen, damit besser erfahrbar und letztlich vertraut werden.

Mit Zahl und Größe der Länder, die sich für die Bedingungen der Konvertibilität entscheiden, erweitert sich der Wirtschaftsraum. Die Anpassung nationaler Rechtsordnungen an bestimmte internationale Rechtsgrundsätze und Jurisdiktionen (des GATT bzw. der WTO, der rechtlichen Verfaßtheit der EU – „Acquis Communautaire“) und die Bereitschaft, deren wirtschaftliche und soziale Konsequenzen hinzunehmen, sind und bleiben dabei Ausdruck staatlicher Identität und Autorität, für die das Recht der Grenzziehung des Souveränitätsanspruchs essentiell ist. Dies gilt ebenso für die Anerkennung selbstbindender Regeln der Wirtschaft auf internationaler Ebene[19] wie auch für Länder, die ohne marktwirtschaftliche Rechtstradition versuchen, westliche Vorbilder nachzuahmen.

Wenn auch im Wettbewerb von Assoziations- und Dissoziationsbestrebungen seit der Wende von 1989 mehr denn je die Assoziationsketten vorzudringen scheinen, legen die Erfahrungen nahe (siehe 3.3. und 3.4.), daß diese Tendenz auch in Zukunft von der Entwicklung der kritischen Masse an Ländern abhängen dürfte, die den Prozeß der Globalisierung offen halten. Ob die EU ähnlich wie bisher die USA in eine weltwirtschaft-

---

[17] Etwa im Bildungssystem, hinsichtlich der Rechtssicherheit, der Eigentumsordnung, im Handels- und Gesellschaftsrecht, in der Infrastrukturgestaltung, der steuerlichen Belastung der Unternehmen und der Bürger, in den Regulierungen des Arbeits- und Kapitalmarktes, in den Systemen der Sozialen Sicherung, bei der Energiesicherung und beim Umweltschutz, in der Einstellung der großen Wirtschaftsverbände zum Wettbewerb usw.

[18] Es müßte gezeigt werden, daß mit der sozialpolitischen Entfesselung des unternehmerischen Menschen erstens zahlreiche Probleme, die heute als direkte Staatsaufgaben begriffen werden, nicht mehr entstehen und zweitens mehr Mittel verfügbar werden, einmal für diejenigen, die wirklich auf Wohlfahrtsorganisationen angewiesen sind, weil sie nicht für sich selbst sorgen können, zum anderen für darüber hinausgehende sozialpolitische Aufgaben, die am besten über Steuervergünstigungen und Transferzahlungen gelöst werden, ohne der Gesamtentscheidung für eine Wirtschaftsverfassung des Wettbewerbs entgegenzuwirken.

[19] Das transaktionskostensenkende Potential dieser Rechtsebene wird sich um so stärker entfalten können, je mehr diese Art von Rechtsstaatsimport mit einer gleichgerichteten Entwicklung des Rechts im Innern eines Landes konvergiert. Siehe auch Kapitel 3.1.

liche Vorrangstellung rücken kann, bleibt abzuwarten: Offen ist hierbei etwa die Frage, welche Integrationsmethode sich im Innern der EU durchsetzen kann und wie in Verbindung damit das Verhältnis von Währungs- und Wirtschaftsraum einerseits und politischem Raum andererseits gestaltet wird. Führende Länder der EU scheinen gegenwärtig weniger an der institutionellen Bedingtheit der Wirtschaftskraft der USA als an deren positiver Ausstrahlung auf die Weltkonjunktur interessiert zu sein und in dem davon erwarteten „sich selbst tragenden Aufschwung" die Voraussetzung für die Lösung ihrer selbst verschuldeten wirtschaftlichen und sozialen Probleme zu sehen. Statt diese Lösung aus eigener Kraft zu schaffen, werden z. B. in Deutschland Sonderinvestitionsprogramme für die Errichtung einer „Beschäftigungsbrücke" geplant, deren reale Tragfähigkeit von der konjunkturellen Erholung der USA erwartet wird. Bis dahin greifen allerdings die freiheits- und moralverzehrenden staatlichen Interventionsketten immer weiter aus und erschweren aufs neue die angestrebte Huckepacklösung eines „Aufschwungs für Arbeit".

Die europäische Integration wird demnach vielfach als Wirtschafts- und Sozialpolitik aufgefaßt, die nicht zu weitgehend von den internationalen Märkten abhängig sein soll. Soziale Sicherheit und sozialer Fortschritt in Europa werden ausschließlich vom politischen Willen zu einer gemeinsamen Sozialpolitik erwartet. Hierzu sollen mit Hilfe übergreifender Entscheidungs- und Koordinationsinstanzen soziale Mindeststandards nicht nur für gleiche Wettbewerbsbedingungen sorgen, sondern auch verhindern, daß die nationalen sozialstaatlichen Errungenschaften ausgehöhlt werden können. Dieser Weg ist nicht frei von der Gefahr, in eine tiefe integrationspolitische Sackgasse nach innen und nach außen zu führen, wie im folgenden Kapitel dargelegt wird.

4.3. Internationale Ordnungspolitik

Die These, daß die in Kapitel 3.4. behandelte ordnungspolitische Eigendynamik der Globalisierung gleichsam durch die Macht der faktischen Entwicklung spontan in Richtung eines weltoffenen Gesamtsystems drängt und damit die Notwendigkeit von Integrationslokomotiven obsolet wird, wurde – auch angesichts tief verwurzelter Akzeptanzprobleme – eher zurückhaltend und mit einem Fragezeichen versehen.

Das Fragezeichen könnte sehr viel kleiner ausfallen, wenn die Institutionen und Organisationen im Bereich der internationalen Währungs- und Handelsordnung stärker als bisher darauf angelegt wären, die Elemente des klassischen wirtschaftspolitischen Liberalismus wiederzubeleben. Grundsätzliche Anforderungen hierfür sind: Priorität der monetären Konvertibilität der Währungen vor der Wechselkursbindung sowie Sicherung und Erweiterung von Verpflichtungen zur gleichgerichteten handelspolitischen Entmachtung der Regierungen mit dem Ziel, die realwirtschaftliche Konvertibilität zu gewährleisten.

Die erste Anforderung ist vor folgendem Hintergrund zu sehen: Ein verbreitetes Unbehagen am Globalisierungsprozeß setzt bei der zunehmenden Zahl von Währungs- und Finanzmarktturbulenzen und den damit verbundenen realwirtschaftlichen Dissoziationserscheinungen auf nationaler und internationaler Ebene an. Dies wird vielfach auf die

Liberalisierung des internationalen Kapitalverkehrs zurückgeführt.[20] Der Zusammenbruch der ostasiatischen Volkswirtschaften 1997/98 mit teilweise zweistelligem Rückgang des realen Inlandsprodukts und das aktuelle währungs- und finanzpolitische Chaos in Argentinien und in der Türkei haben die alte Diskussion über angemessene Maßnahmen zur Krisenprävention und zum Krisenmanagement belebt. Die Vorschläge reichen von neuen Beschränkungen der Finanzmärkte bis hin zu Free Banking-Ansätzen, also zum vollständigen Ersatz herkömmlicher staatlicher Regulierungen durch Selbstregulierung.[21]

Ein Kernpunkt der Kontroversen ist das kredit- und wechselkurspolitische Konzept des IWF. Auf der einen Seite wird gefordert, den IWF in seinen Bemühungen um Krisenprävention[22] zu stärken. Auf der anderen Seite wird schon im bisherigen krisenpolitischen Handlungskonzept des IWF, vor allem seiner „weichen" Kreditpolitik, eine wesentliche Ursache für moralisches Fehlverhalten kritischer Schuldnerländer (und ihrer Gläubiger) und für daraus entstehende Währungs- und Finanzmarktkrisen gesehen. Es kann nicht übersehen werden, daß die implizite Mithaftungsgarantie des IWF zum einen zu übermäßiger und riskanter Kredit- und Schuldenexpansion verleitet.[23] Zum anderen – und schwerwiegender – sinkt damit der Anreiz, das Streben nach Wechselkursbindung harten monetären Konvertibilitätsanforderungen unterzuordnen. In diesem Zusammenhang ist auch der Vorschlag von *Krueger* (2002) zu sehen, ein Restrukturierungsverfahren für öffentliche Überschuldung (Sovereign Debt Restructuring) zu institutionalisieren, das vom IWF begleitet werden soll. Das hierbei unter bestimmten Bedingungen vorgesehene temporäre Schuldenmoratorium scheint nach der bisherigen Erfahrung und Public Choice-Erkenntnissen eher geeignet, die nationale Verantwortung für die Schaffung globalisierungsfester Institutionen zu verdünnen und damit Währungs- und Finanzkrisen zu begünstigen. In der Vernachlässigung der Erfahrung, daß die fraglichen Krisen im wesentlichen aus Mängeln der nationalen Ordnungspolitik resultieren (siehe u. a. *Weber* 1999), liegt eine weitere Achillesferse der globalen wirtschaftlichen Assoziation. Dabei liegt es durchaus in der Logik der ordnungspolitischen Eigendynamik der Globalisierung, daß Währungs- und Finanzmarktkrisen mehr denn je das Bewußtsein für fehlerhafte Institutionen schärfen und zu deren Korrektur anreizen. Ob dies für die verstärkten Anstrengungen des IWF und anderer internationaler Organisationen (Bank für internationalen Zahlungsausgleich, Weltbank usw.) zur Standardisierung und Implementierung internationaler Regeln zur Ordnung des Finanzmarktgeschehens ebenfalls gilt, wird sich zeigen.

---

[20] Das Ausmaß der Kapitalverkehrsliberalisierung ist nach Ländern und Ländergruppen, nach Art und Richtung des Kapitalverkehrs unterschiedlich (*IWF* 1998, S. 9-11). Siehe auch *Sket* (in diesem Band).

[21] Siehe *Eichengreen* (1999); *Frenkel* und *Menkhoff* (2000); *Dobson* und *Hufbauer* (2001); *Kenen* (2002).

[22] *Köhler* (2001, S. 21): „Krisenprävention als Kernaufgabe des IWF zu verstehen, bedeutet das Augenmerk der Institution verstärkt darauf zu richten, den Mitgliedsländern zu helfen, Maßnahmen zu entwickeln und umzusetzen, die ihre eigene Krisenanfälligkeit mindern."

[23] Die Bedeutung dieses Fehlanreizes wird allerdings unterschiedlich eingeschätzt, im „Meltzer-Report" (*IFIAC* 2000) z. B. sehr hoch, vom *IWF* (2002) sowie von *Nunnenkamp* (1999) eher nachrangig.

Die zweite Anforderung trägt der Erkenntnis Rechnung, daß es keine konkurrenzfähige Alternative zum liberalen privatrechtlich verfaßten Typ der internationalen Ordnung gibt. Die handelspolitischen Entmachtungsregeln des GATT von 1947 sind aus der Praxis der bilateralen Handelsvertragspolitik entstanden, beruhen also auf einem „Liberalismus von unten" (*Wilhelm Röpke*). Sie bedürfen deshalb – wie schon mehrfach betont – der geistig-kulturellen und politischen Verankerung in der nationalen Wirtschaftspolitik. Wie weit es international noch an einer entsprechenden Tradition mangelt, zeigen die Einbruchstellen der GATT-Ordnung. Diese sind zugleich die entscheidenden Aufgabenschwerpunkte des „neuen" GATT, also der World Trade Organisation (WTO) von 1994.[24]

Gegenströmungen im Liberalisierungsprozeß resultieren aber vor allem aus Versuchen, auf weltweiter Ebene Elemente des nationalen Wohlfahrtsstaates zu etablieren mit einer hohen Priorität für eine egalitäre Verteilungspolitik und für eine Auflösung der Einheit von Mitbestimmung und Mithaftung. Dem liegt letztlich die Auffassung *Myrdals* (1961, S. 132 f.) zugrunde, daß der einzige Weg zur internationalen Integration darin liege, die „Gesamtstruktur der politischen Maßnahmen des Wohlfahrtsstaates" zu internationalisieren. Die entsprechenden Forderungen nach Harmonisierung, Koordinierung und Vereinheitlichung werden heute zumeist mit rigorosen ethisch-moralischen Zielvorstellungen begründet. Demzufolge sollen mit Hilfe der WTO-Verfahren weltweit verbindliche Arbeits-, Sozial- und Umweltstandards verankert werden. Protagonisten sind Vertreter westlicher Regierungen, Nicht-Regierungsorganisationen (NGOs), Gewerkschaften, Umweltschutz- und Wohlfahrtsverbände, Vertreter der Kirchen und Massenmedien, Intellektuelle und nicht selten auch Verbände der Industriestaaten. In diesem mächtig aufkommenden „ethischen Protektionismus" (siehe *Curzon-Price* 2000, S. 47 ff.) dürfte wohl zukünftig die verwundbarste Stelle des Globalisierungsprozesses bestehen. Mit dem Argument des internationalen Kosten- und Preisausgleichs „im Dienste der Armen" und der Einheitlichkeit des Umweltschutzes würde nämlich ein entscheidender Grund für internationalen Handel in Frage gestellt. Der herkömmliche Handelsprotektionismus, der sich im Globalisierungsprozeß auf dem Rückzug befindet,

---

[24] Hierzu zählen vor allem:

- Sektorale Sonderregelungen.
- Der handelspolitische Nationalismus in immer neuen Spielarten, praktiziert von einzelnen Ländern und Ländergruppen (USA, Japan, EU).
- Der sich ausbreitende handelspolitische Regionalismus, der das Meistbegünstigungsprinzip bedroht.
- Vordringen von Anti-Dumpingverfahren, um knappheitswidrige Arbeitsmarktregulierungen und nationale wohlfahrtsstaatliche Sonderwege gegenüber aufstrebenden Ländern abzusichern.
- Staatliche Monopolisierung von Kommunikationsnetzwerken.
- Entwicklung einer internationalen Tradition des geistigen Eigentumsschutzes als Voraussetzung für die weltweite Expansion des Dienstleistungshandels und höherwertiger Direktinvestitionen.

Siehe zur aktuellen Diskussion um die WTO unter anderem *Schott* (2000); *van Scherpenberg* (2001); *Senti* (2001); *Molsberger* (2001) sowie die entsprechenden Beiträge in diesem Band.

dürfte sich dem ethischen Protektionismus und seinem Vormarsch gleichsam in Trittbrettfahrermanier machtvoll beigesellen.[25]

Interessanterweise – und auch gewissermaßen im Widerspruch zu sich selbst – verbindet sich der „ethische Protektionismus" mit einem Unbehagen an den Enwicklungsrückständen in vielen Ländern, die neuerdings auch auf mangelnde Ausstattung an Globalisierungstechnik zurückgeführt werden. Aktionspläne der G-8-Staaten, den „Digitalen Graben" mit der Förderung einer verbesserten globalisierungstechnischen Ausstattung zu überbrücken, vernachlässigen die genannten Ursachen (Kapitel 2.2.) dieser Kluft. Bei unverändertem Zusammenwirken von Personen, Institutionen und Traditionen sind solche Pläne eher dem Verdacht ausgesetzt, die Fähigkeit dieser Länder zu stärken, wirtschaftliche Dissoziationsketten zu produzieren. Die fehlende Meinungsfreiheit in vielen dieser Länder ist so fatal wie der Mangel an Kapital und Können (siehe *Macaulay* 1848/1998, S. 133). Eine erhöhte Bereitschaft, am weltoffenen Marktgeschehen teilzunehmen, ist in diesem Fall von einer verbesserten globalisierungstechnischen Ausstattung kaum zu erwarten.

5. Zusammenfassung und Ausblick

Der Beitrag beschäftigt sich mit Ursachen, Wirkungen und ordnungspolitischen Spannungsfeldern der Globalisierung. Die damit angesprochenen Vorgänge ändern grundsätzlich nichts an der institutionellen Gebundenheit allen Wirtschaftens. Die Globalisierungstechnik ist hierfür kein Ersatz, wohl aber stellt sie eine wesentliche Voraussetzung dar, um unendlich viele neue Möglichkeiten einer weltweiten Arbeits- und Wissensteilung nutzen zu können. Das Hauptproblem liegt in der auf nationaler Ebene zu vermittelnden Einsicht in die wohlstandssteigernden Perspektiven menschlicher Freiheitsrechte im allgemeinen und von offenen Märkten im besonderen. Ideengeschichtlich gibt es hierfür keine Alternative.

An der Frage, wie diese Einsicht institutionell umgesetzt werden und daraus eine soziale Tradition entstehen kann, werden sich im politischen Willensbildungs- und Entscheidungsprozeß auch künftig die Geister scheiden. Die Vorstellungen hierzu werden und müssen sich nicht auf einen Nenner bringen lassen. Die Art und Weise, wie Personen, Institutionen und Traditionen im Wettbewerb der Jurisdiktionen zusammenwirken, wird das Wechselspiel von Assoziations- und Dissoziationsbestrebungen mit vielen unvorhersehbaren Ergebnissen bestimmen. Die seit 1989 erkennbaren Anzeichen einer institutionellen Selbstverstärkung im Assoziationsprozeß und die hierbei vielfach aufgedeckten Ordnungsdefizite können nicht darüber hinwegtäuschen, daß viel erreicht wäre, wenn dieser Vorgang offen gehalten werden könnte.

Die „Neue Angst vor der Weltwirtschaft" mit dem diffusen Gemisch von ehrlich gemeinten und vorgeschobenen Gerechtigkeitspostulaten zeichnet sich als ein Kraftfeld ab, von dem gewichtige Dissoziationserscheinungen ausgehen können. Der „ethische

---

[25] „The result of this proposal would be a more ‚level playing field': either developing countries raise the cost of labor by adopting these minimum labour standards, or they face trade barriers. Labour in rich countries would be protected either way" (*Curzon-Price* 2000, S. 47).

Protektionismus" dürfte im Zusammenhang mit Bestrebungen zur globalen Machtbildung jenseits der herkömmlichen staatlichen Jurisdiktionen eine besondere Schubkraft gewinnen. Wie weit NGOs die nationalen Bevölkerungen ideell und finanziell für die Etablierung handels- und wettbewerbsfeindlicher Ordnungen an sich binden können, dürfte auch davon abhängen, ob es gelingt, in einer offenen Wetttbewerbswirtschaft den klassischen Arbeitgeber- und Arbeitnehmergegensatz zu überwinden und dem Verlangen der Menschen nach sozialer Sicherheit und Nachvollziehbarkeit der Einkommensverteilung Rechnung zu tragen. Die Megafusionen werden häufig mit Argumenten erklärt, die viel zuwenig den Versuch und den Handlungsspielraum des beteiligten Managements in Betracht ziehen, den erhöhten Wettbewerb in der globalisierten Wirtschaft zu vermindern. Die damit angedeutete neue Kombination privater Machtstrukturen jenseits der staatlichen Jurisdiktionen verdient es, verstärkt ins Blickfeld der ordnungsökonomischen Forschung gerückt zu werden.

Literatur

Berg, Hartmut (Hg.) (1999), Globalisierung der Wirtschaft: Ursachen – Formen – Konsequenzen, Schriften des Vereins für Sozialpolitik, Nr. 263, Berlin.

Bohnet, Iris, Bruno S. Frey und *Steffen Huck* (2000), More Order with Less Law: On Contract Enforcement, Trust, and Crowding, Institute for Empirical Research in Economics, University of Zurich, Working Paper, No. 52.

Bordo, Michael D., Barry Eichengreen und *Douglas A. Irwin* (1999), Is Globalization Today Really Different than Globalization a Hundred Years Ago?, NBER Working Paper, No. 7195.

Curzon-Price, Victoria (2000), Seattle Virus: A Mutant Form of Protection, in: *Kurt R. Leube* (Hg.), Vordenker einer neuen Wirtschaftspolitik: Wirtschaftsordnung, Marktwirtschaft und Ideengeschichte, Festschrift für *Christian Watrin*, S. 43-53.

Dobson, Wendy und *Gary Clyde Hufbauer* (2001), World Capital Markets, Challenge to the G-10, Washington D. C.

Dollar, David und *Aart Kraay* (2000), Growth is Good for the Poor, World Bank Working Paper, No. 2587.

Dollar, David und *Aart Kraay* (2001), Trade, Growth, and Poverty, World Bank Working Paper, No. 2615.

Donges, Juergen B. und *Andreas Freytag* (Hg.) (1998), Die Rolle des Staates in einer globalisierten Wirtschaft, Stuttgart.

Economist (2001), Getting Better all the Time – A Survey on Technology and Develepment, November 10th 2001.

Eichengreen, Barry (1999), Towards a New Financial Architecture: A Practical Post-Asia Agenda, Washington D. C.

Enquete-Kommission des Deutschen Bundestages „Globalisierung der Weltwirtschaft – Herausforderungen und Antworten" (2001), Zwischenbericht, Zusammenfassung der Berichte der Arbeitsgruppen, Berlin, http://www.bundestag.de/gremien/welt/welt_zwischenbericht/zwb002_zusfass.pdf (abgerufen am 6.02.2002).

Enquete-Kommission des Deutschen Bundestages „Globalisierung der Weltwirtschaft – Herausforderungen und Antworten" (2002), Deutscher Bundestag, Drucksache 14/9200, Berlin.

Eucken, Walter (1948), Das ordnungspolitische Problem, in: ORDO, Bd. I, S. 56-90.

Frenkel, Michael und *Lukas Menkhoff* (2000): Stabile Weltfinanzen?, Berlin u. a.

Hahn, Albert (1967), Ende der Aera Keynes?, Edgar Salin zum 75. Geburtstag, in: Kyklos, Vol. XX, S. 270-286.

Hasse, Rolf H. (1982), Die Sicherungsfunktion des Wettbewerbs, in: ORDO, Bd. 33, S. 149-164.

Hasse, Rolf H. und *Thomas Koch* (1990), Vereinigte Staaten: Wirtschaftsmacht in gefährdeter Spitzenposition? – Entwicklungslinien und Rückwirkungen, in: *Dieter Cassel* (Hg.), Wirtschaftssysteme im Umbruch, München, S. 363-388.

IFIAC – International Financial Institution Advisory Commission (2000), Report, Washington D. C., http://www.house.gov/jec/imf/meltzer.pdf (abgerufen am 20.01.2002).

IWF – International Monetary Fund (1998), Capital Account Liberalization: Theoretical and Practical Aspects, Occasional Paper, No. 172, Washington D. C.

IWF – International Monetary Fund (2002), Moral Hazard: Does IMF-Financing Encourage Imprudence by Borrowers and Lenders?, IMF Economic Issues, No. 28, Washington D. C.

Kenen, Peter B. (2002), The International Financial Architecture. What's New? What's Missing?, Washington D. C.

Köhler, Horst (2001), Die Rolle des IWF zur Krisenprävention, in: *Christa Randzio-Plath* (Hg.), Zur Globalisierung der Finanzmärkte und Finanzmarktstabilität, Baden-Baden, S. 12-38.

Krueger, Anne O. (2002), A New Approach to Sovereign Debt Restructuring, Washington D. C.

Laidler, David (1986), International Monetary Institutions and Deficits, in: *James M. Buchanan, Charles K. Rowley* und *Robert D. Tollison* (Hg.), Deficits, Oxford, S. 338-357.

Lutz, Friedrich A. (1935), Goldwährung und Wirtschaftsordnung, in: Weltwirtschaftliches Archiv, Band 41, S. 224-252.

Lutz, Friedrich A. (1954), Die Konvertibilitätsdiskussion, in: *Albert Hunold* (Hg.), Die Konvertibilität der europäischen Währungen, Erlenbach-Zürich und Stuttgart, S. 297-316.

Macaulay, Thomas B. (1848/1998), History, englische Erstgabe 1848, deutsche Übersetzung: Die Glorreiche Revolution: Geschichte Englands 1688/89, Auswahl und Übersetzung von *Robert Schneebeli*, Zürich 1998.

Molsberger, Joseph (2001), Welthandelsordnung, Globalisierung und wirtschaftliche Autonomie, in: *Claus Dieter Classen* u.a. (Hg.), „In einem vereinten Europa dem Frieden der Welt zu dienen...“, liber amicorum *Thomas Oppermann*, Berlin, S. 533-550.

Mussa, Michael (2000), Factors Driving Global Economic Integration, in: *Federal Reserve Bank of Kansas City* (Hg.): Global Economic Integration: Opportunities and Challenges, S. 9-55, http://www.kc.frb.org/PUBLICAT/SYMPOS/2000/S00muss.pdf. (abgerufen am 22.7.2002).

Myrdal, Gunnar (1961), Jenseits des Wohlfahrtsstaates: Wirtschaftsplanung in den Wohlfahrtsstaaten und ihre internationalen Folgen, Stuttgart.

Nunnenkamp, Peter (1999), The Moral Hazard of IMF Lending: Making a Fuss about a Minor Problem?, Kieler Diskussionsbeitrag, Nr. 332, Institut für Weltwirtschaft, Kiel.

Ostrom, Elinor (2000), Collective Action an the Evolution of Social Norms, in: Journal of Economic Perspectives, Vol. 14, No. 3, S. 137-158.

Popper, Karl R. (1963/1994), Vermutungen und Widerlegungen: Das Wachstum der wissenschaftlichen Erkenntnis, Teilband I: Vermutungen. Originalausgabe „Conjectures and Refutations, London 1963. Deutsche Übersetzung, Tübingen 1994.

Popper, Karl R. (1994), Alles Leben ist Problemlösen: Über Erkenntnis, Geschichte und Politik, Darmstadt 1994.

Rodrik, Dani (2001), Institutions, Integration, and Geography: In Search of the Deep Determinants of Economic Growth, Havard University MIMEO, http://ksghome.harvard.edu/~.drodrik.academic.ksg/growthintro.pdf, (abgerufen am 11.1.2002)

Röpke, Wilhelm (1942), Die Gesellschaftskrisis der Gegenwart, 4. Auflage, Erlenbach-Zürich.

Röpke, Wilhelm (1945/1954), Internationale Ordnung heute, 2. Auflage, Stuttgart.

Röpke, Wilhelm (1963), Die Nationalökonomie des „New Frontier": Allgemeine Deutung der Regierung Kennedy, in: ORDO, Bd. IV, S. 79-107.

Sally, Razeen (2000), Hayek and International Economic Order, in: ORDO, Bd. 51, S. 97-118.

Scherpenberg, Jens van (2001), Die neue Welthandelsrunde – Eine „Entwicklungsrunde", in: Wirtschaftsdienst, Heft XI, S. 615-617.

Schneider, Georg (1995), Dynamisierung des Transformationsprozesses durch ausländische Direktinvestitionen: Die UdSSR und Rußland als Beispiele, Diss., Marburg.

Schott, Jeffrey J. (Hg.) (2000), The WTO After Seattle, Waschington D. C.

Senti, Richard (2001), Verhandlungsgegenstände einer neuen Welthandelsrunde, Wirtschaftsdienst, Heft XI, S. 618-621.

Strätling, Rebecca (2000), Die Aktiengesellschaft in Großbritannien im Wandel der Wirtschaftspolitik: Ein Beitrag zur Pfadabhängigkeit der Unternehmensordnung, Stuttgart.

UNDP – United Nations Development Programme (2002), Arab Human Development Report 2002: Creating Opportunities for Future Generations, New York.

Watrin, Christian (1988), Die Bedeutung der Vereinigten Staaten von Amerika für die Weltwirtschaft, in: *Ernst Dürr* und *Hugo Sieber* (Hg.), Weltwirtschaft im Wandel, Festgabe für Egon Tuchtfeldt zum 65. Geburtstag, Bern und Stuttgart, S. 213-231.

Watrin, Christian (1999), Soziale Dilemmata und Ordnungspolitik, in: *Alfred Schüller* und *Christian Watrin*, Wirtschaftliche Systemforschung und Ordnungspolitik: 40 Jahre Forschungsstelle zum Vergleich wirtschaftlicher Lenkungssysteme der Philipps-Universität Marburg, Studien zur Ordnungsökonomik, Nr. 22, Stuttgart, S. 35-54.

Weber, Ralf L. (1995), Außenwirtschaft und Systemtransformation, Stuttgart.

Weber, Ralf L. (1999), Währungs- und Finanzkrisen: Lehren für Mittel- und Osteuropa, Studien zur Ordnungsökonomik, Nr. 23, Stuttgart.

Weltbank – Worldbank (2002), Globalization, Growth, and Poverty: Building an Inclusive World Economy, Washington D. C.

Alfred Schüller und H. Jörg Thieme (Hg.), Ordnungsprobleme der Weltwirtschaft
Schriften zu Ordnungsfragen der Wirtschaft · Band 71 · Stuttgart · 2002

Unterschiedliche wirtschaftliche Integrationsphasen: Ein historischer Vergleich

Peter Hertner

Inhalt

1. Von der „Weltwirtschaft“ zur „Globalisierung“: Begriffe im säkularen Wandel

Es dürfte kein Zufall sein, daß der Begriff der „Weltwirtschaft“ im 19. Jahrhundert offenbar erstmals im deutschen Sprachraum entstanden ist (*Predöhl* 1961, S. 605). Dort hatten sich in der wirtschaftswissenschaftlichen Diskussion unter dem Einfluß der Historischen Schule Stufentheorien herausgebildet, von denen eine der bekanntesten *Karl Bücher* mit der von ihm geprägten Abfolge der „Wirtschaftsstufen“ von der „Hauswirtschaft“ über die „Stadtwirtschaft“ zur „Volkswirtschaft“ vorstellte (*Bücher* 1913, S. 83 ff.). Den nächsten Schritt zu gehen, war *Bücher* allerdings nicht gewillt. Aus seiner Sicht war es

> „ein Irrtum, wenn man aus der im liberalistischen Zeitalter erfolgten Erleichterung des internationalen Verkehrs schließen zu dürfen meint, die Periode der Volkswirtschaft gehe zur Neige und mache der Periode der Weltwirtschaft Platz“.

Die sich international seit den späten 1870er Jahren immer weiter ausbreitende Schutzzollgesetzgebung und die insgesamt wachsende Staatstätigkeit auf ökonomischem Gebiet hätten die Rolle der einzelnen Volkswirtschaften erneut gestärkt (*Bücher* 1913, S. 141).

Bernhard Harms, der Begründer des Instituts für Weltwirtschaft an der Universität Kiel (*Predöhl* 1956), hat 1912 in einem groß angelegten Band zu *Volkswirtschaft und Weltwirtschaft* die Ursprünge des Begriffes Weltwirtschaft minutiös nachgezeichnet und bei dessen Schöpfung vor allem die Rolle von *Karl Heinrich Raus Grundsätze[n] der Volkswirtschaftslehre* hervorgehoben (*Harms* 1925, S. 16 ff.). *Harms* zeigt, daß besonders seit den 1890er Jahren in der deutschsprachigen wirtschaftswissenschaftlichen Literatur zunehmend von Weltwirtschaft die Rede war und definiert den Begriff folgendermaßen:

> „Weltwirtschaft ist der gesamte Inbegriff der durch hochentwickeltes Verkehrswesen ermöglichten und durch staatliche internationale Verträge sowohl geregelten wie geförderten Beziehungen und deren Wechselwirkungen zwischen den Einzelwirtschaften der Erde“ (*Harms* 1925, S. 106).

Knapper fällt das Konzept bei *Sartorius von Waltershausen* (1929, S. 893 f.) aus, der in einem umfangreichen Beitrag zum Stichwort „Weltwirtschaft“ in der vierten Auflage des *Handwörterbuchs der Staatswissenschaften* von einem „Zustand des Zusammenwirtschaftens oder eine[r] Gesamtwirtschaft auf der Erde“, von „eine[r] geschichtlich gewordene[n] Gesamtwirtschaft, die die ganze Erde umfaßt“ spricht.

Es liegt nahe, daß ein solch umfangreiches, offenbar historisch gewachsenes Phänomen nicht nur die Ökonomen beschäftigen mußte, sondern auch das Interesse der Historiker wecken konnte. Ausgehend von dem Hansehistoriker *Fritz Rörig* (1933), der von einer „mittelalterlichen Weltwirtschaft“ sprach,[1] prägte der französische Historiker *Fernand Braudel* in direkter Anlehnung an den deutschen Begriff das historische Konzept der „économie-monde“, die – im Gegensatz zur weltüberspannenden „économie mondiale“ des 19. und 20. Jahrhunderts – für die vorangegangenen Zeitabschnitte sich

---

[1] Auf *Rörig* (1933) und auf *Bruno Kuske* (1926) verweist auch *Knut Borchardt* (2001, S. 16 f.).

darstellt als ein wirtschaftlich sich einigermaßen selbst genügender Großraum, den eine gewisse organische Einheit auszeichnet.[2] Auch *Rörig* (1933, S. 8) versteht unter der mittelalterlichen Weltwirtschaft der Europäer „gewiß nicht die ganze Welt; jedenfalls aber die für den damaligen Menschen erreichbare und deshalb wirtschaftlich betrachtet allein vorhandene Welt". Als Beispiele für solche „économies-monde" bezeichnet *Braudel* die mittelmeerische Welt zur Römerzeit oder im 16. Jahrhundert, Nord- und Ostseeraum im Spätmittelalter sowie, in verschiedenen Epochen, China und seine ostasiatischen Anrainer und Südasien mit Indien als Zentrum (vgl. dazu und im folgenden *Braudel* 1979, Bd. 3, S. 14). Diese vorindustriellen „Weltwirtschaften" waren *Braudel* zufolge gekennzeichnet durch die Vorherrschaft einer Wirtschaftsmetropole: Venedig für den Süden Europas und das südliche Mitteleuropa vom 14. bis 16. Jahrhundert, während in Nordwesteuropa Brügge, Antwerpen, Amsterdam und London sich vom 14. bis 18. Jahrhundert hintereinander abwechselten. Innerhalb der „économies-monde" findet sich bei *Braudel* eine vom zentralen Bereich zur Peripherie abnehmende Intensität der – überwiegend – agrarischen Bewirtschaftung; dementsprechend zitiert er auch *Johann Heinrich von Thünen.*

Im Anschluss an *Braudel* hat sich dann der amerikanische Soziologe und Wirtschaftshistoriker *Immanuel Wallerstein* erstmals 1974 und dann immer wieder mit den Ursprüngen der europäischen „world-economy" im 16. Jahrhundert befaßt. Auch er mußte versuchen, deren Grenzen zu bestimmen:

> „By saying that in the sixteenth century there was a *European* world-economy, we indicate that the boundaries are less than the earth as a whole. But how much less?"

Wallerstein unterscheidet dann in diesem Zusammenhang den Kern („core") dieser europäischen – oder anderen – Weltwirtschaft von ihrer Peripherie und diese dann wieder von einem außen liegenden Gebiet. Dabei trifft er die folgenden Abgrenzungen:

> „The periphery of a world-economy is that geographical sector of it wherein production is primarily of lower-ranking goods [...] but which is an integral part of the overall system of the division of labor, because the commodities involved are essential for daily use. The external arena of a world-economy consists of those other world-systems with which a given world-economy has some kind of trade relationship, based primarily on the exchange of preciosities, what was sometimes called, the rich trades" (*Wallerstein* 1974, S. 301 f.).

In *Wallerstein*s Konzept gehörten zur europäischen Weltwirtschaft des 16. Jahrhunderts neben einem west- und damals auch noch südeuropäischen Kern eine ostmittel- und teilweise auch noch osteuropäische Peripherie, daneben aber auch eine süd- und mittelamerikanische periphere Zone, während Süd- und Ostasien und Afrika – außer seinem Mittelmeersaum – nicht dazu gehörten. Diese *Wallerstein*sche „world-economy" war aus seiner Sicht gekennzeichnet vor allem durch

> „... a single division of labor within which there was a world market , for which men produced largely agricultural products for sale and profit" (*Wallerstein* 1979, S. 16).

2 „... un fragment de l'univers, un morceau de la planète économiquement autonome, capable pour l'essentiel de se suffire à lui-même et auquel ses liaisons et ses échanges intérieurs confèrent une certaine unité organique" (*Braudel,* 1979, Bd. 3, S. 14).

Wallersteins Vorstellung von einer europäischen Weltwirtschaft und deren Beginn um 1500 blieb nicht unwidersprochen und ist vor allem von den Soziologen *Andre Gunder Frank* und *Barry K. Gills* (1993) bekämpft worden, die die Ursprünge eines Weltsystems um die Mitte des dritten Jahrtausends vor Christus im westlichen Asien ansiedeln, den hegemonischen Mittelpunkt solcher Systeme in der Folgezeit dann zwischen dem Mittelmeerraum und Ostasien hin und her wandern lassen und Westeuropa erst, und nur vorübergehend, ab 1800 diese Hegemonialrolle zugestehen wollen.[3]

> „[...] early modern history was shaped by a long since operational world economy and not just by the expansion of a European world-system, [...] for the globe-encompassing world economy/system did not have a single center but at most a hierarchy of centers, probably with China at the top",

stellte *Frank* (1998, S. 327) dazu fest.

Im Gegensatz zum Begriff der „Weltwirtschaft" ist Globalisierung ein relativ neuer Begriff, der erst um 1980 allmählich zur Diskussion gestellt wurde (*Held* und *McGrew* 2001, S. 6 f.), wie es auch beispielsweise *Paul Streeten* schildert, der 1980 mit seinen Kollegen an der Boston University begann, zum damals neuesten Thema, nämlich dem Phänomen der Globalisierung, ein regelmäßiges Seminar abzuhalten (*Streeten* 2001, S. 7). Wie auch in vielen anderen sozialwissenschaftlichen Bereichen wird man sich darauf einigen können, daß es „eine einzige, überall akzeptierte Definition der Globalisierung nicht gibt" (*Held* und *McGrew* 2001, S. 13, meine Übersetzung). Mögliche Definitionen umfassen weiträumige, im Grenzfall jetzt die ganze Welt erfassende Wirkungen lokaler Vorgänge und Handlungen: eine räumlich-zeitliche Reduktion von Distanzen und damit ein anscheinendes Kleinerwerden der bestehenden Welt, beispielsweise durch elektronische Nachrichtenübermittlung; eine Beschleunigung der Interdependenzen zwischen zuvor regional oder national abgegrenzten Wirtschaftsräumen und Gesellschaften (*Held* und *McGrew* 2001, S. 13). Unter den Bedingungen der Globalisierung

> „[...] the international economic system becomes autonomized and socially disembedded, as markets and production become truly global. Domestic policies, whether of private corporations or public regulators, now have routinely to take account of the predominantly international determinants of their sphere of operations. As systemic interdependence grows, the national level is permeated by and transformed by the international" (*Hirst* und *Thompson* 1999, S. 10).

Während die Globalisierung der Wirtschaft zumindest anfangs im Vordergrund des Interesses stand und uns auch in diesem Zusammenhang in erster Linie beschäftigen wird,[4] steht außer Frage, daß Globalisierung ebenso die Sphären der Kultur und der Politik berührt. Soweit der Globalisierungsprozeß heute auf mehr oder weniger gut organisierten Widerstand stößt, wird dies bekanntlich fast ebenso häufig mit dessen kulturellen und politischen Wirkungen begründet wie mit den befürchteten Folgen der globalen Ökonomie, wobei auch von Nichtmarxisten generell ein „Basis-Überbau"-Modell unterstellt wird, bei dem die entscheidenden Anstöße von der wirtschaftlichen Seite aus er-

---

[3] Für eine Gegenüberstellung der jeweiligen Thesen vgl. *Stremlin* (2001).

[4] So definiert zum Beispiel *Knut Borchardt* (2001, S. 3 f.) Globalisierung als „eine mehr oder weniger rasch zunehmende Verflechtung zuvor räumlich weit entfernter Wirtschaften" und beschränkt sich damit ganz bewußt auf die ökonomische Seite des Problems.

folgen. Auch ein prinzipiell dem Phänomen der Globalisierung positiv gegenüberstehender Kritiker wie *John H. Dunning*, dem die Theorie der multinationalen Unternehmung grundlegende Einsichten verdankt, ist heute – wie die meisten Ökonomen und Politikwissenschaftler – davon überzeugt, daß,

> „... as a result of the dramatic growth in the cross-border linkages forged by multinational enterprises [...], the latitude for autonomous and purely domestic oriented actions on the part of the government of nation states [...] is being severely curtailed" (*Dunning* 2001b, S. 331).

2. Globalisierung vor der Globalisierung? Ein historischer Rückblick

Abgesehen von diesen verschiedenen Aspekten des Globalisierungsprozesses, herrschte jahrelang die Ansicht vor, daß das eigentliche Phänomen in seiner wirtschaftlichen Ausprägung mehr oder weniger gleichzeitig mit der Debatte über es selbst, also etwa zu Beginn der 1980er Jahre, entstanden und somit typisch für das ausgehende 20. Jahrhundert sei. Ein Blick auf das beträchtlich ältere Konzept der „Weltwirtschaft" hätte genügt, um die Ursprünge der Globalisierung wesentlich weiter nach hinten zu verlegen.

In der Tat haben Wirtschaftshistoriker in den vergangenen Jahren zunehmend versucht, die Traditionslinien der Globalisierung herauszuarbeiten. Wie die Historiker der „Weltwirtschaft" sind sie dabei zeitlich zunächst weit zurückgegangen. Weitreichende Handelsbeziehungen lassen sich schon früh in der Geschichte der Menschheit beobachten. Interkontinentaler Handel wurde schon zur Zeit des römischen Kaiserreiches zwischen dem Mittelmeergebiet und dem indischen Subkontinent betrieben. Bekannt geworden durch die Gestalt des *Marco Polo* sind die regelmäßigen Handelskontakte zwischen Südeuropa und dem Fernen Osten zwischen der Mitte des 13. und der Mitte des 14. Jahrhunderts, als die fast durchgehende Mongolenherrschaft politische und damit auch kommerzielle Stabilität garantierte, auch wenn die Zahl der Europäer, meist Italiener, die damals bis ins Reich der Mitte vordrangen, „... must have been exceedingly small" (*De Roover* 1963, S. 63; vgl. auch *O'Rourke* 1999, S. 2).

Das sogenannte Zeitalter der Entdeckungen, das mit dem portugiesischen Ausgreifen in den Atlantik und nach Afrika um die Mitte des 15. Jahrhunderts begann und mit *Columbus*' Entdeckung Amerikas im Jahr 1492 und mit *Vasco da Gamas* Entdeckung des Seewegs um die Südspitze Afrikas herum nach Indien fünf Jahre später seine ersten Höhepunkte erreichte, könnte man als Auftakt der Globalisierung begreifen, wäre da nicht das Problem, daß der Fernhandel quantitativ trotz seiner spektakulären Erfolge für die jeweiligen Volkswirtschaften – falls dieser Ausdruck überhaupt schon benutzt werden kann – des 16. und frühen 17. Jahrhunderts noch kaum ins Gewicht fiel (*O'Rourke* und *Williamson* 2000, S. 1 f.). Vor allem in Süd- und in Ostasien verdankten die Europäer ihre militärische Überlegenheit – und damit auch die Möglichkeit, dauerhafte Handelsstützpunkte anzulegen – ihren kanonenbestückten, hochseegängigen Schiffen, mit denen sie zunächst die Küsten beherrschten, während das Landesinnere jahrhundertelang ihrer direkten Herrschaft entzogen blieb.[5] Die Fahrten waren zeitraubend: Rechnet man Zwischenstationen und den wochenlangen Aufenthalt im Zielhafen dazu, dann waren die Schiffe von Lissabon nach dem portugiesischen Stützpunkt Goa an der indischen Westküste um das Kap der Guten Hoffnung herum und wieder zurück nach Portugal in der Regel sechs bis acht Monate lang unterwegs (*Boxer* 1977, S. 205). Spanische Schiffe, die sich von Sevilla nach Veracruz in Mexiko begaben, benötigten 75 Tage für die Hinreise, die Rückfahrt dauerte sogar 130 Tage wegen der anderen Windverhältnisse und weil man in Havanna auf Kuba mindestens zwei Wochen warten mußte, bis alle Schiffe für den vorgeschriebenen Konvoi eingetroffen waren.[6] Spektakulär war dieser Handel allemal, und es gibt inzwischen Verfechter der These, daß man von einem regelrechten Welthandel erst ab 1571, dem Jahr der Gründung von Manila durch die Spanier, reden könne. Erst von diesem Zeitpunkt ab habe es einen regelmäßigen Schiffsverkehr von Acapulco im spanischen Mexiko nach den Philippinen und von dort nach Japan und China gegeben, womit sich der Kreis um den ganzen Globus herum geschlossen habe. Silber aus Spanisch-Amerika – zwischen 1500 und 1800 seien dort mindestens 80 % der Weltproduktion geschürft worden – habe in China zwischen dem späten 16. und der Mitte des 17. Jahrhunderts zeitweise einen deutlich höheren Preis erzielt als in Europa, und dies habe den Ostasienhandel für Portugiesen, Spanier – diese, wie erwähnt, direkt aus Lateinamerika – und dann auch die Niederländer ausgesprochen lukrativ gemacht. Als Rückfracht habe man dann speziell aus China und Japan Seide, Tee und Porzellan importiert (*Flynn* und *Giraldez* 1995).

Mißt man die Fortschritte der Globalisierung am Ausmaß der Integration der internationalen Warenmärkte, wie das *Kevin O'Rourke* und *Jeffrey Williamson* vorschlagen, dann war der interkontinentale Fernhandel des 16. und 17. Jahrhunderts noch weit davon entfernt, einen solchen Prozeß auszulösen.[7] Die gehandelten Waren, die vor allem von den Portugiesen und danach von den Niederländern aus Ostasien importiert wurden, bestanden im wesentlichen aus den genannten Luxusgütern, zu denen dann noch aus Südostasien und Indien die Gewürze hinzukamen. Diese Warenarten konnten aufgrund der hohen Preise, die sie auf den europäischen Märkten erzielten, die Transport-

---

5 Vgl. *Cipolla* 1965, S. 138 ff.; vgl. dazu auch *C.R. Boxer* 1977, S. 58: „Turkish, Egyptian, Malabar or Malayan corsairs in oared galleys and single-masted foists could not effectively challenge on the high seas the great carracks and galleons which formed the core of Portuguese naval strength. [...] As a broad generalisation it can be said that the Portuguese *did* more or less effectively dominate the maritime trade of the Indian Ocean for most of the sixteenth century."

6 *Kamen* 1971, S. 9. *Pierre Chaunu* (1976, S. 113) zufolge wurde der Handel zwischen Amerika und Europa bis zum Ende des 18. Jahrhunderts weniger aus militärischen Gründen – nämlich um sich vor Seeräubern zu sichern –, sondern vor allem als Vorkehrung gegen Schiffbruch zu 85-90 % im Konvoi abgewickelt.

7 Vgl. hierzu und im folgenden *O'Rourke* und *Williamson* 2000, S.5 ff.; *Flynn* und *Giráldez* 1995, S. 201) nehmen dazu eine andere Haltung ein und behaupten: „[...] global traded emerged when all important populated continents began to exchange products continuously – both with each other directly and indirectly via other continents – and in values sufficient to generate crucial impacts on all the trading partners".

kosten und auch das Ausfallrisiko gut tragen.[8] Sie machten einheimischen europäischen Produkten kaum Konkurrenz, und die Profitmargen der Händler und damit auch die der Investoren waren zumindest in den Anfangsjahren hoch: Die 1600 als joint-stock company gegründete englische East India Company verdiente in den ersten zwanzig Jahren ihres Bestehens eine durchschnittliche Jahresdividende von 10 %, in den 1620er Jahren von etwa 7 %, während die größere niederländische Ostindienkompagnie, 1602 ebenfalls als Aktiengesellschaft ins Leben gerufen und im Ostasienhandel das ganze 17. Jahrhundert hindurch weltweit führend, zwischen 1605 und 1620 etwa 20 % und von 1621 bis 1630 etwa 8 % im Jahresdurchschnitt erwirtschaftete (*Chaudhuri* 1965, S. 211 ff.; *Irwin* 1990, S. 15 f.). Dennoch hielt sich der Anteil des Ostasienhandels in engen Grenzen: Zwischen 1500 und 1549 sandten die Portugiesen im jährlichen Durchschnitt 9 Schiffe nach Ostindien, in der zweiten Hälfte des Jahrhunderts waren es dann nur noch durchschnittlich 5,1.[9] Die niederländische Ostindienkompagnie, 1602 gegründet und im Ostasienhandel das ganze 17. Jahrhundert hindurch weltweit führend, registrierte bis zur Jahrhundertmitte im Jahresdurchschnitt knapp 7 aus Ostasien nach Holland zurückgekehrte Schiffe, zwischen 1650 und 1699 waren es dann 13,2 pro Jahr (*Israel* 1989, S. 102). 1663 zum Beispiel waren, an der Tonnage gemessen, ganze 6 % der im Außenhandel tätigen englischen Handelsflotte am Transport von und nach Ostasien beteiligt (*Davis* 1962, S. 17).

Man kann also die quantitativ bescheidenen Austauschprozesse für das Fehlen einer tatsächlichen Globalisierung im 16./17. Jahrhundert ins Feld führen, man könnte aber auch einen Schritt weiter gehen, wie es *Knut Borchardt* (2001, S. 20) getan hat, und für die frühe Handelsexpansion der Europäer das Fehlen der „Gleichheit friedlich-freien Austauschs, [...] eine deutliche Über- und Unterordnung in Hegemonialmacht, Protektorate und Kolonien“ konstatieren und zugleich die Abwesenheit einer „Weltwirtschaft im Sinne von Netzwerken, die Kaufleute relativ frei geknüpft hatten, wie sie es vorher schon gegeben hatte und später wieder geben sollte“, monieren. Daher könne man in diesem Falle von einer „Weltwirtschaft“ noch keinesfalls sprechen. Ganz überzeugen kann dieses Votum *Borchardt*s deshalb nicht, weil auch noch im 19. Jahrhundert, in dem er durchaus die erste Globalisierungswelle am Werk sieht, solche abhängigen Beziehungen weiter bestanden haben.

Das 18. Jahrhundert, in dem sich allmählich eine „atlantische Wirtschaft“ herausbildete, war eine Art Übergangszeit. In begrenztem Umfang wurde jetzt schon Massenware im „Dreieckshandel“ zwischen dem europäischen, dem afrikanischen und dem amerikanischen Kontinent gehandelt, nämlich afrikanische Sklaven im Tausch gegen europäische Manufakturwaren, karibisches Zuckerrohr und nordamerikanischer Tabak gegen europäische Gewerbeerzeugnisse (*O'Rourke* 1999, S. 2). Ein Teil des europäischen

---

8 „The production of spices in Asia and the demand for them in Europe roughly doubled during the second half of the sixteenth century, and prices likewise increased two- or even threefold“ (*Boxer* 1977, S. 59.)

9 *Boxer* 1977, appendix 1, S. 379. *J. H. Parry* (1949, S. 95) hatte zuvor schon festgestellt: „In the eighty odd years from Vasco da Gama's first voyage to the union of the Spanish and Portuguese crowns, 620 ships left Portugal for India. Of these, 256 remained in the East, 325 returned safely to Portugal and 39 were lost.“

Handels mit Asien wurde auch noch im 18. Jahrhundert über das östliche Mittelmeer, die Levante, und damit zumindest teilweise über den Landweg durch das Osmanische Reich abgewickelt (*Morineau* 1985). Zu der Vorstellung, das 16. und 17. Jahrhundert sei im Fernhandel fast ausschließlich von den genannten „Luxuswaren" dominiert worden, gibt es freilich auch Gegenstimmen, die die weltweite Handelsdominanz der nördlichen Niederlande, der sogenannten Generalstaaten, vom Ende des 16. bis zum Beginn des 18. Jahrhunderts[10] auf deren äußerst erfolgreiche Tätigkeit sowohl im Handel mit Massengütern – Salz, Holz, Textilien, Getreide – als auch bei der Vermittlung von Luxuswaren – besonders die schon erwähnten Güter aus Süd- und Ostasien – zurückführen.[11]

Erst im Verlauf des 19. Jahrhunderts kam es dann weltweit zum internationalen Handel mit relativ homogenen Massengütern wie Baumwolle, Weizen und Kohle. Nichts scheint vorläufig darauf hinzudeuten, daß es bei den vor 1800 von Ost- bzw. Südostasien nach Europa exportierten Gütern – Pfeffer, Rohseide, Tee, Kaffee, Indigo – zu einer nennenswerten Preiskonvergenz gekommen wäre. *O'Rourke* und *Williamson* zufolge kann deshalb auch nicht von einem in Gang gekommenen Globalisierungsprozeß geredet werden (*O'Rourke* und *Williamson* 2000, S. 12 f.). Die beiden Autoren führen die stetig zunehmende europäische Einfuhr vor allem auf eine gestiegene Nachfrage seitens einer wachsenden Bevölkerung in den westeuropäischen Ländern zurück.

3. Die erste Phase der Globalisierung: Das 19. Jahrhundert

Der rasche technische Fortschritt auf den Gebieten des Verkehrs und der Kommunikation, das Überspringen der industriellen Revolution von Großbritannien auf das europäische Festland und auf Nordamerika, bis dahin vom Umfang her unerhörte interkontinentale Wanderungen der Faktoren Arbeit und Kapital – dies sind die Ursachen für eine erste Phase der Globalisierung, die etwa nach dem ersten Drittel des 19. Jahrhunderts einsetzt.

Der zunehmende Einsatz von Dampfkraft zu Land – die Eisenbahn – und auf See – das Dampfschiff – ließ in relativ kurzer Zeit Entfernungen schrumpfen, wie es sich bis dahin kaum jemand hatte vorstellen können. Eisenbahnen beschleunigten und verbilligten den Waren- und Personentransport nicht nur in den Ländern West- und Mitteleuropas seit den 1830er Jahren, sie wurden nach 1860 auch quer durch den nordamerikanischen Kontinent gelegt, erschlossen weite Teile Argentiniens und Brasiliens, Britisch Indiens, gegen Ende des Jahrhunderts auch Teile von China. Bekannt geworden sind die hauptsächlich mit deutschem Kapital finanzierte, aber nie bis Bagdad gelangte Bagdad-Bahn sowie die 1905 bis zum Pazifik vollendete Transsibirische Eisenbahn. Nur mit Hilfe der Eisenbahnen konnten – in Nord- wie in Südamerika oder wie auch in Australi-

10 „Except for Britain after around 1780, no one power in history ever achieved so great a preponderance over the processes of world trade as did the Dutch, for a century and a half, from the end of the sixteenth down to the early eigteenth century" (*Israel* 1989, S. 12).

11 „One aspect of the uniquenness of the Dutch entrepôt as a hub of the world economy in early modern times is that its hegemony extended to both bulk and rich trades" (*Israel* 1989, S. 408).

en – landwirtschaftliche Überschüsse in die Häfen gebracht und von dort nach Europa exportiert werden (*Woodruff* 1966, S. 226 ff.). Dampfbetriebene Eisenschiffe wurden im Frachtverkehr erst ab etwa 1860, im Personenverkehr schon ein bis zwei Jahrzehnte zuvor, mit den Großseglern konkurrenzfähig. Zu höherer Geschwindigkeit bei geringerem Kohlenverbrauch trugen seit den 1840er Jahren ständige technische Verbesserungen bei der Boiler- und Kondensatorentechnik, bei der Ersetzung des Radantriebs durch den Schiffspropeller und bei der Einführung stärkerer Dampfmaschinentypen selbst entscheidend bei (*Hugill* 1993, S. 125 ff.). Erstmals im Jahr 1893 hatten Dampfschiffe mit stählernem Rumpf die Segelschiffstonnage weltweit überrundet. Dampfschiffe waren ab Mitte des Jahrhunderts schneller als Segelschiffe bei der Atlantiküberquerung. Dank verbesserter Antriebstechnik sank die Zeit für eine West-Ost-Überquerung mit dem Dampfer von etwa 10 Tagen um 1850 auf 5-6 Tage dreißig Jahre später beim Personenverkehr. Bis die Nachricht von der amerikanischen Unabhängigkeitserklärung 1776 nach Europa gelangen konnte, hatte es mit den damaligen Segelschiffen noch 44 Tage gedauert (*Woodruff* 1966, S. 236 f.). Dampfschiffe waren, da nicht vom Wind abhängig, zuverlässiger als ihre Vorgänger, denn selbst auf der vom Wind relativ begünstigten Nordatlantikroute konnten Segelschiffe bei widrigen Wetterbedingungen leicht um mehr als die Hälfte der normal veranschlagten Zeit unterwegs sein (*Hugill* 1993, S. 127). Auf der Route nach Asien genossen Dampfschiffe den unschätzbaren Vorteil, daß sie mit eigener Kraft durch den 1869 eröffneten Suezkanal fahren konnten, wodurch die Reise von London nach Bombay um nicht weniger als 40 % verkürzt werden konnte. Beim 1914, wenige Wochen nach Ausbruch des Ersten Weltkrieges, eingeweihten Panamakanal konnten zwischen Liverpool und San Francisco ebenfalls 40 % der Strekke eingespart werden, aber seine eigentliche Bedeutung erhielt diese Verbindung für die nordamerikanische Schiffahrt und insbesondere für die US-Marine, was das finanzielle und politische Engagement der Vereinigten Staaten beim Bau dieses Kanals erklären hilft (*Woodruff* 1966, S. 243 f.).

Noch weit eindrücklicher war der Zeitgewinn bei der telegraphischen Nachrichtenübermittlung, die sich seit den 1840er Jahren in ganz Europa durchzusetzen begann. Ein erstes längeres Unterseekabel wurde 1850 zwischen Dover und Calais gelegt. Nach technischen Rückschlägen konnte 1866 erstmals ein Kabel zwischen England und Neufundland in Betrieb genommen werden. Der Rest der Welt wurde dann sehr schnell telegraphisch erschlossen. Als 1872 das Kabel bis nach Adelaide in Australien gelegt war, wurde die Zeit für eine Nachrichtenübermittlung von heute auf morgen von 4 Monaten auf wenige Minuten reduziert (*Woodruff* 1966, S. 244 f.; *Headrick* und *Griset* 2001). Die Kosten waren zunächst hoch, so daß in den ersten Jahren meist Börsendaten und Güterpreise übermittelt wurden. Es steht ganz außer Frage, daß auf diese Weise Transaktionskosten gesenkt werden konnten und Märkte stärker integriert wurden:

> „For the first time the merchant was in direct touch with his source of supply. He could buy cotton or wool, sugar or tea, before shipment and be fairly sure of its date of arrival. Fluctuations in supply and demand could be acted upon rapidly. [...] Together with steam locomotion on land and sea, deep-sea cables created world markets and world prices" (*Woodruff* 1966, S. 245).

Alles deutet darauf hin, daß die Zeitgenossen um die Mitte des 19. Jahrhunderts diese Entwicklungen ebenso als „Kommunikationsrevolution", als „the death of distance", empfunden haben, wie Beobachter dies ganz am Ende des 20. Jahrhunderts bei den neuen Möglichkeiten elektronischer Kommunikation glaubten feststellen zu müssen (*Cairncross* 1997).

Meßbar sind jedoch vor allem die im Laufe der Jahrzehnte eindeutig gesunkenen Preisindices für Transportleistungen: Der von *Douglass North* erarbeitete Index der realen Frachtkosten auf der Nordatlantikroute fällt zwischen 1870 und 1910 um mehr als 40 %, der britische Frachtkostenindex sinkt für die Zeit von 1840 bis 1910 um etwa 70 %.[12] Nach einem Bericht der Weltbank fielen die Importzölle von Industriestaaten für Fertigwaren zwischen dem Ende der 1940er Jahre und dem Ende der 1970er Jahre von einer Durchschnittsbelastung von 40 auf 7 % (*O'Rourke* und *J. G. Williamson* 2000, S. 16). Dies war zweifellos spektakulär und erklärt wohl einen Teil der dynamischen Nachkriegsentwicklung – eindrucksvoller als die Absenkung der Transportkosten vor 1914 war es kaum.

Bei den Konsumgüter- und Rohstoffpreisen ist die Konvergenz besonders eindrucksvoll für das letzte Viertel des 19. und die ersten Jahre des 20. Jahrhunderts zu beobachten: Weizenpreise in Liverpool lagen 1870 um 57,6 % höher als in Chicago, 1912 waren es noch 15,6 %. Die Divergenz zwischen den Wollpreisen in Boston und London fiel von 59,1 % 1870 auf 27,9 % 1913. Der Kupferpreisabstand zwischen Philadelphia und London bewegte sich von 32,7 % im Jahr 1870 auf fast Null 1913 (*O'Rourke* und *Williamson* 2000, S. 17). Diese Konvergenz muß gleichzeitig vor dem Hintergrund steigender Produktion und wachsender Exporte von Rohstoffen und Nahrungsmitteln in den Überschußländern bei zugleich fallenden Preisen gesehen werden, und dabei spielte wiederum Großbritannien als Vorreiter des Freihandels seit den 1840er Jahren eine führende Rolle: So wurden dort 1850 aus den USA und Kanada 5 Mill. Bushel Getreide eingeführt, 1880 waren dies bereits 92 Mill., wobei der Preis pro Bushel Weizen von 1,50 US-Dollar im Jahr 1871 auf 86 Cents 1885 sank. Dabei übernahm Europa 1913 nicht weniger als 77 % der Welteinfuhr an Weizen (*Woodruff* 1966, S. 268 f.).

O'Rourke und *Williamson* haben in einem aufwendigen Forschungsvorhaben versucht, eine solche Konvergenz auch für die Reallohnentwicklung in zwölf west-, nord- und südeuropäischen Ländern sowie in den USA und Kanada nachzuweisen. Zugrunde lag der Gedanke, daß zwischen 1820 und 1920 etwa 60 Millionen Europäer nach Übersee ausgewandert sind, davon gingen drei Fünftel in die Vereinigten Staaten. Eine solche Wanderungswelle hat es seitdem nicht wieder gegeben. Auch die zwangsweise Verschiffung afrikanischer Sklaven auf den amerikanischen Doppelkontinent hat bis 1820 nur eine maximale Zahl von etwa 8 Millionen Menschen erreicht (*O'Rourke* und *Williamson* 1999, S. 119). *O'Rourke* und *Williamson* kommen zu dem Ergebnis, daß der Wanderungsstrom von Europa nach Nordamerika, von relativ ressourcenarmen, aber gut mit Arbeitskräften bestückten Ländern in ressourcenreiche, jedoch mit Arbeitskräften unterversorgte Zielgebiete in Europa das Lohnniveau relativ zu den USA und Kanada steigen ließ, während es in den Zielländern relativ sank zwischen 1870 und 1910. Darüber hinaus wurde die Einkommensverteilung in den Zielländern der Auswanderung, zu denen jetzt auch Argentinien und Australien hinzukommen, im selben Zeit-

[12] Beide Indices sind zitiert bei *O'Rourke* und *Williamson* (2000 S.15 f.).

raum „ungleicher", während in Europa genau das Gegenteil eintrat.[13] Der Ökonom wird solche Entwicklungen erwartet haben, auch der Wirtschaftshistoriker sieht sich in seinen Arbeitshypothesen bestätigt.

Ganz abgesehen von solchen Preis- und Lohnkonvergenzen läßt sich für die letzten beiden Drittel des 19. Jahrhunderts und den Beginn des 20. eine beeindruckende Dynamik des weltweiten Güteraustauschs und der Kapitalströme beobachten. So stieg das Wachstum des Welthandels von etwa 1 % im Durchschnitt des Jahrhunderts zwischen 1713 und 1815 auf 4-5 % im darauffolgenden Jahrhundert, eine Entwicklung, die nicht nur auf die oben beschriebenen durchgreifenden technischen Veränderungen bei Verkehr und Kommunikation, sondern vor allem auf den zumindest große Teile Europas und Nordamerikas erfassenden Industrialisierungsprozeß zurückzuführen ist. Zugleich wuchs das Verhältnis des Außenhandels zum Volkseinkommen bei diesen Ländern des sich industrialisierenden oder bereits industrialisierten „Kerns" von etwa 2-3 % zu Beginn des 19. Jahrhunderts auf etwa 30 % im Jahr 1913.[14] Die „Kernländer" standen im Handelsaustausch mit drei Arten von Ländern: den von Europäern besiedelten „countries of white European settlement overseas", d. h. den Vereinigten Staaten, Kanada, Australien, Neuseeland, Teilen Südafrikas, Argentinien, Chile und Uruguay; den Ländern der „europäischen Peripherie", d. h. Spanien, Portugal, Italien, dem Habsburgerreich und dem zaristischen Rußland; schließlich den später sogenannten Ländern der „Dritten Welt" in Afrika, Asien und den tropischen Teilen Lateinamerikas. Dabei ist es interessant zu beobachten, daß zwar die europäische Ausfuhr in die zuletzt genannte Ländergruppe, die „Dritte Welt", zwischen 1830 und 1910 um etwa das Neunzehnfache zunahm, der Anteil dieser Ausfuhr am europäischen Gesamtexport in diesem Zeitraum jedoch nur von etwa 15 % auf 21 % stieg – was zugleich bedeutet, daß vier Fünftel der europäischen Ausfuhr entweder innerhalb Europas abgewickelt wurde oder in die europäischen Siedlungsgebiete in Übersee floß. Zugleich stammte weniger als ein Viertel der gesamten Güter und Dienstleistungen, die die Europäer vor dem Ersten Weltkrieg konsumierten, aus dieser sogenannten „Dritten Welt" (*O'Brien* 1997, S. 87 f.). Fertigwaren kamen kaum von dort nach Europa, dagegen lieferte diese Ländergruppe, um nur einige Rohstoffe zu nennen, Rohbaumwolle, Ölsaaten, Häute und Felle, Rohseide, Jute und Hanf. Andererseits „before World War I [...] European dependence on the other hemispheres for supplies of energy and minerals remained negligible" (*O'Brien* 1997, S. 89). Trotz der raschen Handelsexpansion bewirkte der Globalisierungsprozeß für die entwickelten europäischen Staaten also kaum eine erhöhte Abhängigkeit von den Ländern Asiens, Afrikas und des tropischen Amerika.

Wesentlich schwerwiegender für die europäischen Erzeuger, in erster Linie die Agrarproduzenten, war die Konkurrenz aus den Ländern, die fast ausschließlich von europäischen Auswanderern besiedelt worden waren. Seit den späten 1870er Jahren drängte plötzlich überseeisches Getreide, zunächst aus den USA, später auch aus Kana-

---

[13] *O'Rourke* und *Williamson* (1999, S. 167 ff.). – Zuvor von diesen beiden Autoren veröffentlichte Ergebnisse dieser Studie werden teilweise in Zweifel gezogen von *Anderson* (1998).

[14] *O'Brien* (1997, S. 81 f.); für die europäischen Länder hat *Bairoch* (1976, S. 78) eine Steigerung der Gesamtexportquote von 5,5 % im Jahr 1840 auf 14,0 % 1913 errechnet.

da, Australien und Argentinien, auf die europäischen Märkte, und in den folgenden drei Jahrzehnten sanken die Getreidepreise auf dem Weltmarkt um etwa ein Drittel (*O'Rourke* 1997). *Borchardt* (2001, S. 26 f.) weist in diesem Zusammenhang darauf hin, daß in Deutschland um 1880 noch 43 % der Bevölkerung von der Landwirtschaft abhingen, in Frankreich sogar 47 %: „Fast fünfzig Prozent der Bevölkerung direkt oder indirekt einer Senkung der Erlöse ihrer wichtigsten produzierten Güter um 20 bis 35 Prozent auszusetzen, hätte zu phantastischen Einkommensausfällen geführt, mit unübersehbaren Wirkungen in der ganzen Volkswirtschaft [...]". Die Flucht vor den vergleichsweise hochproduktiven Agrarwirtschaften in Übersee in den Protektionismus war in den kontinentaleuropäischen Ländern die bekannte Folge mit einer für die Jahre 1909-13 durchschnittlichen Zollbelastung auf die vier Hauptgetreidearten von 28,4 % in Frankreich, 24 % in Schweden und nicht weniger als 40,1 % im Deutschen Reich (*O'Rourke* und *Williamson* 1999, S. 100). Die bekannte Alternative war Großbritanniens Hinwendung zum Freihandel, symbolisiert in der Abschaffung der *corn laws* im Jahr 1846, und damit die völlige Öffnung des britischen Marktes für die überseeischen Agrarproduzenten. Damit floß nicht nur das amerikanische Getreide ungehindert ins Land; ab den 1880er Jahren wurde es möglich, tiefgekühltes Fleisch aus Übersee zu importieren, zunächst aus den Vereinigten Staaten, später vor allem aus Argentinien, das 1908 mehr als 60 % der britischen Rindfleischimporte und mehr als ein Drittel der Schaffleischeinfuhren bestritt (*Miller* 1993, S. 107), was neben der gelungenen Marktintegration bei so hohen Marktanteilen auch zu neuen Abhängigkeiten führen mußte.[15] Zusammen mit der neuseeländischen Butter, die seit der Jahrhundertwende und bis in die 1960er Jahre in den britischen Haushalten regelmäßig auf den Tisch kam, war dies ein Beispiel für frühe globale Marktintegration bei Konsumgütern.

Zum Schluß seien noch die Kapitalbewegungen als ein weiterer Faktor erwähnt, der entscheidend zur ersten Welle der Globalisierung beigetragen hat. Auch hier ging die Bewegung von Europa aus: Um 1870 waren 9,6 Mrd. US-Dollar im Ausland als Portfolio- oder als Direktinvestitionen angelegt worden, davon stammten nicht weniger als 9,5 Mrd. von europäischen Investoren. 1913 waren es nach den Schätzungen von *Bairoch* (1997, Bd. 2, S. 317) bereits 47,5 Mrd., von denen 43,0 Mrd. von europäischen Anliegern, der Rest aus den Vereinigten Staaten kamen. 1913 stammten mehr als zwei Fünftel dieser Anlagen aus Großbritannien, bis etwa 1870 waren es sogar mehr als die Hälfte gewesen. Damit wird die Rolle dieses Landes als Mutterland der Industriellen Revolution und als bedeutendste Kolonialmacht und zugleich die Bedeutung Londons als Weltfinanzzentrum auch durch diese Größenordnungen bestätigt. Frankreich mit 19 % der Auslandsinvestitionen im Jahr 1913 und Deutschland mit 12 % nahmen die Plätze zwei und drei ein und wurden gefolgt – in dieser Reihenfolge – von der Schweiz, Belgien und den Niederlanden, die alle drei wesentlich kleinere Volkswirtschaften waren, aber zusammen mit den drei „Großen" die am stärksten industrialisierten Länder Europas darstellten. Etwa die Hälfte der Investitionen in außereuropäischen Ländern

[15] Die enorme Exportabhängigkeit der argentinischen Agrarwirtschaft in den Jahren 1908-13 zeigt sich auch bei der Weizenproduktion, von der nicht weniger als zwei Drittel exportiert wurden, während im Falle der US-amerikanischen Produktion nur etwa 15 % ausgeführt wurden (*Levy* 1924, S. 49).

wird in den Teilen der Welt getätigt, die von Europäern besiedelt worden sind, insbesondere in Nordamerika. In Europa ist es zu Beginn des 20. Jahrhunderts vor allem Rußland, das die meisten Investitionen anzieht. Vor allem Frankreich hat mehr als ein Viertel seiner gesamten Auslandsanlagen im Zarenreich investiert. Ob 80-90 % dieser Anlagen in der Form von Portefeuilleinvestitionen getätigt worden sind und der relativ bescheidene Rest als Direktinvestitionen (so *Bairoch* 1997, Bd. 3, S. 325 f.), bleibt umstritten. *John Dunning* plädiert sogar für einen Anteil der weltweiten Direktinvestionen an den langfristigen Auslandsanlagen in der Größenordnung von etwa 35 % (*Dunning* 1988, S. 72). Sicher ist, daß ein Großteil dieser Anlagen langfristig war und direkt oder indirekt – über öffentliche Anleihen – in die Infrastruktur der Empfängerländer floß (*Baldwin* und *Martin* 1999, S. 20). So wurden 70 % der argentinischen Eisenbahnen von britischem Kapital kontrolliert (*Miller* 1993, S. 155 f.); diese Investitionen ermöglichten wiederum den Aufstieg des südamerikanischen Landes zu einem der wichtigsten Rohstofflieferanten Europas. Eine zunehmende relative finanzielle Stabilität im Weltmaßstab, erzielt durch den sukzessiven Übergang der meisten großen Geber- und Empfängerländer zum Goldstandard bis zum Ende des 19. Jahrhunderts, hat die Bereitschaft, in großem Umfang im Ausland zu investieren, mit Sicherheit unterstützt. Gemessen an den Leistungsbilanzüberschüssen bzw. -defiziten wurden dabei Größenordnungen erzielt, die zum Beispiel für die Jahre 1890-1913 für einige Länder wie Großbritannien oder Frankreich auf der Geberseite, Argentinien oder Kanada auf der Nehmerseite deutlich über den Werten der Jahre 1989-96 lagen (*Obstfeld* 1998, S. 4, Table 1). *Alec Cairncross* (1953, S. 104) hat geschätzt, daß 1907 etwa 40 % des britischen Sparkapitals im Ausland investiert waren – das sind jedenfalls Dimensionen, die auch bis heute nirgendwo mehr erreicht worden sind. Die Gründe für diesen außerordentlich hohen Kapitalfluß aus Europa nach Übersee sind vielfältig, liegen aber sicher primär am langfristig hohen Kapitalbedarf der überseeischen Zielländer der europäischen Auswanderung, der über Zins- und Profitdifferenzen europäische Gelder anzog (vgl. dazu z. B. *O'Rourke* und *Williamson* 1999, S. 226 ff.).

4. Die erste und die zweite Phase im Vergleich: Ein kurzer Ausblick

Die Zwischenkriegszeit hat bekanntlich das Rad zurückgedreht, weg von zunehmender Marktintegration hin zu Protektionismus und im Grenzfall sogar zu autarkistischen Bestrebungen. Die Konvergenz von Preisen und Löhnen kam demgemäß zum Stillstand oder entwickelte sich teilweise auch wieder zurück (*O'Rourke* und *Williamson* 1999, S. 25 ff.).

Einen weiteren Globalisierungsschub wird man erst nach dem Wiederaufbau der einzelnen Volkswirtschaften in den 1950er und 1960er Jahren etwa ab dem Ende der siebziger Jahre konstatieren können. In mancher Hinsicht war man erst wieder auf dem früheren Niveau angekommen: So betrug die Exportrate in Großbritannien 1760 bereits 15 %. 1913 lag sie auf derselben Höhe, die sie dann erst wieder 1987 erreicht hatte (*O'Rourke* 1999, S. 2). Freilich sieht Globalisierung inzwischen ganz anders aus als noch zu Zeiten der ersten Globalisierungswelle vor dem Ersten Weltkrieg: *Baldwin* und *Martin* (1999, S. 52) beobachten für die letzten 15 Jahre „enormous short-term flows driven by a frenetic pace of information exchange and advances in information technology rather than the long-term flows that marked the first wave". Zudem hat sich der Charakter des Handels und der Direktinvestitionen tiefgreifend verändert: So werden heute viel mehr internationale Transaktionen innerhalb (multi-)nationaler Unternehmen vorgenommen; der Außenhandel erfolgt vor allem zwischen ähnlich strukturierten Industrieländern und wird in erster Linie durch Produktdifferenzierung und steigende Skalenerträge vorangetrieben, während er noch mindestens bis zur Mitte des 20. Jahrhunderts durch unterschiedliche Faktorausstattung und technische Leistungsfähigkeit befördert worden war (*Baldwin* und *Martin* 1999, S. 52). Die Industrieländer sind im Vergleich zur Situation vor 1914, aber auch bis etwa 1960, inzwischen in hohem Maße gegenseitig sowohl Geber als auch Empfänger von Direktinvestitionen geworden (*Sanna-Randaccio* 1999, S. 35). Im übrigen ist die Welt der zweiten Hälfte des 20. Jahrhunderts charakterisiert durch internationale Finanzinstitutionen, wie zum Beispiel den Internationalen Währungsfonds und die Weltbank, die versuchen, den Verlust an internationaler Währungsstabilität nach dem Ende des Goldstandards wenigstens teilweise zu kompensieren bei partieller Aufrechterhaltung der nationalen Währungsautonomie; zugleich soll mit ihrer Hilfe die wachsende Einkommensdivergenz zwischen Industrie- und Entwicklungsländern gemildert werden (*Oppenheimer* 1999, S. 7 f.). Die Weltwirtschaftsordnung hatte solche Institutionen bis zum Zweiten Weltkrieg bekanntlich nicht vorgesehen. Die liberale Ordnung der *pax britannica* konnte ein solches Instrumentarium noch nicht kennen, die heute dominierende *pax americana* scheint inzwischen nur noch bei Gelegenheit darauf zurückgreifen zu wollen. Andererseits waren, wie wir gesehen haben, die langfristigen internationalen Kapital- und die Auswandererströme in den Jahrzehnten vor dem Ersten Weltkrieg proportional – also im Verhältnis zur Größe der damaligen Volkswirtschaften – weit höher als heute.[16] Transport- und Kommunikationskosten sind während der beiden Globalisierungswellen drastisch gesunken, doch dürften vor allem die Kommunikationskosten seit den 1980er Jahren, also in der unmittelbaren Vergangenheit, noch weitaus stärker abgenommen haben im Verhältnis zu den Kosten des Transports, als dies im 19. Jahrhundert der Fall war (*Baldwin* und *Martin* 1999, S. 53).

Schließlich hat sich nach der langen Pause der Zwischenkriegszeit und der beiden Jahrzehnte des Wiederaufbaus nach dem Zweiten Weltkrieg im letzten Viertel des 20. Jahrhunderts die Zahl der Industriestaaten oder, wenn man es vorsichtiger ausdrücken will, der Schwellenländer, insbesondere in Ostasien, deutlich vergrößert, während nicht wenige der „alten" Industrieländer mit strukturellen Problemen zu kämpfen haben und eine große Zahl von Entwicklungsländern, vor allem in Afrika, seit langem stagniert oder gar eindeutig zurückbleibt. Nach wie vor müssen also überzeugende Konvergenzmodelle, so wie sie von *O'Rourke* und *Williamson* (1999) für die erste Welle der Globalisierung vorgestellt wurden, auch für das ausgehende 20. und beginnende 21. Jahrhundert auf eine begrenzte Zahl von entwickelten oder sich entwickelnden Länder begrenzt bleiben. Daß dieser Prozeß in absehbarer Zeit immer weitere Teile unserer Erde erfassen möge und damit Globalisierung bei allen inhärenten Problemen doch eine

[16] Dies wird u. a. auch von *O'Rourke* (1999, S. 12), betont. Zur Rolle der multinationalen Unternehmen in dieser neuen Lage vgl. *Dunning* (2001a, S. 11-47).

grundsätzlich positive Bedeutung auch für Nichtfachleute erhält, bleibt vorläufig also nur zu hoffen.

Literatur

Anderson, Edward (1998), Globalisation and wage inequalities, 1870-1970, University of Sussex. Institute of Development Studies, Working Paper, Nr. 73.

Bairoch, Paul (1976), Commerce extérieur et développement économique de l'Europe au XIXe siècle, Paris und Den Haag.

Bairoch, Paul (1997), Victoires et déboires: Histoire économique et sociale du monde du XVIe siècle à nos jours, 3 Bde., Paris.

Baldwin, Richard E. und *Philippe Martin* (1999), Two waves of globalization: superficial similarities, fundamental differences, in: *Horst Siebert* (Hg.), Globalization and labor, Tübingen, S. 3-58.

Borchardt, Knut (2001), Globalisierung in historischer Perspektive, Bayerische Akademie der Wissenschaften, Philosophisch-historische Klasse, Sitzungsberichte, Jg. 2001, H. 2, München.

Boxer, C. R. (1977), The Portuguese seaborne empire, 1415-1825, [Erstausgabe 1969], London.

Braudel, Fernand (1979), Civilisation matérielle, économie et capitalisme, Xve-XVIIIe siècle, 3 Bde. Paris.

Bücher, Karl (1913), Die Entstehung der Volkswirtschaft, 9. Aufl. [Erstauflage 1893], Tübingen.

Cairncross, Alec (1953), Home and foreign investment, 1870-1913, Cambridge.

Cairncross, Frances (1997), The death of distance: How the communications revolution will change our lives, Boston/Mass.

Chaudhuri, K.N. (1965), The English East India Company: the study of an early joint-stock company, 1600-1640, London.

Chaunu, Pierre (1976), Les Amériques, 16e-17e-18e siècles, Paris.

Cipolla, Carlo M. (1965), Guns and sails in the early phase of European expansion, 1400-1700, London.

Davis, Ralph (1962), The rise of the English shipping industry in the seventeenth and eighteenth centuries, London.

De Roover, Raymond (1963), The organization of trade, in: The Cambridge Economic History of Europe, Bd. 3: Economic organization and policies in the Middle Ages, hg. v. *Michael M. Postan, Edwin E. Rich* und *Edward Miller,* Cambridge 1963, S. 42-118.

Dunning, John H. (1988), Explanining international production, London.

Dunning, John H. (2001a), Whither global capitalism?, in: *John H. Dunning,* Global capitalism at bay, London und New York, S. 11-47.

Dunning, John H. (2001b), The challenge for national economic regimes, in: *John H. Dunning,* Global capitalism at bay, London und New York, S. 331-355.

Flynn, Dennis O. und *Arturo Giraldez* (1995), Born with a ,silver spoon': The origin of world trade in 1571, in: Journal of World History, Bd. 6, S. 201-221.

Frank, Andre Gunder (1998), ReOrient: Global economy in the Asian age, Berkeley, Los Angeles und London.

Frank, Andre Gunder und *Barry K. Gills* (1993), The 5000-year world system: an interdisciplinary introduction, in: *Andre Gunder Frank* und *Barry K. Gills* (Hg.), The world system: Five hundred years or five thousand?, London.

Harms, Bernhard (1925), Volkswirtschaft und Weltwirtschaft. Versuch der Begründung einer Weltwirtschaftslehre [Erstauflage 1912], 3. Aufl., Jena 1925.

Headrick, Daniel R. und *Pascal Griset* (2001), Submarine telegraph cables: business and politics, 1838-1939, in: Business History Review, Bd. 75, S. 543-578.

Held, David und *Anthony McGrew* (2001), Globalismo e antiglobalismo [brit. Erstausgabe Cambridge 2000], Bologna.

Hirst, Paul und *Grahame Thompson* (1999), Globalization in question: The international economy and the possibilities of governance, 2. Aufl., Cambridge.

Hugill, Peter J. (1993), World trade since 1431: Geography, technology, and capitalism, Baltimore und London.

Irwin, Douglas A. (1990), Mercantilism as strategic trade policy: the Anglo-Dutch rivalry for the East-India trade, International Finance Discussion Papers, hg.v. Board of Governors of the Federal Reserve System, no. 392, o.O.

Israel, Jonathan I. (1989), Dutch primacy in world trade, 1585-1740, Oxford.

Kamen, Henry (1971), The iron century: Social change in Europe, 1550-1660, London.

Kuske, Bruno (1926), Die historischen Grundlagen der Weltwirtschaft, Kieler Vorträge, H. 17, Jena.

Levy, Hermann (1924), Die Grundlagen der Weltwirtschaft: Eine Einführung in das internationale Wirtschaftsleben, Leipzig und Berlin.

Miller, Rory (1993), Britain and Latin America in the nineteenth and twentieth centuries, London und New York.

Morineau, Michel (1985), Naissance d'une domination: Marchands européens, marchands et marchés du Levant aux XVIII et XIXe siècles, in: *Michel Morineau,* Pour une histoire économique vraie, Lille, S. 295-326.

O'Brien, Patrick Karl (1997), Intercontinental trade and the development of the Third World since the Industrial Revolution, in: Journal of World History, Bd. 8, H. 1, S. 75-133.

Obstfeld, Maurice (1998), The global capital market: benefactor or menace?, National Bureau of Economic Research, Working Paper, No. 6559, Cambridge/Mass.

Oppenheimer, Peter M. (1999), Un confronto fra il 2000 e il 1900: come si differenzia la globalizzazione di oggi dal libero scambio di ieri?, in: *Felice Roberto Pizzuti,* Globalizzazione, istituzioni e coesione sociale, Catanzaro, S. 3-17.

O'Rourke, Kevin H. (1997), The European grain invasion, 1870-1913, in: The Journal of Economic History, Bd. 57, S. 775-801.

O'Rourke, Kevin H. (1999), Globalization in historical perspective, University College Dublin, Centre for Economic Research, Working Paper, No. 99/17.

O'Rourke, Kevin H. und *Jeffrey G. Williamson* (1999), Globalization and history: The evolution of a nineteenth-century Atlantic economy, Cambridge/Mass. und London.

O'Rourke, Kevin und *Jeffrey G. Williamson* (2000), When did globalization begin?, National Bureau of Economic Research, Working Paper, No. 7632, Cambridge/Mass.

Parry, John Horace (1949), Europe and a wider world, 1415-1715, London.

Predöhl, Andreas (1956), Harms, Bernhard, in: Handwörterbuch der Sozialwissenschaften, Bd. 5, Stuttgart, Tübingen und Göttingen, S. 63-64.

Predöhl, Andreas (1961), Weltwirtschaft, in: Handwörterbuch der Sozialwissenschaften, Bd. 11, Stuttgart, Tübingen und Göttingen, S. 604-613.

Rörig, Fritz (1933), Mittelalterliche Weltwirtschaft: Blüte und Ende einer Weltwirtschaftsperiode, Kieler Vorträge, H. 40, Jena.

Sanna-Randaccio, Francesca (1999), La globalizzazione e gli investimenti diretti: verso un nuovo protezionismo?, in: *Felice Roberto Pizzuti* (Hg.), Globalizzazione, istituzioni e coesione sociale, Catanzaro, S. 31-44.

Sartorius von Waltershausen, A. (1929), Weltwirtschaft, in: Handwörterbuch der Staatswissenschaften, 4. Aufl., Ergänzungsband, Jena, S. 892-934.

Streeten, Paul (2001), Globalisation: Threat or Opportuniy?, Kopenhagen.

Stremlin, Boris (2001), Bounding historical systems: The Wallerstein-Frank debate and the role of knowledge in world history, in: Review (Fernand Braudel Center), Bd. 24, H. 4, S. 515-531.

Wallerstein, Immanuel (1974), The modern world-system: Capitalist agriculture and the origins of the European world-economy in the sixteenth century, New York, San Francisco und London.

Wallerstein, Immanuel (1979), The rise and future demise of the world capitalist system: concepts for comparative analysis, in: *Immanuel Wallerstein,* The capitalist world-economy: Essays, Cambridge und Paris 1979, S. 1-36.

Woodruff, William (1966), Impact of Western man: A study of Europe's role in the world economy 1750-1960, London und New York.

Alfred Schüller und H. Jörg Thieme (Hg.), Ordnungsprobleme der Weltwirtschaft
Schriften zu Ordnungsfragen der Wirtschaft · Band 71 · Stuttgart · 2002

Kulturelle Einflußfaktoren der Integration in die weltwirtschaftliche Arbeitsteilung

Helmut Leipold

Inhalt

1. Zum Spannungsverhältnis zwischen Kultur und Ökonomie

Die aktuelle Diskussion über die Vor- und Nachteile der wirtschaftlichen Globalisierung und über die angemessene Ordnung der Weltwirtschaft erscheint den Ökonomen als Fortsetzung der alten Debatte zwischen Vertretern der klassischen liberalen Theorie einerseits und der Historischen Schule andererseits. Am Anfang der Wirtschaftswissenschaft stand die Einsicht von *A. Smith* (1776/1974), daß Arbeitsteilung, Spezialisierung und Tauschhandeln die Grundlage des wirtschaftlichen Wohlstandes seien. *Ricardo* hat mit seiner Theorie der komparativen Kostenvorteile diese Einsicht insofern universalisiert, als er damit die Vorteilhaftigkeit des internationalen, globalen Freihandels begründete. Versteht man Globalisierung als Enträumlichung und weltweite Ausdehnung der Marktbeziehungen, so war die klassische Ökonomie von Anfang an global und universal konzipiert. Damit verband sich die Erwartung, daß sich die marktwirtschaftliche Arbeitsteilung als natürliche Ordnung aufgrund ihrer Vorteilhaftigkeit mehr oder weniger zwangsläufig universal ausbreite und durchsetze.

Gegenüber dem liberalen Entwicklungsoptimismus und Freihandelspostulat betonten die Vertreter der Historischen Schule raum- und zeitbezogene Entwicklungsunterschiede und postulierten die Notwendigkeit einer angepaßten nationalen Wirtschafts- und Handelspolitik mit stark protektionistischen Einschlägen.

Die Debatte fand auf der Methodenebene ihre Entsprechung im Streit zwischen der abstrakt-theoretischen und der historisch-verstehenden Methode. Den Methodenstreit hat *Eucken* (1950, S. 15 ff.) als das Antinomieproblem bezeichnet, dessen Kern darin bestehe, ob und inwieweit angesichts der historischen und kulturellen Vielfalt des wirtschaftlichen Geschehens der Anspruch der Ökonomie einlösbar sei, allgemeine wirtschaftliche Gesetze zur Erklärung realer Verhältnisse und Entwicklungen zu formulieren. *Eucken* variiert damit nur das Spannungsverhältnis zwischen der Existenz kulturell verschiedener Ordnungsbedingungen auf der einen Seite und der allgemeinen ökonomischen Begründung der wechselseitigen Vorteile durch interkulturelles Tauschhandeln auf der anderen Seite (vgl. *Leipold* 1998).

Die aktuelle Debatte über die wirtschaftlichen und sozialen Wirkungen der verstärkten weltwirtschaftlichen Integration hat also eine lange Vorgeschichte. Im Mittelpunkt stehen die Fragen, ob sich im Zuge der Globalisierung die kulturell verschiedenen Institutionensysteme zunehmend angleichen und sich dadurch im Laufe der Zeit auch zunehmend einheitliche Verhaltensweisen und wirtschaftliche Ergebnisse herausbilden, die mit Hilfe allgemeiner ökonomischer Theorien plausibel erklärbar sind.

Die empirische Datenlage ist je nach theoretischer und politischer Interessenposition unterschiedlich interpretierbar. Beispielhaft dafür sei die Studie der *Weltbank* (2002) über „Globalisierung, Wachstum und Armut" angeführt. Hier werden für die letzten 150 Jahre drei Globalisierungswellen unterschieden. Die erste Welle wird auf den Zeitraum von 1870 bis 1914, die zweite von 1950 bis 1980 datiert. Die erste Welle wurde durch sinkende Transportkosten und Zollsätze ausgelöst und durch den Handel der relativ industrialisierten westlichen Länder untereinander getragen, der die Entwicklungsländer insofern einschloß, als es sich um Kolonien des Westens handelte. Getauscht wurden gewerbliche und industrielle Güter (manufactured goods) sowie landintensive Primärgüter, wobei der Welthandel im Jahre 1914 fast die Zehnprozentmarke des Welteinkommens streifte. Noch wichtiger als die Handels- und Kapitalströme war die weltweite Migration, die 10 v.H. der Weltbevölkerung betraf. Auch in der zweiten Globalisierungswelle von 1950-1980 blieben die westlichen Industrieländer neben dem aufkommenden Japan die Hauptakteure des Handels, während die Teilhabe der Entwicklungsländer sich auf Exporte von primären Gütern konzentrierte.

Die dritte Welle wird ab 1980 angesetzt und dauert mit zunehmender Intensität bis heute an. Die *Weltbank* unterscheidet drei Ländergruppen: erstens die Gruppe der reichen Industrieländer, die im Zeitraum 1990-2000 im Durchschnitt jährliche Wachstumsraten des realen Bruttoinlandsprodukts (BIP) von 2,2 v.H. erreichten; zweitens die Gruppe der gut zwei Dutzend Entwicklungsländer mit einer Gesamtzahl von 3 Mrd. Menschen, die sich ab 1980 verstärkt für den Welthandel öffneten. Diese Länder konnten durch Verdopplung des Handelsanteils am Sozialprodukt jährliche Einkommenszuwächse von 5 v.H. erzielen, wobei unterstellt wird, daß eine anteilige Zunahme des Außenhandels am BIP um 20 v.H. ein Wachstum des Sozialprodukts von 0,5-1 v.H. bewirkt hat (vgl. *Dollar* und *Kraay* 2001, S. 17). Der Erfolg dieser Länder, unter denen China und Indien mit mehr als 2 Mrd. Menschen die größten sind, ging mit einer Erhöhung der Lebenserwartung sowie mit einer Armutsverminderung breiter Bevölkerungskreise einher. Als wesentlicher Erfolg wird der Umstand gewertet, daß sich diese Gruppe im verstärkten Maße in die Weltmärkte für Industriegüter und Dienstleistungen integrieren konnte.

Dieser Entwicklung wird die dritte Gruppe jener Entwicklungsländer mit ca. 2 Mrd. Einwohnern entgegengestellt, denen die Integration in die Weltwirtschaft mißlang. Die jährliche Einkommensentwicklung stagnierte oder belief sich in den 90er Jahren in vielen Ländern im Durchschnitt rückläufig, die Armut breiter Bevölkerungskreise verschärfte sich, und die Anteile am Welthandel fielen sogar hinter jene von 1980 zurück. Wie im Bericht der *Weltbank* (2002, S. 1) lapidar festgestellt wird, produzierte die Globalisierung also Gewinner und Verlierer, und zwar sowohl zwischen den Ländern als auch innerhalb der Länder.

In diesem Beitrag sollen nur die unterschiedlichen Erfolge bzw. Mißerfolge zwischen Ländern interessieren. Betrachtet man die aufgelisteten Globalisierungsgewinner und gewichtet sie nach der anteiligen globalen Bevölkerungszahl und der Wertschöpfung, so dominieren eindeutig die asiatischen Länder, angeführt von China und Indien, gefolgt von Malaysia, Thailand, den Philippinen und Bangladesh. Die aus westlicher Sicht geläufige Zuordnung der Länder zu Asien übersieht natürlich nicht deren kulturelle Verschiedenheit. In der Gruppe der Verlierer dominieren dagegen fast ausnahmslos die afrikanischen Länder südlich der Sahara, die ehemaligen sowjetischen Staaten und die islamischen Länder Nordafrikas und des Mittleren Ostens. Letztere werden in der Studie der *Weltbank* nur marginal berücksichtigt. Ihre marginale Rolle im globalen Handel von Industriegütern und Dienstleistungen wird jedoch in anderen Studien belegt (vgl. *Grömling* 2001, S. 119). Auf die Erfolge bzw. Mißerfolge der mittel- und südamerikanischen Länder, die eine Mittelstellung einnehmen, kann in diesem Beitrag nicht eingegangen werden (vgl. *Baer*, in diesem Band).

Die Studie der *Weltbank* ist aus verschiedenen Gründen ein Spiegelbild für die kontroverse Einschätzung der Globalisierung. Sie liefert triftige Argumente für die Befürworter, deren Hauptargumente nach wie vor der klassischen bzw. neoklassischen Theoreme über die zeit- und raumunabhängig erzielbaren Vorteile des globalen Freihandels verpflichtet sind. Aber auch die Kritiker der liberalen oder neoliberalen Befürworter der Globalisierung werden fündig, indem die Studie Belege dafür gibt, daß der Globalisierungszug an der Mehrzahl der armen Entwicklungsländer dieser Welt vorbeigefahren sei. Eine Annäherung der kontroversen Standpunkte erscheint erst dann möglich, wenn das Verhältnis zwischen der unübersehbaren Vielfalt der wirtschaftlichen und kulturellen Bedingungen und der wechselseitigen Vorteilhaftigkeit des globalen Tauschhandels plausibel erklärt wird.

Eine überzeugende und konsensfähige Auflösung der großen Antinomie der Nationalökonomie steht wohl noch aus. Das vorherrschende ökonomische Erklärungsmuster sieht in der Politik den Sündenbock für die wirtschaftliche Stagnation und für die mangelnde Integration in den Welthandel. Implizit macht sich auch die *Weltbank* (2002, S. 39 ff.) dieses Erklärungsmuster zu eigen, wenngleich sie als internationale Organisation auf politische Korrektheit und Überparteilichkeit bedacht sein muß.

Die These vom Politikversagen als Hauptursache für das Integrationsversagen ist sicherlich für die meisten Entwicklungsländer plausibel. Sie bleibt jedoch einseitig, wenn die Einbettung der Politik in die Gesellschaft nicht thematisiert wird, wenn also – wie es häufig der Fall ist – implizit ein an westlichen Gesellschaften gemessenes Politik-, Staats- und Rechtsverständnis unterstellt wird. Ein solches Verständnis verleitet zudem zu der vorschnellen Annahme, im Wechsel der Regierungen oder einzelner Persönlichkeiten und dem damit erhofften Wechsel der Wirtschafts- und Außenhandelspolitik das Allheilmittel für Integrationserfolge zu sehen.

Zur Relativierung der einseitigen Sichtweise sollen in diesem Beitrag einige tieferliegende, jenseits der Politik angesiedelte Faktoren für die Integration in globale Marktprozesse herausgestellt werden. Ich vermute sie in den kulturellen Eigenarten der langfristig gewachsenen und gelebten Institutionen- oder Regelsysteme einzelner Länder. Für diese Vermutung spricht die unübersehbare geographische Nähe der Länder innerhalb der Gruppe der Globalisierungsgewinner und noch mehr innerhalb der Verlierergruppe.

Folgende Thesen sollen vertreten und begründet werden: Der Grad der Offenheit bzw. Geschlossenheit der gesellschaftlichen Regelsysteme bestimmt maßgeblich den Grad der Offenheit bzw. Geschlossenheit der Volkswirtschaften. Anders formuliert, bestimmt der Grad der gesellschaftlichen Regelteilung maßgeblich den länderspezifischen Grad der wirtschaftlichen Arbeitsteilung und damit den Grad der Integrationsfähigkeit in globale Markt- und Tauschprozesse. Die gesellschaftlichen Regelsysteme umfassen die Summe der informalen und formalen Regeln. Da die Entwicklung der informalen Regeln nur bedingt veränderbar ist, läßt sich der Prozeß der gesellschaftlichen Regelteilung und – über diesen vermittelt – der Prozeß der wirtschaftlichen Arbeitsteilung nur bedingt gestalten. Die kulturelle Vielfalt der Regelsysteme wird daher auch im Zeitalter der zunehmenden Integration der Weltwirtschaft auf absehbare Zeit ein Fakt bleiben. Zum Verständnis und zur Begründung der Thesen soll im folgenden

Kapitel eine kulturvergleichend konzipierte Institutionentypologie vorgestellt werden, wobei auf Vorarbeiten Bezug genommen wird (vgl. *Leipold* 2000a und 2001a).

2. Regeltypen und Regelentwicklung

Kultur ist bekanntlich ein schillernder Begriff, dessen Bedeutungsgehalt sich in den letzten Jahrhunderten mehrfach gewandelt hat und zudem bis heute zwischen Sprachräumen verschieden ist. Mal diente der Begriff zur Kritik einer materialistisch-technischen Entwicklung und zur Verklärung einer künstlerischen Welt, mal zur Charakterisierung verschiedener Regel- oder ganzer Lebensformen (vgl. *Eagleton* 2001). Der Minimalkonsens besteht in der Einsicht, daß die Kulturen ihren Anfang in dem Bestreben der Menschen finden, als vernunftbegabte Wesen die genetisch plastisch angelegten Regeln des sozialen Zusammenlebens bewußt oder meist unbewußt zu verändern, zu befolgen und an nächste Generationen weiterzugeben. Die Essenz der Kultur ist also in den tradierten Institutionen- oder Regelwerken zu suchen. Die Begriffe Institution und Regeln werden hier als synonyme Begriffe verstanden. Eine Institution verkörpert eine Regel bzw. Regelmenge, die erstens bestimmte Verhaltensweisen gebietet, verbietet oder erlaubt, die also den Raum des sozial zulässigen Verhaltens ordnet, die zweitens entweder unintendiert oder durch bewußte staatliche oder private Setzungen entstanden ist und die drittens entweder aufgrund Erziehung, Gewohnheit oder Überzeugung verläßlich befolgt oder durch externe Autoritäten und Kontrolleinrichtungen notfalls durch Zwang zur Geltung gebracht wird. Je nach der Beschaffenheit der Regeln und dem Grad ihrer Geltung, damit auch dem Grad des Vertrauens in Regeln werden Verlauf und Ergebnisse sozialer Beziehungen systematisch beeinflußt (vgl. *North* 1992, S. 3 f.). Jenseits dieser in institutionenökonomischen Ansätzen weitgehend geteilten Grundeinsicht gibt es verschiedene Typologien von Institutionen und auch konkurrierende Erklärungen des institutionellen Wandels.

Die nachfolgend vorgestellte Institutionentypologie unterscheidet zwischen *selbstbindenden* und *bindungsbedürftigen Institutionen*. Kriterium der Unterscheidung ist der spieltheoretisch inspirierte Grad der Konvergenz bzw. Konkurrenz der Interessen in sozialen Beziehungen (vgl. *Leipold* 2000a).

In konfliktfreien und deshalb sozial unproblematischen Interessenbeziehungen fällt die Einigung auf Regeln, die eine verläßliche Abstimmung der Verhaltensweisen gewährleisten, relativ leicht. Weil sie selbstinteressiert befolgt werden, seien sie als *selbstbindende Institutionen* oder Regeln bezeichnet. Klassische Beispiele sind Konventionen, also Sitten, Gebräuche, Rituale und andere kulturspezifische Gewohnheiten.

Davon unterscheiden sich konfliktträchtige und deshalb sozial problematische Interessenbeziehungen, wie sie in klassischer Form durch das Gefangenendilemmaspiel abgebildet werden. Hier fällt die Einigung auf gemeinsame Regeln zur Abstimmung der Interessen und Verhaltensweisen deshalb schwer, weil die für alle beteiligten Akteure vorteilhafteste Regel einen Verzicht auf die individuell bestmögliche Vorteilsnahme verlangt. Gefragt sind also Beschränkungen oder Bindungen des Selbstinteresses, die den Kern der *bindungsbedürftigen Institutionen* ausmachen. Da der Verzicht auf die situativ beste Vorteilsnahme und die verläßliche Bindung an wechselseitig vorteilhaften

Regeln selbstinteressierten Individuen stets und überall schwerfällt, ist in der Entstehung, noch mehr jedoch in der verläßlichen Geltung der bindungsbedürftigen Institutionen das originäre Knappheitsproblem der Institutionenökonomik zu sehen. Selbstbindende Institutionen entstehen meist spontan. Ihre Weitergabe im Wege der Erziehung und Bildung ist mit Aufwendungen verbunden, so daß es sich nicht um freie Güter handelt. Das prekäre institutionelle Knappheitsproblem stellt sich jedoch bei den bindungsbedürftigen Institutionen, weil sie Beschränkungen der Selbstinteressen und die angemessene Berücksichtigung der Interessen oder der Freiheiten anderer Individuen verlangen, worin das raum- und zeitlose Kernproblem aller Moral zu sehen ist (vgl. z. B. *Kant* 1968, S. 289 f.; *Mackie* 1981, S. 133). Daraus leitet sich die elementare Frage ab, welche Faktoren oder Quellen genuin selbstinteressierte Individuen dazu befähigen, sich auf moralische Bindungen einzulassen und sie ungeachtet situativ möglicher Vorteilsnahmen verläßlich durchzuhalten.

Ich kann nur drei Quellen moralischen Verhaltens erkennen: erstens die genetisch, freilich schwach angelegten natürlichen Anlagen, also die sogenannten moralischen Gefühle; zweitens der rational nicht begründbare Glaube an die Existenz transzendenter Wesenheiten (Geister, Ahnen, Götter, Gott) mit einer eigenmächtigen Ordnungs- und Kontrollfunktion der individuellen oder sozialen Verhältnisse. Der geistige Zwilling des religiösen Glaubens bilden die von säkularen Ordnungsentwürfen oder Ideologien gespeisten und rationalen Argumenten nur bedingt zugänglichen Überzeugungen, weshalb sie kategorial dem Glauben zugeordnet werden sollen. Es bleibt drittens die dem Menschen eigene Vernunft, die dazu befähigt, die individuellen und sozialen Folgen alternativer Regelarrangements abzuwägen und sich für sozial vorteilhafte und konsensfähige Regeln zu entscheiden. Vernunft kommt also zum Zuge, wenn die Regelgeltung losgelöst von traditionalen, religiösen oder ideologischen Bindungen unter Nutzung des vorhandenen Wissens erfolgt. Idealerweise sollte das Recht vernunftgeleitet gestaltet werden. Nach *Popper* (1979, S. 164) zeichnet sich die Vernunft in der „Offenheit für Kritik" und damit in der Offenheit für die Reform unvollkommener Regelwerke aus, worin er die Essenz offener Gesellschaften sieht. Darauf wird noch einzugehen sein.

Die originären Ordnungsfaktoren, also die moralischen Gefühle, der religiöse Glauben bzw. die ideologischen Überzeugungen und die kritische Vernunft (emotio, credo und ratio), liefern das Kriterium für die Unterscheidung der bindungsbedürftigen Institutionen in

- emotional gebundene Institutionen
- religiös gebundene Institutionen
- ideologisch gebundene Institutionen und
- rechtlich erzwingbare Institutionen.

Das historisch gewachsene Gefüge dieser bindungsbedürftigen Institutionen macht den eigentlichen Kern einer jeden Kultur aus. Die produktive Regelung konfliktträchtiger Interessenbeziehungen ist deshalb zeit- und raumunabhängig ein problematisches Unterfangen, weil das Gelingen Beschränkungen der Selbstinteressen und die angemessene Anerkenntnis der Interessen anderer Individuen voraussetzt. Verlangt sind moralische Bindungen, deren Geltung stets und überall prekär ist, weshalb Moral und damit auch die Regelgeltung knappe Güter sind. Um das institutionelle Knappheitsproblem lösen zu können, mußten die Menschen ein tragfähiges Gerüst an Regeln schaffen und danach möglichst bewahren. Wie die Geschichte mit ihren vielfältigen kulturellen Regeln zeigt, ist dieses Bemühen unterschiedlich und häufig nur unvollkommen gelungen.

Die produktive Lösung des institutionellen Knappheitsproblems hat die Menschheit seit den Anfängen ihrer Existenz beschäftigt, weil davon das pure soziale und wirtschaftliche Überleben abhing. Es galt also zu regeln, wer innerhalb der jeweiligen Gemeinschaften was zu tun und zu unterlassen hat, wer sich also auf welche Tätigkeiten zu spezialisieren hat, wie die Fähigkeiten aufeinander abgestimmt und die Ergebnisse bewertet, verteilt, getauscht und damit auch die Beziehungen zwischen Gemeinschaften geregelt werden sollen. Am Anfang der Kulturen steht also die Regelung der gesellschaftlichen Arbeitsteilung und Spezialisierung. Dieser Prozeß läßt sich als Regelteilung im ursprünglichen Doppelverständnis dieses Begriffs bezeichnen. Die Regelteilung setzt erstens voraus, die potentiell knappen Ordnungsfaktoren für moralische Verhaltensbeschränkungen zu erkennen und für die Produktion von verläßlichen Regeln einzusetzen. Die Regelgeltung muß zweitens akzeptiert und von der Mehrheit der Gemeinschaftsmitglieder geteilt, also gelebt werden, worin die eigentliche Schwierigkeit der Regelteilung bestand und besteht. Denn der moralisch eingeforderte Verzicht auf die situativ stets mögliche individuelle Vorteilsnahme setzt Vorleistungen voraus, deren Gegenleistungen unsicher sind und wechselseitiges Vertrauen verlangen.

Die folgende grobe Skizze der institutionellen Evolution soll lediglich dazu dienen, das Gespür für die Schwierigkeit, Zufälligkeit und damit auch Verschiedenheit der gesellschaftlichen Regelteilung zu schärfen, wobei zum besseren Verständnis der nachfolgenden Ausführungen in Kapitel 3 und 4 besonders einige Weichenstellungen für die Entwicklung des westlichen Regelwerks gegenüber der Regelevolution in Afrika und China betont werden.

Die emotional gebundenen Regeln markieren den Anfang aller Formen der menschlichen Vergemeinschaftung, weshalb moralische Gefühle als originärer Ordnungsfaktor zu gelten haben. In einigen Kulturen haben sie bis heute noch eine dominante ordnungsprägende Funktion. Ihr Defizit ist darin zu sehen, daß sich der Vertrauensradius lediglich auf die Ordnung von gefühlsmäßig verbundenen Gemeinschaftsformen erstreckt. Die ersten Durchbrechungen der engen Gemeinschafts- oder Sippenbande erfolgten zuerst meist durch die Religion und deren Botschaft von der Existenz gemeinschaftsverbindender Werte und Regeln. Nach *Durkheim* (1981, S. 560) sind fast alle großen Institutionen der Menschheitsgeschichte aus der Religion entstanden. Selbst in modernen Gesellschaften dürfte die Ordnungsfunktion der Religion unverzichtbar sein. Freilich weisen Religionen eine janusköpfige Natur auf. Die ordnende Potenz der Religion hängt davon ab, daß die göttliche Botschaft für wahr gehalten und deshalb geglaubt und befolgt wird. Der Wahrheitsanspruch tendiert daher zu Intoleranz gegenüber konkurrierenden Religionen oder säkularen Überzeugungen, womit die Gefahr verbunden ist, daß die Entfaltung des freien Denkens behindert wird (vgl. dazu für den Islam *Leipold* 2001b).

Eine wichtige Brückenfunktion zwischen Religion und Vernunft kommt den säkularen Ideologien zu, die für die Entstehung und Existenz offener und rechtsstaatlich verfaßter Gesellschaften von maßgeblicher Bedeutung waren und sind, was sich am Beispiel der westlichen Regelentwicklung verdeutlichen läßt. Neben dem christlichen Unterbau beruhen die westlichen Gesellschaften auf den liberalen freiheitlichen Lehren der Aufklärung, die ja primär eine Kritik bestehender Institutionen waren, und dem davon inspirierten zivilgesellschaftlichen Engagement. Eine lebendige offene Zivilgesellschaft zeichnet sich durch aktive Bürger aus, die ihre gemeinsamen Probleme möglichst selbstverantwortlich zu lösen trachten, die die Pluralität des Glaubens und der ideologischen Überzeugungen tolerieren und die sich nicht als Mitglieder unterschiedlicher Ethnien oder Klassen, sondern als gleichberechtigte Mitglieder des Gemeinwesens verstehen. Sie sind bereit, sich aktiv in der Politik zu engagieren und die staatlichen und juristischen Instanzen zu kontrollieren, wodurch die Politiker und Bürokraten als Teil der Zivilgesellschaft selber stärker den Belangen des Gemeinwesens verpflichtet sind. Die wichtigste Voraussetzung für das zivilgesellschaftliche Engagement ist die Existenz einer autonomen Öffentlichkeit, in der die konkurrierenden Überzeugungen frei diskutiert und demokratisch festgelegte Regeln toleriert werden. Historisch gesehen, setzte das eine Mindesttrennung von Religion, Staat und Recht sowie die davon abhängige Existenz einer autonomen Wissenschaft, Wirtschaft und Gesellschaft voraus (vgl. *Gellner* 1995). Die Weichenstellung für diese Teilung der Regelwerke und damit der Gesellschaft in autonome Teilsysteme erfolgte in der europäischen Geschichte eher zufällig. Entscheidende Wegmarken waren der Investiturstreit im 11. Jahrhundert, in dessen Gefolge es zur Trennung zwischen kirchlicher und weltlicher Macht kam, sowie die Reformation und das daraus erwachsende Bestreben nach Religions- und Gewissensfreiheit, das wiederum die Entstehung des säkularen Staates, des rationalen Rechts, des freien Denkens und des freien Wirtschaftens, kurzgefaßt also die Entstehung einer freien und offenen Gesellschaft beflügelte.

Erst auf der Grundlage der gesellschaftlichen Regelteilung konnte sich die unternehmerisch organisierte und marktwirtschaftlich koordinierte Arbeitsteilung entfalten. Als Resultat seiner kultur- und religionsvergleichenden Studien sah *Max Weber* (1924, S. 270 und S. 302) in seinem Spätwerk die entscheidenden Voraussetzungen für die westliche Gesellschafts- und Wirtschaftsentwicklung der Neuzeit in der Existenz eines Rechtsstaates und Fachbeamtentums mit einem rationalen, von Juristen geschaffenen und angewendeten Recht, einer rationalen Wissenschaft und Technik sowie einer aktiven Bürgerschaft mit einem religiös geprägten Ethos der sozialen und wirtschaftlichen Lebensführung. Er erkannte also die kapitalistisch organisierte Marktwirtschaft als komplementäres Beiprodukt der Rationalisierungsprozesse in anderen gesellschaftlichen Teilbereichen, wobei Rationalisierung nur ein anderes begriffliches Verständnis jener Prozesse ist, die in moderner Terminologie als funktionale Differenzierung der Gesellschaft in Teilsysteme mit je eigenen Regelwerken, die bei *Eucken* als Interdependenz der Teilordnungen und die in diesem Beitrag als komplementäre gesellschaftliche Regelteilung bezeichnet werden (vgl. *Schwinn* 1995, S. 27).

Die westliche Gesellschafts- und Wirtschaftsentwicklung markiert jedoch eher die historische Ausnahme, die von Historikern auch als europäisches „Wunder" oder als weltweiter „Sonderweg" gewürdigt wird, der nur aufgrund der eher zufälligen „Verkettung historischer Umstände" möglich war (vgl. *Jones* 1991).

Die prekäre Existenz offener Gesellschaften wird durch das Aufkommen totalitärer Ideologien in Gestalt des Marxismus/Leninismus und des Nationalsozialismus im aufgeklärten 20. Jahrhundert belegt, die ja dem Ideal des essentialistischen Dogmatismus und damit einer geschlossenen Gesellschaft verpflichtet waren. Auch im 21. Jahrhundert mit seiner vorerst globalen Orientierung sind solche Rückfälle in archaische Denkmuster nicht auszuschließen. Noch ist die Welt durch die Vielfalt von kulturellen Regelwerken, Überzeugungen und Weltsichten geprägt, die es zuallererst wahrzunehmen und ernst zu nehmen gilt.

Damit ist der Bezug zu den einleitend vorgetragenen Thesen wieder hergestellt. Kulturen unterscheiden sich nach dem Grad der Offenheit bzw. Geschlossenheit der Regelsysteme. Die Unterschiede lassen sich am Grad der kulturspezifischen Regelteilung erfassen. Regelteilung ist – wie bereits erwähnt – im Doppelsinn zu verstehen und meint einerseits den Grad der Teilung zwischen emotional, religiös, ideologisch gebundenen Regeln, die den Kern der informalen Regeln stellen, und den rechtlich erzwingbaren Regeln als Kern der formalen Regeln. Regelteilung meint andererseits den Grad der gesellschaftlich akzeptierten Geltung und damit der wirklichen Teilung der informalen und vor allem der formalen Regeln. Der Grad der real gelebten Regelteilung beeinflußt maßgeblich den Grad der wirtschaftlichen Arbeitsteilung und über diesen den Grad der Integrationsfähigkeit in globale Markt- und Tauschprozesse. Der kausale Wirkungszusammenhang zwischen der Verfaßtheit und der Geltung von Regeln und der davon abhängigen Entfaltung wirtschaftlicher Produktions- und Tauschprozesse wird in diesem Beitrag nicht thematisiert, sondern als bekannt vorausgesetzt (s. *Leipold* 2000a). Es geht lediglich darum, die bewährten institutionen-, ordnungs- und markttheoretischen Erklärungsansätze um kulturelle Einflußfaktoren zu erweitern und zu ergänzen.

Dieses Vorhaben soll durch die vergleichende Analyse der zum afrikanischen Kulturraum gehörenden Länder südlich der Sahara und der dem chinesischen Kulturraum zurechenbaren Länder demonstriert werden. Die afrikanischen Länder sind nach wie vor nur marginal in die weltwirtschaftliche Arbeitsteilung integriert. Sie gehören also zu den „Verlierern" der Globalisierung. Vergleichsweise dazu gehören China und die von der chinesischen Kultur geprägten Länder zu den „globalized countries", also zu der Gruppe von Ländern, die sich in den letzten Jahrzehnten erfolgreich in die weltwirtschaftliche Arbeitsteilung integrieren konnten.

3. Kulturelle Einflußfaktoren einer marginalen weltwirtschaftlichen Integration: Der afrikanische Kulturraum

Die afrikanischen Länder südlich der Sahara sind mit der relativen Ausnahme von Südafrika durchweg wirtschaftlich arme Länder mit einem geringen Grad der Arbeitsteilung sowohl im Innern als auch bezüglich der Integration in die internationale Arbeitsteilung (vgl. *Weltbank* 2000, S. 274 ff.). Die Hauptursache dafür ist in dem geringen Grad der Regelteilung zu vermuten. Im Verständnis der im 2. Kapitel präsentierten Institutionentypologie bilden die emotional gebundenen Institutionen in Gestalt tribaler Regeln den tragenden Stützpfeiler der gesellschaftlichen Ordnung. Die Regelwerke weisen also noch viele Merkmale segmentär differenzierter Gesellschaften auf (vgl. *Luh-*

mann 1984). Die Hauptsegmente sind Stämme und ähnliche verwandtschaftlich und regional verbundene Gemeinschaften, deren Regeln und Beziehungen auf subjektiv gefühlter Zusammengehörigkeit beruhen (vgl. *Weber* 1976, S. 21). Die Gemeinschaften sind intern nur gering und primär vertikal differenziert und nach außen relativ geschlossen. Vergleichsweise zu den tribalen Regeln haben religiös und ideologisch gebundene sowie rechtliche Regeln nur eine marginale Geltung.

Die wichtigsten Ursachen für die Persistenz archaischer Stammesbindungen liegen in der vorkolonialen sowie in der kolonialen Vergangenheit. Vor der Kolonialisierung wies Afrika eine ungeheure Vielfalt gesellschaftlicher Ordnungs- und Regelformen auf. Es gab nomadisierende Jäger- und Sammlerhorden, seßhafte Häuptlings- und Stammestümer bis hin zu feudalen Königstümern und einigen zentral regierten Staatsgebilden. Innerhalb der wenigen staatlichen oder parastaatlichen Herrschaftsformen konnte sich eine urbane Tradition mit einem gewissen, wenn auch geringen Grad der wirtschaftlichen Arbeitsteilung entfalten (vgl. *Connah* 2001). Die Herausbildung gemeinschaftsüberschreitender Identitäten und Werte scheiterte allein an der mangelnden Schriftkenntnis, die eine zentrale Vorbedingung für die Entwicklung des formalen Rechts bildet.

Durch die Kolonialisierung, die in der Bildung unabhängiger Staaten endete, wurde dieses vielgestaltige Ordnungsgeflecht drastisch verändert. Bei fast allen neuen Staatsgebilden fiel die territoriale Abgrenzung mehr oder weniger willkürlich aus. Sie erfolgte nach den zufälligen Besitzständen der Kolonialmächte und nur ausnahmsweise nach gewachsenen politischen, ethnischen und kulturellen Gemeinschaftsformen. Die neuen Staaten waren und sind also Kunstgebilde. Indem die Kolonialmächte mehrere tausend ethnische Gemeinschaften mit je eigenen Identitäten, Regelwerken und Sprachen zu rund 40 Staaten zusammenfügten, schufen sie multikulturelle Gebilde einmaligen Ausmaßes.

Das allmähliche Zusammenwachsen dieser heterogenen Gemeinschaften zu einem produktiven und friedfertigen Staatswesen erhoffte man sich von der Übertragung der Staats-, Rechts- und Wirtschaftsordnungen der jeweiligen Kolonialmächte. So wurden in den französischen Kolonien der Code Civil und in den englischen Kolonien das Common Law als verbindliche formale Zivilrechte übernommen. Vom Staat und seinen im Westen ausgebildeten Repräsentanten wurde erwartet, daß sie Recht und Ordnung allgemeine Geltung verschaffen. Der Staat sollte sich als Schule und die Staatseliten sollten sich als Lehrer der Nation erweisen und den Nationalinteressen gegenüber den heterogenen ethnischen Interessen zum Durchbruch verhelfen. Diese Erwartung erwies sich als große Illusion.

Gemessen an den Verhältnissen moderner Gesellschaften mit rechtsstaatlichen Demokratien und industriell entwickelten, arbeitsteiligen Marktwirtschaften, sind die realen Verhältnisse in den afrikanischen Gesellschaften als desolat zu bewerten (vgl. *Chabal* und *Daloz* 1999; *Bayart*, *Ellis* und *Hibou* 1999). Sie werden rechtlich eher willkürlich regiert, Staat und Recht werden für einen patrimonial und tribal geprägten Klientelismus instrumentalisiert, die Korruption ist auf allen Ebenen verbreitet, die Gesellschaft ist ethnisch fragmentiert, und wirtschaftlich handelt es sich folgerichtig um arme und rückständige Länder. Die Details und vor allem die Ursachen der Mißstände können hier nur exemplarisch beleuchtet werden. Die realen Verhältnisse sind ein Reflex der unterentwickelten gesellschaftlichen Regelteilung. Die tribal gebundenen Regeln dominieren, weil sie offensichtlich die verläßlichste Grundlage für eine vertrauensvolle und auf Spezialisierung angelegte Kooperation bieten.

Die ordnungsstiftende Kraft der Religion konnte sich aus verschiedenen historischen Gründen in Afrika nicht entfalten. Im vorkolonialen Afrika dominierten verschiedene polytheistische Religionsformen. Charakteristisch für die Jäger- und Sammlergemeinschaften war der Glaube an Geister und Naturgötter, für die eher seßhaften Stammes- und Feudalordnungen dagegen der Ahnenkult. Diese Glaubensformen waren imstande, eine relativ friedfertige Binnenmoral zu schaffen und archaische Herrschaftsformen zu legitimieren. Für die stammesübergreifende Kooperation waren und sind sie jedoch überfordert. Eine ähnliche Überforderung trifft auch auf die monotheistischen Religionen zu, die sich meist auf dem Wege einer erzwungenen und fremdbestimmten Missionierung ausbreiteten. Das gilt für den Islam in Nordafrika und noch mehr für die christliche Missionierung im Zuge der Kolonialisierung. Zudem erweist sich das Nebeneinander verschiedener monotheistischer Religionen in den einzelnen afrikanischen Staaten eher als spaltendes, denn als integrierendes Element. Monotheistische Religionen sind zudem untrennbar mit animistischen Glaubensvorstellungen vermischt.

Aus ähnlichen Gründen konnten auch westliche säkulare Ideologien in Afrika keinen ordnungsprägenden Niederschlag finden. Dem vorkolonialen Afrika fehlten dafür die mentalen und kommunikationstechnischen Möglichkeiten. Auch im nachkolonialen Afrika mangelt es an Voraussetzungen für einen freien öffentlichen Diskurs über konkurrierende säkulare Ideologien. Der nationalstaatlichen Idee steht die Vielfalt der ethnischen Identitäten im Wege. Den sozialistisch-marxistischen Ideen fehlt es an einer theorieadäquaten ökonomischen Basis, und liberal-rechtsstaatlichen Ideen mangelt es an Vertrauen in die Chance, daß Staats-, Verwaltungs- und Justizorgane als überparteiliche Instanzen handeln.

Aufgrund der „Verkettung der historischen Umstände" im *Weber*schen Verständnis waren Glaube und Überzeugungen und das daraus erwachsende religiöse und zivilgesellschaftliche Ethos der Lebensführung nicht imstande, die Dominanz traditionaler Regelwerke und Weltbilder zu durchbrechen und Brücken für die Gestaltung und Akzeptanz vernunftgeleiteter rechtlicher Regeln zu bauen. Erst wenn diese spezifischen historischen Umstände berücksichtigt werden, läßt sich der Einfluß des Staates und des Rechts auf die wirtschaftliche Entwicklung realistisch erfassen.

Die postkolonialen Staaten Afrikas sind keine souveränen Staaten im westlichen Verständnis. *Chabal* und *Daloz* (1999, S. 55 ff.) bezeichnen die afrikanischen Staaten in Anlehnung an die *Weber*sche Herrschaftstypologie als patrimoniale Staaten, andere sprechen gar von der Kriminalisierung des Staates und des Rechts (*Bayard*, *Ellis* und *Hibou* 1999). Im postkolonialen Afrika ist es nicht gelungen, den Staat und die Verwaltung als überparteiliche, über den heterogenen Gemeinschaften stehende Instanz zu etablieren. Staatliche Ämter und Kompetenzen werden vielmehr zugunsten der Gemeinschaften instrumentalisiert, so daß man von einer Vergemeinschaftung des Staates, bevorzugt in Form der Tribalisierung, sprechen kann. Politiker, Beamte oder Militärs fühlen sich nicht zuerst dem Staat als übergeordnete Einrichtung, sondern den auf Familie, Stamm oder Region gegründeten Gemeinschaften verpflichtet. Die klientelistischen Netzwerke sind durchweg vertikal organisiert und funktionieren über persönliche Beziehungen und Unterstützungen.

Es gibt also keine strikte Trennung zwischen Amt und Person. Die Ämter sind als Orte der Macht zugleich die Orte der Bittsteller, der Unterstützung und der Verteilung von Ressourcen (Pfründe, Renten, Posten). Teilhabe an der staatlichen Macht bedeutet Zugang zu und Verteilung von staatlichen Ressourcen. Diese Vorstellung dominiert unabhängig davon, ob es sich um autoritär oder demokratisch verfaßte Ordnungen handelt. In den eher wenigen demokratischen Staaten unterscheiden sich die Parteiprogramme nicht gemäß den üblichen ideologischen Politikrichtungen, sondern primär gemäß ethnisch-tribalen Gliederungen. Die Kontrollfunktion der Oppositionsparteien bleibt relativ wirkungslos, weil sie ebenfalls auf die Teilhabe an der staatlichen Macht bedacht sind und weil ihre Führer den Gemeinschaften verbunden sind, die sie unterstützen. Die Wähler erwarten, daß ihr Repräsentant seinen politischen Einfluß zugunsten der Gemeinschaft nutzt. Das macht verständlich, daß der durch politischen Einfluß erworbene Reichtum und Luxuskonsum der Eliten selbst innerhalb armer Gemeinschaften nicht auf Neid oder gar Widerstand stoßen, denn Anteile daran fallen ja auf die Gemeinschaft zurück. Die Oppositionsparteien und -bewegungen kämpfen in Afrika nicht gegen das System, sondern gegen den Ausschluß aus dem staatlich organisierten Privilegiensystem.

Freilich sind diese Verhaltensmuster auch in anderen Kulturkreisen verbreitet. In Afrika fallen jedoch das Defizit an gemeinschaftsübergreifend geteilten Regeln und damit die ungebrochene Dominanz tribaler Bindungen auf, die auf die angeführten historisch bedingten Defizite bei den religiös und ideologisch gebundenen Institutionen zurückzuführen sind. Unsere Vermutung wird durch die Diagnose von *Chabal* und *Daloz* (1999, S. 20) bestätigt, „... that African societies are essentially plural, fragmented and, above all, organized along vertical lines ... In general, then, vertical division remain more significant than horizontal functional bonds or ties of solidarity between those who are similarily employed or professionally linked."

Die vertikal und d. h. tribal fragmentierten Strukturen in Politik und Gesellschaft finden ihre Fortsetzung in der Wirtschaft und hier in dem geringen Grad der marktwirtschaftlichen Arbeitsteilung und Spezialisierung. Die desolate wirtschaftliche Bilanz der afrikanischen Länder kann nur schlaglichtartig angedeutet werden. Das reale Pro Kopf-Einkommen sank im Zeitraum 1981-1990 jährlich um 1,2 v.H. und zwischen 1991 und 1999 um 0,6 v.H. (vgl. *Grömling* 2001, S. 26; *Weltbank* 2000, S. 274 ff.). Betrugen die Exporte dieser Länder Mitte der fünfziger Jahre, also zu Beginn der Unabhängigkeit, noch 3,1 v.H. des Welthandels, so sank dieser Anteil in den neunziger Jahren auf ca. 1 v.H., was jährliche Handelsverluste in Höhe von 60-70 Mrd. $ bedeutete (vgl. *Sharer* 2001; *Collier* und *Gunning* 1999). Diese Schrumpfung ist teils auf die weltweit sinkende Nachfrage nach den Hauptexportprodukten (Rohstoffe und Agrargüter), noch mehr aber auf den kontinuierlichen Rückgang der Marktanteile auf den entsprechenden Weltmärkten zurückzuführen. Die sinkenden Marktanteile und die fehlende Präsenz auf den globalen Märkten für Industriegüter und Dienstleistungen haben hausgemachte Ursachen. Jedenfalls spielen die Handelsschranken nur eine geringe Rolle, da die meisten

Handelsabkommen mit den Industrieländern die afrikanischen Länder vergleichsweise zu anderen Ländern relativ begünstigen. Damit sollen die nachteiligen Wirkungen der Handelsschranken in den Bereichen Agrargüter, Leder oder Bekleidung seitens der Industrieländer für Afrika nicht in Abrede gestellt werden. Unabhängig davon stellen die hausgemachten Fehler der Wirtschafts- und Handelspolitik in den afrikanischen Staaten jedoch „... ein beträchtliches Exporthemmnis dar, das ihre Fähigkeit verringert, auf den internationalen Märkten wettbewerbsfähig zu sein" (*Yeats, Amadi, Reincke* und *Ng* 1996, S. 36). Für diese Diagnose spricht, daß sich der innerafrikanische Handel in den neunziger Jahren auf ganze 6 v.H. des Handelsvolumens belief, obwohl es verschiedene Anläufe zur Errichtung multilateraler Handels- und Wirtschaftsabkommen gab und gibt. Es handelt sich meist um halbherzige Vereinbarungen über Handelspräferenzen, in denen jedoch Ausnahmen und vor allem hohe Zölle für die Produkte festgeschrieben werden, von denen die Konkurrenzfähigkeit der inländischen Produzenten betroffen ist. Nirgendwo in der Welt dürfte zudem der Anteil der Zölle und anderer Handelssteuern an den Staatseinnahmen höher als in den afrikanischen Ländern sein, die im Durchschnitt ein Drittel der Staatseinnahmen beitragen. Dabei sind die Anteile der illegalen Zahlungen für grenzüberschreitende Geschäfte an den Einkommen der Beamten in den diversen Staatsämtern sicherlich höher zu veranschlagen (vgl. *Haefliger* 2001; *Sharer* 2001).

Von daher liegt es nahe, die Hauptverantwortung für den geringen Grad der nationalen wie auch der internationalen Arbeitsteilung dem rechtsstaatlich willkürlichen und rentensuchenden Verhalten der Staats- und Justizorgane auf allen Ebenen anzulasten. Die vielfältigen und raffinierten Formen, mit denen die Staatsklasse die Wirtschaft ausbeutet, habe ich an anderer Stelle dargestellt (vgl. *Leipold* 1997; ferner *Chabal* und *Daloz* 1999, S. 77 ff. und S. 95 ff.). Weil auf das Recht und dessen Verwaltung kein Verlaß ist, suchen die privaten Wirtschaftssubjekte der staatlichen Willkür auszuweichen und informelle Beziehungen und Geschäfte aufzubauen. Diese Beziehungen basieren hauptsächlich auf informalen Regeln. Da deren Vertrauensradius begrenzt ist, bleibt auch das Ausmaß der Arbeitsteilung und Spezialisierung gering. Weil insbesondere risikoreiche Kapitalinvestitionen mit einem hohen Grad der Faktorspezifität gemieden werden, dominieren arbeitsintensiv wirtschaftende kleine Familienbetriebe mit begrenzten Austauschbeziehungen zwischen vertrauenswürdigen Tauschpartnern. Die Volkswirtschaft in einen offiziellen (formellen) und einen inoffiziellen (informellen) Sektor einzuteilen und den großen Umfang des inoffiziellen Sektors mit dem Argument des Politikversagens zu erklären ist jedoch für Afrika wenig sinnvoll. Dabei wird die durchgängige Dominanz informaler Regelwerke übersehen.

Damit ist erneut der hier interessierende kulturspezifische Zusammenhang zwischen der gesellschaftlichen Regelteilung und der wirtschaftlichen Arbeitsteilung angesprochen. Er gestaltet sich in den afrikanischen Gesellschaften, in denen emotional-tribal gebundene Institutionen dominant sind, anders als in westlichen Gesellschaften. Für Menschen, die in gefühlsmäßig verbundenen Gemeinschaftsformen aufwachsen und leben, ist die Vorstellung einer ausdifferenzierten Gesellschaft mit je spezifischen Regelwerken eine eher befremdliche Weltsicht. Statt dessen liegt die Vorstellung nahe, daß die vertrauten und nach verwandtschaftlicher Nähe abgestuften Regeln der Reziprozität auch die angemessenen Regeln für die Abwicklung möglichst aller Transaktionen in der Großgesellschaft sein sollten, was die Geltung der negativen Reziprozität, also der Vorteilnahme zu Lasten fremder Personen oder Gruppen, einschließt. Die Regeln der Reziprozität zeichnen sich dadurch aus, daß die Beteiligten für ihre dargebotenen Güter, Gaben, Gefälligkeiten oder Unterstützungen angemessene und ungefähr ausgeglichene Gegenleistungen erwarten. Das wechselseitige Geben und Nehmen sind an dauerhafte soziale Beziehungen gebunden und werden durch informelle Absprachen und Regeln abgewickelt (zum Verhältnis von Reziprozität und Markttausch vgl. *Polanyi* 1979, S. 219 ff.).

Die Übergänge zwischen den Regeln der Reziprozität und den aus westlicher Sicht illegalen Regeln der Vetternwirtschaft oder der Korruption sind in Afrika fließend. Gleiches gilt für die Abgrenzung zwischen informellen und formellen Markttransaktionen. Bei der Vergabe von öffentlichen Aufträgen, der Einstellung von Personen im öffentlichen Dienst oder auch in privaten Unternehmen, bei der Wahl der Zulieferer und Abnehmer von Gütern oder der Differenzierung der Preise gegenüber bekannten oder fremden Tauschpartnern werden von den Politikern, Beamten oder Unternehmern familien- und stammesbegünstigende Entscheidungen als normale und somit als rationale Entscheidungen erwartet. Wer die geltenden Regeln mißachtet, gefährdet seinen sozialen Status innerhalb der Gemeinschaften und die damit verbundenen Unterstützungen. Die Regeln werden beibehalten, auch wenn vielleicht bei der großen Mehrheit der Beteiligten die Einsicht dämmert, daß sie die Steigerung der Arbeitsteilung, der Spezialisierung und der damit verbundenen Wohlfahrtsgewinne behindern. Dem Übergang von der emotionalen Vergemeinschaftung zur anonymen unpersönlichen Vergesellschaftung stehen also ziemlich festverwurzelte Bindungen im Wege.

Die traditionellen Bindungen haben sich in den afrikanischen Staaten als einzig tragfähiger Stützpfeiler der gesellschaftlichen und wirtschaftlichen Ordnung erwiesen. Das Vorhaben, sie durch die Übernahme modernen (westlichen) Rechts aufzulösen und ersetzen zu wollen, muß als weitgehend gescheitertes Projekt bezeichnet werden. Statt der erhofften Modernisierung läßt sich der Entwicklungsweg des postkolonialen Afrikas eher als „Retraditionalisierung" bezeichnen (vgl. *Chabol* und *Daloz* 1999, S. 45 ff.)

In der ungebrochenen Geltung traditionaler Regelwerke ist die tiefere, weil kulturspezifische Ursache für die marginale Integration in die weltwirtschaftliche Arbeitsteilung zu sehen. Die wichtigste Voraussetzung für eine verstärkte Integration ist von daher in der Herausbildung gemeinschaftsübergreifender, also gesellschaftlich geteilter Regeln und Bindungen zu sehen. Die Chancen dafür sind vorerst gering zu veranschlagen, weil in den ethnisch und religiös fragmentierten afrikanischen Ländern keine Ordnungskräfte erkennbar sind, die diese Herausforderung meistern können. Dennoch ist die gesellschaftliche Regelteilung auf endogene Ordnungskräfte angewiesen, ohne deren integrative Funktion die Politik überfordert ist.

Die positiven Wirkungen gesellschaftlich geteilter moralischer Regeln und Bindungen lassen sich am Beispiel des chinesischen Kulturraumes studieren. Dieser Raum ist deshalb interessant, weil in ihm emotional-familiär gebundenen Regeln nach wie vor eine überragende Ordnungsfunktion zukommt. Im Unterschied zu Afrika sind die emotionalen Regeln jedoch in ein gewachsenes und gesellschaftlich geteiltes System moralisch-ideologischer Regeln eingebunden (vgl. zum folgenden *Leipold* 2000b).

4. Kulturelle Einflußfaktoren einer erfolgreichen weltwirtschaftlichen Integration: Der chinesische Kulturraum

Aus der Perspektive des im 2. Kapitel präsentierten institutionenökonomischen Ansatzes ist die hervorstechende kulturelle Eigenart Chinas darin zu sehen, daß es emotional gebundene Institutionen in Gestalt familiärer Bindungen und Regeln zum tragenden Stützpfeiler der Gesellschaftsordnung ausgebaut und bis in die moderne Zeit bewahrt hat. Dieses tragende Regelsystem wird durch ein System religiös-ideologisch gebundener Institutionen abgestützt, die ihrerseits auf einer eigenständigen kosmologischen Moral- und Soziallehre beruhen. Das institutionelle Gerüst hat im Laufe seiner jahrtausendelangen Ausbildung eine außerordentliche Belastbarkeit bewiesen, die es bis heute dazu befähigt, mit einem Minimum an formalen, also an rechtlich-erzwingbaren Institutionen auszukommen. Da China dasjenige Land ist, das die längste und relativ kontinuierlichste eigene Geschichte aufweist, hat auch die Erklärung der kulturellen Eigenarten historisch weit auszuholen.

Die überragende Rolle der Familie als gesellschaftliche Grundeinheit und als Wiege der Kultur läßt sich in China bis in seine frühen Anfänge nachweisen (vgl. *Goody* 1990, S. 52 ff.). Ungeachtet der nach Region und sozialem Status bestehenden Unterschiede der Familienorganisation dominierte schon früh die vaterrechtlich, also die patrilineare und patriarchalisch geordnete Familie. Aus dem emotionalen Verbund verwandter Familien bildeten sich Familienverbände oder Klans, die ihren Zusammenhalt auf einen gemeinsamen Ahnen zurückführten. Die Zugehörigkeit wurde meist durch den Familiennamen bzw. durch den Namen des Ortes, in dem sich der Familientempel befand, definiert, wobei sich im Extrem Angehörige desselben Familiennamens, von denen in China seit jeher nur wenige hundert Namen üblich waren, als Klangemeinschaft betrachteten. Der Zusammenhalt wurde dabei durch den Ahnenkult mit regelmäßigen Ahnenopfern und durch gegenseitige Hilfen für in Not geratene Angehörige gefestigt.

Patrilinear geordnete Familienverbände mitsamt dem Ahnenkult lassen sich in vielen frühen Kulturen als primäre Ordnungseinheiten nachweisen (vgl. *Kohl* 1993, S. 32 ff.). Wie die afrikanischen Gesellschaften zeigen, waren und sind sie imstande, innerhalb der einzelnen Verwandtschaftsgemeinschaften kooperative und friedfertige Beziehungen zustande zu bringen. Ihre Schwäche bestand und besteht in der begrenzten Reichweite der verwandtschaftlichen Bindungen und dem damit verbundenen latenten Dualismus zwischen Binnen- und Außenmoral. Das friedfertige Zusammenleben von mehreren und größeren Familienverbänden erforderte daher regelmäßig eine übergreifende Integrationsideologie, die üblicherweise durch die Religion bereitgestellt wurde. *Max Weber* (1991, S. 200) hat daher in der Durchbrechung der Sippenbande die große Leistung insbesondere der monotheistischen Religionen gesehen.

China hat schon früh eine davon abweichende, eigenständige Lösung des Ordnungsproblems gefunden, wobei hier nur die Unterschiede gegenüber der afrikanischen und okzidentalen Entwicklung interessieren sollen. Die Einzigartigkeit der chinesischen

Kultur ist darauf zurückzuführen, daß China in seiner frühen Geschichte ein Weltverständnis auf- und später ausgebaut hat, dessen Essenz in der Annahme zu sehen ist, daß die Welt- und Sozialordnung nach analogen Prinzipien funktionieren, die letztlich den elementaren Prinzipien einer Familienordnung entsprechen. Diese Einsicht ist von Kennern der chinesischen Kultur als Organizismus, als Entsprechung von Makro- und Mikrokosmos oder als Einheit von Himmel, Erde und Sozialordnung beschrieben worden (vgl. *Needham* 1956, S. 281; *Eliade* 1979, S. 27; *Bodde* 1981, S. 264).

Einigkeit besteht auch darüber, daß die Ursprünge des chinesischen Weltbildes weit zurückreichen. So lassen sich die Anfänge für die Systematisierung und damit für die Erklärung der Welt für die *Shang*-Periode (16. – 11. Jh. v. Chr.) belegen. Hier taucht bereits die Unterscheidung zwischen den beiden Grundprinzipien *Yang* und *Yin* auf, wobei Yang ursprünglich die Sonnenseite eines Hügels meinte und später mit den Eigenschaften männlich, hart, hell oder himmlisch im Unterschied zu den Yin-Eigenschaften weiblich, weich, dunkel oder irdisch identifiziert wurde. Auf diese Weise ließ sich aus der harmonischen Verbindung der beiden gegensätzlichen Grundprinzipien sowohl die Entstehung der Welt und der sozialen Ordnung als auch der Menschen erklären. Damit war der Gedanke der prinzipiellen Harmonie zwischen potentiell konfligierenden Prinzipien oder Elementen in die Welt gesetzt, womit zugleich die Lösung des Ordnungsproblems vorgezeichnet war. Für das religiöse Bedürfnis nach einer Erklärung der Welt erübrigte sich die Annahme eines göttlichen Schöpfers und Gesetzgebers, wie sie für die monotheistischen Religionen charakteristisch war. In der *Shang*-Periode existierte zwar die Vorstellung einer obersten Gottheit (*di*), mit der die Herrscher über ihre Ahnen verbunden waren und kommunizieren konnten. Diese Gottheit wurde jedoch bereits als unpersönliches Wesen vorgestellt, das dem Ahnenkult und insbesondere der herrschenden Verwandtschaftslinie eine höhere Weihe verleihen sollte. Der Ahnenkult verblieb dabei die ureigene Angelegenheit der einzelnen Familienverbände.

In der Periode der *Zhou*-Dynastie, die ab ca. 1025 v. Chr. die *Shang*-Dynastie ablöste, wurde dann die oberste Gottheit zum abstrakten Himmel umgedeutet. Das erschien geboten, weil die oberste Gottheit traditionell der Ahnenreihe der *Shang*-Dynastie zugeordnet wurde, wodurch die Legitimation der *Zhou*-Linie in Frage gestellt war. Durch die Trennung von Himmel und verwandtschaftseigenen Ahnengöttern ließ sich dieses Defizit beheben. Es entwickelte sich nun die abstraktere Idee vom Mandat des Himmels, die später zum offiziellen Staatskult und damit zur Herrschaftsideologie ausgebaut wurde. Gemäß dieser Lehre bedeutete staatliche Herrschaft die Ausübung eines vom Himmel vorgegebenen Auftrags, der legitim war, solange er dem Wohl des Volkes, also der Beherrschten diente. Damit war die Idee verbunden, daß der Herrscher im Falle eines Macht- und damit Mandatsmißbrauches seine himmlische Legitimation verliere.

Die frühe Rechtfertigung der zentralen Herrschaft als Mandat des Himmels wurde später verfeinert, blieb aber das Grundprinzip des chinesischen Staates. Ihre offizielle Version erfuhr sie während der frühen Herrschaft der *Han*-Dynastie (206 v. Chr. – 220 n. Chr.), wobei konfuzianische und legalistische Gedanken synthetisiert wurden. Gemäß der *Dong Zhongshu* zugeschriebenen Version bilden Himmel, Erde und Menschen eine hierarchische Einheit. Der Herrscher als der Sohn des Himmels vermittelt dem Volk die Ideen des Himmels. Zugleich hat er dem Himmel als dem Vater und der

Erde als der Mutter zu opfern, also Staatskulte durchzuführen. Das Privileg des Himmelskults verlieh eine gewisse religiöse Erhöhung des Kaisers und damit des Staates und seiner Verwaltung, weshalb die staatlichen Herrscher und die in ihrem Dienst tätigen Verwalter auch den Hauch eines religiösen Charismas genießen konnten (*Weber* 1991, S. 51 f.). Das bedeutete zugleich auch eine Abstufung des Volkes, da es von einer der wichtigsten Staatsfunktionen ausgeschlossen blieb. Die Herrschaftsfunktion war jedoch begrenzt, da sie als Mandat galt und im Falle des Machtmißbrauchs entzogen werden konnte. Auch bei dieser Version der Herrschaftsideologie hat die Familienordnung Pate gestanden. Bezeichnenderweise bürgerte sich für das Herrscherhaus der Begriff der „Landesfamilie" ein, der auch als synonymer Begriff für den Staat galt.

Mit Ausnahme der Legalisten wurde die Familienordnung in allen klassischen Philosophie- und Morallehren ideologisch erhöht. Erwähnt sei hier nur der Konfuzianismus, in dessen Zentrum die fünf wesentlichen menschlichen Beziehungen stehen. Gemeint sind die Beziehungen zwischen Vater und Sohn, Herrscher und Untertanen, Mann und Frau, älterem und jüngerem Bruder und die zwischen Freunden, denen jeweils Pflichten zugeschrieben werden. Deren Essenz hat der Philosoph *Han Feizi* im dritten Jahrhundert v. Chr. in der Forderung zusammengefaßt, daß der Untertan dem Herrscher, das Kind dem Vater und die Frau dem Mann dienen soll. Wo diesen Pflichten genügt werde, sei das Zusammenleben wohlgeordnet (vgl. *Malek* 1993, S. 96). Der Konfuzianismus, der in China, später aber auch in Japan oder Korea die Staats-, Bildungs- und Gesellschaftsordnung maßgeblich geformt hat, weist von Anfang an mit dem Bezug zur Familie einen desintegrativen Effekt, mit seinen Moral- und Erziehungsidealen zugleich aber auch einen integrativen Effekt auf. Die Spuren dieser Ambivalenz sind bis heute erkennbar. Denn die Vorbildfunktion der Familie als Ordnungsmodell und die moralische Rechtfertigung der familiären Solidarität mußten den latenten Dualismus zwischen Binnen- und Außenmoral verschärfen und die gesellschaftliche Integration erschweren.

Das erklärt das frühe Aufkommen der legalistischen Schule, deren Vertreter die Vorzüge einer Herrschaft mittels verbindlicher Gesetze postulierten, was sich programmatisch als „rule by law", nicht jedoch schon als „rule of law" interpretieren läßt. Die legalistische Ideologie wird am prägnantesten von einem Zeitzeugen (2. Jh. v. Chr.) kommentiert: „Sie unterscheiden nicht zwischen Nahestehenden und Fremden, sie machen keinen Unterschied zwischen Adligen und dem gemeinen Volk und richten alle zusammen nach dem Gesetz, so daß die auf Zuneigung und Respekt gegründeten Beziehungen hinfällig werden" (zit. bei *Gernet* 1979, S. 88). Präziser läßt sich das Spannungsverhältnis zwischen informalen und formalen Institutionen, zwischen *li* und *fa*, das die Geschichte der chinesischen Kultur durchzieht, nicht auf den Punkt bringen. Wenngleich der Einfluß der Legalisten auf das chinesische Staats- und Rechtsverständnis nicht zu unterschätzen ist, dominierte doch der Konfuzianismus und mit ihm die Bedeutung informaler, d. h. familiär und moralisch-ideologisch gebundener Institutionen. Der Konfuzianismus avancierte unter den Kaisern der frühen *Han*-Dynastie zur offiziellen Ideologie mit den dazugehörenden Regeln und Riten. Die Eigenart dieser Ideologie läßt sich wohl am treffendsten mit dem Begriff der chinesischen Zivilreligion bezeichnen. Der Konfuzianismus erwies sich als eine offene Morallehre, die imstande war, individualistische und egalitäre Werte des Daoismus und Buddhismus wie auch

Elemente der Volksreligion in Gestalt des Ahnenkults und der Verehrung lokaler und regionaler Geister zu integrieren. Es gab und gibt daher nicht den Konfuzianismus, sondern zeitlich, regional und sozial differenzierte Richtungen. Dabei gilt es vor allem, zwischen dem Konfuzianismus der Elite und dem volkstümlichen Konfuzianismus der Bauern, Handwerker oder Händler zu unterscheiden.

Bei aller Vielfalt der Richtungen sollte jedoch nicht der einigende Grundgedanke vergessen werden, der die Menschen dazu verpflichtet, den moralisch richtigen Weg (*dao*) zu befolgen, womit die Regeln einer natürlichen und harmonischen Ordnung des Zusammenlebens, gleichsam die ewig gültigen Naturrechte, gemeint sind. Diese Regeln verkörpern die spezifisch chinesische Version der Naturrechte im europäischen Verständnis. Im Unterschied zu diesen abstrakt normierten Naturrechten sind die konfuzianischen Moralregeln meist konkret in Form von Pflichten oder Geboten im Kontext spezifischer Beziehungsverhältnisse formuliert. Sie fordern also Werte wie Gehorsam, Loyalität, Pietät, Selbstkontrolle, Ehrlichkeit, Korrektheit, Bildung oder Fleiß und Sparsamkeit. Es sind Appelle an ein korrektes Sozialverhalten als Grundvoraussetzung für ein geordnetes Zusammenleben. So soll der Herrscher zum Wohle des Volkes regieren, seine Beamten sollen weise und rechtens handeln, die Künstler und Handwerker sollen ihr Fach perfekt beherrschen, die Bauern sollen die größtmögliche Ernte erwirtschaften und die Händler sollen geschäftig und ehrlich sein. Jeder sollte also in seiner Position um Perfektion, Wissen, Fleiß und Erfolg bemüht sein. Insofern fordert die konfuzianische Ethik eine eigenverantwortliche und leistungsbezogene Lebensführung, der jedoch auch Beschränkungen auferlegt werden, die aus der Sorge für das Wohlergehen aller und damit den Erfordernissen einer harmonischen Gesamtordnung begründet werden. Bei den eingeforderten konkreten Beschränkungen, die moralische Beschränkungen oder Bindungen sind, handelt es sich im konfuzianischen Verständnis um natürliche Regeln, weil sie den Gesetzmäßigkeiten entsprechen, denen die Naturvorgänge und die gesellschaftlichen Prozesse unterliegen. Dabei werden die diesen Prozessen immanenten Gegensätze und die Unterschiede zwischen Begabungen oder Statuspositionen nicht geleugnet. Die Gegensätze können jedoch versöhnt werden, wenn alle Elemente oder Menschen sich ihrer Einbindung in das Ganze bewußt sind und sich gemäß den natürlichen und bewährten Regeln verhalten. Der chinesischen Kultur wohnt also ein ganzheitliches, organisches Denken inne, wobei das Ganze stets als ein wohlgeordnetes und interdependentes System partieller Einheiten vorgestellt wird. Damit verbindet sich ein starkes Vertrauen in die Selbstorganisation einzelner Einheiten, sofern sie sowohl den je eigenen Regeln als auch den gesamtheitlichen Erfordernissen gerecht werden. Dieses in einer kosmologischen Ideologie begründete Vertrauen erklärt die Abneigung gegen von oben und damit von außen bewußt gesetzte und vorgegebene Rechtsregeln, die allenfalls als notwendiges Übel für die Lösung derjenigen Probleme akzeptiert werden, bei denen die autonome Ordnung versagt.

Von daher wird verständlich, weshalb China mit seiner jahrtausendelangen Kultur ohne die Annahme eines göttlichen Gesetzgebers und Weltschöpfers wie auch mit einem vergleichsweise zu anderen Kulturen geringen Kodex an formalen Rechtsregeln auskommen und funktionieren konnte. Schwerpunkte des kodifizierten Rechts waren seit jeher das öffentliche Recht und das Strafrecht, während das Privatrecht einschließlich des Wirtschaftsrechts durchgehend nur rudimentär ausgebildet wurden (vgl. *Bünger* 1983). Diese kulturelle Eigenart hat *Bodde* (1981, S. 290) auf den Punkt gebracht: „Chinese ideals involved neither God nor Law... The notion of Order excluded the notion of Law."

Bildhaft formuliert, ist das chinesische Regelwerk aus archaischem Holz gezimmert und weist eine eigenständige Architektur der Regelteilung auf. Die tragenden Stützpfeiler des Regelwerks waren und sind bis heute emotional, also familiär gebundene und moralisch-ideologisch gebundene Institutionen. Deren konkrete Ausformung weist über die Zeit und die Regionen hinweg natürlich Unterschiede und Veränderungen auf. Gerade die gut fünf Jahrzehnte lange kommunistische Herrschaft hat viele Veränderungen gebracht. Sie konnte jedoch die Grundfesten der tradierten Regeln nicht erschüttern. Der Marxismus ist bekanntlich ein geistiger Abkömmling der europäischen Aufklärung, also vor allem der rationalen französischen Philosophie und der staatsorientierten hegelianischen Philosophie. Das Vorhaben, eine neue Gesellschaftsordnung mit neuen Regeln und Verhaltensweisen von oben zu dekretieren, mußte sich als ein aufgesetzter, der chinesischen Kultur eher fremder Gedanke erweisen. Dem Kommunismus wird deshalb wahrscheinlich ein ähnliches Schicksal wie dem Legalismus beschieden sein, der unter dem ersten Kaiser der *Qin*-Dynastie (221-206 v. Chr.) als Staatsideologie benutzt wurde, um den geeinten Zentralstaat rechtlich zu ordnen und zu regieren. Dieses Unterfangen führte nach dem Tod des ersten Kaisers zum Volksaufstand und zum Sturz der Dynastie. Dadurch kam es zum Sieg der Konfuzianer, deren moralische Werte später auch Bestandteil des Rechts wurden. Man kann daher mit *Ludwig* (2000, S. 53) von einer „Konfuzianisierung des chinesischen Rechts" sprechen. Schwerpunkte des chinesischen Rechts waren das Verwaltungs- und das Strafrecht, während sich ein Zivilrecht im westlichen Verständnis nur rudimentär entwickelte. Zudem war und ist dem chinesischen Rechtsdenken die Trennung zwischen Moral und Gesetz, damit zwischen Gerechtigkeit und Recht fremd.

Ungeachtet seiner eigenständigen Architektur hat sich das konfuzianisch geprägte Regelwerk im Laufe der Geschichte als erweiterungs- und lernbereit gezeigt. Es ist bereits darauf hingewiesen worden, daß es freiheitliche Ideen des Daoismus, harmoniebedachte Ideen des Buddhismus und Mohismus und rechtsegalitäre Ideen des Legalismus integriert hat. Gemeinsam ist den regional und temporär verschiedenen Richtungen des Konfuzianismus die Überzeugung, daß Tüchtigkeit, Sparsamkeit, Bildungsstreben und Verläßlichkeit wichtiger sind als religiöser Glaube und Gehorsam (vgl. *Inglehart* 1997, S. 220). Da die chinesische Kultur entstehungsbedingt nur einen schwachen religiösen Unterbau hat und auf der gewachsenen Einheit emotionaler Bindungen mit säkularen Morallehren beruht, war und ist sie wenig anfällig für einen religiösen oder ideologischen Dogmatismus, worin die eigentliche Wurzel für ihre relative Offenheit zu vermuten ist. Diese Eigenart markiert einen wichtigen Unterschied gegenüber dem islamischen Kulturraum (vgl. dazu *Leipold* 2001b).

Vor dem Hintergrund der kulturellen Eigenarten wird vielleicht besser verständlich, weshalb die bereits seit 1978 eingeleiteten Wirtschaftsreformen erfolgreich und vor allem politisch möglich waren. Die Art und Weise, wie sich die Kommunistische Partei in der *Deng*-Ära von den marxistisch-maoistischen Dogmen befreite und den Übergang von der Planwirtschaft zur halb sozialistischen, halb kapitalistischen Marktwirtschaft wagte und sich schrittweise in die Weltwirtschaft integrierte, ist ungeachtet aller Defizite bemerkenswert. Die Einzelheiten der Reformpolitik können hier nicht dargestellt werden (vgl. *Schüller* 1998; *Schinke* und *Hong* 1996). Es soll lediglich auf einige kulturell bedingte Eigenarten und Grenzen der aktuellen und zukünftigen weltwirtschaftlichen Integration aufmerksam gemacht werden.

Im Zuge des seit Anfang der 90er Jahre schrittweise erfolgten Abbaus des staatlichen Außenhandelsmonopols, der Zölle und der nichttarifären Handelshemmnisse gelang es China, einen beträchtlichen Anteil der globalen Direktinvestitionen in die Entwicklungsländer anzuziehen. Die ausländischen Direktinvestitionen betrugen im Jahr 2000 bereits die Hälfte aller Investitionen im Land. Die Unternehmen mit ausländischem Kapital waren wiederum nahezu zur Hälfte an der Exportsteigerung in den 90er Jahren beteiligt, die China auf den zehnten Platz der größten Exporteure in der Welt brachte. Die Exporte bestehen mittlerweile zu 90 v.H. aus industriell gefertigten Gütern und nur noch zu 10 v.H. aus Primärgütern. Die Strategie der bisherigen chinesischen Außenhandelspolitik läßt sich als Verbindung einer Politik der Exportorientierung mit Elementen der Importsubstitution bezeichnen, wobei bis zur Aufnahme in die WTO trotz aller Liberalisierungsbemühungen noch erhebliche Handelsschranken bestanden (vgl. *Fischer* 2000).

Der überwiegende Teile der ausländischen Direktinvestitionen stammt von Auslandschinesen. Deren Motive waren die emotionale Verbundenheit mit der Heimat, das rationale Geschäftsinteresse und die Vertrautheit mit den kulturellen Regeln und Traditionen Chinas, deren Geltung unter den Auslandschinesen weiterbestand und ihre wirtschaftlichen Erfolge erklärt. Die gemeinsame Kultur verband und verbindet die Chinesen über die Zeit und über staatliche Grenzen hinweg.

Die kulturelle Prägung läßt sich exemplarisch anhand der Organisation der Unternehmen und der Kooperationsformen zwischen den Unternehmen aufzeigen. Auffallend für den chinesischen Wirtschaftsraum sind die Dominanz und das unternehmerische Engagement kleiner bis mittelgroßer Familienbetriebe, die sich durch eigenständige Muster der Führung, der Finanzierung, der Entwicklung und der Kooperation auszeichnen (vgl. *Redding* 1990; *Chen* 1995; *Weidenbaum* und *Hughes* 1996).

Als Gründer fungiert meist ein Patriarch, der das Unternehmen mit Hilfe von Familienangehörigen und verwandten Personen aufbaut und autoritär leitet. Die übliche Führungsform entspricht einem Nabe-Speichen-System, bei dem alle Mitarbeiter und alle Unternehmensbereiche direkt dem Unternehmensleiter unterstehen. Expandiert das Unternehmen, kommt es zur Einstellung externer Arbeitnehmer. Die Leitungspositionen werden jedoch bevorzugt mit nahen oder fernen Verwandten besetzt. Die unternehmensinternen Beziehungen strukturieren sich nach Maßgabe der Vertrauensbeziehungen zum Eigentümer. Die Leitung ist also hochzentralisiert und gering formalisiert. Auch die Weitergabe der Informationen folgt der informalen Gruppenstruktur, wobei die Monopolisierung von Informationen als Machtinstrument benutzt wird. Die oft beklagte Undurchschaubarkeit der Geschäftslage für externe Personen wurzelt also in dem informalen Beziehungsgeflecht.

Eine eigenständige kulturelle Prägung weisen auch die im chinesischen Wirtschaftsraum existierenden Netzwerke zwischen Unternehmen auf, die sich gegenüber den in Japan und Südkorea verbreiteten Organisationsformen unterscheiden (vgl. *Herrmann-Pillath* 1994; *Fukuyama* 1995, S. 92 ff.). Die chinesischen „*guanxi-Netzwerke*“ werden bevorzugt als Familiennetzwerke organisiert, wobei für die Kooperation weit definierte Abstammungsgemeinschaften genutzt werden. Bei der Kooperation mit nichtverwandten Personen werden emotionale Bindungen präferiert, indem etwa die Freundschaft mit dem Freund eines Verwandten, die regionale Herkunft oder die gemeinsamen Geburtsdaten im gleichen Mond-Jahr als Vertrauenskriterien bemüht werden. Solche emotionalen Rückbindungen sind charakteristische Relikte vormoderner Gesellschaften, wo sie als Substitut für rechtliche Defizite zum Aufbau informaler Vertrauensbeziehungen üblich waren und sind. Im chinesischen Kulturraum verbindet sich damit die Vorstellung, daß erfolgreiche und verläßliche Beziehungen auch auf Schicksalsfügungen und nur bedingt auf individuelle Fähigkeiten zurückgehen. Dem entspricht die Eigenart, daß das Entscheidungs- und Kooperationsverhalten von einer holistischen Zuordnung von Ursache-Wirkungs-Zusammenhängen geprägt wird. Als Garanten des Erfolgs gelten nicht nur eigene Qualitäten, sondern auch Umfeldbedingungen, die sich einer direkten Kontrolle entziehen. Die besten Chancen für erfolgreiche Beziehungen werden dann gesehen, wenn man sich an die für den jeweiligen Kontext geltenden und damit meist informalen Regeln hält.

Der Erfolg auf chinesischen Märkten ist gerade deshalb für westliche Unternehmen kein einfaches Geschäft. Am wichtigsten sind persönliche und vertrauliche Beziehungen nicht nur zu den Geschäftspartnern, sondern auch zu politischen Entscheidungsträgern in den diversen Regierungs-, Partei- und Justizämtern, die freilich angemessene Schmiergelder und Gefälligkeiten voraussetzen. Bei einer mangelnden Kenntnisnahme der geltenden Geschäftssitten können sich diese leicht als informale Marktzutrittsschranken erweisen.

Familiär gebundene Regelwerke sind also nicht frei von Schwächen. Sie neigen zur Verschleierung der Informationen über unternehmensinterne Verhältnisse, die wiederum die risikoreiche Kreditvergabe und übermäßige Verschuldung begünstigen und die Mobilität von Kapital oder Arbeitskräften behindern. Schließlich werden die Vetternwirtschaft und Korruption als legitime Mittel eingesetzt. Viele dieser Defizite sind im Zuge der Asienkrise Ende des letzten Jahrzehnts manifest geworden, wobei allerdings die zum chinesischen Kulturraum gehörenden Länder sich als relativ robuste Wirtschaftssysteme erwiesen haben.

Die im familiären Zusammenhalt begründete geringe Unternehmensgröße ist aus volkswirtschaftlicher Sicht differenziert zu beurteilen. Als Nachteil ist die ungenügende Nutzung kostensparender Größenvorteile zu verbuchen. Der geringe Grad der vertikalen Integration innerhalb der Familienbetriebe wird durch die Kooperation mit externen Partnern substituiert, die wiederum primär auf persönlichen Vertrauensbeziehungen basiert und offen für die Zusammenarbeit mit westlichen Investoren ist. Die pure Unternehmensgröße ist kein Garant für die Kompensation dieses Nachteils, wofür die chinesische Staatsindustrie mit ihren Großbetrieben einen aufschlußreichen Beleg liefert. Chinas staatseigene Konzerne wirtschaften ähnlich ineffizient und defizitär wie die früheren staatssozialistischen Kombinate in Mittel- und Osteuropa (vgl. *Leipold* 1996). Die Umstrukturierung des Staatssektors einschließlich des staatlichen Bankensystems steht noch aus und wird zweifellos eine der schwierigsten Aufgaben auf dem Weg zur funktionsfähigen Marktwirtschaft und zur erfolgreichen Integration in die Weltwirtschaft sein.

Die im letzten Jahrzehnt erzielten hohen Wachstumsraten des Sozialprodukts sind der Dynamik des Privatsektors zuzuschreiben. Dabei sind dessen Anteile an der Erwirtschaftung des Sozialprodukts höher als die offiziellen statistischen Daten zu veranschlagen. Die als kommunale oder kollektive Unternehmen bezeichneten Unternehmensformen sind nicht selten ideologische Umschreibungen, die den faktischen Einfluß des privaten und d. h. stets auch des familiär getragenen Engagements kaschieren sollen (vgl. *Schüller* 1998, S. 283). Die diesem Engagement innewohnende Dynamik und Flexibilität sorgen vor allem für wettbewerbliche Marktstrukturen und die damit verbundenen gesamtwirtschaftlichen Produktivitäts- und Wohlfahrtseffekte. Die Bereitschaft zur unternehmerischen Selbständigkeit, das Streben nach materiellem Vermögen und die große Flexibilität und Anpassungsbereitschaft an Marktbedingungen sind sämtlich als volkswirtschaftliche Aktivposten zu verbuchen. Vor dem Hintergrund des schnellen Aufkommens neuer Kommunikations- und Informationstechnologien werden tradierte Größenvorteile an Gewicht verlieren. Sofern flexible und innovative Kooperationsformen zwischen kleinen oder mittelgroßen Unternehmenseinheiten sich als vorteilhaft erweisen, sollten die chinesischen Familienbetriebe gute Karten besitzen. Ihre Markt- und Kapitalismuskompatibilität haben sie jedenfalls bisher hinreichend unter Beweis gestellt (vgl. *Kotkin* 1993).

Bei dieser Einschätzung gilt es, die an früherer Stelle genannten kulturellen Traditionen Chinas zu berücksichtigen. Der Familismus ist hier in eine hochentwickelte und bewährte Moralordnung eingebettet, wodurch seine amoralischen Anfechtungen begrenzt werden. Im chinesischen Verständnis einer wohlgeordneten Gesellschaft haben staatliche Instanzen und Zuständigkeiten ihren angestammten Platz. Das Verhältnis der Individuen zum Staat ist zwar nicht frei von Mißtrauen, weil die Bürger häufig dessen fiskalische und bürokratische Willkür und Korruptionsanfälligkeit erfahren mußten und bis heute müssen. Von daher sind die Bemühungen verständlich, staatliche Maßnahmen entweder zu unterlaufen oder mit halb- oder illegalen Mitteln zu beeinflussen.

Die Einschätzung der chinesischen Regelwerke als markt- und integrationstauglich verkennt nicht die rechtlichen und insbesondere die rechtsstaatlichen Defizite in China. Hier stand das Anliegen im Vordergrund, einige Besonderheiten des chinesischen Regelsystems gegenüber den westlichen oder auch den afrikanischen Systemen herauszustellen. China weist ein eigenständiges und jahrtausendelang gewachsenes Geflecht von informalen und formalen Regeln auf, wobei die informalen Regeln in Gestalt der familiär und der moralisch-ideologisch gebundenen Regeln gegenüber den rechtlichen Regeln nach wie vor dominant sind. Ausländische Partner, die sich ihrer Rolle als Geschäftspartner, als Politiker oder als Vertreter internationaler Organisationen mit ihren jeweiligen chinesischen Partnern auf Geschäfte, vertragliche Vereinbarungen und Abkommen einlassen, sind gut beraten, wenn sie die hohe Wertschätzung informaler Regeln in der chinesischen Gesellschaft angemessen berücksichtigen. Insbesondere der Westen sollte sich nicht als zivilisatorischer Lehrmeister im Geiste des westlichen

Staats- und Rechtsverständnisses aufspielen, weil dann Enttäuschungen programmiert sind. Diese Empfehlung gilt über China hinaus für alle interkulturellen Formen der Kooperation.

5. Einige normative Konsequenzen

Die vorangegangenen Ausführungen verstehen sich als Versuch, die Forderung von *Röpke* (1959, S. 344) ernst zu nehmen, wonach sich ein angemessenes Verständnis der verschiedenen Wirtschaftsordnungen nur unter Berücksichtigung der „... juristischen, soziologischen, anthropologischen, politischen, moralischen, ja sogar theologischen Grundlagen" der Gesellschaft erschließen läßt. Diese Einsicht kann nahtlos auf die Weltwirtschaftsordnung übertragen werden. Hier gilt es, die kulturelle Vielfalt der beteiligten Länder angemessen zu berücksichtigen. Dazu wurde im 2. Kapitel eine kulturvergleichend konzipierte Institutionentypologie vorgestellt und bei der Analyse der kulturellen Einflußfaktoren der weltwirtschaftlichen Integration der dem afrikanischen und dem chinesischen Kulturraum zugehörenden Länder angewendet. Die afrikanischen Staaten gehören fast ausnahmslos zu den marginal integrierten Ländern, während China und andere ostasiatische Länder von der zunehmenden weltwirtschaftlichen Arbeitsteilung profitieren.

Jeder Kulturraum zeichnet sich durch eine eigenständige, historisch gewachsene Kombination der Ordnungsfaktoren und damit durch eine eigenständige Struktur der gesellschaftlichen Regelteilung aus. Der Grad der Regelteilung bestimmt maßgeblich den Grad der wirtschaftlichen Arbeitsteilung. Über den kausalen Bedingungszusammenhang zwischen Regel- und Handelnsordnung bzw. zwischen Wirtschaftsordnung und Wirtschaftsprozessen besteht in allen wichtigen ordnungs- oder institutionenökonomischen Theorieansätzen weitgehend Konsens. Dabei bleibt jedoch meist die von *Röpke* eingeforderte Analyse der kulturellen Einbettung einzelner Wirtschaftsordnungen unterbelichtet, wodurch der Einfluß informaler Regelwerke endemisch unterschätzt wird. Darin ist der eigentliche Grund dafür zu sehen, daß das einleitend angeführte Spannungsverhältnis zwischen kultureller Vielfalt und dem Anspruch der Ökonomen auf eine abstrakten Erklärung der Voraussetzungen, Chancen und Wirkungen der weltwirtschaftlichen Integration kontrovers diskutiert und bewertet wird.

Dieser Beitrag versteht sich als Versuch, das Spannungsverhältnis zu entkrampfen, indem einige kulturelle Faktoren der unterschiedlichen Integrationserfolge reflektiert wurden. Die arbeitsteilige und marktwirtschaftlich organisierte Entwicklung gestaltet sich in dem Maße erfolgreich, in dem in Staat, Recht, Verwaltung, Bildung, Wissenschaft, Technik und in anderen Teilbereichen komplementäre Spezialisierungsprozesse erfolgen und durch funktional und sozial geteilte Regelwerke geordnet werden. Die gesellschaftliche Regelteilung hat sich aufgrund der im 2. Kapitel genannten Schwierigkeiten interkulturell sehr verschieden entwickelt, worin eine maßgebliche Ursache für die unterschiedlichen wirtschaftlichen Integrationserfolge zu sehen ist.

Damit soll der Blick auf einen möglichen handelspolitischen Ansatzpunkt gelenkt werden, der in der aktuellen Globalisierungsdebatte wenig Beachtung findet. Wie bei der nationalen Wirtschaftspolitik hängt auch die Qualität der global orientierten Handelspolitik von der realistischen Diagnose des Status quo ab. Es gilt also neben den nach wie vor primär nationalstaatlich gesetzten formalen Regeln zur Öffnung oder Abschottung der Märkte, die zweifellos von entscheidender Bedeutung für die Erzielung von Tausch- und Spezialisierungsgewinnen oder aber von Protektionsrenten sind, auch die informalen Regeln und deren Wirkungen auf offene oder geschlossene Geschäfts- und Markttransaktionen ins Auge zu fassen. Das Plädoyer für eine kulturspezifische Diagnose des weltwirtschaftlichen Status quo stellt den Vorzug der generellen Regeln und Prinzipien des Freihandels gemäß dem Regelwerk der WTO (z. B. Nichtdiskriminierung und Meistbegünstigung, Reziprozität, Inländerbehandlung, Beseitigung nichttarifärer Handelshemmnisse etc.) nicht infrage. Das Plädoyer unterscheidet sich auch von der populären Forderung vieler nicht staatlich organisierten Gruppen (NGO) nach einem „fairen" oder „gerechten" Welthandel, die sich meist mit einem verdeckten Protektionismus zugunsten der Entwicklungsländer verbindet. Einer solchen Forderung entspräche das Vorhaben, bei internationalen sportlichen Wettkämpfen Sonderregelungen für Sportler aus verschiedenen Welt- oder Kulturregionen verlangen zu wollen. Die „faire" Lösung kann nur darin gesehen werden, die Trainings- und Wettkampfchancen in den benachteiligten Ländern oder Regionen zu verbessern. Bezogen auf den Welthandel, geht es also darum, die in den informalen Regeln angelegten Handelsbeschränkungen zu erkennen und soweit wie möglich abzubauen. Angesichts der unübersehbaren Dominanz informaler Regeln in außerwestlichen Kulturkreisen besteht die große Kunst der globalen Ordnungspolitik in dem differenzierten Umgang mit der Akzeptanz oder Veränderung informaler Regeln. Theoretisch gilt es zu entschlüsseln, welche informalen Regeln markt- und weltoffene Geschäfts- und Markttransaktionen begünstigen und welche Regeln solche Transaktionen beschränken. Diese hochbrisante Frage läßt sich nur durch eine differenzierte Analyse der Eigenarten der gesellschaftlichen Regelteilung und deren Wirkung auf die wirtschaftliche Arbeitsteilung beantworten. In diesem Beitrag ging es darum, die ungebrochene Geltung informaler Regeln am Beispiel des afrikanischen und chinesischen Kulturraumes zu belegen und deren Wirkungen auf die Integration in die weltwirtschaftliche Arbeitsteilung aufzuzeigen (zum islamischen Kulturraum vgl. *Leipold* 2001b).

Die sich daraus ergebenden Konsequenzen für die Gestaltung der Weltwirtschaftsordnung können hier nur angedeutet werden. Bezogen auf die afrikanischen Länder, verdienen die keimhaft angelegten Bemühungen, die Fragmentierung der tribalen Regelwerke in Richtung einer Vergesellschaftung zu überwinden, eine aktive Unterstützung durch die Weltgemeinschaft. Ein konkretes Mittel dafür wäre es, die breite Nutzung elektronischer Kommunikationsmöglichkeiten einschließlich der dafür benötigten humanen und technischen Infrastrukturen großzügig zu unterstützen. So lange 999 von 1000 Personen in Afrika keinen Zugang zum Internet und 998 von 1000 Personen keine Telefonverbindung haben, bleibt auch die Fähigkeit zur Integration in die weltwirtschaftliche Arbeitsteilung beschränkt (vgl. *Ulfkotte* 2001). Bezogen auf China, aber auch auf andere Kulturräume, verdienen alle Bemühungen zur Durchsetzung rechtsstaatlicher Verhältnisse und der verläßlichen Rechtsgeltung eine großzügige Unterstützung.

Damit sind nur stichwortartig mögliche Felder genannt, auf denen die weltwirtschaftliche Ordnungspolitik zugunsten des Freihandels und der damit verbundenen Tausch- und Produktivitätsgewinne durch eine kulturspezifische und auf eine globale Irenik ausgerichtete Gesellschaftspolitik im Verständnis von *Müller-Armack* (1966) flankiert werden könnte und sollte. Jedenfalls ist in der analytischen Begründung einer interkulturell konsensfähigen Weltordnung und speziell einer freien Weltwirtschaftsordnung ein noch weitgehend unkultiviertes Feld der Ordnungstheorie zu sehen.

Literatur

Bayart, J.-F., St. Ellis und *B. Hibou* (1999), The Criminalization of the State in Africa, Oxford.

Bodde, D. (1981), Harmony and conflict in Chinese philosophy, in: *C. LeBlanc* und *D. Borei* (eds.), Essays on Chinese Civilization, Princeton, S. 237-298.

Bünger, K. (1983), Das chinesische Rechtssystem und das Prinzip der Rechtsstaatlichkeit, in: *W. Schluchter* (Hg.), Max Webers Studie über Konfuzianismus und Taoismus. Interpretation und Kritik, Frankfurt a. M., S. 134-173.

Chabal, P. und *J.-P. Daloz* (1999), Africa Works: Disorder as Political Instrument, Oxford.

Chen, M. (1995), Asian Management Systems: Chinese, Japanese and Korean Styles of Business, London und New York.

Collier, P. und *J. W. Gunning* (1999), Explaining African Economic Performance, in: Journal of Economic Literature, Vol. XXXVII, S. 64-111.

Connah, G. (2001), „African Civilizations“: An Archaeological Perspective, 2. überarb. Aufl., Cambridge und New York.

Dollar, D. und *A. Kraay* (2001), Trade, Growth, and Poverty, in: Finance & Development, Vol. 38, S. 16-19.

Durkheim, E. (1981), Die elementaren Formen des religiösen Lebens, Frankfurt a. M.

Eagleton, T. (2001), Was ist Kultur? Eine Einführung, 2. Aufl., München.

Eliade, M. (1979), Geschichte der religiösen Ideen, II. Von Gautama Buddha bis zu den Anfängen des Christentums, Freiburg i. Br., Basel und Wien.

Eucken, W. (1950), Die Grundlagen der Nationalökonomie, 6. Aufl., Berlin, Göttingen und Heidelberg.

Fischer, D. (2000), Kalkuliertes Risiko? China und die WTO, Berichte des Bundesinstituts für ostwissenschaftliche und internationale Studien, Nr. 13, Köln.

Fukuyama, F. (1995), Konfuzius und die Marktwirtschaft: Der Konflikt der Kulturen, München.

Gellner, E. (1995), Bedingungen der Freiheit, Stuttgart.

Gernet, J. (1979), Die chinesische Welt, Frankfurt a. M.

Goody, J. (1990), The oriental, the ancient and the primitive: Systems of marriage and the family in the pre-industrial societies of Eurasia, Cambridge.

Grömling, M. (2001), Ist Ungleichheit der Preis für Wohlstand?, Köln.

Haefliger, M. (2001), Falsche Hoffnungen auf die Afrikanische Union, in: Neue Züricher Zeitung, Nr. 257 vom 5. Nov. 2001, S. 5.

Herrmann-Pillath, C. (1994), Wirtschaftsintegration durch Netzwerke: Die Beziehungen zwischen Taiwan und der Volksrepublik China, Baden-Baden.

Inglehart, R. (1997), Modernization and Postmodernization: Cultural, Economic, and Political Change in 43 Societies, Princeton.

Jones, E. L. (1991), Das Wunder Europa: Umwelt, Wirtschaft und Geopolitik in der Geschichte Europas und Asiens, Tübingen.

Kant, I. (1968), Über den Gemeinspruch: Das mag in der Theorie richtig sein, taugt aber nicht für die Praxis, in: Kants Werke, Akademie-Textausgabe, Bd. VIII., Berlin, S. 273-314.

Kohl, K.-H. (1993), Ethnologie – die Wissenschaft vom kulturell Fremden, München.

Kotkin, J. (1993), Tribes: How Race, Religion, and Identity Determine Success in the New Global Economy, New York.

Leipold, H. (1996), Rolle und Reformierbarkeit der Staatsunternehmen in Marktwirtschaften, in: *E. Schinke* und *Z. Hong* (Hg.), Ordnungsreform und Entwicklung der chinesischen Wirtschaft in den 90er Jahren, Festschrift für Armin Bohnet zum 60. Geburtstag, Berlin, S. 121-142.

Leipold, H. (1997), Institutionelle Ursachen der wirtschaftlichen Unterentwicklung in Schwarzafrika, in: *S. Paraskewopoulos* (Hg.), Wirtschaftsordnung und wirtschaftliche Entwicklung, Stuttgart, S. 415-443.

Leipold, H. (1998), Die große Antinomie der Nationalökonomie: Versuch einer Standortbestimmung, in: ORDO, Bd. 49, S. 15-42.

Leipold, H. (2000a), Informale und formale Institutionen – Typologische und kulturspezifische Relationen, in: *H. Leipold* und *I. Pies* (Hg.), Ordnungstheorie und Ordnungspolitik: Konzeptionen und Entwicklungsperspektiven, Stuttgart, S. 401-428.

Leipold, H. (2000b), Der chinesische Kultur- und Wirtschaftsraum als Herausforderung für die Institutionenökonomik, in: Asien, Nr. 76, S. 29-46.

Leipold, H. (2001a), Kulturspezifische Zusammenhänge zwischen gesellschaftlicher Regelteilung und wirtschaftlicher Arbeitsteilung, Volkswirtschaftliche Beiträge der Philipps-Universität Marburg, Nr. 11, Marburg.

Leipold, H. (2001b), Islam, institutioneller Wandel und wirtschaftliche Entwicklung, Studien zur Ordnungsökonomik, Nr. 27, Stuttgart.

Ludwig, K.-H. (2000), Konfuzius und das Zwölftafelgesetz: Über die Ursprünge chinesischen und westlichen Rechts, in: Neue Zürcher Zeitung, Nr. 111 vom 13./14. Mai 2000, S. 53.

Luhmann, N. (1984), Soziale Systeme – Grundriß einer allgemeinen Theorie, Frankfurt a. M.

Mackie, J. L. (1981), Ethik: Auf der Suche nach dem Richtigen und Falschen, Stuttgart.

Malek, R. (1993), Das Ethos des Konfuzianismus und Daoismus, in: *A. Th. Khoury* (Hg.), Das Ethos der Weltreligionen, Freiburg, Basel und Wien, S. 75-117.

Müller-Armack, A. (1966), Wirtschaftsordnung und Wirtschaftspolitik: Studien und Konzepte zur Sozialen Marktwirtschaft und zur Europäischen Integration, Freiburg i. Br.

Needham, J. (1956), Science and Civilisation in China, Vol. 2: History of Scientific Thought, Cambridge.

North, D. C. (1992), Institutionen, institutioneller Wandel und Wirtschaftsleistung, Tübingen.

Polanyi, K. (1979), Ökonomie und Gesellschaft, mit einer Einleitung von *S. C. Humphreys*, Frankfurt a. M.

Popper, K. R. (1979), Ausgangspunkte: Meine intellektuelle Entwicklung, Hamburg.

Redding, S. G. (1990), The Spirit of Chinese Capitalism, Berlin und New York.

Röpke, W. (1959), Gegen die Brandung, Erlenbach-Zürich und Stuttgart, 2. Aufl.

Schinke, E. und *Z. Hong* (Hg.) (1996), Ordnungsreform und Entwicklung der chinesischen Wirtschaft in den 90er Jahren, Festschrift für Armin Bohnel zum 60. Geburtstag, Berlin.

Schüller, A. (1998), Reform und Öffnung: Der chinesische Weg zur Marktwirtschaft, in: *C. Herrmann-Pillath* und *M. Lackner* (Hg.), Länderbericht China: Politik, Wirtschaft und Gesellschaft im chinesischen Kulturraum, Bonn, S. 278-301.

Schwinn, Th. (1995), Funktionale Differenzierung – wohin? Eine aktualisierte Bestandsaufnahme, in: Berliner Journal für Soziologie, H. 1, S. 25-39.

Sharer, R. (2001), An Agenda for Trade, Investment, and Regional Integration, in: Finance & Development, Vol. 38, S. 14-17.

Smith, A. (1776/1974), Der Wohlstand der Nationen: Eine Untersuchung seiner Natur und seiner Ursachen, Deutsche Übersetzung von *Horst Klaus Recktenwald*, München 1974.

Ulfkotte, U. (2001), In Afrika ist das Schlagwort „globales Dorf“ eine Worthülse, in: Frankfurter Allgemeine Zeitung, Nr. 61 vom 13. März 2001, S. 5.

Weber, M. (1924), Wirtschaftsgeschichte, 2. Aufl., München und Leipzig.

Weber, M. (1976), Wirtschaft und Gesellschaft, 5. rev. Aufl., Tübingen.

Weber, *M.* (1991), Die Wirtschaftsethik der Weltreligionen: Konfuzianismus und Taoismus, Schriften 1915 – 1920, Tübingen.

Weidenbaum, M. und *S. Hughes* (1996), The Bamboo Network: How Expatriate Chinese Entrepreneurs are creating a new Superpower in Asia, New York.

Weltbank (2000), World Development Report 2000/2001, Attacking Poverty, New York.

Weltbank (2002), Globalization, Growth, and Poverty: Building an inclusive World Economy, New York.

Yeats, J. A., A. Amadi, U. Reincke und *F. Ng* (1996), Warum fallen die afrikanischen Länder südlich der Sahara im Welthandel noch weiter zurück?, in: Finanzierung & Entwicklung, Dez., S. 36-39.

Alfred Schüller und H. Jörg Thieme (Hg.), Ordnungsprobleme der Weltwirtschaft
Schriften zu Ordnungsfragen der Wirtschaft · Band 71 · Stuttgart · 2002

Globalisation, Governance and Trade Policy: The WTO in Perspective

Razeen Sally

Content

Where does the World Trade Organisation fit in the overall scheme of international public policy? The WTO retains the core business of its predecessor, the General Agreement on Tariffs and Trade, i.e. negotiating and enforcing rules for market access in industrial goods, but it has manifestly gone further than the GATT. It now provides rules for market access in agriculture, textiles and clothing, and services; it has a strong agreement on intellectual property protection; and more detailed coverage of trade procedures (e.g. on subsidies, technical barriers to trade, sanitary and phytosanitary standards, customs valuation and import licensing). In particular, it houses a strong, legalistic and quasi-automatic dispute settlement mechanism, in stark contrast to the GATT's weak dispute settlement procedures which relied less on strict rule-adherence and more on diplomacy. Lastly, the new round of multilateral trade negotiations, launched at the Fourth Ministerial Conference in Qatar in November 2001, proposes to take the WTO into new territory to cover investment, competition and environment-related policies.

Hence much has changed since the end of the Uruguay Round in 1993. The key transformation has taken place in dispute settlement, for the WTO is an increasingly legalistic body with a burgeoning caseload. Arguably, its jurisprudence has become the most important aspect of public international law. Clearly, the WTO is a weightier international organisation than the GATT. Some would go further and argue that the WTO is now centre-stage in an emerging architecture of „global governance".

Is this the right way of viewing the WTO, and trade policy more generally? Is trade policy a top-down construct, shaped by the WTO – „from above" as it were – as part of a new system of global governance? Or should one view trade policy the other way round, bottom-up or „from below" at the national level? Is trade policy still a national affair, i.e. a matter for national governance, in a decentralised international political system of sovereign nation-states? This was the case through the nineteenth century and most of the twentieth century, and is consonant with a Realist model of international politics.[1] In reality, since the inception of the GATT, post-war trade policy has combined elements „from above" and „from below", and the mix of the two may have changed somewhat with the transition from the GATT to the WTO. In addition, there is an increasingly important „in between" phenomenon, namely the proliferation of regional trade agreements across nearly all regions of the world economy.

My task in this essay, therefore, is to make some sense of the modern governance of trade policy, „from below" at the national level, „from above" through the WTO, and „in between" in terms of regional trade agreements.

I set the scene by placing trade policy against the backdrop of rival visions of economic globalisation.[2] An extremist anti-globalisation minority exists, but it is not as important as a more mainstream „social democratic" critique that is at least half-sceptical about liberal trade policies and globalisation's touted benefits, especially in the developing world. This world-view rejects the so-called Washington Consensus and

---

1 This is the prism I use to view trade policy in *Sally* (1998).

2 I refer to „visions" in the Schumpeterian sense, i.e. world-views of how the world works, or should work. According to *Schumpeter* (1954, p.42), this is the necessary preface to the narrower analytical exercise of positive theory building.

favours a more activist, interventionist role for governments. Some commentators and policy-makers in this camp advocate stronger global governance, with national governments acting in concert with international agencies, big business and non-governmental organisations across a widening range of public policies.

Next I restate the opposing case for a liberal international economic order, which emphasises the material (and other) gains from external openness, and the enduring importance of law-governed nation-states. National, not global governance is central to this perspective, although this does not obviate international co-operation where necessary. The issue rather turns upon different types of international co-operation. For example, how does the record of co-operation through the GATT/WTO compare with other forms of international co-operation in the last half-century or so?

At bottom, the classical liberal case for an open international economic order rests on the need for reasonably simple, general rules of conduct in a more complex world. These rules are intended to limit, not enhance discretionary government intervention so that private property rights and contracts are better protected. Such rules operate first and foremost within nation-states, but can be buttressed by an appropriate WTO rule-base.

The following section extends these maxims in a slightly more concrete sense to trade policy, arguing for the primacy of unilateral measures, but also setting out the advantages of the WTO as a means of reinforcing good (or better) national governance. The advantages and disadvantages of regional trade agreements are also taken into account.

I conclude with an assessment of recent trends in the WTO and its prospects, especially in the context of the new Doha round. Does the WTO promote a more liberal international economic order, or is it moving in a different direction? Is it a key instrument of embryonic global governance, reinforced by a growing corpus of public international law? Or it is an adjunct to national governance in a world of enduring power politics? Does the reality lie somewhere in between?

1. Rival visions of globalisation

1.1. The anti-liberal critique

Anti-globalisation or fear-of-globalisation sentiment has always been around. During the Cold War communism provided the leading rival vision to that of a liberal international economic order. Another rival vision was the New International Economic Order in the 1970s, culminating in the Brandt Report. Central to the latter was a profound distrust of the market economy and a faith in government command-and-control mechanisms, operating intra and internationally (*P. D. Henderson* 1980). The NIEO fizzled out in the 1980s, and was well and truly buried by the collapse of the command economies and the end of the Cold War.

The opposition to economic liberalism did not disappear in the 1990s; rather it changed form. Organised interests benefiting from entrenched protectionist policies –

„iron quadrangles" of politicians, bureaucrats, employers and trade unions – continued to lobby against trade-and-investment liberalisation. The novelty of recent years, however, has been the rise of what could be termed *sentimental* opposition to globalisation, especially in the West, for which a congeries of NGOs seems to be the main vehicle of expression. A generation ago, the fear of globalisation was more a Southern phenomenon; now it is more a developed country phenomenon (while by no means underestimating present opposition to globalisation in developing countries; *Bhagwati* 1997). Globalisation, then, faces the opposition of a combination, witting or not, of unsentimental and sentimental forces, of old-style and new-style protectionist interests, ranging all the way from CEOs to NGOs.[3] One is reminded of *John Stuart Mill*'s (1873/1989, p. 179) reference to „the numerous sentimental enemies of political economy, and its still more numerous interested enemies in sentimental guise ....".

There remains a root-and-branch rejection of capitalism by an extremist anti-globalisation minority. There is, however, a more mainstream critique, which is less easy to dismiss. It could be termed, very broadly, Globalisation and Social Democracy. This vision accepts the reality of the market economy and international economic integration, and recognises some of the benefits that flow from them. Nevertheless, it rejects a Washington Consensus whose central focus is perceived to be comprehensive liberalisation, and advocates more-or-less radical change in the way in which the world economy is governed, which sometimes travels under the label of global governance. Globalisation and Social Democracy is not street-theatre on the fringe; rather its champions are establishment figures – senior politicians, leading officials in international organisations (particularly within the UN family), large, well-organised NGOs, prominent CEOs, distinguished journalists and academics (including well-known economists such as *Joseph Stiglitz* and *Dani Rodrik*).

This vision, from within the international policy establishment, was powerfully reiterated by *Mark Malloch Brown*, the Administrator of the United Nations Development Program, at a public lecture at the London School of Economics in October 2001 (*Brown* 2001). Mr. *Malloch Brown* argues that, in the context of extreme poverty in weak or failed states across the developing world, it is time for a paradigm shift on globalisation. An orthodox package of further liberalisation and greater public spending on health, education and safety nets needs to be replaced by a „much more vigorous vision".[4] This requires robust, proactive intervention as part of a more inclusive, redistributive model of politics – indeed nothing less than a „much clearer social compact" between citizens and governments, and between governments and the international community.

---

[3] See *David Henderson* (2001a) for a survey of new and old anti-market forces in recent years.

[4] The orthodox package Mr. *Malloch Brown* refers to is associated with the Research Department of the World Bank and its stream of recent publications on trade liberalisation, growth and poverty. The Research Department, however, is only a small part of the Bank; there are other powerful constituencies within the Bank whose instincts and sympathies are closer to those of Mr. *Malloch Brown*.

Malloch Brown's core diagnosis is twofold. First, globalisation is an engine of inequity, creating minority winners and majority losers within and between countries, and particularly marginalising and excluding the poor in the developing world. Second, the nation-state is in retreat. National governments, acting separately and independently, are unable to cope with global problems such as pollution, disease, job losses, and health, education and gender issues. The core prescription follows: „global solutions" are needed to provide „global public goods". Global governance should take the form of partnerships involving governments, international organisations, NGOs, international business and organised labour, acting in concert across a very wide range of public policies.[5]

Malloch Brown's prescriptions are mostly vague and pitched at a breathtakingly high level of generality. One gets the impression, for example, that all public goods are global. There is also a distinctly corporatist flavour to this scheme for global governance, which finds concrete expression in the UN Secretary General's Global Compact. The latter seeks co-operation among governments, IGOs, NGOs, Big Business and organised labour to promote and enforce higher labour and environmental standards in the developing world.

Malloch Brown's arguments do not display a high degree of economic literacy, but are representative of a certain style of thinking in international policy circles, especially on development issues. It would nevertheless be a caricature to reduce Globalisation and Social Democracy to the statements of senior international civil servants. One should search for more systematic and economically literate arguments. In my view, the most intelligently argued, economically plausible and institutionally sensitive treatment in this genre comes from the pen of *Dani Rodrik*, the brilliant Harvard economist.

In his best-known work on globalisation, Professor *Rodrik* (1997) focuses on the distributional consequences involved and the attendant conflicts within and between nations.[6] As globalisation bites deeper into national social fabrics, intra and international conflicts emerge over domestic norms and institutions. This undermines „domestic social contracts" (mainly those in the West), and with it the domestic consensus in favour of openness to the world economy. What is needed, therefore, is a trade-off between the gains from globalisation, on the one hand, and domestic social stability (within developed countries), on the other. This leads *Rodrik* to advocate a „social safeguard clause" in the WTO, which would sanction restrictions on imports if they threatened prevailing domestic norms, for instance on labour and environmental standards.[7] This mechanism would be subject to domestic procedural constraints and WTO surveillance in order to ensure transparency and prevent protectionist abuse.

---

5 For an elaboration of this perspective, see *Kaul*, *Grunberg* and *Stern* (1999).

6 See my review of this book in: *Sally* (2000).

7 This would go considerably beyond the present safeguard clause in Article XIX GATT. As things stand, the GATT stipulates non-discrimination between „like products" and prohibits discrimination on the basis of how products are produced or processed. Import restrictions that upset „prevailing domestic norms" on labour and environmental standards would not, therefore, be permissible under existing GATT rules.

Rodrik's more recent writings have a stronger development focus. He is sceptical of World Bank and other studies that purport to establish a strong relationship between trade liberalisation and growth, arguing rather that factors other than trade liberalisation are usually more important contributors to better economic performance, and that trade openness is more the result of high growth than the other way round. Moreover, he notes that China, India and a host of other East and Southeast Asian countries with high growth rates have pursued highly unorthodox trade policies, with restrictions on imports and inward investment, export subsidies, performance requirements imposed on foreign-owned companies, and the like. His main prescription is that developing countries should have wide leeway to follow heterodox trade policies, which may include trade protection and selectively interventionist domestic industrial policies. The precise policy mix would be contingent on circumstance and institutional capacity, varying inevitably from country to country. Finally, a development safeguard clause, akin to the afore-mentioned social safeguard clause, should be inserted into the WTO to allow for such discretionary policies.[8]

The *Malloch Brown*/UNDP vision no doubt commands widespread appeal, especially among the armchair socialists of old, transformed into the fashionable Third Way social democrats of today. The „global problems-global solutions" thesis is predictably laced with an emotive, intuitive do-it-yourself economics.[9] It has a false diagnosis of globalisation's effects and the role of the nation-state (as I will argue in due course). Furthermore, its prescriptions, if realised, would damage the life-chances of the world's poor, for example through the pursuit of a Corporate Social Responsibility agenda that could impose labour, environmental and other standards on developing countries under conditions where they may not be appropriate.[10] Moreover, this is a profoundly illiberal vision, whose distrust of markets and faith in government intervention (now at the global level) would, if put into practice, undermine the freedom of contract and restrict competition. Needless to say, this has implications for economic efficiency, but one should not forget that these prescriptions erode the freedom of choice: they threaten individual liberty itself.

The *Rodrik* vision deserves to be taken more seriously. He raises crucial issues in international political economy concerning the distributional effects of globalisation and its political ramifications; the link between trade policy and growth (which is not necessarily simple or straightforward); and the importance of institutions and their variability over time and place. Above all, he warns against simplistic generalisations and „one-size-fits-all" blueprints, rather favouring policy choice tailored to local circumstances and institutional capacity.

---

8 See *Rodrik* (1999, 2000, 2001a, 2001b); *Rodríguez* and *Rodrik* (2000).

9 On do-it-yourself economics see *David Henderson*'s various writings (1986, 1998, 2001a).

10 *David Henderson* (2001b). One of *Henderson*'s main arguments is that proponents of Corporate Social Responsibility habitually ignore different conditions in different countries, which result in differences in costs and revenues at the margin. An agenda of levelling up standards across the world would raise costs out of line with prevailing conditions in particular countries, thereby suppressing mutually beneficial employment opportunities. The world's weakest and poorest would suffer most.

Nonetheless, one could and should take issue with some of his analysis and many of his prescriptions. He underplays the contribution of liberal trade policies and external openness to growth (a subject to be developed in the next section), and, arguably, overestimates the positive effect of *dirigiste* industrial policies in East Asia and elsewhere. His idea for a development and social safeguard clause in the WTO is open-ended (to put it mildly) and would gut the WTO of meaningful content. It would open the door wide to interest group capture and justify protectionism whenever foreign competition threatened domestic production. Despite *Rodrik*'s suggested procedural controls, such an open-ended safeguard clause, whose litmus test is compatibility with something as vague as „prevailing domestic norms", would be impossible to police, either domestically or through the WTO, and would be subject to rampant abuse. This happens already through the WTO's almost unconditional sanction of protection through anti-dumping duties (in Article VI GATT); a social-cum-development safeguard clause would make matters much worse. The chief result of the social safeguard clause, for example, would be the wider restriction of cheap developing country exports made under conditions of lower labour and environmental standards than those prevailing in rich countries – a *de facto* extraterritorial imposition of rich country standards on poor countries with very different comparative advantages.

1.2. The case for a liberal international economic order: a restatement

The case for a liberal international economic order is not new: it goes back at least as far as *David Hume* and *Adam Smith*. The point is to continually update the argument and make it relevant to modern conditions.[11]

International economic integration (for which globalisation is the modern shorthand) is essentially a positive-sum game, not an engine of marginalisation and exclusion. This is what *Adam Smith* (1776/1976, Book I, ch. II, p. 18) has in mind when he says that „in civilised society (man) stands at all times in need of the co-operation and assistance of great multitudes, while his whole life is scarce sufficient to gain the friendship of a few persons". An international division of labour based on specialisation and exchange spontaneously integrates hitherto separated national economies into a world-wide *co-operative* system that caters for reciprocal wants, or, in the felicitous words of *Edwin Cannan*, „renders mutual service". All-round material gain, for rich and poor countries alike, is the outcome of *Smith*'s „liberal system of free importation and free exportation".

Removing restrictions on international transactions – the cross-border exchange of goods and services, capital flows and the movement of people – expands the freedom of individuals to choose how to dispose of their property rights and strike non-coercive, mutually beneficial bargains and contracts with foreigners. This is the foundation for the short and long-run gains from external openness. Resources are allocated more efficiently as they are channelled into areas that generate the highest rates of return. This is the necessary preface to the dynamic gains from openness (economies of scale, transfer

---

[11] On the case for a liberal international economic order, drawing inspiration from *Smith* and *Hume*, see *Sally* (1998), especially chs. 2,3,9.

of technology and skills, the competitive spur that comes from exposure to world-class standards of practice, etc.), which feed into productivity gains, a rise in real incomes and economic growth.

So much for the standard economic efficiency arguments. Often overlooked and under-appreciated is the *moral* case for a liberal international economic order, which is as important to *Hume* and *Smith*. In their scheme, a flourishing, advancing commercial society embodies a *progressive* state of affairs that is morally superior to any realistic alternative. Commercial society revolves around what *David Hume* calls a „spirit of industry", a psychological force which injects a vitality and dynamism into public affairs. This stands a world apart from the vegetative and parochial societies of old. Its engine is individual choice in the selection of means and ends, i.e. *laisser faire*; its result is individuals in the broad mass of society, rather than the select few, with progressively better life-chances, i.e. with the ability to lead more varied and interesting lives. Free trade (broadly defined) expands life-chances by bringing about widespread and peaceful commercial contact among nations and breeding a worldly cosmopolitanism. It is integral to the „spirit of industry" and a dynamic, ever-wider commercial society.[12]

Hence, *Adam Smith*'s „natural liberty", the lifting of artificial restraints upon individual choice and action, is not only of intrinsic value, a „good" in itself;[13] it is also the foundation of the „wealth of nations". Freedom and prosperity, therefore, are intimately related; and it is impossible to think of either freedom or prosperity without the freedom to engage in international transactions, preferably on a non-discriminatory basis.[14]

Let us return to economic efficiency. The evidence of the past two centuries, roughly since the post-Napoleonic settlement, tends to bear out the proposition that countries that are more open to the world economy grow faster, i.e. become richer, than those that are closed. One of *Lord Bauer*'s major insights is that economic advancement in the developing world, over a broad historical sweep, has occurred in countries and regions that have had the most contact with the outside world, and particularly with the advanced centres of the world economy in the West.[15] Indeed, no country on earth has

---

[12] To quote the younger *Mill* (1848/1987, Book III, ch. XVII, p. 581) again:

„But the economical advantages of commerce are surpassed in importance by those of its effects which are intellectual and moral. It is hardly possible to overrate the value, in the present low state of human improvement, of placing human beings in contact with persons dissimilar to themselves, and with modes of thought and action unlike those with which they are familiar....".

[13] *Smith* (1776/1976, Book IV, ch. IX, p. 208) defines natural liberty in the following terms:

„All systems either of preference or of restraint, therefore, being thus completely taken away, the obvious and simple system of natural liberty establishes itself of its own accord. Every man, as long as he does not violate the laws of justice, is left perfectly free to pursue his own interest his own way, and to bring forth his industry and capital into competition with those of any other man, or order of men."

[14] Arguably, the litmus test of freedom in international transactions is non-discrimination under national laws as between own citizens and foreigners. *David Henderson* (1992, p. 635).

[15] *Bauer* (2000, pp. 57-59). Also see *Maddison* (2001).

delivered a sustained rise in the living standards of its people without being open to the world.

The evidence from the post-1945 period points in the same direction. The gradual liberalisation of trade and capital flows in the OECD countries spurred West European reconstruction, recovery and catch-up growth. The outward-orientation of Japan and other East Asian countries played an important role in their catch-up growth. The gradual liberalisation of foreign trade and inward investment in China, despite continuing protection, has undeniably contributed significantly to spectacular and sustained growth rates over the past decade-and-a-half (*Maddison* 1998, p.16). Hong Kong and Singapore are the outstanding examples of long-standing free trade (earlier in the former than the latter) acting as a catalyst for dizzyingly high growth since the 1950s and 60s.

Generally speaking, developing countries with progressively more liberal trade policies are the ones with growing ratios of trade and inward investment to national income, and with higher growth rates. East Asian, Latin American and Eastern European countries have lower average tariffs, fewer non-tariff trade barriers and fewer restrictions on inward investment than is the case in South Asia, Africa, the Middle East, South-eastern Europe and the ex-Soviet Union (with the exception of the Baltic states). The former groups of countries have undertaken more extensive external liberalisation than the latter during the last two decades (starting earlier in East Asia and Chile, and later in Eastern Europe), and done so for the most part unilaterally rather than through international negotiations.[16]

Much ink has been spilt recently on the precise linkages between trade openness and growth. Cross-country regressions probably do not provide definitive answers, as it is impossible to completely isolate the impact of trade policies from other aspects of economic policy. Nevertheless, a combination of macro-numbers and bottom-up, in-depth country studies, relying on qualitative as well as quantitative assessments, does suggest that openness is one significant factor in promoting growth.[17]

In addition, a new World Bank study concludes that a basket of 24 developing countries, with a total population of 3bn, is increasingly integrating into the global economy. These countries have rising absolute and relative shares of manufactures in their total exports; their ratios of trade to national income have doubled since 1980; and the growth of income per head in this group has increased from 1 per cent a year in the 1960s to 5 per cent in the 1990s. The bad news, however, is that about 2bn people live in 75 countries with stagnating or declining aggregate growth. This includes virtually all least-developed countries. These happen to be countries that have liberalised less, although they suffer too from other intractable problems, such as poor climate and geography, rampant disease, civil war and chronically corrupt, predatory governments and ruling elites (*World Bank* 2001).

---

[16] *Drabek* and *Laird* (1998, p. 264); *Finger* and *Schuknecht* (1999); *Henderson* (1998, pp. 54-58).

[17] For such a combined quantitative and qualitative assessment, see *Lal* and *Myint* (1996). Also see *Bhagwati* and *Srinivasan* (1999).

Globalisation, then, is growth-promoting. Growth, in turn, promotes poverty reduction. The much-cited *Dollar* and *Kraay* (2001) World Bank study finds that the incomes of the poor (defined as the bottom fifth of income distribution) rise in the same proportion as increases in average real incomes. Higher-growth countries also register greater success in adult literacy and life expectancy. Trade liberalisation, in particular, allows people to exploit their productive potential, thereby contributing positively to poverty alleviation *through* growth (*Ben-David, Nordström and Winters* 1999, p. 1). China is the emblematic example of the nexus between globalisation, growth and poverty reduction, with over 300 million people lifted out of absolute poverty since 1978. This reflects the wider East Asian experience of dramatic poverty reduction in tandem with external opening and high growth over the past three-and-a-half decades (*World Bank* 2001).

The macro-story related so far nevertheless requires careful qualification in order not to oversell the case for external liberalisation and convey the impression that it is a panacea.

First, the liberalisation of international transactions cannot be seen in isolation. It is but one – albeit important – ingredient in economic policy reform, alongside political stability, macroeconomic stabilisation, internal deregulation (including privatisation), domestic *re*regulation (in the sense of introducing and extending transparent, pro-competitive regulatory principles), in addition to manifold other aspects of institutional reform. This is, of course, easier said than done, for institutional reform – enforcing property rights and contracts through impartial, effective judicial systems, improving systems of public administration, improving education and health care, rolling out transport and communications infrastructure – must be seen in the context of financial, technical and other constraints, with wide variations across developing countries.

Second, trade policy reform is not a smooth, frictionless process. It is one of the most sensitive political undertakings, for in reality trade *politics* is more a snakepit of distributional conflict than an exercise in delivering economy-wide efficiency. It entails often painful short-term adjustments, reshuffling resources between winners and losers, e.g. between tradable and non-tradable sectors, urban and rural areas, domestic and foreign investors, and between ethnic groups. This does not vitiate the case for liberalisation; rather it strengthens the case for complementary domestic policies to ease the path of adjustment in tandem with external liberalisation.

Third, the modalities of external liberalisation need to be considered. Should it proceed fast, in „big-bang" fashion, or should it be gradually implemented? How should it be sequenced with other aspects of economic policy reform, especially macroeconomic stabilisation? There are economic and political arguments pro and contra big-bang liberalisation,[18] but I would argue that these are secondary issues, more a matter of political expediency and technical import than of principle, contingent on different circum-

[18] In favour of big-bang liberalisation, see *Balcerowicz* (1995). For arguments against, see *Dornbusch* (1992); *Rodrik* (1992).

stances and constraints in different places at different times. The *principle* of movement in the direction of free trade as a medium-to-long term goal is more important.

Fourth, and in my view most important, external liberalisation does not take place *in vacuo*: it must be seen in the context of domestic institutional change. The liberalisation of international transactions on its own does not deliver much; but *in interaction with* institutional upgrading at home there are abundant, long-term dynamic gains to reap. One should add that this is not a new social democratic insight attributable to Messrs. *Stiglitz* and *Rodrik*; rather it is the centrepiece of classical liberal trade theory in the works of *Hume* and *Smith*. Both are more concerned with the dynamic gains arising from the mutual reinforcement of external openness and domestic institutional change than they are with static allocative efficiency gains. External opening creates the spontaneous stimulus for institutional upgrading to better exploit trade-and-investment opportunities, e.g. through better currency and banking practices, and the development of ports and inland communications. Reciprocally, better enforcement of property rights and contracts and more investment in social infrastructure maximises the gains for exporters, importers, and domestic and foreign investors.[19] Openness, therefore, is a *handmaiden* of growth (*Kravis* 1970).

Bearing these caveats in mind, one can conclude that the liberalisation of international transactions is to be welcomed in the name of freedom *and* prosperity. The anti-liberal critique is wrong: marginalisation is in large part caused by not enough rather than too much globalisation. As *Martin Wolf* (2001) argues: „Globalisation does not make countries poor; it helps make them rich. .... But one thing, above all, is clear: if the world is to become less unequal through raising the bottom, rather than collapsing the top, and still more if mass poverty is to be eliminated, it can only be via successful integration, not its opposite."

1.3. The retreat of the state?

The second plank of the *Malloch Brown*/UNDP thesis is that the nation-state is in inexorable retreat before the advancing battalions of globalisation. True, many developing countries have witnessed the collapse and wholesale failure of the institutions of state, although this has much more to do with internal ethnic and other forms of conflict than with globalisation. Nevertheless, the fact remains that for all developed countries, and most developing and transitional countries, the core functions of law and public policy continue to be performed primarily at the national level by governments, not by IGOs, MNEs or NGOs. These functions of *national governance* – defence of territory from external threat, internal law and order, the protection of private property rights and contracts, and the provision of other public goods – are as vital as ever. Not least, governments still set the national policy stance on international trade, foreign direct invest-

---

[19] On these aspects of *Hume*'s and *Smith*'s trade theory, see *Sally* 1998, ch. 3, pp. 40-48; *Myint* (1977); *Fieldhouse* (1999, pp. 21, 350-355).

ment, portfolio capital flows and cross-border migration.[20] This in turn determines how integrated the national economy becomes with the global economy.

Neither globalisation nor governance is „new". Right through the nineteenth century, national governance, in the context of an international political system of sovereign nation-states, co-existed with increasing international economic integration (especially in the last third of the century). The classical economists saw no inherent contradiction in this state of affairs; indeed, they viewed the public policy challenges of dealing with the globalisation of their day as a matter, first and last, for national governance. Has the globalisation-and-governance equation changed so much a hundred years on? Arguably not. Globalisation continues to depend fundamentally on law-governed nation-states. Put another way, the preconditions of a good or bad, healthy or sick, liberal or illiberal international economic order are to be found „within and beneath", as the German economist *Wilhelm Röpke* put it, i.e. in the legal and policy subsoil of nation-states (see *Sally* 1998, p. 134 f.).

National policy choice is still crucial. Through the last half-century the world economy has exhibited marked divergence in national economic performances, especially *within* the developing world (and more recently between countries in transition too). This corresponds to divergence in national policies, particularly in external economic policies. As mentioned earlier, some countries, first in East Asia, then in Latin America and later in Eastern Europe, have opened their economies and, to a greater or lesser extent, taken advantage of globalisation. Others have not.

This is not to deny the importance of international co-operation where national-level action is insufficient. Even a sceptic of global governance may concede that there are legitimate zones of intergovernmental collaboration, and that more of the latter is required compared with nineteenth century practice. However, clear thinking and good policy demand a specification of the problem; and, if concerted action is required, a keen sense of the extent and limits of such action. This applies in particular to global public goods where *genuine and serious* cross-border externalities are involved, as may be the case, for example, with climate change. In contrast, the global governance catchphrase – „global solutions for global problems" – assumes, wrongly, that most or all problem-solutions are global, to be dealt with by (often unaccountable and unrepresentative) members of the „international community". It is this *unconditional* embrace of global governance that is both glib and illiberal.

Unfortunately, the record of most international organisations and other mechanisms of intergovernmental collaboration since the Second World War has been one of *ad hoc* bureaucratic intervention in markets, often exacerbating misguided government intervention at the national level. There is some useful „soft" policy co-ordination through cross-country surveillance, information-exchange and dialogue, as happens in the IMF, World Bank and OECD. On the other hand, there is much counter-productive aid disbursement, sullied by arbitrary politics, bureaucracy and incompetence (as also happens

[20] The EU is a partial exception, given supranational competence in commercial relations with third countries. The EU, however, is *sui generis*.

in the Bank and Fund). The heart of the problem is that most international organisations lack a clear, specific function, rather trying to achieve diffuse and mutually contradictory objectives all at once. This bedevils UN agencies, as it does the Bank and the Fund (*Sally* 2001b).

To *Jan Tumlir*, the former research director of the GATT, all this smacks of „co-operation without rules". It is an exercise in rampant international *adhocery*, resulting in an extra layer of detailed, complex regulations. At one extreme, there seems to be an unconditional acceptance of international organisations and intergovernmental collaboration for their own sake. As *Tumlir* (1983b, p. 400; 1981, p. 179) says: „International organisations, negotiations, agreements and functions seem to be favoured, wholesale and uncritically, more for their international character than for their substantive content."

The GATT, on balance, was an exception, with a relatively clear mandate – to negotiate and enforce non-discriminatory rules on international trade. These rules on the whole limited rather than expanded the ability of governments to intervene in markets in an arbitrary and discretionary manner. By entering into international agreements governments collectively tied their hands, forswearing discriminatory intervention in a delimited area of policy.

Admittedly, the story is not that simple: from the GATT's inception, and continuing with the WTO, governments have enjoyed plenty of in-built flexibility to resort to discriminatory protection.[21] Moreover, the waters have become muddied since the founding of the WTO. It has ventured further into the complexities of domestic regulation, and its widening rule-base lacks the clear, sharp market access focus of the old GATT. More on this in due course.

1.4. Rules for international economic order: a classical liberal view

The distinguishing feature of the classical liberal approach to international economic order, from *Hume* and *Smith* to *Hayek* and *Tumlir*, is its stress on the need for general rules of conduct in a more complex world. As the world becomes more complex in globalisation's wake, it does not follow that governance should become more complex too. Ratcheting up the output of detailed, complicated regulations is not necessarily the answer. On the contrary, *simplicity* is the key.

The motor of an integrating world economy is the „natural liberty" to enter into cross-border transactions, mediated by a spontaneous, freely-forming world price system that emits signals to economic agents, equipped with only very partial knowledge, to adapt their actions as speedily as possible. A world economy powered by these forces is one of „incessant and manifold change", as *Tumlir* puts it, and its progress depends on the „anticipation of change" and the „rapidity of adjustment". However, it would be folly to think that natural liberty and a world price system are free-standing: they require an appropriate framework of rules and institutions to provide a minimum of stability

---

[21] On the post-war compromise between power and rules, see *Jacob Viner*'s superlative „Conflicts of principle in drafting a trade charter", in *Viner* (1951).

and predictability. Such a framework serves as an anchor of orderliness and regularity in the midst of constant change; it facilitates the flexible adaptation of private agents to external change (*Tumlir* 1980, p. 19; 1985a, p. 5). The question now turns upon the nature of „appropriate" rules.

Rules should be consonant with *Smith*ian and *Hume*an procedural (or commutative) justice – „general and inflexible rules of justice" as *Hume* calls them. They should be simple, transparent, non-discriminatory and *negative* rules of conduct, telling actors what not to do, but otherwise leaving them free to do as they wish. In other words, such rules are *proscriptive,* not prescriptive.[22] In *Hayek*ian terminology, they are *nomos,* not *thesis.* General rules of conduct, applying equally to all, exist to protect private property rights and contracts,[23] in the defence of individual freedoms of course, but also as the basis for entrepreneurship and growth. Within national jurisdictions these rules are embodied in private (commercial) law, the legal underbelly of market society (what the German lawyer *Franz Böhm* calls a „private law society"). They are to be distinguished sharply from specific, detailed, i.e. prescriptive, regulations, which usually fall within the sphere of public administrative law [24].

Domestic private law has its external complement in international private law and the informal rules, customs and conventions of the *lex mercatoria,* all of which grease the wheels of international commerce. But the principles of private law also find expression in one specific domain of international public law, namely the Most Favoured Nation and National Treatment clauses of the WTO (especially Articles I and III GATT). Like the rules of private law, MFN and National Treatment are reasonably simple, transparent, non-discriminatory and negatively defined principles, enjoining governments *not* to discriminate in international trade but otherwise leaving them free to do anything not specifically forbidden. Their effect, at the margin, is to help protect private property rights and contracts by limiting the arbitrary and coercive powers of governments in international transactions. Like private law, they are bulwarks of constancy and predictability that facilitate the adaptation of private agents, as well as of national policies, to external change (*Tumlir* 1980, p. 3; 1983a, p. 72).

To reiterate, classical liberal-type rules – what *Hayek* calls „negative ordinances" – protect private property rights *against* big, discretionary government. This was clearly appreciated in the nineteenth century, especially in British economic policy in the second half of the century. Unilateral free trade was part and parcel of a „Victorian social contract": it was fastened, ideologically and in practice, to the gold standard (to provide stable exchanges) and small, limited government run according to the maxims of Gladstonian public finance (low taxation, low expenditure and fiscal balance). As the great

---

[22] To *Smith* (1759/1982, pp.82, 86), justice is „but a negative virtue, and merely hinders us from hurting our neighbour". It is also „the main pillar that upholds the whole edifice. If it is removed, the great, immense fabric of human society … must in a moment crumble into atoms".

[23] In *Hume*'s terms, „the stability of possession, its transference by consent, and the performance of promises". *Hume* (1740/1978, Book III, Part II pp. 520,526,567-69).

[24] On general rules of conduct, see *Hayek* (1960, pp. 19, 162 f., 529; 1982, pp. 2, 38, 62 f.). Also see *Böhm* (1966).

political economists and reformers of the day saw it, free trade has an essential constitutional function. It removes the politicised discrimination inherent in protectionist policies that favours powerful organised interests, and thereby helps to bring about greater transparency and equality of treatment before the law. In conjunction with other policies, free trade enables government to perform its core functions well, but prevents (large and expanding) government from becoming the slave of vested interests. Hence, free trade helps to keep government „knaveproof".[25]

This *government-limiting* function of free trade has not been well appreciated over the past century. The first half of the twentieth century witnessed rampant government intervention in domestic and international transactions. The post-war GATT was intended to progressively liberalise international trade, but without going back all the way to nineteenth century-style free trade. Like the Bretton Woods agreements, it was designed to achieve a compromise between a gradually more open international economic order, on the one hand, and large, expanding government at home, on the other (*Ruggie* 1982, pp. 203 f., 210 f.). Correspondingly, the post-war theory of commercial policy explicitly decoupled free trade abroad from *laisser faire* at home, justifying a series of „first-best" interventions on welfare-economic grounds alongside free trade (*Irwin* 1996, ch. 12, pp. 180-188). Given these developments – broadly consistent with the Globalisation and Social Democracy vision set out earlier – it is not surprising that intergovernmental co-operation through the GATT, and now the WTO, was and is regarded as something flexible and *ad hoc* rather than as a government-limiting device.

Jan Tumlir, in contrast, was very much a classical liberal lone voice in arguing for international rules more along nineteenth century lines. Put another way, he *recouples* free trade abroad to limited government and *laisser faire* at home. To him, hyperactive government meddling in resource allocation distorts a world price system, breeds rent-seeking and rigidifies economic structures, thereby retarding adaptation to external change. Protectionism and greater international friction are the predictable structural outcomes. GATT MFN-type rules should counter this trend; they should check overactive government, help protect private property rights and play their part in making domestic structures more flexible in order to facilitate adaptation to external change. With appropriate implementation within national jurisdictions, therefore, international trade rules should be an instrument of domestic constitutional refurbishment – „the second line of national constitutional entrenchment" (*Tumlir* 1983a, pp. 80, 82; 1985b, pp. 67, 71).

Following *Tumlir*'s line of thought, one could say that nineteenth century trade policy was a matter of national adaptation to external conditions through national policies and institutions (at least for the Western powers and the white colonies, if not for the non-white dependent colonies). This remains the case today, although, since the 1930s and 40s, regional and multilateral regimes play a much larger role in trade policy. The GATT/WTO is not a substitute for national governance in trade policy; rather, with the

---

[25] *Schumpeter* (1954, pp. 398-406). For a comprehensive political history of British trade policy in the nineteenth century, see *Howe* (1998).

right sort of rules, based on MFN and National Treatment, it can be a helpful auxiliary to good national governance.

The GATT, inevitably the result and creature of political compromise, lived up only very partially to these classical liberal expectations. It excluded many areas from market access-promoting rules (agriculture, textiles and clothing, services, foreign direct investment); it had a weak dispute settlement mechanism; developing countries were largely free from market access obligations; and even coverage of industrial goods suffered from sweeping exemptions. It is instructive to note that only 11 of the 25 founding articles of the GATT contain negative, proscriptive rules of the type discussed above (with MFN and National Treatment in Articles I and III respectively as the foundation stones). Of the rest, 9 articles sanction more-or-less detailed means of evading market access obligations (e.g. import quotas on balance of payments and infant industry grounds, safeguards, anti-dumping and countervailing duties, general waivers, waivers on national security and other public policy grounds, customs unions and free trade areas). Finally – to *Tumlir* (ibid.) the fatal flaw – GATT rules were hostage to the vagaries of „fuzzy diplomacy" and the willingness of governments to stick to them; they were not enforceable as private rights within national jurisdictions.

The WTO has more „rules of law" than the GATT. But is it closer to the Rule of Law in the classical liberal sense set out above? That is the question to which I will return in the final section of this essay. Before that, however, I should like to flesh out the division of labour between national, regional and multilateral governance of trade policy.

2. Multi-track trade policy

Trade policy proceeds, usually simultaneously, along three main tracks: the national (unilateral) track, the bilateral/regional track and the multilateral track. Let us examine each in turn, and then consider their interaction.

2.1. The unilateral track: liberalisation „from below"

> „I trust the government.... will not resume the policy which they and we have found most inconvenient, namely the haggling with foreign countries about reciprocal concessions, instead of taking that independent course which we believe to be conducive to our own interests. ... let us trust that our example, with the proof of practical benefits we derive from it, will at no remote period insure the adoption of the principles on which we have acted."
>
> *Sir Robert Peel*, House of Commons, 1846[26]

> „The nature and pace of reform have been determined by our own internal political processes, not by the slow speed of international negotiations. We should not wait for international reform to make decisions that seem to be in our own best interests."
>
> *Ministry of Foreign Affairs and Trade*, New Zealand, 1993

[26] Quoted in *Bhagwati* (1988, pp. 27, 29).

The bulk of recent trade-and-investment liberalisation in developing and transitional countries has taken place unilaterally, i.e. governments have liberalised quotas, tariffs, licensing arrangements, restrictions on foreign investment and the like independently and not as part of international agreements. Although many governments have reluctantly undertaken unilateral liberalisation as part of IMF and World Bank structural adjustment programmes, the really strong and sustained liberalisers, such as Chile and Mexico in Latin America, most of the East Asian countries, and many Eastern European transition economies, have gone ahead under their own steam, without the need for strong external pressure. Among the developed economies, only Australia and New Zealand have undertaken radical unilateral liberalisation in recent decades. Hong Kong, Singapore, and more recently Estonia, stand out as unilateral liberalisers that have come close to free trade.[27] The paragon of unilateral free trade remains Great Britain between 1842 and 1914, whose emblematic act was Peel's announcement of the repeal of the Corn Laws in 1846 (see *Howe* 1998).

There are powerful economic and political arguments in favour of unilateral liberalisation. To begin with, national gains from trade result directly from import liberalisation, which replaces relatively costly domestic production and spurs more efficient resource allocation. One important effect of import liberalisation is to channel resources into profitable export sectors, removing the bias against exports inherent in protectionist regimes.[28]

Seen in this light, there is every reason to go ahead on the fast track to unilateral liberalisation without wasting time on the slow, circuitous track of reciprocal negotiations. The latter are cumbersome and time-consuming. They encourage trade negotiators to play international power games, and threaten to delay liberalisation while governments seek to extract maximum concessions from each other. In contrast, unilateral liberalisation, „from below" as it were, is the simple, direct route to freer trade. It is the trade policy equivalent of the Nike strategy: governments can simply go ahead and „just do it!".

In this scheme, free trade internationally is not a construct of international negotiations; rather it is *epiphenomenal,* a by-product of autonomous liberalisation by one or several countries, progressively emulated by others. This was the preferred route for the

---

[27] On the Estonian experience, see *Feldmann* and *Sally* (2002).

[28] There is the theoretical possibility of (usually large) countries being able to exercise long-run market power in international demand for certain goods, thereby placing them in a position to shift the terms of trade in their favour by means of an optimal tariff. The obverse argument is that these countries should only lower tariffs if others reciprocate, in order to avoid worsening terms of trade. However, in reality very few countries have such market power under long-run conditions. In addition, retaliatory tariffs by other countries would tend to nullify terms-of-trade gains. Thus, a beautiful idea on the Olympian heights of theory (not for the first time!) turns out to have limited practical relevance. This returns policy, *as a practical proposition,* to a presumption in favour of unilateral free trade. On the terms of trade/reciprocity debate, see *Robbins* (1958, pp. 182-231); *Irwin* (1996, pp. 106-115).

classical economists from *Smith* to *Marshall*, and for the titans of mid-Victorian British politics.[29]

Under twentieth and twenty-first century conditions of democratic politics and vigorous interest group lobbying, unilateral liberalisation is of course an altogether more difficult political proposition than it was in the nineteenth century. In recent times, governments have usually embarked upon radical unilateral liberalisation in situations of national economic and political crisis, especially when it has become all too clear that long-standing policies of protectionism have failed.[30] They sally forth with autonomous liberalisation when they realise that the costs of own trade barriers are greater than the costs suffered because of other countries' trade barriers.

2.2. The multilateral track: liberalisation „from above"

> „The great political virtue of multilateralism, far exceeding in importance its economic virtues, is that it makes it economically possible for most countries, even if small, poor and weak, to live in freedom and with chances of prosperity without having to come to special terms with some Great Power."
>
> *Jacob Viner,* 1951

The reciprocity principle, upon which the nineteenth century Cobden treaties, twentieth century regional trade agreements, and indeed the GATT/WTO are based, has an important disadvantage: its rationale is basically mercantilist. Governments bargain over export concessions, for which they „concede" import access to own markets. This conveys the impression that exports are „good" and imports are „bad", contrary to the fundamental insight from classical and neoclassical trade theory that the gain, in terms of beneficial resource allocation, comes from imports. However, given the practical difficulty of undertaking autonomous liberalisation in the context of modern domestic politics, the multilateralised reciprocity that the GATT/WTO embodies has its advantages. The following advantages come to mind (see, for example, *Hoekman* and *Kostecki* 1995, pp. 20-33):

- Most obviously, international treaties act as an external prop: they can strengthen the hand of governments and shift the balance of interest group politics within the domestic sphere. Binding international obligations protect governments against politically influential domestic producer groups clamouring for protection against imports. At the same time, intergovernmental negotiations mobilise the support of domestic exporters, who have a stake in lobbying their governments to „concede" market access at home in return for improved market access for their products abroad.
- WTO rules, in return for certain obligations, provide members with rights: rights to market access for exports; and rights against the arbitrary protection and predation of more powerful players. This is a particularly important consideration for developing

---

[29] On the unilateralism vs. reciprocity debate in classical political economy, see *Sally* (1998, pp. 54-56, 94 f., 168-170, 198 f.).

[30] On the role of crisis in policy reform, see *Haggard* and *Williamson* (1995).

countries. They tend to be small, poor and weak compared with the large trading nations of the developed world. Hence their more pressing need for the protection of a well-functioning system of international trading rules.

- Perhaps most importantly, but often overlooked, multilateral rules can bolster domestic reform efforts. Binding WTO commitments, such as GATT tariff ceilings, lock in previously undertaken measures of liberalisation and help prevent a descent back into protectionism, especially in conditions of low growth or recession when domestic pressures for protection increase. This lowers uncertainty and risk for business agents, and increases the stability and predictability of the business environment, particularly in tradable sectors.

Moreover, sound WTO rules, when fully implemented within national jurisdictions, perform a quasi-constitutional function: they contribute to a more disciplined and credible economic policy framework, thereby invigorating competition and benefiting individual citizens. Indeed, the value of implementing WTO obligations domestically cannot be underestimated in most developing countries with serious policy and institutional deficits. Thus, the WTO mechanism can reinforce the *clarity, coherence and credibility of national trade policy reform* in the eyes of exporters, importers, local and foreign investors, and, not least, consumers. This gets back to the point made earlier that the WTO, at its best, is a helpful auxiliary to good national governance.

2.3. The bilateral/regional track: liberalisation „in between“

Regional trade agreements (RTAs) involve two or more countries getting together to regulate trade. Advocates argue small groups of like-minded countries should club together to take trade-and-investment liberalisation deeper, wider and faster than would be possible in the much larger and more diverse WTO. Such relatively cohesive clubs could also experiment with regulatory co-operation to tackle behind-the-border, non-tariff barriers (e.g. in services, investment, competition policy, intellectual property, customs administration, public procurement, technical standards, sanitary and phytosanitary standards) to greater effect than would be the case in the WTO. Moreover, progress on market access and rule making through RTAs could be transposed in due course to the WTO, i.e. RTAs could act as „building blocks“ for multilateral liberalisation (*Bergsten* 1997; *Sampson* and *Woolcock* 2001).

On the other hand, detractors argue that RTAs are „stumbling blocks“ in the multilateral trade order. RTA members undertake trade liberalisation on a preferential basis, thereby discriminating against third parties and violating the WTO's MFN principle. The danger is that RTAs can lead to a „spaghetti bowl“ of opaque, overlapping and discriminatory procedures, particularly in the form of incredibly complex rules of origin requirements that become obstructive, costly non-tariff barriers to trade. In addition, negotiating and administering RTAs could divert time and resources from both unilateral and multilateral liberalisation – by no means a trivial point given minimal trade policy capacity in many developing country administrations, particularly in the least-developed countries. Finally, major powers, acting as RTA „hubs“, could force weaker „spoke“ countries, especially in the developing world, to accept inappropriate conditions in regional agreements, such as minimum labour and environmental standards (*Bhagwati* 1997, ch. 9; 1995).

RTAs have proliferated in practically all regions of the world economy since the 1980s. Activity on the regional track has accelerated since the failure of the WTO's Seattle Ministerial Conference in 1999, especially in Asia-Pacific, starting with Singapore and involving Japan, South Korea, Australia, New Zealand, Mexico, Chile, the US, Canada, and now China and Hong Kong. The WTO Secretariat estimates that there are 170 RTAs currently in force, and that this number could grow to 250 by 2005 (*WTO* 2001, p. 86).

So far, there is little evidence that RTAs have retarded the overall liberalisation of trade and FDI (*WTO* 1995). Indeed, RTAs may well have contributed to political stability and economic policy reform in some countries, e.g. in Mexico through NAFTA and the East Central European countries *en route* to EU membership. Nevertheless, the discriminatory, rule-evading and power-reinforcing potential of RTAs cannot be overlooked, especially as multilateral disciplines on them (in Article XXIV GATT and Article V GATS) are rather weak.

2.4. Interaction between tracks: complementarity of unilateral and multilateral tracks

As mentioned earlier, unilateral liberalisation should be pursued on its own merits when and where politically feasible. However, most developed and developing countries lack the domestic political requisites to undertake and sustain unilateral trade reforms. The multilateral track can therefore serve as a helpful auxiliary: WTO agreements not only lock in unilateral reforms; they also provide a springboard for further and deeper unilateral reforms.

The experience of countries with strong trade-and-investment liberalisation illustrates how unilateralism and multilateralism can be complementary tracks. For example, unilateral liberalisation in several Latin American, East Asian and Eastern European countries increased the penetration of trade and FDI in their economies, and increased their reliance on export-led growth. This gradually changed their attitude towards the GATT/WTO: they came to realise its advantages in promoting export market access; defending them against tariff and non-tariff protection by more powerful players; and, more generally, in providing them with a secure framework of non-discriminatory rules. Hence they agreed to bind MFN tariffs for the first time in the Uruguay Round, and generally came round to support a pro-liberalisation agenda in multilateral trade negotiations (*Page* 2001).

Also illustrative are the recent WTO agreements on financial services and basic telecommunications services (both inscribed as Annexes to GATS in 1997). Developing country signatories view these multilateral agreements, which for the most part lock in previously undertaken autonomous liberalisation, as a way of advertising the credibility of national economic policy reforms. This, they hope, will attract more FDI to improve their service infrastructures. The GATS, in turn, has triggered national debates on regulating services, thus preparing the ground for further unilateral reforms. Several developing countries have since proceeded beyond GATS commitments with further unilateral liberalisation in financial and telecom services (*Sauvé* and *Stern* 2000, p. 7; also see *Sally* 2001a).

That said, there remains a wide gap (or „wedge") between applied measures of unilateral liberalisation „at home," on the one hand, and bound WTO commitments, on the other, as far as most developing countries are concerned. Applied tariffs are usually well below bound GATT MFN tariffs; and the gap between services liberalisation at home and still very modest GATS commitments is even wider (ibid.; *Finger* and *Schuknecht* 1999). New Zealand (admittedly a developed, not a developing, country, albeit a recent convert to liberal trade policies) is exceptional in having effectively locked in unilateral liberalisation by binding GATT and GATS commitments at or close to applied measures at home.

3. The WTO: state-of-play and prospects

3.1. Developments post-Uruguay Round

The GATT provided rules for progressively more open trade in (some) industrial goods. As a result of the Uruguay Round agreements, the WTO goes much further and comes closer to universal coverage, providing market access rules for the bulk (if not all) of international trade. GATT 1994 (replacing GATT 1947) continues the fifty-year-old process of reducing tariff and non-tariff barriers to trade in manufactures. The Agreement on Agriculture and the Agreement on Textiles and Clothing, although relatively weak and shot through with loopholes, have GATT-style rules and procedures for gradually liberalising important but hitherto highly protected chunks of goods trade. The GATS, although architecturally complicated and with modest commitments to date, nevertheless establishes the framework for the liberalisation of trade *and* factor movements in cross-border services transactions. The GATS also has provisions for making the domestic regulation of service sectors more transparent and non-discriminatory – a vital consideration given that opaque and discriminatory domestic regulations hinder services trade far more than classic border restrictions. New or revamped trade procedures, notably on subsidies, technical barriers to trade, sanitary and phytosanitary measures, customs valuation and import licensing, furnish some of the regulatory infrastructure for tackling behind-the-border trade restrictions and taking better advantage of trade opportunities. This is especially important for developing countries that lack such regulatory infrastructure. As for developing countries, an increasing number (but still a relatively small minority) are more active and effective participants in the WTO, eschewing old-style Special and Differential Treatment and subscribing to basic, common rules for market access. Finally, the WTO's quasi-automatic dispute settlement procedures, reliant more on law and due process than on the vagaries of diplomacy (compared with dispute settlement in the old GATT), give market access rules more teeth and bite. Developed and developing countries make much more use of WTO dispute settlement than was the case pre-1995. Arguably, such a stronger rules (or law) based system, with beefed-up enforcement mechanisms, benefits smaller and weaker players to a greater extent than the more power (or diplomacy) based GATT system.[31]

If this were the sum total of the WTO story, then it could be said that the WTO would be performing its ideal constitutional function. It would be supplying, and helping to enforce, a wider and deeper non-discriminatory rule-base for market access in cross-border transactions. Rather than representing a leap in global governance, this kind of WTO would be a helpful, more effective auxiliary to better national governance, dovetailing with unilateral liberalisation and domestic regulatory reforms „down below". The WTO, however, like political life in general, is more complicated than that; there is another, more vexing side to the WTO story.

The Uruguay Round agreements contain a Trojan Horse, which goes by the name of TRIPS (the Agreement on Trade-Related Intellectual Property Rights; see *Hoekman* and *Kostecki* 1995, ch. 6). TRIPS is perhaps the strongest agreement coming out of the Uruguay Round, with harmonised legal standards on the protection of patents, trademarks and copyrights to be applied across the WTO membership, regardless of differences in levels of development. It differs fundamentally from classic GATT-type market access rules, for its short-term effect is to *close,* not open, markets: strong patent protection in particular increases prices and transfers rents from poorer developing countries to multinational enterprises headquartered in the West, especially in the pharmaceuticals sector. Most controversially, developing countries are concerned that TRIPS could inhibit cheap and plentiful access to essential medicines, such as patented drugs to combat HIV/AIDS.

The main point to bear in mind is that TRIPS takes WTO rules in a new direction – not farther in the direction of market access, but elsewhere, towards a complex, regulation-heavy *standards harmonisation* agenda intended to bring developing country standards up to developed country norms. It sets the precedent for artificially raising developing country standards in a range of other areas, such as labour, environmental and food safety standards, armed with stronger WTO dispute settlement and the Damocletian Sword of trade sanctions in case of non-compliance. Let us be clear: these are not negative, proscriptive, classical liberal-type general rules of conduct to protect property rights in international transactions; rather they are detailed, prescriptive regulations to be implemented within domestic jurisdictions, with the potential effect of hindering rather than promoting market access.

The WTO has displayed other worrying signs since its foundation in 1995. There has been an underlying bias against developing countries, reflecting their self-exclusion pre-Uruguay Round, and the preponderance of developed country negotiating power during and after the Uruguay Round. The strength of TRIPS, heavily weighted against developing countries, has to be contrasted with the weakness of the agreements on agriculture, and textiles and clothing – areas in which developing countries enjoy comparative

[31] On the Uruguay Round agreements and the implications of the transition from GATT to WTO, see *WTO* (1999).; *Hoekman* and *Kostecki* (1995); *Croome* (1999); *Jackson* (1998a).

advantage. To date there has been little or no net liberalisation in these sectors (*Finger* and *Schuknecht* 1999).

Furthermore, most developing countries, and particularly the least developed among them (LDCs), face severe constraints in implementing many Uruguay Round agreements, such as TRIPS, SPS, TBT and TRIMS. All require national implementing legislation, as well as new or upgraded domestic enforcement mechanisms. This is a tall order for most developing countries, and simply beyond the reach of LDCs starved of administrative, technical and financial resources (*Finger* and *Schuler* 1999).

Finally, the creeping legalisation of the WTO is not all good news. Trade negotiators have a not-unsurprising tendency to conclude vaguely worded final texts that give legal expression to political compromise and fudge. In WTO-speak this is known (perhaps not so accurately) as „constructive ambiguity". Many Uruguay Round agreements, such as GATS, SPS, TBT and TRIPS, contain numerous gaps and ambiguities. With quasi-automatic dispute settlement, there is an increasing, indeed alarming trend to fill in these gaps through litigation in panels and Appellate Body rulings rather than through negotiation and quiet, behind-the-scenes diplomacy.[32]

This is a dangerous and slippery slope. The WTO, like the GATT before it, is a „contract organisation" bringing together a large, diverse group of sovereign nation-states. Its always-brittle political consensus can only tolerate rules interpreted as much as possible according to the „letter of the law", i.e. with judicial restraint. This is indeed a principle enshrined in the Uruguay Round agreements establishing the WTO and the new dispute settlement procedures.[33] The Dispute Settlement Body simply does not enjoy the political consensus to sustain „creative" judicial interpretations of legal texts and policy driven by litigation, as happens from time-to-time in the US Supreme Court and the European Court of Justice. And this is for the best: unless the views of a wide cross-section of the WTO membership are heard, including developing and smaller members, policy may be driven in crucial areas by those large and powerful members able to commit significant legal resources to dispute settlement cases. This could conceivably lead to rulings inimical to developing country interests, such as an expansive, open-ended interpretation of the precautionary principle on food safety issues, and discrimination against imports based on their production and processing methods.

These trends in dispute settlement reinforce the case for the negotiation of reasonably simple, transparent and negative rules for market access, based on MFN and National Treatment, which give clear direction to dispute settlement. One of the dangers of intrusive and complicated TRIPS-type regulation is that it opens new vistas for judicial activism powered by rich WTO members able to afford armies of high-fee lawyers.

---

[32] *Jackson* (1998, p. 344); *Bronckers* (1999, pp. 551, 554, 562-564); *Dunkel*, *Sutherland* and *Ruggiero* (2001, p. 2) (www.wto.org/english/news_e/news01_e/jointstatdavos_jan01_e.htm).

[33] *Winham* (1998); *Steger* and *Hainsworth* (1998, p. 209); *Bronckers* (1999, pp. 554, 556).

3.2. Developments post-Seattle and prospects for the Doha Round

The Uruguay Round was, predictably, a delicate, not to say Byzantine, political compromise. It bequeathed the new WTO with extra layers of rules on top of the old GATT, but the rules had lots of loopholes allowing governments to evade constraints on protectionist policies. The WTO, then, instead of marking a decisive shift from power to rules, updated and continued the age-old tension between them. Moreover, the rules themselves seemed to proceed in contradictory directions, some promoting market access, others, notably in TRIPS, hindering it. Thus, the WTO had more rules of law, but did not come closer to the Rule of Law in the classical liberal sense. Indeed, it could be argued that, after the first five years of operation, WTO members had lost sight of the relatively clear market access vision of the old GATT. There was no longer a reasonable consensus on what the rules should be.

This was the backdrop to the WTO's infamous Third Ministerial Conference, which took place in Seattle in November/December 1999. The WTO was in a state of drift and deadlock in the run-up to, during and after Seattle. Problems with trade policy-making in the US and the EU, a series of bitter trade disputes between them, divisions among developing countries, and an anti-globalisation backlash outside the WTO, all contributed to this state of affairs.

After much political brinkmanship and down-to-the-wire haggling, WTO members successfully concluded their Fourth Ministerial Conference in Doha, Qatar, last November with an agreement to launch „broad and balanced" negotiations, which started in early 2002. The new Doha Round puts the WTO show back on the road after the disastrous failure of Seattle. It took careful, painstaking preparation, aided indispensably by the sense of political and economic crisis post-September 11th, to dig the WTO out of its post-Seattle ditch and bring about success at Doha. Failure there would have crippled the WTO, perhaps fatally, and speeded up regional block formation, leaving poor and weak countries exposed to the protectionist whims of rich and powerful counterparts.

The Doha Ministerial Declaration, in addition to welcoming China and Taiwan as new WTO members, contains a pretty large, complex and rather ambitious agenda, reflecting the post-September 11th mood of all-round compromise.[34] There is a market access core to the new round, i.e. negotiations on further trade liberalisation in agriculture, services and industrial goods. Developing countries have successfully flexed collective muscle with major concessions on the „implementation agenda" (flexibility and assistance in implementing Uruguay Round agreements) and flexibility in interpreting WTO rules on patent protection. The EU has forced other WTO members to dilute the commitment to abolish agricultural export subsidies; and extracted new commitments to negotiate on trade-and-environment and the „Singapore issues" (competition, invest-

[34] For a detailed assessment of the Doha outcomes, see *Sally* (2002). The official texts released at the end of the Doha Ministerial are: „Ministerial Declaration", WT/MIN(01)/DEC/W/1 14 November 2001; „Declaration on the TRIPS Agreement and Public Health", WT/MIN(01)/DEC/W/2 14 November 2001; „Implementation-Related Issues and Concerns", WT/MIN(01)/W/10 14 November 2001. All available at www.wto.org.

ment, trade facilitation and transparency in public procurement, all introduced into the WTO work programme at the Singapore Ministerial in 1996).

Looking ahead to the negotiations to take place this year and beyond, there is much to play for, with vast opportunity and great danger in equal measure. Two factors deserve to be highlighted:

First, the Doha Round presents the WTO system with one major opportunity: to rediscover the *raison d'être* of its predecessor, the GATT, to progressively reduce and remove barriers to trade, underpinned by simple, transparent, non-discriminatory rules, as embodied in the National Treatment and Most Favoured Nation principles. This constitutional package for open markets has a proven record of success, for growth and prosperity in developed and developing countries alike. The *Bush* administration's trade policy team, ably led by *Robert Zoellick*, has partial sight of this market access vision, despite complications and vested interests in US domestic politics. A core of other developed and developing countries have an even stronger stake in this kind of WTO. They and the US must forge effective alliances, in individual negotiating areas and across-the-board, to ensure the WTO heads in the right direction.

Second, the EU presents the WTO with its major headache. It has imposed a *cordon sanitaire* around a scandalously protectionist and massively harmful agricultural regime. Moreover, it seems to want to turn the WTO into a lumbering regulatory agency in its own image. It proposes to add complex and intrusive regulation to the WTO agenda, some of which would impose burdensome environmental and other standards on developing countries. This implicit standards harmonisation agenda, aimed at raising developing country standards to developed country levels, is now the most insidious force in the WTO. The door was opened with the TRIPS agreement in the Uruguay Round; the environmental aspects of the Doha Round threaten to open the door much wider. The result could be an extra layer of developed country regulatory barriers that would shut out cheap developing country exports.

Other WTO members must make sure the EU does not steer the new round by stealth in the wrong direction. Rather they need to have a clear, sharp market access focus, while leaving countries at different stages of development (and with different histories and preferences) to regulate their economies in different ways. This makes eminent economic *and* political sense. Economically speaking, mutually beneficial North-South trade according to comparative advantages is based on *cost differences,* which subsume differences in labour, environmental and other standards associated with the world of work (*Bhagwati* 1996). It follows that harmonising standards „from above“, and in an upwards direction, would drive up developing country costs of production and make their products uncompetitive in international markets. Politically speaking, an EU-style regulatory agenda in the WTO would make unwarranted intrusions into national sovereignty and do untold damage to the brittle intergovernmental consensus that (just about) holds the WTO together. On both political and economic grounds, therefore, WTO rules, focused on market access, should provide the necessary minimum for fair play in international commerce while respecting the diversity of policies and institutions among countries at very different stages of development.

3.3. Trade policy at home: direct effect and transparency

The WTO is not the be-all and end-all of trade policy. To paraphrase *Wilhelm Röpke*, trade policy, like charity, begins at home, not in the IMF, the World Bank or indeed in the WTO. Good trade policy, in the context of a coherent overall economic strategy, is fundamentally a national affair. Only on this domestic *terra firma* can a well-functioning WTO be of second-line constitutional assistance. This brings me briefly to two final issues concerning the national operation of trade policy: direct effect and transparency.

As *Jan Tumlir* realised, the GATT suffered from a structural defect: its rules were the creature of power politics and intergovernmental diplomacy; they lacked an impartial, credible, third-party enforcement mechanism *within* nation-states. While the WTO has a stronger international enforcement mechanism, the latter has distinct limits when it comes to *domestic* (intra-national) implementation and enforcement of WTO rules. To *Tumlir*, the only way to rectify this problem is to enshrine the freedom to trade *as a private right, and as a matter of private law,* within national jurisdictions. International rules, such as the MFN clause, would then take direct effect: private agents would have recourse to national courts to defend their rights *against* governments if the latter contravened relevant GATT/WTO rules. Trade policy would then become more a matter of law and less of diplomacy. Viewed more widely, giving direct effect to international rules – with the crucial proviso that these rules were „negative ordinances" and not prescriptive regulations – would contribute to domestic constitutional refurbishment: they would be part of a classical liberal package of limited, law-bound government, *laisser faire* at home and free trade abroad (*Tumlir* 1983a, p. 82 f.).

There are plenty of political and legal obstacles to a policy of giving direct effect to international trade rules. However, it is happening, albeit in slow, piecemeal fashion. The WTO's Government Procurement Agreement (GPA) stipulates that members must establish independent tribunals at home, to which private agents can have recourse if they wish to challenge bid procedures. Other WTO agreements (GATT 1994, Customs Valuation, Preshipment Inspection, TRIPS, GATS, Subsidies and Countervailing Measures) have provisions that could be used by members to give direct effect at home (*Hoekman* and *Mavroidis* 1999, pp. 24-27; *Petersmann* 1998, pp. 34 f.). Time will tell whether this will become a stronger trend. The danger is, of course, that the „wrong" and not „right" sort of rules, i.e. more along the lines of TRIPS obligations than Articles I and III GATT, will take direct effect.

Finally, there is the issue of transparency in national trade policies. It is a commonplace that trade policy-making tends to be opaque, dominated by coteries of politicians, officials and organised interests (now including well-funded and well-organised Western NGOs). This is true of developed countries, but is particularly prevalent in the developing world.

As the GATT Eminent Persons Group argued (in the *Leutwiler* Report of 1985), trade policy-making should be opened up to public scrutiny so that an intelligent and inclusive public discussion can take place on vital collective choices affecting national wealth and welfare. This requires independent research and analysis that can be fed into a broad public debate on the costs and benefits of trade policy choices.[35]

International-level mechanisms for „policy surveillance" and „policy dialogue", i.e. the systematic scrutiny of national policies and the follow-up exchange of ideas and information, can help. To some extent this happens in the IMF, World Bank, OECD and other international and regional organisations. On the trade policy front, it takes place most prominently through the WTO's regular Trade Policy Reviews of its members.

However, these cannot be substitutes for „transparency bodies" at home. Think tanks, industry associations, consumer organisations and universities can help to generate useful public information on trade policies. There is a strong case for going a step further and setting up independent national transparency bodies, perhaps with statutory investigative powers, to assess the costs and benefits of national trade policies (e.g. the economy-wide impact of sectoral protection; impediments to trade and inward investment in the domestic market; the links between domestic regulation and trade policies, especially in services sectors; obstacles to export market access; keeping track of WTO dispute settlement cases; monitoring the international and domestic implementation of WTO rules). Only Australia has such a body, the Productivity Commission (formerly the Industry Commission), which could serve as a model for other developed as well as developing countries (*Hoekman* and *Mavroidis* 1999; *Laird* 1999). Such an institutional innovation could feed into what *Lord Bryce* termed „government by discussion", by which he meant the thorough, deliberative consideration of public issues rather than unreflective, precipitate action taken on the basis of scant knowledge. To reiterate, initiatives of this kind are most important „from below", not „from above".

4. Conclusion

With the right sort of rules, the WTO can help to improve the economic policy framework and the business environment within nations, particularly by buttressing the protection of private property rights and the enforcement of contracts in international transactions. This is first and foremost a national task – „from below" as it were – but the WTO can be a helpful external prop. This, then, would be the WTO's circumscribed but vital contribution to globalisation, and ultimately to the liberty of individuals and the prosperity of nations.

Literatur

Balcerowicz, Leczek (1995), Socialism, Capitalism, Transformation, Budapest.

Bauer, Peter (2000), Western guilt and Third World poverty, in: *Peter Bauer*, From Subsistence to Exchange and Other Essays, Princeton NJ, pp. 57-59.

Ben-David, Dan, Håkan Nordström and *L. Alan Winters* (1999), Trade, Income Disparity and Poverty, WTO, Special Study, no. 5, Geneva.

---

[35] Fritz Leutwiler et al., Trade Policies for a Better Future: Proposals for Action (Geneva: GATT, 1985).

Bergsten, C. Fred (1997), Open regionalism, in: The World Economy, vol. 20, pp. 545-565.

Bhagwati, Jagdish (1988), Protectionism, Cambridge MA.

Bhagwati, Jagdish (1995), US trade policy: the infatuation with free trade areas, in: *Jagdish Bhagwati* und *Anne O. Krueger* (eds.), The Dangerous Drift to Preferential Trade Agreements, Washington DC., pp. 1-18.

Bhagwati, Jagdish (1996), The demands to reduce domestic diversity among trading nations, in: *Jagdish Bhagwati* and *Robert Hudec* (eds.), Fair Trade and Harmonisation: Prerequisites for Free Trade?, Cambridge MA., pp. 9-40.

Bhagwati, Jagdish (1997), The global age: from a sceptical South to a fearful North, in: The World Economy, vol. 20, no. 3, pp. 259-283.

Bhagwati, Jagdish (1997), Writings on International Economics, Delhi.

Bhagwati, Jagdish and *T.N. Srinivasan* (1999), Outward-orientation and development: are revisionists right?, Yale University Economic Growth Center, Discussion Paper, no. 806, September 17.

Böhm, Franz (1966), Privatrechtsgesellschaft und Marktwirtschaft, in: ORDO, Bd. 17, S. 57-151.

Bronckers, Marco C.E.J. (1999), Better rules for a new millennium: a warning against undemocratic developments in the WTO, in: Journal of International Economic Law, vol. 2, no. 4, pp. 547-566.

Brown, Mark Malloch (2001), Human security and human development in the 21st century: a post-September 11th agenda, Address at the LSE, 25th October 2001 (www.globaldimensions.net/articles/mallochbrown/mbrown.html).

Croome, John (1999) Reshaping the World Trading System: A History of the Uruguay Round, Geneva.

Dollar, David and *Aart Kraay* (2001), Growth is good for the poor, World Bank, Working Papier, no. 2587.

Dornbusch, Rudiger (1992), The case for trade liberalisation in developing countries, in: Journal of Economic Perspectives, vol. 6, no. 1, Winter, pp. 69-85.

Drabek, Zdenek and *Sam Laird* (1998), The new liberalism: trade policy developments in emerging markets, in: Journal of World Trade, vol. 32, no. 5, pp. 241-269.

Dunkel, Arthur, Peter Sutherland and *Renato Ruggiero* (2001), Joint statement on the multilateral trading system, WTO News, 1st February 2001 (www.wto.org/english/news_e/news01_e/jointstatdavos_jan01_e.htm).

Feldmann, Magnus and *Razeen Sally* (2002), From the Soviet Union to the European Union: Estonian trade policy in the 1990s, in: The World Economy, vol. 25, no. 1, also available as a Bank of Finland Institute for Economies in Transition Working Paper, (www.bof.fi/bofit).

Fieldhouse, D. K. (1999), The West and the Third World: Trade, Colonialism, Dependence and Development, London.

Finger, J. Michael and *Ludger Schuknecht* (1999), Market access advances and retreats: the Uruguay Round and beyond, World Bank, Working Paper, no. 2232.

Finger, J. Michael and *Philip Schuler* (1999), Implementation of Uruguay Round commitments: the development challenge, Paper for the WTO/World Bank Conference on Developing Countries in a Millennium Round, Geneva, 20-21st September 1999.

Haggard, Stephen and *John Williamson* (1995), The political preconditions for economic reform, in: *John Williamson* (ed.), The Political Economy of Policy Reform, Washington DC, pp. 527-596.

Hayek, Friedrich August von (1960), The Constitution of Liberty, London.

Hayek, Friedrich August von (1982), Law, Legislation and Liberty: Liberal Principles of Justice and Political Economy, vol. 2: The Mirage of Social Justice, London.

Henderson, David (1986), Innocence and Design: The Influence of Economic Ideas on Policy, London.

Henderson, David (1992), International economic integration: progress, prospects and implications, in: International Affairs, vol. 68, no. 4, pp. 633-653.

Henderson, David (1998), The Changing Fortunes of Economic Liberalism: Yesterday, Today and Tomorrow, Institute of Economic Affairs, London.

Henderson, David (2001a), Anti-Liberalism 2000, Institute of Economic Affairs, London.

Henderson, David (2001b), Misguided Virtue: False Notions of Corporate Social Responsibility, Institute of Economic Affairs, London.

Henderson, P. D. (1980), Survival, development and the report of the Brandt Commission, in: The World Economy, vol. 3, no. 1, pp. 87-117.

Hoekman, Bernard and *Michel Kostecki* (1995), The Political Economy of the World Trading System: From GATT to WTO, Oxford.

Hoekman, Bernard M. and *Petros C. Mavroidis* (1999), „Enforcing multilateral commitments: dispute settlement and developing countries, World Bank/WTO Conference on Developing Countries in a Millennium Round, 20-21s'September 1999, pp. 24-27.

Howe, A. C. (1998), Free Trade and Liberal England, 1846-1946, Oxford.

Hume, David (1740/1978), A Treatise of Human Nature, Oxford.

Irwin, Douglas A. (1996), Against the Tide: An Intellectual History of Free Trade, Princeton NJ.

Jackson, John H. (1998a), The World Trade Organisation: Constitution and Jurisprudence, London.

Jackson, John H. (1998b), Dispute settlement and the WTO: emerging problems, in: Journal of International Economic Law, vol. 1, no. 3, pp. 329-351.

Kaul, Inge, Isabelle Grunberg and *Marc A. Stern* (eds.) (1999), Global Public Goods: International Co-operation in the 21st Century, New York and Oxford.

Kravis, Irving (1970), Trade as handmaiden of growth: similarities between the nineteenth and twentieth centuries", in: Economic Journal, vol. LXXX, pp. 850-872.

Laird, Sam (1999), The WTO's trade policy review mechanism – from through the looking glass, in: The World Economy, vol. 22, no. 6, pp. 741-764.

Lal, Deepak and *H. Myint* (1996), The Political Economy of Poverty, Equity and Growth: A Comparative Study, Oxford.

Leutwiler, Fritz et al. (1985), Trade Policies for a Better Future: Proposals for Action, Geneva.

Maddison, Angus (1998), Chinese Economic Performance in the Long-Run, OECD, Paris.

Maddison, Angus (2001), The World Economy: A Millennial Perspective, OECD, Paris.

Mill, John Stuart (1848/1987), Principles of Political Economy, Fairfield NJ.

Mill, John Stuart (1873/1989), Autobiography, London.

Ministry of Foreign Affairs and Trade (1993), New Zealand Trade Policy: Implementation and Directions – A Multi-Track Approach, Wellington.

Myint, Hla (1977), Adam Smith's theory of international trade in the perspective of economic development, in: Economica, vol. 44, pp. 231-248.

Page, Sheila (2001), Developing countries in GATT/WTO negotiations, ODI Working Paper, (www.odi.org.uk/iedg/participation_in_negotiations/wto_gatt.pdf).

Petersmann, Ernst-Ulrich (1998), How to promote the international rule of law?, in: Journal of International Economic Law, vol. 1, no.1, pp. 25-48.

Robbins, Lionel (1958), Robert Torrens and the Evolution of Classical Economics, London.

Rodríguez, Francisco and *Dani Rodrik* (2000), Trade policy and economic growth: a sceptic's guide to the cross-national evidence, (http://ksghome.harvard.edu/%7E.drodrik.academic.ksg/skepti1299.pdf)

Rodrik, Dani (1992), The limits of trade policy reform in developing countries, in: Journal of Economic Perspectives, vol. 6, no. 1, Winter, pp. 87-105.

Rodrik, Dani (1997), Has Globalisation Gone Too Far?, Institute for International Economics, Washington DC.

Rodrik, Dani (1999), The New Global Economy and Developing Countries: Making Openness Work, Overseas Development Council, Washington DC.

Rodrik, Dani (2000), Trade policy reform as institutional reform, MiMEO, August 2000.

Rodrik, Dani (2001a), Trading in illusions, in: Foreign Policy, (www.foreignpolicy.com/issue_marapr_2001/rodrick.html).

Rodrik, Dani (2001b), The Global Governance of Trade: As if Development Really Mattered, New York.

Ruggie, John G. (1982), International regimes, transactions and change: embedded liberalism in the post-war economic order, in: International Organisation, vol. 36, no. 2, pp. 379-415.

Sally, Razeen. (1998), Classical Liberalism and International Economic Order, London.

Sally, Razeen (2000), Globalisation and policy response: three perspectives, in: Government and Opposition, vol. 35, no. 2, pp. 237-253.

Sally, Razeen (2001a), Developing Countries and the Liberalisation of Services: Strategies for Market Access and Growth, Report for the Commonwealth Business Council, London.

Sally, Razeen (2001b), Looking askance at global governance, in: *Joseph Daniels*, *John Kirton* and *Andreas Freytag* (eds.), G8 Governance in the Twenty First Century, Aldershot, pp. 55-76.

Sally, Razeen (2002), Whither the WTO? Prospects for the new round, MiMEO.

Sampson, Gary P. and *Stephen Woolcock* (2001), Looking at Regional Agreements Afresh, Report on New/Regulatory Issues in Regional Trade Agreements, LSE International Trade Policy Unit, London, June.

Sauvé, Pierre and *Robert Stern* (2000), Overview, in: *Pierre Sauvé* and *Robert Stern* (eds.), GATS 2000: New Directions in Services Trade Liberalisation, Washington DC.

Schumpeter, Joseph (1954), History of Economic Analysis, London.

Smith, Adam (1759/1982), The Theory of Moral Sentiments, Indianapolis.

Smith, Adam (1776/1976), An Inquiry into the Nature and Causes of the Wealth of Nations, Chicago.

Steger, Debra P. and *Susan M. Hainsworth* (1998), World Trade Organisation dispute settlement: the first three years, in: Journal of International Economic Law, vol. 1, no. 2, pp. 199-226.

Tumlir, Jan (1980), National Sovereignty, Power and Interest, in: ORDO, Bd. 31, S. 1-26.

Tumlir, Jan (1981), Evolution of the concept of international economic order 1914-1980, in: *Frances Cairncross* (ed.), Changing Perceptions of Economic Policy: Essays in honour of the seventieth birthday of Sir Alec Cairncross, London, pp. 152-182.

Tumlir, Jan (1983a), International Economic Order and Democratic Constitutionalism, in: ORDO, Bd. 34, S. 71-83.

Tumlir, Jan (1983b), Need for an open multilateral trading system, in: The World Economy, vol. 6, no. 4, pp. 393-408.

Tumlir, Jan (1985a), Clash of security and progress: the constitutional resolution, in: ORDO, Bd. 36, S. 3-10.

Tumlir, Jan (1985b), Protectionism: Trade Policy in Democratic Societies, Washington DC.

Viner, Jacob (1951), International Economics, Glencoe.

Winham, Gilbert (1998), The World Trade Organisation: institution-building in the multilateral trading system, in: The World Economy, vol. 21, No. 3, pp. 349-368.

Wolf, Martin (2001), Growth makes the poor richer, in: Financial Times, January 24th.

World Bank (2001), Globalisation, Growth and Poverty: Facts, Fears and an Agenda for Action, Washington D.C.

WTO – World Trade Organisation (1995), Regionalism and the World Trade System, Geneva.

WTO – World Trade Organisation (1999), The Legal Texts: The Results of the Uruguay Round of Multilateral Trade Negotiations, Cambridge.

WTO – World Trade Organisation (2001), Overview of Developments in the International Trading Environment: Annual Report by the Director-General, Geneva.

WTO – World Trade Organisation (2001a), Ministerial Declaration, WT/MIN(01)/DEC/W/1 14 November 2001, (www.wto.org).

WTO – World Trade Organisation (2001b), Declaration on the TRIPS Agreement and Public Health, WT/MIN(01)/DEC/W/2 14 November 2001, (www.wto.org).

WTO – World Trade Organisation (2001c), Implementation-Related Issues and Concerns, WT/MIN(01)/W/10 14 November 2001, (www.wto.org).

Alfred Schüller und H. Jörg Thieme (Hg.), Ordnungsprobleme der Weltwirtschaft
Schriften zu Ordnungsfragen der Wirtschaft · Band 71 · Stuttgart · 2002

Regionale versus weltwirtschaftliche Integration

Corinne Kaiser

Inhalt

1. Zur Popularität regionaler Integrationsstrategien

Das unvergleichliche Wachstum des Welthandels in den letzten 50 Jahren und die damit verbundene Wohlstandsmehrung sind ohne die Existenz der multilateralen Handelsordnung nicht vorstellbar. Die Regelungen des Allgemeinen Zoll- und Handelsabkommens (GATT) boten den institutionellen Rahmen für weitreichende Liberalisierungsmaßnahmen im internationalen Güterverkehr. Das GATT wurde durch die 1995 in Kraft getretene Welthandelsorganisation (WTO) abgelöst. Über die Bestimmungen des Warenverkehrs hinaus beinhaltet die neue multilaterale Handelsordnung auch Abkommen über Dienstleistungen (GATS) und geistige Eigentumsrechte (TRIPS). Zentrales Element der multilateralen Handelsordnung ist der Grundsatz der Nichtdiskriminierung, der in Form des Meistbegünstigungsprinzips in allen drei Abkommen verankert ist.[1] Dieses Prinzip verlangt, daß „alle Vorteile, Vergünstigungen, Vorrechte oder Befreiungen, die eine Vertragspartei für eine Ware gewährt, welche aus einem anderen Land stammt oder für dieses bestimmt ist, unverzüglich und bedingungslos für alle gleichartigen Waren gewährt, die aus den Gebieten der anderen Vertragsparteien stammen" (Art. I GATT). Allerdings wird dieses fundamentale Prinzip durch eine Reihe von Ausnahmeregelungen durchbrochen. So ist unter bestimmten Voraussetzungen die Verwirklichung von regionalen Bündnissen in Form von Freihandelszonen oder Zollunionen gestattet.[2] Da sich die vereinbarten Liberalisierungsmaßnahmen hier ausschließlich auf die jeweiligen Partnerländer beschränken, während Handelsbarrieren gegenüber Drittstaaten bestehen bleiben, stellt dies eine eindeutige Abkehr vom Meistbegünstigungsgrundsatz dar (*Srinivasan* 1998; *Zimmermann* 1999, S. 1).

Ursprünglich als Ausnahme gedacht, prägen regionale Abkommen mittlerweile in entscheidendem Maße die Ausgestaltung der internationalen Wirtschaftsbeziehungen (*WTO* 2001, S. 85).[3] Nahezu alle Länder der Welt partizipieren an regionalen Abkommen. Seit Bestehen der multilateralen Handelsordnung wurden insgesamt über 220 regionale Abkommen dem GATT bzw. der WTO notifiziert. Insbesondere im letzten Jahrzehnt erfolgte eine beispiellos rasche Verbreitung regionaler Integrationsbündnisse. Allein im Zeitraum von Anfang 1995 bis Ende 2001 wurden mehr als 100 solcher Abkommen gemeldet (*WTO* 2002a). Nicht alle der im Laufe der Zeit gemeldeten Abkommen sind heute noch in Kraft. Einer Studie der WTO zufolge sind derzeit insgesamt 170 regionale Abkommen in Kraft. Die WTO schätzt, daß diese Zahl bis zum Jahre 2005 auf rund 250 steigen wird (*WTO* 2000, S. 3 f.). Bekannte Beispiele für regionale Bündnisse sind die Europäische Union (EU), das nordamerikanische Freihandelsabkommen

---

[1] Zu den Prinzipien der multilateralen Handelsordnung sowie den Neuerungen der WTO gegenüber dem alten GATT siehe z. B. *Frenkel* und *Radeck* (1996); *Hauser* und *Schanz* (1995); *Hoekman* und *Kostecki* (1995).

[2] Die Mehrheit der geschlossenen regionalen Abkommen basiert auf Art. XXIV des GATT. Daneben existieren aber noch weitere Bestimmungen, die als Grundlage für regionale Bündnisse herangezogen werden können. In Analogie zu Art. XXIV des Güterabkommens, regelt Art. V des Dienstleistungsabkommens die wirtschaftliche Integration der Vertragsparteien. Ferner haben Entwicklungsländer die Möglichkeit, regionale Abkommen auf Basis des Enabling Clause zu schließen.

[3] Zur historischen Entwicklung des Art. XXIV siehe *Irvin* (1993).

(NAFTA), der gemeinsame Markt der südamerikanischen MERCOSUR-Mitgliedsstaaten und die Assoziation südostasiatischer Nationen (ASEAN). Selbst die Vereinigten Staaten, die lange Zeit ein entschiedener Verfechter des multilateralen Ansatzes waren sind zu einem aktiven Betreiber regionaler Integration geworden. Aktuelles Beispiel ist der von den USA initiierte Plan zur Gründung einer panamerikanischen Freihandelszone bis spätestens 2005 („Free-Trade Agreement of the Americas" – FTAA). Neben der Initiierung neuer Abkommen erlebten auch erlahmte Integrationsbestrebungen eine Renaissance. Die Zielsetzungen bestehender Bündnisse wurden neu definiert oder erweitert. Am bedeutendsten ist in diesem Zusammenhang die Vertiefung der europäischen Integration, die durch das Binnenmarktprojekt und die angestrebte Verwirklichung einer Wirtschafts- und Währungsunion eine ganz neue Qualität erreicht hat. Die hohe Attraktivität regionaler Integration hat schließlich auch dazu geführt, daß sich außenstehende Drittstaaten verstärkt um den Beitritt zu etablierten Bündnissen bemühen (*Bhalla* und *Bhalla* 1997, S. 19). Dies veranschaulichen beispielsweise die Beitrittsgesuche der mittel- und osteuropäischen Staaten zur EU. Waren multilaterale Verhandlungen in der Vergangenheit das dominante Vorgehen zur Ausgestaltung der internationalen Wirtschaftsbeziehungen, so hat sich das Gewicht der beiden Strategien zu Gunsten des regionalen Vorgehens verschoben (*Krueger* 1999, S. 109).

Die regionalen Initiativen variieren erheblich sowohl in der Tiefe als auch in der Breite der erreichten ökonomischen Integration. Während sich viele regionale Bündnisse bei ihren Liberalisierungsmaßnahmen in erster Linie auf Zölle konzentrieren, beziehen andere auch nicht-tarifäre Handelshemmnisse mit ein oder sehen sogar die Angleichung bestimmter wirtschaftspolitischer Bereiche, wie der Wettbewerbs- oder Umweltschutzpolitik, vor. Auch in bezug auf die Abdeckung der Produktpalette gibt es beträchtliche Unterschiede. So umfaßt ein Großteil der regionalen Abkommen, wenn auch mit einigen Ausnahmen, den Bereich der industriellen Güter, während der Agrarbereich und Güter des primären Sektors (Fischerei und Forstwirtschaft) zumeist explizit ausgenommen werden. Ferner haben 90 % der Abkommen die Form einer Freihandelszone (*WTO* 2001, S. 41). Nur in seltenen Fällen wird die Verwirklichung einer Zollunion oder höheren Integrationsstufe angestrebt. Die bekanntesten Beispiele für derartige Abkommen sind die EU sowie der MERCOSUR. Schließlich bestehen deutliche Unterschiede in der geographischen Konzentration regionaler Initiativen. So wurde gut die Hälfte der regionalen Abkommen innerhalb Europas und seiner Nachbarregionen geschlossen. Im asiatisch-pazifischen Raum herrschte hingegen bislang große Zurückhaltung gegenüber formalen Integrationsabkommen. Allerdings ist auch hier eine wachsende Bereitschaft zu derartigen Abkommen zu verzeichnen. Beispielsweise initiierte Japan Verhandlungen über eine Freihandelszone mit Singapur, und die Mitglieder der ASEAN bemühen sich um die Verwirklichung einer Freihandelszone bis 2005 (*WTO* 2001, S. 42). Darüber hinaus streben die ASEAN-Staaten eine Freihandelszone mit China bis 2011 an (*Petersen* 2001).

Regionalismus vereint zwei gegensätzliche Elemente: zum einen die Liberalisierung zwischen den Partnerländern und zum anderen die Diskriminierung von Drittstaaten durch die Aufrechterhaltung von Handelshemmnissen. Aus diesem Grund wurde die uneingeschränkte Vorteilhaftigkeit von regionalen Bündnissen sowohl für die Welt als

Ganzes als auch für die beteiligten Integrationspartner bereits in den 50er Jahren von *Viner* (1950) in seiner richtungsweisenden Arbeit „The Customs Union Issue" in Frage gestellt. Im Zentrum der Analyse stehen dabei die gegenläufigen Effekte der Handelsschaffung und Handelsumlenkung. Führt der Abbau von Handelshemmnissen im intraregionalen Wirtschaftsverkehr zu einer Ausdehnung des Handels zwischen den Partnerländern zu Lasten ineffizienter Produzenten des Integrationsraums, so ist dies mit positiven handelsschaffenden Wohlfahrtseffekten verbunden. Werden hingegen kostengünstigere Importe aus Drittländern aufgrund der diskriminierenden Liberalisierung durch Einfuhren aus den Partnerländern ersetzt, entstehen negative handelsumlenkende Effekte (*Bhagwati* und *Panagariya* 1996; *Blank, Clausen* und *Wacker* 1998). Ob bei einem Bündnis die handelsschaffenden oder handelsumlenkenden Effekte überwiegen, kann nicht pauschal beantwortet werden, sondern hängt von den konkreten Gegebenheiten ab. Die relative Stärke der Effekte wird insbesondere von der Höhe des Ursprungszollsatzes, den Preisdifferenzen zwischen den unterschiedlichen Anbietern und der Elastizität von Importnachfrage und Exportangebot beeinflußt. Über die Auswahl geeigneter Partnerländer („natürliche Handelspartner")[4] oder die Anpassung der externen Zollstruktur (*Kemp-Wan*-Modell)[5] können die relevanten Faktoren so beeinflußt werden, daß die negativen Effekte verringert werden und positive Integrationswirkungen verstärkt zum Tragen kommen. Allerdings ist zu beachten, daß selbst bei Vorliegen überwiegend positiver Effekte eine nicht-diskriminierende Liberalisierung nicht nur aus Sicht der Welt als Ganzes, sondern auch aus Sicht der Integrationspartner das überlegene Vorgehen sein kann. Aus wohlfahrtsökonomischer Sicht ist Regionalismus somit ein ambivalentes Phänomen.

Die hohe Popularität regionaler Integrationsabkommen in den letzten Jahren hat eine intensive Debatte über das Für und Wider dieser Strategie ausgelöst. Unter der Überschrift „regionale versus weltwirtschaftliche Integration" werden dabei ganz unterschiedliche Fragestellungen diskutiert. So wurde nicht nur die Diskussion um die wohlfahrtsökonomischen Auswirkungen regionaler Bündnisse wiederbelebt und weiterentwickelt, sondern insbesondere die Frage nach den systematischen Auswirkungen regionaler Integration auf die internationalen Wirtschaftsbeziehungen ins Zentrum des Interesses gerückt. Um Aufschluß über die Entwicklungsrichtung regionaler Bündnisse sowie deren Wechselwirkungen mit dem multilateralen Vorgehen zu gewinnen, werden über die wohlfahrtsökonomischen Aspekte hinaus polit-ökonomische Überlegungen in die Analyse miteinbezogen. Grundlegende Annahme ist, daß nicht Effizienzüberlegungen, sondern die eigennützigen Ziele der politischen Entscheidungsträger, die Einflußnahme unterschiedlicher Gruppen und die sie verbindenden Rahmenbedingungen Handelspolitik bestimmen. Politikern wird, unabhängig von ihren unterschiedlichen individuellen Nutzenfunktionen, oft vereinfacht das Ziel der Maximierung der politischen Unterstützung unterstellt.

---

[4] Siehe z. B. *Krugman* (1993, S. 63 f.) Eine Kritik dieser Argumentation findet sich z. B. bei *Bhagwati, Greenaway* und *Panagariya* (1998, S. 1132 ff.).

[5] Siehe dazu *Kemp* und *Wan* (1976); *Melo, Panagariya* und *Rodrik* (1993, S. 164 f.); *Panagariya* und *Krishna* (1997).

Die Befürworter regionaler Integrationsstrategien betonen die positiven Wohlfahrtswirkungen infolge der intraregionalen Liberalisierungen und betrachten Regionalismus als sinnvolle Ergänzung der multilateralen Bemühungen (*Bergsten* 1997, S. 547 ff.; *Deardorff* und *Stern* 1994, S. 47 f.; *Robinson* und *Thierfelder* 1999, S. 16). Die geringe Anzahl von Verhandlungspartnern im regionalen Kontext ermöglicht nach ihrer Ansicht schnellere, sicherere und weitreichendere Ergebnisse als Verhandlungen im multilateralen Rahmen. Die Gegner regionaler Strategien befürchten hingegen überwiegend negative Wohlfahrtseffekte infolge der diskriminierenden Liberalisierung. Sie zweifeln nicht nur an der höheren Effizienz der Verhandlungen im regionalen Rahmen, sondern befürchten darüber hinaus eine Zunahme des Protektionsniveaus im Zuge regionaler Integration zu Lasten außenstehender Staaten. Aufgrund dieser Abschottungstendenzen ist Regionalismus nach Auffassung seiner Gegner ein Stolperstein auf dem Weg zu globalem Freihandel, der die multilateralen Bemühungen behindert und die Funktionsfähigkeit der WTO untergräbt (*Bagwell* und *Staiger* 1998; *Panagariya* und *Srinivasan* 1998).

Die gesamte Spannweite dieser Diskussion in all ihren Facetten wiedergeben zu wollen, würde den Rahmen des vorliegenden Beitrags sprengen. Im folgenden wird daher ausschließlich der Frage nachgegangen, ob Regionalismus im Hinblick auf die Verwirklichung weltweit unbeschränkter Handelsbeziehungen ein begrüßenswertes Phänomen ist oder nicht. Dazu wird zum einen untersucht, ob Regionalismus eine effizientere Liberalisierungsstrategie ist als die multilateralen Verhandlungen im Rahmen der WTO. Zum anderen wird nach den Wechselwirkungen mit der multilateralen Handelsordnung gefragt: Fördern oder behindern sich diese beiden Strategien? Vor dem Hintergrund der gewonnenen Erkenntnisse werden abschließend einige Ansatzpunkte für Reformen des multilateralen Regelwerks vorgestellt.

2. Regionalismus als effizientere Liberalisierungsstrategie?

Die Senkung von Transaktionskosten dürfte die am häufigsten herangezogene Begründung für regionale Integrationsabkommen sein. Die im Zusammenhang mit der Senkung von Transaktionskosten angeführten Argumente laufen letztlich darauf hinaus, daß Regionalismus im Vergleich zu multilateralem Vorgehen als die effizientere Strategie zur Durchsetzung von Liberalisierungen erachtet wird. Diese Auffassung wird damit begründet, daß Regionalismus aufgrund der geringeren Zahl beteiligter Länder sowohl mit niedrigeren Verhandlungs- und Einigungskosten als auch mit niedrigeren Kontrollkosten verbunden ist als entsprechende multilaterale Initiativen (*Ethier* 1998, S. 1153 f.; *Lloyd* 1992, S. 30; *Summers* 1991, S. 301). Die Argumente zugunsten der regionalen Strategie sind in diesem Zusammenhang somit zugleich als Kritik am multilateralen Handelssystem zu verstehen.

2.1. Senkung der Verhandlungs- und Einigungskosten

Grundsätzlich ist davon auszugehen, daß die Verhandlungs- und Einigungskosten um so höher sein werden, je mehr Länder beteiligt sind. Mit einer wachsenden Zahl von Verhandlungspartnern vergrößert sich das Spektrum an unterschiedlichen handelspolitischen Strategien, und damit wird es immer schwieriger, Liberalisierungsmaßnahmen auszuhandeln und Kompromisse zu schließen, die für alle Beteiligten politisch akzeptabel und glaubwürdig sind (*Yeung*, *Peridikis* und *Kerr* 1999, S. 3 f.).

Die multilateralen Verhandlungen im Rahmen des GATT bzw. der WTO wurden im Laufe der Zeit durch die wachsende Zahl von Mitgliedsländern zunehmend komplexer: Nahmen an der ersten Zollverhandlungsrunde 1947 in Genf gerade mal 23 Staaten teil, so betrug die Zahl der Teilnehmerländer im Rahmen der Uruguay-Runde (1986-93) bereits 117. Seitdem ist die Zahl der WTO-Mitglieder weiter gestiegen und beträgt derzeit 144 (Stand: 01. Jan. 2002; *WTO* 2002b). Wie schwierig dadurch eine multilaterale Einigung wird, zeigte sich bereits bei den Verhandlungen der Uruguay-Runde, die mehrfach zu scheitern drohten und verlängert werden mußten. Dies ist nicht zuletzt darauf zurückzuführen, daß der wirtschaftliche Entwicklungsstand der teilnehmenden Länder sehr unterschiedlich ist und dementsprechend auch ihre handelspolitischen Interessen erheblich differieren. Daß eine Notwendigkeit zur Reformierung der Struktur der multilateralen Verhandlungen besteht, trat schließlich unumstößlich bei der Ministerkonferenz in Seattle Ende 1999 zu Tage: In den zahllosen Arbeitsgruppen war es nicht mehr möglich, sich auf eine gemeinsame Agenda für die nächste Handelsrunde zu einigen. Daß auf der Ministerkonferenz von Doha Ende 2001 die Eröffnung einer neuen Welthandelsrunde beschlossen wurde, ändert nichts an dieser Problematik. Vielmehr ist es auf das Vorliegen besonderer Umstände, insbesondere die Auswirkungen der Terror-Anschläge vom 11. September 2001, zurückzuführen, daß es gelang einen Kompromiß mit zudem begrenzter inhaltlicher Reichweite zu erreichen (*Scherpenberg* 2001, S. 615). Die Probleme unüberschaubarer Verhandlungen können bei einer geringen Anzahl von Partnerländern im Rahmen regionaler Strategien vermieden werden. Dies gilt insbesondere dann, wenn man davon ausgeht, daß sich überwiegend „gleichgesinnte" Länder zu regionalen Bündnissen zusammenschließen. Wenn die Interessen weitgehend deckungsgleich sind, existiert weniger Konfliktpotential. So dauerte es nur rund 3 Jahre, um die NAFTA auszuhandeln, während sich die letzte multilaterale Verhandlungsrunde über mehr als 7 Jahre erstreckte.

Durch die regionale Strategie können aber nach Ansicht seiner Befürworter nicht nur schneller Erfolge erzielt werden, sondern ebenfalls weitreichendere und tiefere Liberalisierungen durchgesetzt werden, als dies im multilateralen Rahmen der Fall ist (*Lawrence* 1996). Während sich das GATT als erfolgreiches Instrument zur Reduzierung tarifärer Handelshemmnisse bewährt hat, decken seine Vorschriften den Bereich der nicht-tarifären Hemmnisse unzureichend ab. Aber gerade in diesem Bereich besteht noch erheblicher Bedarf an Liberalisierungen sowie Deregulierungen und damit Potential für Wohlfahrtsgewinne. Regionale Integrationsabkommen enthalten neben der Verpflichtung zum Abbau von Zöllen häufig entsprechende Bestimmungen über die Handhabung alternativer Protektionsinstrumente. So sind beispielsweise sowohl im EU- als auch im NAFTA-Vertrag solche Regelungen verankert. Das könnte die Vermutung nahelegen, daß dies die geeignete Ebene ist, um entsprechende Fortschritte bei den nicht-tarifären Handelshemmnissen zu erreichen. Die geringe Anzahl an Verhandlungspartnern kann darüber hinaus die Einbeziehung von Tatbeständen ermöglichen, die im multilateralen Rahmen keine Chance auf Verwirklichung hätten. So geht z. B. die europäische Integration mit der Beseitigung der Beschränkungen des grenzüberschreitenden

Dienstleistungs-, Personen- und Kapitalverkehrs weit über den Abbau von Hemmnissen des Güterhandels hinaus. Im multilateralen Rahmen wird es hingegen mit zunehmendem Integrationsgrad immer schwieriger, eine Einigung zu erzielen (*Heinemann* 1995, S. 344). Die multilateralen Bemühungen konzentrierten sich daher überwiegend auf die Liberalisierung des Warenverkehrs (*Deardorff* und *Stern* 1994, S. 50). Aufgrund der Vielzahl von Verhandlungsteilnehmern besteht im Rahmen der WTO immer die Gefahr, daß eine Einigung auf den kleinsten gemeinsamen Nenner erfolgt, und zwar sowohl was die Einbeziehung neuer Bereiche in das Regelwerk, als auch deren inhaltliche Reichweite anbelangt.

2.2. Senkung der Kontrollkosten

Die Konzentration auf relativ wenige Teilnehmer beeinflußt aber nicht nur die Kosten der Entscheidungsfindung, sondern erleichtert auch die Kontrolle der Einhaltung der Vereinbarungen sowie die Sanktionierung von Verstößen. Die Einhaltung eines Handelsvertrags ist aus polit-ökonomischer Perspektive nicht selbstverständlich. Die Vertragspartner können vielmehr mit einer Gefangenendilemma-Situation konfrontiert sein: Aus Sicht eines Politikers wäre es optimal, wenn alle anderen Beteiligten den Vertrag einhalten würden, während sein eigenes Land ungestraft dagegen verstößt. Die exportorientierten Unternehmen könnten von der Öffnung der Märkte der Partnerländer profitieren, ohne daß die importkonkurrierenden Branchen Einbußen aufgrund von Zollsenkungen hinnehmen müßten. Diese Konstellation bringt dem Politiker maximale politische Unterstützung ein. Umgekehrt würde er sich am schlechtesten stellen, wenn nur sein Land die Handelsvereinbarung einhält und alle anderen dagegen verstoßen. Die importkonkurrierenden Unternehmen wären mit einem Preisverfall konfrontiert, während die exportorientierten Unternehmen unveränderten Zollschranken gegenüberständen. Gegen die Handelsvereinbarung zu verstoßen, ist somit die dominante Strategie. Letztlich werden sich die Beteiligten in einer Situation wiederfinden, die alle schlechter stellt: Ohne Sanktionsmöglichkeiten wird sich kein Land an die getroffenen Absprachen zur Zollsenkung halten. Damit entgeht den Politikern aber die Möglichkeit zur Erhöhung ihrer politischen Unterstützung im eigenen Land, denn ohne Erwartung eines entsprechenden Zugewinns infolge der vereinbarten Liberalisierungsmaßnahmen wären die Politiker erst gar nicht zu einem Abschluß bereit gewesen.

Die Befreiung aus dieser suboptimalen Dilemmasituation ist dann möglich, wenn die Anreizstruktur so verändert wird, daß sich eine Abweichung von der Vereinbarung nicht mehr lohnt. Dies kann durch Einführung von Sanktionsmechanismen erreicht werden. So könnten sich die Vertragspartner darauf einigen, die Mißachtung der Liberalisierungsverpflichtungen durch ein Land mit der Rücknahme bereits eingeräumter Vergünstigungen oder der Verhängung von Retorsionszöllen zu bestrafen. Ein Sanktionsmechanismus entfaltet aber nur dann Bindungswirkung, wenn die Vertragspartner davon ausgehen, daß ein Verstoß gegen die Vereinbarungen auch als solcher erkannt wird. Mit zunehmender Zahl von Vertragspartnern und wachsender Komplexität der Handelsverträge sinkt die Wahrscheinlichkeit einer Aufdeckung der relevanten Kausalitäten. Regionale Abkommen sind überschaubarer als multilaterale Verhandlungen, so daß die Überwachung der Einhaltung der getroffenen Vereinbarung hier einfacher zu bewerkstelligen ist.

Die Wirksamkeit eines Sanktionsmechanismus hängt darüber hinaus entscheidend davon ab, daß die angedrohte Verhängung von Strafmaßnahmen glaubhaft ist, also die vorgesehenen Sanktionen im Fall eines Verstoßes auch tatsächlich durchgesetzt werden. Im multilateralen Rahmen war diese Voraussetzung lange Zeit nicht erfüllt. Formale Grundlage für die Lösung von Handelsstreitigkeiten war das alte Streitschlichtungsverfahren des GATT, das mit erheblichen Schwächen behaftet war. So hatte beispielsweise auch die beklagte Partei ein Vetorecht bei der Abstimmung über den Panelbericht, und es existierte kein genauer Zeitplan für die einzelnen Verfahrensschritte (*Herrmann* 1995). Je mehr Möglichkeiten vorhanden sind, ein Verfahren zu verschleppen oder gänzlich zu blockieren, um so länger lassen sich (politische) Gewinne aus einem Regelbruch erzielen (*Hauser* und *Schanz* 1995, S. 242 ff.). WTO-inkonformes Verhalten wird also mit der Dauer des Verfahrens immer attraktiver. Gleichzeitig sinkt für ein geschädigtes Land der Anreiz, auf das multilaterale Streitschlichtungsverfahren zurückzugreifen, um seinen Rechten Geltung zu verschaffen. Das Verfahren wird faktisch wirkungslos. Diese Mängel wurden durch das reformierte Streitschlichtungsverfahren der WTO gemildert bzw. behoben. Allerdings bleiben Zweifel an der Effizienz des Verfahrens bestehen. Diese finden ihre Bestätigung im Zusammenhang mit den Auseinandersetzungen um die europäische Bananenmarktordnung zwischen der EU und den USA. Die anhaltenden Konflikte in diesem Bereich machten insbesondere die begrenzte Schlagkraft der WTO bei der wirksamen Durchsetzung von Entscheidungen deutlich (*Zimmermann* 1999, S. 247 ff.). Aufgrund der genannten Schwächen der WTO als Kontroll- und Sanktionsinstanz können vertragswidrige Protektionen daher zum Teil ungestraft aufrechterhalten werden.

Im Rahmen regionaler Bündnisse werden häufig Regelungen über die Sanktionierung von Verstößen verankert. Diese können eine höhere Effizienz aufweisen als der multilaterale Mechanismus. So überwacht beispielsweise die Europäische Kommission die Einhaltung und Umsetzung des Gemeinschaftsrechts. Wird ein Verstoß festgestellt, so kann die Kommission den betreffenden Mitgliedsstaat auffordern, dieses vertragswidrige Verhalten innerhalb einer bestimmten Frist abzustellen. Sofern dies nicht geschieht, kann die Kommission vor dem Europäischen Gerichtshof Klage erheben. Auch den Mitgliedsstaaten steht die Möglichkeit offen, den Gerichtshof anzurufen, wenn sie der Auffassung sind, daß ein anderer Mitgliedstaat das Gemeinschaftsrecht mißachtet (*Weindl* 1994, S. 46). Damit ist die wirksame Sanktionierung von Verstößen institutionell sichergestellt: Die EU verfügt über supranationale Institutionen, die mit eigenen Kompetenzen ausgestattet sind und im Gegensatz zum Dispute Settlement Body (DSB) der WTO auch eigenständig tätig werden können.

Vor dem Hintergrund der Senkung von Transaktionskosten ist auch das oft im Zusammenhang mit dem Regionalismus angeführte Argument der Sicherung des Marktzugangs zu verstehen. So sind neuere regionale Initiativen häufig dadurch gekennzeichnet, daß sich kleine Länder oft um regionale Abkommen mit großen Ländern bzw. um Anschluß an bereits etablierte Handelsräume bemühen (*Ethier* 1998, S. 1150 f.). Durch sichere und weitreichende Liberalisierung gewährleisten regionale Abkommen auch für den Fall internationaler Handelsdispute formal den Zugang zu wichtigen Märkten der Handelspartner und sichern damit auch die bestehenden Exportrenten, so die Hoffnung der beitrittsuchenden Länder (*Whalley* 1998).[6] Wenn aber regionale Abkommen geschlossen werden, um sich gegen die Folgen zukünftiger Handelsdispute abzusichern, dann wird sich Regionalismus immer dann verstärkt ausbreiten, wenn die Stabilität des multilateralen Handelssystems in Frage gestellt ist (*Mansfield* 1998, S. 525). Insofern kann die aktuelle Popularität regionaler Bündnisse auch als Vertrauensverlust in die multilaterale Handelsordnung zur Gewährleistung liberaler Handelsbeziehungen interpretiert werden.

2.3. Relativierung der Effizienzargumente

Die vorgetragenen Argumente der Befürworter des Regionalismus bleiben aber nicht ohne Widerspruch durch die Verfechter der multilateralen Strategie. So melden diese Zweifel an den diskutierten Effizienz-Argumenten an. Zunächst widersprechen sie der These, daß regionales Vorgehen schnellere Liberalisierung ermöglicht. Dabei verweisen sie zum einen darauf, daß sich die Handelsrunden des GATT zwar offiziell oft über mehrere Jahre erstrecken, daß aber die ernsthaften und verbindlichen Verhandlungen auf einen vergleichsweise kurzen Zeitraum konzentriert sind. Zum anderen führen die Multilateralisten an, daß die europäische Integration als Paradebeispiel für erfolgreichen Regionalismus mit ihrer mittlerweile 50jährigen Geschichte und den Phasen der Stagnation kaum als schnell bezeichnet werden könne, zumal das nur unwesentlich ältere GATT-System ebenfalls erhebliche Liberalisierungserfolge erzielen konnte (*Bhagwati* 1993). Aber nicht nur die Verhandlungszeiten regionaler Bündnisse, sondern auch die Laufzeiten für die Umsetzung der Verträge werden von den Multilateralisten kritisch beurteilt. So sind beispielsweise für die Beseitigung der Zölle im Rahmen der NAFTA Laufzeiten von bis zu 15 Jahren vorgesehen, und der schrittweise Zollabbau in der 1992 geschlossenen regionalen Handelszone zwischen Polen, Ungarn, der Tschechischen Republik sowie der Slowakei soll über 17 Jahre hinweg erfolgen. Schließlich besteht die Möglichkeit, daß geplante Maßnahmen verschleppt werden, sofern die entsprechenden Verträge keinen bindenden Zeitplan oder Automatismen für die Durchführung enthalten. Sofern die Verträge Interpretationsspielräume offenlassen, besteht immer die Gefahr, daß diese aus Gründen des politischen Opportunismus ausgenutzt werden, so daß regionale Abkommen keinesfalls ein Garant für die zügige Umsetzung von Liberalisierungsmaßnahmen sind.

Was die inhaltliche Dimension des Regionalismus betrifft, so räumen die Befürworter des Multilateralismus ein, daß die europäische Integration mit ihrer erheblichen Integrationstiefe und spezifischen institutionellen Struktur tatsächlich weit über das hinausgeht, was die WTO leisten kann und will. Sie geben aber zu bedenken, daß die Liberalisierung innerhalb der EU auch vom Aufbau protektionistischer Ausnahmebereiche gegenüber Drittstaaten begleitet wurde. In diesem Zusammenhang ist insbesondere die gemeinsame Agrarmarktordnung zu nennen. Damit kann die europäische Integration nicht als eindeutiger Erfolg für die weltweite Liberalisierung wirtschaftlicher Aktivitäten betrachtet werden. Abgesehen von den kritisierbaren Aspekten im Zusammenhang mit der Umsetzung der EU, stellt die europäische Integration bislang einen Einzelfall

---

6 Für eine Kritik dieses Arguments siehe *Panagariya* (1999, S. 490 f.).

dar. Viele regionale Abkommen sind wesentlich „oberflächlicher" und konzentrieren sich allein auf den Abbau von Zöllen (*Baldwin* 1997, S. 875 f.). Beispielsweise ließen die Bestimmungen des US-Israel- und des US-Kanada-Abkommens viele bedeutende Quotenregelungen unangetastet. „Sensible Bereiche" können in regionalen Verhandlungen unter Umständen leichter ausgeklammert bleiben als im mulitlateralen Kontext. Aber auch Abkommen, die eine anspruchsvolle Zielsetzung haben, müssen kritisch beurteilt werden. Nicht selten erschöpfen sich regionale Abkommen in Absichtserklärungen und bestehen nur auf dem Papier, so daß Regionalismus nicht mit umfassender Liberalisierung gleichgesetzt werden kann. Die Liberalisierungen im multilateralen Kontext waren zwar nicht so umfassend wie die im europäischen, gehen aber nach Ansicht der Verfechter des Multilateralismus in ihrer handelsöffnenden Wirkung über das hinaus, was mit regionalen Bündnissen im allgemeinen erreicht wurde (*Yeung*, *Peridikis* und *Kerr* 1999, S. 22). Dies gilt insbesondere seit der Uruguay-Runde, durch die das multilaterale Regelwerk auf den Dienstleistungsbereich sowie geistige Eigentumsrechte ausgedehnt und die Vorschriften über alternative Protektionismusinstrumente verbessert wurden. Eine einseitige Konzentration auf den Güterhandel besteht damit auch im multilateralen Rahmen nicht mehr. Zugunsten des Multilateralismus wird ferner angeführt, daß die im Rahmen des GATT vereinbarten Liberalisierungen nicht nur in ihrem Inhalt den regionalen Vereinbarungen durchaus gewachsen seien, sondern es in der Natur der Sache liege, daß sie auch ein wesentlich größeres Handelsvolumen umfassen.

Schließlich lassen insbesondere die gescheiterten regionalen Integrationsstrategien der 60er und 70er Jahre nach Ansicht der Multilateralisten Zweifel an der Verbindlichkeit und Sicherheit der Vereinbarungen derartiger Bündnisse aufkommen (*Bhagwati* 1993, S. 44 f.). Offensichtlich waren diese Bündnisse, die vorwiegend zwischen Entwicklungsländern im Rahmen von Importsubstitutionsstrategien geschlossen wurden, trotz ihrer überschaubaren Mitgliederzahl nicht in der Lage, die Durchsetzung der Beschlüsse durch entsprechende Kontroll- und Sanktionsmechanismen zu gewährleisten. Auch im Zusammenhang mit der Überwachung und Durchsetzung von Vereinbarungen stellt das weitreichende Regelwerk der EU einen Einzelfall dar und ist keinesfalls repräsentativ für regionale Bündnisse im allgemeinen. Während viele regionale Integrationsabsichten im Sande verliefen, offerierte das GATT einen stabilen Rahmen für Liberalisierungsmaßnahmen. Insgesamt scheinen daher beide Strategien mit spezifischen Stärken und Schwächen verbunden zu sein. Vor dem Hintergrund der wechselseitigen Kritik kann unter Effizienzgesichtspunkten keiner der beiden Strategien eindeutig der Vorzug gegeben werden.

3. Regionalismus als Wegbereiter oder Stolperstein auf dem Weg zu weltweit unbeschränkten Handelsbeziehungen?

Das multilaterale Handelssystem hat entscheidend dazu beigetragen, die Gütermärkte schrittweise zu öffnen und protektionistischen Tendenzen entgegenzuwirken (*Berthold* 1996, S. 62 f.). Ungeachtet seiner möglichen Schwächen dürfte ein Zusammenbruch des GATT-Systems eine ernsthafte Bedrohung für die internationale Kooperation darstellen. Daher muß untersucht werden, ob Regionalismus multilaterales Vorgehen unterstützt oder ob es sich um konfligierende Strategien handelt. Regionalismus steht in keinem

Widerspruch zu den multilateralen Liberalisierungsbemühungen, wenn damit Liberalisierungsvorhaben zwischen einer begrenzten Zahl von Ländern schneller und sicherer durchgeführt werden und die Integrationspartner weiterhin aktiv an multilateralen Verhandlungen partizipieren und ihre Handelsbarrieren kontinuierlich absenken. Darüber hinaus ist vorstellbar, daß die Existenz liberaler Bündnisse nicht nur der multilateralen Liberalisierung nicht im Wege steht, sondern möglicherweise dazu beiträgt, deren Schwächen zu überwinden. Regionalismus wäre dann aus Sicht einer Freihandels-Philosophie ein begrüßenswertes Phänomen. Bedenklich werden regionale Abkommen jedoch, wenn die Liberalisierungsbemühungen dauerhaft auf die teilnehmenden Staaten begrenzt bleiben und die Bereitschaft der Mitglieder zu Konzessionen auf nichtdiskriminierender Ebene sinkt oder Regionalismus gar infolge einer protektionistischen Abschottung der Integrationsräume in eine Zersplitterung des Welthandels einmündet. Sollte die Existenz derartiger Bündnisse den multilateralen Prozeß gravierend erschweren oder gänzlich unmöglich machen, könnten protektionistische Tendenzen im Welthandel nicht mehr abgewehrt werden. Im folgenden wird untersucht, von welchen Faktoren das Protektionsniveau eines Bündnisses beeinflußt wird und welche Wechselwirkungen zwischen regionaler und multilateraler Strategie bestehen.

3.1. Protektionsniveau gegenüber Drittstaaten

Regionale Integration ermöglicht den verantwortlichen politischen Akteuren eine Ausbalancierung der konkurrierenden inländischen Interessengruppen, um so eine maximale politische Unterstützung zu erlangen. Der Verlust an Unterstützung durch die importkonkurrierenden Interessen kann gering gehalten werden, wenn man diesen im Gegenzug für die Marktzugangskonzessionen, die man den Partnerländern einräumt, verstärkten Schutz gegenüber der Konkurrenz von Drittstaaten anbietet (*Yeung*, *Peridikis* und *Kerr* 1999, S. 12). Während man also die Zölle gegenüber den Mitgliedsstaaten des Bündnisses senkt oder beseitigt, werden die Zölle zu Lasten externer Exporteure erhöht. Die Androhung weiterer handelspolitischer Maßnahmen in Kombination mit der gewachsenen Marktmacht des Bündnisses kann dabei möglicherweise sogar Retorsionszölle von geschädigten Drittländern abwenden. Die politischen Kosten der Protektion des Bündnisses hätten dann die Politiker dieser außenstehenden Staaten zu tragen. In der Realität ist eine generelle Anhebung der Zollbelastungen gegenüber Drittstaaten durch die GATT-Regelungen allerdings untersagt. Aufgrund der offenen und unpräzisen Formulierungen des Art. XXIV ist es aber durchaus möglich, in einzelnen Sektoren die Belastung gegenüber Drittstaaten zu erhöhen. So erlaubt Art. XXIV Abs. 5 die Bildung von Zollunionen und Freihandelszonen unter der Bedingung, daß die allgemeine Belastung durch Zölle und andere Handelsvorschriften nach Bildung des Bündnisses in ihrer Gesamtheit nicht höher oder einschränkender ist als vor dem Zusammenschluß. Die Formulierung „in ihrer Gesamtheit" läßt dabei durchaus die Interpretation zu, daß die Zollbelastung in einzelnen Sektoren angehoben wird, wenn sie dafür in anderen gesenkt wird.

Damit wird den Politikern des Bündnisses die Möglichkeit gegeben, die Einbußen der importkonkurrierenden Sektoren entsprechend zu steuern. Einflußreiche Industrien, die in Folge des regionalen Bündnisses erhebliche Einbußen zu verzeichnen hätten, können durch eine Anhebung der Außenzölle zum Teil „entschädigt" werden. Branchen, die durch die Integration nur in geringem Ausmaß betroffen werden, müssen dafür eine Senkung ihres Zollschutzes hinnehmen. Weitere protektionistische Spielräume eröffnen die Bestimmung der gemeinsamen Außenzölle im Fall von Zollunionen und die Festlegung der Ursprungslandregelung im Fall von Freihandelszonen. Die Mitglieder eines regionalen Bündnisses haben aufgrund der ungenauen GATT-Bestimmungen zudem die Möglichkeit, ganze Bereiche, die als besonders sensibel erachtet werden, von den internen Liberalisierungsverpflichtungen auszunehmen. So fordert Art. XXIV Abs. 8, daß annähernd der gesamte Handel im Integrationsraum liberalisiert werden muß, um ein Bündnis als zulässige Freihandelszone oder Zollunion im Sinne des GATT zu qualifizieren. Da die Formulierung „annähernd den gesamten Handel" jedoch breiten Raum für unterschiedliche Auslegungen läßt, können auch sektorale Ausnahmebereiche als konform mit den Vorschriften erachtet werden. Beispielsweise wurde im Fall der EG / EU der Bereich Agrarwirtschaft nicht nur von Liberalisierungen ausgenommen, sondern durch ein komplexes System von Abnahme- und Mindestpreisgarantien geregelt. Diese Gemeinsame Marktordnung ist in ihrer Wirkung gegenüber Drittstaaten hochgradig protektionistisch. Leidtragende sind die Agrarexporteure ausgeschlossener Staaten. Neben der Ausnutzung der Interpretationsspielräume des GATT besteht die Möglichkeit, das Protektionsniveau auch zum Teil durch intransparente Handelshemmnisse wie Antidumpingmaßnahmen, Subventionen oder ähnliches zu erhöhen (*Anderson* und *Snape* 1994, S. 14 f.). Damit besteht tatsächlich die Gefahr, daß das Protektionsniveau – zumindest in einzelnen Bereichen – im Vergleich zur Situation vor der Bildung des Integrationsraums gegenüber außenstehenden Drittstaaten zunimmt.

Zudem wird befürchtet, daß die protektionistischen Kräfte durch Regionalismus dauerhaft gestärkt werden und damit die externen Handelshemmnisse kontinuierlich zunehmen. Diese Sorge läßt sich wie folgt begründen: Je nach Ausgestaltung hat das regionale Bündnis die importkonkurrierenden Unternehmen mehr oder weniger dem verstärkten internen Wettbewerb ausgesetzt, während die exportorientierten Unternehmen einen Zugewinn an Renten durch den erleichterten Zugang zu den Märkten der Partnerländer erhalten. Die importkonkurrierenden Lobbies werden daher ein verstärktes Interesse daran haben, weitere Rentenverluste in der Zukunft abzuwehren, während die Bereitschaft der exportorientierten Unternehmen, Ressourcen für die Öffnung zusätzlicher Märkte einzusetzen, möglicherweise zurückgeht. Das veränderte politische Engagement der Gruppen kann es für die verantwortlichen Politiker rational werden lassen, die Zölle gegenüber außenstehenden Staaten zu erhöhen (*Panagariya* und *Findlay* 1994). Dies wird insbesondere dann für bedenklich gehalten, wenn die regionale Integration mit einer Zunahme der Verhandlungsmacht einhergeht und damit die Wahrscheinlichkeit steigt, daß das Bündnis seine protektionistischen Wünsche gegenüber anderen Ländern durchsetzen kann. Inwieweit dies tatsächlich geschieht, hängt dann davon ab, wie disziplinierend die Vorschriften der WTO wirken.

Sofern es sich bei dem regionalen Abkommen um eine Zollunion oder eine höhere Integrationsstufe handelt, gelten gegenüber Drittstaaten einheitliche Außenzölle, und die Partnerländer verfolgen eine gemeinsame Handelspolitik. Damit besteht die Möglichkeit, daß sich die nationalen Lobbygruppen mit gleichgesinnten Gruppen aus den Partnerländern zusammenschließen, um sich mit vereinten Kräften für ihre Belange einzusetzen. Wenn man der oben angeführten Argumentation folgt, werden es insbesondere die protektionistischen Kräfte sein, die den Schulterschluß mit anderen Gruppen suchen, um einen weiteren Verlust an Renten vorzubeugen. Verschiedene Gründe sprechen dafür, daß die Einflußmöglichkeiten zentralisierter Interessengruppen im Vergleich zu den nationalen Verbänden zunehmen. Statt eine Vielzahl von nationalen Regierungen beeinflussen zu müssen, können die Interessengruppen ihre Tätigkeiten auf die gemeinsame handelspolitische Instanz des Bündnisses konzentrieren. Damit sinken aus ihrer Sicht die Kosten des Lobbyismus. In diesem Szenario steigt somit ebenfalls die Wahrscheinlichkeit, daß das Protektionsniveau des regionalen Bündnisses gegenüber Drittstaaten steigt.

Allerdings sind die vorgebrachten Argumente in mehrfacher Hinsicht zu relativieren: Erstens gelten die Befürchtungen bezüglich vereint agierender protektionistischer Lobbygruppen nicht für Freihandelszonen, die in der Praxis die bei weitem häufigste Integrationsform darstellen. Bei Freihandelszonen beseitigen die Mitgliedsstaaten zwar untereinander die Zölle, verfolgen aber weiterhin eine autonome Zollpolitik. Damit gibt es auch keine gemeinsame handelspolitische Instanz, die zentralisierte Lobbygruppen ansprechen könnten. Somit ist davon auszugehen, daß diese weiterhin national agieren und sich an ihre jeweilige Regierung wenden werden. Zweitens muß berücksichtigt werden, in welcher Form die gemeinsame handelspolitische Instanz Entscheidungen trifft. Wenn zwar eine supranationale Bürokratie die entsprechenden Entwürfe vorbereitet, die endgültige Entscheidung aber von einem Gremium gefällt wird, das sich aus nationalen Repräsentanten zusammensetzt, entfällt die Notwendigkeit zur politischen Einflußnahme auf nationaler Ebene nicht.[7] Sofern Entscheidungen über die Einführung eines Handelshemmnisses darüber hinaus der Einstimmigkeit bedürfen, können sich die Lobbykosten der importkonkurrierenden Unternehmen sogar erheblich erhöhen (*WTO* 1995, S. 50). Einstimmigkeitsregeln eröffnen jeder nationalen Regierung ein Vetorecht, was zu einem Status quo-Bias führt. Damit wird es für die Lobbygruppen der importkonkurrierenden Branchen schwieriger, neue Handelsschranken aufzubauen, so daß die Gefahr einer Erhöhung des Protektionsniveaus abgeschwächt wird. Vor diesem Hintergrund wäre also eine Abnahme des protektionistischen Drucks durchaus denkbar. Die Kehrseite der Einstimmigkeitsregel ist aber, daß auch die Beseitigung von existierenden Handelshemmnissen weniger wahrscheinlich wird. Letztlich werden im Fall einer Einstimmigkeitsregel auf dem Wege des Stimmentauschs Maßnahmenpakete geschnürt werden, in die die Interessen aller Beteiligten einfließen und die damit entsprechend konsensfähig sind.

Schließlich ist die Befürchtung der Bedeutungszunahme von protektionistischen Verbänden auch bei Zollunionen mit rein supranationalen handelspolitischen Instanzen danach zu differenzieren, ob die jeweiligen Interessen bündnisweit in ähnlicher Form vorhanden sind oder ob es sich um ausschließlich nationale bzw. regionale Anliegen

---

[7] Ein derartiges Nebeneinander von nationalen und supranationalen Instanzen ist wahrscheinlicher als die Übertragung aller handelspolitischen Kompetenzen auf die supranationale Ebene. So resultieren auch in der EU handelspolitische Entscheidungen aus dem Zusammenspiel von Kommission (als rein supranationalem Organ) und Ministerrat (als Vertreter der nationalen Regierungen). Vgl. *Berthold* und *Donges* (1997, S. 16 f.).

handelt, die von keiner weiteren Bevölkerungsgruppe geteilt werden (*Apolte* 1995). Bei bündnisweit relativ homogenen Interessen werden die Belange einer Gruppe in ähnlicher Form und in ähnlichem Umfang von der Bevölkerung in den anderen Mitgliedsstaaten geteilt. Das Gewicht dieser Interessen nimmt daher beim Übergang von nationaler zu supranationaler Entscheidungsfindung nicht ab. Gemäß der oben skizzierten Logik ist vielmehr davon auszugehen, daß der Einfluß dieser Gruppen zunimmt, wenn es ihnen gelingt, koordiniert vorzugehen. Anders stellt sich die Situation jedoch für Gruppen mit rein national bzw. regional konzentrierten Interessen dar. Wegen der Spezifität ihrer Anliegen bietet sich diesen Gruppen nicht die Möglichkeit einer Kooperation mit anderen Interessengruppen. Bei zentralen handelspolitischen Instanzen kann eine hinreichende Berücksichtigung durch rein nationales Vorgehen nicht sichergestellt werden. Auf der supranationalen Ebene sind die Belange derartiger Sonderinteressen aber von nachrangiger Bedeutung, daher werden die Einflußmöglichkeiten dieser Sonderinteressen zurückgehen. Wenn viele protektionistische Interessengruppen national bzw. regional konzentriert wären, könnte damit insgesamt eine liberalere Handelspolitik erwartet werden, da deren politisches Gewicht beispielsweise im Rahmen einer Zollunion sinkt.

Ferner können sich auch die Interessenlagen im Zeitverlauf ändern. Externe Handelsbarrieren schützen ineffiziente Produzenten nicht vor der Konkurrenz aus den Partnerländern. Die Intensivierung des Wettbewerbs innerhalb des regionalen Bündnisses infolge der intraregionalen Liberalisierung kann dazu führen, daß sowohl die ineffizientesten Produzenten aus dem Markt ausscheiden müssen als auch der gestiegene interne Konkurrenzdruck die verbleibenden Unternehmen in den beteiligten Länder international wettbewerbsfähiger werden läßt. Damit könnte insgesamt protektionistischer Druck abgebaut werden. In diesem Fall wäre eine Senkung der Handelsbarrieren gegenüber Drittstaaten zu erwarten. Ob ein verstärkter Einfluß protektionistischer Gruppen zu erwarten ist, hängt damit von der Art des Bündnisses und der Verteilung der Interessen ab.

3.2. Wechselwirkungen zwischen den beiden Strategien

In Anlehnung an den vorangegangenen Abschnitt kann vermutet werden, daß Regionalismus, sofern er neben der Beseitigung der Handelshemmnisse zwischen den Partnerländern auch mit einer Liberalisierung gegenüber Drittstaaten verbunden ist, die multilateralen Liberalisierungsbemühungen unterstützen wird. Nehmen infolge regionaler Strategien jedoch die Anreize für die beteiligten Länder zu, Handelsbarrieren gegenüber außenstehenden Drittstaaten zu errichten, so ist zu erwarten, daß die Liberalisierungsverhandlungen im multilateralen Rahmen erschwert oder gar verhindert werden. Neben diesem unmittelbaren Zusammenhang zwischen handelspolitischer Gesinnung von regionalen Bündnissen und multilateraler Liberalisierung bestehen noch weitere Wechselwirkungen, die ausschlaggebend dafür sind, ob Regionalismus „Wegbereiter" oder „Stolperstein" für die multilaterale Strategie ist (*Panagariya* 1999, S. 493 ff.).

Die grundlegende Idee des Multilateralismus besteht darin, nicht-diskriminierende Liberalisierungsmaßnahmen mit einer Vielzahl von Ländern auszuhandeln. Die faktisch erheblich gestiegene Zahl von WTO-Mitgliedern steht damit in vollem Einklang mit der Konzeption multilateraler Verhandlungen und ist auch insofern begrüßenswert, als sich immer mehr Länder den Regeln der Handelsordnung unterwerfen. Die Kehrseite der steigenden Mitgliederzahl liegt jedoch in den damit verbundenen ausufernden Transaktionskosten, die eine Einigung der Verhandlungspartner auf konkrete Liberalisierungsschritte erschweren. Auf diese Schwäche wurde bereits im Zusammenhang mit dem Effizienzvergleich der beiden Liberalisierungsstrategien hingewiesen: Nach Ansicht seiner Befürworter ermöglicht Regionalismus aufgrund der im Vergleich zu multilateralen Handelsrunden geringen Zahl von Verhandlungspartnern effizientere Liberalisierungsergebnisse. Dieses Argument kann nun entsprechend übertragen werden: Sofern sich durch regionale Integrationsstrategien die Anzahl der Verhandlungspartner auf der multilateralen Ebene verringern läßt, können auch hier wieder effiziente Ergebnisse erzielt werden. Wenn künftig nicht mehr jedes Land für sich spricht, sondern Repräsentanten von regionalen Bündnissen die Interessen ihrer Mitglieder vertreten, vereinfacht sich die Entscheidungsfindung, Kompromißlösungen können leichter ausgehandelt werden, und der erfolgreiche Abschluß von Handelsrunden wird wahrscheinlicher. Zusätzlich verringern sich das Free rider-Problem und damit die Schwierigkeiten der Kontrolle und Sanktionierung von Verstößen gegen getroffene Vereinbarungen. Im Gegensatz zu der Effizienzdiskussion ist die Konsequenz dieses Arguments aber nicht, daß Regionalismus der Vorzug vor multilateralem Vorgehen zu geben ist, sondern vielmehr, daß regionales Vorgehen die multilateralen Bemühungen unterstützt. Regionalismus ermöglicht es, bei wachsender WTO-Mitgliederzahl die Verhandlungen gleichwohl überschaubar zu halten. Dieses Argument erfreute sich besonders großer Popularität, als die Verhandlungen im Rahmen der Uruguay-Runde stagnierten und die gesamte Handelsrunde zu scheitern drohte. Viele sahen in der ständig wachsenden Mitgliederzahl der WTO die Hauptursache für die zähen und schwierigen Verhandlungen und erhofften sich von einer Aufteilung der Welt in eine überschaubare Zahl von Blöcken hilfreiche Impulse für schnellere und effizientere multilaterale Verhandlungen.

Allerdings ist dieses Argument zu relativieren. Zunächst einmal findet nur dann eine Reduzierung der Verhandlungspartner statt, wenn das regionale Bündnis „mit einer Stimme spricht". In der Regel agieren die Mitglieder einer Freihandelszone jedoch weiterhin autonom auf der multilateralen Ebene. Einheitliches Auftreten ist nur zu erwarten, wenn es sich bei dem Abkommen um eine Zollunion oder eine höhere Integrationsstufe handelt. Derartige Abkommen werden aber vergleichsweise selten geschlossen. Trotz der rapiden Verbreitung von regionalen Bündnissen in den letzten Jahren konnte daher die Zahl der Verhandlungspartner im Rahmen von WTO-Gesprächen nicht entscheidend verringert werden. Die EG / EU ist eines der wenigen regionalen Bündnisse, das als einheitlicher Akteur in multilateralen Verhandlungen auftritt. Allerdings ist durchaus umstritten, ob die europäische Integration stets ein Segen für die multilateralen Verhandlungen war. So war es beispielsweise die EG / EU, die zunächst die Initiierung und dann später auch den Abschluß der Uruguay-Runde verzögerte, da die Mitgliedsstaaten Schwierigkeiten hatten, sich auf eine einheitliche handelspolitische Position zu einigen und andere interne Streitigkeiten auftraten.

Für die Verfechter der „Stolperstein“-These ist die Etablierung von regionalen Bündnissen mit einheitlicher Außenhandelspolitik gegenüber Drittstaaten hingegen ein Grund zur Sorge. Zwingende Voraussetzung für eine Erleichterung der multilateralen Bemühungen ist nämlich eine grundsätzlich liberale Haltung der Bündnisse. Sofern jedoch die protektionistischen Interessen in einem Integrationsraum die Oberhand gewinnen, besteht die Gefahr, daß diese die gewachsene Marktmacht des Bündnisses zu Lasten anderer Länder und zu Lasten der multilateralen Bemühungen einsetzen. Möglicherweise haben die importkonkurrierenden Interessen ihre Zustimmung zur regionalen Integration an die Bedingung geknüpft, multilaterale Liberalisierungsvorschläge vorerst zu blockieren. Sofern die regionalen Bündnisse ihre gewachsene Marktmacht nicht nur zur Verhinderung von Liberalisierungsmaßnahmen einsetzen, sondern darüber hinaus versuchen, anderen Ländern unvorteilhafte Handelsverträge aufzuzwingen, kann die Wirksamkeit der WTO gänzlich untergraben werden (*Lloyd* 1992, S. 28). Die Maßnahmen aggressiver Handelsblöcke können eine Kettenreaktion von Vergeltungsmaßnahmen auslösen, die letztlich in einer Fragmentierung der globalen Handelsbeziehungen münden (*Bond* und *Syropoulos* 1996; *Schultz* 1996, S. 31).

Schließlich wird die Frage kontrovers diskutiert, ob Regionalismus als strategisches Instrument eingesetzt werden kann, um multilaterale Verhandlungen zu forcieren. Die Verfechter der „Wegbereiter“-These führen zugunsten regionaler Bündnisse an, daß diese Druck auf unwillige Parteien ausüben können, die Verhandlungen auf der multilateralen Ebene ernsthaft und kompromißbereit zu führen (*Whalley* 1993, S. 352). Dahinter steht die Überlegung, daß die selektive Liberalisierung bei Drittländern die Befürchtung wachsen läßt, den Zugang zu wichtigen Märkten zu verlieren. Um dem vorzubeugen, werden sie entsprechend mehr Engagement auf multilateraler Ebene entfalten und gegebenenfalls bereit sein, größere Konzessionen einzugehen. Die Vertreter der „Stolperstein“-These hingegen glauben, daß die engagierte Verfolgung regionaler Strategien das ohnehin schon angekratzte Vertrauen in den multilateralen Prozeß weiter untergräbt und dazu führt, daß sich immer mehr Länder der selektiven Präferenzierung zuwenden (*Langhammer* 1993, S. 31). Darüber hinaus sehen sie die Gefahr, daß regionale Integrationsbestrebungen das Interesse der relevanten Akteure von multilateralen Verhandlungen ablenken (*Bergsten* 1997, S. 547). Zum einen absorbiert die Aushandlung und Durchsetzung regionaler Bündnisse Ressourcen und die Aufmerksamkeit von Politikern, die dann nicht mehr für multilaterale Verhandlungen zur Verfügung stehen. Bedeutsamer ist jedoch, daß zum anderen das Interesse der exportorientierten Branchen an weiteren Liberalisierungsschritten zurückgehen kann, wenn bereits die regionale Integration mit befriedigenden Rentengewinnen einhergeht, während die importkonkurrierenden Unternehmen unter Umständen verstärkt Ressourcen zur Abwehr von Liberalisierungsmaßnahmen einsetzen (*Krueger* 1999, S. 119; *WTO* 1995, S. 51). Schließlich werden kleinere Länder, die sich aus Gründen der Sicherung des Marktzugangs einem regionalen Bündnis angeschlossen haben, ein geringeres Interesse an der Aufrechterhaltung des multilateralen Handelssystems zur Vermeidung von Handelskonflikten haben als zuvor (*Perroni* und *Whalley* 1994; *Winters* 1996, S. 10). Zusammengenommen führt dies dazu, daß die potentiellen Gewinne, die der Politiker durch multilaterale Liberalisierung erzielen kann, zurückgehen und damit auch sein Interesse daran korrespondierend abnimmt. Insgesamt ist es somit auch in bezug auf die Wechselwirkungen des Regionalismus und Multilateralismus nicht möglich, ein eindeutiges Urteil zu fällen.

4. Ansatzpunkte zur Steuerung regionaler Integrationsstrategien

Die vorangegangenen Ausführungen haben gezeigt, daß Regionalismus ein ambivalentes Phänomen ist: Die Auswirkungen regionaler Integrationsstrategien auf die globalen Liberalisierungsbemühungen hängen von den konkreten Gegebenheiten ab. Diese sind nicht unabänderbar vorgegeben, sondern können – zumindest in gewissem Maße – beeinflußt werden. Eine extreme Position als „Regionalist" oder als „Multilateralist" zu beziehen und diese Liberalisierungsstrategien als sich einander ausschließende Alternativen zu betrachten ist wenig sinnvoll. Beide Strategien haben spezifische Stärken und Schwächen. Daher ist es konstruktiver, danach zu fragen, wie die Rahmenbedingungen ausgestaltet werden müssen, um eine fruchtbare Koexistenz zwischen Regionalismus und Multilateralismus zu erreichen: Welche Möglichkeiten und Ansatzpunkte existieren, um protektionistische Auswüchse im Zusammenhang mit regionalen Integrationsbestrebungen zu vermeiden und sicherzustellen, daß Regionalismus einen positiven Beitrag zu weltweit unbeschränkten Handelsbeziehungen leistet?

Diesbezügliche Reformvorschläge können an verschiedenen Stellen ansetzen. Zunächst ist es erforderlich, die rechtlichen Grundlagen regionaler Integration zu präzisieren und zu modifizieren. Die Bestimmungen des Art. XXIV über die Etablierung von Freihandelszonen und Zollunionen müssen gewährleisten, daß regionale Integration nicht systematisch zur selektiven Diskriminierung außenstehender Staaten mißbraucht werden kann. Eines der dringlichsten Reformerfordernisse in diesem Zusammenhang ist die Präzisierung des Abs. 8.[8] Dieser fordert, daß Zölle und andere beschränkende Handelsvorschriften innerhalb eines Bündnisses für *annähernd den gesamten Handel* beseitigt werden müssen. Die Mitglieder der WTO müssen sich darauf einigen, daß diese Formulierung künftig restriktiv auszulegen und die Ausnahme ganzer Sektoren vom Erfordernis der Liberalisierung nicht mehr gestattet ist. Dies würde insbesondere bedeuten, daß eine Sonderstellung des Agrarbereichs nicht mehr zulässig ist. Eine entscheidende Lücke in den Vorschriften könnte so geschlossen werden. Um darüber hinaus sicherzustellen, daß als sensibel erachtete Sektoren nicht als Ausgleich für die interne Liberalisierung durch höhere Zölle gegen die Konkurrenz von Drittstaaten abgeschirmt werden, sollte im Rahmen des Abs. 5 das Aufrechnen von Zollsenkungen gegen Zollerhöhungen nicht mehr zulässig sein. Eine derartige Auslegung trägt dazu bei, daß die Wahrscheinlichkeit der Schädigung von Drittstaaten reduziert wird. Ferner sollte in bezug auf Freihandelszonen zweifelsfrei bestimmt werden, daß Ursprungslandregelungen unter die Vorschriften des Art. XXIV fallen und damit jeweils nicht höher oder einschränkender sein dürfen als vor Inkrafttreten eines Abkommens. Um den Mißbrauch von Ursprungslandregelungen zu verhindern, wäre es darüber hinaus wünschenswert, international verbindliche Regeln für deren Anwendung zu definieren (*Woolcock* 1996, S. 196). Schließlich sollten die Vertragsparteien gemäß Abs. 7 verpflichtet werden, ei-

---

[8] Für eine detaillierte Darstellung der problematischen Formulierungen des Art. XXIV siehe *WTO* (1995, S. 12 ff.).

nen zeitlichen Mindestabstand zwischen der Notifikation eines Abkommens und seinem Inkrafttreten einzuhalten, um damit eine echte ex ante-Überprüfung von Abkommen hinsichtlich ihrer WTO-Konformität zu ermöglichen.

Über eine Präzisierung hinaus wäre eine Ergänzung der Vorschriften des Art. XXIV wünschenswert. So könnte die WTO in die Verhandlungen über die Verwirklichung regionaler Bündnisse miteinbezogen werden, um den Belangen von außenstehenden Staaten schon vor Abschluß der Abkommen Gehör zu verschaffen (*Qureshi* 1996, S. 161). Die Beratung durch Repräsentanten der WTO ist auch für die potentiellen Partnerländer vorteilhaft, da so das Risiko von Nachverhandlungen infolge WTO-inkonformer Vertragsbestimmungen gesenkt werden kann. Des weiteren könnte die ex post-Überwachung der Handelspolitiken der Mitgliedstaaten durch Einführung einer standardisierten Berichtspflicht der Mitgliedstaaten sowie einer speziell regional ausgerichteten Überwachung im Rahmen des Trade Policy Review Mechanism (TPRM) verbessert werden (*Anderson* und *Blackhurst* 1993, S. 14). Ebenfalls erfolgversprechend wäre eine Verpflichtung der Mitgliedsstaaten, unmittelbar nach dem Inkrafttreten eines Integrationsabkommens Verhandlungen mit außenstehenden Staaten über die Senkung von Außenzöllen auf Meistbegünstigungs-Basis aufzunehmen (*Finger* 1993, S. 129).

Neben einer Reform der Bestimmungen über regionale Integration bedarf es aber auch Vorschläge, die auf eine Verbesserung des multilateralen Regelwerks im allgemeinen abzielen (*Yeung*, *Peridikis* und *Kerr* 1999, S. 32). Effiziente Vorschriften gegen handelshemmende Maßnahmen verhindern, daß im Zuge regionaler Integration protektionistische Tendenzen eine Renaissance erleben und Drittstaaten von Liberalisierungsmaßnahmen ausgeschlossen bleiben. Der Aufbau kompensatorischer Handelsbarrieren – sei es gegenüber den Partnerländern oder gegenüber dem Rest der Welt – muß durch entsprechende Instrumente unterbunden werden. Die verbesserten formalen Beschränkungen müssen sicherstellen, daß auch erstarkte protektionssuchende Interessenverbände in Schach gehalten werden und dem Mißbrauch von Marktmacht durch geschlossen agierende Handelsblöcke vorgebeugt wird. Generelle Reformen des WTO-Regelwerks, d. h. der Vorschriften über Protektionsmaßnahmen sowie der Verfahren zur Entscheidungsfindung, sind daher unerläßlich, wenn nachteilige Aspekte regionaler Integration verhindert werden sollen. Zu denken wäre hier an eine weitere Präzisierung der Schutzklauselbestimmungen (*Frenkel* und *Radeck* 1996, S. 20 ff.), eine zusätzliche Modifizierung der Subventionsbestimmungen (*Hauser* und *Schanz* 1995, S. 96 ff.) oder ein generelles Verbot von Antidumpingmaßnahmen (*Srinivasan* 2000, S. 28). Reformen der multilateralen Handelsordnung erhöhen darüber hinaus die Attraktivität des multilateralen Vorgehens als Liberalisierungsstrategie.

Schließlich müssen die entsprechenden Vorschriften für die Politiker echte Bindungswirkung haben, also durchgesetzt werden, und Verstöße entsprechende Sanktionen nach sich ziehen. Weitere Reformen des Streitschlichtungsverfahrens sind somit unerläßlich. Höhere Wirksamkeit des Verfahrens könnte durch eine Straffung der Fristen sowie eine ergänzende Einführung von Kompensationszahlungen erreicht werden (*Zimmermann* 1999, S. 263 ff.).

Werden die Rahmenbedingungen entsprechend gesetzt, kann Regionalismus eine hilfreiche Ergänzung der multilateralen Bemühungen zur Verwirklichung weltweit unbeschränkter Handelsbeziehungen darstellen. Die simultane Verfolgung beider Strategien verspricht aufgrund der jeweils spezifischen Vor- und Nachteile Erfolge, die bei einer ausschließlichen Konzentration auf ein Vorgehen nicht erreichbar wären.

Literatur

Anderson, Kym und *Richard Blackhurst* (1993), Introduction and Summary, in: *Kym Anderson* und *Richard Blackhurst* (Hg.), Regional Integration and the Global Trading System, New York et al., S. 1-15.

Anderson, Kym und *Richard H. Snape* (1994), European and American Regionalism: Effects on and Options for Asia, Discussion Paper, No. 983, London.

Apolte, Thomas (1995), Centralization and the Role of Interest Groups in Federal States, Diskussionsbeiträge des Fachbereichs Wirtschaftswissenschaft der Gerhard-Mercator-Universität, Nr. 223, Duisburg.

Bagwell, Kyle und *Robert W. Staiger* (1998), Will Preferential Agreements Undermine the Multilateral Trading System?, in: The Economic Journal, Jg. 108, S.1162-1182.

Baldwin, Richard E. (1997), The Causes of Regionalism, in: World Economy, Jg. 20, H. 7, S. 865-888.

Bergsten, C. Fred (1997), Open Regionalism, in: World Economy, Jg. 20, H. 5, S. 545-565.

Berthold, Norbert (1996), Regionalismus, Multilateralismus und GATT, in: *Michael Frenkel* und *Dieter Bender* (Hg.), GATT und neue Welthandelsordnung: Globale und regionale Auswirkungen, Wiesbaden, S. 61-89.

Berthold, Norbert und *Martin Donges* (1997), Regionalismus und Multinationale Unternehmungen: Wird der Protektion Einhalt geboten?, Würzburg.

Bhagwati, Jagdish N. (1993), Regionalism and Multilateralism: An Overview, in: *Jaime de Melo* und *Arvind Panagariya* (Hg.), New Dimensions in Regional Integration, Cambridge, S. 22-51.

Bhagwati, Jagdish N. und *Arvind Panagariya* (1996), Preferential Trading Areas and Multilateralism – Strangers, Friends, or Foes?, in: *Jagdish N. Bhagwati* und *Arvind Panagariya* (Hg.),The Economics of Preferential Trade Agreements, Washington D.C., S. 1-78.

Bhagwati, Jagdish N., David Greenaway und *Arvind Panagariya* (1998), Trading Preferentially: Theory and Policy, in: The Economic Journal, Jg. 108, S. 1128-1148.

Bhalla, Ajit S. und *Parveen Bhalla* (1997), Regional Blocs: Building Blocks or Stumbling Blocks?, Basingstoke.

Blank, Jürgen E., Hartmut Clausen und *Holger Wacker* (1998), Internationale Ökonomische Integration, München.

Bond, Eric und *Constantinos Syropoulos* (1996), Trading Blocs and the Sustainability of Interregional Cooperation, in: *Matthew B. Canzoneri, Wilfred J. Ethier* und *Vittorio Grilli* (Hg.), The New Transatlantic Economy, Cambridge, S. 118-141.

Deardorff, Alan. V. und *Robert M. Stern* (1994), Multilateral Trade Negotiations and Preferential Trading Arrangements, in: *Alan V. Deardorff* und *Robert M. Stern* (Hg.), Analytical and Negotiating Issues in the Global Trading System, Ann Arbor, S. 27-94.

Ethier, Wilfred J. (1998), The New Regionalism, in: The Economic Journal, Jg. 108, S. 1149-1161.

Finger, J. Michael (1993), GATT's Influence on Regional Arrangements, in: *Jaime de Melo* und *Arvind Panagariya* (Hg.), New Dimensions in Regional Integration, Cambridge, S. 128-148.

Frenkel, Michael und *Karin Radeck* (1996), Die Beschlüsse der Uruguay-Runde: Hintergrund, Inhalt und Bewertung, in: *Michael Frenkel* und *Dieter Bender* (Hg.), GATT und neue Welthandelsordnung: Globale und regionale Auswirkungen, Wiesbaden, S. 13-43.

Hauser, Heinz und *Kai-Uwe Schanz* (1995), Das neue GATT: Die Welthandelsrunde nach Abschluß der Uruguay-Runde, 2. Aufl., München und Wien.

Heinemann, Hans-Joachim (1995), Der neue Regionalismus, in: Wirtschaftswissenschaftliches Studium (WiSt), Jg. 24, H. 7, S. 342-347.

Herrmann, Anneliese (1995), Strengere Regeln für den Welthandel: Chancen für weniger Protektionismus?, in: IFO Schnelldienst, Jg. 95, H. 3, S. 3-11.

Hoekman, Bernard M. und *Michel M. Kostecki* (1995), The Political Economy of the World Trading System: From GATT to WTO, Oxford.

Irvin, Douglas A. (1993), Multilateral and Bilateral Trade Policies in the World Trading System: A Historical Perspective, in: *Jaime de Melo* und *Arvind Panagariya* (Hg.), New Dimensions in Regional Integration, Cambridge, S. 90-119.

Kemp, Murray C. und *Henry Y. Wan* (1976), Elementary Proposition Concerning the Formation of Custom Unions, in: Journal of International Economics, Jg. 6, H. 6, S. 95-97.

Krueger, Anne O. (1999), Are Preferential Trading Arrangements Trade-Liberalizing or Protectionist?, Journal of Economic Perspectives, Jg. 13, H. 4, S. 105-124.

Krugman, Paul (1993), Regionalism Versus Multilateralism: Analytical Notes, in: *Jaime de Melo* und *Arvind Panagariya* (Hg.), New Dimensions in Regional Integration, Cambridge, S. 58-79.

Langhammer, Rolf J. (1993), AFTA – A Step Towards Intensified Economic Integration?, in: *Wolfgang Möllers* und *Rohana Mahmood* (Hg.), ASEAN: Future Economic and Political Cooperation, Kuala Lumpur, S. 31-48.

Lawrence, Robert Z. (1996), Regionalism, Multilateralism and Deeper Integration, Washington D.C.

Lloyd, Peter J. (1992), Regionalisation and World Trade, in: OECD Economic Studies, Jg. 1992, H. 18, S. 7-43.

Mansfield, Edward D. (1998), The Proliferation of Preferential Trading Arrangements, in: Journal of Conflict Resolution, Jg. 42, H. 5, S. 523-543.

Melo, Jaime de, Arvind Panagariya und *Dani Rodrik* (1993), The New Regionalism: A Country Perspective, in: *Jaime de Melo* und *Arvind Panagariya* (Hg.), New Dimensions in Regional Integration, Cambridge, S. 159-193.

Panagariya, Arvind (1999), The Regional Debate: An Overview, The World Economy, Jg. 22, H. 4, S. 477-511.

Panagariya, Arvind und *Ronald Findlay* (1994), A Political-Economy Analysis of Free Trade Areas and Customs Unions, Research Working Paper, No. 1261, Washington D.C.

Panagariya, Arvind und *Pravin Krishna* (1997), On the Existence of Necessarily Welfare-Enhancing Free Trade Areas, mimeo, College Park.

Panagariya, Arvind und *Thirukodikaval N. Srinivasan.* (1998), The New Regionalism: A Benign or Malign Growth?, in: *Jagdish N. Bhagwati* und *Mathias Hirsch* (Hg.), The Uruguay Round and Beyond, Berlin, S. 221-240.

Perroni, Carlo und *John Whalley* (1994), The New Regionalism: Trade Liberalization or Insurance?, NBER Working Paper, No. 4626, Cambridge / Mass.

Petersen, Dietmar (2001), Asean und China planen eine Freihandelszone, in: Handelsblatt, Jg. 45, Nr. 215, S. 6.

Qureshi, Asif H. (1996), The World Trade Organization: Implementing International Trade Norms, Manchester (Manchester University Press).

Robinson, Sherman und *Karen Thierfelder* (1999), Trade Liberalization and Regional Integration: The Search for Large Numbers, TMD Discussion Paper, No. 34, Washington D.C.

Scherpenberg, Jens van (2001), Die neue Welthandelsrunde – eine „Entwicklungsrunde"?, in: Wirtschaftsdienst, Jg. 81, H. 11, S. 615-617.

Schultz, Siegfried (1996), Regionalisation of World Trade: Dead End or Way Out?, in: *Meine P. van Dijk* und *Sandro Sideri* (Hg.), Multilateralism versus Regionalism: Trade Issues after the Uruguay Round, London / Portland, S. 20-39.

Srinivasan, Thirukodikaval N. (1998), Is Nondiscrimination Passé?, in: *Anne O. Krueger* (Hg.), The WTO as an International Organization, Chicago, S. 329-349.

Srinivasan, Thirukodikaval N. (2000), Commentary (on J. J. Schott), Federal Reserve Bank of St. Louis, Jg. 82, S. 25-30.

Summers, Lawrence H. (1991), Regionalism and the World Trading System, in: The Federal Reserve Bank of Kansas City (Hg.), Policy of Trade and Currency Zones, Jackson Hole, S. 295-301.

Viner, Jacob (1950), The Customs Union Issue, New York.

Weindl, Josef (1994), Europäische Gemeinschaft (EU), 2. Aufl., München und Wien.

Whalley, John (1993), Regional Trade Agreements in North America: CUSTA and NAFTA, in: *Jaime de Melo* und *Arvind Panagariya* (Hg.), New Dimensions in Regional Integration, Washington D.C., S. 352-382.

Whalley, John (1998), Why Do Countries Seek Regional Trade Agreements?, in: *Jeffrey A. Frankel* (Hg.), Regionalization of the World Economy, Chicago, S. 63-87.

Winters, L. Alan. (1996), Regionalism Versus Multilateralism, CEPR Discussion Paper, No. 1525, London.

Woolcock, Stephen (1996), Rules of Origin, in: *OECD* (Hg.), Regionalism and its Place in the Multilateral Trading System, Paris, S. 195-212.

WTO – World Trade Organization (1995), Regionalism and the World Trading System, Genf.

WTO – World Trade Organization (2000), Mapping of Regional Agreements, WT/REG/W/41, Genf.

WTO – World Trade Organization (2001), Overview of Developments in the International Trading Environment: Annual Report by the Director-General, Genf.

WTO – World Trade Organization (2002a), Regionalism: facts and figures, abrufbar unter: www.wto.org/english/tratop_/region_e/region_e.htm (Abrufdatum: 07.01.2002).

WTO – World Trade Organization (2002b), The WTO, abrufbar unter: www.wto.org/english/tratop_/region_e/region_e.htm (Abrufdatum: 07.01.2002).

Yeung, May T., *Nicholas Perdikis* und *William A. Kerr* (1999), Regional Trading Blocs in the Global Economy: The EU and ASEAN, Cheltenham.

Zimmermann, Ralf (1999), Regionale Integration und multilaterale Handelsordnung, Köln.

II.

Ordnungsfragen integrierter Waren-, Dienstleistungs- und Faktormärkte

Alfred Schüller und H. Jörg Thieme (Hg.), Ordnungsprobleme der Weltwirtschaft
Schriften zu Ordnungsfragen der Wirtschaft · Band 71 · Stuttgart · 2002

Protektionismus im internationalen Güterhandel

Heinz-Dieter Smeets

Inhalt

1. Einleitung

Nahezu alle (Mainstream-)Ökonomen sind sich einig, daß internationaler Freihandel zu einer effizienten Ressourcenallokation führt und die Wohlfahrt der beteiligten Länder optimiert (*Mayda* und *Rodrik* 2001, S. 1). Die Vorteile des internationalen Handels lassen sich dabei insbesondere zurückführen auf:

- Spezialisierungs- und Tauschgewinne gemäß komparativer Kostenvorteile,
- Skalenvorteile aufgrund größerer Märkte,
- zunehmende Produktvielfalt und bessere Befriedigung der Nachfragepräferenzen,
- Ideenaustausch durch Kommunikation und Wanderung,
- Technologietransfer durch Investitionen und Güteraustausch sowie
- erhöhte Innovationsanreize.

An dieser grundsätzlichen Einschätzung haben auch die Modelle der strategischen Handelspolitik nichts geändert. *Krugman* (1987, S. 143) begründet allerdings das Freihandelsprinzip nicht mehr mit der Markteffizienz, sondern damit, daß die Wirtschaftspolitik – insbesondere aufgrund von Informationsmängeln – genau so unvollkommen ist wie die Märkte, in die sie eingreifen will. Da man die Wirkungen folglich nicht hinreichend abzuschätzen vermag, bildet das Freihandelsprinzip auch für ihn als „rule of thumb" immer noch das überlegene Konzept der Handelspolitik. Diese theoretischen Erkenntnisse werden ferner durch zahlreiche empirische Studien eindrucksvoll gestützt. In diesem Sinne bildet also die Globalisierung eine Chance und keine Bedrohung. Gleichwohl ist der internationale (Güter-)Handel immer noch durch erhebliche protektionistische Maßnahmen eingeschränkt.

2. Erscheinungsformen des Protektionismus

2.1. Industriegüterhandel

Die größten Erfolge beim Abbau des tarifären Protektionismus sind bisher im Bereich des Industriegüterhandels erreicht worden. Zu einem großen Teil sind diese Fortschritte früheren GATT-Verhandlungsrunden zu verdanken. In der Ende 1993 abgeschlossenen Uruguay-Runde haben sich – wie Tabelle 1 und Tabelle 2 zeigen – die entwickelten Länder verpflichtet, ihre Zölle auf Industrieimporte um 40 Prozent von durchschnittlich 6,3 auf 3,8 Prozent zu senken. Der Anteil der zollfreien Importe erhöhte sich dabei von 20 auf 44 Prozent. Im Gegensatz dazu steigt der Anteil der zollfreien Importe aus der Sicht der Entwicklungsländer von 39 auf 42 Prozent nur wenig. Hinzu kommt, daß der weit überwiegende Anteil zollfreier Importe dieser Ländergruppe auf Hong Kong und Singapur entfallen. Der Importanteil, der mit einem Zoll von über 15 Prozent belastet bleibt, wird sich hingegen nur geringfügig von 43 auf 38 Prozent reduzieren. Hierin kommt erneut die Aushöhlung des Meistbegünstigungs- und Reziprozitätsgrundsatzes durch die Entwicklungsländer zum Ausdruck. Die Welthandelsordnung entwickelt sich damit (zunehmend) zu einem System unterschiedlicher Liberalisierungsgeschwindigkeiten. Die entwicklungsökonomische Effizienz eines solchen – im merkantilistischen Denken verhafteten – Vorgehens ist jedoch nicht nachweisbar (*Bender* 1996, S. 144).

Nach Umsetzung der Uruguay-Beschlüsse wird die Zollbelastung durch die entwikkelten Länder bei den Industriegütern nur in den Bereichen Textilien und Bekleidung, Leder, Gummi und Schuhwaren sowie Transportausstattung die 5-Prozent-Grenze überschreiten. Die höchste Protektionsrate verbleibt dabei auf Textilien und Bekleidung mit 12,1 Prozent.

Tabelle 1: Zollstruktur für Importe industrieller Produkte nach Ländergruppen

	Importe		
	Mrd. US-$	Aufteilung in Prozent.	
Zölle nach Ländergruppen		Vor-UR*	Nach-UR*
Entwickelte Länder			
Insgesamt	736,9	100	100
Zollfrei	149,5	20	44
0,1-5,0%	304,3	41	32
5,1-10,0%	176,8	24	15
10,1-15,0%	51,5	7	5
15,1-35,0%	45,1	6	4
Über 35%	9,8	1	1
Entwicklungsländer			
Insgesamt	350,5	100	100
Zollfrei	137,3	39	42
0,1-5,0%	20,5	6	5
5,1-10,0%	28,1	8	10
10,1-15,0%	14,4	4	5
15,1-35,0%	96,6	28	30
Über 35%	53,6	15	8
Transformationsländer			
Insgesamt	34	100	100
Zollfrei	4,6	13	16
0,1-5,0%	9,5	27	37
5,1-10,0%	9,5	27	35
10,1-15,0%	7,5	22	7
15,1-35,0%	3,4	10	4
Über 35%	0,2	0	0

*UR= Uruguay-Runde

Quelle: *GATT* (1994).

Tabelle 2: Zollsenkungen bei Industriegütern durch Industrieländer

Produktgruppe	Importe in Mrd. US $	Durchschnittliche Zölle		
		Vor-UR	Nach-UR	Minderung in Prozent
Alle Industriegüter	736,9	6,3	3,8	40
Fisch und Fischprodukte	18,5	6,1	4,5	26
Holz, Papier und Möbel	40,6	3,5	1,1	69
Textilien und Bekleidung	66,4	15,5	12,1	22
Leder, Schuhe	31,7	8,9	7,3	18
Metalle	69,4	3,7	1,4	62
Chemische Produkte	61	6,7	3,7	45
Transportmittel	96,3	7,5	5,8	23
Nicht-elektrische Geräte	118,1	4,8	1,9	60
Elektrische Geräte	86,0	6,6	3,5	47
Mineral. Produkte und Steine	73,0	5,5	2,4	56
Übrige Industriegüter	76,1	5,5	2,4	56

Quelle: *GATT* (1994).

Die Zollsenkungen sind jedoch nur dann gesichert, wenn die gewährten Zugeständnisse „gebunden" sind und damit nicht einseitig wieder rückgängig gemacht werden können. Bei industriellen und gewerblichen Erzeugnissen haben die Industrieländer die Bindung der Zollpositionen von 78 auf 99 Prozent angehoben, die Transformationsländer Mittel- und Osteuropas von 73 auf 98 Prozent und die Entwicklungsländer von 22 auf 72 Prozent. Gemessen am Importwert, liegt die Zollbindung nach der Uruguay-Runde in den Industrieländern bei 99 Prozent, in den Transformationsländern bei 96 Prozent und in den Entwicklungsländern bei 59 Prozent (siehe hierzu auch *WTO* 2000, S. 7 f.). Die hohe Bindung der Zollsätze darf aber nicht überschätzt werden. Einzelne Länder – zu denen insbesondere auch Entwicklungsländer gehören – haben ihre Zölle nämlich auf einem Niveau gebunden, das erheblich über den tatsächlich angewandten Zollsätzen liegt. Damit steht den entsprechenden Ländern jederzeit die Möglichkeit offen, ihre Zölle bis zur „gebundenen" Höhe anzuheben (*Glismann* und *Spinanger* 2000; *Senti* 2000, S. 223 f.).

Die hier betrachteten Nominalzollsätze vermitteln ferner nur einen ersten Eindruck vom Ausmaß und von der Entwicklung des Schutzes. Einen exakteren Beurteilungsmaßstab bietet das Konzept der effektiven Protektion. Hierbei wird die Zollstruktur auf verschiedenen Verarbeitungsstufen berücksichtigt und der jeweiligen Wertschöpfung gegenübergestellt. Ein Beispiel möge den Unterschied zwischen der nominalen und der effektiven Protektion erläutern: Ein Endprodukt wird im Euro-Währungsgebiet zu 200 Euro verkauft. In dieses Endprodukt sollen zollfrei importierte Vorprodukte im Wert von 100 Euro eingehen. Die Wertschöpfung beträgt somit 100 Euro. Werden bisher gleich teure Konkurrenzprodukte aus dem Ausland nun mit einem Nominalzoll von 10 Prozent belegt, so verteuern sich die Einfuhren auf 220 Euro. Bezogen auf die Wertschöpfung von 100 Euro, entspricht dies wiederum einer effektiven Protektionsrate von 20 Prozent. Steigen die Nominalzollsätze auf Endprodukte (relativ) stärker als die Nominalzollsätze auf Vorprodukte, dann steigt zugleich auch die effektive Protektion. Diese in der Vergangenheit zu beobachtende Entwicklung bezeichnet man als Zolleskalation (*Senti* 2000, S. 224 ff.). Hierdurch kommt es zu einem nachhaltigen Schutz der verarbeitenden Industrie, der häufig von Entwicklungsländern beklagt wird. Betrachtet man die Entwicklung während der Uruguay-Runde, so deuten die stärkeren Zollsenkungen bei den Fertigprodukten im Verhältnis zu den Halbfertigwaren und Rohstoffen auf eine Minderung der Zolleskalation hin (*Glismann* und *Spinanger* 2000, S. 8 ff.).

Tabelle 3: Veränderung der Zoll-Struktur gegenüber Industrieprodukten aus Entwicklungsländern

	Rohstoffe	**Halbfertigwaren**	**Fertigprodukte**
Importe			
Mrd. US-$	36,7	36,5	96,5
Prozentualer Anteil	22,0	21,0	57,0
Zoll in Prozent			
Vor-UR	2,1	5,4	9,1
Nach-UR	0,8	2,8	6,2
Verminderung in Prozentpunkten	1,3	2,6	2,9

Quelle: GATT (1994).

Bis zur Uruguay-Runde war der Welttextilhandel durch ein umfassendes Marktordnungssystem in Form eines multilateralen Geflechts von Exportselbstbeschränkungsabkommen unter dem Dach des GATT beschränkt. Das zunächst 1974 nur für einige Jahre geplante Multifaserabkommen (MFA) entwickelte sich zu einer Dauereinrichtung. Erst mit dem WTO-Textilabkommen gelang es, die quasi-legalisierten Grauzonenmaßnahmen in Form von Exportselbstbeschränkungsabkommen stufenweise abzubauen. Hierbei steht den entwickelten Ländern aber eine Übergangszeit bis zum 1.1.2005 zur Verfügung, und erst an dessen Ende muß der größte Liberalisierungsschritt von 49 Prozent der abzubauenden Importquoten vollzogen werden. Ferner kann der Liberalisierungsprozeß durch eine Schutzklausel zumindest temporär unterlaufen werden, die bei „ernsthafter Schädigung" der heimischen Textilindustrie auf maximal drei Jahre befristete Schutzmaßnahmen erlaubt (*WTO* 2000, S. 20 ff.).

2.2. Agrarhandel

Obwohl auch im Agrarbereich Zölle auftreten, wurden Schutzbegehren typischerweise durch nicht-tarifäre Handelshemmnisse wie quantitative Restriktionen, Mindestpreise, variable Importbelastungen und Importlizenzen befriedigt. In der Uruguay-Runde wurde nun beschlossen, all diese nicht-tarifären Handelshemmnisse in äquivalente Zölle umzuwandeln (Tarifikation). Anschließend sollten die entwickelten Länder diese Zölle bis zum Jahr 2000 um 36 Prozent reduzieren. Die Entwicklungsländer sollen hingegen eine Reduktion von 24 Prozent bis zum Jahr 2004 vornehmen, von der wiederum die am wenigsten entwickelten Länder komplett ausgenommen wurden. Tabelle 4 zeigt die (ungewichtete) Zollreduktion in einzelnen Agrarbereichen. Insgesamt übersteigt die Reduktion um 37 Prozent knapp das vorgegebene Ziel von 36 Prozent.

Tabelle 4: Importe und Zollsenkungen auf landwirtschaftliche Produkte von Seiten der entwickelten Länder

Produktkategorie	Importe in Mio. US $	Zollsenkung in v.H.
Alle landwirtschaftlichen Produkte	84,240	37
Café, Tee, Kakao, Mate	9,136	35
Früchte und Gemüse	14,575	36
Fette und Öle, Ölsaaten	12,584	40
Andere landwirtschaftliche Produkte	15,585	48
Tiere und tierische Produkte	9,596	32
Getränke	6,608	38
Blumen, Pflanzen, pflanzliche Rohstoffe	1,945	48
Tabak	3,086	36
Gewürze	2,767	35
Zucker	1,730	30
Getreide	5,310	39
Molkereiprodukte	1,317	26

Quelle: *GATT* (1994).

Neben dem Zollabbau ist ein erleichterter Marktzugang sowie eine Reduktion von nationalen und Export-Subventionen beschlossen worden. In den entwickelten Ländern sollten nationale Subventionen an Landwirte bis zum Jahr 2000 um 20 Prozent gesenkt werden, allerdings bezogen auf das Niveau der Jahre 1986-1988. Für die Entwicklungsländer gilt eine Reduktion von 13 Prozent bis 2004. Auch von diesen Beschlüssen wurden die ärmsten Länder ausgenommen. Exportsubventionen der entwickelten Länder sollten bis 2000 um 36 Prozent und die Menge der subventionierten Exporte um 21 Prozent reduziert werden – bezogen auf die entsprechenden Bedingungen in den Jahren 1986-1990. Entwicklungsländer – ohne die wenigsten entwickelten Länder – sollen die Subventionen um 24 Prozent und die betroffenen Mengen um 14 Prozent bis zum Jahr 2004 abbauen (*WTO* 2000, S. 45 ff.).

2.3. Schutzklauseln und Grauzonenmaßnahmen

Protektionismus kann und darf aber nicht nur an den Beschlüssen „offizieller" Handelsrunden gemessen werden, sondern insbesondere auch an den legalen Ausnahmeregeln und den Grauzonenmaßnahmen. Zu den GATT-gedeckten Ausnahmen vom Freihandel gehören insbesondere:

- Anti-Dumping und Anti-Subventions-Maßnahmen (Artikel VI GATT),
- Maßnahmen zum Schutz der Zahlungsbilanz oder besser: der Devisenreserven (Artikel XII GATT),
- Maßnahmen zur Förderung des industriellen Aufbaus in Entwicklungsländern (Artikel XVIII GATT) und
- Maßnahmen im Rahmen der spezifischen Schutzklausel (Artikel XIX GATT).

Spätestens mit dem Übergang wichtiger Industrieländer zu einem System flexibler Wechselkurse im Jahre 1973 hat der Zahlungsbilanzschutz gemäß Artikel XII GATT für diese Ländergruppe weitgehend an Bedeutung verloren. Die Möglichkeit des Zahlungsbilanzschutzes führt letztlich dazu, notwenige Anpassungsmaßnahmen in Form der Geld- oder Wechselkurspolitik zu verschleppen. Artikel XII des GATT bietet somit keine ursachenadäquate Therapie, sondern lediglich ein begrenztes Kurieren am Symptom – dem Verlust an Währungsreserven. Im Jahre 2000 hatten lediglich vier Staaten handelsbeschränkende Maßnahmen zum Zwecke des Devisenbilanzschutzes ergriffen (*WTO* 2001, S. 105).

Anti-Dumping-Maßnahmen sowie Maßnahmen im Rahmen der spezifischen Schutzklausel stellen hingegen zulässige Reaktionen auf Preiskonkurrenz aus dem Ausland dar. Dabei richten sich Maßnahmen gemäß der spezifischen Schutzklausel gegen faire Auslandskonkurrenz etwa aufgrund komparativer Kostenvorteile. Mit Hilfe temporärer, degressiv gestaffelter handelsbeschränkender Maßnahmen sollen die notwendigen Anpassungsprozesse gestreckt und damit die Kosten reduziert werden. Dumping gilt hingegen als unfairer Handel, den man unterbinden will. Anpassungsprozesse betrachtet man als unnötig, da der Preisvorteil des Auslands nur auf unfairen Praktiken beruht. Vor dem Hintergrund dieser Beurteilung wurden auch die Eingreifschwellen unterschiedlich gesetzt. Während bei Dumpingeinfuhren „nur" ein „erheblicher Schaden" der heimischen Industrie vorliegen oder drohen muß, erfordert die spezifische Schutzklausel das Vorliegen einer „ernsthaften Schädigung" inländischer Produzenten infolge einer unvorhergesehenen Entwicklung oder infolge von GATT-Vereinbarungen. Diese unterschiedlichen Vorschriften machen deutlich, warum sich Anti-Dumping-Maßnahmen so großer Beliebtheit erfreuen. Sie bilden ein legales Schutzinstrument, dessen Voraussetzungen vergleichsweise einfach erfüllt werden können und dessen Einsatz nur geringe Kosten und Gefahren für die eigene Volkswirtschaft mit sich bringt.

Tabelle 5: Anti-Dumping-Verfahren 1987 - 1997

Nr.	Land	Zahl der Verfahren 1987-1997	Anteil In %	Anteil In % 87-90	Anteil In % 91-97
1	USA	391	17,8	87,3	48,5
2	Australien	383	17,4		
3	EU	355	16,2		
4	Kanada	188	8,6		
5	Mexiko	188	8,6		
6	Argentin.	123	5,6		
7	Brasilien	97	4,4		
8	S.Afrika	88	4,0		
9	Neuseeland	59	2,7		
10	Indien	55	2,5		
11	Korea	53	2,4		
12	Türkei	32	1,5		
13	Polen	25	1,1		
14	Kolumbien	20	0,9		
15	Israel	16	0,7		
16	Peru	14	0,6		
17	Finnland	13	0,6		
18	Indonesien	13	0,6		
19	Malaysia	13	0,6		
20	Venezuela	12	0,5		
21	Phillipinen	11	0,5		
22	Schweden	11	0,5		
23	Österreich	9	0,4		
24	Chile	9	0,4		
25	Thailand	6	0,3		
26	CostaRica	5	0,2		
27	Japan	4	0,2		
28	Singapur	2	0,1		
29	Guatemala	1			
	Summe	2196	100		

Quelle : *Tharakan* (1999)

In den Jahren von 1987 bis 1997 wurden insgesamt 2196 Anti-Dumping-Verfahren angestrengt (Tabelle 5). Während Ende der 80er Jahre davon allerdings fast 90 Prozent auf die USA, Australien, Kanada und die EU entfielen, hat sich dieser Anteil in den 90er Jahren auf rund 50 Prozent reduziert. Hierin kommt zum Ausdruck, daß mittlerweile auch die Entwicklungsländer die Möglichkeit des Artikels VI GATT zunehmend nutzen. Die quantitative Bedeutung der Anti-Dumping-Maßnahmen scheint dabei in den letzten Jahren noch zugenommen zu haben, wie Tabelle 6 belegt.

Tabelle 6: Anti-Dumping- und Anti-Subventions-Maßnahmen

Jahr	1995	1996	1997	1998	1999	2000
Zahl der Anti-Dumping-Initiativen	156	224	243	255	360	272
Zahl der Anti-Subventions-Initiativen	10	7	16	25	42	-

Quelle: *WTO* (2001) und (2002).

Die Entwicklungsländerausnahme vom Freihandel (und der Reziprozität) wird gewöhnlich mit dem Aufbau neuer Industrien in diesen Ländern mit Hilfe des Erziehungsprotektionismus (Infant Industry Protection) begründet. Die Wirkungen dieser Ausnahme spiegeln sich zum Teil in den zuvor erläuterten Erscheinungsformen des Protektionismus wider (siehe etwa Übersicht 1).

Neben den legalen Schutzmöglichkeiten war der internationale Handel insbesondere in den 70er, 80er und 90er Jahren durch zahlreiche sogenannte Grauzonenmaßnahmen beschränkt (*Beise, Oppermann* und *Sander* 1998). Hierzu gehörten insbesondere die Exportselbstbeschränkungsabkommen, auf die bereits im Zusammenhang mit dem Welttextilhandel hingewiesen wurde. Obgleich sie dort ihren Ursprung hatten, wurden sie in der Folgezeit in immer neuen Bereichen eingesetzt, wie etwa der Stahlindustrie, der Automobilindustrie und der Unterhaltungselektronik. Im Rahmen des WTO-Schutzklauselabkommens gelang es jedoch, diesen Trend umzukehren und alle Grauzonenmaßnahmen grundsätzlich zu verbieten. Statt dessen soll die spezifische Schutzklausel (Artikel XIX GATT) entsprechende Schutzbegehren auf legalem Wege befriedigen. Hierzu hat man die Voraussetzungen des Artikels XIX gelockert. Unter bestimmten Bedingungen sind nun diskriminierende Maßnahmen gegenüber einzelnen Ländern oder Ländergruppen möglich, und die Verpflichtung zu Kompensationsmaßnahmen setzt erst nach drei Jahren ein. Durch den erleichterten Zugriff auf Artikel XIX soll verhindert werden, daß weiterhin auf Grauzonenmaßnahmen zurückgegriffen wird – nur in Zukunft im Verborgenen und vielleicht mit neuen Instrumenten findiger Politiker. Artikel XIX sollte jedoch auf jeden Fall eine Ausnahmeregelung bleiben und nicht dazu dienen, durch immer weiter sinkende Voraussetzungen jedes (dubiose) Schutzbegehren zu befriedigen.

2.4. Direktinvestitionen und internationaler Handel

Unter handelsbezogenen Investitionsmaßnahmen (Trade Related Investment Measures – TRIMS) versteht man Investitionsauflagen, die von Regierungen mit der Absicht ge-schaffen werden, ausländische Investoren zur Verfolgung nationaler Wirtschaftspolitiken zu veranlassen. Einen Überblick über die Formen der TRIMS vermittelt Übersicht 1.

Übersicht 1: TRIMS

Die häufigsten TRIMS

Mindestinlands-Auflagen (Local-content-Auflagen):	**Handelsbilanz-auflagen:**	**Zahlungsbilanz-auflagen:**	**Exportauflagen:**
•Erzielung eines Mindestanteils der Wertschöpfung im Gastland •Bezug eines Mindestanteils der Vorprodukte aus dem Gastland •Inländische Mindestbeteiligung am Eigenkapital	•Einhaltung einer Mindestrelation zwischen exportierten und importierten Vorprodukten	•Einhaltung einer Mindestrelation zwischen Deviseneinnahmen und –ausgaben	•Erzielung einer Mindestmenge an Exporten aus der im Gastland erstellten Produktion

Quelle: *Frenkel* und *Radek* (1996, S. 31).

Local-content-Auflagen sind mit nicht-tarifären Einfuhrbeschränkungen vergleichbar, die deshalb eingeführt werden konnten, weil das GATT vor der Uruguay-Runde Direktinvestitionen nicht erfaßte. Exportauflagen entsprechen hingegen indirekten Exportsubventionen, die die Auslandsinvestoren finanzieren müssen (*Bender* 1999, S. 235). Das TRIMS-Abkommen der Uruguay-Runde hat diejenigen Investitionsauflagen verboten, die unvereinbar sind mit dem Gebot der Inländerbehandlung und mit dem Verbot mengenmäßiger Handelsbeschränkungen. Dies umfaßt zwar die Local-content-Vorschriften, nicht jedoch die Exportauflagen, die somit weiter zu protektionistischen Zwecken genutzt werden können.

2.5. Dienstleistungshandel

Im Rahmen der Uruguay-Runde wurde erstmals ein eigenständiges Dienstleistungsabkommen (General Agreement on Trade in Services – GATS) geschlossen, das die folgenden Kernelemente enthält (*Frenkel* und *Radek* 1996, S. 34; *WTO* 2001, S. 97 ff.):

- Definition der im GATS erfaßten Dienstleistungen,
- die Prinzipien einer nicht-diskriminierenden Handelspolitik (Meistbegünstigung und Inländerbehandlung),
- Verbot einiger spezifischer Marktzugangsbeschränkungen und
- Verpflichtung zu späteren Liberalisierungsverhandlungen.

Positiv ist in diesem Zusammenhang die umfassende Definition der Dienstleistungen zu bewerten. Neben den grenzüberschreitenden Dienstleistungen werden auch diejenigen Dienstleistungen erfaßt, bei denen die Anbieter (z. B. Banken und Versicherungen) oder die Nachfrager (z. B. Tourismus) die Grenze überschreiten. Ausgenommen sind lediglich staatliche Dienstleistungen. Obgleich durch das GATS die grundsätzlichen Voraussetzungen für eine reziproke Öffnung der Dienstleistungsmärkte geschaffen wurden, dominieren die Ausnahmen. Die Meistbegünstigung gilt zum Beispiel nur für jene Dienstleistungen, die ein Mitgliedsland nicht auf einer sogenannten Negativliste ausgeschlossen hat. Freier Marktzugang und Inländerbehandlung werden hingegen nur bei denjenigen Dienstleistungen wirksam, die in einer sogenannten Positivliste erfaßt werden (*Hoekman* 1996). Ferner ist zu bedenken, daß die Inländerbehandlung den ausländischen Anbietern zusätzliche Kosten aufbürdet, solange die entsprechenden Regulierungen von denjenigen im Sitzland des Anbieters abweichen (*Smeets, Hofner* und *Knorr* 1991). Damit ist zwar mit dem GATS ein Liberalisierungsrahmen für den Dienstleistungshandel geschaffen worden, aufgrund der zahlreichen länder- und sektorspezifischen Ausnahmeregelungen ist aber für die nahe Zukunft nicht mit einem größeren Maß an Liberalisierung zu rechnen. Da internationale Dienstleistungen häufig mit Direktinvestitionen verknüpft sind, wäre insbesondere eine Ausweitung des TRIMS-Abkommens auf den Dienstleistungsbereich erstrebenswert.

3. Ursachen des Protektionismus

Die Bestandsaufnahme protektionistischer Maßnahmen hat ergeben, daß der internationale Güterhandel immer noch weit vom theoretischen Ideal des Freihandels entfernt ist. Die Ursachen für diese Entwicklung sollen im folgenden mit Hilfe politökonomischer Überlegungen analysiert werden, die Übersicht 2 veranschaulicht.

Übersicht 2: Angebot an und Nachfrage nach Protektionismus

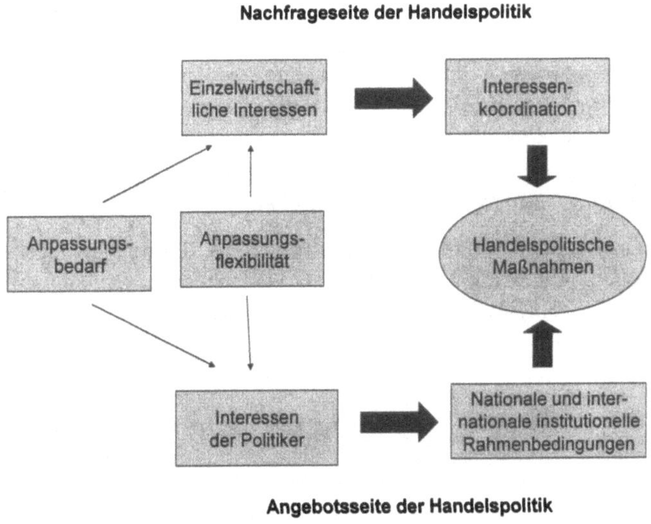

Quelle: in Anlehnung an *Rodrik* (1995, S. 1459).

In diesem allgemeinen Rahmen bilden die privaten Wirtschaftssubjekte die Nachfrageseite nach protektionistischen Maßnahmen, denen auf der Angebotsseite die (wirtschafts-)politischen Instanzen gegenüberstehen. Den Ausgangspunkt der Nachfrageseite bilden dabei die einzelwirtschaftlichen Interessen, die sich aus den Wirkungen des Freihandels bzw. der Protektion für die Wirtschaftssubjekte als Bezieher von Einkommen und als Konsumenten ergeben. In einem weiteren Schritt ist zu klären, wie die individuellen Präferenzen durch Interessengruppen oder politische Parteien aggregiert und kanalisiert werden zu einer politischen Nachfrage nach bestimmten handelspolitischen Maßnahmen. Auf der Angebotsseite beginnt die Analyse – spiegelbildlich – mit den Interessen der Politiker. Streben sie nach Wiederwahl, wollen sie nahestehende Gruppen begünstigen oder gar die nationale oder internationale Wohlfahrt maximieren? In welcher Form sich diese Interessen durchsetzen lassen, hängt aber wiederum eng mit den nationalen und internationalen Rahmenbedingungen zusammen. Hierzu zählen auf der einen Seite zum Beispiel die nationalen Entscheidungsbefugnisse und auf der anderen Seite internationale Abkommen wie zum Beispiel das GATT. Vor dem Hintergrund dieses allgemeinen polit-ökonomischen Rahmens lassen sich zwei grundsätzliche Fälle unterscheiden:

- Die protektionistischen Maßnahmen sind Ausdruck eines *primär staatlichen Schutzbegehrens*. In diesem Falle versucht der Staat, mit Hilfe handelsbeschränkender Maßnahmen seine wirtschaftspolitischen Interessen durchzusetzen. In dem hier vorgegebenen Rahmen zählen dazu in erster Linie die TRIMS sowie der Entwicklungsprotektionismus. Das Angebot an und die Nachfrage nach Protektionismus geht primär vom Staat aus, so daß sich die Überlegungen in Übersicht 2 auf die Angebotsseite reduzieren. Individuelle Präferenzen sowie die Koordination der privaten Interessen spielen in diesem Fall eine untergeordnete Rolle.
- Die protektionistischen Maßnahmen sind Ausdruck eines *primär privaten Schutzbegehrens*. In diesem Fall sind es die einzelwirtschaftlichen Interessen, die den Ausgangspunkt der Überlegungen bilden. Dabei ist zunächst jedoch unklar, welche Interessen sich im politischen Prozeß durchsetzen werden. Kommt es zu einer Nachfrage nach Protektionismus, so steht ihr möglicherweise ein Angebot an Protektionismus von Seiten der Politiker entgegen.

3.1. Verteilungs- und Wohlfahrtswirkungen

Protektionistische Maßnahmen bilden gewöhnlich die Reaktion auf außenhandelsbedingte Anpassungserfordernisse, die bei freiem internationalen Handel notwendig werden. Eine solche Situation veranschaulicht Abbildung 1:

Abbildung 1: Internationaler Handel und Anpassungsprozesse

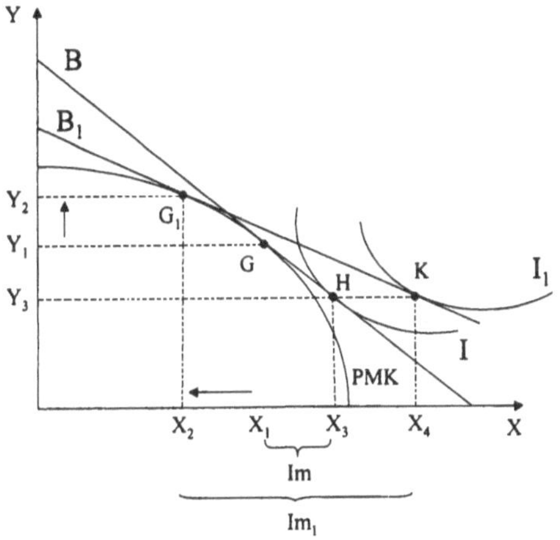

In der betrachteten Volkswirtschaft werden die beiden international handelsfähigen Güter X und Y produziert und konsumiert. Gut X wird aufgrund des relativen Preisverhältnisses importiert, Gut Y exportiert. Sinkt nun der Weltmarktpreis des Gutes X, gerät das Inland unter internationalen Wettbewerbsdruck. Die Verminderung des relativen Preises des Gutes X (P_X/P_Y) führt dazu, daß sich die Budgetgerade nach links dreht und das neue Produktionsgleichgewicht im Punkt G_1 zustande kommt. Gleichzeitig wendet sich die Nachfrage dem relativ billigeren Gut X zu, und das Nachfragegleichgewicht stellt sich im Punkt K ein. Während die höhere Indifferenzkurve I_1 den Gesamt-Wohlfahrtsgewinn der Volkswirtschaft widerspiegelt, erfordert der gesunkene relative Preis des Gutes X eine Reallokation der Produktionsfaktoren, die in der Bewegung von G nach G_1 auf der Produktionsmöglichkeitenkurve zum Ausdruck kommt.

Die hierdurch erforderlichen Anpassungsprozesse führen aber zugleich auch zu Verteilungswirkungen. Längerfristig wird man damit rechnen können, daß beide Produktionsfaktoren im Einsatz hinreichend flexibel sind. Da Gut Y kapitalintensiv und Gut X arbeitsintensiv produziert wird, kommt es zu einem Überschußangebot an Arbeit und einer Überschussnachfrage nach Kapital. Die Räumung der Faktormärkte erfordert daher auf der einen Seite einen Anstieg der realen Kapitalrendite und auf der anderen Seite eine Minderung des Reallohns. Hierin kommt das *Stolper-Samuelson*-Theorem zum Ausdruck. Es besagt, daß ein Anstieg des relativen Preises eines Gutes zu einem Anstieg des realen Ertrages desjenigen Faktors führt, der bei der Produktion dieses Gutes intensiv eingesetzt wird. Der reale Ertrag des anderen Faktors sinkt hingegen. Diese Überlegungen verdeutlicht Abbildung 2: (*Vousden* 1990, S. 11 ff.; *Jones* und *Neary* 1990, S. 21 ff.):

Abbildung 2: ***Stolper-Samuelson*-Theorem**

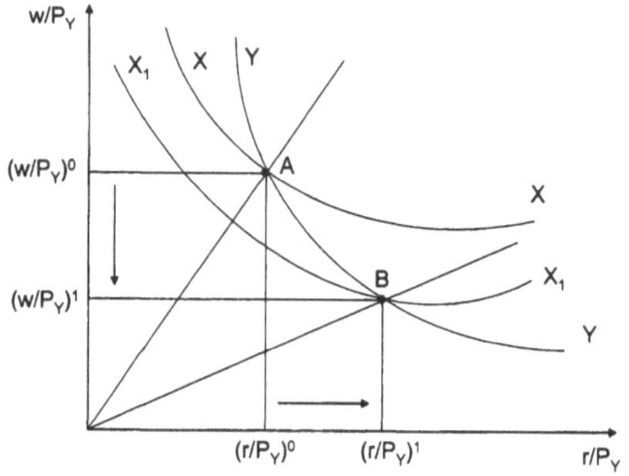

Die Kurven XX und YY repräsentieren Kombinationen realer Faktorerträge (ausgedrückt in Preisen des Gutes Y), die bei der Produktion beider Güter zu einem realen Gewinn von Null führen. Dabei entspricht w/P_Y dem Reallohn, r/P_Y der realen Kapitalrendite, jeweils gemessen in Preisen des Gutes Y. Beide Kurven sind negativ geneigt, da bei gegebenen Produktpreisen ein höherer Preis eines Faktors zu Verlusten führt, die durch den niedrigeren Preis des jeweils anderen Faktors kompensiert werden müssen. Ferner verlaufen die Kurven XX und YY um so steiler, je höher das Kapital/Arbeits-Verhältnis ist. Da das Gut Y kapital- und das Gut X arbeitsintensiv produziert wird, verläuft folglich die YY-Kurve steiler als die XX-Kurve. Ausgehend von einer Gleichgewichtssituation in Punkt A, führt der gesunkene relative Preis des Gutes X bzw. der gestiegene relative Preis des Gutes Y dazu, daß sich die realen Gewinne im Bereich Y nicht ändern. Die YY-Kurve bleibt somit unverändert. Der relative Preisfall des Gutes X führt hingegen zu Verlusten, so lange die Faktorpreise nicht sinken. Dies impliziert eine Verschiebung der XX-Kurve nach links unten (X_1X_1). Ein neues Gleichgewicht kommt im Punkt B zustande. Hier ist der Reallohn gesunken, während der reale Kapitalertrag gestiegen ist. Freihandel würde folglich zu einer Umverteilung zugunsten des Faktors Kapital und zu Lasten des Faktors Arbeit erfolgen. Dies würde wiederum erklären, warum Arbeitnehmer in einer solchen Situation Protektion nachfragen. Hierdurch ließen sich – zumindest temporär – die negativen Umverteilungseffekte vermeiden. Diese Situation erklärt jedoch nicht, warum häufig sowohl von den Produzenten (Faktor Kapital) als auch von den Arbeitnehmern protektionistische Maßnahmen gefordert werden.

Kurz- und mittelfristig ist wohl kaum damit zu rechnen, daß die oben getroffene Annahme vollkommener Flexibilität beider Produktionsfaktoren erfüllt ist. Geht man hingegen davon aus, daß der Faktor Kapital im relevanten Zeitabschnitt sektorspezifisch eingesetzt wird und nur der Faktor Arbeit zwischen den Sektoren wandern kann, so ergeben sich vom *Stolper-Samuelson*-Theorem abweichende Verteilungswirkungen, die mit Hilfe von Abbildung 3 veranschaulicht werden können (*Vousden* 1990, S. 11 ff.; *Jones* und *Neary* 1990, S. 21 ff.). Sie spiegelt die Teilarbeitsmärkte für die beiden Sektoren wider, in denen das Gut X (Sektor X) bzw. das Gut Y (Sektor Y) produziert wird. Vor diesem Hintergrund repäsentieren die Kurven. L_X und L_Y die jeweiligen Wertgrenzprodukte der Arbeit in den Sektoren X und Y, die unter Wettbewerbsbedingungen der Arbeitsnachfrage entsprechen. Der auf den Ordinaten abgetragene Reallohn in den beiden Sektoren wird dabei in Preisen des Gutes Y gemessen (w/P_Y). Im Gleichgewicht (Punkt a) verteilt sich der Gesamtbestand an Arbeit (Strecke 0_X – 0_Y) beim Reallohn $(w/P_Y)^0$ in Höhe von 0_Xf auf den Sektor X und in Höhe von 0_Yf auf den Sektor Y. Fällt nun der relative Preis des Gutes X, so bleibt die L_Y-Kurve unbeeinflußt, weil der Preis des Gutes Y als Numéraire dient. Zugleich verschiebt sich die Lx-Kurve nach links unten auf L_X^1. Ist der Reallohn flexibel und wandert der Faktor Arbeit uneingeschränkt zwischen den Sektoren, so stellt sich das neue Gleichgewicht am Arbeitsmarkt im Punkt b ein. Bei einem gesunkenen Reallohn $(w/P_Y)^1$ geht der Arbeitseinsatz im Sektor X auf 0_Xk zurück, und er steigt im Sektor Y auf 0_Yk. Mißt man den Reallohn hingegen in Preisen des Gutes X, so steigt er. Der Lohnsenkung von $(w/P_Y)^0$ auf $(w/P_Y)^1$ steht nämlich eine größere Minderung des relativen Preises des Gutes X gegenüber [Strecke ad = $(w/P_Y)^0$ – $(w/P_Y)^2$]. Die gesamte Reallohnentwicklung – gemessen an einem entsprechenden Preisindex – hängt damit von den Konsumgewohnheiten bzw. den Anteilen der beiden Güter am Gesamtpreisindex ab. Geht man allerdings davon aus, daß der von der Auslandskonkurrenz betroffene Sektor nur einen kleinen Teil der gesamten Volkswirtschaft ausmacht, wird es eher zu einer Reduktion des Reallohns kommen.

Abbildung 3: Kurzfristige Anpassungen am Arbeitsmarkt

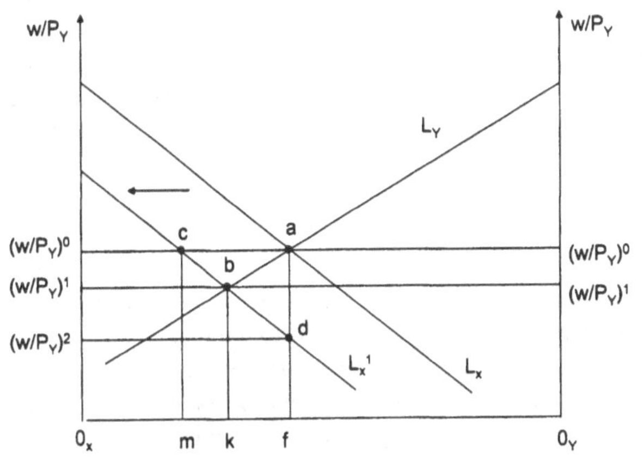

Auf der anderen Seite führt die Minderung des relativen Preises des Gutes X dazu, daß der reale Ertrag des spezifischen Faktors (Kapital) in diesem Sektor fällt, während sein realer Ertrag in dem anderen Sektor steigt. Auf den hier betrachteten Fall bezogen, gewinnt durch den freien internationalen Handel der Faktor Kapital im Exportsektor, während er in dem unter Auslandskonkurrenz geratenen Importsektor verliert. Damit ließe sich zwar eine Nachfrage nach Protektionismus durch den Faktor Kapital erklären, beim Faktor Arbeit sind die Interessen jedoch zunächst nicht eindeutig.

Das ändert sich allerdings, wenn man die Annahmen flexibler Reallöhne und vollkommener Arbeitskräftemobilität aufgibt. Geht man zunächst von unflexiblen Reallöhnen, aber bereits kurzfristig möglichen Arbeitskräftewanderungen aus, dann führt die zuvor erläuterte Datenänderung dazu, daß für den Sektor Y das Gleichgewicht im Punkt a der Abbildung 3 erhalten bleibt. Im Sektor X wird bei dem gesunkenen relativen Güter-Preis zum realen Lohnsatz $(w/P_Y)^0$ nur noch die Menge 0_Xm Arbeit nachgefragt. Es kommt folglich zu Arbeitslosigkeit in Höhe der Strecke mf in Sektor X. Sind die Arbeitsmärkte hingegen (vorübergehend) segmentiert (Arbitrage findet auch bei Lohndifferenzen zwischen den Sektoren nicht statt), aber die Reallöhne in den einzelnen Sektoren hinreichend flexibel, um stets Vollbeschäftigung zu garantieren, dann bleibt das Gleichgewicht für den Sektor Y unverändert im Punkt a erhalten, während es sich für den Sektor X nach d verschiebt. Vollbeschäftigung in Sektor X impliziert nun eine Reallohnsenkung auf $(w/P_Y)^2$. Da in diesem Fall der Reallohn, gemessen in Preisen des Gutes X, konstant bleibt, kommt es zweifelsfrei zu einer schlechteren Verteilungssituation des Faktors Arbeit. Liegen folglich Rigiditäten auf den Arbeitsmärkten vor, so ist damit zu rechnen, daß auch der Faktor Arbeit in dem unter Auslandskonkurrenz geratenen Sektor X Protektion nachfragen wird, um seine Verteilungsposition zu erhalten.

Den sektorspezifischen Protektions-Interessen auf der einen Seite stehen die gesamtwirtschaftlichen Interessen auf der anderen Seite gegenüber. Dies soll kurz mit Hilfe von Abbildung 4 verdeutlicht werden. Zur Vereinfachung soll dabei von einer partialanalytischen Betrachtung nur des Sektors X ausgegangen werden. Freihandel führt in diesem Fall dazu, daß gesunkene Weltmarktpreise die Exportangebotsfunktion des Auslands (EA) auf EA^1 verschieben. Die Preissenkung von P_w auf P_w^1 löst die zuvor bereits beschriebenen Anpassungsprozesse (im Produktionsbereich) aus, die nun im Rückgang des heimischen Angebots von x_1 auf x_3 zum Ausdruck kommen. Zugleich fragen die Konsumenten aufgrund des gesunkenen Preises eine größere Menge nach (x_4), wodurch der Import insgesamt von Im auf Im1 ansteigt. Kommt es nun, vor dem Hintergrund sektorspezifischer Interessen von Kapital und Arbeit, zur Einführung protektionistischer Maßnahmen, verschiebt dies die Exportangebotsfunktion EA^1 wieder in die ursprüngliche Lage zurück, und Anpassungsprozesse werden überflüssig. Zugleich bleiben die (sektorenspezifischen) Verteilungspositionen erhalten. Mit dem Schutz vor Auslandskonkurrenz – hier durch einen Zoll – büßt das Inland jedoch an Wohlfahrt ein. Der Nettowohlfahrtsverlust ergibt sich – wie hinreichend bekannt – aus der Summe der beiden Dreiecke 1 und 3. Das Rechteck 2 spiegelt die Zolleinnahmen des Staates wider. Die Wohlfahrtsminderung käme in Abbildung 1 darin zum Ausdruck, daß sich das Gleichgewicht von K auf H zurückverlagert und damit durch eine Indifferenzkurve repräsentiert wird, die einem niedrigeren Nutzenniveau als demjenigen in K entspricht.

Neben dem Wohlfahrtsverlust kommt es auch hier zu einer Umverteilung, und zwar zu Lasten der Konsumenten und zugunsten des Staates sowie der Produzenten in diesem Sektor. Die Verlierer des eingeschränkten internationalen Handels sind also zweifelsfrei die Konsumenten, die eine geringe Menge des Gutes X nur zu einem künstlich verteuerten Preis kaufen können. Handelsbeschränkungen im Sektor X erhöhen darüber hinaus die Gefahr von Retorsionsmaßnahmen für die Exportwirtschaft (Y), die auch aus diesem Grund nicht an Protektionismus interessiert sein kann.

Abbildung 4: Protektionswirkungen

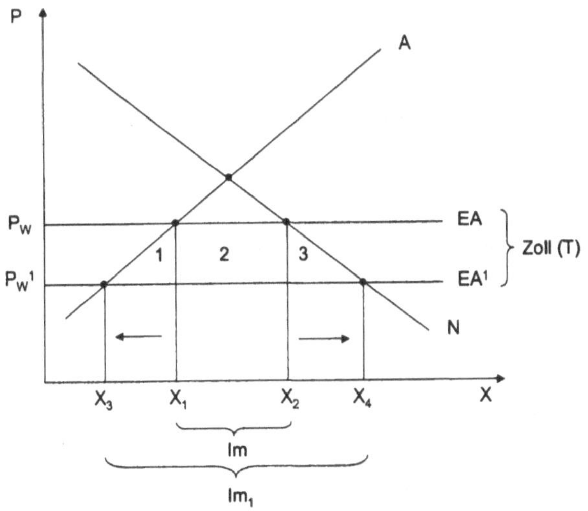

3.2. Nachfrage nach Protektionismus

Geht man vor dem Hintergrund der zuvor angestellten Wohlfahrts- und Verteilungswirkungen des Freihandels davon aus, daß die Wirtschaftssubjekte ihre eigenen Interessen (materielle Wohlfahrt) verwirklichen wollen, dann lassen diese Modellüberlegungen entsprechende Rückschlüsse auf die individuelle Nachfrage nach Protektionismus zu. In einer 23 Länder umfassenden Querschnittsanalyse haben *Mayda* und *Rodrick* (2001) empirische Evidenz sowohl für die Schlußfolgerungen aus dem *Stolper-Samuelson*-Modell als auch aus dem Modell mit spezifischen Faktoren gefunden. Im einzelnen ergaben sich folgende Befragungsergebnisse:

– Wirtschaftssubjekte mit hochwertigem Humankapital (gemessen am Ausbildungsstand) sind gegen Protektionismus, allerdings nur in denjenigen Ländern, die reichlich mit Humankapital ausgestattet sind. In denjenigen Ländern, in denen Humankapital knapp ist, haben sie sich gegen Freihandel ausgesprochen. Dieses Ergebnis bewerten *Mayda* und *Rodrik* als Beleg für das *Stoper-Samuelson*-Modell, da sich die Einstellung der Befragten an der Faktorausstattung orientiert (vgl. zu ähnlichen Ergebnissen für die USA auch *Coughlin* 2002). Eventuell spiegelt sich in diesem Ergebnis aber auch ein politisches Interesse für Protektionismus in Entwicklungsländern wider.

- Arbeitnehmer in importkonkurrierenden Sektoren sprechen sich eindeutig und nachdrücklich für protektionistische Maßnahmen aus.
- Wirtschaftssubjekte mit einem Einkommen, das über dem Landesdurchschnitt liegt, sind für Freihandel. Wirtschaftssubjekte mit einem Einkommen unter dem Landesdurchschnitt präferieren hingegen Protektion. Dieses Ergebnis spricht dafür, daß der Bildungsstand einen signifikanten Einfluß auf die Einstellung zum Protektionismus hat, weil die Vorteile des Freihandels besser eingeschätzt werden können (siehe ebenso *Coughlin* 2002, S. 13 ff.).
- Wirtschaftssubjekte, die sich als mobil bezeichneten, sind für Freihandel. Solche, die sich als immobil bezeichneten, sind für Protektionismus.
- Wirtschaftssubjekte, die für Protektionismus sind, haben enge Bindungen an ihre Nachbarschaft und Umgebung (räumliche Immobilität), ein hohes Maß an Nationalstolz und glauben, daß nationale Interessen bei kontroversen Entscheidungen Vorrang haben sollten.
- Darüber hinaus haben andere Studien ergeben (*Coughlin* 2002, S. 12 f.), daß sich ein großer Teil der amerikanischen Bevölkerung gegen Freihandel und für Mindeststandards beim Umweltschutz und den Arbeitsbedingungen ausspricht. Diese Einstellung deutet jedoch nicht zwangsläufig auf ein altruistisches Verhalten hin. Vielmehr sind hinter dieser Einschätzung persönliche Interessen zu vermuten. Höhere Standards im Ausland bedeuten nämlich höhere Kosten und damit Abschwächung der Auslandskonkurrenz in den entsprechenden Sektoren. Letztlich wirken solche Standards wie protektionistische Maßnahmen.

Bereits in den 80er Jahren haben makroökonomisch orientierte Zeitreihenuntersuchungen (eine Übersicht liefert *Frey* 1985, S. 42 ff.) ergeben, daß die Zahl protektionistischer Forderungen zunimmt, wenn:

- die Wirtschaftslage – gemessen am realen Bruttoinlandsprodukt, der Arbeitslosigkeit oder dem Auslastungsgrad der Produktionskapazitäten – sich verschlechtert und damit die Anpassungsflexibilität zurückgeht oder
- die Importpenetration und damit der Anpassungsdruck ansteigen.

All dies erklärt aber noch nicht, warum sich die protektionistischen Interessen häufig auch im politischen Prozeß durchsetzen. Grund hierfür kann zum einen sein, daß sich bestimmte Interessen nicht organisieren (lassen). Zum anderen kann eine gezielte Informationspolitik dazu führen, daß sich Interessengruppen Gehör verschaffen.

Die erste Begründung wird primär im Zusammenhang mit den Konsumenten und Exporteuren vorgebracht. Die Konsumenten haben möglicherweise gar kein Interesse, sich gegen protektionistische Maßnahmen zu organisieren, weil einzelne Wirtschaftssubjekte durch protektionsbedingte Preissteigerungen in geschützten Güterbereichen nur marginal betroffen werden. Doch selbst wenn die „Grenze der Fühlbarkeit" überschritten würde, ließen sich die Freihandelsinteressen wohl kaum effektiv bündeln, da es sich bei den Konsumenten um eine große anonyme Gruppe handelt, die zudem mit einem erheblichen Free rider-Problem zu kämpfen hat. Während die Vorteile für den geschützten Bereich klar zutage treten, wird der Exportsektor eher indirekt beeinflußt – es sei denn, es kommt zu gezielten Vergeltungsmaßnahmen. Aus diesem Grunde könnte auch das Interesse der Exporteure, sich gegen Protektionismus zu organisieren, begrenzt sein. Hinzu kommt, daß ihnen die Möglichkeit zur Verfügung steht, ihre Produktionsstätten ins Ausland zu verlegen (*Kaiser* 1999, S. 14).

Die Wirkungen gezielter Informationspolitik gegenüber Politikern und Wählern soll mit Hilfe einer Kosten-Nutzen-Analyse veranschaulicht werden. Die Relevanz solcher Überlegungen wird deutlich, wenn man sieht, daß eine große Mehrheit amerikanischer Wähler der Meinung ist, daß internationaler Freihandel abgewogen werden muß gegen andere Ziele wie etwa Schutz von Arbeitnehmern, der Umwelt und von Menschenrechten (*Coughlin* 2002, S. 15). In Abbildung 5 sind die marginalen Kosten des Protektionismus (MKP) den marginalen volkswirtschaftlichen (MVKF) bzw. den marginalen einzelwirtschaftlichen Kosten des Freihandels (MPKF) gegenübergestellt. Orientiert man sich bei der Entscheidung für oder gegen Protektionismus an der Allokationseffizienz, so spiegeln die volkswirtschaftlichen Kosten den relevanten Bewertungsmaßstab wider. Strebt man hingegen eine bestimmte Einkommens- und Vermögensverteilung in der Volkswirtschaft an und versucht, diesen einmal erreichten Zustand zu konservieren, schaut man gewöhnlich auf die einzelwirtschaftlichen Kosten. Da die einzelwirtschaftlichen Kosten des Freihandels in der Regel (wesentlich) höher ausfallen als die volkswirtschaftlichen Kosten (*Smeets* 1987, S 112 und 182 ff.), führt dies – wie Abbildung 5 veranschaulicht – ceteris paribus zu einer höheren Nachfrage nach Protektionismus.

Abbildung 5: Kosten und Nutzen des Protektionismus

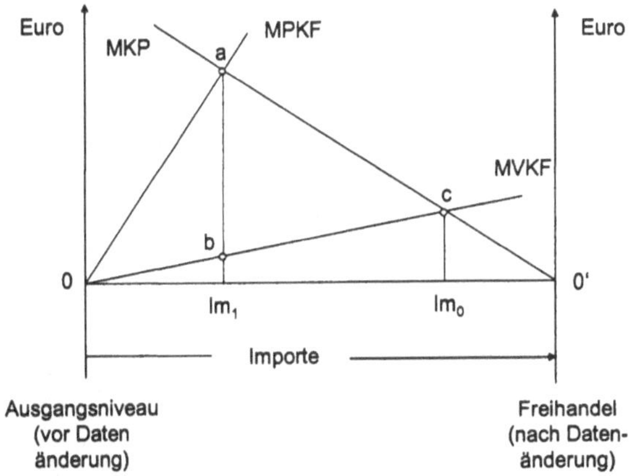

In diese Richtung wirkt aber zusätzlich auch das subjektive Empfinden der Beteiligten. So werden möglicherweise die Kosten des Protektionismus von den betroffenen Gruppen als gering oder gar nicht fühlbar eingeschätzt, so daß sich die MKP-Kurve nach links unten verschiebt und zu einer höheren Nachfrage nach Protektionismus führt. Darüber hinaus stehen in der Regel die privaten Kosten des Freihandels im Mittelpunkt der öffentlichen Diskussion, da sie – etwa in Form geschlossener Unternehmen und arbeitsloser Arbeitnehmer – einfacher zu vermitteln sind als die Vorteile des Freihandels (*Cass* 2000). *Krueger* (1990) spricht in diesem Zusammenhang von einem „identity bias". Ferner werden dem Freihandel von Interessengruppen immer höhere Kosten in Form von Umweltbelastungen und Arbeitsschutzverletzungen angelastet. Man denke in diesem Zusammenhang nur an die Nichtregierungsorganisationen (NGO), die z. B. bei der WTO-Ministerkonferenz in Seattle (1999) lautstark und zum Teil gewaltsam auf sich aufmerksam gemacht haben. Als Reaktion auf diese Vorfälle wurden 647 dieser – äußerst heterogenen – Organisationen offiziell in Doha (2001) zugelassen. Der zunehmende Einfluß solcher Interessengruppen auf die multilaterale Handelsdiplomatie wird jedoch zu einer immer stärkeren Politisierung der Entscheidungsprozesse führen. Insgesamt sprechen diese Überlegungen dafür, daß die Kosten des Protektionismus eher unter- und die Kosten des Freihandels eher überbewertet werden und daraus ein „protection-bias" resultiert (*Coughlin* 2002, S. 14).

Die zuvor angestellten Überlegungen können aus der Sicht der primären Nachfrager nach Protektionismus (Produzenten, Arbeitnehmer der betroffenen Branche) mit Hilfe von Abbildung 6 nochmals zusammengefaßt werden (*Baldwin* 1982, S. 273 ff.). Dabei wird nun explizit berücksichtigt, daß die Lobbying-Tätigkeit nicht nur Nutzen stiftet, sondern auch Kosten verursacht. Diese Kosten des Rent-seeking spiegelt die Kurve 0V wider. Sie kann zugleich auch als Wähler-Akzeptanz-Kurve interpretiert werden. Der Aufwand an Lobbying-Aktivitäten gegenüber Politikern und Wählern wird dabei für ein gegebenes Protektionsniveau um so niedriger liegen, je eher sich zum Beispiel die Wähler – wie vorher erläutert – mit diesen Zielen identifzieren und je eher sich die Politiker durch gefilterte Informationen „überzeugen" lassen. Im Gegensatz dazu zeigt die Kurve 0QS die aus dem Protektionismus resultierenden Lobby-Erträge in Form verhinderter Anpassungskosten. In Punkt Q wird dabei ein prohibitiver Importschutz erreicht. Bei gewinnmaximierenden Akteuren kommt das Gleichgewicht in Abbildung 6 beim Protektionsniveau T_1 zustande. Den Ausgaben A stehen dann die Erträge E gegenüber, und der Lobbying-Gewinn nimmt den maximalen Wert an (marginaler Aufwand = marginaler Ertrag).

Abbildung 6: Politische Ökonomie der Protektion

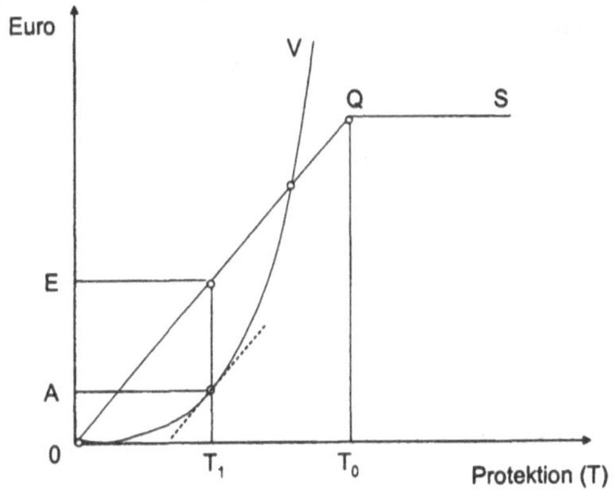

Die private Nachfrage nach Protektionismus wird somit auf der einen Seite vom (strukturellen) Anpassungsbedarf und auf der anderen Seite von der Anpassungsflexibilität bestimmt. Weist diese Bilanz der Anpassungskapazität ein (steigendes) Defizit auf, wird die Nachfrage nach Protektionismus zunehmen. Eine bedeutende Quelle erhöhten Anpassungsbedarfs bildet dabei die Verschärfung des Wettbewerbs im Zuge der Internationalisierung. Anpassungsdruck kann ferner ausgehen von gravierenden Preissteigerungen importierter Rohstoffe (z. B. Rohöl) oder von einer im Inland begründeten verteilungspolitisch ehrgeizigen Lohn- und Sozialpolitik. In einer Marktwirtschaft ist es grundsätzlich Aufgabe des Wettbewerbs, notwendige Veränderungen der sektoralen Struktur anzuzeigen und zu bewältigen. Ein reibungsloses Funktionieren dieses Anpassungsprozesses setzt aber voraus, daß Marktaustrittsschranken keine wesentliche Rolle spielen, Faktormobilität besteht und vor allem für die freigesetzten Arbeitskräfte Beschäftigungsalternativen bestehen oder geschaffen werden können (*Zohlnhöfer* 1984, S. 103 ff.).

3.3. Angebot an Protektionismus

Angeboten wird Protektionismus von Politikern und der Bürokratie. Dabei geht man im Rahmen der politischen Ökonomie gewöhnlich davon aus, daß Politiker nicht an der Maximierung einer gesamtwirtschaftlichen (sozialen) Wohlfahrtsfunktion interessiert sind, sondern vielmehr an ihrem Eigenwohl, das man wiederum mit der Wiederwahl gleichsetzt. Unter dieser Bedingung führen auch die Politiker eine Kosten-Nutzen-Analyse durch. Dabei wird ein solches Protektionsniveau angeboten, daß im Gleichgewicht der marginale (Unterstützungs-)Gewinn durch die begünstigte(n) Gruppe(n) dem (Unterstützungs-)Verlust durch die benachteiligte(n) Gruppe(n) entspricht.

Diese Entscheidung kann man wiederum vor dem Hintergrund der Überlegungen zu Abbildung 5 betrachten. Geht man davon aus, daß die Politiker das Maß an Unterstützung in Abhängigkeit von den Lobbyaktivitäten im Vorfeld der Entscheidung betrachten, so ist auch hier mit einem Ausschlagen der Waage zugunsten des Protektionismus zu rechnen. Hierzu hat auch die in den zurückliegenden Jahren zu beobachtende Tendenz zum Wohlfahrtsstaat beigetragen (*Krauss* 1978, S. XX f. und S. 36; *Curzon* und *Price* 1984, S. 122). *Corden* (1974, S. 107 f.) spricht in diesem Zusammenhang von einer „konservativen gesamtwirtschaftlichen Wohlfahrtsfunktion". Dabei wendet sich die Wirtschaftspolitik immer weiter vom Ziel der Allokationseffizienz ab, das von Verteilungs- und Sicherheitserwägungen verdrängt wird. Das soziale Anspruchsdenken nahm in der Vergangenheit ständig zu (*Tumlir* 1978, S. 6). Als Ergebnis gelangt man im Bereich der Außenhandelspolitik zu immer einschneidenderen internationalen Wettbewerbsbeschränkungen, deren Ursprung man in der binnenwirtschaftlichen Wirtschafts- und Gesellschaftspolitik zu suchen hat (*Senti* 1986, S. 266 ff.).

Das Angebot an Protektionismus wird darüber hinaus von den nationalen und internationalen institutionellen Rahmenbedingungen beeinflußt. Im nationalen Bereich zählen dazu insbesondere auch die wirtschaftspolitischen Zielsetzungen, die in Protektionismus münden können. Hierzu zählen insbesondere drei in der Literatur (*Krueger* 1993, S. 216 ff.) vertretene Protektionismusargumente:

- Verfügt ein (großes) Land über Nachfragemacht im internationalen Handel, so kann eine *Optimalzollstrategie* die Wohlfahrt des Inlands erhöhen, solange das Ausland nicht mit Vergeltungsmaßnahmen reagiert. Im Erfolgsfall führt dies zu einer internationalen Umverteilung zugunsten des Inlands. Darüber hinaus entfallen auf den Staat höhere Zolleinnahmen. Insgesamt gesehen führt ein Optimalzoll aber stets zu Wohlfahrsverlusten der Weltwirtschaft. Das Ausland büßt also auf jeden Fall mehr ein, als das Inland gewinnt (*beggar my neighbour-policy*).
- Der *Erziehungszoll* für Entwicklungsländer ist wohl das einzige Argument, bei dem handelsbeschränkende Maßnahmen – langfristig – nicht nur die Wohlfahrt eines einzelnen Landes, sondern auch die Weltwohlfahrt erhöhen können. Doch auch dieses Argument ist letztlich nur tragfähig, wenn Marktunvollkommenheiten – etwa auf den Finanzmärkten – vorliegen. Hinzu kommt, daß Subventionen geringere Kosten verursachen als Zölle. Der Erziehungszoll ist darüber hinaus bestenfalls ein Argument für einen temporären Importschutz, der degressiv abgebaut werden sollte, wenn sich die Wettbewerbssituation der heimischen Anbieter aufgrund der Lernkurveneffekte verbessert. Dieses Argument hat in starkem Maße Eingang gefunden in die Politik der Entwicklungsländer und in die Welthandelsordnung in Form der WTO.
- Mit Hilfe der *strategischen Handelspolitik* sollen Oligopolrenten zu Gunsten des Inlands und zu Lasten des Auslands umverteilt werden. Eine solche Politik tritt eher in High tech-Bereichen auf, von denen man möglicherweise auch positive externe Effekte erwartet. Als handelspolitisches Instrument werden häufig Subventionen verwandt, wodurch eine solche Politik für Industrieländer „geeigneter" erscheint. Auch in diesem Fall handelt es sich um eine *beggar my neighbour*-Politik, deren Kosten noch steigen, wenn es zu einem Subventionswettlauf kommt. Vorteile für einzelne Länder können ferner nur dann ausgenutzt werden, wenn eine Vielzahl von In-

formationen vorliegt – wovon man in der Praxis allerdings nicht ausgehen kann. Ohne die notwendigen Informationen erhöht sich allerdings die Gefahr, daß eine solche Politik die Wohlfahrt aller beteiligten Länder mindert.

Alle drei Protektionismusargumente sind folglich nur bedingt tragfähig. Sie bilden eher einen theoretischen (Ausnahme-)Fall als gefestigte Politikempfehlungen.

Abschließend sei an dieser Stelle auf die internationalen Rahmenbedingungen, die WTO, verwiesen. Auf die hier relevanten Bestimmungen wurde bereits bei den Erscheinungsformen des Protektionismus eingegangen, so daß sich eine weitere Diskussion an dieser Stelle erübrigt.

4. Handlungsmöglichkeiten zum Abbau des Protektionismus

Aktivitäten zum Abbau des noch bestehenden Protektionismus und zur Vermeidung neuer Handelsschranken können sowohl bei der Nachfrage nach als auch beim Angebot an Protektionismus ansetzen. Bei einem primär privaten Schutzbegehren ließen sich von der Nachfrageseite her die Freihandelsinteressen möglicherweise stärken, indem die Anpassungskosten durch den Abbau von Mobilitätshemmnissen reduziert sowie die Vorteile des Freihandels durch eine verstärkte „Öffentlichkeitsarbeit" und erhöhte Bildung bekannter gemacht werden. Von der Angebotsseite her ließen sich protektionistische Bestrebungen wohl in erster Linie durch die internationalen Rahmenbedingungen begrenzen. Handelt es sich hingegen um ein primär staatliches Schutzbegehren, so bleiben als Ansatzpunkte für eine Begrenzung des Protektionismus nur die Diskussion der wirtschaftspolitischen Zielsetzung bzw. der Mittel, um sie zu realisieren, und die internationalen Rahmenbedingungen.

4.1. Internationale Rahmenbedingungen

Seit den 80er Jahren gehören Anti-Dumping-Maßnahmen – wie vorher gezeigt – zu den bedeutendsten Importrestriktionen im Welthandel. Dabei hat auch die Überarbeitung des Anti-Dumping-Kodex während der Uruguay-Runde nicht verhindern können, daß die protektionistische Schutzwirkung entsprechender Maßnahmen ungebrochen fortbesteht (*Berg* und *Peters* 1996, S. 118). Sie resultiert insbesondere daraus, daß Dumping als unfairer Handel eingestuft wird. So liegt die Eingreifschwelle („erheblicher Schaden") im Verhältnis zur Beschränkung fairer Handelsströme (Art. XIX: „ernsthafte Schädigung") niedriger, Maßnahmen können selektiv (diskriminierend) gegenüber einzelnen Ländern oder sogar Branchen eingesetzt werden, und es besteht ferner keine Gefahr von Kompensationsforderungen.

Die Einschätzung als unfaire Maßnahme resultiert primär aus der Vorstellung des „räuberischen" Dumpings, das man jedoch in keinem Fall empirisch nachweisen konnte. Das dumpingbetreibende Unternehmen verdrängt dabei durch niedrige Preise alle Konkurrenten vom Importmarkt, um anschließend die Monopolstellung über Preissteigerungen auszunutzen. Abgesehen davon, daß bei freien Märkten die Extragewinne wieder heimische Anbieter in den Markt locken müßten, ist Dumping in der Regel Ausdruck unternehmerischen Gewinnstrebens, das nicht als unfair eingestuft werden kann (*Knorr* 1999, S. 424 f.): Gewinnmaximierung durch räumliche Preisdifferenzierung, zeitlich befristete Einführungspreise, „Investitionen" in Marktanteile und damit verbundene economies of scale oder Lernkurveneffekte.

Vor diesem Hintergrund erscheint es dringend notwendig, die Anti-Dumping-Regelungen grundsätzlich zu reformieren. Dazu bieten sich zwei Wege an: Zum einen könnte man die bestehenden Anti-Dumping-Regelungen grundsätzlich beibehalten, jedoch die De-Minimis-Klausel neu interpretieren bzw. erweitern. Danach wäre als notwendige Voraussetzung für die Aufnahme eines Anti-Dumping-Verfahrens das Vorliegen einer marktbeherrschenden Stellung des dumpingbetreibenden Unternehmens zu prüfen. Die Gefahr des „räuberischen" Dumpings ließe sich damit weitgehend ausschließen. So hat sich in empirischen Studien gezeigt, daß in 56 Prozent aller Anti-Dumping-Verfahren der EU während der 80er Jahre die ausländischen Anbieter einen Marktanteil von unter fünf Prozent besaßen. In ca. 90 Prozent aller Fälle lag er unter 25 Prozent (*Messerlin* 1990. S. 126).

Zum anderen könnte man Anti-Dumping-Maßnahmen komplett abschaffen und dafür entweder auf nationale Wettbewerbsregelungen oder auf eine internationale Wettbewerbsbehörde – möglicherweise unter dem Dach der WTO – vertrauen. Die erste Variante würde dem Prinzip der Nicht-Diskriminierung (Inländerbehandlung) entsprechen und einen Wettbewerb der Systeme ermöglichen. Es sind jedoch Probleme zu befürchten bei der extraterritorialen Anwendung des nationalen Wettbewerbsrechts. Vor diesem Hintergrund ließe sich möglicherweise der erste Reformvorschlag eher und einfacher verwirklichen. Voraussetzung ist jedoch, daß die Unternehmerinteressen hinter die Konsumenteninteressen zurücktreten.

Es sollte ferner zu keiner Ausweitung des Dumping-Tatbestandes kommen. Über das Ziel des Umweltschutzes besteht heute kaum mehr Dissens. Auch die Präambel der WTO verweist ausdrücklich auf den Schutz der natürlichen Lebensgrundlagen hin. Damit wird aber nicht zugleich auch gesagt, daß handelspolitische Maßnahmen ein sinnvolles Instrument zum Schutz der Umwelt darstellen. Umwelteinflüsse, die nicht grenzüberschreitenden Charakter haben, können für die Handelspolitik dann relevant werden, wenn sie zum (Öko-)Dumping führen. Dabei wird (angeblich) zu einem Preis unter dem „normalen" Wert exportiert – und zwar nur deshalb, weil die Umweltbelastung nicht hinreichend Berücksichtigung findet. Statt dessen geht man davon aus, daß die Umweltstandards des importierenden Landes das „richtige" Niveau aufweisen. Eine solche (Zwangs-)Harmonisierung ist aber aus ökonomischer Sicht nicht zu rechtfertigen. Die optimale Umweltqualität eines Landes ist dann erreicht, wenn die Gesamtkosten der Umweltbelastung als Summe der externen Kosten der Umweltschäden und der Kosten der Schadensbeseitigung ihr Minimum erreichen. Da diese Kosten und deren Bewertung von Land zu Land differieren, kommt es auch zu unterschiedlichen wohlfahrtsmaximalen Lösungen des Umweltproblems. Einseitige Maßnahmen gegenüber Ländern mit (umweltbedingten) Kostenvorteilen bergen somit die Gefahr des protektionistischen Mißbrauchs in sich.

Handelt es sich um grenzüberschreitende Umwelteinflüsse, so besteht zweifelsfrei ein Handlungsbedarf auf internationaler Ebene. Die Handelspolitik ist aber mit Sicherheit nicht das first best-Instrument, um diese Probleme effektiv zu lösen. Aus diesem

Grunde sollten entsprechende Regelungen von einer eigenständigen multilateralen Umweltorganisation erarbeitet werden.

Für Sozialstandards gilt im wesentlichen eine ähnliche Argumentation wie beim Öko-Dumping. Dabei muß man allerdings zwischen „Grundrechten" von Arbeitnehmern und Löhnen sowie Lohnnebenkosten unterscheiden. „Grundrechte" wie das Verbot von Kinderarbeit, Koalitionsrecht usw. sind in den einschlägigen Bestimmungen der Internationalen Arbeitsorganisation (ILO) niedergelegt und dort auch gut aufgehoben. Fordern Importländer hingegen eine Angleichung von Löhnen (Mindestlöhne) und Lohnnebenkosten (Urlaubsregelungen, Sicherheitsstandards, Versicherungsleistungen usw.) in den Exportländern, so werden auf diese Weise systematisch komparative Kostenvorteile zunichte gemacht. Niedrige Lohnkosten sind in diesem Falle kein Ausdruck von Sozial-Dumping, sondern das Ergebnis der reichlichen Ausstattung mit dem Faktor Arbeit oder dessen geringere Produktivität. Daß es in Seattle u.a. die Lobbyisten der Gewerkschaften aus den reichen Industrienationen waren, die Sozialstandards einführen wollten, belegt recht eindeutig die damit verbundenen protektionistischen Hintergedanken. Sowohl die Sozial- als auch die Umweltstandards sollten somit keinen Eingang in die kommende oder spätere Welthandelsrunden finden.

Im Mittelpunkt der primär staatlichen Schutzbegehren steht der Entwicklungsprotektionismus. Auch in diesem Bereich erlangten Anti-Dumping-Maßnahmen – wie Tabelle 5 zeigt – in den letzten Jahren eine zunehmende Bedeutung. Wichtiger sind in diesem Zusammenhang allerdings die entwicklungspolitischen Vorstellungen und deren außenhandelspolitische Umsetzung im Rahmen der internationalen Handelsordnung. Erst wenn sich die Erkenntnis der endogenen Wachstumstheorie, daß Offenheit von Volkswirtschaften zu einer Erhöhung der Wachstumsraten führt, durchsetzt und zugleich die Ausnahmen vom Freihandel für Entwicklungsländer in der WTO abgebaut werden, ist mit einem signifikanten Rückgang des Protektionismus in diesem Bereich zu rechnen.

4.2. Anpassungsflexibilität und Arbeitsmärkte

Die Analyse im Rahmen des Modells mit dem sektorspezifischen Faktor Arbeit hat gezeigt, daß sich die Kosten des Freihandels durch eine erhöhte sachliche und räumliche Mobilität der Arbeitnehmer sowie eine erhöhte Lohnflexibilität mindern ließen. Insbesondere (drohende) Arbeitslosigkeit wird die Nachfrage nach Protektionismus ansteigen lassen, wie auch alle ökonometrischen Untersuchungen belegt haben. Soweit diese Inflexibilitäten auf staatliche Eingriffe in die Arbeitsmärkte zurückgehen, sind sie abzubauen (vgl. hierzu ausführlich *Smeets* und *Thieme* 2002).

In den USA bekommen Arbeitnehmer, die aufgrund von Auslandskonkurrenz ihren Arbeitsplatz verlieren, für einen längeren Zeitraum Unterstützungszahlungen (trade adjustment assistance program), um ihnen die Zustimmung zum Freihandel „abzukaufen". Zusätzlich werden Umschulungsmaßnahmen und Umzugskosten finanziert. In diesem Zusammenhang wird auch eine Lohnversicherung diskutiert, die Lohneinbußen nach Wiedereinstellung für einen bestimmten Zeitraum kompensieren soll.

Die Anpassungsflexibilität könnte zudem durch ein erhöhtes Wachstum (in den westlichen Volkswirtschaften) verbessert werden. Protektionismus kann nur in dem

Maße gestoppt oder abgebaut werden, wie es gelingt, die ihn verursachenden Anpassungshemmnisse und die dadurch mitbedingten Investitionsschwächen zu überwinden. Als Therapie würde sich in diesem Zusammenhang eine an den Rahmendaten orientierte Wirtschaftspolitik empfehlen. Dies setzt allerdings voraus, daß der Teufelskreis der Scheinlösungen von Strukturkonservierung und Protektionismus durchbrochen wird. Statt einer geradezu lähmenden Fixierung auf den ohnehin sinnlosen Widerstand gegen die sogenannte Vernichtung von Arbeitsplätzen muß die Wirtschaftspolitik Bedingungen schaffen, die zum Angebot neuer Arbeitsplätze führen (*Zohlnhöfer* 1984, S. 117).

4.3. Verbesserte Bildung

Da gut ausgebildete Arbeitnehmer und Kapitaleigner in den Industrieländern durch internationalen Freihandel gewinnen, während schlecht ausgebildete Arbeitnehmer verlieren, läßt sich eine verbesserte Bildung unter zwei Aspekten hier einfügen:

- Ein erhöhtes Bildungsniveau vermindert die Wahrscheinlichkeit, zu den „Verlierern" des Freihandels zu gehören.
- Eine verbesserte (ökonomische) Bildung könnte die Vorteile des Freihandels deutlicher werden lassen und damit die Lobby-Tätigkeit für Protektionismus erschweren.

Beide Ansätze werden aber bestenfalls langfristig wirken.

Insgesamt erscheinen die Erfolgschancen für den Freihandel dann am größten, wenn der Protektionismusspielraum der Politiker über die Bestimmungen der WTO begrenzt wird. Solange jedoch die Nachfrage nach Protektionismus (in ursprünglicher Höhe) fortbesteht, ist nicht auszuschließen, daß sie sich ihr Ventil (neuerlich) in Grauzonenmaßnahmen sucht.

Literatur:

Baldwin, Robert (1982), The political economy of protectionism, in: *Jagdish Bhagwati* (Hg.), Import competition and response, Chicago und London, S. 263-286.

Beise, Marc, Thomas Oppermann und *Gerald Sander* (1998), Grauzonen im Welthandel, Baden-Baden.

Bender, Dieter (1996): Die Entwicklungsländer in der neuen Welthandelsorganisation, in : *Michael Frenkel* und *Dieter Bender* (Hg.), GATT und neue Welthandelsordnung, Wiesbaden, S. 121-147.

Bender, Dieter (1999), Die WTO als Träger und Garant einer marktwirtschaftlichen Weltwirtschaftsordnung?, in: *Thomas Apolte; Rolf Caspers* und *Paul Welfens* (Hg.), Standortwettbewerb, wirtschaftspolitische Rationalität und internationale Ordnungspolitik, Baden-Baden, S. 227-240.

Berg, Hartmut und *Eva-Maria Peters* (1996), Antidumping – Instrument der EG–Industriepolitik? in: *Michael Frenkel* und *Dieter Bender* (Hg.), GATT und neue Welthandelsordnung, Wiesbaden, S. 91-120.

Cass, Ronald (2000), The trade debate's unlevel playing field, in: Cato Journal, Bd. 19, S. 449-457.

Corden, Max (1974), Trade policy and Economic Welfare, Oxford.

Coughlin, Cletus (2002): The controversy over free trade – the gap between economists and the general public, in: Federal Reserve Bank of St. Louis Review, Bd. 84, S. 1-21.

Curzon, Gerard und *Victoria Price* (1984), Is protection inevitable?, in: ORDO, Bd. 35, S. 121-136.

Frenkel, Michael und *Karin Radek* (1996): Die Beschlüsse der Uruguay-Runde-Hintergrund, Inhalt und Bewertung, in : *Michael Frenkel* und *Dieter Bender* (Hg.), GATT und neue Welthandelsordnung, Wiesbaden, S. 13-43.

Frey, Bruno S. (1985), Internationale Politische Ökonomie, München.

GATT (1994), The Results of the Uruguay Round of multilateral trade negotiations, Genf.

Glismann, Hans und *Dean Spinanger* (2000), Handelsliberalisierung in der Millennium-Runde, Tübingen.

Hoekman, Bernard (1996), Assessing the general agreement on trade in services, in: *Will Martin* und *Alan Winters* (Hg.), The Uruguay Round and the developing countries, Cambridge, S. 88-124.

Jones, Ronald und *Peter Neary* (1990), The positive theory of international trade, in: *Ronald Jones* und *Peter Kenen* (Hg.), Handbook of international economics, Bd. I, Amsterdam, S. 1-62.

Kaiser, Corinne (1999), Endogener Protektionismus: Zur politischen Ökonomie von Handelsrestriktionen, Diskussionsbeiträge des Fachbereichs Wirtschaftswissenschaft der Universität Duisburg, Nr. 263.

Knorr, Andreas (1999), Wettbewerbsregeln statt Antidumpingregeln, in: List Forum, Bd. 25, S. 414-431.

Krauss, Melvyn (1978), The new protectionism, New York.

Krueger, Anne (1990), Asymmetries in policy between exportables and import-competing goods, in: *Ronald Jones* and *Anne Krueger* (Hg.), The political economy of international trade, Oxford, S. 161-178.

Krueger, Anne (1993), The political economy of U.S. protection in theory and in practice, in: *Horst Herberg* und *Ngo von Long* (Hg.), Trade, welfare and economic policies, Michigan, S. 215-236.

Krugman, Paul (1987), Is free trade passé?, in: Journal of Economic Perspectives, Vol. 1, S. 131-144.

Mayda, Anna und *Dani Rodrik* (2001), Why are some people (and countries) more protectionist than others ? NBER Working Paper, No. 8461, Cambridge, MA.

Messerlin, Patrick (1990), Antidumping, in: *Jeffrey Schott* (Hg.), Completing the Uruguay Round: A results-oriented approach to the GATT trade negotiations, Washington, S. 108-129.

Rodrik, Dani (1995), Political economy of trade policy, in: *Gene Grossman* und *Kenneth Rogoff* (Hg.), Handbook of international economics, Bd. III, S. 1457-1494.

Senti, Richard (1986), Erscheinungsformen und Ursachen des Neuen Protektionismus im Außenhandel, in: ORDO, Bd. 37, S. 218-233.

Senti, Richard (2000), WTO-System und Funktionsweise der Welthandelsordnung, Zürich.

Smeets, Heinz-Dieter (1987), Importschutz und GATT, Bern und Stuttgart.

Smeets, Heinz-Dieter und *H. Jörg Thieme* (2002), Währungsunion und institutioneller Anpassungsdruck auf europäischen Arbeitsmärkten, in: *Thomas Apolte* und *Uwe Vollmer* (Hg.), Arbeitsmärkte und soziale Sicherungssysteme unter Reformdruck, Stuttgart, S. 377-400.

Smeets, Heinz-Dieter, Günter Hofner und *Andreas Knorr* (1991), A multilateral framework of principles and rules for trade in services, in: *Thomas Oppermann* und *Josef Molsberger* (Hg.), A new GATT for the nineties and Europe '92, Baden-Baden, S. 191-211.

Tharakan, Mathew (1999), Is anti-dumping here to stay?, in: The World Economy, Bd. 22, S. 179-206.

Tumlir, Jan (1978), National interest and international order, London.

Vousden, Neil (1990), The economics of trade protection, Cambridge.

WTO (2000), Market access- unfinished business, special studies, No. 6, Genf.

WTO (2001), Anual report 2001, Genf.

WTO (2002), Anti-Dumping Statistics. Veröffentlicht im Internet unter http://www.wto.org/english/tratop_e/adp_stattab1_e.htm, Stand Januar 2002.

Zohlnhöfer, Werner (1984), Der neue Protektionismus aus der Sicht der politischen Ökonomie, in: *Armin Gutowski* (Hg.), Der neue Protektionismus, Hamburg, S. 95-117.

Alfred Schüller und H. Jörg Thieme (Hg.), Ordnungsprobleme der Weltwirtschaft
Schriften zu Ordnungsfragen der Wirtschaft · Band 71 · Stuttgart · 2002

Elektronischer Welthandel, Wettbewerb und staatliche Handlungsmöglichkeiten

Ralf Geruschkat

Inhalt

In diesem Beitrag soll der elektronische Welthandel mit Unterstützung des Internet aus einer ökonomischen Perspektive beleuchtet werden. Im Kapitel 1 wird der Untersuchungsgegenstand abgegrenzt, um daraufhin Eigenschaften des Internet herauszuarbeiten. Eine kurze Einführung in die Geschichte und Funktionsweise des Internet erscheint dafür hilfreich. Hauptziel der Arbeit ist es, mögliche Veränderungen des Welthandels durch das Internet aufzuzeigen. In Kapitel 2 werden die Kosten des elektronischen Welthandels betrachtet. Im Anschluß werden Thesen, wie das Internet den Wettbewerb im Welthandel beeinflußt, zur Diskussion gestellt. Nach der Analyse des Tauschprozesses, wird der institutionelle Rahmen für den elektronischen Welthandel untersucht. In Kapitel 3 erfolgt zuerst eine positive Analyse der Einflüsse des Internet auf den Ordnungsrahmen für grenzüberschreitende Tauschprozesse auf Gütermärkten. In einem zweiten Schritt werden Empfehlungen für die Ausgestaltung eines zukünftigen Ordnungsrahmens für den Welthandel, der sowohl ‚traditionelle' als auch elektronische Tauschprozesse umfaßt, erarbeitet. Der Beitrag schließt mit einer kurzen Zusammenfassung in Kapitel 4 ab.

1. Elektronischer Welthandel

1.1. Elektronischer Welthandel im weiteren und im engeren Sinne

Mit der zunehmenden Verbreitung des Internet wurde eine Vielzahl neuer Begriffe geschaffen, die mit dem Internet verbundene Sachverhalte beschreiben. Die Technologie des Internet stellt eine Innovation dar; deren Verbreitung und Entwicklung ist noch längst nicht abgeschlossen. Es ist jedoch festzustellen, daß die meisten ökonomischen Sachverhalte, die das Internet betreffen, häufig bekannte Untersuchungsfelder wie Netzwerkeffekte und natürliche Monopole sind. Begriffe wie ‚New Economy' und ‚E-Commerce', die in deutschsprachigen Untersuchungen und auch in den allgemeinen Wortschatz Eingang gefunden haben, sind bisweilen verwirrend. Der Versuch einer Arbeitsdefinition für den elektronischen Welthandel liegt also nahe.

Im Fokus dieser Untersuchung steht der Handel als aktuelle und potentielle Tauschmöglichkeit. Die darin liegenden Unsicherheiten verursachen Transaktionskosten, die den Tauschgewinn reduzieren können. Deshalb werden die Tauschpartner nach Möglichkeiten suchen, diese zu senken. Die Verwendung elektronischer Hilfsmittel im Handelsvollzug – ein Sachverhalt, der im folgenden als elektronischer Handel beschrieben werden soll – könnte eine Möglichkeit sein, Transaktionskosten zu senken.

Elektronischen Handel *im weiteren Sinne* gibt es schon seit vielen Jahren – z. B. mit Hilfe des Telefons, eines Faxgerätes, geschlossener Systeme zur Übermittlung von Daten (Electronic Data Interchange) oder elektronisch abgerechneter Kreditkartenbezahlungen. Elektronischer Welthandel *im engeren Sinne* wird mit Unterstützung offener computergestützter Netzwerke (Internet und World Wide Web, WWW) abgewickelt. Das WWW ist ein Internetdienst, der eine einfach zu bedienende grafische multimediafähige Arbeitsfläche bietet und verschiedenste Internetdienste (z. B. E-Mail[1]) integrieren kann. Da das Internet ein weltweites dezentrales Netzwerk ist, wird der durch das Internet unterstützte Handel im folgenden als Welthandel aufgefaßt, das heißt, grenzüberschreitende Transaktionen sind grundsätzlich technisch realisierbar. Teilt man einen Tausch in die Anbahnungs-, Vereinbarungs-, Abwicklungs- und Überwachungsphase ein, so zählt im Rahmen der hier verwendeten Arbeitsdefinition jeder Tausch zum elektronischen Welthandel im engeren Sinne, bei dem mindestens eine Phase durch das Internet unterstützt wird. Die Ausführungen in dieser Arbeit beziehen sich darauf.

Mit dem elektronischen Welthandel im engeren Sinne findet der Handel als ein ‚altes' Handlungsfeld eine neue qualitative Ausprägung. Eine kurze Einführung in die Geschichte und Funktionsweise des Internet dient dazu, die Charakteristika des elektronischen Welthandels im engeren Sinne zu verdeutlichen.

1.2. Geschichte und Funktionsweise des Internet

Im folgenden geht es nur um einen schematischen Überblick. Dabei werden nicht sämtliche geschichtlichen und technischen Aspekte beleuchtet. Die Darstellung beschränkt sich darauf, ein grobes Verständnis vom Internet zu vermitteln.

Das Internet kann als ein globales Netz von Computernetzen charakterisiert werden. Ausgangspunkt für dessen Entwicklung waren Anfang der 1960er Jahre Überlegungen des amerikanischen Verteidigungsministeriums, wie man Kommunikationsnetze gegen gezielte militärische Schläge schützen kann. Die Antwort bestand in der Zerlegung eines Kommunikationsvorgangs in Datenpakete, die über die verschiedensten miteinander verknüpften Trägermedien getrennt voneinander ihren Weg zum Ziel nehmen. Am Empfangsort werden die einzelnen Pakete wieder in der richtigen Reihenfolge zusammengesetzt. Ist ein Kommunikationsweg gestört oder überlastet, werden die Datenpakete über andere Wege zu ihrem Ziel geleitet (*Beck* und *Prinz* 1999, S. 11 f.). Im Gegensatz zur Leitungsvermittlung, bei der *eine* Verbindung der beiden Kommunikationspartner über die gesamte Dauer des Kommunikationsvorgangs aufgebaut wird (z. B. bei einem Telefongespräch), handelt es sich beim Internet um ein paketvermittelndes Netzwerk (*Kalmring* 1996, S. 12).

1969 wurde die Advanced Research Projects Agency (ARPA) durch das US-Verteidigungsministerium gegründet, und durch die Vernetzung von vier Großrechnern entstand das ARPANET (*Hermanns* und *Sauter* 1999, S. 17). Zu dieser Zeit war der Preis für leistungsfähige Rechner noch sehr hoch, nur geringe Stückzahlen waren über das Land verteilt. Daher wurde es auch für wissenschaftliche und kommerzielle Anwender vorteilhaft, den Zugriff auf die knappe Ressource Computer im Rahmen einer Vernetzung zu realisieren. So wuchs die Zahl von Computernetzen, wobei ein großer Teil der Nutzer das Übertragungsprotokoll TCP/IP (Transmission Control Protocol/Internet Protocol) verwendete. Unter einem Protokoll wird eine Konvention verstanden, mit der die für eine vollständige und fehlerfreie Datenfernübertragung nötigen

---

[1] Für einen Überblick der verschiedenen auf dem Internet basierenden Basisdienste, die zur Unterstützung des elektronischen Handels in Frage kommen, siehe *Köhler* und *Best* (2000, S. 21-54).

Parameter festgelegt werden (*Kalmring* 1996, S. 6). TCP/IP ermöglicht es, daß die Datenpakete am Empfangsort korrekt zusammengesetzt werden und beim richtigen Empfänger ankommen. Ein Vorteil des TCP/IP ist seine Unabhängigkeit vom Übertragungsmedium; so spielt es keine Rolle, ob die Kommunikation über Kupfer- oder Glasfaserkabel oder über drahtlose Verbindungen erfolgt. Anfang der 1980er Jahre wurde der militärische Teil des ARPANET ausgegliedert, und 1983 wurden Nutzer und Betreiber von Computern und Netzwerken, die mit dem nun auf zivile Bereiche fokussierten ARPANET kommunizieren wollten, von der ARPA aufgefordert, das TCP/IP zu verwenden. Dies führte dazu, daß das TCP/IP zu einem de facto-Standard wurde; das ARPANET hieß fortan Internet.

Mit einer gemeinsamen ‚Sprache' für die Datenkommunikation konnten in der Folge – unabhängig vom Übertragungsmedium – eigenständige Netze unterschiedlichster Art weltweit zu einem offenen Netz miteinander verbunden werden. Der Zugang wird durch die unterschiedlichsten Geräte (Personal Computer, Laptop, Mobiltelefone etc.) unter Verwendung einheitlicher Protokolle möglich. Ein großer Vorteil des Internet gegenüber früheren geschlossenen Informationssystemen wie Electronic Data Interchange (EDI) liegt in der Möglichkeit, Informationen der verschiedensten Formate zu übermitteln (*Choi*, *Stahl* und *Whinston* 1997, S. 6). Das Internet als Netz heterogener Netze ist dezentral, untersteht also nicht einer Zentrale, die das Netz betreibt, Inhalte zensieren oder bestimmte Nutzer ausschließen könnte (*Kalmring* 1996, S. 9 f.).

Ein immenser Wachstumsschub ging Anfang der 1990er Jahre von der Entwicklung des WWW aus. Damit wurden komplizierte Eingabebefehle vermieden; für Unternehmen und Privatnutzer wurde die Teilnahme an dem weltweiten Informations- und Kommunikationsverbund vergleichsweise einfach (*Clement* 2001, S. 28). Zur Verbreitung und Nutzung des Internet gibt es unzählige Untersuchungen und Prognosen mit Ergebnissen, die teilweise weit auseinander liegen. Schon die pessimistischsten Schätzungen zeigen eine eindrucksvolle Dynamik auf, mit der das Internet expandiert, ungeachtet der Aktienkursrückgänge von Internetunternehmen seit dem Jahr 2000. So benötigten das Fernsehen und das Radio noch 38 Jahre, um 50 Millionen Nutzer zu erschließen; das Internet schaffte dies in nur 5 Jahren und etablierte sich damit als Massenmedium (*Clement* 2001, S. 31; *Lammerskötter* und *Klein* 2001, S. 48). Der *Bundesverband Informationswirtschaft, Telekommunikation und neue Medien* (*BITKOM*) schätzt die Zahl der Nutzer von Internetdiensten im Jahr 2000 auf weltweit 373 Millionen, was einer Zuwachsrate von 59 % gegenüber dem Vorjahr entspricht. Die durchschnittliche Wachstumsrate vom Jahr 2000 bis 2003 wird weltweit auf 26 % mit starken regionalen Unterschieden geschätzt (*BITKOM* 2001, S. 13).

2. Kosten des elektronischen Welthandels – Konsequenzen für den Wettbewerb

Der elektronische Welthandel wird sich im Wettbewerb mit anderen Handelsformen nur durchsetzen, wenn er günstigere Kosten-Erlös-Relationen erreichen kann. Wie beeinflußt das Internet die Tauschkosten? Es kann vermutet werden, daß sich, in Analogie zum Marktphasenschema, der elektronische Welthandel im engeren Sinne eher noch in der Experimentier-, statt in der Expansionsphase befindet. Es wird angenommen, daß die meisten unterstützenden Funktionen des Internet und die ihm verwandten Technologien für Tauschprozesse noch zu entdecken sind. Eine Analyse dieses marktprozessualen Anwendungspotentials und sämtlicher bereits entdeckter Nutzungsmöglichkeiten des Internet würde den hier gesteckten Rahmen sprengen. Daher werden bezüglich der gehandelten Tauschobjekte und bezüglich der Funktionen des Internet in einem ersten Schritt Eingrenzungen vorgenommen.

Die Überlegungen beziehen sich in diesem Beitrag auf Märkte, auf denen Waren und Dienstleistungen, also Güter materieller und immaterieller Art, getauscht werden. Im Rahmen spezieller Einzelfalluntersuchungen könnten beispielsweise Güter immaterieller Natur, deren Handel vollständig elektronisch abgewickelt werden kann (‚digitalisierbare Güter'), oder spezielle Industriesektoren im Mittelpunkt stehen.[2] Die hier behandelten Thesen sind auf einer abstrakten Ebene angesiedelt, da nicht alle Facetten des vom Internet unterstützten Güterhandels beleuchtet werden können. Durch den höheren Allgemeinheitsgrad soll der Zugang zu grundsätzlicheren Erkenntnissen erleichtert werden. Hiermit soll versucht werden, die Wirkungen des Internet auf den Wettbewerb der Handelsformen insgesamt abzuschätzen.

Die in der Literatur zum elektronischen Handel (‚E-Commerce') häufig anzutreffende Unterscheidung der Handelspartner in Unternehmen, Haushalte und öffentliche Einrichtungen (‚Business to Business', ‚Business to Consumer', ‚Business to Administration')[3] erscheint an dieser Stelle nicht hilfreich. Konsumgüter z. B. werden nicht nur zwischen dem Hersteller, einem Groß- oder auch Einzelhändler und dem Konsumenten getauscht, sondern Konsumenten tauschen auf Gebrauchtwarenmärkten auch untereinander. Daher interessieren hier primär Handels*prozesse* unabhängig von der Art der Handelspartner.

Nach den Einschränkungen des behandelten Gegenstandes wird der Blick auf einen bestimmten Funktionsbereich des Internet gerichtet, um dessen Einfluß auf Tauschprozesse untersuchen zu können. Mit der fortschreitenden technischen Entwicklung des Internet und den verschiedenen Informations- und Kommunikationstechnologien sinken die Kosten für Informationsverarbeitung und Kommunikation.[4] Internetnutzungskosten, die wesentlich von den Telekommunikationskosten beeinflußt werden, sind in den OECD-Ländern allein von 1999 bis 2000 um durchschnittlich 23 % gesunken. Des

---

[2] Im Gegensatz zu materiellen können digitalisierbare Güter auch über das Internet verteilt werden, wodurch die Transportkosten stark sinken. Diese Möglichkeit wird zur Zeit im internationalen Handel noch wenig genutzt (*Mattoo* und *Schuknecht* 2000, S. 5 f.). Zu den Auswirkungen des Internet auf den Handel in verschiedenen Industriesektoren (Einzelhandel, Tourismus, Chemie, Möbel und Maschinenbau) siehe *EITO* (2001, S. 340-411).

[3] Siehe beispielhaft *Hoppen* (2001, S. 146 f.).

[4] In diesem Zusammenhang wird häufig auf eine Prognose von *Gordon Moore* – einem Mitbegründer des Mikroprozessor-Herstellers Intel – hingewiesen. Dieser prognostizierte 1965 eine Verdopplung der Leistungsfähigkeit von Mikroprozessoren alle 18 Monate bei gleichbleibenden Produktionskosten (*ECCR* 1999, S. 106 f.). Zur Diskussion der empirischen Belegbarkeit des ‚*Moore*schen Gesetzes' siehe beispielsweise *Erber* und *Hagemann* (2002, S. 24 f.).

weiteren zeigt sich bei Umfragen von Internetnutzern, daß das Internet am häufigsten für Informations- und Kommunikationszwecke genutzt wird, wie z. B. für E-Mail, Nachrichtenabruf und Recherchearbeiten (*NFO Infratest* 2001, S. 123; 208-215). Deshalb interessiert hier vor allem die Informationsverarbeitungs- und Kommunikationsfunktion des Internet.[5]

2.1. Versunkene Kosten des elektronischen Welthandels

Der durch das Internet unterstützte Handel verursacht Kosten, die unabhängig von der Anzahl oder dem Umfang der Transaktionen sind. Hierzu gehören Investitionen, die für die Einrichtung der grundlegenden Basis anfallen; sie haben den Charakter von versunkenen Kosten. Dazu zählen *erstens* Kosten für die technologische Ausstattung, *zweitens* Ausbildungskosten zur Bedienung der Technologien und *drittens* Kosten der Regelsetzung (siehe Kapitel 3).

Ausstattungskosten fallen für die Beschaffung und den Betrieb der geeigneten technischen Geräte an. Dazu zählen beispielsweise der Computer als Zugangsgerät zum Internet, an den Computer angeschlossene Geräte (Drucker, Monitor, Modem), Software zum Betrieb des Computers und ein Telefon- oder Satellitennetz. Diese technologische Infrastruktur läßt sich auch für andere Zwecke als den elektronischen Handel verwenden, aber für diesen ist sie unabdingbar. Für die elektronische Signatur zum Abschluß eines Vertrages können beispielsweise Chipkartenlesegeräte benutzt werden, die an den Computer angeschlossen werden und einen Vertragspartner eindeutig identifizieren können. Zu diesem Kostenbereich zählen auch Benutzungsgebühren für das Internet und für Dienstleistungen des elektronischen Handels im Internet wie Auktionsplattformen. Diese können entweder variabel nach Nutzungsdauer oder in Form einer konstanten Beitragsgebühr anfallen. Zudem dürfte die Umstellung der Unternehmensorganisation auf elektronischen Handel mit erheblichen Kosten verbunden sein.

Trotz zunehmender ‚Anwenderfreundlichkeit' der neuen Informations- und Kommunikationstechnologien ist eine *Ausbildung* zur Bedienung von IuK-Technologien mit hohen Kosten verbunden. Einer solchen Ausbildung werden positive Einflüsse auf Wirtschaft und Gesellschaft zugeschrieben. Die Europäische Kommission erhofft sich insbesondere vom massenhaften Einsatz des Internet „die wettbewerbsstärkste und dynamischste Wirtschaft der Welt zu werden" (*Europäische Kommission* 2000, S. 2). In den USA gibt es bereits seit 1994, in der Europäischen Union seit 1999 ‚Aktionspläne', die wegen der Vielfalt positiver externer Effekte die ‚informationstechnologische' Ausbildung als öffentliche Aufgabe verstehen. 1994 wurde die ‚National Information Infrastructure Initiative' in den USA mit dem Ziel gestartet, bis zum Jahr 2000 alle öffentlichen Schulen und Klassenzimmer an das Internet anzuschließen. Im Herbst 2000 hatten nach einer Erhebung bereits 98% der Schulen in den USA einen Internetzugang (*NCES* 2000, 2001). Die EU will mit der Aktion ‚eEurope' Schulpflichtige, die Arbeitnehmer und Behinderte ‚internetfähig' machen. Diesen Gruppen sollen „die Fähigkeiten vermittelt werden, die für das Leben und die Arbeit in dieser neuen Informationsgesellschaft erforderlich sind" (*Europäische Kommission* 2000, S. 14). Öffentliche Schulen,

[5] Ein weiterer Aspekt wäre die Distribution von digitalisierbaren Gütern durch das Internet.

Ausbildungseinrichtungen für Erwachsene und öffentliche Internet-Zugangsmöglichkeiten sollen dafür sorgen, daß alle Bürger bis Ende 2002 mit dem Internet umgehen können (*Europäische Kommission* 2000, S. 4).

Die Kosten der *Setzung* von informalen und formalen *Regeln* sind als Investitionen in vertrauenswürdige Tauschbeziehungen zu verstehen. Sie dienen „raum- und zeitlos dazu [...], das zwischenmenschliche Verhalten eigeninteressierter Individuen verläßlich zu regeln, mithin der wechselseitig berechenbaren Regelbefolgung zu unterstellen" (*Leipold* 2000, S. 404 f.). Im ‚traditionellen Welthandel' sind die Regeln des GATT bzw. der WTO und das selbstgeschaffene Recht der Wirtschaft (‚lex mercatoria') zu nennen. Mit dem elektronischen Welthandel sind jedoch zahlreiche neue Handlungsfelder entstanden, für die die Regelentstehung noch in den Kinderschuhen steckt. Dieser Umstand kann in Verbindung mit den anderen Einstiegskosten wie ein Präventivzoll für den elektronischen Welthandel als Konkurrent herkömmlicher Handelsformen wirken. Daran gemessen sind die öffentlichen Ausbildungsanstrengungen wie Subventionen zu betrachten, die sich – wenn überhaupt – erst in dem Maße ‚lohnen' werden, in dem die institutionelle Fundierung des elektronischen Welthandels an Festigkeit gewinnt.

2.2. Der Einfluß des Internet auf die Transaktionskosten

Williamson (1990, S. 1) sieht im Tauschvorgang die Übertragung eines Gutes oder einer Leistung über eine technisch trennbare Schnittstelle hinweg. Der Gütertransfer kommt allerdings nur zustande, wenn die ‚mitgelieferten' Property Rights attraktiv sind. Die Analyse der damit verbundenen Transaktionskosten ist Gegenstand der Neuen Institutionenökonomik, speziell der Transaktionskostenökonomik.[6] Daran interessiert hier nur die Fragestellung, wie die speziellen Unsicherheiten im elektronischen Welthandel vermindert werden können. Die Annahme ist, daß es davon wesentlich abhängt, inwieweit dieser Handelsweg zu einem ernsthaften Konkurrenten für etablierte Handelsformen werden kann.

Eine spürbare Reduktion der Transaktionskosten durch das Internet würde ceteris paribus mit steigendem Tauschgewinn den Kreis möglicher Tauschpartner um diejenigen Akteure vergrößern, die ohne internetspezifischer Senkung der Transaktionskosten fernblieben. Der Vorteil kann in der Chance bestehen, daß die Präferenzen der Tauschpartner ‚effektiver' befriedigt werden und daß der Wettbewerb der Handelsformen intensiviert wird. Auf diesem Wege kann neues Wissen oder bislang ungenutztes Wissen geschaffen und verbreitet werden.

Ob das Internet diese Wirkung entfalten kann, ist nicht eine technische, sondern eine verfügungsrechtliche Frage. Hierzu ist an die Verhaltensannahmen zu erinnern, die grundlegend für die Transaktionskostenanalyse sind – begrenzte Rationalität und Opportunismus (*Williamson* 1990, S. 49-59). Übersteigen die marginalen Informationsbeschaffungs- und Informationsverarbeitungskosten den Grenzertrag der letzten Suchanstrengung, um die beste Handlungsalternative zu finden, so wird der Suchvorgang ab-

6 Siehe den Überblick über die grundlegenden Fragestellungen und Anwendungsfelder der Neuen Institutionenökonomik und auch der Transaktionskostenökonomik bei *Richter* und *Furubotn* (1996) sowie *Erlei, Leschke* und *Sauerland* (1999).

gebrochen. Bei unvollständiger Information können sich die Akteure aber vertraglich nicht gegen alle denkbaren Eventualitäten absichern. Die faktische und wirtschaftliche Unmöglichkeit, sich vollständig zu informieren, kann auch ein Resultat opportunistischen Verhaltens, also der Vorteilssuche um jeden Preis (einschließlich Arglist) sein (*Erlei, Leschke* und *Sauerland* 1999, S. 179). Informationen werden bewußt verkürzt oder verfälscht weitergegeben, um die Vertragsbeziehung vorsätzlich oder nachträglich für die eigene Vorteilsnahme zu gestalten. Diese verfügungsrechtliche Seite der Internetnutzung ist im hier interessierenden Zusammenhang die entscheidende.

Folgt man der verbreiteten Phaseneinteilung des Transaktionskostenvorgangs, so lassen sich folgende Kostenarten unterscheiden:

- Kosten der Vertragsanbahnung (diese fallen bei der Suche nach geeigneten Transaktionspartnern und der Sammlung von Informationen über das Tauschobjekt an),
- Kosten des Vertragsabschlusses (Verhandlungs- und Entscheidungskosten),
- Kosten der Vertragsüberwachung und -durchsetzung (Kontrollkosten).

Die Höhe dieser Kosten beeinflußt entscheidend das Zustandekommen von Verträgen. Vor diesem Hintergrund ist daran zu erinnern, daß das Internet ein dezentrales Netzwerk ist, dessen Inhalte innerhalb von Ländern und über Ländergrenzen hinweg technisch schwierig oder gar nicht überwacht werden können. So sind Versuche, gegen verbotene Inhalte und Transaktionen (etwa beim Handel mit illegalen pornographischen Produkten oder Raubkopien von Software) vorzugehen, mit hohen Kosten verbunden oder von vornherein erfolglos, zumal ein regelrechter Markt für Computerprogramme existiert, die die Anonymität des Internetbenutzers gewährleisten sollen (*Gründel* 2001).

2.2.1. Anbahnungsphase

Mit dem Internet können die Kosten der Vertragsanbahnung (Informations- und Kommunikationskosten) in einem erheblichen Maß gesenkt werden. Hinzu kommen qualitative Vorzüge des Internet als Möglichkeit der multimedialen Interaktivität, die eine gleichzeitige Kommunikation mit räumlich voneinander getrennten Akteuren in Sprach-, Schrift- und Bildform ermöglicht. Ein qualitativer und zugleich kostenwirksamer Vorzug des Internet besteht darin, spontan mit einem großen Kreis potentieller Tauschpartner in Kontakt treten und Transaktionen anbahnen zu können. Diese Möglichkeit kann Electronic Data Interchange nicht bieten, da mit möglichen Partnern erst über den Aufbau eines Datennetzes verhandelt werden muß. Mit dem Internet kann ein weltweit verstreuter Kreis potentieller Tauschpartner zu relativ niedrigen Kosten ausfindig gemacht werden. Räumliche Distanz verliert im Internet bekanntlich an Bedeutung. Die günstigen Konsequenzen für die Kosten der Vertragsanbahnung scheinen also auf der Hand zu liegen.

Freilich können die Kosten im Rahmen der Anbahnungsphase durch das Internet auch steigen. Zum einen kann der Suchende in einer Informationsflut die Orientierung verlieren. Zum anderen können Internetnutzer auch anonym oder unter mißbräuchlicher Verwendung anderer Namen Informationen in das Internet einstellen. Die Anonymität und Offenheit des Netzes erhöhen die Unsicherheit, ob die gefundenen Informationen verläßlich sind. Die größere Informationsmenge und -unsicherheit erfordern zusätzliche kostenwirksame Anstrengungen, die wie Suchmaschinen und Internetkataloge den großen unstrukturierten Raum von Informationen überschaubarer machen und mit Hilfe von Erfahrungs- und Spezialisierungsvorteilen Informationen dem Bedarf potentieller Nutzer anzupassen versuchen. Die Ökonomisierung des Gutes Vertrauen durch Informationsmittler kann durch Reputationsmechanismen an Effizienz gewinnen. Die Analogie zum Kreditwürdigkeitsrating liegt auf der Hand. Die Finanzierung entsprechender Suchdienste durch Werbung erweist sich im Prozeß der Anbieterselektion im Wettbewerb der Suchmaschinen mehr und mehr als Nachteil.[7] So hat der verlustreiche größte europäische Online-Anbieter T-Online damit begonnen, für seine Internetdienste Entgelte zu verlangen (*o. V.* 2002c, S. 23). Die Transaktionskosten in diesem Bereich resultieren also nicht mehr aus der Knappheit von Informationen schlechthin, sondern aus der Knappheit an bedarfsgerechten und vertrauenswürdigen Informationen (*Brandtweiner* und *Greimel* 1998, S. 41).

2.2.2. Vertragsabschlußphase

Die vertragsspezifischen Aushandlungs- und Entscheidungskosten lassen sich einmal durch automatisierte Bestellvorgänge und Vertragsabschlüsse senken, wobei der Vorteil einer geringeren Fehlerquote gegenüber manueller Vertragsabwicklung besonders zu Buche schlagen kann (ein empirischer Beleg findet sich bei *Mougayar* 2000, S. 33). Zum anderen erleichtert das Internet Verhandlungen über ungewöhnlich große Distanzen. Freilich setzt die *massenhafte* Wahrnehmung dieses Kostenvorteils allgemein akzeptierte Standards für elektronische Verträge voraus. Daran mangelt es vielfach noch. Auch erfordern die meisten Verträge schon wegen der Dynamik des intra-industriellen Handels differenzierte technische und rechtliche Abschlußlösungen.

Offene Fragen betreffen auch die Rechtsgültigkeit einer digitalen Signatur, die Besteuerung, Zollpflichtigkeit, Zurechnung bzw. Haftung für das Handeln Dritter, Datenschutz, die Sicherung von Urheberrechten usw. (*Gimmy* 2000, S. 65 f.). Der Beweiswert einer digitalen Signatur von Verträgen verdeutlicht die Problematik: Am 1. August 2001 trat in Deutschland das „Gesetz zur Anpassung der Formvorschriften an den modernen Rechtsgeschäftsverkehr“ im Gefolge der EG-Richtlinie 2000/31/EG über den elektronischen Geschäftsverkehr in Kraft. Damit wurde die elektronische mit der handschriftlichen Unterschrift privatrechtlich gleichgestellt. Demnach können Anbieter elektronischer Signaturen, die bei der Regulierungsbehörde angemeldet oder akkreditiert sind, ‚qualifizierte‘ Unterschriften, andere Anbieter dagegen nur ‚fortgeschrittene‘ Signaturen vergeben. Einigen sich potentielle Vertragspartner vor Vertragsabschluß auf eine bestimmte elektronische Signatur, so müssen sie sich der Rechtsqualität ihrer Wahl bewußt sein, wenn sie den Nachteil opportunistischen Verhaltens minimieren wollen. Welche Beweiskraft den verschiedenen elektronischen Signaturen zukommt, überläßt das Gesetz jedoch der noch ausstehenden Würdigung durch Gerichte (*Geis* 2001, S. 19). Auf der Suche nach einem adäquaten Standard mit Aussicht auf weite Anerkennung

---

[7] In Deutschland wurden bereits die Dienste ‚Excite‘ und ‚Infoseek‘ eingestellt; der amerikanische Anbieter ‚Northern Light‘ gab Januar 2002 bekannt, den Betrieb seiner frei zugänglichen Suchmaschine einzustellen und sich auf spezielle kostenpflichtige Suchdienste für Unternehmen zu konzentrieren (*o. V.* 2002b, S. 23).

wird inzwischen von verschiedener Seite gefordert, öffentliche Verwaltungen sollten sich für ein Signaturverfahren entscheiden und damit juristische Präzedenzfälle schaffen, die für mehr Klarheit und Sicherheit privater Anwender sorgen könnten (*Hoeren* 2000, S. 604).

Bereits auf nationaler Ebene ist also ein elektronischer Vertragsabschluß mit hohen Transaktionskosten verbunden, solange es an eindeutig spezifizierten und zugeordneten Property Rights mangelt. Beim elektronischen Vertragsabschluß über verschiedene Jurisdiktionen hinweg verschärft sich das Problem.

2.2.3. Überwachungs- und Durchsetzungsphase

Bei den möglichen Wirkungen des Internet auf die *Überwachungs-* und *Durchsetzungskosten* ist ebenfalls von Gegenläufigkeiten auszugehen: Automatisierte Kontrollen bezüglich der Vertragserfüllung versprechen sinkende Kosten, wohingegen rechtliche und technische Unsicherheiten der über das Internet vereinbarten Vertragserfüllung eher zunehmen. Ordnungsbedingte Unsicherheiten betreffen Vertragsrücktrittsrechte, Vertragsverpflichtungen, Streitschlichtungsinstanzen, Haftungsfragen etc. In Verbraucherumfragen wird als häufigster Grund für den Abbruch eines Online-Einkaufs das Nichtvorhandensein der gewünschten Zahlungsweise bzw. die unzureichende Sicherheit einer Zahlung über das Internet genannt (*NFO Infratest* 2001, S. 277, 287).

Zur Verdeutlichung der Problemlage dieser Transaktionsphase sei auf ein kürzlich getroffenes Grundsatzurteil des Bundesgerichtshofs in bezug auf Internet-Auktionen hingewiesen. Entschieden wurde über das wirksame Zustandekommen eines Kaufvertrags bei einer Internet-Auktion, eine bis zum November 2001 in Deutschland offene Rechtsfrage. In dem konkreten Fall hatte der Beklagte im Juli 1999 ein Auto im Rahmen einer Internet-Auktion zum Verkauf angeboten, welches der Kläger innerhalb der Frist für Angebote ersteigerte. Obwohl sich der Verkäufer bereit erklärt hatte, das höchste Gebot zu akzeptieren, weigerte er sich zu liefern, da das höchste abgegebene Gebot um über 50% unter dem Verkehrswert des Wagens lag. Mit der Klage verlangte der Kläger die Übereignung des PKWs gegen Zahlung seines Gebots. Der zunächst vom Landgericht Münster abgewiesenen Klage hatte das Oberlandesgericht Hamm stattgegeben, allerdings wegen der grundsätzlichen Bedeutung der Sache die Revision zugelassen. Im November 2001 entschied der VIII. Zivilsenat des Bundesgerichthofs über den Revisionsantrag des Beklagten. Mit der Begründung, ein wirksamer Kaufvertrag sei nach den allgemeinen Vorschriften der §§ 145 ff. BGB zustande gekommen, wurde das Urteil des Oberlandesgerichts Hamm bestätigt (Urteil vom 7.11.2001 – VIII 13/01). In der Begründung wurde festgestellt: Willenserklärungen können auch per Mausklick abgegeben werden; das vom Beklagten gemachte Versteigerungsangebot ist nach Auffassung des obersten Gerichts „nicht lediglich eine unverbindliche Aufforderung zur Abgabe von Geboten [...], sondern bereits eine wirksame, auf den Abschluß eines Kaufvertrages gerichtete Willenserklärung" (*Bundesgerichtshof* 2001).

Zu erwähnen sind noch Unsicherheiten bezüglich des Datenschutzes, die den vorher genannten generell vorgelagert sind: Der Vorteil des Internet, ein offenes weltweites Netz zu sein, ist gleichzeitig sein größter Nachteil. Die Offenheit macht das Internet für Manipulation anfälliger als ein geschlossenes System wie EDI. Die Erfahrungen mit

Computerviren, die per E-Mail versendet werden und häufig auch private Nutzer treffen, verdeutlichen diesen Transaktionskosten verursachenden Nachteil.

2.3. Zwischenfazit

Hinsichtlich des Einflusses des Internet auf den Wettbewerb werden vielfach drei Aspekte hervorgehoben:

Erstens: Das Internet senkt die Markteintrittsbarrieren; der elektronische Handel vermag damit den Wettbewerb der Handelsformen insgesamt zu intensivieren. Auch kleinere und mittlere Unternehmen können hierdurch ‚weltmarktfähig' werden.

Die *technische Dimension* der globalen Präsenz zu geringeren Kosten ist allerdings nur eine Möglichkeit. Die effektive Teilnahme am elektronischen Welthandel erfordert – wie in Kapitel 2 gezeigt – nicht unbeachtliche Investitionen; freilich dürften diese wegen des anderweitigen Nutzungsspektrums nicht sonderlich ins Gewicht fallen.[8] Entscheidend dürften Ängste vor dem Neuen, vor allem aber die laufenden Kosten sein, die aus unzureichend spezifizierten und zugeordneten Property Rights entstehen. Hierin liegen vielfach noch prohibitiv hohe Kosten des Markteintritts in den elektronischen Welthandel. Größtenteils spielt sich deshalb der elektronische Welthandel zwischen wechselseitig mehr oder weniger bekannten Unternehmen mit mehr als 1000 Mitarbeitern ab (*NFO Infratest* 2001, S. 249).[9] Dies deutet daraufhin, daß beim elektronischen Welthandel per se noch nicht von einem Markt mit generell niedrigen Zutrittschranken gesprochen werden kann.

Zweitens: Das Internet steigert mit der Erhöhung der Markttransparenz die Wettbewerbsintensität.

Auch dies ist eine zu undifferenzierte Feststellung, wie die Ausführungen in Abschnitt 2.2.1. gezeigt haben. Hinzu kommt, daß die wenigsten Anbieter an einer erhöhten Transparenz der wettbewerbsrelevanten Aktionsparameter interessiert sein dürften (etwa hinsichtlich der Preisstellung); dies würde ihre Tauschrenten gefährden. Zu rechnen ist mit gegenläufigen Strategien, mit deren Hilfe Informationen über Leistungen oder Leistungs- und Servicebündel unvollständig oder gar nicht im Internet veröffentlicht werden. Auch dürfte die Objektivität von Suchdiensten im Internet fragwürdig sein. So ist nicht auszuschließen, daß Betreiber von Suchdiensten von den auf ihren Webpages Werbung treibenden Unternehmen beeinflußt werden und eher geeignet sind,

---

[8] Denn die Kosten für die Geräte und Dienstleistungen der Informations- und Kommunikationstechnologien sind in den letzten Jahren ständig gesunken. Die Preisreduzierungen von Dezember 1997 bis Oktober 1999 für Computerhardware betrugen in den USA über 50% und für Software und Zubehör 12% (*OECD* 2001, S. 33). Daß diese Kosten jedoch auch weiterhin eine nicht unbedeutende Rolle spielen, wurde bei einer Befragung im Jahre 2001 in der Europäischen Union deutlich. Die Nicht-Benutzer des Internet, die noch 54% aller Bewohner ausmachten, gaben als Hauptgrund für die Nichtbenutzung zu hohe Kosten an (*o. V.* 2001b, S. 6).

[9] Die Tatsache, daß hauptsächlich größere Firmen weltweit elektronischen Handel betreiben, läßt auf die Existenz von größenspezifischen Spezialisierungsvorteilen schließen (EDV- oder Rechtsabteilung), über die kleinere Konkurrenten nicht verfügen, schon gar nicht private Käufer im schlichten Kundengeschäft.

die Marktlage zu verschleiern oder opportunistisch zu kanalisieren. Die Algorithmen von Suchmaschinen können durchaus so programmiert werden, daß die Suchergebnisse bevorzugt auf ‚befreundete' Unternehmen verweisen.

Drittens: Das Internet senkt per se Transaktionskosten und begünstigt eine Verschiebung von hierarchischen hin zu mehr marktlichen Koordinationsformen.

Ob die marktliche Koordination gegenüber der hierarchischen Koordination Transaktionskosten spart, beruht zunächst auf einer These, die im Widerspruch zur modernen Theorie der Firma im Anschluß an *Coase* und *Williamson* steht. Die Frage kann hier nicht eingehender geklärt werden. Richtig ist, daß Unsicherheiten durch Informations- und Kommunikationsvorgänge verringert werden können. Wie jedoch gezeigt wurde, konterkarieren internetspezifische Unsicherheiten diesen kostensenkenden Effekt. In allen drei Transaktionsphasen sind ‚neue' auf das Internet spezialisierte Intermediäre in Erscheinung getreten. Deren Existenz und Expansion legt die Vermutung nahe, daß das Internet kein Deus ex machina ist, um Transaktionskosten zu senken. Denn die Leistung dieser Handelsmittler besteht unter anderem in einer kostenerhöhenden Reduzierung von Unsicherheiten der elektronischen Transaktionen.[10]

Der elektronische Welthandel nimmt vorerst noch vor allem bei Inputgütern zu; in erheblichem Umfang dürfte hierbei Neunachfrage eine Rolle spielen. Beim Konsumgüterhandel mit dem Endverbraucher ist die erhöhte Wahlmöglichkeit eine wohlstandssteigernde Perspektive; die Umschichtung von Nachfrage dürfte vorherrschen. Soweit die Konsumenten Wert auf ein vertrauensvolles Beratungsgespräch mit dem Verkäufer und auf besondere Einkaufserlebnisse legen, dürften herkömmliche Handelsformen kaum bedroht sein. Unternehmen weisen bei Umfragen, was sie vom elektronischen Handel erwarten, am meisten auf Effizienzsteigerungen und auf einen erhofften Imagegewinn hin (*NFO Infratest* 2001, S. 254; *Thome* und *Schinzer* 1997, S. 5).

2.4. Exkurs: ‚Digital Divide'

Der elektronische *Welt*handel ist wohl zunächst mehr als Potential denn als Realität eines weltweiten Güteraustauschs zu interpretieren. Mehr Beachtung findet das Phänomen, das mit dem Begriff ‚Digital Divide' beschrieben wird. Damit ist die regional höchst unterschiedliche Verteilung der an das Internet angeschlossenen Computer und Internetnutzer gemeint. Hier wird vermutet, daß neben national verursachten Zugangsbeschränkungen versunkene Kosten des elektronischen Handels für den digitalen Graben eine Rolle spielen. Bei Zählungen der an das Internet angeschlossenen Computer mit eigener Internetadresse (Internet-Hosts) stehen zunächst die *Ausstattungskosten* im Mittelpunkt. So befanden sich im Januar 2001 91 % der Internet-Hosts in den USA, in der EU, in Kanada und Japan, jedoch nur 1,1 % in Südamerika und 0,2 % in Afrika. Ferner beschränken die *Ausbildungskosten* die Zahl der Internetnutzer. Mehr als 80 % der weltweiten Internetnutzer kommen wiederum aus den USA, der EU, aus Kanada und Japan und nur 3,4 % bzw. 0,6 % aus Südamerika und Afrika (*Piazolo* 2001, S. 13). Die Grabentiefe dürfte (alle vorher genannten Einflüsse berücksichtigend) letztlich

---

[10] Über die vielfältigen Funktionen spezieller ‚Internet-Intermediäre' informieren *Sarkar*, *Butler* und *Steinfeld* (1995, S. 6-10).

durch den Einflußbereich der Property Rights-Struktur in den betroffenen Ländern und Regionen bestimmt sein. Prognosen für die Perspektiven des elektronischen Welthandels wie die der *UNCTAD* (2000, S. 7), wonach im Jahre 2003 10 bis 25 % des *grenzüberschreitenden* Handels in dieser Form abgewickelt werden könnten, sind eher skeptisch zu beurteilen, es sei denn, die Vorhersagen beziehen sich auf den Inputgüterhandel zwischen multinational operierenden Unternehmen.

3. Ordnungsfragen des elektronischen Welthandels auf Gütermärkten

Offensichtlich existiert der elektronische Welthandel nicht nur, es gibt auch starke Wachstumstendenzen und günstige Wachstumsprognosen, die jedoch nicht zwischen innerstaatlichem und grenzüberschreitendem Handel unterscheiden.[11] Elektronischer Welthandel erweist sich als ein neues Handlungsfeld für Wirtschaftssubjekte. Traditionelle Handelsformen geraten unter Konkurrenzdruck; die neue Handelsform erweitert das Spektrum der Tauschmöglichkeiten. Dies betrifft – wie gesagt – vor allem den Sektor der Inputgüter im Verarbeitungsbereich. Für die Endverbraucher hat der elektronische Handel mehr ergänzenden Charakter. So kommen Studien zum Konsumentenverhalten zu dem Ergebnis, daß sich ein Drittel der Konsumenten vor dem Kauf in einem Ladengeschäft im Internet informiert; umgekehrt läßt sich ein Drittel der Käufer via Internet zuvor in einem Ladengeschäft beraten (*o. V.* 2002a, S. 21). Mit der erweiterten Wahlmöglichkeit wird die Konsumentensouveränität gestärkt; im Inputgüterhandel ist von einer erweiterten Arbeits- und Wissensteilung und einem wachsenden Spielraum für wettbewerbliche Vorstoß- und Nachahmungsaktivitäten auszugehen.

In diesem Lichte erscheinen verläßliche Property Rights für eine erfolgreiche Expansion des elektronischen *Welt*handels unverzichtbar. Das technische Potential, Handel über verschiedene Jurisdiktionen hinweg zu betreiben, ist vorhanden. Dies gilt insbesondere für über das Internet handelbare Objekte (Musik, Software, Filme und eine Reihe von Dienstleistungen). Die im vorherigen Abschnitt angedeuteten Expansionsmöglichkeiten dieser Absatzformen stoßen an die Barriere spezifischer Rechtsvereinbarungs- und Rechtsdurchsetzungsprobleme, die dadurch bedingt sind, daß dem einzelstaatlichen Gewaltmonopol bei der Durchsetzung nationalen Privatrechts territoriale Grenzen gesetzt sind (*Streit* und *Mangels* 1996, S. 75). Zudem ist das Internet ein zum großen Teil spontan entstandenes Netzwerk mit hoher Innovationsdynamik. Die staatliche Regelsetzung kann dem vielfach nicht angemessen Rechnung tragen. Um so mehr stellt sich die Frage, ob in diesem Bereich überhaupt primär auf die Institutionalisierung durch den Staat gesetzt werden sollte? Regeln, die spontan in weltweiten Prozessen entstehen, scheinen eher geeignet zu sein, entwicklungshemmende Unsicherheiten im Internethandel zu reduzieren.

---

[11] Für das Jahr 2001 ermittelte eMarketer, gemessen am Handelsumsatz, ein Gesamtvolumen des weltweiten E-Commerce-Marktes von 550 Milliarden US-Dollar, für 2004 erwartet die Firma ein Volumen von 3.202 Milliarden US-Dollar (*NFO Infratest* 2001, S. 218).

Damit wird erkennbar, daß sich verschiedene Ordnungsfelder unterscheiden lassen (dazu gehören auch die Regeln der Telekommunikationswirtschaft). Die Darstellung in diesem Kapitel beschränkt sich auf Ordnungsfragen des Handels. Im folgenden wird Handel ohne Unterstützung des Internet als ‚traditioneller' Handel bezeichnet. In Abschnitt 3.1 werden Herausforderungen an die Ordnungsbedingungen des ‚traditionellen' Güterhandels durch die Verwendung des Internet dargestellt. Abschnitt 3.2 stellt Anforderungen an Ordnungsbedingungen zur Diskussion, die sowohl den ‚traditionellen' als auch den elektronischen Welthandel betreffen.

3.1. Elektronischer Welthandel und ‚traditioneller' Handel

„Vor dem Hintergrund der Neuen Ökonomie stößt man schnell auf ein weites Feld von speziellen Regulierungen, die auf den Prüfstand gehören" (*Sachverständigenrat* 2000, S. 183). Am Beispiel einiger traditioneller Gütermarktregulierungen in Deutschland soll das ‚Reformpotential' des Internet angedeutet werden.

Ausgangspunkt ist die Annahme, daß nur die weitgehende Durchsetzbarkeit einer Regelung ihren langfristigen Bestand sichern kann. Ergeben sich kostengünstige Umgehungsmöglichkeiten, werden diese einen Verdrängungsprozeß in Gang setzen. Als Beispiel sei der Fall des Rabattgesetzes und der Zugabeverordnung in Deutschland genannt. Diese aus den Jahren 1932/33 stammenden Regulierungen wurden am 25.7.2001 aufgehoben (*BMWi* 2001a). Laut *BMWi* wurde dieser Beschluß aufgrund einer notwendig gewordenen Anpassung an die EU-Richtlinie über den elektronischen Geschäftsverkehr gefaßt. Diese regelt in Artikel 3 das Herkunftslandprinzip. Demnach unterliegt ein Anbieter von Waren und Dienstleistungen im Internet grundsätzlich nur den rechtlichen Anforderungen des Staates, in dem er ansässig ist. Dieses Anfang 2002 in den Mitgliedländern umgesetzte Herkunftslandprinzip führt dazu, daß in der EU ansässige Internet-Anbieter Güter nach Deutschland unter der Gewährung umfangreicher Rabatte und Zugaben verkaufen können. Deutsche Anbieter waren bis zum 25.7.2001 jedoch an die engen Bestimmungen des Rabattgesetzes und der Zugabeverordnung gebunden; insoweit waren inländische Anbieter im Wettbewerbsprozeß benachteiligt. Allein durch Aufhebung des Rabattgesetzes konnte dieser Form der sachlich nicht zu rechtfertigenden Inländerdiskriminierung begegnet werden. Die Bundesregierung meinte zwar, zum Zeitpunkt der Entscheidung sei nur ein vergleichsweise kleiner Teil aller Geschäfte diskriminiert worden, sieht dann aber ein: „Aufgrund der Dynamik der Entwicklung im Internet-Handel ist jedoch davon auszugehen, dass dieser Sektor – auch an Marktanteilen gemessen – rasch an Bedeutung gewinnen wird" (*BMWi* 2000, S. 6).

Auch die deutsche Tradition der Buchpreisbindung ‚wackelt', weil ihre Umgehung durch den Internet-Buchhandel legal möglich ist. Im Jahre 2000 brachte die Europäische Kommission die *grenzüberschreitende* Buchpreisbindung zwischen Österreich und Deutschland zu Fall. In einem Kompromiß mit der EU-Kommission ist die Buchpreisbindung im Rahmen *nationaler* Regelungen in Deutschland und Österreich akzeptiert worden. Reimporte deutscher Verlagserzeugnisse aus EU-Mitgliedsstaaten nach Deutschland sind verboten, wenn Export und Reimport ‚objektiv' den Zweck haben, die deutsche Buchpreisbindung zu umgehen. Demnach würde für einen Händler in Luxemburg, der Bücher in seiner Verkaufsstelle vor Ort und weltweit im Internet anbietet, die

Buchpreisbindung für Verkäufe nach Deutschland nicht gelten, da ein ‚objektiver Zweck' zur Umgehung der Buchpreisbindung nicht nachweisbar ist (*Monopolkommission* 2000, S. 393). Voraussetzung für die Ausnahme von Verlagserzeugnissen vom Verbot der vertikalen Preisbindung ist die theoretische und praktische Lückenlosigkeit des deutschen Preisbindungssystems. Die *Monopolkommission* hält es für nicht unwahrscheinlich, daß bei einem erfolgreichen Marktauftritt nicht preisgebundener ausländischer Unternehmen in Deutschland der Anspruch der Lückenlosigkeit nicht mehr eingelöst werden kann. Aufgrund der theoretisch möglichen Diskriminierung in Deutschland ansässiger preisgebundener Buchhändler fehlt somit eine Grundvoraussetzung zur Ausnahme von Verlagserzeugnissen vom Verbot der vertikalen Preisbindung; die nationale Buchpreisbindung müßte nach §15 Abs. 3 GWB partiell oder vollständig verboten werden. Die *Monopolkommission* (2000, S. 408 f.) prognostiziert, daß „die Praxis der Buchpreisbindung durch einen erfolgreichen Auftritt von Internet-Buchhändlern in absehbarer Zeit erodieren wird".

Der elektronische Welthandel entfaltet damit eine deregulierende Potenz, indem ‚traditionelle' Absatzmittler diskriminiert und im Wettbewerb ins Abseits gedrängt werden. Die Beispiele ließen sich erweitern, etwa bezüglich der Ladenschlußregelung. Auch wenn die Ware weiterhin physisch geliefert werden muß, ist die Anbahnung des Geschäfts, der Vertragsabschluß, die Vertragsüberwachung und in manchen Fällen eben auch die Lieferung des Tauschobjekts über das Internet rund um die Uhr möglich. Buchhändler, die an die deutschen Ladenöffnungszeiten gebunden sind, drohen hinter Internetkonkurrenten wie Amazon zurückzufallen. Weitere Beispiele für Regulierungen, die durch das Internet auf den Prüfstand kommen, betreffen das deutsche Apothekenprivileg, das durch in Holland ansässige Internet-Apotheken unterlaufen werden kann. Gleiches gilt für Regulierungen, die das Glücksspiel betreffen.

3.2. Elektronischer Welthandel als Ordnungsproblem

Von einem expandierenden elektronischen Welthandel sind erweiterte Dimensionen der überregionalen und internationalen Arbeitsteilung, Innovationen und Produktivitätssteigerungen zu erwarten. Das erfordert allerdings einen spürbaren Abbau der teilweise noch prohibitiv hohen Transaktionskosten. Bei entsprechenden Bemühungen ist von der prinzipiellen Gleichbehandlung des elektronischen und traditionellen Welthandels auszugehen. Grundlegend neue wirtschaftspolitische Weichenstellungen und neue Regulierungsbehörden erscheinen also nicht erforderlich; ohnehin besteht keine Veranlassung für einen hektischen Aktionismus, der leicht zu einer Überregulierung des elektronischen Welthandels führen und ein hochdynamisches Entwicklungspotential einengen kann.[12]

---

[12] Beispiel für eine vorschnelle Regulierung ist das Signaturgesetz in Deutschland. Damit setzte sich Deutschland 1997 an die Weltspitze; Forschungsminister *Rüttgers* hob den Modellcharakter für die europäischen Nachbarn hervor. Doch die hohen sicherheitstechnischen Anforderungen standen der praktischen Verwendung im Wege und machten die elektronische Signatur zur Makulatur. Anfang 2002 beschloß die Regierung, die Sicherheitsanforderungen für die Praxis von Behörden und Ministerien wesentlich zu senken; davon wird auch eine Belebung der Signaturnutzung in der Wirtschaft erwartet (*Seidler* 2002).

Deshalb ist die Beschränkung der Regulierung auf die Festlegung von Grundsätzen (etwa hinsichtlich der Besteuerung und des Vertragsrechts) empfehlenswert. Rechtssicherheit für die Wirtschaftssubjekte konkurriert dabei mit dem Anliegen, dem Wettbewerb als Verfahren zur Entdeckung und Überprüfung institutioneller Arrangements Spielraum zu lassen (*Streit* und *Mangels* 1996, S. 77).

Zu unterscheiden sind gesetzte Regeln auf einzelstaatlicher und weltweiter Ebene (etwa WTO-Abkommen für den elektronischen Welthandel). Die globalen Dimensionen des Internet bedingen eine nur begrenzte Effektivität von einzelstaatlichen Regelungen, es sei denn, daß diese gleichgerichtet sind. Als Beispiel, wie via Internet einzelstaatliche Regulierungen umgangen werden können, sei die Kanonenplattform ‚Sealand' in der Nordsee genannt. Diese ursprünglich für militärische Zwecke konstruierte künstliche Insel wurde 1966, als sie bereits verlassen war, von einem britischen Exmajor geentert und 1967 zum Königreich ‚Sealand' proklamiert, das weder national noch international anerkannt ist. Wegen der unwirtlichen Lebensbedingungen meiden die ‚Einwohner' Sealands den Aufenthalt auf der Plattform. 2001 hat ein amerikanisches Unternehmen dort leistungsfähige Rechner aufgestellt, auf denen verschlüsselte Daten gespeichert sind, die über Satellit genutzt werden (*o. V.* 2001a, S. 18). Auch wenn dieses Beispiel für den elektronischen Handel noch ein Kuriosum darstellt, illustriert es doch eindrucksvoll die allgemeine Problematik des Internet in bezug auf einzelstaatliche Regulierungsversuche. Das Internet schafft die Grenzen von Raum und Zeit als Kommunikationshindernis ab. Auch als wirtschaftliches Transaktionsmedium können Internet-Server in Ländern stationiert werden, deren Bestimmungen den verantwortlichen Akteuren besonders entgegenkommen, ohne daß diese sich selbst in dem entsprechenden Gebiet aufhalten müssen (*Kaiser* 2001, S. 8).

Ohne ein globales politisches System ist der Gedanke eines einheitlichen Ordnungsrahmens ohne Realitätsbezug. Freilich ist dies weder erforderlich noch wünschenswert. Ein einheitlicher Rahmen könnte weltweit unterschiedliche Traditionen und Präferenzen der Bevölkerung in verschiedenen Erdteilen und Regionen nicht berücksichtigen. Deshalb ist der Regulierungswettbewerb unausweichlich. Nur in wettbewerblichen Prozessen kann das verstreute Wissen und Wollen verarbeitet werden, um neue Ordnungsbedingungen zu entdecken und ihnen Geltung zu verschaffen. So wurde in der EU mit Hilfe der ‚Richtlinie zum elektronischen Geschäftsverkehr' auch das Signaturgesetz geändert. Dabei gehen die Anforderungen an die Gültigkeit einer elektronischen Signatur erheblich über die entsprechenden amerikanischen Regelungen hinaus. Mit Kollisionen zwischen beiden Regelkreisen ist also zu rechnen. Somit wird hier wie auch sonst der Wettbewerb entscheiden, ob die europäische Lösung mit einer weitergehenden Sicherung oder die amerikanische Lösung mit größerer Freiheit sich durchsetzen wird (*Klotz* 2000, S. 18). Stets wird es eine offene Frage bleiben, ob die ‚besten' Lösungen bereits gefunden worden sind.

In der Realität finden sich beide Vorgehensweisen – der nationale und der internationale Ansatz – wieder. Ein Beispiel sind die Bemühungen der EU und ihrer Mitgliedsländer. So trat in Deutschland am 21. Dezember 2001 das *Gesetz über rechtliche Rahmenbedingungen für den elektronischen Geschäftsverkehr (EGG)* in Kraft, das den wesentlichen Teil der E-Commerce-Richtlinie 2000/31/EG der Europäischen Union in

Deutschland zur Geltung bringt. Diese Richtlinie mußte von allen EU-Mitgliedsländern bis zum 17.1.2002 mit dem Ziel umgesetzt werden, einen einheitlichen Rechtsrahmen für die Dienste der sogenannten Informationsgesellschaft zu schaffen. Schon bei der Umsetzung der EU-Richtlinie zeigt sich die Schwierigkeit, über mehrere Länder hinweg einen einheitlichen Ordnungsrahmen zu implementieren. Die Richtlinie gibt deshalb den einzelnen Ländern begrenzte Wahlrechte. So kann beispielsweise in Deutschland das Angebot eines ausländischen Teledienstes eingeschränkt werden, um dem Verbraucher- oder Anlegerschutz nach deutschem Verständnis zu dienen (*EGG* 2001, §4 (5)). Weltweite Initiativen zur Errichtung eines Ordnungsrahmens für den elektronischen Welthandel werden nur in dem Maße Realisierungschancen haben, in dem das Spektrum der Wahlmöglichkeiten erweitert wird.[13] Von daher wird sich von selbst die Notwendigkeit der Beschränkung auf Grundsätze ergeben.

Der bis hierhin vorgenommene Problemaufriß bedarf einer tiefergehenden Erörterung, etwa hinsichtlich des Verhältnisses von gesetzten und spontanen Regeln.

In einer Untersuchung über transaktionskostensenkende Regeln für den traditionellen Welthandel vergleichen *Streit* und *Mangels* (1996, S. 78-81) das *Internationale Privatrecht* mit der *lex mercatoria.* Staatliches Privatrecht bildet den Rahmen für binnenwirtschaftliche Transaktionen. Bei grenzüberschreitenden Transaktionen entstehen Verbindungen zum Recht eines anderen Staates. Daher existieren in den einzelnen Staaten Regeln, die bestimmen, ob das eigene oder das Recht eines anderen Staates anzuwenden ist. Die Gesamtheit dieser Kollisionsregeln werden als *Internationales Privatrecht* bezeichnet. Es ist jedoch einzelstaatliches Recht und bietet für grenzüberschreitende Transaktionen keine international einheitlichen Problemlösungen. In einem Streitfall hängt es vom Sitz des Gerichts und dessen Handhabung der Kollisionsrechte ab, welches Sachrecht letztendlich Anwendung findet. Aufgrund dieser Unsicherheiten kann von relativ hohen Transaktionskosten im Rahmen des Internationalen Privatrechts ausgegangen werden. Die Anforderung Rechtssicherheit und Ermöglichung von Wettbewerb erfüllt vielmehr die *lex mercatoria.*[14] Diese kann als spontane Ordnung des internationalen Handels gelten und steht allgemein für selbstgeschaffenes supranationales Handelsrecht der Wirtschaft, das vielfach im nationalen Recht verankert ist, ohne es sein zu müssen (*Streit* und *Mangels* 1996, S. 82 ff.). Erst durch den übernationalen Geltungsbereich gewinnt dieses Set von Grundsätzen seine weltweite austauschfördernde Wirkung. Diese Methode der Institutionalisierung dürfte auch für den elektronischen Welthandel vergleichsweise die vorteilhafteste sein, wobei auf nationaler Ebene die entscheidenden Voraussetzungen zu schaffen sind.

---

[13] So wurde beispielsweise 1998 von der WTO ein E-Commerce-Arbeitsprogramm beschlossen, welches die GATT-, GATS- und TRIPS-Räte sowie den Ausschuß für Handel und Entwicklung beauftragte, die in den Kompetenzbereich dieser Gremien fallenden E-Commerce-Probleme aufzuzeigen. Neben dem TRIPS-Rat behandelt auch die Weltorganisation für geistiges Eigentum (WIPO) grundsätzliche Lösungsmöglichkeiten im Bereich von Urheberrechten (*Senti* 2001, S. 56 f.).

[14] Die lex mercatoria besteht aus Handelsbräuchen, Standardverträgen, Muster- und Handlungsklauseln, allgemeinen Rechtsgrundsätzen sowie der internationalen Schiedsgerichtsbarkeit (*Streit* und *Mangels* 1996, S. 82 f.; 89).

So hat in den USA, wie der *Sachverständigenrat* (2000, S. 183) feststellt,

> „eine günstige Konstellation von Rahmenbedingungen (von umfassend deregulierten Produktions- und Dienstleistungsaktivitäten über sehr flexible Arbeitsmarktstrukturen bis hin zu moderaten Steuer- und Abgabenbelastungen und einer niedrigen Staatsquote) einen sich selbst tragenden Prozeß von Innovation und Diffusion auf der Grundlage der neuen Basistechnologie angetrieben [...]. Anders gewendet: Die Neue Ökonomie ist ein Produkt des privaten Sektors".

Aus diesem Grund dürften auch die stärksten Impulse für die Expansion des elektronischen Welthandels vom Ausbau des selbstgeschaffenen Rechts der Wirtschaft kommen. Auch die Bundesregierung hat im Zusammenhang mit der Umsetzung der EU-Richtlinie zum elektronischen Geschäftsverkehr zu mehr Eigenverantwortung der Wirtschaft ermuntert – im Bereich des Verbraucherschutzes z. B. durch Gütesiegel, Verhaltenskodizes oder Verfahren alternativer Streitschlichtung (*BMWi* 2001b).

Die Beschaffenheit und Potentiale des Internet – wie am Beispiel von Sealand gezeigt – und die Betrachtung der lex mercatoria vor dem Hintergrund des Transaktionskostenarguments legen den Schluß nahe, daß Selbstregulierung unausweichlich wird und eine Expansion des elektronischen Welthandels eher fördern kann als staatlich gesetzte Regeln. Ohnehin sind durch das Internet neue technologische Möglichkeiten der Selbstregulierung entstanden. So kann ein Urheber bei der Veröffentlichung seines Textes im Internet mit Hilfe des Programms ‚Acrobat-Reader' entscheiden, ob der Text von dritten gespeichert, gedruckt oder bloß am Bildschirm gelesen werden kann (*Wissenschaftlicher Beirat beim BMWi* 2001, S. 8). Neben einer Vielzahl bereits existierender privater Anbieter, die beispielsweise durch garantierte Zahlungswege und Gütesiegel einen Vorteil darin sehen, die Vertrauensgrundlage des elektronischen Handels zu stärken, entstehen auch immer mehr organisierte Initiativen auf diesem Gebiet. Genannt sei hier die Zusammenarbeit des Deutschen Industrie- und Handelstages (DIHT) mit anderen Kammern in Europa, die mit dem Projekt ‚Online-Confidence' die Kosten für Rechtsstreitfälle durch Gütesiegel und damit verbundene Streitschlichtungsmechanismen zu senken versuchen (*Buck* 2001). In Kooperation mit internationalen Regierungsorganisationen (EU, OECD, WIPO, WTO etc.) sucht der Global Business Dialogue on Electronic Commerce (GBDe), ein Zusammenschluß von 67 weltweit agierenden Unternehmen, im Daten-, Verbraucher- und Jugendschutz und einer Vielzahl anderer Problemfelder nach Möglichkeiten, Unsicherheiten zu reduzieren (*GBDe* 2000).

Die Anreizprobleme einer effektiven und effizienten Selbstregulierung sind freilich nicht zu unterschätzen. Erarbeitung und Einführung beispielsweise eines Gütesiegels verursachen versunkene Kosten; mit Trittbrettfahrern ist zu rechnen. Besteht die Möglichkeit, das Ausschlußprinzip anzuwenden, werden einflußreiche Akteure ihre spezifischen Interessen im Rahmen einer Selbstregulierung durchzusetzen versuchen, wie das auch bei der Vereinbarung von Geschäftsbedingungen traditionell der Fall ist. Die Einflußstärke hängt beispielsweise von der Fähigkeit ab, die Kosten der Interessenkoordination zu tragen. So dürften sich die Interessen von 67 weltweit operierenden und finanzstarken Unternehmen ‚effizienter' koordinieren lassen, als die Wünsche von Tausenden kleiner und mittlerer Unternehmen. Diese einschränkenden Bemerkungen sind im Vergleich zu den noch begrenzteren staatlichen Möglichkeiten zu würdigen, auf universeller Ebene leistungsfähige Regeln zu schaffen.

4. Ausblick

Das Internet, die technische Basis des elektronischen Welthandels, hat weltweit neue Bedürfnisse und neue Möglichkeiten ihrer Befriedigung geschaffen. Die Nutzung dieser Möglichkeiten für den elektronischen Welthandel hängt von den Wettbewerbsvorteilen des Internet gegenüber anderen Handelsformen ab. Die Analyse der Kostenstruktur und der daraus entstehenden Wettbewerbswirkungen führt zu folgenden Erkenntnissen:

1. Das Internet als Handelsform verstärkt den Deregulierungsdruck auf vielen ordnungspolitisch erstarrten traditionellen Güter- und Faktormärkten. Einzelstaatliche Regulierungen verlieren beschleunigt an Wirksamkeit. Andere Handlungsfelder sind aufgrund der technischen Dimensionen des Internet kaum noch effektiv von staatlicher Seite zu kontrollieren. Das gilt vor allem für die freie Meinungsäußerung als Grundlage für die Gewerbe- und Handelsfreiheit. Der elektronische Welthandel hat das Potential, als Reformmotor zu wirken und althergebrachte Strukturen und Ordnungsbedingungen aufzubrechen.
2. Die weitere Entfaltung dieses Potentials hängt vor allem von der Entwicklung der Zugangskosten und Unsicherheiten ab, die mit dem Internet verbunden sind. Bei der Analyse der kostenwirtschaftlichen Voraussetzungen und Chancen für die weitere Expansion des elektronischen Welthandels kann die Bedeutung der selbstregulierenden Bemühungen der Wirtschaft nicht hoch genug eingeschätzt werden.

Literatur

Beck, Hanno und *Aloys Prinz* (1999), Ökonomie des Internet: Eine Einführung, Frankfurt/Main, New York.

BITKOM – Bundesverband Informationswirtschaft, Telekommunikation und neue Medien (2001), Wege in die Informationsgesellschaft: Status quo und Perspektiven Deutschlands im internationalen Bereich, Mainz.

BMWi – Bundesministerium für Wirtschaft und Technologie (2000), Entwurf eines Gesetzes zur Aufhebung des Rabattgesetzes und zur Anpassung anderer Rechtsvorschriften, http://bmwi.de/Homepage/download/wirtschaftspolitik/Entwurf-Rabattgesetz2.pdf, abgerufen am 24.1.2002.

BMWi – Bundesministerium für Wirtschaft und Technologie (2001a), Mehr Freiheit für Verbraucher und Unternehmen, Pressemitteilung vom 24.7.2001, http://www.bmwi.de/Homepage/Presseforum/pressemitteilungen/2001/1724prm1.jsp, abgerufen am 24.1.2002.

BMWi – Bundesministerium für Wirtschaft und Technologie (2001b), Moderner Rechtsrahmen für E-Commerce in Deutschland – Gesetz zum elektronischen Geschäftsverkehr tritt in Kraft, Pressemitteilung vom 20.12.2001, http://www.bmwi.de/Homepage/Presseforum/Pressemitteilungen/2001/1C20prm1.jsp, abgerufen am 8.1.2002.

Brandtweiner, Roman und *Bettina Greimel* (1998), Elektronische Märkte: Ein praxisorientierter Problemaufriß mit Bezügen zur ökonomischen Theorie, in: Wirtschaftswissenschaftliches Studium (WiSt), Heft 1, S. 37-42.

Buck, Christian (2001), Gütesiegel sollen Kunden Angst vor dem Web nehmen, in: Die Welt, 4.7.2001, S. WW2.

Bundesgerichtshof (2001), Bundesgerichtshof zum Zustandekommen eines Kaufvertrages bei einer Internet-Auktion, Mitteilung der Pressestelle, Nr. 97/2001, Karlsruhe.

Choi, Soon-Yong, Dale O. Stahl und *Andrew B. Whinston* (1997), The Economics of Electronic Commerce, Indianapolis.

Clement, Reiner (2001), Digital Economy: Ein Studienbuch, Münster.

ECCR – European Communication Council Report (1999), Die Internet-Ökonomie: Strategien für die digitale Wirtschaft, 2. korrigierte Auflage, Berlin, Heidelberg, New York.

EGG (2001), Gesetz über rechtliche Rahmenbedingungen für den elektronischen Geschäftsverkehr, in: Bundesgesetzblatt, Teil I, Nr. 70, 20.12.2001, Bonn, S. 3721-3727.

EITO (2001), European Information Technology Observatory 2001, Frankfurt am Main.

Erber, Georg und *Harald Hagemann* (2002), New Economy in der Krise?, in: Wirtschaftsdienst, Heft 1, S. 23-32.

Erlei, Mathias, Martin Leschke und *Dirk Sauerland* (1999), Neue Instituionenökonomik, Stuttgart.

Europäische Kommission (2000), eEurope 2002: Eine Informationsgesellschaft für alle, http://www.bmwi.de/Homepage/download/aktionsplan.pdf, abgerufen am 20.11.2001.

GBDe – Global Business Dialogue on Electronic Commerce (2000), Trade, http://www.gbde.org/nn/2000/trade.htm, abgerufen am 10.7.2001.

Geis, Ivo (2001), Nicht jede elektronische Signatur taugt zum Beweis, in: Frankfurter Allgemeine Zeitung, Nr. 179 vom 4.8.2001, S. 19.

Gimmy, Marc André (2000), Vertragsschluß im Internet, in: *Detlef Kröger* und *Marc André Gimmy* (Hg.), Handbuch zum Internetrecht: Electronic Commerce – Informations-, Kommunikations- und Mediendienste, Berlin u.a., S. 65-93.

Gründel, Niels (2001), www.Ich_Bleibe_Anonym.de, http://spiegel.de/netzwelt/technologie/0,1518,167924,00.html, abgerufen am 16.11.2001.

Hermanns, Arnold und *Michael Sauter* (1999), Electronic Commerce – Grundlagen, Potentiale, Marktteilnehmer und Transaktionen, in: *Arnold Hermanns* und *Michael Sauter* (Hg.), Management-Handbuch Electronic Commerce, München, S. 13-29.

Hoeren, Thomas (2000), Electronic Commerce – Mythos oder Krampf? Überlegungen aus juristischer Perspektive, in: Wirtschaftsdienst, 80. Jg., Heft 10, S. 603-606.

Hoppen, Gerrit (2001), E-Commerce: Grundlagen und Einsatzfelder entlang der Value Chain, in: *Bernd Eggers* und *Gerrit Hoppen* (Hg.), Strategisches E-Commerce-Management: Erfolgsfaktoren für die Real Economy, Wiesbaden, S. 143-162.

Kaiser, Karl (2001), Wie das Internet die Weltpolitik ändert, in: Frankfurter Allgemeine Zeitung, Nr. 8 vom 10.1.2001, S. 8.

Kalmring, Dirk (1996), Internet für Wirtschaftswissenschaftler, Bergisch Gladbach, Köln.

Klotz, Robert (2000), Ausgewählte Probleme des Internet-Rechts: Gesetzgebung und Wettbewerbsaufsicht durch die Europäische Union, Brüssel, http://europa.eu.int/comm/competition/speeches/text/sp2000_024_de.pdf, abgerufen am 26.11.2001.

Köhler, Thomas R. und *Robert B. Best* (2000), Electronic Commerce: Konzipierung, Realisierung und Nutzung im Unternehmen, 2. Aufl., München.

Lammerskötter, Dirk und *Stefan Klein* (2001), Neuere Entwicklungen auf elektronischen Märkten: Strategische Herausforderungen des E-Commerce, in: *Bernd Eggers* und *Gerrit Hoppen* (Hg.), Strategisches E-Commerce-Management: Erfolgsfaktoren für die Real Economy, Wiesbaden, S. 45-71.

Leipold, Helmut (2000), Informale und formale Institutionen – Typologische und kulturspezifische Relationen, in: *Helmut Leipold* und *Ingo Pies* (Hg.), Ordnungstheorie und Ordnungspolitik: Konzeptionen und Entwicklungsperspektiven, Stuttgart, S. 401-428.

Mattoo, Aaditya und *Ludger Schuknecht* (2000), Trade Policies for Electronic Commerce, World Bank Discussion Paper, Washington.

Monopolkommission (2000), Hauptgutachten XIII 1998/99: Wettbewerbspolitik in Netzstrukturen, Baden-Baden.

Mougayar, Walid (2000), Opening Digital Markets: Battle Plans and Business Strategies for Internet Commerce, 2. Aufl., New York u. a.

NCES – National Center for Education Statistics (2000), Stats in Brief: Internet Access in U.S. Public Schools and Classrooms: 1994-99, http://nces.ed.gov/pubs2000/2000086.pdf, abgerufen am 11.01.2002.

NCES – National Center for Education Statistics (2001), Internet Access in U.S. Public Schools and Classrooms: 1994-2000, http://nces.ed.gov/pubs2001/internet/, abgerufen am 11.01.2002.

NFO Infratest (2001), Monitoring Informationswirtschaft: 3. Faktenbericht 2001, im Auftrag des Bundesministeriums für Wirtschaft und Technologie, München.

o. V. (2001a), Ein seegängiges Steuer-Traumschloß, in: Frankfurter Allgemeine Zeitung, Nr. 162 vom 16.7.2001, S. 18.

o. V. (2001b), Der Traum von der Informationsgesellschaft: Die Internet-Nutzung nimmt in Europa stetig zu, in: Neue Zürcher Zeitung, Internationale Ausgabe, Nr. 299 vom 24.12.2001, S. 6.

o. V. (2002a), Jeder dritte Online-Käufer ist ein „Trittbrettfahrer", in: Frankfurter Allgemeine Zeitung, Nr. 8 vom 10.1.2002, S. 21.

o. V. (2002b), Northern Light stellt freie Suchmaschine ein, in: Frankfurter Allgemeine Zeitung, Nr. 14 vom 17.1.2002, S. 23.

o. V. (2002c), T-Online startet kostenpflichtige Dienste im Internet, in: Frankfurter Allgemeine Zeitung, Nr. 14 vom 17.1.2002, S. 23.

OECD – Organization for Economic Co-operation and Development (2001), Measuring the New Economy: Trade and Investment Relations, Working Party of the Trade Committee, TD/TC/WP(2001)23/Final, Paris.

Piazolo, Daniel (2001), The New Economy and the International Regulatory Framework, Kiel Working Paper, No. 130, Kiel.

Richter, Rudolf und *Eirik Furubotn* (1996), Neue Institutionenökonomik: Eine Einführung und kritische Würdigung, Tübingen.

Sachverständigenrat zur Begutachtung der gesamtwirtschaftlichen Entwicklung (2000), Chancen auf einen höheren Wachstumspfad: Jahresgutachten 2000/01, Stuttgart.

Sarkar, Mitra Barun, Brian Butler und *Charles Steinfeld* (1995), Intermediaries and Cybermediaries: A Continuing Role for Mediating Players in the Electronic Marketplace, in: Journal of Computer-Mediated Communication (online), 1. Jg., Nr. 3, http://www.ascusc.org/jcmc/vol1/issue3/sarkar.html, abgerufen am 3.1.2002.

Seidler, Christoph (2002), Regierung definiert Sicherheitsanforderungen neu, in: Spiegel Online, http://spiegel.de/netzwelt/politik/0,518,17736,00.html, abgerufen am 16.1.2002.

Senti, Richard (2001), Die Welthandelsordnung der Telekommunikation: Gegenwärtige Ansätze und Probleme bei der Regelung des internationalen Telekommunikationsmarktes, in: Aussenwirtschaft, 56. Jg., Heft 1, S. 43-68.

Streit, Manfred E. und *Antje Mangels* (1996), Privatautonomes Recht und grenzüberschreitende Transaktionen, in: ORDO, Bd. 47, Stuttgart, S. 73-100.

Thome, Rainer und *Heiko Schinzer* (1997), Marktüberblick Electronic Commerce, in: *Rainer Thome* und *Heiko Schinzer* (Hg.), Electronic Commerce, München, S. 1-17.

UNCTAD – United Nations Conference on Trade and Development (2000), Building Confidence: Electronic Commerce and Development, UNCTAD/SDTE/MISC.11, New York, Genf.

Williamson, Oliver E. (1990), Die ökonomischen Institutionen des Kapitalismus: Unternehmen, Märkte, Kooperationen, Tübingen.

Wissenschaftlicher Beirat beim BMWi (2001), Wettbewerbspolitik für den Cyberspace, Bundesministerium für Wirtschaft und Technologie, Dokumentation, Nr. 495.

Alfred Schüller und H. Jörg Thieme (Hg.), Ordnungsprobleme der Weltwirtschaft
Schriften zu Ordnungsfragen der Wirtschaft · Band 71 · Stuttgart · 2002

Internationaler Patent- und Lizenzverkehr: Formen – Fakten – Regeln

Siegfried Greif

Inhalt

1. Grundzüge des Patentsystems

1.1. Grundfunktionen

Unter einem Patent versteht man das vom Staat verliehene Schutzrecht für eine technische Erfindung, welches dem Patentinhaber die ausschließliche wirtschaftliche Nutzung der Erfindung vorbehält.

Die entscheidenden Begründungen zur Rechtfertigung eines Patentsystems sind in der Schutzfunktion und in der Informationsfunktion von Patenten zu sehen.

Die Schutzfunktion von Patenten besteht darin, daß die Aussicht auf Patentschutz die Erfindungs- und Innovationstätigkeit und die damit verbundene Forschung und Entwicklung (F+E) anregen soll.

Die Informationsfunktion von Patenten beruht auf der Offenbarungs- oder Vertragstheorie. Sie geht davon aus, daß zwischen dem Erfinder und der Allgemeinheit ein Austauschvertrag abgeschlossen wird, aufgrund dessen der Erfinder seinen Besitz an geheimem Wissen aufgibt, um dafür einen Ausschließlichkeitsschutz für die gewerbliche Verwertung dieses Wissens einzutauschen.

Eine weitere wichtige Funktion des Patentwesens ist die: Durch die Anmeldung zum Patent wird eine Erfindung zum handelbaren und transferierbaren Gut.

1.2. Geschichtlicher Abriß

Ausschließlichkeitsrechte für Erfindungen haben eine lange Tradition. Aus dem Altertum ist bekannt, daß in der (in Süditalien gelegenen) griechischen Stadt Sybaris dem Erfinder einer neuen Suppe für ein Jahr das alleinige Nutzungsrecht daran zugesprochen wurde (vgl. *Troller* 1959, S. 9).

Im Mittelalter waren solche Privilegien in ganz Europa verbreitet. Ihre Verleihung lag regelmäßig in der Gnade von Landesfürsten oder entsprechenden Machtinstitutionen. Auf das frühe Privilegienwesen geht auch der Begriff des Patents zurück. ‚Litterae patentes', offener Brief, ist die öffentliche Urkunde, die das ausschließliche Nutzungsrecht der darin beschriebenen Erfindung begründet.

Das moderne Patentwesen sieht seinen Ursprung im Patentgesetz der Republik Venedig von 1474, also mit dem Beginn der Neuzeit. Hier wurde zum ersten Mal der Rechtsanspruch auf ein Patent begründet. Entsprechende Patentgesetze folgten im Laufe der Zeit in England (1624), den USA (1790) und Frankreich (1791). Im 19. Jahrhundert wurden in einzelnen deutschen Ländern Patentgesetze eingeführt, zum Beispiel in Preußen 1815. Ein einheitliches deutsches Patentrecht gibt es seit 1877 mit der Errichtung des Kaiserlichen Patentamts in Berlin.[1]

---

[1] Zur Geschichte des Patentwesens siehe beispielsweise *Troller* (1959), *Machlup* (1962) und *Kurz* (2000).

1.3. Konstruktionsmerkmale

Zweifellos besteht ein Widerspruch zwischen dem Patentmonopol und der Wettbewerbsfreiheit. Einerseits soll der Wettbewerb den technischen Fortschritt fördern, andererseits soll dies auch die Ausschaltung des Wettbewerbs durch ein Patent bewirken.[2] Ein Versuch zur Lösung dieses Interessenkonflikts ist die Suche nach der bestmöglichen Kombination von Elementen beider Systeme. So ist das Patent mit einer Reihe von Einschränkungen versehen, die gegen eine starke Monopolisierung gerichtet sind.

1.3.1. Zugangsbeschränkungen

Der Zugang zum Patentschutz ist an die Erfüllung bestimmter Kriterien geknüpft. Nach deutschem Patentrecht können Patente für technische Erfindungen erteilt werden, die neu sind und Erfindungshöhe besitzen, d. h. die sich deutlich vom vorhandenen Stand der Technik abheben. Darüber hinaus müssen die Erfindungen gewerblich anwendbar sein und dürfen nicht gegen bestehende Gesetze oder die guten Sitten verstoßen. Vom Patentschutz ausgenommen sind insbesondere Entdeckungen, wissenschaftliche Theorien, mathematische Methoden, Pläne, Regeln und Verfahren für gedankliche Tätigkeiten (z. B. Lehrmethoden, Buchführungssysteme) sowie Verfahren zur chirurgischen oder therapeutischen Behandlung des menschlichen oder tierischen Körpers. Diese Patentierungskriterien sind auch nach der Erteilung eines Patents noch wirksam. So besteht die zeitlich befristete Möglichkeit eines Einspruchs für jedermann – in Deutschland innerhalb von drei Monaten ab Erteilung – und die unbefristete Möglichkeit der Nichtigerklärung aufgrund einer Nichtigkeitsklage.[3]

Durch die strengen Zugangsbestimmungen zum Patentschutz wird der Allgemeinheit ein patentfreier Raum für die ungehinderte wissenschaftlich-technische und wirtschaftliche Betätigung gesichert.

1.3.2. Zeitliche, funktionale und räumliche Begrenzungen

Ein Patent unterliegt zeitlichen Beschränkungen. Die maximale Laufzeit eines Patents beträgt 20 Jahre ab Anmeldung. Diese absolute Grenze wird von den meisten Patenten nicht erreicht; nur rund 17 % der Patente erlöschen durch Zeitablauf (*DPMA* 2001a).

Die Aufrechterhaltung eines Patents ist an die Zahlung von Jahresgebühren gebunden. Diese sind progressiv gestaffelt und steigen in Deutschland von 70 € (3. Jahr) auf 1 940 € (20. Jahr). Diese Konstruktion dient dem Ziel, den Markt von unproduktiven Monopolrechten freizuhalten. In Deutschland liegt die durchschnittliche Lebensdauer von Patenten bei 13 Jahren ab Anmeldung (*DPMA* 2001a).

Daß der durch den Ablauf von Patenten frei verfügbar werdende Stand der Technik für den Wettbewerb durchaus interessant sein kann, zeigt in eindrucksvoller Weise der

---

2 Eine Grundsatzdiskussion zu dieser Thematik kann hier nicht geführt werden. Dazu darf auf die Literatur verwiesen werden, z. B. *Machlup* (1962), *Scherer* (1977) und *Kaufer* (1980).

3 Zu den Regelungen des Patentrechts, einschließlich Kommentierung, siehe beispielsweise *Schulte* (2001).

Markt für Arzneimittel. Fast 30 % des Marktvolumens in Deutschland beruhen auf Generika, Wirkstoffen aus abgelaufenen Patenten, die unbeschränkt imitiert werden können (*Rauscher* 2001).

Das Ausschließungsrecht von Patenten unterliegt verschiedenen funktionalen Einschränkungen. So steht eine patentierte Erfindung jedermann ohne Beschränkung zur privaten, nichtgewerblichen Nutzung zur Verfügung.

Ein anderer wichtiger Freiraum wird durch das Versuchsprivileg bestimmt. Danach dürfen patentierte Erfindungen für wissenschaftliche Zwecke von jedermann frei benutzt werden. Die wissenschaftliche Forschung soll durch Patente nicht behindert werden. Dieser Freiraum erstreckt sich sogar auf die anwendungsorientierte Forschung und Entwicklung, die zum Beispiel durch die Weiterentwicklung einer Erfindung auf eine kommerzielle Nutzung zielt. Eine vor kurzem ergangene Entscheidung des Bundesverfassungsgerichts bestimmt einen weiten Geltungsbereich des Versuchsprivilegs, der sich auch auf das Verhältnis zwischen Konkurrenzunternehmen erstreckt.[4]

Auf die Verhütung unerwünschter Stillegung von Erfindungen zielt die patentrechtliche Regelung der Zwangslizenz. Nach *Eucken* (1949, S. 41) ist sie Element einer Wirtschaftspolitik, die auf die Realisierung einer Wettbewerbsordnung gerichtet ist. Praktisch alle Patentgesetze auf der Welt kennen die Sanktion der Zwangslizenz für die Nichtausübung einer patentierten Erfindung, wenn die Ausübung im öffentlichen Interesse liegt.

Eine Art Selbstbeschränkung ist in dem Rechtsinstitut der Lizenzbereitschaftserklärung zu sehen. Schutzrechtsinhaber bieten damit ihre Erfindung, unter Aufgabe der Ausschließlichkeit, zur allgemeinen Benutzung (gegen Lizenzzahlung) an. Der Anreiz dafür ist die Halbierung der Jahresgebühr. Beim Deutschen Patentamt gehen pro Jahr etwa 3 000 solcher Lizenzbereitschaftserklärungen ein (*DPMA* 2001a).

Die Rechte aus dem Patent sind territorial begrenzt (Territorialitätsprinzip). Das Recht des Patentinhabers bezieht sich nur auf das Land, für welches ein Patent angemeldet wurde; jenseits der Grenze kann die Erfindung unbeschränkt benutzt werden. Will er auch in einem anderen Land Schutz genießen, so muß er sich für dort – aufgrund einer entsprechenden Anmeldung – ein Patent erteilen lassen.

1.3.3. Ausgleichende Elemente

In Deutschland gehen rund 80 % der Patentanmeldungen auf Erfindungen von Arbeitnehmern zurück (*Greif* 1999). Die Verfügungsgewalt darüber liegt beim jeweiligen Arbeitgeber, er ist Anmelder und Schutzrechtsinhaber. Dem Erfinder gebührt die Erfinderehre durch die gesetzlich vorgeschriebene Erfindernennung sowie – zusätzlich zum regulären Gehalt – eine Erfindervergütung, die sich am wirtschaftlichen Nutzen der Erfindung orientiert. Auf diese Weise wird ein gesellschaftlicher Ausgleich geschaffen.

Patentanmeldungen und Patente aus der mit öffentlichen Mitteln finanzierten Forschung und Entwicklung unterliegen besonderen Regeln. Unabhängig davon, ob es sich

---

[4] Abgedruckt in: Gewerblicher Rechtsschutz und Urheberrecht 2001, Heft 1, S. 43.

um Forschungsorganisationen oder Projektförderung (auch der Industrie) handelt, werden die betreffenden Erfindungen in die Lizenzdatenbank des Deutschen Patentamts eingespeist und stehen jedermann zur Lizenznahme zur Verfügung (*Reinelt* 1985). Damit ist der Grundgedanke realisiert, daß die Ergebnisse der von der Allgemeinheit finanzierten Forschung und Entwicklung der Allgemeinheit auch zur Verfügung stehen sollen. Eine Ausnahme bildete bislang der Universitätsbereich. Nach dem Hochschullehrerprivileg durften Hochschullehrer über ihre Erfindungen aus der Hochschulforschung frei verfügen. Diese Sonderregelung ist mit Wirkung vom 7. Februar 2002 abgeschafft worden.[5]

Den Bereich öffentlicher Mittel berührt auch eine andere Konstruktion. Das Patentwesen ist so konzipiert, daß für die Kosten seiner Organisation, also für Patentamt und Patentgericht keine öffentlichen Kassen in Anspruch genommen werden müssen. Der Apparat finanziert sich selbst über die Einnahmen aus Gebühren von Schutzrechtssuchern und -inhabern.

2. Internationale Patent- und Lizenzbilanz

Der durch das Territorialitätsprinzip provozierte, über die nationalen Grenzen hinausgehende Patent- und Lizenzverkehr findet einen Niederschlag in den Außenhandelsstatistiken der beteiligten Länder. Gegenstand dieses Transfers sind nicht nur erteilte Patente, sondern auch Patentanmeldungen.

2.1. Deutschland

In Deutschland ermittelt und veröffentlicht die Deutsche Bundesbank im Rahmen ihrer Zahlungsbilanzstatistik Einnahmen und Ausgaben im Patent- und Lizenzverkehr der Bundesrepublik Deutschland mit dem Ausland. Die Zahlen beruhen auf den seitens der Inländer zu erstattenden Meldungen.

Wie der Abbildung 1 zu entnehmen ist, bewegt sich der Patent- und Lizenzverkehr in beachtlichen Größenordnungen und hat eine deutliche Ausdehnung erfahren. Ein starkes Wachstum ist sowohl auf der Aktivseite als auch auf der Passivseite zu verzeichnen.[6] In den letzten zwei Jahrzehnten stiegen die Einnahmen von 1,1 Mrd. DM im Jahre 1980 auf 6,0 Mrd. DM im Jahre 2000. Im gleichen Zeitraum stiegen die Ausgaben für Patente und Lizenzen allerdings von 2,6 Mrd. auf 11,6 Mrd. DM an, so daß ein Ausgabenüberschuß zu verzeichnen ist, der sich im Beobachtungszeitraum von 1,5 Mrd. DM auf 5,6 Mrd. DM entwickelte.

---

[5] Bundesgesetzblatt, Jahrgang 2002, Teil I, Nr. 4, S. 414.

[6] Quelle: Deutsche Bundesbank (laufende Jahrgänge); Deutsche Bundesbank (2000).

Abbildung 1: Die deutsche Patent- und Lizenzbilanz im Verkehr mit dem Ausland: Einnahmen - Ausgaben - Salden

Jahr	Einnahmen	Ausgaben	Saldo
1980	1 101	2 624	- 1 523
1981	1 233	2 666	- 1 433
1982	1 360	2 701	- 1 341
1983	1 508	3 010	- 1 502
1984	1 651	3 165	- 1 514
1985	1 809	3 551	- 1 742
1986	1 981	4 159	- 2 178
1987	1 943	4 391	- 2 448
1988	2 222	4 810	- 2 588
1989	2 519	5 681	- 3 162
1990	3 180	6 115	- 2 935
1991	3 129	7 009	- 3 880
1992	3 234	7 034	- 3 800
1993	3 403	7 328	- 3 925
1994	3 892	7 312	- 3 420
1995	4 488	8 508	- 4 020
1996	5 083	8 855	- 3 772
1997	5 592	9 933	- 4 341
1998	5 867	9 919	- 4 052
1999	5 695	9 347	- 3 652
2000	6 014	11 629	- 5 615

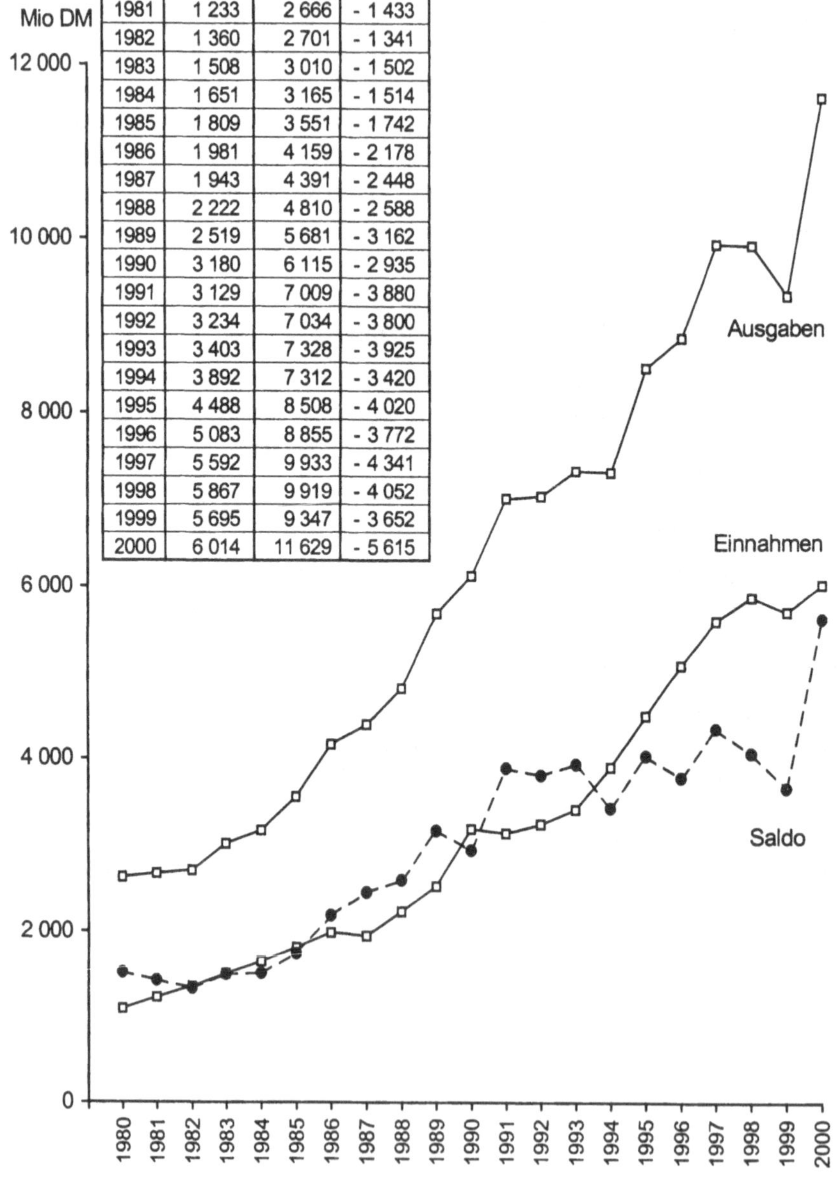

Die Statistik weist von Anfang an, seit Bestehen der Bundesrepublik, für jedes Jahr mehr Ausgaben als Einnahmen im internationalen Patent- und Lizenzverkehr aus.[7] Bis 1991 folgte der Saldo einem ansteigenden Trend; bis 1999 ist dann ein gleichbleibendes Niveau bei einem Saldo von rund 4 Mrd. DM zu verzeichnen; im Jahre 2000 ist ein auffallender Anstieg des Negativ-Saldos zu beobachten.

Differenziert man das deutsche Defizit im Patent- und Lizenzverkehr nach dem Gegenstand der gehandelten Patente sowie nach den beteiligten Ländern, werden seine Quellen erkennbar.

Die Aufschlüsselung nach Wirtschaftszweigen zeigt, daß der Schwerpunkt des internationalen Patent- und Lizenzverkehrs im Verarbeitenden Gewerbe liegt, mit dem größten Defizit bei Erfindungen im Bereich Elektrotechnische Industrie und Datenverarbeitungsanlagen. In geringerem Umfang sind auch der Maschinenbau und die feinmechanische und optische Industrie defizitäre Bereiche. Demgegenüber bilden Erfindungen aus dem Bereich der Fahrzeugtechnik, mit dem größten positiven Beitrag auf der deutschen Einnahmenseite, einen Ausgleichsposten (*Deutsche Bundesbank* 2000).

Der internationale Patent- und Lizenzverkehr konzentriert sich auf drei Länderblökke. Bei den Einnahmen, die in Deutschland aus dem Verkauf von Patenten und Lizenzen erzielt werden, stehen die EU-Länder mit einem Anteil von 36 % an der Spitze, es folgen USA (30 %) und Japan (7 %). Auf der Ausgabenseite, also bei der ‚Einfuhr' von Erfindungen, entfallen auf die USA 49 %, die EU-Länder 32 % und auf Japan 5 % (*Deutsche Bundesbank* 2000). Blickt man auf die Salden, so ist festzustellen, daß der Patent- und Lizenzaustausch mit den EU-Ländern und Japan etwa ausgeglichen ist. Im Verkehr mit den USA ist ein starker Ausgabenüberschuß zu verzeichnen, der sich seit Jahren in der Größenordnung des gesamten Ausgabenüberschusses bewegt, so daß der gesamte negative Saldo der deutschen Patent- und Lizenzbilanz praktisch aus dem Handel mit den USA resultiert.

2.2. Internationaler Vergleich

Ein Vergleich mit anderen Ländern zeigt, daß ein Defizit in der Patent- und Lizenzbilanz nichts Ungewöhnliches ist. Von den wichtigen Industrieländern, die in der Abbildung 2 ausgewiesen sind, haben nur drei Länder einen positiven Saldo: USA, Großbritannien und Schweden (*Deutsche Bundesbank* 2000).

Die Technologieführerschaft der US-amerikanischen Wirtschaft und Wissenschaft in vielen Bereichen entfacht naturgemäß starke Kooperationsinteressen bei möglichen Partnern in anderen Industrieländern. So finden die weltweiten negativen Salden in den gewaltigen Einnahmen und dem entsprechenden positiven Saldo der USA ihr Spiegelbild.

---

[7] Eine Zeitreihe ab 1950 sowie eine ausführliche Analyse zu Methodik, Inhalt und Aussagekraft der Patent- und Lizenzbilanz enthält: *Greif* (1979).

Abbildung 2: Patent- und Lizenzbilanz ausgewählter Länder 1998 (in Millionen US-Dollar)

Länder	Einnahmen	Ausgaben	Saldo
USA	36 810	11 290	25 520
Japan	7 390	8 950	-1 560
Großbritannien	6 720	6 120	600
Deutschland	3 250	4 890	-1 640
Niederlande	2 432	2 964	- 532
Frankreich	2 340	2 720	- 380
Schweden	1 114	939	175
Belgien/Luxemburg	645	1 099	- 454
Italien	477	1 155	- 678
Australien	275	1 010	- 735
Spanien	243	1 866	-1 623

2.3. Grenzen der Aussagefähigkeit

Die Aussagefähigkeit der Patent- und Lizenzbilanz ist dadurch begrenzt, daß die Statistiken nur die entgeltliche Überlassung von Patenten und Lizenzen erfassen. Die Angaben enthalten damit nicht den auf andere Weise geregelten Austausch von technischem Wissen, z. B. den vertraglich vereinbarten Austausch von Erfindungen zwischen selbständigen Unternehmen und auch nicht die Überlassung von Patenten und Lizenzen zwischen wirtschaftlich verbundenen Unternehmen, soweit hierfür keine Patent- und Lizenzgebühren bezahlt werden.

Eine andere Besonderheit, die die Gestalt der Patent- und Lizenzbilanz und damit ihre Aussagefähigkeit beeinflussen kann, ist darin zu sehen, daß für Zahlungen zwischen verbundenen Unternehmen ein verdeckter Gewinntransfer das Motiv sein kann. Einem international agierenden Konzern ist es durchaus möglich, mittels Patent- und Lizenztransfers Zahlungen dorthin zu dirigieren und auszuweisen, wo es aus steuerlichen oder anderen Gründen opportun erscheint. Insoweit sind Patente auch Instrumente des internationalen Kapitalverkehrs.

3. Patentanmeldungen: national – international

Ein umfassendes und unverschobenes Bild des internationalen Patentverkehrs läßt sich aus den Daten über Patentanmeldungen gewinnen, wie sie von den Patentämtern der Welt registriert und publiziert werden. Diese Daten setzen in einer frühen Phase des Patentgeschehens an und bilden somit auch Basis und Rahmen für den dargelegten Patent- und Lizenzverkehr. Anders als dieser in Zahlungen ausgedrückte Transfer, lassen die Daten zu Patentanmeldungen jedoch offen, in welchem Umfang und in welcher Weise – über die reine Wissensverbreitung hinaus – ein tatsächlicher Transfer von Erfindungen stattfindet.

3.1. Patentaktivitäten weltweit

Im Jahre 1999 wurden weltweit rund 770 000 Erstanmeldungen getätigt. Insgesamt wurden rund 8 Mio. Anmeldungen eingereicht.[8] Das bedeutet, daß eine Erfindung im Durchschnitt in 11 Ländern angemeldet wird, also neben der üblichen Anmeldung im Heimatland auch in durchschnittlich 10 weiteren Ländern (siehe Abb. 3).

Die Zahl der Erstanmeldungen ist eine Kennziffer für die Produktion naturwissenschaftlich-technischen Wissens. Die Nachanmeldungen zeigen die Distribution dieses Wissens auf. Die starke Zunahme des Nachanmeldungsfaktors ist Ausdruck der Globalisierung des technischen Wissens und der damit verbundenen wirtschaftlichen Aktivitäten.

Nach der Zahl der Patentanmeldungen gerechnet, sind Japan, die USA und Deutschland die wichtigsten Länder; auf sie entfallen rund 70 % aller Erstanmeldungen weltweit. Allerdings bewegt sich das Patentgeschehen in diesen Ländern in sehr verschiedenen Größenordnungen, wie die Zahlen für das jeweilige inländische Anmeldungsaufkommen zeigen (siehe Abb. 4).[9]

Wie der Abbildung 4 zu entnehmen ist, ist in den letzten Jahren in jedem der drei Länder eine jährliche Steigerung der Patentaktivitäten zu verzeichnen. Das war nicht immer so. In Deutschland und USA gab es im Laufe der vergangenen Jahrzehnte auch längere Perioden der Stagnation und des Rückgangs, wohingegen die Patentanmeldungen in Japan seit 40 Jahren einem durchgehend positiven Trend folgen.[10]

Die Japaner sind Weltmeister bei Patentanmeldungen. Sie erbringen die Hälfte des Volumens der Erstanmeldungen weltweit. Bei der Interpretation dieser Zahlen müssen jedoch nationale Besonderheiten des Patentrechts und der Patentpraxis berücksichtigt werden. In Japan wird – in Fortführung einer früheren, inzwischen überholten rechtlichen Norm – traditionellerweise für jeden Patentanspruch ein eigenes Patent angemeldet, wohingegen eine deutsche Anmeldung üblicherweise mehrere Ansprüche enthält. Das gilt auch für die meisten anderen Länder. Als Erfahrungswert hat sich die Faustregel entwickelt, daß etwa drei japanische Patentanmeldungen einer deutschen entsprechen.

---

8 Eigene Berechnungen nach Angaben aus *EPO, JPO, USPTO* (laufende Jahrgänge).

9 Quellen: Wie in Fußnote 8 angegeben und zusätzliche Informationen aus den Patentämtern.

10 Eine bis 1963 zurückgehende Zeitreihe für diese Länder enthält *Greif* (1998, S. 107).

Abbildung 3: Patentanmeldungen weltweit

Jahr	Erst-anmeldungen	Erst-anmeldungen und Nach-anmeldungen insgesamt	Patent-anmeldungen pro Erfindung
1988	535 677	1 263 625	2,4
1989	551 866	1 371 806	2,5
1990	563 630	1 538 483	2,8
1991	593 882	1 595 950	2,8
1992	624 493	1 785 760	3,0
1993	640 396	1 965 487	3,1
1994	633 711	2 487 683	3,9
1995	691 653	3 020 951	4,7
1996	695 149	3 901 936	5,6
1997	720 249	5 036 625	7,2
1998	734 530	6 664 995	9,2
1999	765 825	8 022 979	10,9

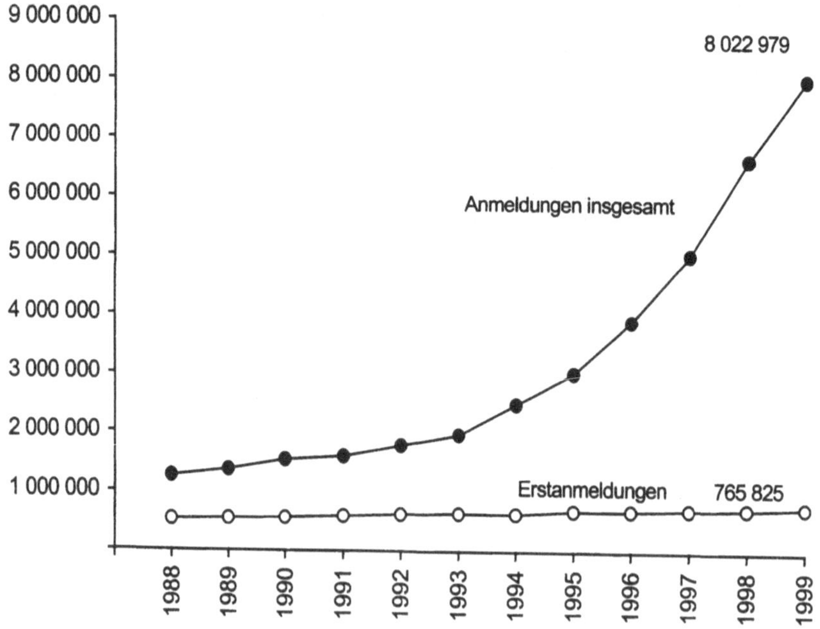

Abbildung 4: Patentanmeldungen inländischer Herkunft beim jeweiligen nationalen Patentamt

Jahr	Deutschland	USA	Japan
1996	42 834	106 892	340 101
1997	45 345	120 445	350 807
1998	47 633	135 483	359 381
1999	51 105	149 825	360 180
2000	53 521	163 699	399 013

Für die starke Zunahme der Patentanmeldungen, im nationalen wie im internationalen Bereich, in den letzten zehn Jahren gibt es mehrere Gründe. In der Erkenntnis, daß sich unsere Gesellschaft immer stärker zu einer Wissensgesellschaft hin entwickelt und das Wissen als wichtiger Produktionsfaktor anzusehen ist, ist die Bedeutung des Patentwesens als Stimulans und Träger naturwissenschaftlich-technischen Wissens stärker in das Bewußtsein gerückt. Der weltweite Handel umfaßt zunehmend sogenannte Scienceware-Produkte, sie enthalten viel gespeichertes Wissen; der Anteil des Wissens je Kilogramm Gewicht hat ständig zugenommen (*Albach* 1997, S. 2).

Im Bereich der Wirtschaft steht der Einsatz des technischen Fortschritts als Wettbewerbsfaktor naturgemäß in einem engen Zusammenhang mit Patentaktivitäten. Mit zunehmendem Wettbewerb auf nationalen und internationalen Märkten ist das Interesse am Patentschutz gestiegen und hat damit auch die Input-Output-Relation zwischen F+E und Patenten verschoben. So hat sich bei über mehrere Jahre hinweg gleichbleibenden F+E-Ausgaben in der Wirtschaft in der Mitte der neunziger Jahre in Deutschland die Zahl der Patentanmeldungen deutlich erhöht (*Greif* 1998).

Auch im Bereich der Wissenschaft ist die Zahl der Patentanmeldungen in den letzten Jahren deutlich angestiegen. Diese Entwicklung beruht auf mehreren Determinanten. Zum einen sind die F+E-Ausgaben in den letzten Jahren gestiegen, zum anderen gehen Impulse von der Wissenschaftspolitik aus. Hierzu gehört eine verstärkte Hinwendung zur angewandten Forschung wie auch eine Erhöhung des wissenschaftlichen Stellenwerts des Patentwesens in jüngerer Zeit (*Greif* 1999). Der *Wissenschaftsrat* (1995) stellt ausdrücklich die Gleichrangigkeit von Patentanmeldungen und wissenschaftlichen Veröffentlichungen als Kriterien für wissenschaftliche Leistung fest.

3.2. Welt-Patentmarkt: Auslandsanmeldungen

Die inländischen Patentanmeldungen bilden grundsätzlich die Ausgangsbasis für international orientierte Interessen, die sich dann – dem erwähnten Territorialitätsprinzip entsprechend – in Auslandsanmeldungen manifestieren. Da eine Auslandsanmeldung regelmäßig mit verhältnismäßig hohen Kosten verbunden ist, darf man annehmen, daß der betreffenden Erfindung ein entsprechend hoher Wert beigemessen wird. Die Tatsache einer Auslandsanmeldung ist somit auch ein Qualitätsindikator für den Erfindungsgegenstand und die marktstrategische Bedeutung seiner Verwertung. Nach einer Untersuchung des Ifo-Instituts für Wirtschaftsforschung sind wesentliche Gründe für Patentanmeldungen auf Auslandsmärkten folgende: Sicherung des Exportgeschäfts, Absicherung der Aktivitäten von Tochtergesellschaften und Lizenzvereinbarungen (*Täger* 1989, S. 93 f.).

So geht ein großer Teil der im Inland gemachten und zum Patent angemeldeten Erfindungen auch in die Welt hinaus. Der Umfang der Auslandsanmeldungen weltweit ergibt sich aus den Angaben in Abbildung 3, im Jahre 1998 betrug er rund 6 Mio. Anmeldungen.[11] Auf dem so definierten Welt-Patentmarkt dominieren naturgemäß die Länder, die bei der Produktion von Erfindungen im eigenen Lande stark sind, jedoch in anderer Konstellation (siehe Abb. 5).

Abbildung 5: Welt-Patentmarkt: Patentanmeldungen ausgewählter Herkunftsländer in anderen Staaten 1998

Herkunftsland	Anteil am Welt-Patentmarkt in Prozent
USA	41,3
Deutschland	9,9
Japan	7,7
Großbritannien	7,5
Frankreich	4,6
Schweden	4,1
Niederlande	2,6
Schweiz	2,2
Kanada	2,2
Finnland	2,1

Mit 41,3 % liegen die USA mit Abstand auf dem 1. Platz. Es folgen Deutschland mit 9,9 %, Japan mit 7,7 % und Großbritannien mit 7,5 %. Alle anderen Länder bringen Anteile am Welt-Patentmarkt ein, die jeweils unter 5 % liegen.[12]

Der im Vergleich zum inländischen Patentaufkommen geringe Anteil der Auslandsanmeldungen aus Japan ist in der oben erwähnten Besonderheit des japanischen Anmeldeverhaltens zu sehen. Diese bezieht sich vornehmlich auf das Inland; im internationalen Verkehr orientiert man sich mehr an dem von den anderen Ländern praktizierten Verfahren der Zusammenfassung mehrerer Ansprüche (Erfindungsteile) in einer Patentanmeldung.

---

[11] Die Daten für 1998 sind die jüngsten verfügbaren, die weitere Differenzierungen zulassen.

[12] Eigene Berechnungen aus: *WIPO* (laufende Jahrgänge).

Wirft man einen Blick auf Entwicklungstendenzen im letzten Jahrzehnt, ergibt sich folgendes: Bei steigenden absoluten Anmeldezahlen insgesamt und für jedes einzelne Herkunftsland hat der prozentuale Anteil US-amerikanischer Anmelder am Welt-Patentmarkt deutlich zugenommen, gleichzeitig ist der japanische Anteil zurückgegangen. Der Anteil von Patentanmeldungen deutscher Herkunft liegt stabil bei 10 %.

3.3. Internationale Patentflüsse

Nachdem bisher im wesentlichen die Herkunft von Patentanmeldungen betrachtet wurde, schließt sich naturgemäß die Frage nach den Zielen der Auslandsanmeldungen an. Die Abbildung 6 enthält die internationalen Patentflüsse zwischen den Blöcken USA, Japan und Europa sowie zwischen Deutschland und diesen Blöcken.[13] Europa ist hier durch die Mitgliedsländer des Europäischen Patentübereinkommens (EPÜ) definiert, sie stimmen im wesentlichen mit den Ländern der Europäischen Union (EU) überein (Näheres dazu siehe 4.2.).

Wie der Abbildung 6 zu entnehmen ist, ist die Welt durch Patentflüsse in jede Richtung vernetzt. Der stärkste Strom von Patentanmeldungen fließt von Japan nach USA. Demgegenüber sind die Ströme von Japan nach Europa und Deutschland relativ schwach, wobei dem deutschen Markt mehr Interesse geschenkt wird als dem übrigen Europa. Hier wird die japanische Patentstrategie erkennbar, die dadurch gekennzeichnet ist, daß sie auf Schwerpunkte ausgerichtet ist. Demgegenüber ist die Strategie US-amerikanischer Anmelder mehr flächendeckend orientiert. Das ist daran erkennbar, daß die drei Ströme, die von USA ausgehen, in der gleichen Größenordnung liegen.

Der jeweils größte Strom aus einem Herkunftsland gibt etwa die Grundmenge von Erfindungen an, die von hier ins Ausland gehen. Das basiert auf der Feststellung, daß Erfindungen, die für Auslandsanmeldungen vorgesehen sind, üblicherweise nicht nur in einem Ausland, sondern in der Regel in mehreren Ländern zum Patent angemeldet werden.

Für Deutschland ist eine starke Orientierung auf Europa erkennbar. Auch der US-Markt ist für deutsche Anmelder interessant; demgegenüber ist der Patentfluß nach Japan relativ gering. Die enge Verzahnung der europäischen Märkte ist auch in umgekehrter Richtung zu erkennen. So ist der deutsche Patentmarkt für die europäischen Länder wichtiger als die Zielländer USA und Japan.

Inhaltlich erstreckt sich der Patentverkehr über alle technischen Bereiche, jedoch mit deutlichen Schwerpunkten. Regelmäßig bilden die technischen Schwerpunkte des erfinderischen Schaffens im Inland auch den Gegenstand der Auslandsanmeldungen aus den einzelnen Ländern. Solche erkennbaren Schwerpunkte sind:

Japan:	Computertechnik
USA:	Computertechnik; Gesundheitswesen
Europa:	Messen, Prüfen, Optik
Deutschland:	Fahrzeugtechnik; Messen, Prüfen, Optik

---

[13] Eigene Berechnungen aus: *WIPO* (laufende Jahrgänge).

Diese Ergebnisse befinden sich in Übereinstimmung mit denen aus dem oben analysierten Patent- und Lizenz-Zahlungsverkehr.

Abbildung 6: Internationale Patentflüsse, Patentanmeldungen 1998: Deutschland - EPÜ-Staaten - USA - Japan

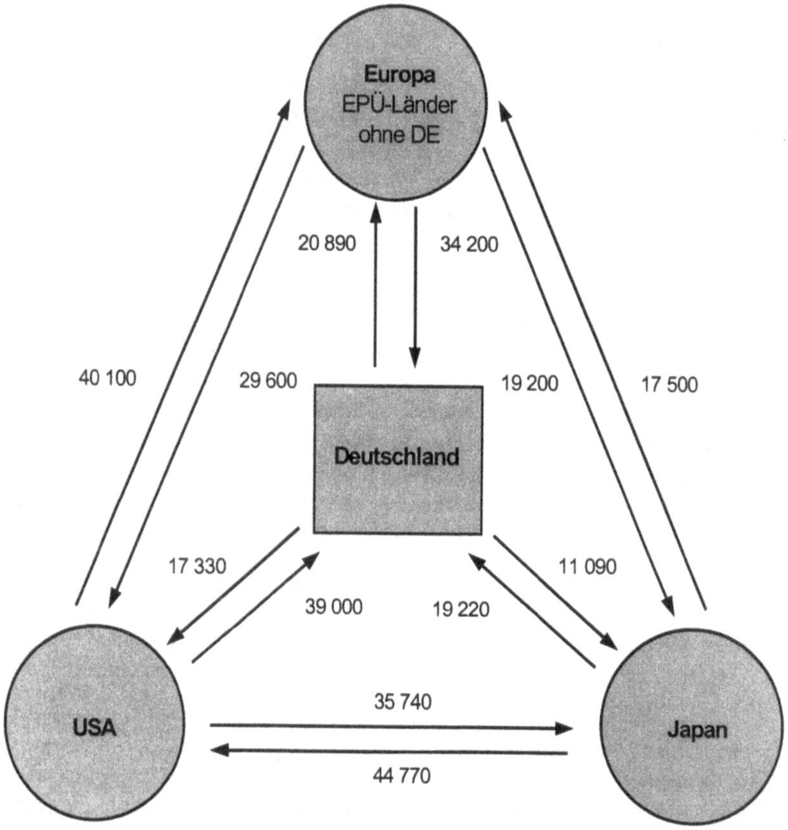

3.4. Denationalisierung nationaler Märkte

Die Ausdehnung des Welt-Patentmarktes (siehe Abb. 3) geht naturgemäß im Gleichschritt mit der Ausdehnung der nationalen Patentmärkte. So ist zum Beispiel das Volumen der Patentanmeldungen mit Wirkung in Deutschland von 110 349 im Jahre 1990 auf 220 761 im Jahre 1999 angestiegen. Trotz der beachtlichen Zunahme der inländischen Patentanmeldungen von 43 890 auf 74 232 sank der Inlandsanteil auf dem deutschen Patentmarkt in dieser Zeit von 39,8 % auf 33,6 %.[14]

---

[14] Eigene Berechnungen nach Angaben aus: *WIPO* (laufende Jahrgänge). Diese Zahlen beziehen sich auf Patentanmeldungen. Erfindungen können Gegenstand mehrerer selbständiger

Diese Denationalisierung nationaler Märkte ist ein weltweit zu beobachtendes Phänomen. Wie der Abbildung 7 zu entnehmen ist, ist der Inlandsanteil in fast allen Ländern deutlich zurückgegangen, wobei sich die Entwicklung in der jüngsten Zeit noch verstärkt hat.[15] Lediglich in zwei Ländern, USA und Kanada, ist der Inlandsanteil praktisch unverändert geblieben. Hier konnten die inländischen Patentaktivitäten mit der Ausdehnung der gesamten Anmeldeaufkommen zwischen 1990 und 1999 von 176 100 auf 294 706 in den USA und von 37 917 auf 69 777 in Kanada Schritt halten.

Abbildung 7: Inländische Patentanmeldungen ausgewählter OECD-Länder: Anteil an den Gesamt-Anmeldungen im jeweiligen Land in Prozent

	1990	1995	1999
Australien	26,2	24,9	15,1
Belgien	2,5	2,7	1,5
Dänemark	4,5	3,6	2,1
Deutschland	39,8	38,0	33,6
Finnland	17,3	11,1	1,7
Frankreich	19,2	18,0	15,2
Großbritannien	24,9	21,9	16,2
Irland	15,5	2,0	1,0
Japan	88,5	86,1	81,7
Kanada	7,3	7,0	7,4
Neuseeland	17,2	6,9	3,5
Niederlande	7,6	7,0	5,2
Norwegen	8,4	5,9	3,4
Österreich	5,6	3,7	1,9
Schweden	8,7	9,1	5,5
Schweiz	10,3	7,3	3,9
Spanien	4,8	3,3	2,1
USA	51,9	54,1	53,1

4. Internationale Regelungen

Die Möglichkeiten und Grenzen, ein Patent zu erwerben und über ein Schutzrecht zu verfügen, liegen in der Souveränität der einzelnen Staaten. So hat jedes Land ein eigenes nationales Patentgesetz, das auch nur in diesem Lande gilt. Angesichts großräumiger wirtschaftlicher Interessen hat die Strenge dieses Territorialitätsprinzips schon früh

Patentanmeldungen sein, wenn gleichzeitig mehrere Anmeldewege beschritten werden (Näheres dazu siehe 4.2.).

15 Eigene Berechnungen nach Angaben aus: *WIPO* (laufende Jahrgänge). Aufgelistet sind alle OECD-Länder (Stand 1990) mit mindestens 1 000 Inländer-Anmeldungen im Jahre 1999; Ausnahme: Italien wegen Datenmangels.

Bestrebungen zu ihrer Milderung ausgelöst. Im Laufe der Zeit wurde eine Reihe internationaler Vereinbarungen getroffen, die einerseits darauf gerichtet sind, das Patentrecht zu harmonisieren und andererseits darauf, gemeinsame Verfahrensschritte einzurichten.

Eine Übersicht zu diesen Patentübereinkommen, die im folgenden beschrieben werden, enthält die Abbildung 8.[16]

Abbildung 8: Übersicht zu internationalen Patentabkommen

Kurzform	Bezeichnung	Gründungsjahr	Zahl der Mitgliedsländer (Stand 15.1.2001)
PVÜ	Pariser Verbandsübereinkunft zum Schutz des gewerblichen Eigentums	1883	160
WIPO	Übereinkommen zur Errichtung der Weltorganisation für geistiges Eigentum: *World Intellectual Property Organization*	1967	175
IPC	Straßburger Abkommen über die Internationale Patentklassifikation: *International Patent Classification*	1971	47
TRIPS	Übereinkommen über handelsbezogene Aspekte der Rechte des geistigen Eigentums: *Trade Related Aspects of Intellecual Property Rights*	1994	135
PLT	Patentrechtsvertrag (noch nicht in Kraft getreten): *Patent Law Treaty*	2000	47
PCT	Vertrag über die internationale Zusammenarbeit auf dem Gebiet des Patentwesens: *Patent Cooperation Treaty*	1970	109
EPÜ	Übereinkommen über die Erteilung europäischer Patente	1973	20
GPÜ	Vereinbarung über Gemeinschaftspatente (noch nicht in Kraft getreten)	1975	15

4.1. Harmonisierungen

Bereits 1883 kam es zum Abschluß der Pariser Verbandsübereinkunft (PVÜ). Sie wurde von 11 Staaten begründet und zählt heute 160 Mitgliedsländer. Die Bestimmungen der PVÜ beeinflussen und ergänzen die Anwendung des nationalen Rechts. Wesentlicher Inhalt ist der Grundsatz der Inländerbehandlung und die Unionspriorität, wonach eine Patentanmeldung ein einjähriges Prioritätsrecht in allen anderen Verbandsländern genießt. Danach können dem Patentanmelder in der Prioritätsfrist eingetretene neuheitsschädliche Tatsachen nicht als patenthindernd entgegengehalten werden.

[16] Die Beschreibung der einzelnen internationalen Abkommen stützt sich wesentlich auf folgende Quellen: *Schade* (2001), *Schulte* (2001) und *DPMA* (2001b).

Dachorganisation für die PVÜ ist die Weltorganisation für geistiges Eigentum (World Intellectual Property Organization – WIPO). Sie wurde 1967 als Sonderorganisation der Vereinten Nationen (UNO) mit Sitz in Genf gegründet. Ihr gehören 175 Staaten an. Entsprechend ihrer Aufgabe, den Schutz des geistigen Eigentums durch Zusammenarbeit der Staaten weltweit zu fördern, verwaltet die WIPO neben der PVÜ eine Reihe weiterer internationaler Vereinbarungen. Außerdem gibt die WIPO Standards und Empfehlungen zur weltweiten Harmonisierung des praktischen Umgangs mit dem Patentwesen heraus. Sie sind so abgefaßt, daß sie weltweit bei den einzelnen Patentämtern unmittelbare Anwendung finden. Ein Beispiel dafür ist die in Form und Inhalt strenge Normierung von Patentdokumenten; sie bildet einen Weltstandard, der von allen Patentämtern praktiziert wird.

Nach jahrzehntelanger Vorarbeit wurde 1971 das Straßburger Abkommen über die Internationale Patentklassifikation (IPC) unterzeichnet. Es wird von der WIPO verwaltet. Derzeit sind 47 Staaten beteiligt. Die Patentklassifikation ist die systematische Einteilung aller im Patentwesen vorkommenden Gebiete der Technik und Naturwissenschaften und ist damit das grundlegende Ordnungsmittel für die Patentdokumente. Die IPC, die in den siebziger Jahren weltweit eingeführt wurde, ermöglicht eine einheitliche Klassifizierung und damit gezieltes Recherchieren und Auffinden der weltweit veröffentlichten Patentdokumente.

Im Rahmen des Übereinkommens zur Errichtung der Welthandelsorganisation (World Trade Organization – WTO) wurde 1994 das Übereinkommen über handelsbezogene Aspekte der Rechte des geistigen Eigentums (Agreement on Trade Related Aspects of Intellectual Property Rights – TRIPS) geschlossen. TRIPS ist Bestandteil von WTO und insofern für WTO-Mitglieder verbindlich. Mit derzeit 135 Mitgliedsländern hat das Übereinkommen weltweite Ausdehnung gefunden. Die wichtigsten einheitlichen Regelungen betreffen:

- Inländerbehandlung und Meistbegünstigung
- Kriterien für den Zugang zum Patentschutz
- Zwangslizenzen im öffentlichen Interesse
- Laufzeit: 20 Jahre ab Anmeldung
- Durchsetzung der Rechte des geistigen Eigentums

Das jüngste internationale Übereinkommen ist der Patentrechtsvertrag (Patent Law Treaty – PLT). Er wurde im Jahre 2000 unterzeichnet, umfaßt 47 Mitgliedsländer und ist noch nicht in Kraft getreten. Der Vertrag enthält im wesentlichen eine Standardisierung patentrechtlicher Formvorschriften, mit dem Ziel, das Verfahren zur Erlangung und Aufrechterhaltung von Patenten weltweit zu vereinfachen.

4.2. Supranationale Verfahrensschritte

Der Vertrag über die internationale Zusammenarbeit auf dem Gebiet des Patentwesens (Patent Cooperation Treaty – PCT) ist 1970 unterzeichnet worden und 1978 in Kraft getreten. Der PCT-Vertrag ist ein weltweites Abkommen; er wird von der WIPO verwaltet und hat derzeit 109 Mitglieder. Damit wurde die Möglichkeit geschaffen, mit einer einzigen Patentanmeldung die Wirkung einer nationalen Anmeldung in allen im

Antrag angegebenen PCT-Mitgliedsstaaten (Bestimmungsländer) zu erreichen. Eine PCT-Anmeldung kann beim nationalen Patentamt in der Heimatsprache eingereicht werden. Von dort wird sie an die WIPO weitergeleitet; diese veranlaßt eine internationale Recherche zum Stand der Technik und veröffentlicht Anmeldung und Recherchebericht 18 Monate nach der prioritätsbegründenden Anmeldung. Innerhalb von 20 Monaten ab Anmeldung (bzw. 30 Monaten, sofern vom Anmelder ein weiterer möglicher Verfahrensschritt einbezogen wird) muß der Anmelder gegenüber den Patentämtern der Bestimmungsländer bekunden, ob er seinen Patentantrag weiterverfolgen will. Gegebenenfalls folgt dann das Erteilungsverfahren bei den einzelnen Patentämtern nach jeweiligem Patentrecht.

Der PCT-Weg ist somit eine nützliche Einrichtung, um Zeit für die Entwicklung oder die Bestimmung von Märkten zu gewinnen. Vielfach ist noch nicht abzusehen, ob der wirtschaftliche Wert der Erfindung Auslandsanmeldungen rechtfertigt, und man möchte noch flexibel bleiben mit der Entscheidung über Auslandsanmeldungen. Aus diesen Gründen erfreut sich das PCT-Verfahren großer und zunehmender Beliebtheit. Die Zahl der PCT-Anmeldung stieg von 459 im Jahr der Einführung (1978) auf 90 948 im Jahre 2000 (siehe Abb. 9).[17] Die wichtigsten Herkunftsländer – mit ihren Anteilen im Jahre 2000 – sind: USA (42 %), Deutschland (13 %), Japan (10 %), Großbritannien (7 %) und Frankreich (4 %).

Abbildung 9: PCT-Anmeldungen

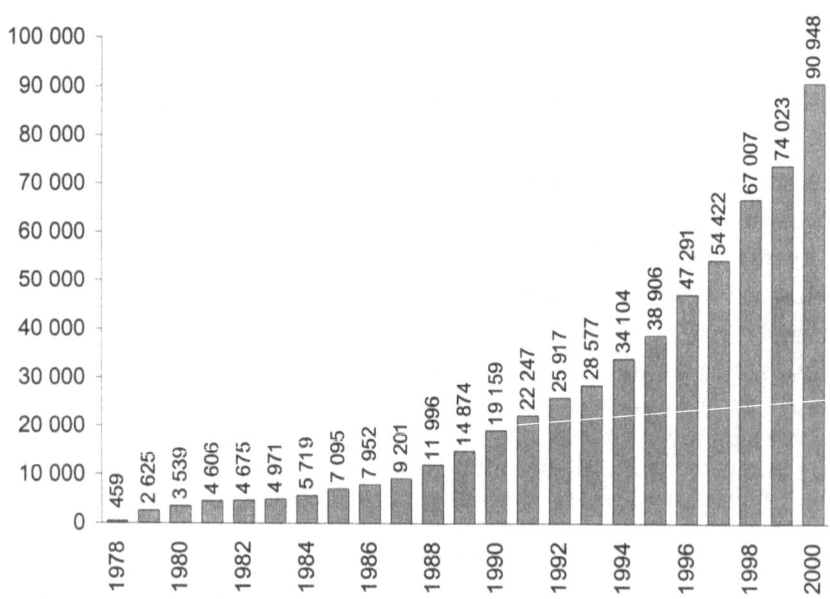

[17] Quelle: *WIPO* (2001).

Im Jahre 1973 wurde das Europäische Patentübereinkommen (EPÜ) geschlossen, 1978 ist es in Kraft getreten. Es begründet eine Europäische Patentorganisation, ein gemeinsames Recht für die Erteilung von Patenten und ein Europäisches Patentamt (EPA) mit Sitz in München. Eine Patentanmeldung beim Europäischen Patentamt bietet die Möglichkeit, gleichzeitig für mehrere Länder, die im einzelnen benannt werden müssen, Erfindungsschutz zu beantragen. Die Einheitlichkeit des Verfahrens geht nur bis zur Erteilung eines Europa-Patents. Danach zerfällt es in ein Bündel nationaler Patente, die nationalem Patentrecht unterliegen und von den nationalen Patentämtern verwaltet werden.

Dem EPÜ gehören zur Zeit 20 Mitgliedsländer an; für diese Länder kann ein Anmelder per Einzelbenennung Patentschutz begehren. Die Möglichkeit, eine Europäische Anmeldung zu tätigen, beschränkt sich nicht auf die Mitgliedsländer. Das System ist offen für Anmelder aus aller Welt. So kommen auch nur rund 50 % der Europäischen Patentanmeldungen aus den Mitgliedsländern. Das stärkste Herkunftsland mit 28 % der Anmeldungen im Jahr 2000 sind die USA. Auf Deutschland entfallen 20 %, auf Japan 17 %. Das Europäische Patentsystem erfreut sich insgesamt großer Akzeptanz. Die Zahl der Patentanmeldungen hat im Jahre 2000 die Marke von 100 000 überschritten (siehe Abb. 10).[18]

Abbildung 10: EPA-Patentanmeldungen

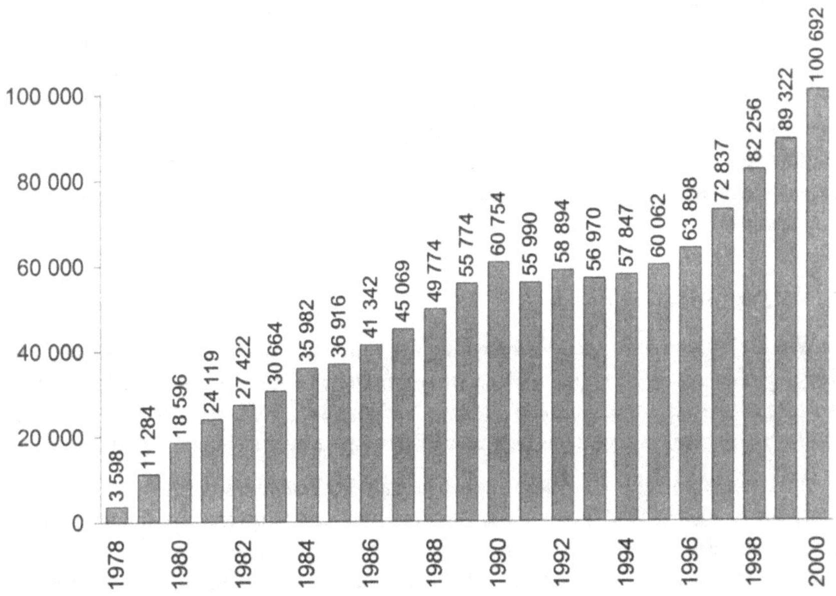

[18] Hierbei handelt es sich um EPA-Direktanmeldungen und Euro-PCT-Anmeldungen mit Eintritt in die regionale Phase. Quelle: *EPA* (2001).

Das Europäische Patentübereinkommen hat organisatorisch nichts mit der Europäischen Union zu tun, wenn auch bezüglich der Mitgliedsländer weitgehende Übereinstimmung besteht. Alle EU-Länder sind auch EPÜ-Länder. Die umgekehrte Sichtweise ist mit gewissen Ausnahmen behaftet: Die Schweiz, Liechtenstein, Monaco, Zypern und die Türkei sind keine EU-Länder aber EPÜ-Länder. Im Jahr 2002 wird der Kreis der EPÜ-Mitglieder um acht (ehemals sozialistische) Länder erweitert.

Für den Bereich der Europäischen Union ist ein Gemeinschaftspatent vorgesehen, das im Gesamtbereich der EU einheitlichen Schutz gewähren soll. Der entscheidende Unterschied zum Europa-Patent ist also, daß ein Gemeinschaftspatent nicht nach nationalem, sondern nach gemeinschaftlichem Recht wirkt und den gesamten Lebenslauf abdeckt, von der Anmeldung bis zum Ende. Es handelt sich hierbei um ein supranationales Patent, unter Aufhebung des Territorialprinzips im Hinblick auf die einzelnen Mitgliedsländer. Das Gemeinschaftspatentübereinkommen (GPÜ) wurde 1975 unterzeichnet, ist aber noch nicht in Kraft getreten. Nachdem es im ersten Anlauf nicht gelungen war, trotz einer positiven Mehrheit alle Mitgliedsländer zur Ratifizierung zu bewegen, wurde es für längere Zeit still um das Gemeinschaftspatent. Auf Initiative der EU-Kommission sind in letzter Zeit wieder Aktivitäten entfaltet worden. Entscheidende Probleme sind eine gemeinsame Gerichtsbarkeit und die Übersetzungskosten bei Berücksichtigung aller EU-Sprachen.

Für die Anmelder einer Erfindung zum Patent stehen somit verschiedene Wege zur Verfügung. Um beispielsweise Patentschutz in Deutschland zu erlangen, kann zwischen drei Varianten gewählt werden: nationale Anmeldung beim Deutschen Patentamt, europäische EPÜ-Anmeldung und internationale PCT-Anmeldung. Es ist dem Anmelder auch unbenommen, die Möglichkeiten auch gleichzeitig parallel in Anspruch zu nehmen. Es ist vorgesehen, auch nach Einführung des Gemeinschaftspatents für die EU, die Möglichkeit von Patentanmeldungen auf nationalem Weg in den einzelnen Mitgliedsländern beizubehalten. Damit werden dann die Anmeldungswege um eine vierte Variante erweitert.

5. Schlußbemerkungen

Wie die Fakten aufzeigen, erfreuen sich die internationalen Übereinkommen weltweiter großer Akzeptanz und sind damit wesentlicher Grund für die Ausdehnung des Welt-Patentmarkts. Praktisch alle Länder der Welt sind Mitglied der WIPO und der PVÜ. Die jüngeren Abkommen PCT und TRIPS entwickeln sich auch dahin.

Die Grundlage dafür ist dadurch gegeben, daß das Patentwesen ein Rechtsinstitut eigener Art ist, das unabhängig von der Gesellschafts- und Wirtschaftsordnung und unabhängig vom Entwicklungsstand der Volkswirtschaft in fast allen Ländern der Welt existiert. Selbst die sozialistischen Länder, allen voran die Sowjetunion, hatten ein Patentwesen mit Ausschließlichkeitspatenten und waren Mitglied der internationalen Abkommen PVÜ, WIPO, PCT, IPC, um so am internationalen Patentverkehr teilzuhaben.

Entscheidende Impulse zur Internationalisierung des Patentwesens sind von der Wirtschaft ausgegangen. Im Falle der PVÜ wurden sie von der französischen Regierung aufgenommen und vorangetrieben. Interessant ist die Zusammenstellung der PVÜ-

Unterzeichnerstaaten von 1883: Belgien, Brasilien, Frankreich, Guatemala, Italien, Niederlande, Portugal, San Salvador, Schweiz, Serbien, Spanien (*Beier* 1983). Ebenfalls auf Initiativen aus der Wirtschaft gehen die internationalen Abkommen PCT und TRIPS zurück. Demgegenüber sind bei den Abkommen IPC und EPÜ die Impulse von den Patentämtern ausgegangen, wobei das Deutsche Patentamt maßgebend beteiligt war. Die Einführung eines Gemeinschaftspatents (GPÜ) wird von der EU-Kommission als Konsequenz des Gemeinsamen Marktes betrieben.

Als führender Wissenschafts- und Wirtschaftsmacht kommt den USA eine besondere Rolle im internationalen Patentgeschehen zu. Die Abkommen PCT und TRIPS beruhen wesentlich auf Initiativen und Vorgaben der USA. Sie verhalten sich aber auch als Anpasser. Im Rahmen der internationalen Harmonisierungen nach dem TRIPS-Übereinkommen führten sie im nationalen Patentrecht die Offenlegung von Patentanmeldungen und die zwanzigjährige Regellaufzeit für Patente ein.

Insgesamt wird die Internationalisierung des Patentwesens den Anforderungen der zunehmenden Globalisierung von Wirtschaft und Wissenschaft in hervorragender Weise gerecht. Durch seinen Beitrag zur weltweiten Beseitigung von Politik- und Handelsschranken und zur Schaffung internationaler Ordnungsrahmen für integrierte Güter- und Dienstleistungsmärkte darf das Patentwesen als ein Wegbereiter des Weltmarktes angesehen werden.

Literatur

Albach, Horst (1997), Wirtschaftspolitische und technologiepolitische Folgen der Globalisierung, Diskussionspapier des Wissenschaftszentrums Berlin.

Beier, Friedrich-Karl (1983), Hundert Jahre Pariser Verbandsübereinkunft, in: Gewerblicher Rechtsschutz und Urheberrecht, Internationaler Teil, Heft 6/7, S. 339-347.

Deutsche Bundesbank (2000), Technologische Dienstleistungen in der Zahlungsbilanz, Statistische Sonderveröffentlichung, Frankfurt am Main.

Deutsche Bundesbank (laufende Jahrgänge), Monatsberichte der Deutschen Bundesbank, Frankfurt am Main.

DPMA – Deutsches Patent- und Markenamt (2001a), Statistik des Deutschen Patent- und Markenamts für das Jahr 2000, in: Blatt für Patent-, Muster und Zeichenwesen, Jg. 103, Heft 3, S. 72-94.

DPMA – Deutsches Patent- und Markenamt (2001b), Mehrseitige Internationale Abkommen, in: Blatt für Patent-, Muster und Zeichenwesen, Jg. 103, Heft 4, S. 118-143.

Eucken, Walter (1949), Die Wettbewerbsordnung und ihre Verwirklichung, in: ORDO, Bd. 2, S. 1-99.

EPA – Europäisches Patentamt (2001), Jahresbericht 2000, München.

EPO – Europeen Patent Office, JPO – Japanese Patent Office, USPTO – United States Patent and Trademark Office (laufende Jahrgänge), Trilateral Statistical Report, Munich, Tokyo und Washington.

Greif, Siegfried (1979), Die deutsche Patent- und Lizenzbilanz, in: Gewerblicher Rechtsschutz und Urheberrecht, Internationaler Teil, Heft 10, S. 450-460.

Greif, Siegfried (1998), Strukturen und Entwicklungen im Patentgeschehen, in: *Siegfried Greif, Hubert Laitko* und *Heinrich Parthey* (Hg.), Wissenschaftsforschung: Jahrbuch 1996/97, Marburg, S. 97-136.

Greif, Siegfried (1999), Der Beitrag der Wissenschaft zur Produktion technischen Wissens, in: Ifo-Studien, Zeitschrift für empirische Wirtschaftsforschung, Jg. 45, Heft 4, S. 541-559.

Kaufer, Erich (1980), Industrieökonomik: Eine Einführung in die Wettbewerbstheorie, München.

Kurz, Peter (2000), Weltgeschichte des Erfindungsschutzes, Köln, Berlin, Bonn und München.

Machlup, Fritz (1962), Die wirtschaftlichen Grundlagen des Patentrechts, Weinheim.

Rauscher, Dankwart (2001), Generika: Der Markt der Zukunft?, in: Die Pharmazeutische Industrie, Jg. 63, Nr. 10, S. 1001-1004.

Reinelt, Manfred (1985), Lizenzinformation und Lizenzmarkt, in: Gewerblicher Rechtsschutz und Urheberrecht, Heft 3, S. 173-179.

Schade, Jürgen (2001), Patent-Tabelle, 8. Aufl., Köln, Berlin, Bonn und München.

Scherer, Frederic M. (1977), The Economic Effects of Compulsory Patent Licensing, New York.

Schulte, Rainer (2001), Patentgesetz mit Europäischem Patentübereinkommen: Kommentar, 6. Aufl., Köln, Berlin, Bonn und München.

Täger, Uwe (1989), Probleme des deutschen Patentwesens im Hinblick auf die Innovationsaktivitäten der Wirtschaft, München.

Troller, Alois (1959), Immaterialgüterrecht, Band I, Basel und Stuttgart.

Wissenschaftsrat (1995), Stellungnahme zum Heinrich-Hertz-Institut für Nachrichtentechnik Berlin, Berlin.

WIPO – World Intellectual Property Organization (2001), Information Note: The Patent Cooperation Treaty (PCT), Genf.

WIPO – World Intellectual Property Organization (laufende Jahrgänge), Industrial Property Statistics, Genf.

Alfred Schüller und H. Jörg Thieme (Hg.), Ordnungsprobleme der Weltwirtschaft
Schriften zu Ordnungsfragen der Wirtschaft · Band 71 · Stuttgart · 2002

Internationale Umweltpolitik: Das Beispiel Klimaschutz

Ingo Pies

Inhalt

Einleitung

> „To some extent, the most tractable environmental problems have already been dealt with. The problems of the future are likely to be more complex, and their resolution will require ... greater international co-operation.“
>
> *OECD* (2001, S. 23).

Die OECD hat im Jahr 2001 einen Umweltbericht verfasst, in dem sie im Hinblick auf den Schutz der natürlichen Lebensgrundlagen eine Bestandsaufnahme des bisher Erreichten vorlegt und sich – basierend auf Prognosen für die nächsten beiden Dekaden – um eine Einschätzung der zukünftig zu erwartenden umweltpolitischen Herausforderungen bemüht. Zu diesem Zweck hat man in diesem Bericht umweltpolitische Probleme in drei Klassen eingeteilt, denen jeweils das Symbol eines Ampelsignals zugeordnet wurde (Abbildung 1).

Abbildung 1: Umweltpolitische Signale

Green Light	Yellow Light	Red Light

• Industrial point source pollution • Some air pollutants (lead, CFCs, CO, SO_x)	• Water use • Toxic emissions from industry • Hazardous waste generation • Energy production and use	• Agricultural pollution • Over-fishing • Municipal waste generation • Motor vehicle and aviation air pollution emissions • Greenhouse gas emissions • Biodiversity • Tropical forest coverage • Groundwater quality

Quelle: in Anlehnung an OECD *(2001; Table 1, S. 20).*

Die erste Klasse repräsentiert die umweltpolitische Erfolgsbilanz der letzten Jahre und Jahrzehnte: Mit einem grünen Licht versehen sind jene ökologischen Probleme, bei denen bereits in der Vergangenheit eine deutliche Entspannung zu beobachten war und für die auch in Zukunft nicht mit Rückschritten, sondern mit weiteren Fortschritten gerechnet wird. Hierzu gehören industrielle Abgase und Abwässer, deren Niveau durch

Filtertechniken und Prozeßinnovationen deutlich gesenkt werden konnte. Ebenfalls in diese Kategorie fällt die allgemeine Luftverschmutzung. So ist in allen OECD-Ländern ein deutlicher Rückgang der Emissionen von Blei, Chlorkohlenwasserstoffen (CFCs), Kohlenmonoxyd (CO) und Schwefeloxyden (SO_x) zu verzeichnen gewesen.

Die zweite Klasse repräsentiert Probleme, bei denen Vorsicht geboten ist: Mit einem gelben Licht versehen sind jene ökologischen Herausforderungen, für die eine Verschärfung in Zukunft nicht ausgeschlossen werden kann. Hierzu gehört die Wassernutzung in den OECD-Ländern, für die bis zum Jahr 2020 ein weiterer Anstieg erwartet wird. Ebenfalls in diese Kategorie fällt die steigende Giftmüllproduktion sowie die Industrie-Emission toxischer Stoffe, deren gesundheitliche Auswirkungen, z. B. in Form von Allergien, noch unzureichend erforscht sind. Auch die weiterhin steigende Erzeugung und Nutzung von Energie wird als potentielles Problem eingestuft.

Die dritte Klasse repräsentiert für die absehbare Zukunft eine Prioritätenliste umweltpolitischer Herausforderungen: Mit einem roten Licht versehen sind jene ökologischen Probleme, denen nur durch energisches Gegensteuern begegnet werden kann und für die insofern dringender Handlungsbedarf konstatiert wird. Hierzu gehört die landwirtschaftlich bedingte Wasser- und Bodenverschmutzung durch Überdüngung (Nitratverseuchung), die Übernutzung der Fischbestände in den Weltmeeren, der mit Verstädterung einher gehende Anstieg der Müllproduktion, die mit zunehmendem Auto- und Flugverkehr ansteigenden Abgase sowie, last but not least, die Emission von Treibhausgasen. Ebenfalls in diese Kategorie fallen die Abholzung des tropischen Regenwaldes sowie der befürchtete Rückgang der Artenvielfalt („biodiversity") und die Gefährdung der Grundwasserqualität.

Die Probleme dieser dritten, mit einem ökologischen Warnsignal versehenen Kategorie zeichnen sich dadurch aus, daß sie mindestens eines der beiden folgenden Kennzeichen aufweisen. Das *erste* Kennzeichen betrifft die räumliche Reichweite der ökologischen Herausforderungen. Viele Probleme sind nicht mehr bloß lokaler oder regionaler Natur; sie überschreiten nationalstaatliche Grenzen und treten vielfach sogar im weltweiten Maßstab auf. Pointiert zugespitzt, könnte man von einer Globalisierung ökologischer Herausforderungen sprechen. Das *zweite* Kennzeichen betrifft die räumliche Ausdehnung und Mobilität der Emissionsquellen. Anders als bei der industriellen Umweltverschmutzung sind es nicht mehr einige wenige, räumlich konzentrierte, klar identifizierbare Großanlagen, von denen das jeweilige ökologische Problem ausgeht. Vielmehr sind es buchstäblich zahllose Fischer, die zur Überfischung beitragen; zahllose Konsumenten, die Müll produzieren und Energie nutzen; zahllose Landwirte, die Nitrate austragen; und zahllose Autofahrer, die neben Abgasen auch Treibhausgase emittieren. Pointiert zugespitzt, könnte man von einer zunehmenden Dispersion zunehmend heterogener Emissionsquellen sprechen.

Mit beiden Kennzeichen verbinden sich besondere Schwierigkeiten für die traditionelle Umweltpolitik. Das *erste* Kennzeichen hat zur Folge, daß ein Nationalstaat allein als Regulierungsinstanz in der Regel nicht ausreicht. Vielmehr ist eine internationale umweltpolitische Kooperation staatlicher und nicht-staatlicher Akteure (ein Zusammenspiel von Staaten mit Interessengruppen, Unternehmen, Unternehmensverbänden und internationalen Organisationen) erforderlich, wenn man den neuen Herausforderungen wirksam begegnen will.[1] Das *zweite* Kennzeichen hat zur Folge, daß eine allein ordnungsrechtliche Auflagenpolitik als Regulierungsinstrument in der Regel ungeeignet ist.[2] Hierfür sind im wesentlichen drei Gründe verantwortlich. Erstens ist die ökologische Treffsicherheit von Auflagen eingeschränkt.[3] Zweitens schlägt angesichts zunehmend heterogener Emissionsquellen die mangelhafte Kosteneffizienz von Aufgaben besonders stark zu Buche.[4] Und drittens schließlich ist es von Nachteil, daß Auflagen nur vergleichsweise schwache Anreize setzen, um auf breiter Front ökologisch ausgerichteten technischen Fortschritt zu fördern.[5]

Vor diesem Hintergrund nun gelangt die OECD-Studie zu folgender These und Empfehlung:

> „It is often difficult to design a single policy instrument that will successfully provide the right incentives for a total reduction in resource use or in pollution and waste generation. Instead, it will generally be necessary to employ a mix of policy instruments. The policy mix suggested here involves the combination of a robust regulatory framework with a variety of other instruments, such as stronger pricing instruments to influence the behaviour of consumers and producers, voluntary agreements, tradable permits, eco-labels and information-based incentives, land use regulation and infrastructure provision."[6]

---

1 So heißt es im Bericht der *OECD* (2001, S. 23): „[M]any of the issues identified as »red lights« are problems of sharing the use of global resources of sinks ... While unilateral action can help to alleviate some of the pressures on these resources, strong internationally coordinated polices will be required."

2 So heißt es im Bericht der *OECD* (2001, S. 23 f.): „A number of ... »red lights« are the result of diffuse sources of pollution ... which are difficult to tackle because they come from large numbers of disperse or mobile sources (e.g. cars, farms, consumers). In many cases it is difficult to identify the particular source of pollution, and thus to design regulations or policies to directly address the problem."

3 In der Lehrbuchliteratur trifft man bisweilen eine andere Einschätzung an, vgl. z. B. *Feess* (1995, S. 63 f.). Deshalb sei dieser Punkt hier besonders betont: Auflagen werden in der Regel aggregatbezogen definiert. Sie bestimmen eine Emissionshöchstgrenze pro Maschine oder pro Motor oder pro Heizung. Sobald aber mehr Aggregate genutzt werden oder die so regulierten Aggregate intensiver genutzt werden, steigt die Emission im Raum. Insbesondere bei mobilen Emissionsquellen können so Probleme lokaler Konzentration („hot spots") entstehen.

4 Das Kriterium der Kosteneffizienz stellt darauf ab, ob ein umweltpolitisches Instrument geeignet ist, ein bestimmtes Umweltziel mit minimalen volkswirtschaftlichen Kosten zu erreichen. Hierfür ist es erforderlich, daß Anreize gesetzt werden, eine Emission dort zu vermeiden, wo dies – bzw. bei wem dies – am billigsten möglich ist. Das Instrument der Auflage setzt solche Anreize nicht. Insbesondere bei heterogenen Emissionsquellen, d. h. bei großen Differenzen der je individuellen Grenzvermeidungskosten, kann sich dies als schwerwiegendes Handicap erweisen.

5 Die Entkopplung von Energienutzung (sowie damit verbundenen Treibhausgasemissionen) einerseits und Wirtschaftswachstum andererseits (sowie den damit verbundenen Verbesserungen des Lebensstandards) läßt sich nicht durch Sparen (im Sinne von Konsumverzicht) bewerkstelligen, sondern allein durch Produkt- und Verfahrensinnovationen, welche die Energieintensität des Sozialprodukts(wachstums) nachhaltig reduzieren.

6 *OECD* (2001, S. 24): Ferner heißt es ebd.: „This report outlines a »policy package« or combination of instruments – regulatory, economic and others – that can be used to tackle many of the most pressing environmental problems."

Dieser These soll im folgenden widersprochen werden. Die Gegenthese lautet: Die Empfehlung eines Instrumentenmix unterschätzt die *konzeptionellen* Herausforderungen für die traditionelle Umweltpolitik. Es reicht nicht aus, einfach additiv mehr Instrumente einzusetzen. Gerade die ökonomischen Instrumente können ihre Anreizwirkungen nur dann zur vollen Entfaltung bringen, wenn sie nicht komplementär, sondern substitutiv zur traditionellen Auflagenpolitik eingesetzt werden. Dies aber setzt nichts geringeres als einen Paradigmawechsel voraus: Das (Selbst-)Verständnis umweltpolitischer Regulierung muß umgestellt werden von Interventionspolitik auf Ordnungspolitik. Um es pointiert zugespitzt zu formulieren: *Die gravierenden Umweltprobleme der Zukunft lassen sich nicht durch eine Außerkraftsetzung, sondern allenfalls durch eine Inkraftsetzung des Marktes einer Lösung näher bringen.*

Diese Gegenthese läßt sich graphisch illustrieren: Abbildung 2 zeigt, daß unterschiedliche umweltpolitische Instrumente auf unterschiedlichen Ebenen ansetzen. Während Auflagen eine Intervention in Marktergebnisse vornehmen, zielen Steuern auf eine *Simulierung*, Zertifikate hingegen auf eine *Stimulierung* ökologisch funktionaler Marktpreise: Durch eine Steuer werden Marktpreise administrativ korrigiert. Durch ein System handelbarer Zertifikate hingegen werden die institutionellen Rahmenbedingungen politisch gestaltet, unter denen echte Marktpreise zustande kommen. Vor diesem Hintergrund besagt die Gegenthese, daß für die Lösung globaler Umweltprobleme ein Regimewechsel erforderlich ist: Es geht um eine internationale Umweltpolitik, in der der Einsatz von Auflagen und Steuern durch den Einsatz von Zertifikaten nicht ergänzt, sondern ersetzt wird.

Abbildung 2: Ansatzpunkte umweltpolitischer Instrumente

	Auflagen	Steuern	Zertifikate
Marktregeln (Institutionelle Rahmenbedingungen)			X
Marktpreise		X	
Marktergebnisse	X		

Diese Gegenthese sei im folgenden anhand des Beispiels Klimaschutz entwickelt. Dieses Beispiel vereint beide Kennzeichen moderner Umweltprobleme. Zum einen weist es ein tatsächlich globales Ausmaß auf und zum anderen sind die relevanten Emissionsquellen äußerst heterogen, diffus und mobil. Deshalb treten die beiden Herausforderungen der traditionellen Umweltpolitik anhand dieses Beispiels besonders markant hervor. Diese Schwierigkeiten betreffen die Subjekte und die Objekte umweltpolitischer Regulierung: *Zum einen* sind für einen wirksamen Klimaschutz internationale Vereinbarungen nötig. Dies erfordert eine Kooperation umweltpolitischer Akteure. Damit rückt die politische Implementierbarkeit als Kriterium zur Beurteilung umweltpolitischer Instrumente in den Vordergrund. *Zum anderen* müssen Handlungsanreize so adressiert werden, daß zahlreiche Menschen – sei es in ihrer Rolle als Konsument, sei es in ihrer Rolle als Produzent – ihr Verhalten tatsächlich so ändern, daß sie, ob bewußt oder unbewußt, zum Klimaschutz beitragen. Dies stellt extrem hohe Anforderungen an umweltpolitische Instrumente hinsichtlich der klassischen Kriterien ihrer ökologischen Treffsicherheit, Kosteneffizienz und dynamischen Innovationsanreize.

Die Argumentation dieses Beitrags gliedert sich in drei Abschnitte. Abschnitt 1 erläutert die relevanten Dimensionen des Klimaschutzproblems. Abschnitt 2 zeigt, daß die in Deutschland bislang eingesetzten Instrumente, nämlich Steuern und vor allem Auflagen, prinzipiell ungeeignet sind, diesen Dimensionen in angemessener Weise Rechnung zu tragen. Abschnitt 3 diskutiert die Stärken und Schwächen des Kioto-Protokolls, das die Grundlage internationaler Klimaschutzpolitik bildet. Abschließend wird als Ausblick der Frage nachgegangen, inwiefern nicht nur in der Umweltpolitik, sondern darüber hinaus auch in anderen Feldern internationaler Politik ein Paradigmawechsel ansteht, der zu einem neuen (Selbst-)Verständnis globaler Zusammenarbeit führen könnte.

1. Klimaschutz als ‚global public good': Die relevanten Dimensionen

> „In zunehmendem Maße überschreiten die Umweltprobleme die nationalen Grenzen. Sie ... bedrohen die gesamte Welt. ... Eines der ernsthaftesten globalen Umweltprobleme ist der Klimawandel. Die Klimawissenschaften sind zwar noch nicht zu sicheren Ergebnissen gelangt, doch existiert ein weitgehender Konsens, daß die seit der industriellen Revolution ansteigende Konzentration von Kohlendioxid ... schließlich zu einem globalen Temperaturanstieg führen wird."
>
> *Costanza* et al. (2001, S. 304).

Der gegenwärtigen Klimapolitik liegt die naturwissenschaftliche These eines anthropogenen Treibhauseffekts zugrunde. Gemäß dieser These besteht die Gefahr, daß eine erhöhte Konzentration von Treibhausgasen in der Atmosphäre zu einer globalen Erwärmung und damit einhergehend zu ernsthaft negativen Konsequenzen für die menschliche Zivilisation führen könnte. Befürchtet wird damit folgende Kausalitätskette:

Abbildung 3: Die These vom Treibhauseffekt

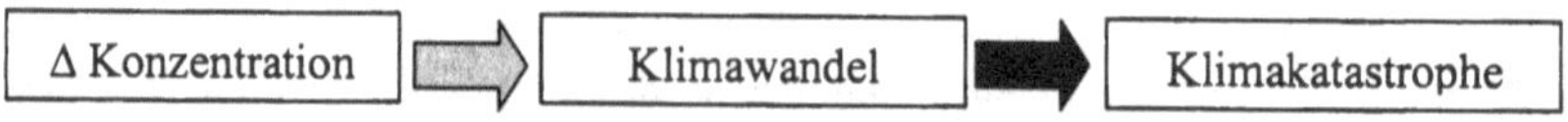

Diese Befürchtung wurde bereits Ende des 19. Jahrhunderts von dem schwedischen Chemiker und Nobelpreisträger *Svante Arrhenius* (1896) in die Literatur eingeführt. Doch erst seit den 80er Jahren des 20. Jahrhundert wird die Theorie des Treibhauseffekts mehrheitlich vom naturwissenschaftlichen Mainstream vertreten. Das 1988 gegründete IPCC („Intergovernmental Panel on Climate Change"), welches von den Vereinten Nationen beauftragt wurde, über den klimawissenschaftlichen „state of the art" zu berichten, weist die Theorie des anthropogenen Treibhauseffekts sogar als naturwissenschaftliche Konsensmeinung aus (vgl. *Houghton* et al. 2001).

Dennoch ist diese Theorie unter Naturwissenschaftlern durchaus nicht unumstritten (für einen Überblick vgl. *Pies* und *Schröder* 2002). *Zum einen* wird bezweifelt, ob ein Klimawandel tatsächlich einer Klimakatastrophe gleichkäme. Dies betrifft den schwarzen Kausalitätspfeil in Abbildung 3. Für eine rationale Umweltpolitik folgt hieraus das Erfordernis, über Optionen nachzudenken, inwiefern sich im Hinblick auf den befürchteten Klimawandel eine Vermeidungsstrategie durch eine Anpassungsstrategie ergänzen und vielleicht sogar ersetzen ließe: Möglicherweise sollte man nicht (ausschließlich) versuchen, den Klimawandel zu verhindern bzw. zu verzögern, sondern (auch) daran arbeiten, sich auf ihn einzustellen, z. B. durch ein verändertes Siedlungsverhalten, das dürre- oder überschwemmungsgefährdete Gebiete meidet.[7] *Zum anderen* steht in Frage, ob das Klima tatsächlich so stark von der Treibhausgaskonzentration abhängt oder ob nicht vielmehr auch andere Einflußfaktoren, insbesondere die Sonnenaktivität, maßgeblich sein könnten.[8] Dies betrifft den grauen Kausalitätspfeil in Abbildung 3. Für eine rationale Umweltpolitik wird hierdurch nahe gelegt, auf verstärkte Forschung zu setzen und sich schon heute darauf einzustellen, daß naturwissenschaftlicher Erkenntnisfortschritt zu negativen, aber auch zu positiven Überraschungen führen könnte, auf die man jeweils flexibel zu reagieren in der Lage sein sollte. Im Klartext bedeutet dies: Angesichts des generationenübergreifenden Zeithorizonts und der gegenwärtig noch beträchtlichen Unsicherheiten besteht die Aufgabe einer rationalen Umweltpolitik nicht darin, schon heute eine fertige Lösung für alle Details eines geeigneten Klimaschutzregimes zu bieten, sondern vielmehr darin, die Weichen so zu stellen, daß begründet darauf vertraut werden kann, in dem heute festgelegten konzeptionellen Rahmen eine zukünftig befriedigende Lösung finden zu können.

Für einen solchen Rahmen folgen aus der vom IPCC favorisierten Theorie des anthropogenen Treibhauseffekts sechs Überlegungen, die sorgfältig berücksichtigt werden müssen.

Erstens ist davon auszugehen, daß mehrere Gase zum anthropogenen Treibhauseffekt beitragen. Als wichtigstes Treibhausgas wird im allgemeinen Kohlendioxyd (CO_2) angesehen, das vor allem durch die Nutzung fossiler Brennstoffe (Kohle, Öl, Gas) frei-

---

[7] Der deutsche Begriff „Klimaschutz" legt die Vorstellung nahe, als könne man – wenn schon nicht den natürlichen, so doch immerhin einen anthropogenen, menschlich verursachten – Klimawandel vermeiden. Im Englischen hingegen diskutiert man „climate change policies". Semantisch wird dadurch ein Erwartungshorizont aufgespannt, in dem es nicht primär um Vermeidung geht – gehen *kann* –, sondern allenfalls um Verzögerung bzw. Verstetigung im Sinne einer pragmatischen Schadensbegrenzung, d. h. um einen rationalen Umgang mit dem Phänomen des Klimawandels. Im Vergleich zur Strategie einer *Vermeidung* bzw. *Verzögerung* des Klimawandels ist die Option einer *Anpassungs*strategie allerdings bislang kaum Gegenstand systematischer Forschungsanstrengungen gewesen. Für eine seltene Ausnahme vgl. *Fankhauser* et al. (1999).

[8] Für eine interessante Stellungnahme hierzu vgl. *Berner* und *Streif* (2000).

gesetzt wird.[9] Des weiteren tragen auch Methan (CH_4) und Lachgas (Distickstoffmonoxyd, N_2O) zur globalen Erwärmung bei. Methan entsteht in Gärprozessen und wird in zunehmendem Maße durch Landwirtschaft und Müllablagerungen freigesetzt. Lachgas entsteht bei der mikrobiellen Stickstoffumwandlung im Boden und bei der Verbrennung von Biomasse. Es gelangt vor allem durch Düngung in der Landwirtschaft und durch veränderte Bodennutzung (z. B. der Tropenwälder) in die Atmosphäre. Abbildung 4 gibt einen Überblick über die relative Bedeutung dieser Treibhausgasemissionen in der OECD.

Abbildung 4: Relative Bedeutung verschiedener Treibhausgase

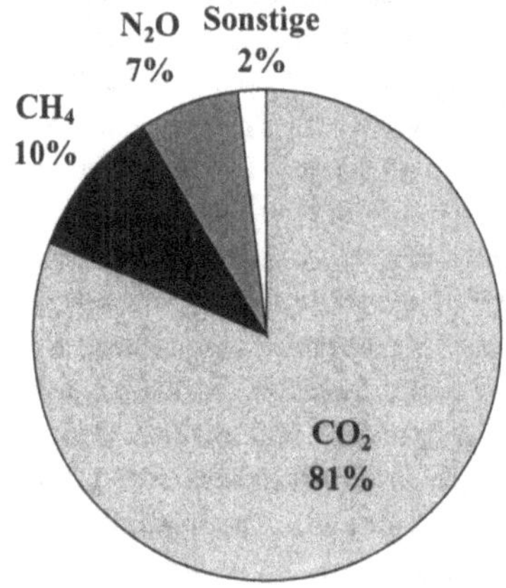

Quelle: OECD *(2001; Fig. 13.1, S. 158). Die Angaben beziehen sich auf die Treibhausgasemissionen aller OECD-Mitgliedsstaaten im Jahr 1998. Sämtliche Gase wurden in CO_2-Äquivalente umgerechnet.*

Zweitens ist zu berücksichtigen, daß es letztlich auf die *Konzentration* von Treibhausgasen in der Atmosphäre ankommt und daß diese Konzentration nicht nur durch Emissionsreduktionen (ex ante), sondern auch durch nachträgliche Absorption (ex post) beeinflußt werden kann. Im Klartext bedeutet dies, daß (Emissions-)Quellen und (Absorptions-)Senken *symmetrisch* zu berücksichtigen sind. Abbildung 5 versucht, diesen Sachverhalt, der für alle Treibhausgase gilt, anhand des wichtigsten Beispiels zu visualisieren: Die Primärquelle anthropogener CO_2-Emissionen ist die Energienutzung. Die wichtigsten CO_2-Senken sind – in dieser Reihenfolge – die Ozeane, Biomasse und Bodenmasse.

---

[9] Für eine prominente Ausnahme vgl. die vom Mainstream abweichenden Überlegungen von *Hansen* (2000). Er vertritt die Auffassung, daß der Erwärmungseffekt des bei der Verbrennung fossiler Energieträger freigesetzten Kohlendioxyds durch einen Abkühlungseffekt der bei dieser Verbrennung ebenfalls freigesetzten Ruß- und Schwebepartikel ungefähr kompensiert worden sein müßte, so daß andere Quellen als CO_2 für die globale Erwärmung verantwortlich sein dürften.

Abbildung 5: Konzentrationswirkung von Quellen und Senken

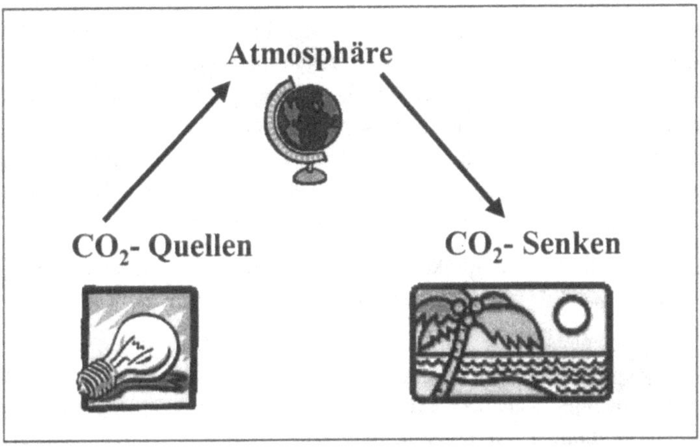

Drittens spielt es für die Konzentration von Treibhausgasen in der Atmosphäre praktisch keine Rolle, *wo* diese Gase emittiert oder absorbiert werden. Aufgrund der schnellen Diffusion dieser Gase sind Quellen und Senken *interregional* und sogar *international* substituierbar. Hot-Spot-Probleme lokaler Konzentration entstehen hier nicht. Anders ausgedrückt, handelt es sich beim Klimaschutz um ein globales öffentliches Gut. Deshalb sind die Beiträge zum Klimaschutz hinsichtlich ihrer Wirkung symmetrisch zu bewerten, unabhängig davon, ob sie in den reichen Gesellschaften des Nordens oder in den armen Gesellschaften des Südens erbracht werden.

Viertens spielt es für die Konzentration von Treibhausgasen in der Atmosphäre praktisch keine Rolle, von wem diese Gase emittiert oder absorbiert werden. Aufgrund der schnellen Diffusion dieser Gase sind Quellen und Senken *intersektoral* substituierbar. Anders ausgedrückt, sind die Beiträge zum Klimaschutz, die etwa der Haushaltssektor, der Industrie- und Energiesektor sowie der Verkehrssektor erbringen, hinsichtlich ihrer Wirkung symmetrisch zu bewerten. Dies bedeutet insbesondere, daß positive und negative Beiträge gegeneinander aufzurechnen sind.

Fünftens wird in der wissenschaftlichen Literatur diskutiert, daß zur Abwendung einer Klimakatastrophe angestrebt werden sollte, die Konzentration von Treibhausgasen in der Erdatmosphäre um das Jahr 2150 zu stabilisieren und danach abnehmen zu lassen.[10] Im Umfeld des IPCC und insbesondere in deutschen politischen Gremien werden in der Regel ein kürzerer Zeithorizont und eine niedrigere Höchstgrenze vertreten.[11]

---

[10] Ausgedrückt in CO_2-Äquivalenten, sollte der Höchstwert von 550 ppmv nicht überschritten werden. Vgl. hierzu *Jacoby* et al. (1999).

[11] Die Enquête-Kommission „Schutz der Erdatmosphäre" des 12. Deutschen Bundestages beispielsweise favorisiert eine Stabilisierung der Treibhausgaskonzentration (in CO_2-Äquivalenten) bei nur 500 ppmv um das Jahr 2100.

Doch selbst ein solch verkürzter Zeithorizont stellt demokratische Politikprozesse vor immense Herausforderungen.[12]

Sechstens wird es für erforderlich gehalten, angesichts dieses ehrgeizigen Ziels schon in naher Zukunft dramatische Emissionsrückgänge in Angriff zu nehmen. Der von der Bundesregierung eingesetzte Rat für nachhaltige Entwicklung empfiehlt eine Reduktion der deutschen CO_2-Emissionen, bezogen auf das Basisjahr 1990, von 30 % bis zum Jahr 2010 und von 40 % bis zum Jahr 2020.[13] Für das nächste halbe Jahrhundert lautet die Empfehlung des Nachhaltigkeitsrats: „Deutschland sollte seine CO_2-Emissionen bis zum Jahr 2050 gegenüber 1990 um etwa 80 % reduzieren".[14]

Betrachtet man diese sechs Punkte in ihrem systematischen Zusammenhang, so lassen sich folgende Schlußfolgerungen ziehen:

- Solchermaßen drastische Reduktionsziele verlangen imperativisch den Einsatz statisch und dynamisch effizienter Anreizinstrumente: *Einerseits* ist politisch dafür Sorge zu tragen, daß bei gegebener Technik die weltwirtschaftlichen Kosten einer Emissionsreduktion möglichst gering gehalten werden, indem Emissionen dort zu vermeiden sind, wo dies im globalen Maßstab am billigsten möglich ist. Insofern erfordert statische Kosteneffizienz einen anreizkompatiblen Mechanismus zur Angleichung individuell unterschiedlicher Grenzvermeidungskosten. *Andererseits* ist politisch dafür Sorge zu tragen, daß der Klimaschutz durch Innovationen vorangetrieben wird, die das Wirtschaftswachstum vom Verbrauch fossiler Energien entkoppeln, so daß sinkende CO_2-Emissionen nicht notwendig mit sinkendem Wohlstand einhergehen müssen. Abbildung 6 verdeutlicht diesen Zusammenhang.

---

[12] Demokratische Politikprozesse haben selbst bei extremer Langfristorientierung nur einen beschränkten Zeithorizont: Sie orientieren sich an Wählerinteressen. Im Vordergrund steht daher die Organisation von Tauschakten zwischen heute bereits lebenden Generationen. Selbst wenn man der jüngsten Generation unterstellt, sie habe ein Interesse am Wohlergehen ihrer (noch nicht geborenen) Kinder und Kindeskinder, wird es nicht leicht sein, klimapolitische Kosten, die bereits heute anfallen, mit jenen klimapolitischen Nutzen abzugleichen (und zu rechtfertigen), mit denen allenfalls erst in ferner Zukunft, nämlich erst in 100 bis 200 Jahren, gerechnet werden kann.

[13] In einer Stellungnahme vom 19. Dezember 2001 zu den Bedenken des Wirtschaftsministeriums gegen zu drastische nationale CO_2-Reduktionsziele pflichtet der Rat von Sachverständigen für Umweltfragen dem Nachhaltigkeitsrat bei. *SRU* (2001): „Der Umweltrat hält ein Klimaschutzziel von 40 % für umweltpolitisch erforderlich und für wirtschaftsverträglich. Er empfiehlt der Bundesregierung daher, dieses zum offiziellen Ziel für das Jahr 2020 zu machen."

[14] *Rat für Nachhaltige Entwicklung* (o.J.; S. 16): Nach Einschätzung des Rates bedürfen diese ehrgeizigen Ziele „außergewöhnlicher Anstrengungen besonders vor dem Hintergrund, daß rd. 30 % der heutigen Stromerzeugungskapazitäten durch Kernkraftwerke in den nächsten Jahrzehnten entfallen".

Abbildung 6: CO_2 als Produktionsfaktor[15]

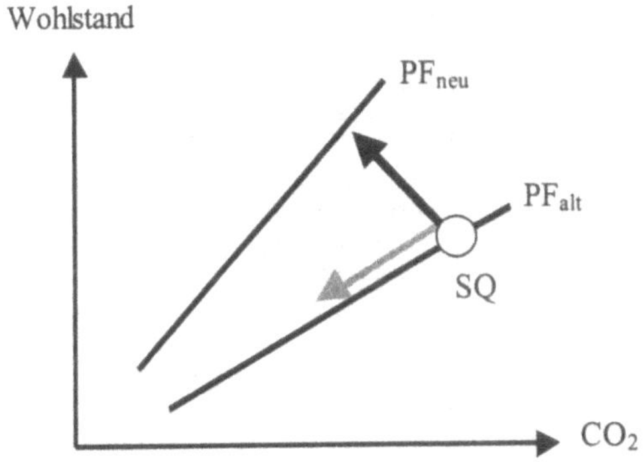

- Abgesehen von der inter-temporalen Dimension einer Lastenverteilung zwischen weit auseinanderliegenden Generationen sind für eine rationale Klimapolitik vier weitere Dimensionen zentral:
  - die *inter-regionale* Dimension, die nach einem weltweiten Ausgleich von Grenzvermeidungskosten verlangt;
  - die *inter-sektorale* Dimension, die nach einem Ausgleich von Grenzvermeidungskosten zwischen Konsum- und Produktionsbereich sowie innerhalb des Produktionsbereichs zwischen den einzelnen Sektoren (Industrie, Energie, Verkehr) verlangt;
  - die *stoffliche* Dimension, die nach einem Ausgleich der Grenzvermeidungskosten zwischen verschiedenen Treibhausgasen – gemäß deren jeweiligem Erwärmungspotential[16] – verlangt, und

---

[15] Quelle: in Anlehnung an *Pies* und *Schröder* (2002, Fig. 2, S. 4). Zur Erläuterung: Hier wird CO_2 als Produktionsfaktor interpretiert. SQ bezeichne den Status quo. Bloße Einsparungen von CO_2 führen zu einer Wanderung entlang der alten Produktionsfunktion (PF). Dies wird durch den grauen Pfeil repräsentiert. Auf diese Weise würde Klimaschutz durch Verarmung, d. h. durch massive Wohlstandseinbußen, erkauft. Die Alternative hierzu wird durch den schwarzen Pfeil repräsentiert. In dem Maße, in dem es gelingt, durch ökologische Innovationen die Produktionsfunktion zu verlagern, wird es möglich, ein gegebenes Wohlstandsniveau mit weniger Emissionen (d. h. mit weniger Energieverbrauch) zu realisieren bzw. mit einem gegebenen Emissionsniveau mehr Wohlstand zu produzieren. Für eine solche Entkopplung von CO_2 und gesellschaftlichem Wohlstand sind starke Innovationsanreize unabdingbar.

[16] Bezogen auf einen Zeitraum von 20 Jahren, gibt das IPCC folgende Indizes für das „Global Warming Potential" der drei wichtigsten Treibhausgase an: CO_2 =1, CH_4 = 56 und N_2O = 280. Bezogen auf einen Zeitraum von 100 Jahren, lauten die entsprechenden Indexzahlen: CO_2 =1, CH_4 = 21 und N_2O = 310. Vgl. hierzu *Houghton* et al. (1996, S. 22, S. 96 und S. 121). Ökonomisch bedeutet dies, daß der klimapolitische Nutzen einer Emissionsreduktion von Lachgas um z. B. eine Tonne 310mal höher ist als der klimapolitische Nutzen von einer Tonne weniger Kohlendioxyd. Anders ausgedrückt, läßt sich eine volkswirtschaftliche Verschwendung knapper Ressourcen nur dann vermeiden, wenn dafür Sorge getragen wird, daß

- die *Symmetrie zwischen Quellen und Senken*, die danach verlangt, die mit einer Minderung von Treibhausgasen verbundenen Grenzkosten und die mit einer Bindung („Sequestrierung") von Treibhausgasen verbundenen Grenzkosten auszugleichen.

2. Nationale Klimaschutzpolitik in Deutschland

> „Wirksamer Klimaschutz erfordert weltweit abgestimmte Anstrengungen. ... Angesichts ihres hohen Anteils an den Treibhausgasemissionen sowie ihrer technischen und wirtschaftlichen Möglichkeiten sind die Industriestaaten hierbei besonders gefordert. Vor diesem Hintergrund hält die Bundesregierung konsequentes Handeln auf nationaler Ebene für erforderlich."
>
> *Bundesregierung* (2000, S. 7).

Die deutsche Bundesregierung hat am 18. Oktober 2000 ein „Nationales Klimaschutzprogramm" beschlossen. In diesem werden Ziele festgelegt und – z. T. bereits durchgeführte, z. T. zukünftig geplante – Maßnahmen aufgelistet (*Bundesregierung* 2000).

Hinsichtlich der Ziele wird zum einen in Kontinuität zur Vorgängerregierung unverändert daran festgehalten, bis zum Jahr 2005 die Emission von CO_2 gegenüber 1990 um 25 % zurückzufahren (ebd., S. 7 und 22). Zum anderen werden auch neue Ziele gesetzt:

- Die Bundesregierung beschließt den Ausstieg aus der Kernenergie (ebd., S. 27).
- Die Bundesregierung strebt eine Verdopplung des Anteils der erneuerbaren Energien bis zum Jahr 2010 an.[17]
- Die Bundesregierung will die Kraft-Wärme-Kopplung ausbauen (Minderungsziel bis zum Jahr 2005 bzw. 2010: 10 Mio. t CO_2 bzw. 23 Mio. t CO_2; ebd.).
- Die Bundesregierung strebt eine Erhöhung der Energieproduktivität an (ebd.).
- Die Bundesregierung macht einzelnen Sektoren zusätzliche konkrete Minderungsvorgaben (Abbildung 7).

Diese technologiebezogenen, energieträgerbezogenen und sektorbezogenen Ziele sind Teil einer administrativen Interventionsstrategie, durch die die Bundesregierung ihren – unter Klimaschutzgesichtspunkten durchaus heiklen – Verzicht auf Atomstrom (über-)kompensieren will. Hierzu liest man im „Nationalen Klimaschutzprogramm" (ebd., S. 34) die folgenden Überlegungen:

> „Unter dem Aspekt einer konsequenten Klimaschutzpolitik erfordert der Ausstieg aus der Kernenergie ein alle Bereiche einschließendes Konzept, um mittelfristig CO_2-neutral,

---

jeder Euro, der für die Reduktion von CO_2-Emissionen ausgegeben wird, mindestens 21mal mehr CO_2 reduziert als ein Euro, der für die Reduktion von CH_4 ausgegeben wird, und mindestens 310mal mehr CO_2 als ein Euro, der für die Reduktion von N_2O ausgegeben wird.

[17] Vgl. *Bundesregierung* (2000, S. 24). Weiter heißt es dort (ebd.) mit Bezug auf das Jahr 2010: „Danach ist eine weitere drastische Erhöhung des Anteils der erneuerbaren Energien unter Beteiligung aller Akteure zu bewirken."

langfristig sogar CO_2-mindernd ausgestaltet zu werden. Kurz- bis mittelfristig werden die im Rahmen dieses Klimaschutzprogramms beschlossenen Maßnahmen dazu beitragen, daß der Ausstieg aus der Kernenergie zu keinen klimaschutzpolitischen Nachteilen führt. ... Langfristig kann der Ausstieg aus der Atomenergie sogar zu einer stärkeren Ausschöpfung von Treibhausgasminderungspotentialen führen sowie Impulse zur Entwicklung und zum Einsatz innovativer Techniken geben."

Abbildung 7: Sektorale Minderungsvorgaben der Bundesregierung bis 2005

	absolut in Mio. t CO2	in % zum Basisjahr 1990
Private Haushalte und Gebäudebereich	**18 – 25**	**1,8 – 2,5**
Energiewirtschaft und Industrie	**20 – 25**	**2,0 – 2,5**
Verkehr	**15 – 20**	**1,5 – 2,0**

Quelle: Bundesregierung (2000, S. 41-78)

Dem dritten Teil dieses Zitats ist entgegenzuhalten, daß ein Ausstieg aus der Atomenergie den Klimaschutz ceteris paribus teurer macht und daß es vergleichsweise leistungsfähigere Instrumente gäbe, um von Seiten der Politik Anreize zur Entwicklung und Einführung innovativer Techniken zu setzen.[18] Dem ersten Teil des Zitats hingegen wird man in dieser abstrakten Fassung sicherlich zustimmen können. Allerdings stimmt der zweite Teil nachdenklich, sobald man sich genauer anschaut, welches Sammelsurium konkreter Maßnahmen die Bundesregierung als schlüssiges Konzept auszugeben bemüht ist.

Als bereits eingeleitete Maßnahmen listet die *Bundesregierung* (2000, S. 8 f.) u. a. auf:

- die Einführung einer ökologischen Steuerreform,
- das Erneuerbare-Energien-Gesetz (Förderung von Verstromung) und
- das 100.000-Dächer-Programm (Förderung von Photovoltaikanlagen).

Als neue Maßnahmen kündigt die *Bundesregierung* (2000, S. 10 ff.) u. a. an:

- eine Quotenregelung zur Förderung der Kraft-Wärme-Kopplung,
- die Verabschiedung der Energiesparverordnung (hohe Standards für Neubauten, Nachrüstverpflichtungen für Gebäudebestand),
- ein Kreditprogramm für CO_2-Minderungen im Gebäudebestand,
- ein Maßnahmenbündel für den Verkehrsbereich (Investitionen in Schieneninfrastruktur, streckenabhängige Autobahnbenutzungsgebühr für schwere LKW, Aufklärungskampagne zum Fahrverhalten, integrierte Verkehrsplanung u.v.m.),

---

[18] Um Mißverständnisse zu vermeiden: Für einen Ausstieg aus der Atomenergie mag es gute Gründe geben. Diese Frage steht hier nicht zur Debatte. Zur Debatte steht lediglich, inwiefern das von der Bundesregierung im Text angeführte Argument als guter Grund anzuerkennen ist. Und in *dieser* Hinsicht sind erheblich Zweifel angebracht.

- die „Erklärung der Deutschen Wirtschaft zur Klimavorsorge" (eine Selbstverpflichtungserklärung) sowie
- eine symbolpolitische Selbstverpflichtungserklärung der Bundesregierung für ihren eigenen Geschäftsbereich.

Die Summe all dieser Maßnahmen reicht gerade aus, um für das Jahr 2005 eine Emissionsreduktion von 26 % als möglich zu prognostizieren (ebd., S. 88). Ansonsten ergibt sich eine etwaige Systematizität allenfalls aus folgendem Credo (ebd., S. 36):

> „Die ehrgeizigen Ziele des neuen Klimaschutzprogramms können nur dann verwirklicht werden, wenn die vorhandenen Barrieren auf breiter Basis abgebaut werden. Hierzu gibt es keinen instrumentellen Königsweg, d. h. die gesetzten Ziele können nicht durch ein Instrument alleine erreicht werden. Notwendig ist der Einsatz eines umfassenden und aufeinander abgestimmten Maßnahmenbündels, das Wirkungen in allen relevanten Sektoren und auf allen Ebenen erzielt."

Aus ökonomischer Sicht ist einer solchen (Selbst-)Einschätzung in mehrerlei Hinsicht zu widersprechen:

Erstens ist der Klimaschutz in Deutschland aufgrund der immer noch dominierenden Auflagenpolitik unnötig teuer. Dies ist gerade aus ökologischer Sicht zu kritisieren, denn es ist der langfristigen Akzeptanz der in Aussicht genommenen Klimaschutzziele nicht zuträglich, sondern abträglich, wenn beim Mitteleinsatz nicht peinlichst darauf geachtet wird, volkswirtschaftliche Verschwendung zu vermeiden. Insofern liegt dem Maßnahmenbündel der Bundesregierung nicht eine Konzeption der Nachhaltigkeit zugrunde, sondern ein an tagespolitischer Kurzatmigkeit leidender Aktionismus, der seine Orientierungsschwierigkeiten mit dem gelebten Motto „viel hilft viel" offen preisgibt.

Zweitens ist es eine offenkundige Fehletikettierung, die sog. „Öko"-Steuer als klimapolitisches Instrument anzuführen (vgl. *Pies* und *Schröder* 2000). Die deutsche Öko-Steuer ist keine Treibhausgas-Steuer. Sie ist noch nicht einmal eine Kohlendioxyd-Steuer. Statt dessen handelt es sich um eine mit willkürlichen – d. h. für unterschiedliche Energieträger unterschiedlichen – Sätzen arbeitende Energie-Steuer, die ihre ohnehin beschränkte Klimaschutzwirkung noch weiter dadurch einbüßt, daß für Betriebe mit energie-intensiver Produktion Ausnahmeregelungen gelten, um internationale Wettbewerbsnachteile zu vermeiden.

Drittens gibt es durchaus einen instrumentellen Königsweg. Nur sind in Deutschland die Weichen leider so gestellt, als sollte es in eine andere Richtung gehen: Es ist nicht ersichtlich, daß das Maßnahmenbündel der Bundesregierung konzeptionell so angelegt wurde, daß es mit den international angestrebten Marktarrangements für einen Zertifikatehandel kompatibel sein könnte, geschweige denn, daß es solchen Arrangements proaktiv zuarbeiten würde. Ganz im Gegenteil, sowohl mit der sog. „Öko"-Steuer als auch mit der immer noch dominierenden Auflagenpolitik hat die Bundesregierung Hindernisse aufgetürmt, die den instrumentellen Königsweg versperren. Sie müssen entweder – durch künstliche Um- und Anrechnungen – mühevoll umgangen oder aber ganz beiseite geschafft werden, bevor ein Zertifikatehandel so funktionsfähig gemacht werden kann, daß er seine Stärken zum Wohl des Umweltschutzes voll ausspielen kann.

3. Internationale Klimaschutzpolitik: Klimarahmenkonvention, Kioto-Protokoll und Zertifikatehandel

> „Das Endziels dieses Übereinkommens ... ist es, ... die Stabilisierung der Treibhausgaskonzentrationen in der Atmosphäre auf einem Niveau zu erreichen, auf dem eine gefährliche anthropogene Störung des Klimasystems verhindert wird. Ein solches Niveau sollte innerhalb eines Zeitraums erreicht werden, der ausreicht, damit sich die Ökosysteme auf natürliche Weise den Klimaänderungen anpassen können, die Nahrungsmittelerzeugung nicht bedroht wird und die wirtschaftliche Entwicklung auf eine nachhaltige Weise fortgeführt werden kann."
>
> *UNFCCC* (1992, Art. 2)

Auf dem Erdgipfel in Rio de Janeiro wurde 1992 die Klimarahmenkonvention „United Nations Framework Convention on Climate Change" (UNFCCC) unterzeichnet. Sie trat 1994 in Kraft und bildet seitdem die völkerrechtliche Grundlage internationaler Klimaschutzpolitik. Im Verlauf mehrerer Vertragsstaatenkonferenzen wurde vereinbart, nationale Ziele zur Reduktion bzw. Begrenzung von Treibhausgasen rechtlich verbindlich auszugestalten. Zu diesem Zweck wurde 1997 das Kioto-Protokoll verabschiedet. Es sieht vor, daß eine in Anhang I des Protokolls aufgelistete Gruppe von Staaten – im wesentlichen handelt es sich um die reichen OECD-Nationen sowie um die Transformationsländer des ehemaligen Ostblocks – sich selbst die Verpflichtung auferlegt, die eigenen Treibhausgasemissionen pro Jahr im Zeitraum 2008 bis 2012 um rund 5 % unter das Niveau des Jahres 1990 zu drücken. Dieser ersten Verpflichtungsperiode sollen weitere folgen, in deren Verlauf angestrebt wird, die jeweiligen Reduktionsverpflichtungen weiter zu verschärfen und – dies vor allem – den Kreis der teilnehmenden Staaten systematisch auszuweiten, so daß schließlich ein globales Klimaschutzregime errichtet werden kann.

Um einem solch umfassenden Regime vorzuarbeiten, stellt das Kioto-Protokoll darauf ab, effizienzfördernde Instrumente für einen international grenzüberschreitenden Klimaschutz zu entwickeln und einzusetzen, die von vornherein darauf angelegt sind, die Gruppe der Nicht-Annex-I-Staaten schon heute einzubeziehen und ihr Interesse zu wecken, in Zukunft beim globalen Klimaschutz nachhaltig mitzuwirken. Im November 2001 wurden die letzten Verhandlungen über die konkrete Ausgestaltung der Instrumente auf der Siebten Vertragsstaatenkonferenz in Marrakesch abgeschlossen. Der zugrunde liegende Zeitplan sieht vor, im September 2002 auf dem Weltgipfel für Nachhaltigkeit in Johannesburg das Kioto-Protokoll in Kraft treten zu lassen.

Insgesamt handelt es sich um drei Instrumente (die sog. „Flexiblen Mechanismen"), deren Einsatz im Kioto-Protokoll vereinbart wurde. Ihnen liegt jeweils die gleiche Idee zugrunde, nämlich mittels einer Form von Zertifikatehandel auf einen Ausgleich jener Grenzvermeidungskosten hinzuwirken, die mit einer Reduktion der Treibhausgaskonzentration verbunden sind. Im folgenden wird zunächst diese Idee erläutert, bevor dann auf die Unterschiede (und Schwächen) der Instrumente eingegangen wird.

Abbildung 8 hilft, den Vorteil von Zertifikaten gegenüber Auflagen und Steuern zu verdeutlichen: Betrachtet seien zwei Firmen A und B, die unterschiedlich hohe Grenzvermeidungskosten (GVK) aufweisen. Um eine faire Vergleichsgrundlage zu schaffen, sei nun angenommen, daß alle drei Instrumente den gleichen ökologischen Standard erfüllen, indem sie zu einer Halbierung der Gesamtemission an Kohlendioxyd anhalten. Bei einer Auflage geschieht dies dadurch, daß jeder Firma die Vorschrift gemacht wird, ihre ursprüngliche Emissionsmenge individuell zu halbieren. Bei einer Steuer geschieht dies dadurch, daß alle Firmen mit dem gleichen Steuersatz konfrontiert werden, der administrativ so festgelegt sei, daß die Gesamtemission halbiert wird. Der Unterschied zur Auflagenlösung besteht darin, daß jede Firma ihre individuelle Emission selbst wählt, indem sie ihre Grenzvermeidungskosten mit dem Steuersatz abgleicht. Im Ergebnis läuft dies darauf hinaus, daß Firma A aufgrund ihrer niedrigeren Grenzvermeidungskosten mehr und Firma B entsprechend weniger vermeidet. Die volkswirtschaftliche Kosteneinsparung entspricht der Fläche der beiden grauen Dreiecke in Abbildung 8.

Abbildung 8: Zertifikate versus Auflagen und Steuern

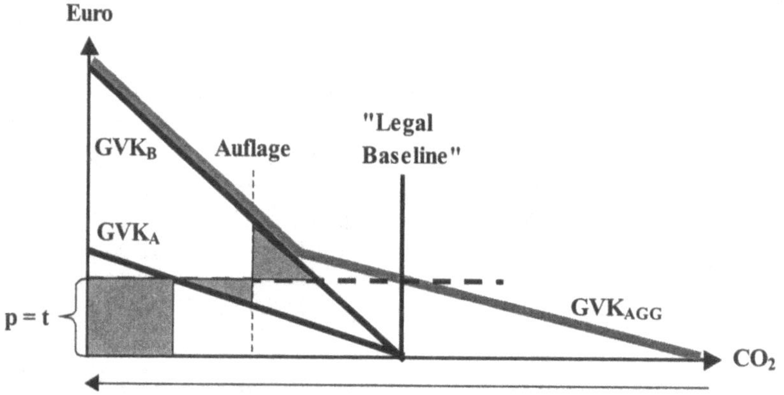

Beim Zertifikatehandel hingegen geht man so vor, daß zunächst eine regionale Emissionshöchstmenge („legal baseline") politisch festgelegt wird. Sodann wird diese Gesamtmenge individuell zugeteilt. Anders als bei einer Auflage definiert diese Zuteilung nicht das Ende des Regulierungsverfahrens, sondern vielmehr die Anfangsausstattung eines sich anschließenden Tauschprozesses, in dem zertifizierte Emissionsrechte gehandelt werden. Unterstellt man im vorliegenden Fall, daß beide Unternehmen die gleiche Anfangsausstattung erhalten, so kauft Firma B von Firma A anschließend so lange Zertifikate (zum Preis p), wie die unterschiedliche Wertschätzung der Emissionsrechte wechselseitig vorteilhafte Tauschakte ermöglicht. Hinsichtlich der Emissionsmenge ist dieser Tausch ein Nullsummenspiel, denn für jede Emissionseinheit, die Firma B zusätzlich in Anspruch nimmt, reduziert Firma A ihre eigene Emission um genau diese Einheit. Aufgrund der unterschiedlichen Wertschätzung jedoch handelt es sich aus Sicht der Beteiligten um ein Positivsummenspiel. Der Gesamtgewinn, den sie als Gruppe realisieren, wird durch die Fläche der beiden grauen Dreiecke wiedergegeben. Insofern teilen Zertifikate mit Steuern die Eigenschaft der statischen – sowie dynamischen[19] – Effizienz und sind hierin Auflagen überlegen. Doch auch gegenüber Steuern weisen sie Vorteile auf. Diese liegen – neben der in Abbildung 8 ceteris paribus gesetzten ökologischen Treffsicherheit – im Bereich der politischen Implementierung. Hier weisen Steuern den Nachteil auf, daß sie zu einer Bepreisung der inframarginalen Einheiten führen, was von den Firmen als unerwünschte Belastung empfunden (und bekämpft) wird.[20] Demgegenüber teilen Zertifikate mit Auflagen die Eigenschaft, daß die Firmen keine zusätzliche Belastung erfahren müssen. Zertifikate lassen sich nämlich so verteilen (z. B. durch kostenlose Zuteilung nach Vergangenheitsemissionen, sog. „grandfathering"), daß die Firmen für den Verlust ihrer ursprünglichen Eigentumsrechte an den inframarginalen Einheiten (als für sie ursprünglich freies Gut) entschädigt werden.

Abbildung 9 faßt die Ergebnisse dieses Vergleichs klimapolitischer Instrumente zusammen und macht damit deutlich, daß die im Kioto-Protokoll zum Ausdruck gebrachte Favorisierung des Zertifikatehandels ökonomisch gut fundiert ist.[21]

---

[19] Bei der dynamischen Effizienz kommt es darauf an, wie sehr eine Firma für technologische Innovationen belohnt wird. Hier ist generell festzuhalten, daß Firmen von einer entsprechenden Verlagerung ihrer Grenzkostenkurve stärker profitieren, wenn die Umweltpolitik nicht das Mengeninstrument der Auflage einsetzt, sondern Preisinstrumente, d. h. Steuern / Abgaben bzw. Zertifikate. Diese sorgen zudem dafür, daß ökologische Produkt- und Prozeßfortschritte der Umwelt automatisch zugute kommen, ohne daß ein administratives Nachjustieren nötig wäre (vgl. hierzu z. B. *Hartwig* 1999).

[20] In Abbildung 8 ist die finanzielle Steuerlast nur für Firma A eingezeichnet. Sie wird durch das graue Rechteck repräsentiert, weil alle nicht-vermiedenen Emissionseinheiten mit einem Steuersatz (t) belegt werden. Es ist leicht ersichtlich, daß die Steuerzahlungen für beide Unternehmen im Regelfall wesentlich größer sein dürften als der durch die beiden grauen Dreiecke repräsentierte Betrag, der sich durch Kosteneffizienz einsparen läßt.

[21] Für eine diametral entgegengesetzte Einschätzung vgl. *Budzinski* (2000, S. 259-294). Dort werden Steuern gegenüber Zertifikaten als durchgängig vorzugswürdig ausgezeichnet. Auf den ersten Blick könnte es so aussehen, als sei dies darauf zurückzuführen, daß *Budzinski* andere Vergleichskriterien zugrunde legt. Bei näherer Betrachtung erweist sich jedoch, daß sich sein Ergebnis einer Verletzung der ceteris paribus-Klausel verdankt: Legt man dem Vergleich die Annahme zugrunde, daß beide Instrumente so eingesetzt werden, daß sie die gleiche ökologische Wirkung entfalten, so verbindet sich mit Zertifikaten weder eine größere Anmaßung des Wissens noch eine größere Diskriminierungswirkung noch eine größere Freiheitsbeschränkung als mit Steuern. Und im Hinblick auf eine dynamische Konstanz der Wirtschaftspolitik wird man ihnen kaum einen Nachteil bescheinigen können. Ein weiterer Grund für die unterschiedlichen Einschätzungen liegt darin, daß *Budzinski* einen *abstrakten* Vergleich *umwelt*politischer Instrumente und nicht einen *konkreten* Vergleich *klima*politischer Instrumente vornimmt. So gerät gar nicht erst ins Blickfeld der Betrachtung, daß sich Steuern international nur schwer harmonisieren lassen, während Zertifikate angesichts der bereits vereinbarten Reduktionsverpflichtungen einen Königsweg für grenzüberschreitende Klimaschutzanstrengungen bieten. Ebenfalls unbeachtet bleibt ein Aspekt, der gerade für eine evolutorische Ordnungsökonomik interessant wäre: Die Einrichtung eines in Zukunft weltweiten Zertifikatmarktarrangements eröffnet völlig neue Optionen für einen internationalen Know how- und Ressourcen-Transfer sowie für die Übertragung institutioneller Best Practice-Lösungen (z. B. zur Korruptionsbekämpfung), von denen die Bürger in Entwicklungsländern nachhaltig profitieren können.

Abbildung 9: Klimapolitische Instrumente im Vergleich

	Auflagen	Steuern / Abgaben	Zertifikate
Ökologische Treffsicherheit	+	-	++
Statische Effizienz	--	++	++
Dynamische Effizienz	--	++	++
Politische Implementierbarkeit	-	--	++

Für die konkrete Umsetzung eines Zertifikatehandels gibt es zwei Varianten:

Abbildung 10: Zwei Varianten des Zertifikatehandels

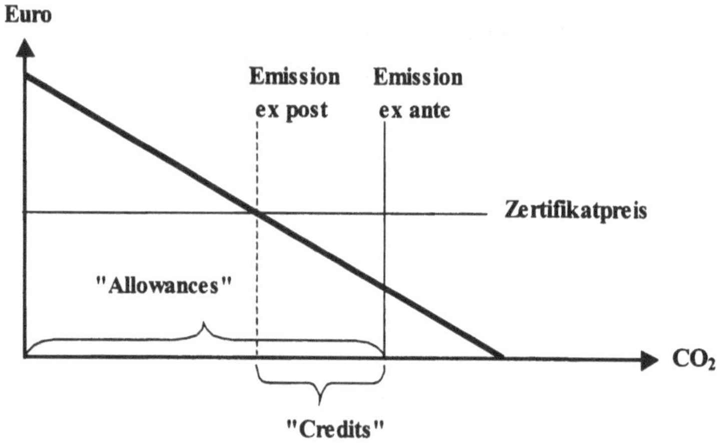

Die erste besteht darin, *alle* Emissionseinheiten (als „allowances") zu zertifizieren und handelbar zu machen. Die zweite besteht darin, nur jene Emissionseinheiten (als „credits") zu zertifizieren, die – ausgehend von einer „legal baseline" als fixierter Emissionshöchstmenge – von ihrem ursprünglichen Eigentümer *nicht* genutzt werden. Der Unterschied besteht also darin, daß im System der „allowances" der gesamte Emissions*bestand* in Umweltlizenzen überführt wird, während im System der „credits" nur für die aktuellen Emissionshandels*ströme* Eigentumsrechte definiert werden. Das Kioto-Protokoll sieht die Implementierung beider Varianten vor.

(1) Artikel 17 des Kioto-Protokolls zielt langfristig auf die Einrichtung eines Zertifikatehandels („Emissions Trading") ab, bei dem sämtliche Emissionsbestände als „allowances" zertifiziert sind und dann börsennotiert gegen Geld getauscht werden können.

Ein solches System bietet die Möglichkeit, das mit unterschiedlichen Grenzvermeidungskosten verbundene Potential wechselseitiger Besserstellung nicht nur zwischen einzelnen Firmen, sondern auch zwischen Sektoren sowie zwischen Regionen auszuschöpfen. Ferner besteht prinzipiell die Möglichkeit, mehrere Gase in ein solches System einzubeziehen, indem man die Indexzahlen für das jeweilige „Global Warming Potential" als festen Wechselkurs etabliert. Darüber hinaus kann man auch der vierten Dimension des Klimaproblems Rechnung tragen, indem man nicht nur Quellen einbezieht, sondern – ausgehend von einem bestimmten Senkenbestand – den Aufbau zusätzlicher Senken zur Bindung von Treibhausgasen durch die Schaffung neuer Emissionslizenzen gratifiziert.[22]

Allerdings können naturgemäß nur solche Nationen am „Emissions Trading" teilnehmen, die sich selbst die Verpflichtung auferlegt haben, eine bestimmte Emissionshöchstmenge (in CO_2-Äquivalenten) nicht zu überschreiten. Folglich ist der Teilnehmerkreis von vornherein auf Annex-I-Staaten beschränkt.

(2) Da der Aufbau eines börsennotierten Zertifikatehandels viel Zeit in Anspruch nimmt, weil zunächst einmal die entsprechenden Eigentumsrechte künstlich geschaffen und sodann für ihre Übertragung rechtsstaatliche Kontrollen entwickelt werden müssen, sieht Artikel 6 des Kioto-Protokolls vor, daß Annex-I-Staaten schon vor der Einrichtung eines solchen Systems an einem projektbasierten Zertifikatehandel („Joint Implementation") teilnehmen können. Die zugrundeliegende Idee besteht darin, schon heute zu einem internationalen Ausgleich von Grenzvermeidungskosten beizutragen, indem man Staaten die Option einräumt, Klimaschutzprojekte, die sie im Ausland finanzieren, auf die eigene Reduktionsverpflichtung anrechnen zu lassen. Ein konkretes Beispiel sieht so aus: Die jährliche Treibhausgasemission eines russischen Kraftwerks kann durch eine technische Nachrüstung um X Tonnen CO_2-Äquivalente reduziert werden. Anstatt diese Nachrüstung im Inland zu finanzieren und sich selbst gutschreiben zu lassen, kann die russische Regierung diese Nachrüstung auch durch deutsche Investoren finanzieren lassen und ihnen hierfür im Gegenzug das Recht einräumen, „credits" in Höhe von X Tonnen CO_2-Äquivalenten nach Deutschland zu transferieren.

Solche Geschäfte sind für beide Seiten vorteilhaft, solange das Niveau der Grenzvermeidungskosten in Deutschland wesentlich höher ist als in Rußland. Allerdings sind sie mit einem besonderen Anreizproblem behaftet: Bei normalen Tauschgeschäften haben Käufer und Verkäufer hinsichtlich des Kaufpreises gegenläufige Interessen. Deshalb reicht freiwillige Zustimmung in der Regel aus, um eine *Pareto*-Superiorität des Tauschakts sicherzustellen. Beim „credit"-gestützten Zertifikatehandel ist das anders. Hier haben beide Tauschparteien ein gemeinsames Interesse daran, die Klimaschutzwirkung des durchgeführten Projekts systematisch zu übertreiben, um sich so auf Kosten

---

[22] Des weiteren ist es von besonderer Bedeutung, daß (nur) Zertifikate die Einrichtung von Terminmärkten zur Verstetigung inter-temporaler Anpassungsprozesse erlauben – ein Vorteil gegenüber allen anderen Instrumenten, der angesichts der zeitlichen Dimension des Klima(politik)problems gar nicht hoch genug veranschlagt werden kann und doch in der allgemeinen Diskussion zumeist übersehen wird.

aller anderen Annex-I-Staaten zu bereichern.[23] Diese Gefahr ist insbesondere dort groß, wo nicht Erweiterungs-, sondern Erneuerungsinvestitionen vorgenommen werden, also z. B. ein vollkommen neues Kraftwerk gebaut wird. Für die Schaffung von „credits" muß dann die Differenz definiert werden zwischen den tatsächlichen Emissionen des durchgeführten Projekts und den virtuellen Emissionen der relevanten Alternative. Hier sind willkürlichen Festlegungen Tür und Tor geöffnet. Folglich bedarf es administrativer Kriterien, durch deren Einhaltung es für die Staatengemeinschaft zustimmungsfähig wird, die Kreditierung gemeinsam durchgeführter Projekte anzuerkennen. Im Klartext läuft dies auf hohe Transaktionskosten hinaus, so daß fraglich ist, inwiefern das Instrument der „Joint Implementation" überhaupt in einem nennenswerten Umfang eingesetzt werden kann.

(3) Um sogar die Nicht-Annex-I-Staaten schon während der ersten Verpflichtungsperiode in ein praktisch wirksames Klimaschutzregime einzubeziehen, sieht Artikel 12 des Kioto-Protokolls vor, daß auch sie zusammen mit Annex-I-Staaten an einem projektbasierten, „credits"-gestützten Zertifikatehandel („Clean Development Mechanism") teilnehmen können. In bezug auf das oben genannte Beispiel würde dies bedeuten, daß Deutschland nicht in Rußland, sondern z. B. in Brasilien einen Kraftwerksbau zur Emissionsreduktion finanziert oder sich an dortigen Aufforstungsprojekten zur Erhöhung des Senkenpotentials beteiligt.

Solche Projekte sind ein Beitrag zu weltwirtschaftlicher Effizienz, solange es billiger ist, die Konzentration(szunahme) von Treibhausgasen nicht in den vergleichsweise entwickelten Annex-I-Staaten, sondern in den vergleichsweise unterentwickelten Nicht-Annex-I-Staaten zu reduzieren. Allerdings ist auch bei diesem Instrument mit Problemen zu rechnen.

Zunächst einmal leiden Projekte im Rahmen des „Clean Development Mechanism" an dem gleichen Fehlanreiz wie Projekte im Rahmen der „Joint Implementation", so daß auch hier bürokratische Kontrollkosten entstehen, welche die Attraktivität des Instruments wesentlich einschränken dürften. Ein weiterer Fehlanreiz kommt hinzu: Da die Nicht-Annex-I-Staaten keiner Verpflichtung zum Klimaschutz unterliegen, macht der „Clean Development Mechanism" es für sie attraktiv, zunächst besonders klimaschädliche Aktivitäten zu unternehmen (Quellenaufbau, Senkenabbau), um sich später entsprechende Klimaschutzaktivitäten (Quellenabbau, Senkenaufbau) durch „credits"-schaffende Projekte subventionieren zu lassen.

---

[23] Ähnlich wie im Bereich der gesetzlichen Krankenversicherung Arzt und Patient ein gemeinsames Interesse daran haben, den Gesundheitszustand pessimistisch auszuweisen, so daß der Patient in den Genuß von mehr Leistungen und der Arzt in den Genuß höherer Leistungspauschalen kommt, besteht auch im Bereich der „Joint Implementation" die Gefahr, daß Geschäfte zu Lasten Dritter abgeschlossen werden. Allein durch die buchhalterische Manipulation einer zu optimistischen, d. h. zu hoch ausgewiesenen Klimaschutzwirkung entstehen mehr „credits", deren Geldwert die am Projekt teilnehmenden Staaten unter sich aufteilen können.

Abbildung 11 faßt die bisherigen Überlegungen zusammen. Zwei weitere Überlegungen sind erforderlich, wenn man das Kioto-Protokoll abschließend würdigen will:

Erstens setzt das Kioto-Protokoll auf ökonomische Instrumente und trägt hierin – im drastischen Unterschied etwa zur deutschen Klimapolitik – dem ökologischen (!) Imperativ statischer und dynamischer Effizienz Rechnung. Allerdings ist das ökonomische Instrumentarium des Zertifikatehandels insofern anspruchsvoll, als es eine funktionierende rechtliche Infrastruktur voraussetzt, die in den nächsten Jahren erst noch geschaffen werden muß. Vor diesem Hintergrund kann es sich als vorteilhaft erweisen, daß eine Pioniergruppe mit einem Kern relativ reicher Länder in Vorleistung tritt, um die vor Ort bereits verfügbaren Demokratie-Erfahrungen mit einer rechtsstaatlichen Einrahmung marktlicher Wettbewerbsprozesse für ein funktionsfähiges Klimaschutzregime nutzbar zu machen. Man könnte dies interpretieren als eine Abkürzung auf dem Weg zur Produktion eines globalen öffentlichen Gutes.

Abbildung 11: Die „Flexiblen Mechanismen“ im Überblick

	Emissions Trading	Joint Implementation	Clean Development
Kioto-Protokoll	Art 17	Art. 6	Art. 12
Beschreibung	Freier Tauschhandel zwischen Annex-I-Staaten	Projekte in Annex-I-Staaten	Projekte in Nicht-Annex-I-Staaten
Variante	Allowance Trading	Credit Trading	Credit Trading
Problem	Beschränkter Teilnehmerkreis	Beschränkter Teilnehmerkreis Fehlanreiz I: Einigung auf Kosten Dritter (hohe Kontrollkosten)	Fehlanreiz I: Einigung auf Kosten Dritter (hohe Kontrollkosten) Fehlanreiz II: Emissionsaufbau zur Schaffung von Subventionstat-beständen

Zweitens darf aber nicht übersehen werden, daß genau diese Vorleistung einiger Länder den Rest der Welt zum Trittbrettfahren einlädt und insofern genau jener regionalen Ausdehnung von Klimaschutzanstrengungen, die zur Produktion des globalen öffentlichen Gutes unabdingbar ist, nicht zuträglich, sondern abträglich sein könnte. Der vielleicht wichtigste Fehlanreiz, den das Kioto-Protokoll aussendet, besteht darin, daß es für die Nicht-Annex-I-Staaten nun attraktiv (geworden!) ist, eigene Leistungsverpflichtungen zum Klimaschutz so lange wie möglich zurückzuhalten, um Kosten zu sparen und von der Zuwanderung energieintensiver Produktion aus Annex-I-Staaten („leakage“) zu profitieren.

4. Zusammenfassung und Ausblick auf offene Fragen

> „Market efficiency is crucial in reaching political consensus: negotiations often advance by removing inefficiencies and so producing solutions potentially favourable to all. Proposing an inefficient solution means neglecting potential avenues to consensus – a strategic mistake in negotiations where the achievement of consensus is key."
>
> *Heal* (1999, S. 229).

Dieser Beitrag entwickelt eine *interne* Kritik der gegenwärtigen Klimapolitik (Abbildung 12). Hierdurch werden zwei Themenbereiche von vornherein ausgeklammert, obwohl sie für eine umfassende Einschätzung wichtig wären.[24] Nicht berücksichtigt sind zum einen die Kontroversen um die naturwissenschaftlichen Grundlagen der gegenwärtigen Klimapolitik. Ebenfalls nicht berücksichtigt sind zum anderen die sozialwissenschaftlichen, insbesondere ökonomischen Kontroversen hinsichtlich klimapolitischer Zielsetzungen. Statt dessen wird einfach davon ausgegangen, daß es gute Gründe gebe, die offiziell angestrebten Klimaschutzziele tatsächlich zu verfolgen. Im internationalen Kontext bedeutet dies, bis zum Jahr 2150 zunächst eine Stabilisierung und danach eine Rückführung der Konzentration von Treibhausgasen in der Atmosphäre zu bewirken. Im deutschen Kontext hingegen bedeutet dies, bereits innerhalb der nächsten 50 Jahre eine Reduktion der CO_2-Emissionen um 80 % anzustreben.

Abbildung 12: Die Beschränkung des Themas auf interne Kritik

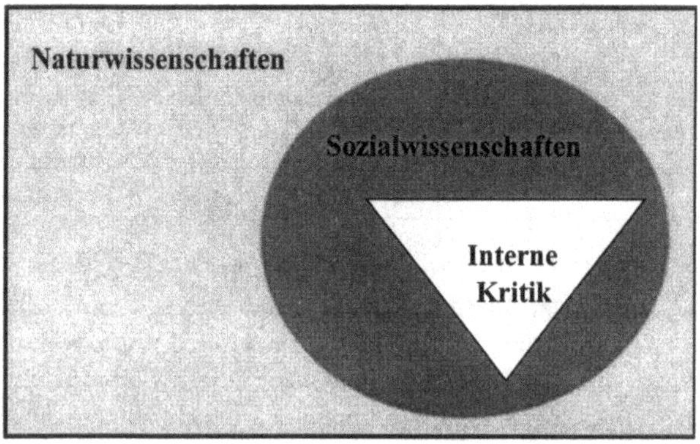

Unabhängig von (berechtigten) Zweifeln, (a_1) ob solche Ziele nötig sind, (a_2) ob sie sich rein technisch überhaupt realisieren lassen und (b) ob es ökonomisch sinnvoll wäre, sie realisieren zu wollen, wird im ersten Abschnitt der Frage nachgegangen, worauf man achten müßte, wenn man wirklich daran interessiert wäre, jene tiefgreifenden gesellschaftlichen Umstellungen vorzunehmen, die ein weitgehender Verzicht auf die Nutzung fossiler Energieträger mit sich brächte. Die *erste Hauptthese* lautet, daß solch ehrgeizige Klimaschutzziele wie die offiziell verfolgten ökonomische Effizienz sowohl in

---

[24] Vgl. hierzu *Pies* und *Schröder* (2002).

statischer als auch in dynamischer Hinsicht zum Imperativ erheben und daß dies bedeutet, langfristig ein Regime zu errichten, in dem mittels Anreizen dafür gesorgt wird, daß das Tauschpotential unterschiedlicher Grenzkosten in vier Dimensionen ausgeschöpft wird: (a) in bezug auf verschiedene Treibhausgase, (b) in bezug auf Quellen und Senken, (c) in bezug auf verschiedene Wirtschaftssektoren und (d) in bezug auf eine globale Inklusion aller Regionen.

Der zweite Abschnitt diskutiert die deutschen Maßnahmen zum Klimaschutz. Neben der Öko-Steuer werden vor allem Auflagen als umweltpolitisches Instrument eingesetzt. Vor diesem Hintergrund lautet die *zweite Hauptthese*, daß auf diese Weise keiner der vier Dimensionen hinreichend Rechnung getragen wird: Die deutsche Klimapolitik ist – entgegen ihrer offiziellen Selbstdarstellung – keineswegs auf Nachhaltigkeit ausgerichtet. Denn hierzu käme es nicht kurzfristig auf die Erreichung relativ willkürlich gesetzter Ziele an, sondern langfristig auf die Wahl eines klimapolitisch (in allen Dimensionen) tragfähigen Instrumentariums.

Der dritte Abschnitt diskutiert das Kioto-Protokoll zur Klimarahmenkonvention, welche die rechtliche Grundlage der internationalen Klimaschutzpolitik bildet. Interpretiert man das Kioto-Protokoll als den ersten Schritt eines Lernprozesses in Richtung auf ein weltweites Klimaschutzregime, so läßt sich als *dritte Hauptthese* feststellen, daß – verglichen mit den spezifisch deutschen Maßnahmen – erstaunlich viele Weichen richtig gestellt sind: Das Kioto-Protokoll umfaßt Reduktionsverpflichtungen für die wichtigsten derzeit bekannten Treibhausgase; es sieht zumindest vom Prinzip her eine symmetrische Behandlung von Quellen und Senken vor; und zudem ermöglichen die „Flexiblen Mechanismen", deren Implementierung im Kioto-Protokoll vereinbart wurde, einen Ausgleich intersektoraler Grenzvermeidungskosten. Lediglich hinsichtlich der räumlichen Dimension einer weltweiten Einbeziehung aller Regionen sind Defizite zu verzeichnen: Möglicherweise wird es durch das Kioto-Protokoll nicht leichter, sondern schwieriger, die Nicht-Annex-I-Staaten „ins Boot zu holen".

Vor diesem Hintergrund lassen sich drei weitere Thesen formulieren. Die erste bezieht sich auf die Politikprozesse innerhalb der Bundesrepublik. Die zweite bezieht sich auf die Politikprozesse im globalen Maßstab. Die dritte verdeutlicht den Zusammenhang beider Problemkreise und verweist damit auf offene Fragen.

(1) Für die Bundesrepublik ist das Ende der Nachkriegsordnung nun endgültig erreicht. Zahlreiche Politikfelder verlangen nach neuen Weichenstellungen. Dies gilt für die Innen- wie für die Außenpolitik. Auf der einen Seite erfordert der gesamte Problemkomplex „Soziale Marktwirtschaft" grundlegende Strukturreformen, für die die alten Antworten – und sogar die Denkkategorien der alten Antworten – ihre traditionelle Orientierungsleistung eingebüßt haben.[25] Auf der anderen Seite hat die nunmehr souveräne Bundesrepublik ihre Rolle in Europa und der Welt noch immer nicht gefunden. Eine Konzeption, wie man sich im Konflikt zwischen Vertiefung und Erweiterung der Europäischen Union zukünftig verhalten will, steht noch ebenso aus wie die Entscheidung darüber, welche Prioritäten eine europäischen Außenpolitik verfolgen soll, oder die

---

[25] Vgl. *Pies* (2000). Zu den Herausforderungen für die Umweltpolitik vgl. *Suchanek* (2000).

nicht nur militärpolitisch bedeutsame Entscheidung für eine nachhaltige Strukturreform der Bundeswehr oder die Entscheidung über das zukünftige Engagement Deutschlands im Rahmen der Vereinten Nationen. Hier reichen die offenkundigen konzeptionellen Defizite bis hin zur Definition einer konstruktiven Strategie für internationale Verhandlungen zum Klimaschutz.

(2) Das Ende der bipolaren Welt verändert das Verhältnis der Nationen zueinander, und zwar nicht nur zwischen Ost und West, sondern vor allem auch zwischen Nord und Süd. Konkret bedeutet dies für traditionelle Maßnahmen der „Entwicklungszusammenarbeit", daß eine Umorientierung fällig ist von karitativer „Entwicklungshilfe" hin zu einer reziproken „Entwicklungskooperation", welche Leistungen und Gegenleistungen aneinander bindet. In einem solchen Rahmen lassen sich dann auch Anreize setzen, die das Mitwirken an der Produktion globaler öffentlicher Güter gratifizieren. Hier reicht das Spektrum der systematisch miteinander zu verbindenden Themen von der Terrorismusbekämpfung über die Bekämpfung grenzüberschreitend ansteckender Krankheiten, die Teilnahme am protektionsfreien Welthandel, die Vorbeugung gegen Armutsmigration, z. B. durch flächendeckende Schulbildung für Jungen *und* Mädchen sowie die Garantie weiterer Menschenrechte, bis hin zur Mitwirkung am Schutz natürlicher Lebensgrundlagen.

(3) Die internationale Ordnung kann nur auf der Legitimationsbasis nationaler Interessen aufgebaut werden. Dies bedeutet, daß Staaten zunächst *eigene* Interessen definieren müssen, um überhaupt in einen Prozeß eintreten zu können, in dem *zwischen* Staaten die Suche nach und die Realisierung von *gemeinsamen* Interessen organisiert wird. Ohne eine klare Vorstellung von den eigenen Zielen kann man an der internationalen Kooperation nicht produktiv teilnehmen. Eine solche Vorstellung gewinnt man jedoch nur durch eine wissenschaftlich informierte Kultur öffentlicher Debatten, in denen sich entsprechende Kristallisationspunkte als Ergebnis kritischer Diskussion bilden und stabilisieren können.

Vor diesem Hintergrund drängen sich folgende Fragen auf:

- Wie kann der deutsche Politikprozeß für langfristig orientierte, konzeptionelle Fragestellungen sensibilisiert werden?
- Welche Informationen kann die Ökonomik zur rationalen Zielfindung beisteuern?
- Wie läßt sich ein solcher Beitrag der Ökonomik mit den Beiträgen anderer Wissenschaftsdisziplinen (von der Politologie über das Verfassungsrecht bis hin zur Ethik) vernetzen und öffentlich ins Gespräch bringen?
- Wie organisiert man einen internationalen Dialog(prozeß), der einlädt zu einem rationalen Diskurs über nationale Interessen und so der Idee eines Weltgesellschaftsvertrags als Basis inter-nationaler Kooperation im globalen Maßstab Vorschub leistet?

Literatur:

Arrhenius, Svante (1896), The Influence of the Carbonic Acid in the Air Upon the Temperature of the Ground, in: Philosophical Magazine, Vol. 41, Series 5, S. 237-276.

Berner, Ulrich und *Hansjörg Streif* (Hg.) (2000), Klimafakten: Der Rückblick – Ein Schlüssel für die Zukunft, Stuttgart.

Budzinski, Oliver (2000), Wirtschaftspolitische Implikationen evolutorischer Ordnungsökonomik: Das Beispiel ordnungskonformer ökologischer Wirtschaftspolitik, Marburg.

Bundesregierung (2000), Nationales Klimaschutzprogramm (http://www.bmu.de/download/dateien/ima_teil01.pdf), (http://www.bmu.de/download/dateien/ima_teil02.pdf), (http://www.bmu.de/download/dateien/ima_teil03.pdf), (http://www.bmu.de/download/dateien/ima_teil04.pdf).

Costanza, Robert et al. (2001), Einführung in die Ökologische Ökonomik, Stuttgart.

Fankhauser, Samuel, Joel B. Smith und *Richard S. J. Tol* (1999), Weathering Climate Change: Some Simple Rules to Guide Adaptation Decisions, in: Ecological Economics, Vol. 30, S. 67-78.

Feess, Eberhard (1995), Umweltökonomie und Umweltpolitik, 2. Aufl., München 1998.

Hansen, James (2000), Global Warming in the 21st Century: An Alternative Scenario, in: Proceedings of the National Academy of Sciences, Vol. 97, S. 9875-9880.

Hartwig, Karl-Hans (1999), Umweltökonomie, in: *Dieter Bender* u. a. (Hg.): Vahlens Kompendium der Wirtschaftstheorie und Wirtschaftspolitik, Band 2, 7. Aufl., München, S. 127-170.

Heal, Geoffrey (1999), New Strategies for the Provision of Global Public Goods: Learning from International Environmental Challenges, in: *Inge Kaul, Isabelle Grunberg* und *Marc A. Stern* (Hg.): Global Public Goods: International Cooperation in the 21st Century, New York u. a.O., S. 220-239.

Houghton, John T. et al. (Hg.) (1996), Climate Change 1995: The Science of Climate Change, Contribution of WGI to the Second Assessment Report of the Intergovernmental Panel on Climate Change, Cambridge.

Houghton, John T. et al. (2001), Climate Change 2001: The Scientific Basis, (Cambridge University Press) Cambridge.

Jacoby, Henry D., Richard Schmalensee und *Ian Sue Wing* (1999), Toward a Useful Architecture for Climate Change Negotiations, MIT Joint Program on the Science and Policy of Global Change, Report No. 49, (http://web.mit.edu/globalchange/www/reports.html#pubs).

OECD (2001), Environmental Outlook, hrsg. von der Organisation for Co-operation and Development (OECD), Paris.

Pies, Ingo (2000), Ordnungspolitik in der Demokratie: Ein ökonomischer Ansatz diskursiver Politikberatung, Tübingen.

Pies, Ingo und *Guido Schröder* (2000), Treibhaus-Effekt und Öko-Steuer: Wie rational ist unsere Klimapolitik?, hrsg. von Policy Consult – Institut für wissenschaftliche Politikberatung e.V., Münster.

Pies, Ingo und *Guido Schröder* (2002), Causes and Consequences of Global Warming: How Rational is Our Policy on Climate Change? hrsg. von Policy Consult – Institut für wissenschaftliche Politikberatung e.V., Münster.

Rat für Nachhaltige Entwicklung (o.J.), Ziele zur nachhaltigen Entwicklung in Deutschland – Schwerpunktthemen. Dialogpapier des Nachhaltigkeitsrates, (http://www. nachhaltigkeitsrat.de/dialog/dialogpapier/index.html)

SRU (2001), Stellungnahme des Rates von Sachverständigen für Umweltfragen vom 19. Dezember 2001 zum Ziel einer 40-prozentigen CO_2-Reduzierung (http://www.umweltrat.de/co2red.htm).

Suchanek, Andreas (2000), Normative Umweltökonomik: Zur Herleitung rationaler Prinzipien für die Umweltpolitik, Tübingen.

UNFCCC (1992), Rahmenübereinkommen der Vereinten Nationen über Klimaänderungen (Klimarahmenkonvention), United Nations Framework Convention on Climate Change (http://unfccc.int/resource/docs/convkp/convger.pdf)

Alfred Schüller und H. Jörg Thieme (Hg.), Ordnungsprobleme der Weltwirtschaft
Schriften zu Ordnungsfragen der Wirtschaft · Band 71 · Stuttgart · 2002

Arbeitsmarktintegration und Migration: Konsequenzen für nationale Lohn- und Sozialpolitik

Thomas Pfahler

Inhalt

1. Einführung und Problemstellung

Nach der Auflösung der wirtschaftlichen und politischen Strukturen in den Ländern des sowjetischen Einflußbereichs hat eine gewaltige Wanderungsbewegung auf dem europäischen Kontinent eingesetzt. Wegen seiner exponierten Lage ist Deutschland besonders stark von dem Zustrom osteuropäischer Migranten betroffen.

Eine Immigration solchen Ausmaßes ging nicht spurlos am Arbeitsmarkt vorbei. Es stellen sich verschiedene Fragen: Wie verkraftet der Arbeitsmarkt innerhalb so kurzer Zeit einen Zustrom von Millionen von Arbeitskräften? Wie reagieren Arbeitslosigkeit und Lohnverhandlungssysteme auf diesen Zustrom? Welche Bedeutung haben Art und Zusammensetzung der Migranten für Lohnhöhe und Lohnsetzung? Wie schützen sich einheimische Interessengruppen vor möglichen negativen Folgen der Migration? Welche Belastungen ergeben sich für das soziale System und damit für die Sozialpolitik? Welche Rolle spielen Zuwanderer in der Ökonomie des Gastlandes? Welche Einwanderungspolitik ist für das soziale System des Gastlandes, etwa im Hinblick auf den demografischen Alterungsprozeß, am günstigsten?

Nach wie vor ist die Frage nach den Auswirkungen der Zuwanderung auf den Arbeitsmarkt von lohn- und sozialpolitischer Brisanz. Gemäß den Umfrageergebnissen glaubt ein Großteil der Bevölkerung, daß durch eine Eindämmung der Zuwanderung die Arbeitslosigkeit wirksam reduziert werden könne. Diese Meinung wird auch politisch ausgenutzt, indem der Öffentlichkeit glaubhaft gemacht wird, daß die Arbeitslosigkeit geringer wäre, würde es keine Ausdehnung des Arbeitsangebotes durch Zuwanderung geben. Geht man von der Richtigkeit dieser Annahme aus, ist das Verhalten der Politik nur allzu verständlich. Denn sie muß schließlich in erster Linie die Interessen der wahlberechtigten Bevölkerung vertreten – und hierzu gehören die Migranten eben nicht. Auch die in Deutschland lebenden Ausländer haben unabhängig von der Zeit, die sie in Deutschland zugebracht haben, kein Wahlrecht. Dieses Schicksal teilen auch die Ausländer der zweiten und dritten Generation. Polit-ökonomisch haben Ausländer deshalb nur über Verbände und die Beauftragten der Bundesregierung mittelbaren Einfluß auf die Gestaltung der Migrationspolitik. Auch das kommunale Wahlrecht für die Bürger der Europäischen Union wird daran nicht viel ändern, weil die wichtigsten sozial- und arbeitsmarktpolitischen Entscheidungen auf Bundes- und Landesebene gefällt werden. Der Gruppe der Zuwanderer aus Osteuropa stehen nur die Kirchen und die Wohlfahrtsverbände als Interessenvertretungen in Deutschland zur Verfügung.

Der Ordnungsrahmen bestimmt in Deutschland sowohl die Arbeitsmarktsituation der Immigranten als auch die Arbeitsmarkteffekte der Zuwanderung. Die wichtigsten Säulen des Ordnungsrahmens sind das Inländerprimat und der Anwerbestopp. Gemäß dem Inländerprimat ist von den Arbeitsämtern zu prüfen, ob bei der Neubeschäftigung von Immigranten nicht Deutsche oder Arbeitnehmer aus EU-Staaten vermittelt werden können. Bevor diese Prüfung durchgeführt wird, ist zu klären, ob eine Arbeitsaufnahme überhaupt mit dem Anwerbestopp vereinbar ist.

Generell ist es empirisch schwierig, zwischen Immigranten und Einheimischen zu unterscheiden. Häufig wird die Immigration durch die Bestandsveränderung der ausländischen Bevölkerung erfaßt. Dies ist aber vor allem für quantitativ bedeutsame Bevölkerungsgruppen, wie zum Beispiel die Türken in Deutschland, nur bedingt zulässig. In diesem Fall vermischen sich Zuwanderungen und der Arbeitsmarkteintritt von Ausländern der zweiten Generation. Auch Zuwanderer mit deutscher Staatsangehörigkeit, also Aussiedler und Übersiedler, lassen sich nicht so ohne weiteres von in Deutschland geborenen Deutschen unterscheiden.

Diese schwierige statistische Identifikation von Zuwanderern hat auch dazu geführt, daß sich im Vergleich zu den Vereinigten Staaten die deutsche Migrationsliteratur noch in den Anfängen befindet. In amerikanischen Datensätzen sind Zuwanderer leicht zu identifizieren. Der Hauptunterschied zur deutschen Erfassungsmethode ist primär mit dem völlig anders gearteten amerikanischen Staatsangehörigkeitsrecht zu begründen. Denn die Kinder von amerikanischen Immigranten erhalten bei der Geburt die amerikanische Staatsbürgerschaft, während in Deutschland Kinder von ausländischen Immigranten Ausländer bleiben.

Aber gerade die empirischen Schwierigkeiten blockieren eine fundierte wissenschaftliche Auseinandersetzung mit dieser Thematik, die notwendig wäre, um den unsachlichen, zum Teil apokalyptischen Bedrohungsvisionen einiger Politiker vom alles verzehrenden Ungeheuer *Homo Migrans*, das aus allen Himmelsrichtungen erwartet wird, entgegentreten zu können. Die von Politikern bewußt in der Bevölkerung geschürte Angst vor Zuwanderungen erzeugt eine Scheuklappenmentalität, die die Mobilität des Produktionsfaktors Arbeit als Gefahr und nicht als Chance sieht.

Mittlerweile ist Europa wohl das wichtigste Zentrum internationaler Migration. Weitere Zentren sind der amerikanische Kontinent mit der Grenze zwischen den Vereinigten Staaten und Mexiko sowie die Krisengebiete in Schwarzafrika und der wirtschaftlich aufstrebende ostasiatische Raum. Sieht man von der Schweiz und Luxemburg ab, nimmt Deutschland mit Belgien hinsichtlich des Ausländeranteils einen Spitzenplatz ein. Wie bereits erwähnt, sind diese internationalen Vergleiche aber wenig sinnvoll, weil national unterschiedliche Definitionen über die Staatsbürgerschaft bestehen.

Selbstverständlich können in der vorliegenden Arbeit nicht alle Aspekte der Migration behandelt werden. So wird beispielsweise die Frage nach der Möglichkeit, ob mit Hilfe von Zuwanderungen die Probleme der Finanzierung der Rentenversicherung gelöst werden können, nicht analysiert. Denn es wird davon ausgegangen, daß Einwanderungen zwar kurzfristig den Geburtenrückgang im Inland kompensieren könnten, allerdings wird das Finanzierungsproblem der Altersvorsorge dadurch nur aufgeschoben, weil Zuwanderungen die Alterung der Bevölkerung nur verzögern. Man darf hier nicht demographische und ökonomische Probleme vermengen, auch wenn sie einander bedingen (*Felderer* 1994). Eine Lösung des demographischen Problems kann nicht zwangsläufig auch das ökonomische Problem lösen. Langfristig ist der Finanzierungsengpaß bei der Rentenversicherung oder im Gesundheitswesen nur durch eine Reform zu lösen, die diese Systeme auf eine neue ökonomische Grundlage stellt. Demographische Veränderungen führen eher zu einer Bekämpfung der Symptome. Zuwanderungen sind zudem nicht unbegrenzt möglich, so daß die für die Sanierung der Rentenversicherung notwendige Migration sehr schnell an die Grenzen der Integrationsfähigkeit des Arbeitsmarktes beziehungsweise der Integrationsbereitschaft der Gesellschaft stoßen würde. Auch die Tatsache, daß Deutschland mittlerweile ein Einwanderungsland geworden ist und selbst „klassische“ Einwanderungsländer wie die USA, Kanada und Australien hinsichtlich der Zuwachsraten der Gesamtbevölkerung überholt hat, ändert daran nichts. Auch die Gefahr, daß sich die wirtschaftlichen Akteure derart verhalten, daß sie ihre Rentenbezüge maximieren wollen, und das deutsche Rentensystem dadurch stark belastet wird, daß sich die Akteure dort aufhalten, wo für sie die günstigste Altervorsorge eintreten wird, ist eher unwahrscheinlich. Denn erstens ist die Mobilität des Faktors Arbeit hierfür nicht hoch genug und zweitens haben empirische Forschungen ergeben, daß im Falle eines derartigen Verhaltens die Altersversorgungssysteme anderer Länder dem deutschen System vorzuziehen wären. Ähnlich sind auch die Befürchtungen einer überdurchschnittlichen Inanspruchnahme des deutschen Gesundheitswesens durch Zuwanderer einzuschätzen. Momentan stellen Zuwanderer aufgrund ihrer Altersstruktur eher einen Aktivposten im Gesundheitswesen dar. Dieser wird sich zwar in der Zukunft abschwächen, allerdings wird diese Entwicklung ebensowenig das deutsche Gesundheitswesen vor Finanzierungsschwierigkeiten stellen, wie neue Zuwanderer das Finanzierungsproblem im Gesundheitswesen etwa aufgrund der Verbesserung der Altersstruktur lösen können (*Poschner* 1996).

2. Migrationserfahrungen der Bundesrepublik Deutschland

Die Zuwanderung ist seit der Gründung der Bundesrepublik Deutschland die wichtigste Quelle für das Bevölkerungswachstum. Seit dem Rückgang der Fertilitätsrate in den siebziger Jahren ist diese Bedeutung noch weiter gestiegen.

Die Zuwanderungen waren jedoch einem deutlichen Wandel ausgesetzt. Kamen in den Nachkriegsjahren zunächst vornehmlich Flüchtlinge und Vertriebene nach Deutschland, die überwiegend die deutsche Staatsangehörigkeit hatten (*Rogall* 1991; *Blaschke* 1993), stellten in den sechziger Jahren aufgrund der innerdeutschen Grenze und der Gastarbeiterzuwanderung zunehmend Ausländer den Hauptanteil der Immigranten (*Wendt* 1994). Die Zahl der zuwandernden Gastarbeiter stieg wegen der Anwerbeabkommen mit verschiedenen Mittelmeeranrainerstaaten ständig an und führte im Jahr 1970 zu einem Höhepunkt bei den Nettozuwanderungen von 600.000 Personen. Im Jahr 1973 wurde ein Anwerbestopp verhängt, der nur noch eine geringe Migration zuließ. Insgesamt führte die Gastarbeiterpolitik dazu, daß der Bestand an Ausländern zwischen 1961 und 1974 von knapp 700.000 Personen auf gut 4,1 Millionen anstieg (*Velling* 1995, S. 31 ff.).

Nach 1973 beeinflußten vor allem die Familienzusammenführung und das Inländerprimat die Zuwanderungszahlen. Das Inländerprimat machte die Erteilung der Arbeitserlaubnis für Ausländer davon abhängig, daß keine Bewerbung eines Deutschen für den entsprechenden Arbeitsplatz vorlag. Dies führte 1974 erstmals zu einer höheren Arbeitslosenquote bei Ausländern (*Esser* 1989, S. 336). Gegen Ende der siebziger Jahre erreichte die Familienzusammenführung ihren Höhepunkt. Zwischen 1975 und 1981 waren 50 bis 70 Prozent der Zuwanderungen auf Familienzusammenführungen zurückzuführen (*Velling* 1993). Man kann von einer widersprüchlichen Ausländerpolitik sprechen, weil einerseits eine Familienzusammenführung seitens der Bundesregierung befürwortet wurde, andererseits aber die ausländischen Familienangehörigen dem Inländerprimat unterworfen wurden, um die beabsichtigte Entlastung des Arbeitsmarktes nicht zu gefährden.

Die Familienzusammenführung führte aber auch zu einer Absenkung der Erwerbsquoten, denn der Anteil der Frauen und Kinder stieg. Aus ehemaligen „Gastarbeitern" wurden „permanente Einwanderer". Es wuchs eine zweite Generation von Ausländern heran, die zunehmend auch die Infrastruktureinrichtungen in Anspruch nahm. Die Bundesregierung ging aber nicht von ihrem Grundsatz ab, daß Deutschland kein Einwanderungsland sei und entwickelte statt dessen drei Prinzipien, die bis heute die Ausländerpolitik bestimmen. Erstens soll die Integration der rechtmäßig in Deutschland lebenden Ausländer vorangetrieben werden. Zweitens sollte der weitere Zuzug aus Staaten außerhalb der Europäischen Gemeinschaft begrenzt werden. Drittens ist die Rückkehrbereitschaft ausländischer Arbeitnehmer durch Gewährung von Beihilfen zu fördern.

Die auslaufende Phase der Familienzusammenführung wurde ab Mitte der achtziger Jahre durch eine neue Migration überlagert. Seit 1989 bestimmt der Fall des „Eisernen Vorhangs" die Einwanderungszahlen und löste eine Wanderungsbewegung von Ost nach West aus. Dabei sind zwei Charakteristika feststellbar: erstens eine Verschiebung bei den Herkunftsländern und zweitens eine hohe aufenthaltsrechtliche und arbeitsmarktspezifische Diversifikation bei den Zuwanderern. Die Bedeutung der traditionellen Gastarbeiterländer (Türkei, Italien, Griechenland) ging zugunsten osteuropäischer Länder zurück, aber auch das Gewicht zwischen den osteuropäischen Ländern verschob sich, weil der politische Wandel in den einzelnen Ländern unterschiedlich schnell vonstatten ging.

Bei den Migranten aus Osteuropa ist zudem zwischen deutschstämmigen Aussiedlern und ausländischen Zuwanderern zu unterscheiden. Die politischen Vorgaben spielten vor allem bei den Aussiedleraufnahmeverfahren eine wichtige Rolle. War es bis Juni 1990 noch möglich, das Aussiedleraufnahmeverfahren von Deutschland aus zu betreiben, wurde im Juli 1990, als mehr als 400.000 Aussiedler nach Deutschland einzureisen drohten, die Regelung eingeführt, daß die Anträge vom Herkunftsland aus zu stellen seien. Aussiedler, die ohne Antragstellung eingereist waren, mußten deshalb wieder zurückkehren. Dadurch konnten die Aussiedlerzahlen niedrig gehalten werden. Weitere Anpassungen folgten. So wurde beispielsweise festgelegt, daß Personen, die nach 1992 geboren wurden, für eine Aussiedlung nicht mehr in Frage kämen. Zudem wurde ein Kontingent in Höhe von 220.000 Personen für die in einem Jahr maximal zu erteilenden Aufnahmebescheide eingeführt.

Auch das Anwachsen der Asylbewerber seit Ende der achtziger Jahre weist deutlich auf eine Verschiebung der Migrantenstruktur hin. Auch hier wurde und wird der Bewerberzugang durch die politischen Rahmenbedingungen bestimmt. Trotz mehrmaliger Verschärfung des Asylrechts konnte die Asylbewerberzahl zunächst nicht nennenswert reduziert werden. Selbst als 1992 das Asylverfahrensgesetz durch die Einführung von Eilverfahren geändert wurde, stellte sich die erhoffte Wirkung nicht ein. Erst durch den sogenannten Asylkompromiß, der erstens die Anerkennung von Ablehnungsbescheiden europäischer Partnerländer ermöglichte, zweitens die sicheren Herkunftsländer neu festlegte, so daß Polen, die Tschechische Republik, die Slowakische Republik, Rumänien, Bulgarien sowie Ungarn jetzt in die Kategorie sicherer Länder fielen, und drittens die Abschiebung in sichere Drittstaaten erleichterte, konnte eine deutliche Reduzierung der Zuwanderungszahlen von Asylbewerbern erreicht werden. Auf diese Art und Weise erhielten im Jahr 1993 nur noch 20.000 Personen ein längerfristiges Aufenthaltsrecht in Deutschland (*Velling* 1995, S. 48 f.).

Die nähere Betrachtung der Asylbewerberzahlen verdeutlicht eine weitere Dimension bei der Verschiebung der Herkunftsländer. Seit den achtziger Jahren hat auch die Zuwanderung aus Afrika und Asien ein erhebliches Ausmaß angenommen. So stieg die Zahl der in Deutschland lebenden Afrikaner von knapp 70.000 in den siebziger Jahren auf über 284.000 in den neunziger Jahren. Die Zahl der Asiaten stieg im gleichen Zeitraum von 113.000 auf über 600.000. Zum Vergleich: Im Jahr 1961 wurden im Rahmen der Volkszählung insgesamt 686.000 Ausländer erfaßt (*Velling* 1995, S. 49 f.).

Die bisher genannten Migrationsströme seit Mitte der achtziger werden auch weiterhin Bestand haben. Dagegen war die nicht minder bedeutsame Wanderung von Ost- nach Westdeutschland – innerhalb knapp eines Jahres (9.11.1989 bis 3.10.1990) strömten über 700.000 Menschen nach Westdeutschland – eher ein vorübergehendes Migrationsphänomen (*Grundmann* 1995).

Die Arbeitsmarktabsorption der Zuwanderer verläuft je nach Nationalität unterschiedlich erfolgreich. So konnten Ostdeutsche häufig zu den gleichen Bedingungen eine Beschäftigung aufnehmen wie ihre westdeutschen Landsleute und besaßen vergleichsweise gute Arbeitsmarktchancen. Auch Aussiedler besitzen nach vollzogener Einbürgerung die gleichen Rechte wie Deutsche und werden zusätzlich finanziell unterstützt. Ausländern aus Nicht-EU-Staaten bleibt dagegen ein „normales" Beschäftigungsverhältnis meist versagt. Dies zeigt sich vor allem darin, daß die Zahl der ausländischen sozialversicherungspflichtig Beschäftigten gegenüber dem Bestand an Ausländern stark zurückbleibt, was auf atypische Beschäftigungsverhältnisse schließen läßt, die nur temporären Charakter haben, von der Sozialversicherungspflicht freigestellt sind und nur teilweise dem Inländerprimat unterliegen. Die Gruppe der Asylbewerber kann nur in seltenen Fällen eine Erwerbstätigkeit aufnehmen. Seit 1993 sind Zuwanderung und Beschäftigungsaufnahme von neuen Migranten in Deutschland für die wichtigsten Migrantengruppen durch den Asylkompromiß erheblich erschwert worden. Dies wurde zwar quantitativ durch die Mehrbeschäftigung freizügigkeitsberechtigter Arbeitnehmer aus EU-Staaten teilweise wieder kompensiert, dennoch ist die Migration nach Deutschland drastisch gesunken, was den Druck auf die Politik zur Formulierung eines Zuwanderungsgesetzes nicht unbedingt erhöhen dürfte (*Velling* 1995, S. 51 f.).

3. Der institutionelle Rahmen der Arbeitsmarktintegration

Die Ausländer- und Zuwandererpolitik steht auf zwei Säulen. Zum einen soll die Integration der rechtmäßig in Deutschland lebenden Ausländer gefördert, zum anderen der Zuzug von Ausländern aus Nicht-EU-Staaten begrenzt werden. Bürger aus EU-Staaten sind von der generell restriktiven Haltung gegenüber Zuwanderern ausgenommen und genießen Freizügigkeit. Bei der Einwanderungspolitik verfolgen die einzelnen Nationen unterschiedliche Strategien (*Biffl* 2000, S. 156 ff.). Man unterscheidet „klassische" Einwanderungsländer wie die USA, Kanada und Australien, „kolonial" geprägte Einwanderungsländer wie die Niederlande, Frankreich, Großbritannien, Belgien und Portugal. Weiterhin gibt es „Gastarbeitermodelle", vor allem Frankreich, die Schweiz und zeitlich versetzt Deutschland und Österreich, und sogenannte „Rückkehrermodelle" wie Griechenland und Finnland sowie die Situation der Aussiedler in Deutschland. Schließlich gibt es noch „neue" Einwanderungsländer wie Italien, Spanien und auch Portugal.

Aber auch die „klassischen" Einwanderungsländer betreiben keine einheitliche Zuwanderungspolitik. Die USA präferieren in erster Linie Zuwanderer, die bereits eine familiäre Bindung im Inland besitzen, dann folgen Flüchtlinge und Asylsuchende. Erst an dritter Stelle stehen Hochqualifizierte und Fachkräfte. In Kanada und Australien versucht man, die Integrationsfähigkeit anhand von Ausbildung und Sprachkenntnissen zu schätzen, allerdings stand in der Realität bislang die konkret geäußerte Arbeitsnachfrage im Mittelpunkt. Ein Nachweis einwandfreien Gesundheitszustandes war und ist ebenfalls Voraussetzung. Lange Zeit war beiden Ländern eine extrem selektive und rassistische Einwanderungspolitik zu eigen, die an die Herkunft geknüpft war. Mittlerweile wird die Qualifikation jedoch als wichtigstes Kriterium für die Einwanderungsentscheidung herangezogen. Allen „klassischen" Einwanderungsländern gemein sind berechenbare und klare Regeln sowie Obergrenzen für die Einwanderung insgesamt. „Kolonial" geprägte Einwanderungsländer und „Gastarbeitermodelle" waren dagegen geprägt durch Zuwanderungen aufgrund von inländischer Arbeitskräfteknappheit in bestimmten Bereichen. Die Zuwanderer besetzten in diesem Fall die Segmente des Arbeitsmarktes, die für Einheimische nicht attraktiv waren. Nach dem Anwerbestopp kam es in einigen Ländern (Deutschland, Österreich, Schweiz und Schweden) aufgrund der Rückführungspolitik zu einer Abnahme des Ausländeranteils. In Frankreich, Großbritannien und den Benelux-Staaten nahm der Ausländeranteil dagegen kaum ab (*van Suntum* und *Schlotböller* 2001, S. 15 ff.).

Die Förderung der Integration äußert sich in Deutschland durch einen erleichterten Arbeitsmarktzugang, der von der bisherigen Aufenthaltsdauer abhängig ist. Zudem ist eine weitere Genehmigung des Aufenthaltes an die bisherige Aufenthaltsdauer gekoppelt. Das bedeutet, daß eine lange Aufenthaltsdauer den Aufenthaltsstatus und den Zugang zum Arbeitsmarkt positiv beeinflußt. Auch ausreichende Sprachkenntnisse, ein gesichertes Einkommen und ein fester Wohnsitz sind Voraussetzungen für einen gesicherten Aufenthalt in Deutschland. Ist der Zuwanderer im Besitz einer Aufenthaltsberechtigung, kann er selbst nach langandauernder Erwerbslosigkeit und Abhängigkeit von Sozialhilfe sein Aufenthaltsrecht in Deutschland nicht verwirken. Das Problem dabei ist, daß der Grund des Aufenthalts gerade in der Ausübung einer Erwerbstätigkeit besteht, aber der Aufenthaltsstatus geregelt sein muß, bevor eine Erwerbstätigkeit ausgeübt wird. So ist die Einreise nach Deutschland mit der Absicht der Arbeitsaufnahme gemäß dem 1973 verhängten Anwerbestopp nicht zulässig.

Grundlage der abhängigen Beschäftigung von Ausländern ist in Deutschland das Arbeitsförderungsgesetz, das in § 19 das sogenannte Inländerprimat enthält. Das Inländerprimat bedeutet konkret, daß ein deutscher Arbeitnehmer vor einem ausländischen Arbeitnehmer immer dann den Vorrang erhält, wenn in einem bestimmten Beruf in einer bestimmten Region ein deutlicher Überhang an Arbeitssuchenden gegenüber den offenen Stellen besteht. Das Inländerprimat ist zwar das entscheidende Instrument, um den

Arbeitsmarktzugang von ausländischen Zuwanderern zu kontrollieren, allerdings sind über 90 Prozent der abhängig erwerbstätigen Ausländer von der Prüfung des Inländerprimats befreit. Die Arbeitserlaubnis wird für die Dauer des Beschäftigungsverhältnisses, jedoch nicht für mehr als drei Jahre erteilt. Sie kann auch auf eine bestimmte berufliche Tätigkeit in einem bestimmten Betrieb beschränkt sein, was die gängige Regel darstellt (*Hambüchen* 1990, S. 60). Für bestimmte Ausländergruppen kommt auch eine unbefristete Arbeitserlaubnis zur Anwendung.

Wenn auch das Bundessozialgericht das Inländerprimat konkretisiert hat, so verbleibt der Bundesanstalt für Arbeit weiterhin ein Ermessensspielraum. Das bezieht sich vor allem auf die Bestimmung des relevanten regionalen Arbeitsmarktes und die Abgrenzung der Berufsgruppen. Auch die relevante Dauer der Vermittlungsbemühungen, die zum Nachweis der Nichtverfügbarkeit eines deutschen Arbeitnehmers anberaumt wird, verbleibt im Ermessen der Bundesanstalt. Des weiteren liegen die Prognosen über die zukünftige Entwicklung des Arbeitsmarktes und die daraus abzuleitenden Konsequenzen für die Auslegung des Inländerprimates in der Hand der Bundesanstalt für Arbeit. Allerdings ist wegen des damit einhergehenden Aufwands die Erteilung einer Arbeitserlaubnis in bestimmten Branchen, etwa im Gaststätten- und Hotelgewerbe, oder in bestimmten Berufen, zum Beispiel in einem Teil der Pflegeberufe, ohne weitere Prüfung möglich. Dieser nicht unerhebliche Ermessensspielraum kann für die Bundesanstalt einen Zielkonflikt darstellen. Denn die Bundesanstalt ist einerseits den Zielen des Arbeitsförderungsgesetzes verpflichtet, dazu gehört etwa ein hoher Beschäftigungsstand und die Vermeidung andauernder Arbeitslosigkeit sowie die Verhinderung eines Mangels an Arbeitskräften, der das Wirtschaftswachstum behindert. Wegen des Inländerprimats muß sie aber andererseits die Vermittlung des ausländischen Arbeitnehmers hinauszögern, weil zuerst ein deutscher Bewerber zu suchen ist, was den oben genannten Zielen zuwiderläuft. Vermittelt sie dagegen sofort einen Ausländer, bleiben diese Ziele zwar gewahrt, aber sie verstößt gegen das Inländerprimat, weil eventuell ein deutscher Arbeitnehmer von einem zugewanderten ausländischen Arbeitnehmer verdrängt wird.

Auch für die Ausübung einer selbständigen Tätigkeit benötigt ein Nicht-EU-Ausländer eine Aufenthaltserlaubnis. Die Erlaubnis für die Aufnahme einer selbständigen Erwerbstätigkeit wird aber nur erteilt, wenn ein übergeordnetes wirtschaftliches Bedürfnis oder ein örtliches Interesse besteht. Neben den spezifischen ausländerrechtlichen Bestimmungen gelten für Ausländer die gleichen gewerberechtlichen Vorschriften wie für Deutsche, die von Ausländern aber aufgrund unterschiedlicher nationaler Berufsbildungssysteme und Gewerbeberufe schwer zu erfüllen sind (*Velling* 1995, S. 69).

4. Soziale Unterstützung von Immigranten bei Erwerbslosigkeit

Alle sozialversicherungspflichtigen Arbeitnehmer, die in Deutschland einer Beschäftigung nachgehen, sind in der Arbeitslosenversicherung erfaßt. Das gilt unabhängig von der Staatsangehörigkeit. Sowohl Deutsche als auch Ausländer leisten Beiträge an die Sozialversicherungsträger und erhalten bei Eintritt der Arbeitslosigkeit und bei Erfüllung der Voraussetzungen Arbeitslosengeld. Diese Voraussetzungen sind im einzelnen bestehende Arbeitslosigkeit, Alter unter 65 Jahren, persönliche Arbeitslosmeldung beim Arbeitsamt, Verfügbarkeit für die Arbeitsvermittlung und Erfüllung der Anwartschaft.

Während die drei ersten Voraussetzungen von Deutschen und Ausländern gleichermaßen leicht oder schwer erfüllbar sind, gibt es bei den beiden letztgenannten Bedingungen Unterschiede. Bei der Verfügbarkeit besteht insoweit ein Unterschied, als Ausländer nur dann Anspruch auf Arbeitslosengeld besitzen, wenn sie sich legal in Deutschland aufhalten. Mit der Rückkehr in ihr Heimatland würde der Anspruch auf Arbeitslosengeld verfallen. Eine besondere Schwierigkeit ergibt sich dann, wenn die Erteilung oder Verlängerung der Aufenthaltsgenehmigung von der Sicherung des Lebensunterhalts abhängig gemacht wird. Bei Arbeitslosigkeit ist dies oftmals nicht mehr gewährleistet. Bei Ausländern, die erst seit wenigen Jahren in Deutschland leben und deren Aufenthalt sich auf die Ausübung einer Erwerbstätigkeit gründet, erlischt häufig die Aufenthaltsbewilligung, wenn diese Erwerbstätigkeit endet. Eine Verlängerung der Aufenthaltsgenehmigung liegt in diesem Fall im Ermessen der Behörde. Auch die Erfüllung der Anwartschaft kann für neu zugewanderte Ausländer eine Hürde darstellen. Sie ist dann erfüllt, wenn in den letzten drei Jahren mindestens 360 Tage lang Beiträge zur Arbeitslosenversicherung gezahlt wurden. Auch die Dauer des Bezugs von Arbeitslosengeld kann zum Problem werden, weil sie von der Dauer der zuvor ausgeübten beitragspflichtigen Beschäftigung abhängt. Die bisher gemachten Ausführungen sind de facto auch auf die Arbeitslosenhilfe übertragbar.

Ausländer können bei Bedürftigkeit ebenso Sozialhilfe erhalten wie Deutsche. Bezüglich der Hilfe in besonderen Lebenslagen ist ihr Anspruch jedoch eingeschränkt. Eine Besonderheit besteht bei Asylbewerbern. Asylbewerber erhalten Sozialhilfe nicht in Form von Geldleistungen, sondern in Form von Sachleistungen. Die wichtigste Konsequenz des Bezugs von Sozialhilfe für Ausländer ohne Aufenthaltsberechtigung ist die Schwächung des aufenthaltsrechtlichen Status. Denn die Aufenthaltsgenehmigung wird in der Regel versagt, wenn der Ausländer zur Bestreitung des Lebensunterhaltes auf öffentliche Mittel angewiesen ist. Während der Bezug von Arbeitslosengeld und Arbeitslosenhilfe der Erteilung einer Aufenthaltsgenehmigung nicht im Wege steht, führt der Bezug von Sozialhilfe zur Versagung der Aufenthaltsgenehmigung. Als Konsequenz muß der Ausländer das Land verlassen. Selbst die ansonsten privilegierten Bürger der Europäischen Union können bei längerem Bezug von Sozialhilfe ihr Aufenthaltsrecht verwirken.

5. Theoretische Effekte der Migration auf den Arbeitsmärkten

5.1. Grundsätzliche Überlegungen

Die grundlegenden Konsequenzen der Migration lassen sich anhand des neoklassischen Arbeitsmarktmodells veranschaulichen (*Greenwood* und *McDowell* 1986, 1994). In Abbildung 1 veranschaulicht die linke Grafik den Weltarbeitsmarkt, in dem das Arbeitsangebot zum Lohn W_W vollkommen elastisch ist. Die rechte Grafik gibt den Arbeitsmarkt des Zuwanderungslandes, also beispielsweise von Deutschland, wieder.

Abbildung 1: Auswirkung der Zuwanderung auf den inländischen Arbeitsmarkt

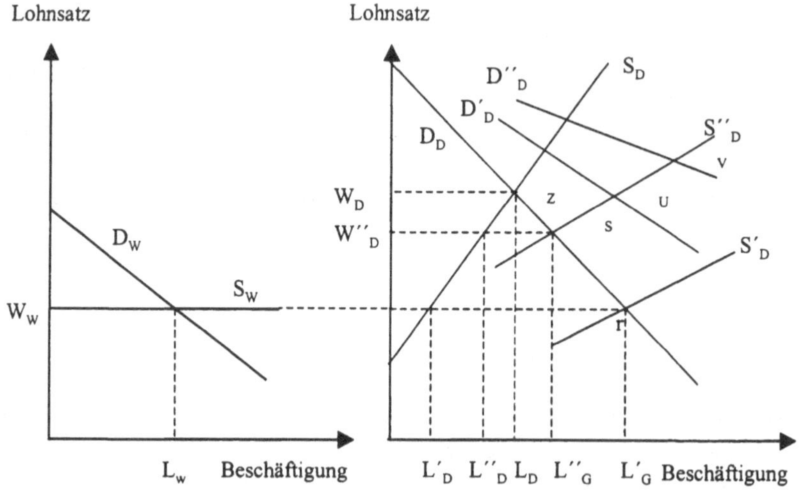

Quelle: *Velling* (1995, S. 200).

Vor der Zuwanderung wird auf dem Arbeitsmarkt in Deutschland der Gleichgewichtspunkt Z realisiert, in dem sich die Angebotskurve deutscher Arbeitnehmer S_D mit der gesamtwirtschaftlichen Nachfrage nach Arbeitskräften D_D schneidet. Dürfen Zuwanderer unbeschränkt nach Deutschland einreisen, verschiebt sich die Arbeitsangebotskurve in Deutschland von S_D nach S'_D. Die Beschäftigung deutscher Arbeitnehmer sinkt von L_D auf L'_D. Die Gesamtbeschäftigung steigt dagegen auf L'_G. Die Zuwanderung hätte somit zu einer geringeren Beschäftigungsquote beziehungsweise zu einer höheren Arbeitslosenquote deutscher Arbeitnehmer geführt. Die am Markt verbliebenen deutschen Arbeitnehmer bezögen dagegen den deutlich niedrigeren Lohn des Weltarbeitsmarktes W_W.

Diese negativen Konsequenzen für deutsche Arbeitnehmer könnten ein Grund dafür sein, weshalb manche Politiker Zuwanderungen unterbinden wollen. Geht man davon aus, daß eine gesetzliche Regelung eine Zuwanderungsquote in Höhe von L''_G minus L''_D zuläßt, würde der in Deutschland vorherrschende Lohn lediglich auf W''_D und die Beschäftigung deutscher Arbeitnehmer auf L''_D fallen. Die Zuwanderer würden sich gegenüber der Situation im Herkunftsland deutlich verbessern, denn ihr Lohn würde von W_W auf W''_D steigen. Die abgewiesenen ausländischen Arbeitskräfte müßten sich jedoch weiterhin mit dem am Weltarbeitsmarkt gezahlten Lohn W_W zufrieden geben.

Die bisherigen Ausführungen gingen davon aus, daß die Arbeitsnachfragefunktion von den Einwanderungen nicht beeinflußt wird. Gibt man diese Annahme auf und nimmt an, daß die höhere Konsumquote der Zuwanderer zu einer vermehrten Nachfrage und damit zu einer höheren Produktion führt, verschiebt sich die Arbeitsnachfragefunktion von D_D auf D'_D. Je weiter sich die Arbeitsnachfragefunktion verschiebt, desto geringer ist die Lohnreduktion für Inländer und desto weniger Inländer verlieren ihre Beschäftigung. Ist das Ausmaß der Verschiebung derart, daß etwa Punkt V realisiert wird, befinden sich gegenüber dem Szenario ohne Zuwanderung sogar mehr deutsche Arbeitnehmer bei höheren Löhnen in Beschäftigung.

Genau an diesem Punkt tritt die Trennlinie zwischen den verschiedenen theoretischen Denkrichtungen der Migrationsliteratur zutage. Die Vertreter der *Verdrängungshypothese* gehen davon aus, daß der Arbeitsangebotseffekt der Zuwanderung den Arbeitsnachfrageeffekt dominiert. Das tritt etwa dann ein, wenn die Immigranten den empfangenen Lohn größtenteils im Herkunftsland ausgeben (*Briggs* 1974, 1975). Demgegenüber betonen *nachfrageorientierte Ansätze*, daß eine wachsende Bevölkerung im Rahmen der Immigration die Beschäftigung in einer Volkswirtschaft auch erhöhen kann. Dieser Effekt sei einerseits auf die erhöhte Konsumnachfrage und als Folge davon andererseits auf die gestiegenen Investitionen zurückzuführen (*Bernard* 1953). Darüber hinaus ist es auch denkbar, daß Immigranten technisches Wissen transferieren oder unternehmerisches Potential freisetzen (*Simon* 1989). Der *Segmentationshypothese* als dritter Ansatz zu den Arbeitsmarktkonsequenzen der internationalen Zuwanderung liegt die Annahme strikt voneinander getrennter Teilarbeitsmärkte zugrunde. Die Vertreter dieser Theorie gehen davon aus, daß Zuwanderer vor allem solche Tätigkeiten ausüben, die Einheimische bei gegebener Lohnstruktur nicht gewillt sind zu übernehmen (*Gordon* 1975; *Piore* 1979). Zuwanderer besetzen danach das sekundäre Arbeitsmarktsegment, so daß ihr Humankapital, wegen der hierfür erforderlichen geringen Qualifikation, einem Abwertungsprozeß unterliegt (*Taubman* und *Wachter* 1986, S. 1197 f.). Die einheimischen Arbeitnehmer finden sich dagegen im primären Segment wieder, das höhere Löhne und bessere Arbeitsbedingungen bietet. Ein Abwandern in das primäre Segment ist für Migranten nur schwer möglich, weil es sich im Fall des primären Sektors um einen internen Arbeitsmarkt handelt, der sich von Zuwanderern abschottet (*Gottfries* und *McCormick* 1995).

5.2. Ergänzungen zum neoklassischen Arbeitsmarktmodell

In vielen Modellen zur Auswirkung der Migration wird die Analysemethode der komparativen Statik angewandt (*Altonji* und *Card* 1991). Beim Arbeitsangebot werden dabei die institutionellen und verhaltensbedingten Unterschiede zwischen Ausländern und Inländern berücksichtigt. Die Unterschiede beziehen sich sowohl auf die absoluten Unterschiede des Pro-Kopf-Arbeitsangebotes (Beschäftigtenquoten) als auch auf die Pro-Kopf-Lohnelastizitäten. Die restriktiven Arbeitsmarktzugangsberechtigungen sorgen einerseits dafür, daß die Ausländer zwar gerne ihre Arbeitskraft zum gegebenen Lohnsatz anbieten würden, dies aber nur beschränkt möglich ist. Andererseits besteht bei Ausländern ein geringerer Reservationslohn, weil ihre soziale Absicherung geringer ist, die Auswahl an Arbeitsmöglichkeiten eingeschränkt ist und sie das Reallohngefälle zwischen Aufnahme- und Herkunftsland für den Fall der späteren Rückkehr und den damit verbundenen Aufschub des Konsums nutzen werden. Der Effekt auf die Beschäftigungsquote der Ausländer ist damit nicht eindeutig, weil die restriktiven Arbeitsmarktzugangsbedingungen und der geringere Reservationslohn gegensätzlich wirken. Die Pro-Kopf-Lohnelastizität von Ausländern dürfte wegen des geringeren Reservationslohnes nahe Null liegen, so daß beim vorherrschenden Lohnniveau alle Immigranten bereit sind zu arbeiten.

Die Zuwanderung führt zu einem Überschußangebot an Arbeitskräften und zu einer Übernachfrage am Gütermarkt. Die Löhne werden wegen der Arbeitsangebotsausdehnung durch die Zuwanderer zwar fallen und als Folge davon eventuell auch die Beschäftigung, weil das Arbeitsangebot positiv von der Lohnhöhe abhängig ist, allerdings kann dies durch den positiven Effekt der steigenden Güternachfrage aufgrund der gestiegenen Bevölkerung kompensiert werden. Welcher Effekt überwiegt, hängt von den Elastizitäten des Arbeitsangebotes beziehungsweise der Arbeitsnachfrage ab. Sinken die Löhne und ist der Güternachfrageeffekt *nach* der Zuwanderung eher gering, kann *keynesianische* Arbeitslosigkeit entstehen, weil die durch die niedrige Güternachfrage bestimmte Produktion nicht ausreicht, alle Arbeitnehmer zu beschäftigen. Bestand *vor* der Zuwanderung aus Gründen zu hoher Löhne *klassische* Arbeitslosigkeit, kann diese mit Hilfe der einwanderungsinduzierten Lohnsenkung reduziert werden, weil dadurch die Nachfrage nach Arbeitskräften steigt – vorausgesetzt, die Arbeitsnachfrage wird als abgeleitete Nachfrage des Gütermarktes nicht anderweitig beeinträchtigt. Weiterhin wird die Anpassungsgeschwindigkeit am inländischen Arbeitsmarkt von der Flexibilität der Lohnstruktur abhängen. In Volkswirtschaften mit einer rigiden Lohnstruktur werden die Anpassungsprozesse schleppender verlaufen als in Ländern mit einer flexiblen Lohnstruktur.

Um den Einfluß der Zuwanderung auf den inländischen Arbeitsmarkt zu analysieren, müßte nicht nur zwischen inländischen und zugewanderten Arbeitnehmern einerseits, sondern auch zwischen qualifizierten und unqualifizierten Arbeitnehmern andererseits unterschieden werden. Zudem zeichnen sich Zuwanderer durch eine vergleichsweise hohe Mobilität aus, da es sich bei ihnen um eine positive Selektion zuwanderungswilliger Arbeitnehmer handelt. Diese Mobilität dürfte auch im Inland, etwa bei der Wohnortwahl, an den Tag gelegt werden. Es spricht damit einiges dafür, daß Migration strukturelles ‚Mismatch' am Arbeitsmarkt beseitigt und strukturelle Arbeitslosigkeit reduziert. Weiterhin unterscheiden sich Zuwanderer und die ansässige Bevölkerung auch in ihrer Pro-Kopf-Güternachfrage. Denn Zuwanderer verfügen zum Zeitpunkt der Einwanderung kaum über eigenes Vermögen, erzielen ein geringeres Pro-Kopf-Einkommen und sparen häufig auf ein bestimmtes Ziel, das zusammen mit dem Wunsch nach Remigration angestrebt wird. Dies spricht eher für einen niedrigen Güternachfrageeffekt durch Zuwanderer und damit für negative Konsequenzen für den inländischen Arbeitsmarkt. Allerdings treten Zuwanderer zunächst überhaupt nicht am Arbeitsmarkt in Erscheinung, da sie wegen institutioneller Restriktionen oft nicht die Möglichkeit dazu haben. Sie belasten dadurch den Arbeitsmarkt nicht, während sie trotzdem Konsum tätigen. Die Konsequenzen sähen für den inländischen Arbeitsmarkt dann nicht mehr so düster aus. Das wäre insbesondere der Fall, wenn in erster Linie Rentner und Kinder den Hauptanteil der Zuwanderer stellen. Welcher Effekt letztlich dominiert, läßt sich per se nicht sagen, hängt von der jeweiligen Situation ab und ist somit nur empirisch zu klären.

Bisher wurde auch die Tatsache außer acht gelassen, daß bestimmte Rückkoppelungseffekte der Migration wie etwa die Lohnsenkung den Migrationsanreiz beeinflussen können. Überhaupt müssen die individuellen Überlegungen, die eine endgültige Migrationsentscheidung herbeiführen, stärker berücksichtigt werden. Ein potentieller

Zuwanderer wird sich nämlich nur dann für eine Migration entscheiden, wenn die zu erwartenden Kosten einer Migration den zu erwartenden Nutzen nicht übersteigen (*Sjastaad* 1962). Kosten wären beispielsweise Opportunitätskosten in Form eines entgangenen Einkommens oder Mobilitätskosten. Empirisch wird der zu erwartende Nutzen von dem Einkommen verkörpert, das im Aufnahmeland erzielt werden könnte. Eine Migration findet dann statt, wenn das erwartete Reallohndifferential zwischen Aufnahmeland und Herkunftsland sehr hoch ist und die Beschäftigungswahrscheinlichkeit im Aufnahmeland größer ist als im Herkunftsland. Generell wird eine große Unsicherheit über die Situation im Aufnahmeland risikoaverse potentielle Migranten davon abhalten zu emigrieren (*Straubhaar* 1988, S. 82 f.). Zudem ist davon auszugehen, daß es für potentielle Einwanderer schwierig ist, das vorhandene Humankapital einzubringen. Denn neben etwaigen Qualifikationsdefiziten dürfte die fremde Sprache ein Hindernis für eine problemlose Integration darstellen. Unsicherheitsreduzierend ist dabei der *„friends and relatives"-Effekt*, wonach bereits im Aufnahmeland lebende Freunde oder Familienangehörige als Informationsquellen dienen *(Greenwood* 1969). Dies erklärt auch das Phänomen der Kettenmigration. Allerdings sollte dies nicht darüber hinwegtäuschen, daß dieses „soziale Kapital" ausländischen Arbeitnehmern gegenüber inländischen Arbeitskräften nur eingeschränkt zur Verfügung steht. Empirische Nachforschungen haben beispielsweise ergeben, daß etwa jeder vierte deutsche Jugendliche seine Lehrstelle den persönlichen Beziehungen seiner Eltern verdankt. Bei Auszubildenden ausländischer Herkunft ist es nur jeder achte (*Granato* und *Meissner* 1994, S. 70). Weiterhin weist die institutionenökonomische Literatur auf die asymmetrische Information zwischen dem Arbeitgeber im Herkunftsland und dem Migranten hin (*Katz* und *Stark* 1987, 1989). Es gelingt dem Migranten häufig nicht, dem potentiellen Arbeitgeber seine wahre Produktivität zu signalisieren, so daß er sich mit dem Durchschnittslohn aller Zuwanderer zufrieden geben muß. Als Folge davon sinken Quantität und Qualität der Migranten. Möglich wäre auch eine absichtliche Benachteiligung von Zuwanderern bei der Arbeitsplatzsuche aufgrund ethnischer Merkmale, weil beispielsweise im Ausland erworbene Schul- und Berufsabschlüsse nicht richtig eingeschätzt werden können oder Nachteile bei der Beschäftigung von Ausländern erwartet werden oder auch generell eine ablehnende Haltung gegenüber ethnischen Minderheiten besteht. Eine derartige Diskriminierung ist schwer zu beurteilen, da sie auch aufgrund von Produktivitätsnachteilen erfolgen könnte und damit ökonomisch gerechtfertigt wäre. Wegen der asymmetrischen Information greifen Arbeitgeber häufig zu Behelfskriterien wie etwa der Zugehörigkeit zu einer ethnischen Bevölkerungsgruppe, wenn sie die tatsächlichen Fähigkeiten von potentiellen Arbeitnehmern nicht objektiv einschätzen können. Eine solche Stigmatisierung kann zwar zu Fehleinschätzungen führen, so daß sich der diskriminierende Akteur selbst schädigt, weil er etwa den Vorteil zusätzlicher Sprachkenntnisse unterschätzt, ist aber dennoch rational, weil ausländische Bewerber auch bei gleicher formeller Bildung über geringere Kenntnisse institutioneller Strukturen des inländischen Gesellschafts- und Rechtssystems verfügen. Eine Diskriminierung im eigentlichen Sinne, also eine unberechtigte Benachteiligung, bestraft zwar der Markt in Form von Wettbewerbsnachteilen, allerdings nur dort, wo auch Wettbewerbsdruck herrscht. Die im Rahmen der Arbeitsmarktintegration involvierten Institutionen wie die Arbeitsvermittlung, die arbeitsmarktpolitischen Programme, aber auch die formelle Ausbildung sind dem öffentlichen Sektor zuzurechnen, so daß wettbewerbliche Verhaltensweisen nur eingeschränkt möglich sind.

Diese grundsätzlichen Überlegungen zeigen deutlich, wie schwierig es ist, aus theoretischer Sicht eindeutige Aussagen über die Auswirkungen der Migration auf Arbeitsmärkten zu treffen. Die Theorie macht weiterhin deutlich, daß die aufgeworfenen Fragen nur durch weitere empirische Forschung beantwortet werden können. Als zentrales Ergebnis kann man festhalten, daß aus der Theorie weder ein eindeutiges Ergebnis noch eine eindeutige empirisch testbare Hypothese zu den Arbeitsmarkteffekten der Migration nach Ablauf aller Anpassungsprozesse abgeleitet werden kann (*Velling* 1995, S 232 ff.).

6. Empirische Erfahrungen bei der Integration von Migranten

6.1. Grundsätzliche Überlegungen

Die Arbeitsmarktintegration von Zuwanderern gelingt in Deutschland, ebenso wie in den meisten Industriestaaten, nur sehr schleppend. Eine erfolgreiche Integration in Arbeit und Beruf ist aber Voraussetzung für eine dauerhafte gesellschaftliche Integration; denn sie dient nicht nur der Sicherung des Lebensunterhalts, sondern auch der freien Entfaltung der Persönlichkeit und der Akzeptanz der Immigranten bei der übrigen Bevölkerung.

Neben übergeordneten gesellschaftlichen Zielen dient die Integration von Migranten darüber hinaus der Verwirklichung sozialer und wirtschaftlicher Aspekte. Denn mit Hilfe der erfolgreichen Integration werden ökonomische Ressourcen besser genutzt, der individuelle Wohlstand der Zuwanderer erhöht und die öffentliche Hand vor allem im sozialstaatlichen Bereich wirksam entlastet. Einerseits kann eine erfolgreiche Integrationspolitik das Arbeitspotential der bereits im Inland lebenden Migranten besser nutzen, so daß weitere Zuwanderungen nicht mehr erforderlich sind, andererseits erleichtert eine sinnvolle Ausgestaltung des Einwanderungsrechts auch die Integration. Migrationspolitik und Integrationspolitik können somit als zwei Seiten ein- und derselben Medaille betrachtet werden (*van Suntum* und *Schlotböller* 2001).

Die öffentliche Diskussion um Zuwanderungen konzentriert sich meist auf die Frage, ob eine weitere Einreise von Migranten erlaubt werden soll oder nicht. Allerdings ist mit der Beantwortung dieser Frage das Integrationsproblem nicht gelöst. Denn einerseits ist ein Großteil der Zuwanderung überhaupt nicht steuerbar, weil die meisten Einwanderer im Wege des Familiennachzugs immigrieren, und die hohe Arbeitslosigkeit der in Deutschland bereits lebenden Zuwanderer – momentan leben in Deutschland 7,3 Millionen Ausländer – läßt darauf schließen, daß das Integrationsproblem alles andere als leicht zu lösen ist und im Verhältnis zu den Einwanderungen das quantitativ bedeutsamere Problem darstellt.

Grafik 1: Arbeitslosenquoten in OECD-Staaten, 1995-1998

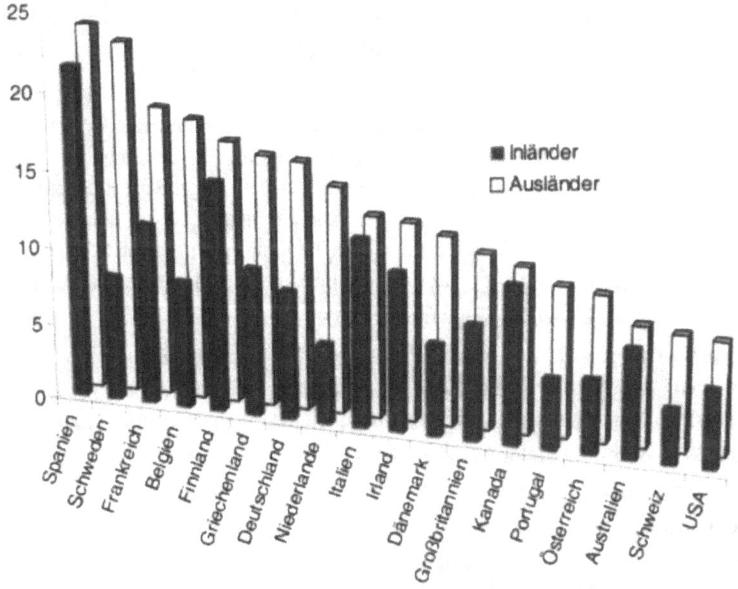

Quelle: *van Suntum* und *Schlotböller* (2001, S. 4); *OECD* (2000).

Tabelle 1: Arbeitslosigkeit nach Staatsangehörigkeit, 1999

	Arbeitslosenquoten in Prozent	
	Inländer	Nicht-EU-Ausländer
Belgien	7,6	35,8
Frankreich	11,4	30,5
Schweden	7,2	28,4
Finnland	11,6	27,6
EU-15	*9,2*	*19,4*
Deutschland	8,3	18,9
Niederlande	3,4	18,5
Dänemark	5,0	16,5
Spanien	15,8	14,7
Portugal	4,7	14,3
Griechenland	10,9	13,2
Großbritannien	6,1	11,5
Österreich	4,3	9,5
Italien	11,9	6,7

Quelle: *van Suntum* und *Schlotböller* (2001, S. 6)

Zudem macht die Freizügigkeitsregelung für Bürger der Europäischen Union langfristig eine Steuerung der Zuwanderung aus den Mitgliedsländern praktisch unmöglich. Maßstab einer erfolgreichen Integration soll nicht die bloße Angleichung der Beschäftigungssituation einheimischer und ausländischer Arbeitnehmer sein, sondern eine möglichst geringe Arbeitslosenquote der Immigranten.

Zugewanderte aus EU-Staaten unterscheiden sich hinsichtlich der Erwerbstätigkeit kaum von der inländischen Bevölkerung. Dagegen haben Zugewanderte aus Nicht-EU-Staaten – im folgenden als Ausländer bezeichnet – erheblich größere Probleme am Arbeitsmarkt, ihre Arbeitslosenquoten liegen in allen Industriestaaten höher als die der Einheimischen, wie Grafik 1 deutlich macht. Es handelt sich dabei in Deutschland um ethnische Minderheiten, aber auch um Gastarbeiter aus dem Mittelmeerraum, die in den sechziger und siebziger Jahren angeworben wurden.

In Tabelle 1 zeigt sich, daß in einigen Ländern der Europäischen Union jede vierte, manchmal sogar jede dritte ausländische Erwerbsperson arbeitslos gemeldet ist. Auf den ersten Blick scheint es auch so, daß die Arbeitsmarktintegration von Zuwanderern an die allgemeine Arbeitsmarktlage gekoppelt sei.

Das ist allerdings nicht richtig, wie der Vergleich der Arbeitslosenquoten inländischer und ausländischer Arbeitskräfte in Grafik 2 zeigt. Grafik 2 zeigt deutlich, daß gerade in einem Land wie den Niederlanden, dem – aus welchen Gründen auch immer – eine vorbildliche Rolle in der Arbeitsmarktpolitik zugesprochen wird, große Probleme bei der Integration ausländischer Arbeitskräfte bestehen. Dagegen gelingt es in einem Land wie Spanien, das über katastrophale Arbeitsmarktzahlen verfügt, besser, zugewanderte Arbeitskräfte zu integrieren. Überhaupt ist die Verteilung der nationalen Arbeitslosenquoten breit gestreut, ein linearer Zusammenhang ist nicht zu erkennen.

Nimmt man diese stilisierten Fakten und die Tatsache, daß in nahezu allen europäischen Staaten der Ausländeranteil stetig wächst, dann kann in vielen Ländern weder von einer sinnvollen Einwanderungspolitik noch von einer gelungenen Integrationspolitik gesprochen werden. Dies ist insoweit bedeutsam, als eine zukünftige Migrationspolitik nur noch gemeinsam von allen EU-Mitgliedsstaaten betrieben werden kann. Obwohl generell eine Verschärfung der Zuwanderungsregeln festzustellen ist und weitestgehend nur geringe Unterschiede der nationalen Migrationspolitiken bestehen, fallen die Integrationserfolge in den westeuropäischen Ländern sehr unterschiedlich aus. Es stellt sich deshalb die Frage nach den bestimmenden Faktoren für die ungünstige Arbeitsmarktlage von Zuwanderern, wenn der Einfluß der Einwanderungspolitik den Integrationserfolg am Arbeitsmarkt nicht hinreichend erklären kann.

Grafik 2: Relation der Arbeitslosenquoten nach Staatsangehörigkeit, 1999

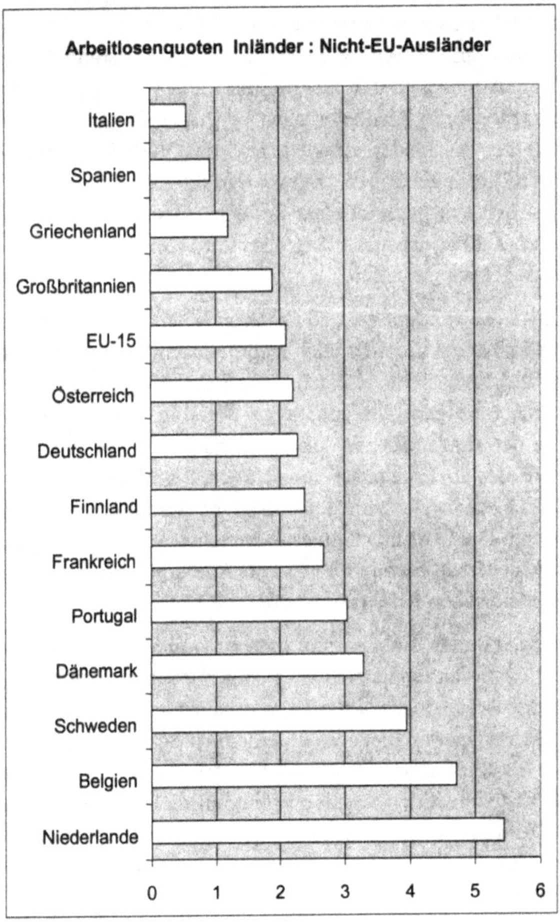

Quelle: *van Suntum* und *Schlotböller* (2001, S. 7)

6.2. Ergebnisse vorliegender empirischer Untersuchungen

Für den Vergleich der verschiedenen theoretischen Erklärungsansätze bieten sich vergleichende Länderstudien an (*Sapir* 2000). Die zu erklärende Variable ist die Relation der Arbeitslosenquoten von Ausländern und inländischen Arbeitskräften im Jahresmittel von 1995 bis 1998. Die erklärenden Größen sind der Ausländeranteil, die Erwerbsquote ausländischer Arbeitskräfte und die Großzügigkeit des Sozialsystems. Letztere wurde anhand des OECD-Index für die Höhe der Lohnersatzleistung unter Berücksichtigung der Arbeitslosigkeitsdauer gemessen. Die unabhängigen Variablen können die höhere Betroffenheit ausländischer Arbeitslosigkeit zu etwa 85 Prozent erklären. Der Ausländeranteil und der Sozialindikator erhöhen den Anteil der Arbeitslosenquote von Ausländern. Eine Zunahme der ausländischen Erwerbsquote senkt dagegen den relativen Anteil der Arbeitslosenquote von Ausländern. Die Gründe für die „positive“ Wirkung des Sozialindikators könnten darin liegen, daß höhere Sozialleistungen den Nachzug von Familienangehörigen fördern und ein ausgebautes Sozialsystem einen hohen Anteil der öffentlichen Beschäftigung nach sich zieht, wo Ausländer als Arbeitnehmer generell unterrepräsentiert sind. Ein hoher Ausländeranteil mindert deren Akzeptanz in der Bevölkerung, so daß diskriminierendes Verhalten zunimmt, was einen steigenden Anteil arbeitsloser Ausländer nach sich zieht. Die Erwerbsquote soll die Bevölkerungsstruktur der Ausländer erfassen, also das Verhältnis von Gastarbeitern zu nachgezogenen Familienangehörigen, die weniger intensiv eine Beschäftigung suchen. Allerdings besteht hier ein methodisches Problem. Denn der Nenner der abhängigen Variablen und der Zähler der unabhängigen Variablen sind nahezu identisch. Das schmälert die Aussagekraft erheblich.

Der Schätzansatz von *van Suntum* und *Schlotböller* (2001) bemüht neben einer Querschnittsanalyse verschiedener Länder auch eine Beobachtung dieser Länder über mehrere Jahre. Die Erwerbsquote der ausländischen Beschäftigten wird aus methodischen Gründen nicht miteinbezogen. Als abhängige Variable wird wieder die Relation der Arbeitslosenquote der Ausländer zur Arbeitslosenquote der inländischen Arbeitskräfte herangezogen. Die besten Ergebnisse hinsichtlich Signifikanz, Erklärungsgehalt und theoretischer Plausibilität liefern die unabhängigen Variablen Einbürgerung, Lohnersatzrate und Bildung. Die Signifikanzniveaus erreichen Werte von mindestens 99,9 Prozent, das Bestimmtheitsmaß beträgt 68 Prozent. Alle drei Variablen erhöhen den relativen Anteil der ausländischen Arbeitslosenquote.

Der Erklärungsgehalt der Einbürgerungsrate ist eindeutig: In den Arbeitsmarkt integrierte Beschäftigte werden tendenziell eher eingebürgert als Erwerbslose. Dies erhöht rein rechnerisch die Arbeitslosenquote der verbleibenden Ausländer. Auch wenn man davon ausgeht, daß sich die eingebürgerten Arbeitskräfte schlechter in den Arbeitsmarkt integrieren lassen als die Einheimischen, steigt zwar die Arbeitslosigkeit der Inländer, allerdings dürfte letztendlich der negative Effekt auf die Arbeitslosenquote der Ausländer stärker sein. Der signifikante Einfluß der Lohnersatzrate wird durch das Qualifikationsniveau verursacht. Denn gerade im unteren Lohnsegment, in dem sich Ausländer und damit schlecht qualifiziertes Humankapital konzentrieren, sind die Fehlanreize durch die Lohnersatzrate am größten. Das Bildungsniveau wird mit Hilfe der erreichten formellen Bildungsstufen gemessen, so daß ein beträchtlicher Teil des Humankapitals gar nicht in die Schätzung einfließt.

7. Wirtschaftspolitische Handlungsempfehlungen

Hinsichtlich der empirischen Relevanz der theoretischen Implikationen bleibt festzuhalten, daß dem Humankapital der größte Erklärungsgehalt zuzuschreiben ist. Das dürfte nicht nur für die empirisch meßbaren Qualifikationsabschlüsse zutreffen, sondern auch für qualitative Faktoren, so daß der Einfluß des Humankapitals für eine erfolgreiche Integration als sehr hoch einzuschätzen ist. Der Einfluß der Bildung impliziert auch die Bedeutung der Sprache für den Integrationsprozeß (*van Suntum* und *Schlotböller* 2001, S. 62). Aufgrund der Sprachbarrieren schneiden verschulte Berufsbildungssysteme im Ländervergleich wegen der formalisierten Bildungsabschlüsse eher schlechter ab, wenngleich sie als vorteilhaft bei der Vermeidung von diskriminierendem Verhalten angesehen werden. Praxisorientierte und marktbestimmte Berufsbildungssysteme benachteiligen jugendliche Zuwanderer weniger, so daß eine Integration in den Arbeitsmarkt eher gelingt.

Die vergleichende Länderstudie von *van Suntum* und *Schlotböller* (2001, S. 63 ff.) macht weiterhin deutlich, daß Zuwanderer an den nationalen Arbeitsmarktprogrammen nur unterproportional und mit geringem Erfolg beteiligt sind. Gute Ergebnisse sind in den Ländern erzielt worden, die dezentralen Entscheidungsebenen einen Spielraum bei der Ausgestaltung und Durchführung von arbeitsmarktpolitischen Maßnahmen gelassen haben, wobei die Nichtteilnahme häufig sanktioniert wird.

Es zeigt sich zudem, daß die Grundlage für eine erfolgreiche Integration von Zuwanderern ein funktionsfähiger Arbeitsmarkt ist. Da Zuwanderer im Durchschnitt schlechter qualifiziert sind, finden sie sich meistens im unteren Segment des Arbeitsmarktes wieder. Arbeitsmarktpolitische und sozialpolitische Fehlanreize sowie eine überzogene Lohnpolitik richten hier den größten Schaden an. Eine Beseitigung derartiger ordnungspolitischer Fehlsteuerungen käme deshalb nicht nur der allgemeinen Beschäftigungssituation zugute, sondern vor allem den ausländischen Arbeitskräften. Denn ein hoher Standard bei den Lohnersatzleistungen und eine zunehmende Nivellierung der Lohnstruktur verhindern das Entstehen neuer Tätigkeiten und Lohngruppen, die gerade ausländischen Arbeitnehmern zugute käme. Wird der Einstieg in die Erwerbstätigkeit erschwert, wird die weitere Integration in die Arbeitswelt und die Gesellschaft nachhaltig behindert. Auf die Chance einer Verbesserung der Sprachkenntnisse und die Entwicklung persönlicher Kontakte für die weitere berufliche Integration wird dadurch verzichtet. Die Umsetzung einer derartigen Lohnpolitik könnte zum einen potentielle Migranten, die es nur auf die Mitnahme großzügiger Sozialleistungen abgesehen haben, von der Einreise abhalten. Zum anderen werden bereits im Inland lebende Ausländer von diesem Vorwurf entlastet.

Die vergleichende Länderstudie von *van Suntum* und *Schlotböller* (2001, S. 190 ff.) zeigt aber auch, daß sich bereits mit Hilfe der Einwanderungspolitik Einfluß auf die Qualifikationsstruktur zugewanderter Arbeitskräfte nehmen läßt. Eine Einwanderungspolitik kann einerseits zwar Probleme bei der Arbeitsmarktintegration verhindern, weil Problemgruppen die Einreise verweigert werden kann, andererseits hilft eine derartige Einwanderungspolitik aber den bereits im Inland lebenden Ausländern nicht bei der Integration in den Arbeitsmarkt.

Literatur

Altonji, Joseph und *David Card* (1991), The Effect of Immigration on the Labor Market Outcomes of Less-Skilled Natives, in: *John M. Abowd and Richard B. Freeman* (Hg.), Immigration, Trade and the Labor Market, Chicago-London, S. 201-234.

Bernard, William S. (1953), Economic Effects of Immigration, in: *Benjamin M. Ziegler* (Hg.), Immigration: An American Dilemma, Boston, S. 50-70.

Biffl, Gudrun (2000), Migration Policies in Western Europe and the EU-Enlargement, in: *OECD* (Hg.), Migration Policies and EU Enlargement – The Case of Central and Eastern Europe, Paris, S. 155-168.

Blaschke, Jochen (1993), Gates of Immigration into the Federal Republic of Germany, in: International Migration, Bd. 31, H. 2/3, S. 361-388.

Briggs, Vernon (1974), Illegal Aliens: The Need for a More Restrictive Border Policy, in: Social Science Quarterly, Bd. 56, H. 3, S. 477-484.

Briggs, Vernon (1975), Mexican Workers in the United States Labour Market: A Contemporary Dilemma, in: International Labour Review, Bd. 112, H. 5, S. 351-368.

Esser, Hartmut (1989), Gastarbeiter, in: *Wolfgang Benz* (Hg.), Die Bundesrepublik Deutschland: Geschichte in drei Bänden, Bd. 2: Wirtschaft, Frankfurt am Main, S. 327-361.

Felderer, Bernhard (1994), Can Immigration Policy Help to Stabilize Social Security Systems?, in: *Herbert Giersch* (Hg.), Economic Aspects of International Migration, Berlin-Heidelberg-New York, S. 197-226.

Gordon, Wendell (1975), A Case for a Less Restrictive Border Policy, in: Social Science Quarterly, Bd. 56, H. 3, S. 485-491.

Gottfries, Nils und *Barry McCormick* (1995), Discrimination and Open Unemployment in a Segmented Labour Market, in: European Economic Review, Bd. 39, S. 1-15.

Granato, Mona und *Vera Meissner* (1994), Hochmotiviert und abgebremst: Junge Frauen ausländischer Herkunft in der Bundesrepublik Deutschland, Eine geschlechterspezifische Analyse ihrer Bildungs- und Lebenssituation, *Bundesinstitut für Berufsbildung* (Hg.), Berichte zur beruflichen Bildung, Bd. 165, Bielefeld.

Greenwood, Michael J. (1969), An Analysis of the Determinants of Geographic Labour Mobility in the United States, in: Review of Economics and Statistics, Bd. 51, S. 189-195.

Greenwood, Michael J. und *John McDowell* (1986), The Factor Market Consequences of U.S. Immigration, in: Journal of Economic Literature, Bd. 24, S. 1738-1772.

Greenwood, Michael J. und *John McDowell* (1994), The National Labor Market Consequences of U.S. Immigration, in: *Herbert Giersch* (Hg.), Economic Aspects of International Migration, Heidelberg, S. 155-194.

Grundmann, Siegfried (1995), Die Ost-West-Wanderung in Deutschland: 1989-1992, in: *Hans Bertram* (Hg.), Sozialer und demographischer Wandel in den neuen Bundesländern, Berlin, S. 3-46.

Hambüchen, Ulrich (1990), Das Arbeitserlaubnisrecht, Baden-Baden.

Katz, Eliakim und *Oded Stark* (1987), International Migration under Asymmetric Information, in: The Economic Journal, Bd. 97, S. 718-726.

Katz, Eliakim und *Oded Stark* (1989), International Migration under Alternative Informational Regimes: A Diagrammatical Analysis, in: European Economic Review, Bd. 33, S. 174-196.

OECD (2000): OECD-Wirtschaftsausblick, Nr. 68, Paris.

Piore, Michael J. (1979), Bird of Passage: Migrant Labor and Industrial Societies, Cambridge-New York.

Poschner, Hans (1996), Die Effekte der Migration auf die soziale Sicherung, Regensburg.

Rogall, Joachim (1991), Polen, in: Informationen zur politischen Bildung, H. 222, S. 27-36.

Sapir, Andre (2000), Who is Afraid of Globalization? The Challenge of Domestic Adjustment, in: *Centre for Economic Policy Research* (Hg.), Discussion Paper, No. 2595, London.

Simon, Julian (1989), The Economic Consequences of Immigration, Cambridge.

Sjastaad, Larry A. (1962), The Costs and Returns of Human Migration, in: Journal of Political Economy, Bd. 70, Supplement, S. 80-93.

Straubhaar, Thomas (1988), On the Economics in International Labor Migration, Bern-Stuttgart.

Taubmann, Paul und *Michael L. Wachter* (1986), Segmented Labor Markets, in: *Orley Ashenfelter* und *Richard Layard* (Hg.), Handbook of Labor Economics, Bd. II, Amsterdam, S. 1183-1217.

van Suntum, Ulrich und *Dirk Schlotböller* (2001), Arbeitsmarktintegration von Zuwanderern – Einflussfaktoren, internationale Erfahrungen und Handlungsempfehlungen, Studie im Auftrag der Bertelsmann Stiftung, vorläufiger Endbericht, Münster.

Velling, Johannes (1993), Immigration to Germany in the Seventies and Eighties – The Role of Family Reunification, ZEW-Discussion-Paper, H. 93-18.

Velling, Johannes (1995), Immigration und Arbeitsmarkt: Eine empirische Analyse für die Bundesrepublik Deutschland, Baden-Baden.

Wendt, Hartmut (1994), Von der Massenflucht zur Binnenwanderung. Die deutsch-deutschen Wanderungen vor und nach der Vereinigung, in: Geographische Rundschau, Bd. 46, H. 3, S. 136-140.

III.

Internationale Ordnung der Finanzmärkte

Alfred Schüller und *H. Jörg Thieme (Hg.), Ordnungsprobleme der Weltwirtschaft*
Schriften zu Ordnungsfragen der Wirtschaft · Band 71 · Stuttgart · 2002

Integration der Finanzmärkte: Ursachen, Effekte, Ordnungsprobleme

*Michael Sket**

Inhalt

* Für wertvolle Anregungen danke ich meinem Korreferenten, Herrn Dr. Diemo Dietrich.

1. Integrierte Finanzmärkte: Chance oder Bedrohung?

Im Gegensatz zur Integration der Gütermärkte ist die wachsende Finanzmarktintegration erst seit den 70er Jahren zunehmend Gegenstand politischer und wissenschaftlicher Diskussionen. Die nach dem Ende des Bretton Woods-Systems einsetzende Liberalisierung des internationalen Kapitalverkehrs und die Internationalisierungsstrategien vieler Kreditinstitute führten zu einem Abbau der Finanzmarktsegmentierung. Damit haben internationale Rendite- und Risikodifferenzen einen größeren Einfluß auf Richtung und Ausmaß des internationalen Kapitalverkehrs als der internationale Güterhandel. Weisen zudem Renditen kurzfristig starke Schwankungen auf, so können auch internationale Kapitalbewegungen volatil sein. Mitunter wird die Kritik geäußert, die Finanzmarktintegration sei für die Häufung schwerer Krisen auf den internationalen Finanzmärkten verantwortlich. Als Reaktion auf diese Entwicklung werden protektionistische Maßnahmen vorgeschlagen, um den internationalen Kapitalverkehr wieder stärker zu reglementieren und die Finanzmarktintegration teilweise wieder rückgängig zu machen. Ob dadurch aber tatsächlich eine stabilitätspolitische Wirkung erzielt werden kann und ob diese Wirkungen nicht mit schwerwiegenden Nachteilen im Bereich der Kapitalmarkteffizienz erkauft werden, bleibt fraglich.

Denn die Wirtschaftstheorie läßt keinen Zweifel an den positiven Wirkungen eines Zusammenwachsens nationaler Geld- und Kreditmärkte. Die Integration der Finanzmärkte hat zu erheblichen Vorteilen geführt und der Weltwirtschaft zu höherem Wachstum verholfen. Dank der zunehmenden Verflechtung der nationalen Finanzmärkte hat sich die weltweite Ressourcenallokation verbessert, während gleichzeitig eine effizientere Intermediation der Ersparnisse für Investitionen möglich wurde (*Solbes* 2001, S. 60). Diese Entwicklung gibt insbesondere Schwellen- und Entwicklungsländern die Gelegenheit, ihren Entwicklungsprozeß mittels Kapitalzufuhr aus dem Ausland weiter voranzutreiben. Gerade diese Staaten weisen häufig eine im Verhältnis zu ihren Investitionserfordernissen zu geringe gesamtwirtschaftliche Ersparnis auf. Doch auch Marktteilnehmer aus Industrieländern profitieren vom Integrationsprozeß, indem sie im Zuge internationaler Portfoliodiversifizierung höhere risikoadjustierte Renditen realisieren können. Gerade in Hinblick auf die vorauszusehende demographische Entwicklung in vielen Industriestaaten und die daraus bereits resultierenden Probleme bei der Finanzierung der Altersvorsorge werden die internationalen Finanzmärkte somit weiter an Bedeutung gewinnen (*Reisen* 2000, S. 6 ff.).

Leider ist das Bild weltweiter finanzieller Integration, wie oben bereits angedeutet, nicht ungetrübt. Allein im vergangenen Jahrzehnt ist es auf den internationalen Finanzmärkten zu einer Reihe schwerer Störungen gekommen. Neben den aktuell zu beobachtenden Schwierigkeiten in der Türkei und in Argentinien sei hier u.a. an die Asienkrise 1997 und die sich daran anschließenden Finanzprobleme in Brasilien und in der Russischen Föderation erinnert. Die schwere Wirtschafts- und Finanzkrise in Japan seit Beginn der 90er Jahre, die EWS-Krise 1992/93 und der Beinahe-Kollaps des Hedgefonds LTCM (Long-Term Capital Management) 1998 machen zudem deutlich, daß derartige Krisen auch in hochentwickelten Industrieländern nicht auszuschließen sind (*IMF* 1998b). Dabei ist festzustellen, daß derartige Krisen in letzter Zeit vermehrt auftreten und daß die Konsequenzen für die betroffenen Staaten in Bezug auf die realwirtschaftlichen Kosten schwerwiegender geworden sind. Aufgrund hoher weltwirtschaftlicher Verflechtungen sind die Auswirkungen im Rahmen sogenannter „Spill over“-Effekte zunehmend auch in den nicht direkt betroffenen Ländern zu spüren (*Obstfeld* 1998, S. 9).

Steht der verbesserten Faktorallokation und der Aussicht auf höheres weltwirtschaftliches Wachstum also ein zunehmendes Stabilitätsdefizit entgegen, das durch entsprechende wirtschaftspolitische Maßnahmen bekämpft werden muß? Oder haben sich die politischen Entscheidungsträger noch nicht adäquat auf die neuen weltwirtschaftlichen Rahmenbedingungen eingestellt, und sind die Störungen auf den Finanzmärkten damit „hausgemacht“?

Zur Beantwortung dieser Fragen gilt es in einem ersten Schritt zu überprüfen, welche Veränderungen die steigende Finanzmarktintegration hervorgerufen hat. Zu Beginn soll geklärt werden, welche Faktoren maßgeblich zu einer höheren Integration auf den internationalen Finanzmärkten beigetragen haben und welche positiven Auswirkungen daraus resultieren. Dabei kann auch ein Blick auf die empirische Evidenz hilfreich sein, um zu überprüfen, ob das in der Theorie prognostizierte Ausmaß der Finanzmarktintegration auch in der Realität zu finden ist. Schließlich soll der Frage nachgegangen werden, inwiefern die zunehmende finanzwirtschaftliche Verflechtung für das Auftreten von Währungs- und Finanzkrisen verantwortlich zeichnet bzw. zu einer höheren Instabilität beigetragen hat und ob darauf wirtschaftspolitisch zu reagieren ist.

2. Ursachen und Auswirkungen zunehmender Finanzmarktintegration

Der Begriff „internationale ökonomische Integration“ bezeichnet allgemein einen Zustand (statische Sicht) oder einen Prozeß (dynamische Sicht) des Zusammenwachsens nationaler Volkswirtschaften zu einem größeren Wirtschaftsraum (*Balassa* 1961). Häufig wird der dynamischen Auffassung Vorrang eingeräumt, da Integration in aller Regel graduell und nicht schlagartig erfolgt. Demzufolge ist unter Finanzmarktintegration die zunehmende Verflechtung der vormals separierten Geld- und Kreditmärkte hin zu integrierten Finanzmärkten zu verstehen (*Thieme* und *Vollmer* 1990, S. 50).

Vollständige Finanzmarktintegration liegt dann vor, wenn keinerlei Beschränkungen oder Verzerrungen wie Zölle, Steuern, Kapitalverkehrskontrollen, Informationskosten oder sonstige Kosten auftreten, die internationale Finanztransaktionen im Vergleich zu nationalen Finanztransaktionen verteuern. Als Folge haben sich die Renditen von auf nationalen Märkten gehandelten Wertpapieren gleicher Bonität und Fristigkeit aufgrund von Arbitrageprozessen angeglichen. Die Vermögensanlagen stellen somit vollkommene Substitute, und Zinsunterschiede können nur noch durch entsprechende Wechselkursänderungserwartungen erklärt werden (*Oxelheim* 1990, S. 7). Dagegen bestehen bei unvollständiger Integration noch Arbitragegelegenheiten.

2.1. Mögliche Ursachen

Das Ausmaß internationaler Kapitalbewegungen im Zuge wachsender Integration hat in den 90er Jahren des vergangenen Jahrhunderts einen neuen Höchststand erreicht.

Ursache waren einerseits Produkt- und Prozeßinnovationen auf den weltweiten Vermögensmärkten. Durch die große Zahl an Finanzinnovationen (Derivate) wurden die Anlagealternativen beträchtlich erhöht. Andererseits konnten durch verstärkten Einsatz der Informations- und Kommunikationstechnologie (IuK) die Transaktionskosten gesenkt werden. Staatlicherseits wurden diese Entwicklungen durch weitreichende Deregulierungsmaßnahmen, etwa die Abschaffung von Kapitalverkehrskontrollen, flankiert. Strukturverändernde Faktoren haben also die Substituierbarkeit vergleichbarer Vermögensobjekte auf den internationalen Finanzmärkten erhöht:

- *Technologische Entwicklung:* Der rasante Fortschritt im Bereich der IuK hat zu einem Anstieg des Handelsvolumens auf den Vermögensmärkten geführt, da komplexe Finanzmarktoperationen, insbesondere im Rahmen eines dynamischen Risikomanagements beherrschbar sind (*Paulsen* 1993, S. 23 f.). Informationen werden schneller und kostengünstiger ausgetauscht und verarbeitet, so daß Geschäfte mit der notwendigen Sicherheit und Geschwindigkeit abgewickelt werden können. Neuere empirische Studien (*Kim* 1999; *Portes* und *Rey* 1999) kommen folgerichtig zu dem Ergebnis, daß Informationen bzw. deren kostengünstige Verfügbarkeit die Finanzmarktaktivitäten ausländischer Investoren wesentlich beeinflussen. Insgesamt ist diese technologische Entwicklung mit erheblich sinkenden Transaktionskosten verbunden.
- *Liberalisierung und Deregulierung:* Maßgeblichen Einfluß auf die seit den 70er und 80er Jahren voranschreitende Finanzmarktintegration haben nach wie vor die Liberalisierung des internationalen Kapitalverkehrs und die umfangreichen Deregulierungsbemühungen in vielen Industriestaaten bzw. die beginnende Marktöffnung in zahlreichen Schwellenländern. Dabei kommt insbesondere in Europa der Abschaffung von Kapitalverkehrskontrollen, die erst 1990 vollständig in allen Mitgliedsländern erfolgte, eine hohe Bedeutung zu (*Lemmen* und *Eijffinger* 1995b). Somit haben Europäische Währungsunion (EWU) und EU-Binnenmarkt wesentlich dazu beigetragen, nationale wie internationale Beschränkungen abzubauen (*Buch* 2001). Aber auch in anderen Industrieländern ist man dazu übergegangen, auf zahlreiche Regulierungen, denen der Banken- und Finanzsektor unterworfen ist, zu verzichten. Abbildung 1 gibt einen Überblick über Entwicklungen auf diesem Gebiet in wichtigen Industrieländern.
- *Securitisation und Finanzinnovationen:* Unter Securitisation ist die Verbriefung von Forderungen zu verstehen, die sie zu handelbaren Instrumenten macht. Eng mit dieser Entwicklung sind Finanzinnovationen verbunden. So ist der langsame Wandel der Finanzstruktur in vielen Ländern von einem bankgestützten hin zu einem börsengestützten System für die Integration der Finanzmärkte insgesamt förderlich. Die umfangreichen Privatisierungsprogramme in mehreren Schwellenländern unterstützen diese Tendenz (*Stulz* 1999, S. 257 f.).

Abbildung 1: Liberalisierung und Deregulierung in wichtigen Industriestaaten und Regionen

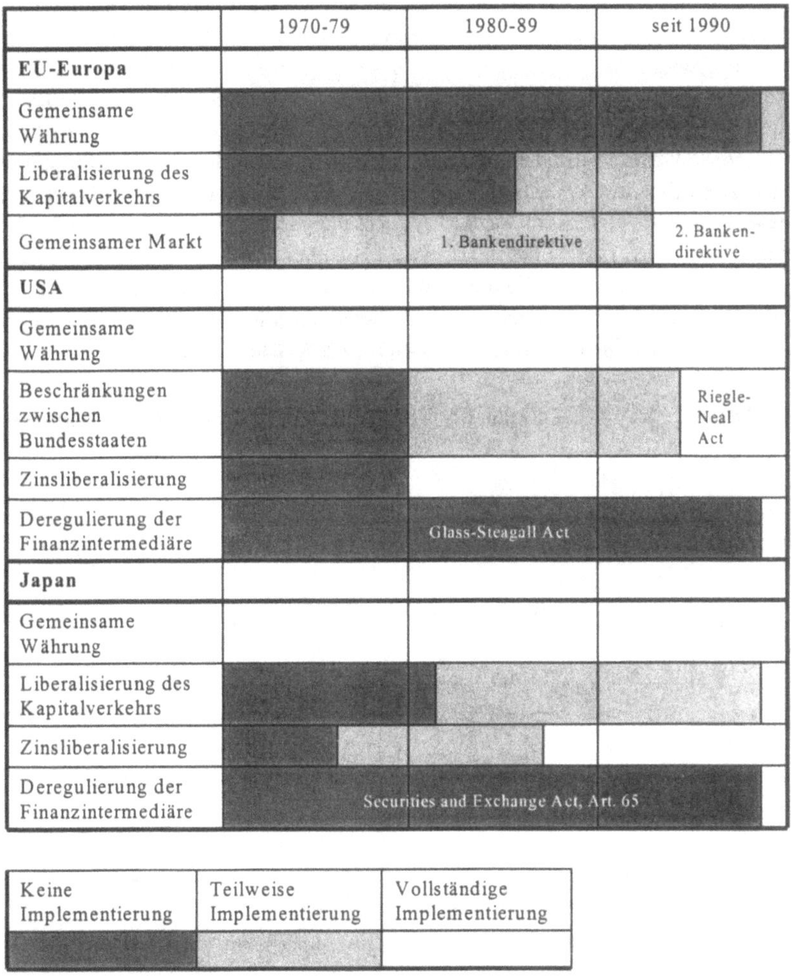

Quelle: *Buch* (2000); *IMF* (1998a); *IMF* (1998b); *Tatewaki* (1991); Darstellung in Anlehnung an: *Buch* (2000).

2.2. Wohlfahrtswirkungen der Finanzmarktintegration

Ein Zusammenwachsen nationaler Finanzmärkte wird mit der Erwartung höherer risikoadjustierter Renditen oder verbesserter Finanzierungsbedingungen verbunden. Daran schließt sich der politische Wunsch nach verstärkter Attrahierung ausländischer Direktinvestitionen an. Die Hoffnung auf höheres Wachstum stellt somit das eigentliche Motiv der Integrationsbemühungen dar. Letztendlich lassen sich diese Wirkungen auf eine effiziente internationale Ressourcenallokation zurückführen. Wenn Wettbewerbsverzerrungen beseitigt werden, kann der Produktionsfaktor Kapital in eine effiziente Verwendung gelenkt werden und Wohlfahrtsgewinne hervorrufen. Abbildung 2 stellt ein einfaches Modell der Finanzmärkte zweier Länder dar (*Niehans* 1984, S. 114 ff.). Die Strecken 0B bzw. 0*B stellen das im In- bzw. Ausland investierte Kapital dar (ausländische Variablen sind durch ein * gekennzeichnet). Da der Kapitaleinsatz einer sinkenden Grenzproduktivität (GPK bzw. GPK*) unterliegt, ergibt sich im Inland ein Realzins bei Autarkie von r_0 bzw. im Ausland von r_0*. Werden nun sämtliche Beschränkungen abgebaut und kommt es zur Integration dieser beiden Märkte, so wird eine Faktorreallokation stattfinden, in deren Folge Kapital aus dem Inland mit dem relativ niedrigeren Zins ins Ausland abfließt, wo der Grenzertrag des Kapitals höher liegt. Ist dieser Prozeß abgeschlossen, kann es auf dem integrierten Gesamtmarkt nur noch einen einheitlichen Zins r_1 (r_1*) geben („Gesetz des einheitlichen Preises"). Der Wohlfahrtsgewinn resultiert aus dem Nettoproduktionsgewinn ADE, der sich aus dem Produktionsanstieg ABEF im Ausland und dem Produktionsrückgang BDEF zusammensetzt. Die Fläche BCEF fließt dabei als Zinszahlung des Auslands an das Inland.

Abbildung 2: Kapitalallokation bei separierten und integrierten Finanzmärkten

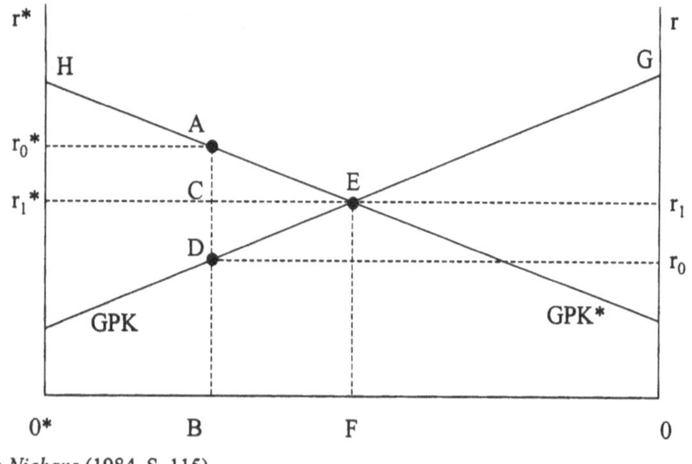

Quelle: *Niehans* (1984, S. 115).

Allerdings muß beachtet werden, daß es trotz eines Nettowohlfahrtsgewinns für beide Länder zu Interessenskonflikten innerhalb der betroffenen Staaten kommen kann. Denn profitiert im vormaligen Niedrigzinsland (Inland) der Faktor Kapital auf Kosten des Faktors Arbeit, stellt sich die Situation im Ausland genau umgekehrt dar. So steigen beispielsweise im Inland die Kapitaleinkommen von $0BDr_0$ auf $0BCr_1$, während die Arbeitseinkommen von DGr_0 auf EGr_1 fallen.

Insgesamt ist jedoch davon auszugehen, daß die internationale Finanzmarktintegration Investitionen und damit Wachstum gerade in Schwellen- und Entwicklungsländern stimuliert, in denen die inländische Ersparnis- und damit die Kapitalbildung aufgrund geringer Einkommen eng begrenzt ist. In diesem Zusammenhang weist *Agénor* (2001,

S. 6 ff.) auf die besondere Bedeutung ausländischer Direktinvestitionen hin. Zudem sind Direktinvestitionen auch langfristige indirekte Effekte zuzuschreiben, die die positiven Wirkungen des reinen Kapitalzuflusses noch steigern. Werden mit Direktinvestitionen einerseits ein erleichterter Technologietransfer bzw. eine schnellere Wissensdiffusion und andererseits eine Erhöhung des Humankapitals im Empfängerland verbunden, dürfte sich, bedingt durch geeignete „Spill over-Effekte" auf andere Unternehmen oder Industrien, die Investitionstätigkeit insgesamt erhöhen.

Neben den positiven Allokations- und Wachstumswirkungen der Finanzmarktintegration kommt den erweiterten Diversifikationsmöglichkeiten ebenfalls eine große Bedeutung zu. Denn eine geeignete internationale Risikoteilung kann dazu beitragen, länderspezifische Einkommensrisiken wesentlich zu verringern (*Eijffinger* und *Wagner* 2001). So ist es unter der Annahme eines „vollständigen Marktes i. S. von Arrow und Debreu" möglich, sich gegen jedes länderspezifische Konsumrisiko zu versichern (*Arrow* 1953, *Eichberger* und *Harper* 1997, S. 99). Denn es existiert für jeden möglichen Umweltzustand[1] ein handelbares Finanzaktivum („*Arrow-Debreu*-Asset"), bei dem es genau dann zu einem bestimmten Zeitpunkt zu einer Auszahlung kommt, wenn sich der jeweilige Umweltzustand einstellt. Somit sind beispielsweise Anlageformen wie langfristige Anleihen, Aktien oder Derivate dahingehend zu beurteilen, ob sie eine effektive „Versicherung" gegen exogene Störungen darstellen und die Einkommenswirkungen von Output- oder Produktivitätsschocks abfedern. Globale Kapitalmärkte tragen also dazu bei, die Konsumprofile der einzelnen Länder zu „glätten" und eine effiziente internationale Risikoteilung herbeizuführen. Voraussetzung für diese antizyklische Wirkung von Kapitalmärkten ist jedoch, daß die oben genannten Schocks nicht dauerhaft auftreten.

Abbildung 3 illustriert den Wohlfahrtseffekt für den einfachen 2-Länder-Fall (In- und Ausland), bei dem zwei Umweltzustände (1 und 2) auftreten können. Weiterhin wird davon ausgegangen, daß sich die Wirtschaftssubjekte in beiden Ländern risikoavers verhalten (*Obstfeld* und *Rogoff* 1996, S. 289 f.). Im Ausgangspunkt A ist das Inland absolut reichlicher sowohl mit Zustand-1-Output als auch mit Zustand-2-Output ausgestattet, wobei es aber relativ reichlicher über Zustand-1-Output verfügt. Dies hat zur Folge, daß unter dieser Outputverteilung für das Inland der Zustand 1 und für das Ausland der Zustand 2 günstiger ist.

[1] Unter einem (Umwelt-)Zustand wird eine mögliche Ausprägung eines Zufallsprozesses verstanden. An das Eintreten dieses Zustands ist dann die Auszahlung geknüpft. So wird beispielsweise eine Versicherungssumme nur bei Eintreten eines ganz bestimmten vorher festgelegten Versicherungsfalls gezahlt.

Abbildung 3: Effiziente Risikoallokation

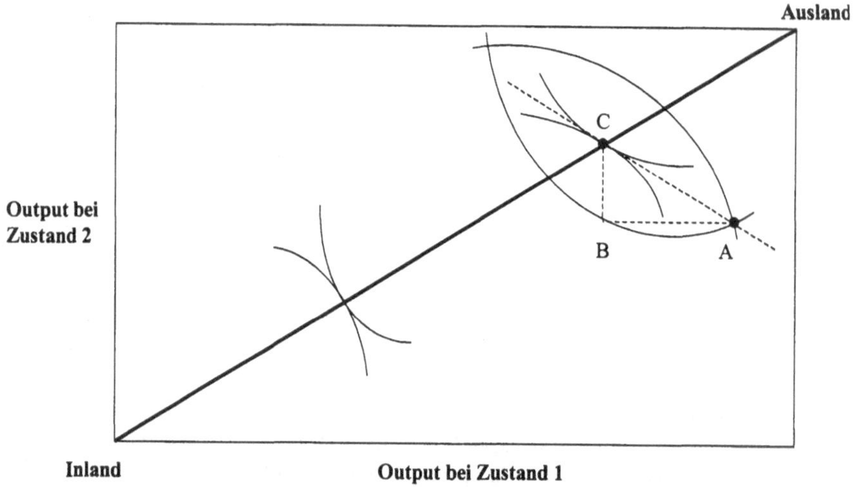

Quelle: *Obstfeld* (1994a, S. 7).

Sind die Vermögensmärkte nun integriert und bestehen damit keine Handelsbeschränkungen für Finanzprodukte, verkauft das Inland jetzt Vermögenstitel, die Forderungen an Zustand-1-Output verbriefen, und erwirbt im Gegenzug Titel, für die es bei Eintritt des Zustands 2 Output aus dem Ausland erhält. Es wird also Finanzaktiva im Wert der Strecke AB verkaufen und dafür im Gegenzug Finanzaktiva im Wert der Strecke BC erwerben. Sind alle derartigen Transaktionen abgeschlossen, kommt es zu einem neuen Gleichgewicht in Punkt C. In diesem Punkt haben die Länder ein *Pareto*-Optimum erreicht und ihren Nutzen erhöht. Dieser Nutzengewinn drückt sich in einer geringeren Variabilität des Outputs bzw. des Konsums aus, da das länderspezifische Risiko bei vollständigen Finanzmärkten wegdiversifiziert wird.

Letztendlich spiegeln sich in diesen Handelsgewinnen komparative Kostenvorteile wider, so daß das Gut mit dem geringeren Autarkiepreis exportiert wird (*Svensson* 1988). Der relative Preis der *Arrow-Debreu*-Anlagen entspricht dem Preis für Zustand-1-Output im Verhältnis des Preises für Zustand-2-Output. Dieser Anlagenpreis p liegt dabei zwischen den beiden ursprünglichen Autarkiepreisen und entspricht gleichzeitig der intertemporalen Grenzrate der Substitution in beiden Ländern.

Einen realitätsnäheren Ansatz haben *Martin* und *Rey* (2000, 2001) vorgestellt. Sie zeigen, daß auch bei unvollständigen Finanzmärkten positive Wohlfahrtseffekte durch Finanzmarktintegration auftreten können. Wenn im Zuge des Integrationsprozesses die Transaktionskosten grenzüberschreitender Finanztransaktionen sinken, steigen die Auslandsnachfrage nach heimischen Wertpapieren und die entsprechenden Vermögenspreise an. Dieser Preisanstieg stellt nun einen Anreiz dar, weitere Finanzprodukte zu entwickeln. Finanzmarkintegration führt damit zu gestiegenen Diversifizierungsmöglichkeiten für eine Volkswirtschaft bei geringeren Transaktionskosten. Solange der Integrationsprozeß nicht alle Länder umfaßt, treten zudem positive (finanzielle) Terms of trade-Effekte gegenüber den nicht beteiligten Ländern auf.

3. Wie hoch ist die Finanzmarktintegration tatsächlich?

Während die Bestimmungsgründe und Wirkungen finanzieller Integration wenig umstritten sind, hält die Kontroverse über das Ausmaß des Integrationsgrades seit Beginn der 80er Jahre unvermindert an. Die Ursache ist darin zu sehen, daß bis heute kein allgemein akzeptierter Maßstab zur Messung der Kapitalmobilität bzw. der Finanzmarktintegration existiert. Statt dessen wurden verschiedene Definitionen der Finanzmarktintegration entwickelt, aus denen unterschiedliche Meßkriterien abgeleitet werden können. Leider führen diese unterschiedlichen Kriterien auch zu voneinander abweichenden Ergebnissen. Einige Tests kommen zu dem Ergebnis, daß die internationale Finanzmarktintegration nur relativ schwach ausgeprägt ist. Dagegen würden die in Abschnitt 2.1. genannten Argumente eher einen relativ hohen Integrationsgrad vermuten lassen. Nachfolgend soll ein systematischer Überblick über die verschiedenen Integrationstests gegeben und die Frage diskutiert werden, inwiefern sich die unterschiedlichen Ergebnisse doch miteinander vereinbaren lassen.

3.1. Empirische Konzepte zur Messung der Finanzmarktintegration

Allgemein lassen sich die Meßkonzeptionen in zwei Klassen einteilen. So ist es einerseits möglich, Finanzmarktpreise, z. B. Nominalzinsen, direkt miteinander zu vergleichen. Die zweite Methode besteht dagegen in der Analyse von Mengenänderungen. So könnten neben den internationalen Kapitalbewegungen auch Änderungen des gesamtwirtschaftlichen Konsums herangezogen werden. Somit lassen sich (markt)preisbasierte und mengenbasierte Ansätze unterscheiden (*Bayoumi* 1999). Bei den ersten Testverfahren werden Kurse bzw. Renditen oder Risikoprämien von Finanztiteln miteinander verglichen. Sie werden auch als „direkte Tests" bezeichnet, da sie sich unmittelbar aus dem sogenannten „Gesetz des einheitlichen Preises" ableiten lassen. Tests im Rahmen der zweiten Meßkonzeption werden dagegen auch „indirekte Tests" genannt, da sie die Finanzmarktintegration über den Umweg der Kapitalmobilität überprüfen (*Jandura* 2000, S. 109 ff.).

3.1.1. Direkte Tests auf Finanzmarktintegration

Auf friktionslosen Finanzmärkten müssen identische Vermögensobjekte zu gleichen Preisen gehandelt werden, unabhängig vom Standort des Handelsplatzes. Preisdifferenzen können nicht dauerhaft auftreten, da es durch Arbitrageprozesse auf den Finanzmärkten sehr schnell zu einer Angleichung der Preise kommt („Gesetz des einheitlichen Preises"). Auf diesem Prinzip der Arbitragefreiheit basiert die Zinsparität. Dabei ist zu prüfen, ob auf den betrachteten Märkten tatsächlich Arbitragefreiheit herrscht, die Zinsparität somit erfüllt ist. Bei konträren empirischen Ergebnissen ließe sich dann auf eine geringe Finanzmarktintegration schließen, z. B. aufgrund institutioneller Hemmnisse. Grundsätzlich lassen sich gedeckte, ungedeckte und reale Zinsparitäten für empirische Tests heranziehen. Reale Zinsparitäten fallen jedoch als Indikator in der Regel von vornherein aus, da sie unterstellen, daß kurzfristig die Kaufkraftparität als Erklärung der nominalen Wechselkursentwicklung gilt. Ist dies nicht der Fall, ist auch die Evidenz für die Gültigkeit der realen Zinsparität unabhängig vom Grad der Finanzmarktintegration gering (*Bayoumi* 1999).

Das größte Problem des Zinsparitätentests besteht in der unvollkommenen Substituierbarkeit der betrachteten Anlageformen. So weist *Obstfeld* (1994a) darauf hin, daß ungedeckte Renditevergleiche für Anlagen in unterschiedlichen Währungen kein geeignetes Meßkonzept darstellen. Dies soll mittels folgender ungedeckter Zinsparität (ex post) verdeutlicht werden (*Obstfeld* 1994a, S. 4 f.):

$$i_{\$}^{US} = i_{€}^{EWU} + \hat{e}.$$

Hierbei entspricht der US-\$-Zinssatz in den USA $i_{\$}^{US}$ dem €-Zinssatz im Euroraum $i_{€}^{EWU}$ zuzüglich der Wechselkursänderungsrate $\hat{e}$. Wird nun diese Zinsparität in ihre Komponenten zerlegt, so ergibt sich folgender Ausdruck:

$$\underbrace{(i_{\$}^{US} - i_{\$}^{Xeno})}_{\substack{\text{US-Zinsdifferential}\\ \text{zwischen Inlands-}\\ \text{und Xeno-Markt}}} + \underbrace{(i_{\$}^{Xeno} - i_{€}^{Xeno} - E(\hat{e}))}_{\text{Wechselkursrisikoprämie}} + \underbrace{(E(\hat{e}) - \hat{e})}_{\substack{\text{Erwartungsfeh-}\\ \text{ler}}} + \underbrace{(i_{€}^{Xeno} - i_{€}^{EWU})}_{\substack{\text{EWU-Zinsdifferential}\\ \text{zwischen Inlands- und}\\ \text{Xeno-Markt}}} = 0\,.$$

Die Bezeichnungen $i_{\$}^{Xeno}$ bzw. $i_{€}^{Xeno}$ stellen die Renditen von in US-Dollar bzw. in Euro getätigten Anlagen auf Xeno-Märkten dar.[2] E(.) ist ein Erwartungsoperator. Werden Renditen von Anlagen in unterschiedlicher Währung miteinander verglichen, so ist die Gefahr groß, daß Wechselkursrisikoprämien aufgrund asymmetrischer Informationen und/oder Erwartungsfehler die Finanzmarktintegration geringer ausweisen, als sie aufgrund fehlender administrativer Restriktionen tatsächlich ist. Konsequenterweise können also nur Zinsdifferentiale für Vermögensaktiva in gleicher Währung, die auf unterschiedlichen Finanzplätzen gehandelt werden, herangezogen werden. Dies trifft für die auf Xeno-Märkten (Euro-Märkte) gehandelten Aktiva zu. Hierbei reduziert sich der Integrationstest auf die Gleichung $i_{\$}^{Xeno} - i_{\$}^{US} = 0$ bzw. $i_{€}^{Xeno} - i_{€}^{EWU} = 0$.

Damit kann aber nur ein sehr eingeschränktes Segment der internationalen Geld- und Kapitalmärkte einer sinnvollen empirischen Analyse unterzogen werden. Daher bleibt es zweifelhaft, ob diese Ergebnisse auf die Gesamtheit der Geld- und Kapitalmärkte ohne weiteres zu übertragen sind (*Buch* und *Pierdzioch* 2001, S. 6).

Ein gravierender Einwand gegen Zinsparitätentests wird von den Vertretern der „Behavioral Finance“ vorgebracht (*Shleifer* 2000). Demnach verhalten sich einige Finanzmarktakteure nicht rational, sondern folgen bei ihren Anlageentscheidungen irrelevanten Informationen. Damit sind alle Daten gemeint, die sich nicht in fundamentalen Bewertungsfaktoren widerspiegeln. Investoren, die sich auf diese Daten stützen, werden als „Noise-Trader“ bezeichnet. Wenn diese Akteure auf Finanzmärkten tätig sind, set-

---

[2] Um Verwechslungen bei der Notation zu vermeiden, wird statt des Begriffs „Euro-\$-Märkte“ bzw. Euro-€-Märkte der Begriff „Xeno-Märkte“ verwendet.

zen sich rational agierende Arbitrageure selbst dann einem Risiko aus, wenn vollkommene Substitute für Arbitragegeschäfte vorhanden sind. Langfristig werden die von ihrem Fundamentalwert abweichenden Finanzmarktpreise zwar wieder auf ihr ursprüngliches Niveau zurückfallen und der Arbitrageur kann einen Gewinn erzielen. In der Praxis werden die offenen Positionen der Arbitrageure allerdings schnell wieder geschlossen. Wenn Noise-Trading in diesem Zeitrahmen zu konstanten bzw. zu weiter steigenden Preisen führt, realisiert der Arbitrageur einen Verlust. Folglich wird die Arbitrage insgesamt geringer ausfallen als ohne dieses Risiko. Somit kann aber auch die Hypothese nicht mehr aufrechterhalten werden, daß Arbitrage allgemein zu informationseffizienten Märkten führt (*Cuthbertson* 1996, S. 173 ff.). Mithin können Renditedifferenzen auch nicht pauschal auf einen geringen Grad der Finanzmarktintegration zurückgeführt werden.

Trotz der vielfältigen Kritik stützt sich die empirische Forschung zu einem großen Teil auf Zinsparitätentests (z. B. *Frankel* 1992, 1993 oder *Obstfeld* 1994a). Die Resultate dieser Studien belegen die Bedeutung von Kapitalverkehrskontrollen in den 80er Jahren und weisen eine zunehmende Finanzmarktintegration mit Abschaffung dieser Beschränkungen aus. Für Europa kommen *Lemmen* und *Eijffinger* (1995b) zu ähnlichen Ergebnissen. Damit lassen sich zahlreiche Belege für eine zunehmende bzw. schon sehr hohe Finanzmarktintegration finden.

Auch in einer Situation vollständig integrierter Finanzmärkte und dem damit einhergehenden Verschwinden von Arbitrage-Möglichkeiten können internationale Investitionen vorteilhaft sein. Denn durch ein geeignetes international diversifiziertes Portfolio lassen sich länderspezifische Risiken (unsystematisches Risiko) weitestgehend ausschalten. Auf diesen Überlegungen beruht das Capital Asset Pricing Model (CAPM). Es basiert auf der Prämisse vollkommener Finanzmärkte. Aufgrund der annahmegemäßen Existenz eines risikolosen Zinssatzes besteht die Möglichkeit, risikobehaftete Anlagen mit risikolosen Anlagen zu kombinieren (*Akdogan* 1995).

Die Hauptaussage des CAPM lautet, daß Anleger ihr Portfolio ihrer individuellen Risikoeinstellung entsprechend aus einer Kombination aus risikobehafteten Marktportfolio und risikoloser Anlage bilden sollten. Unter der Voraussetzung, daß Anleger homogene Erwartungen bezüglich Risiko und Rendite der Finanzaktiva bilden, kann für alle Finanzmarktakteure nur ein optimal diversifiziertes Marktportfolio risikobehafteter Aktiva existieren (*Jandura* 2000, S. 426). Die Aufteilung des Gesamtportfolios auf dieses Marktportfolio und die risikolose Anlage ist dagegen abhängig von der jeweiligen Risikoeinstellung der Anleger („Separationstheorem"). Zur Untersuchung der Finanzmarktintegration ist nun das theoretisch abgeleitete effiziente Portfolio mit der tatsächlich getroffenen Portfolioentscheidung der Anleger zu vergleichen (*Buch* und *Pierdzioch* 2001, S. 12 f.).

Wie die Untersuchungen von *French* und *Poterba* (1991), *Tesar* und *Werner* (1992) sowie *Lewis* (1999) aber gezeigt haben, werden Portfolios gehalten, die zu einem sehr großen Teil aus heimischen Finanztiteln bestehen und einen theoretisch zu geringen Anteil an ausländischen Finanztiteln aufweisen. Laut dieser Tests ist die internationale Diversifikation nur sehr schwach ausgeprägt und die Finanzmarktintegration folglich gering.

3.1.2. Indirekte Tests auf Finanzmarktintegration

Neben Zinsparitätentests ist der Ansatz von *Feldstein* und *Horioka* (1980) wohl derjenige, der am häufigsten diskutiert wird. Zudem hat er eine seit zwanzig Jahren andauernde Kontroverse ausgelöst. Die Autoren kommen in ihrer Studie nämlich zu dem Ergebnis, daß die Kapitalmobilität in den OECD-Staaten tendenziell gering ist. Ihr Vorgehen besteht darin, die Korrelation von nationalen Ersparnis- und Investitionsquoten zu überprüfen, indem sie folgende Regressionsgleichung schätzen:

$$\left(\frac{I}{Y}\right)_i = \alpha + \beta\left(\frac{S}{Y}\right)_i .$$

Hierbei drücken I die inländischen Investitionen, S die inländische Ersparnis und Y das Bruttoinlandsprodukt des Landes i aus. Dabei gehen *Feldstein* und *Horioka* von folgender Annahme aus. Wenn Finanzmärkte vollkommen integriert sind, so fließt das Kapital in seine produktivste Verwendung. Daher weichen Spar- und Investitionsquote in der Regel voneinander ab. Ein Regressionskoeffizient β, der nicht signifikant vom Wert 1 verschieden ist, legt dagegen den Schluß nahe, daß nationale Ersparnis und Investition stark miteinander korreliert sind und der Integrationsgrad daher relativ gering ist. Tatsächlich ermittelten *Feldstein* und *Horioka* folgende Kleinste-Quadrate-Schätzung für den Zeitraum zwischen 1960 und 1974 (Standardfehler in Klammern):

$$\underset{(0.02)}{I/Y = 0.04} + \underset{(0.07)}{0.89\,S/Y}, \quad R^2=0.91.$$

Der Regressionskoeffizient von 0.89 weist auf eine hohe Korrelation von inländischer Ersparnis und inländischen Investitionen hin. Studien neueren Datums bestätigen teilweise diese Ergebnisse (*Bayoumi* 1999), allerdings kann *Taylor* (1996) eine ansteigende Finanzmarktintegration seit Anfang der 90er Jahre nachweisen.

Neben der methodischen Kritik, nach der zyklische Faktoren wie Lagerinvestitionen im Datensatz von *Feldstein* und *Horioka* nicht berücksichtigt werden, wird auch häufig der einfache theoretische Zusammenhang zwischen Spar- und Investitionsquoten in Zweifel gezogen. Denn es ist theoretisch möglich, daß beide Größen von anderen exogenen Einflüssen als dem Grad der Finanzmarktintegration gesteuert werden, die dazu führen, daß sich Ersparnis und Investitionen in die gleiche Richtung bewegen. So könnten ein Arbeitskräftewachstum, sinkende Realzinsen oder wirtschaftspolitische Maßnahmen für eine hohe Korrelation verantwortlich sein (*Obstfeld* 1994a, S. 53 f.). Nimmt die Zahl der Arbeitskräfte zu, steigt die Ersparnis, während gleichzeitig mehr investiert werden muß, um die zusätzlichen Arbeitskräfte mit Kapital auszustatten. Sinkende Realzinsen als Folge steigender Ersparnis induzieren eine höhere Investitionstätigkeit im Inland. Wirtschaftspolitische Maßnahmen, die darauf abzielen, Leistungsbilanzungleichgewichte zu verringern, lassen ebenfalls einen tendenziellen Gleichlauf von Ersparnis und Investitionen vermuten.

Ein weiteres Argument findet sich im intertemporalen Ansatz der Zahlungsbilanz. Demnach spiegelt eine langfristige Korrelation zwischen Investition und Ersparnis die intertemporale Budgetrestriktion einer Volkswirtschaft wider. Die durchschnittliche

Spar-Investitions-quote muß sich daher über einen hinreichend langen Zeitraum konstant nahe 1 bewegen, wenn die Akteure eine Glättung ihres Lebenskonsums anstreben. Kurzfristig dagegen sind Abweichungen von 1 möglich und können als Indikator für Finanzmarktintegration dienen (*Obstfeld* 1985, S. 15 ff.).

Aufgrund dieser Kritik wurde ein neues Verfahren vorgeschlagen, das den intertemporalen Charakter von Finanzmarkttransaktionen betont (*Obstfeld* 1985, 1994b). Es hat den Vorteil, daß es auf einer stabileren theoretischen Basis steht als der *Feldstein-Horioka*-Ansatz. Sind die Finanzmärkte integriert und gilt die Lebenszyklushypothese des Konsums, so können die Akteure, wie in Kapitel 2.2. gezeigt, auf antizipierte Einkommensschwankungen durch entsprechende Transaktionen auf den internationalen Vermögensmärkten reagieren, um langfristig ein durchschnittliches Konsumniveau aufrechtzuerhalten. Dieser Ansatz läßt sich nun in ein Optimierungsproblem übersetzen. Dabei maximiert ein repräsentativer Akteur den erwarteten Nutzen seines Lebenskonsums unter Beachtung einer intertemporalen Budgetbeschränkung. Aus der Optimierungsbedingung, der „stochastischen *Euler*-Gleichung" $u'(c_t) = (1+r)\beta E_t\{u'(c_{t+1})\}$[3], läßt sich unter Verwendung einer isoelastischen Nutzenfunktion[4] folgende Gleichung herleiten:

$$E_t(c_{t+1}/c_t) = \{\beta(1+r)\}^{\sigma}.$$

Hierbei entspricht σ der intertemporalen Substitutionselastizität, die annahmegemäß konstant ist. In logarithmierter Form lässt sich o.g. Ausdruck folgendermaßen schreiben:

$$\Delta c_t = \ln\beta + \sigma\ln(1+r) + \varepsilon_t,$$

wobei ε_t einen Fehlerterm darstellt. Unter der Annahme identischer intertemporaler Grenzraten der Substitution können Konsumwachstumsdifferenzen zwischen Land A und Land B ausschließlich aufgrund divergierender Realzinsen zustande kommen. Sind die Finanzmärkte jedoch vollständig integriert, so herrscht ein einheitlicher Realzins, und es gilt folgender Zusammenhang:

$$\Delta c_{At} - \Delta c_{Bt} = \ln(\beta_A/\beta_B) + \varepsilon_{ABt}.$$

Damit folgt der Konsum der einzelnen Länder bei vollständiger Finanzmarktintegration einem „Random Walk", und die Wachstumsraten des Konsums in den einzelnen Ländern müßten vollständig miteinander korreliert sein. In den meisten empirischen Studien ließ sich jedoch nur eine relativ geringe Konsumkorrelation feststellen. *Bayoumi* (1999) kommt für die OECD-Staaten zu dem Ergebnis, daß der jeweilige inländische Konsum wesentlich stärker mit dem inländischen Output bzw. dem über alle OECD-Staaten aggregierten Output korreliert ist als mit dem Konsum anderer Länder. Dagegen ist nach *Bayoumi* und *McDonald* (1994) zumindest Japan nahezu vollständig in die internationalen Finanzmärkte integriert, während die Resultate für die Europäische Union

---

[3] Wird die *Euler*-Gleichung umgeformt, so erkennt man das an die Mikroökonomie erinnernde Resultat, daß im Optimum die erwartete intertemporale Grenzrate der Substitution dem umgekehrten Preisverhältnis entsprechen muß.

[4] Bei isoelastischen Nutzenfunktionen gilt: $u'(c) = c^{-(1/\sigma)}$.

auf einen geringen Integrationsgrad hindeuten. Zu dem gleichen Ergebnis kommen auch *Lemmen* und *Eijffinger* (1995a) für die Gesamtheit der EU, wobei allerdings Staaten wie Deutschland, Großbritannien oder die Niederlande schon relativ stark integriert sind, während für Griechenland oder Portugal eher das Gegenteil zutrifft. Übereinstimmend weisen alle Autoren jedoch auf die zunehmende Bedeutung des EU-Binnenmarktes und der gemeinsamen Währung hin, die zu einer weiteren Integration führen wird. Die Studien von *Obstfeld* (1994a, 1994b) weisen zumindest für die G-7-Länder eine zunehmende, aber bei weitem noch nicht perfekte Finanzmarktintegration nach.

Zusammenfassend läßt sich festhalten, daß Zinsparitätentests auf eine bereits hohe Finanzmarktintegration hindeuten. Diese Ergebnisse spiegeln sich jedoch nicht in den alternativen Testverfahren wider. Was nicht verwunderlich ist, denn es werden bei den jeweiligen Testverfahren unterschiedlich enge Segmente der internationalen Finanzmärkte betrachtet. Zudem wird von unterschiedlichen Zeithorizonten ausgegangen. Schließt man sich dieser Betrachtungsweise an, so hat die Marktintegration bei kurzfristigen Transaktionen bereits eine hohe Stufe erreicht, während dies bei langfristigen Geschäften, insbesondere bei Realkapital, noch nicht der Fall ist (*de Ménil* 1999).

3.2. Internationale Portfoliodiversifikation und „Home Bias"

Die empirische Forschung konnte die im Abschnitt 2.2. abgeleiteten theoretischen Schlußfolgerungen nur sehr bedingt bestätigen. Statt dessen ist eine, gemessen an der Theorie, zu geringe internationale Finanzmarktaktivität zu verzeichnen. So ist das Anlageverhalten insgesamt noch sehr auf den heimischen Markt fokussiert („Home Bias"). Warum halten Investoren aber kein optimales internationales Portfolio? Denn schließlich verzichten sie durch dieses Verhalten auf einen sog. „Free Lunch", d. h. durch internationale Diversifikation könnte eine höhere Rendite bei gegebenem Risiko bzw. ein geringeres nichtsystematisches Risiko bei gleichbleibender Verzinsung realisiert werden (*Reisen* 2000, S. 12). Mithin ist also eine solche Ressourcenallokation nicht effizient.

Dafür werden in erster Linie Marktunvollkommenheiten verantwortlich gemacht[5], also mikroökonomisch bedingte Friktionen, die hauptsächlich durch Informationsasymmetrien verursacht werden und grundsätzlich auch auf Finanzmärkten in geschlossenen Volkswirtschaften auftreten können (*Hermalin* und *Rose* 1999, S. 364 ff.). Im Falle vollkommenen Wettbewerbs auf den Kreditmärkten, bei dem keine Informationsprobleme auftreten, wird sich ein Gleichgewicht zum risikolosen Zinssatz r_0 einstellen, das durch den Punkt A in Abbildung 4 symbolisiert wird. Wettbewerb, sowohl unter den Kreditgebern als auch unter den potentiellen Kreditnachfragern, stellt sicher, daß von diesem Zins langfristig nicht abgewichen werden kann.

[5] Eine detaillierte Diskussion unvollkommener Finanzmärkte findet sich bei *Obstfeld* und *Rogoff* (1996, S. 349 ff).

Abbildung 4: Unvollkommenheiten auf Finanzmärkten

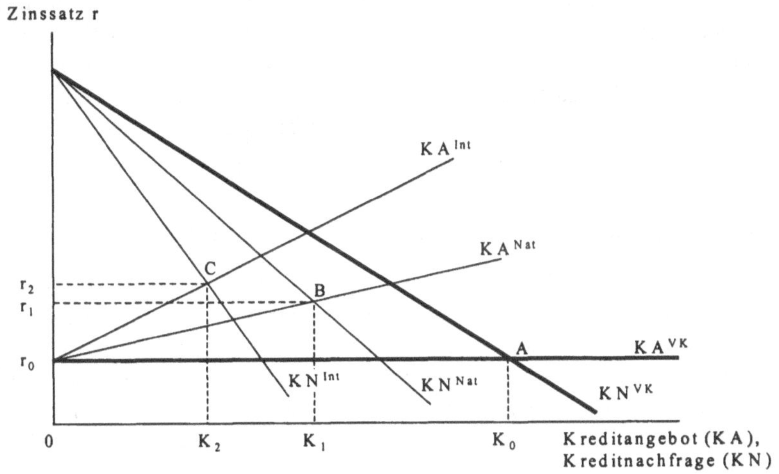

Quelle: In Anlehnung an *Hermalin* und *Rose* (1999, S. 377).

Werden jetzt auf dem Kreditmarkt in einer geschlossenen Volkswirtschaft Friktionen in Form von Informationsasymmetrien berücksichtigt, so entstehen für Kreditnehmer und Kreditgeber zusätzliche Kosten. Der Gläubiger ist gezwungen, ein „Screening" des Schuldners vorzunehmen, um ein mögliches „Moral Hazard" zu verringern. Der Schuldner dagegen wird versuchen, eine mögliche „Adverse Selection" durch geeignetes „Signalling" zu verhindern. Darüber hinaus wird der Gläubiger eine Risikoprämie verlangen, da auch durch die genannten Maßnahmen die Informationsasymmetrien nicht vollständig abgebaut werden können. In der Abbildung 4 drücken sich diese Kosten in einer steigenden Kreditangebotsfunktion KA^{Nat} und einer nach links gedrehten Kreditnachfragefunktion KN^{Nat} aus. Das neue Kreditmarktgleichgewicht in Punkt B zeichnet sich durch einen höheren Zins r_1 und ein geringeres Kreditvolumen K_1 aus.

Werden die inländischen Finanzmärkte liberalisiert und damit für ausländische Kreditgeber geöffnet, so treten die geschilderten Informationsprobleme verstärkt auf. Außerdem wird es für Gläubiger schwieriger, ihre Ansprüche gegenüber einem ausländischen Schuldner durchzusetzen. Folglich wird sich die Kreditnachfragefunktion nach KN^{Int} und die Kreditangebotsfunktion nach KA^{Int} weiter nach links verschieben. Im Gleichgewichtspunkt C wird dann ein noch höherer Zins r_2 und ein geringeres Kreditvolumen K_2 realisiert.

French und *Poterba* (1991) führen unterschiedliche individuelle Risikowahrnehmungen auf Informationsasymmetrien zurück. Daneben könnten institutionelle Beschränkungen eine gewisse Rolle spielen. Doch scheinen weder Kapitalverkehrskontrollen noch unterschiedliche Steuersätze oder Transaktionskosten für einen „Home Bias" maßgeblich verantwortlich zu sein. Kapitalverkehrskontrollen spielen gerade zwischen den Industrieländern keine Rolle mehr, während die geringeren Transaktionskosten auf dem liquidesten Markt New York gerade zu einem hohen Anteil US-amerikanischer Wertpapiere in den internationalen Portfolios führen müßten. Statt dessen kann es dann zu einem „Home Bias" kommen, wenn die Renditeerwartungen in- und ausländischer Investoren systematisch variieren. So müßten Inländer positive und Ausländer negative Erwartungen der inländischen Marktentwicklung bilden. *Hasan* und *Simaan* (1999) erklären diese Asymmetrie mit einem auf internationalen Märkten höheren Risiko, Erwartungsfehler zu begehen. Unter Einbezug dieses erhöhten Risikos kann es somit rational sein, einen geringeren Anteil ausländischer Wertpapiere zu halten.

4. Implikationen für die Stabilität des Geld- und Finanzsektors

Spätestens seit Ausbruch der schweren Währungs- und Finanzkrisen in Südostasien wird die wachsende Finanzmarktintegration von der Öffentlichkeit zunehmend kritisch gesehen. Manche vermuten deshalb, daß den positiven Integrationswirkungen insbesondere im Bereich der Stabilität des Geld- und Finanzsektors schwerwiegende Nachteile gegenüberstehen. Daher kann es nicht überraschen, daß der Ruf nach einer grundlegenden Reform der Weltfinanzmärkte immer lauter wird. Doch bevor über solche Schritte nachgedacht wird, muß geklärt werden, ob den Finanzmärkten tatsächlich ein systemimmanentes Risiko innewohnt oder ob die jüngsten Krisen nicht eher Konsequenz einer inadäquaten nationalen Wirtschaftspolitik sind. Nachfolgend sollen die Bedingungen für Preisniveau- und Finanzmarktstabilität sowie die Ursachen der jüngsten Währungs- und Finanzkrisen näher beleuchtet werden.

4.1. Geldpolitische Stabilität

Ziel der Geldpolitik ist die Stabilität des Preisniveaus. In diesem Punkt herrscht unter den Zentralbanken der Industrieländer mittlerweile ein allgemeiner Konsens (*White* 1999, S. 3). Damit hat sich die Überzeugung durchgesetzt, daß langfristig von der Zentralbank ausschließlich nominale Variablen wie das Preisniveau steuerbar sind. Prinzipiell führt eine zunehmende Finanzmarktintegration aber nicht zur Aufgabe dieses Ziels. Allerdings verändern sich die Rahmenbedingungen, und die Zentralbank ist gezwungen, ihre Politik an dieses geänderte Umfeld anzupassen.

In den 80er Jahren sind viele Staaten, insbesondere Schwellen- und Entwicklungsländer, dazu übergegangen, ihre Währung einseitig an den US-Dollar zu binden. Ziel dieser Politik war ein Stabilitäts- und Glaubwürdigkeitsimport, indem der Wechselkurs als nominaler Anker fungierte.[6] Dieses Wechselkursregime kann aber bei zunehmender Finanzmarktintegration instabil werden. Doch ist diese Erkenntnis nicht neu, denn im Rahmen des Konzepts der „Impossible Trinity" wird deutlich, daß bei hoher Kapitalmobilität ein Zielkonflikt zwischen wirtschaftspolitischer Autonomie und Wechselkursstabilität besteht (Abbildung 5).

---

6 Daneben wird mit fixierten Wechselkursen die Hoffnung auf höhere Wachstumsraten verbunden, da die Prämie für das Wechselkursrisiko bei einem glaubwürdigen Peg entfällt und Kapitalimporte erleichtert werden.

Abbildung 5: Impossible Trinity

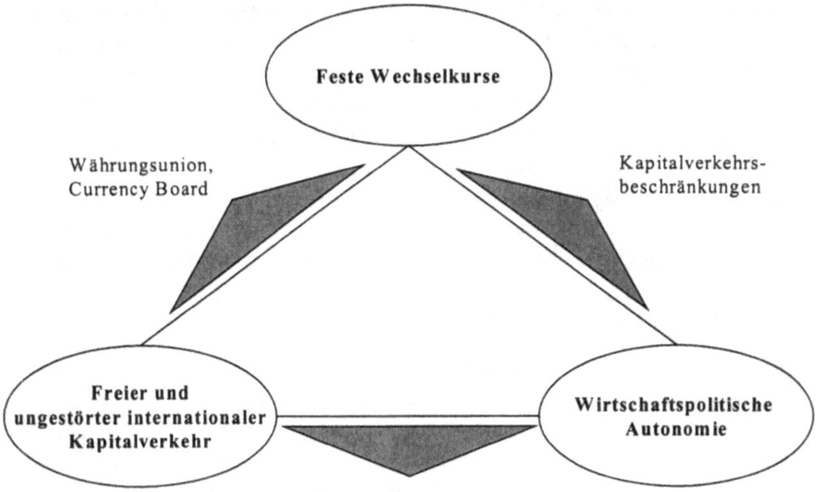

Quelle: *Frenkel* und *Menkhoff* (2000, S. 12).

Verfolgt die inländische Zentralbank eine expansive Geldpolitik, indem sie beispielsweise ein Fiskaldefizit monetär alimentiert, so werden dazu die nationalen Geldbasisbestände erhöht, was einen Zinsdruck im Inland auslöst und damit zu Kapitalabflüssen und zu einem Nachfragüberschuß auf den Devisenmärkten führt. Die Zentralbank ist im Festkurssystem gezwungen, durch Devisenverkäufe, also durch Senkung der internationalen Komponente der Geldmenge zu reagieren, wodurch die ursprünglichen Zinssenkungen konterkariert werden.

Eine wichtige Konsequenz dieser expansiven Geld- und Fiskalpolitik besteht in der Gefahr einer spekulativen Attacke auf die heimische Währung, in deren Folge die Zentralbank ihr Wechselkursziel mangels Devisen aufgeben muß (*Krugman* 1979). Läuft das Inflationsdifferential zwischen In- und Ankerwährungsland immer weiter auseinander, so resultiert daraus eine reale Aufwertung der heimischen Währung. Damit sind Wettbewerbsverluste für die heimischen Unternehmen und Leistungsbilanzdefizite verbunden, die einen stetigen Rückgang der Devisenreserven implizieren. Bevor jedoch die Devisenreserven auf null gefallen sind, erfolgt eine spekulative Attacke (*Flood* und *Garber* 1984). Bei dieser „Ersten Generation" der Währungskrisentheorien stellt sich allerdings die Frage, warum eine Regierung eine expansive Geldpolitik betreiben sollte, wenn sie die Inflationsrate durch die Wechselkursbindung doch gerade stabilisieren will? Außerdem sind allen Akteuren die Folgen einer solchen Politik im Vorfeld bekannt. *Frankel* und *Rose* (1996) kommen in ihrer Studie jedoch zu dem Ergebnis, daß ein starkes Geldmengenwachstum tatsächlich für viele Währungskrisen verantwortlich war.

Abwertungsdruck kann auch entstehen, wenn die sogenannten Fundamentaldaten einer Volkswirtschaft unproblematisch sind. Statt dessen kommt der Erwartungsbildung der Finanzmarktakteure eine große Bedeutung zu. Gehen diese nämlich von einer Abwertung der Währung aus und handeln entsprechend, indem sie inländische Währung verkaufen, erhöhen sich die Kosten zur Aufrechterhaltung des festen Wechselkurses. Im Rahmen dieser Theorien der „Zweiten Generation" kommt es dann zu einer erfolgreichen spekulativen Attacke, wenn der Reputationsverlust durch Aufgabe des Festkurssystems geringer ist als die Kosten, die durch die Abwehr der spekulativen Attacke entstehen (*Obstfeld* 1994c). Bei diesen Kosten handelt es sich um höhere Zinsen und Wettbewerbsnachteile durch eine bereits im Vorfeld überbewertete Währung. Das Verhalten der britischen Regierung während der EWS-Krise 1992 läßt sich anhand dieser Theorie z. B. gut nachvollziehen (*Kenen* 1997, S. 473).

Neben massiven Kapitalabflüssen, die zu den bereits erwähnten Währungskrisen führen, können auch starke Kapitalzuflüsse die heimische Zentralbank vor große Probleme stellen. Liegt wie bei vielen Schwellenländern eine einseitige Wechselkursbindung vor, so führen Kapitalimporte über den Liquiditätseffekt zu steigender Inflation. Denn die Zentralbank ist gezwungen, den Devisenangebotsüberschuß aufzukaufen und damit die Geldmenge zu erhöhen. Ein Ausweg aus diesem Dilemma stellt die Sterilisierungspolitik dar. Doch besteht die Gefahr, daß sich das Budgetdefizit beträchtlich erhöht, falls die Nominalzinsen im Ausland geringer sind als im Inland. Denn in diesem Fall sind die Finanzierungskosten der Sterilisierungspolitik höher als die Anlagegewinne der zusätzlichen Devisenreserven (*Bofinger* 2001, S. 70 f.). Außerdem könnte es im Zuge der Sterilisierung zu einem Realzinsanstieg kommen, der weitere Kapitalimporte induziert.

Diese geschilderten Entwicklungen legen den Schluß nahe, sich entweder auf eine noch stärkere Bindung der Währung, beispielsweise im Rahmen eines Currency Board oder einer Währungsunion, einzulassen oder zu einem mehr oder weniger kontrollierten „Floating" überzugehen (*DeGrauwe* und *Polan* 2001; *White* 1999, S. 6). Damit haben Länder die Wahl zwischen höherer Flexibilität und höherer Rigidität.

Bei flexiblen Wechselkursen besteht allerdings nicht mehr die Möglichkeit, die Währung eines anderen Landes als nominalen Anker zu nutzen. Daher muß auf den Wechselkurs als Zielvariable der monetären Steuerung verzichtet werden. Als Reaktion darauf sind einige Länder zu Beginn der 80er Jahre zu einer direkten Inflationssteuerung übergegangen („Inflation Targeting").[7] Bei flexiblen Wechselkursen entfällt zwar das Risiko, die internationale Zahlungsfähigkeit im Zuge einer Währungskrise zu verlieren. Allerdings könnten politikbedingt höhere Inflationsraten in den einzelnen Ländern die Folge sein, da die nationale Geldpolitik jetzt größere Gestaltungsfreiheit besitzt. Dieses Problem ließe sich aber dadurch entschärfen, daß geldpolitische Entscheidungen der Zentralbank von politischen Weisungen unabhängig sind.

---

[7] Eine ausführliche Diskussion der Funktionsweise sowie der Vor- und Nachteile der direkten Inflationssteuerung liefern *Görgens, Ruckriegel* und *Seitz* (2001, S. 133 ff.).

Doch auch wenn die Zentralbank eine an dem Ziel der Geldwertstabilität orientierte Politik verfolgt, kann es trotzdem zu Inflation im Inland kommen (*Dornbusch* 1988, S. 152 ff.). Zwar sind die Währungsbehörden bei flexiblen Wechselkursen nicht mehr gezwungen, bei Aufwertungsdruck Devisen aufzukaufen und damit die inländische Geldmenge zu erhöhen. Der Liquiditätsmechanismus (Geldmengeneffekt) kommt somit nicht mehr zum Tragen. Doch hängt es von der Gültigkeit der Kaufkraftparität ab, ob ein Inflationsimport über den Nachfragemechanismus und/oder den direkten Preiszusammenhang wirksam wird. Gilt die Kaufkraftparität, entwickelt sich der Wechselkurs genau gegenläufig zur ausländischen Inflation, so daß sich weder über eine steigende Exportnachfrage (Nachfragesoginflation) noch über steigende Importpreise (Kostendruckinflation) ein Preisauftrieb im Inland entwickeln kann. Dagegen forcieren flexible Wechselkurse den Inflationsimport, wenn der Wechselkurs (kurzfristig) nicht der Kaufkraftparität folgt. Statt einer Abwertung der ausländischen Währung tritt kurzfristig das Gegenteil ein und verteuert die Importe dadurch zusätzlich (*Rose* und *Sauernheimer* 1995, S. 288 f.):

- Ist die Nachfrage im Außenhandel kurzfristig relativ preisunelastisch und kommt es infolge dessen zu einer anomalen Reaktion der Leistungsbilanz, resultiert trotz Inflation im Ausland eine Aufwertung der ausländischen Währung.
- Sind im Zuge der Inflation im Ausland dort die Nominalzinsen gestiegen und findet kurzfristig eine Nominalzinsanpassung nicht statt, so werden Kapitalexporte induziert und die ausländische Währung wertet ebenfalls auf.
- Darüber hinaus können „spekulative Blasen" Kapitalbewegungen auslösen, die zu Wechselkursentwicklungen führen, die der Kaufkraftparität zuwider laufen und somit eine Inflationsübertragung ermöglichen.

Zahlreiche andere Länder haben sich für höhere Wechselkursrigidität entschieden. In diesem Zusammenhang ist die Gründung der Europäischen Währungsunion zu sehen. Eine Währungsunion stellt allerdings hohe Anforderungen an die fiskalische Kooperation bzw. an die Disziplin der Teilnehmerländer. Denn es ist davon auszugehen, daß sich wachsende Budgetdefizite in einem Land in höheren Zinsen für den gesamten Währungsraum widerspiegeln werden, wenn die Anleihemärkte vollkommen integriert sind und somit einen Gesamtmarkt darstellen. Der Stabilitäts- und Wachstumspakt ist ein erster Versuch, diese „Spill over-Effekte" einer undisziplinierten Fiskalpolitik einzelner Mitgliedsstaaten zu verhindern. Daneben könnte das Auftreten von asymmetrischen Schocks zu schwerwiegenden realwirtschaftlichen Anpassungsreaktionen zwingen, da der Wechselkursmechanismus nicht mehr zur Verfügung steht (*DeGrauwe* 2000, S. 81 ff.). In diesem Zusammenhang wird aber von einigen Autoren auf die wachsende Bedeutung der Integration der europäischen Finanzmärkte verwiesen (*Mélitz* und *Zumer* 1999). Demnach nimmt die Bedeutung potentieller asymmetrischer Schocks mit wachsender Integration ab, da eine Absicherung gegen Konsumrisiken, wie in Abschnitt 2.2. dargestellt, zunehmend möglich wird.

Neben der Währungsunion ist das Currency Board die stärkste Form einer Währungsbindung. Doch kommt hier neben einer disziplinierten Fiskalpolitik ein stabiler Bankensektor als weitere Voraussetzung hinzu (*Mussa et al.* 2000, S. 26). Denn da sich die inländische Geldmenge ausschließlich in Abhängigkeit vom Devisenbestand verändert, kann die Zentralbank nicht mehr die Funktion des „lender of last resort" eigenständig ausüben. Die entscheidende Frage ist aber, ob es möglich ist, zum richtigen Zeitpunkt einen Übergang zu anderen währungspolitischen Arrangements zu bewerkstelligen, wenn das Currency Board nicht mehr zweckmäßig erscheint. Dies kann der Fall sein, wenn die Ankerwährung gegenüber den Währungen wichtiger Handelspartner längerfristig stark aufwertet und das Inland zunehmend Weltmarktanteile verliert. Das Beispiel Argentinien macht die Probleme, mit denen ein Currency Board behaftet ist, auf besondere Weise deutlich.

4.2. Stabilität des Finanzsektors

Wenn das Finanzsystem einer Volkswirtschaft nachhaltig gestört ist, zieht dies schwerwiegende realwirtschaftliche Folgen nach sich. Denn Finanzinstitutionen tragen im Rahmen der Fristen- und Risikotransformation wesentlich zu einer effizienten Kapital- und Risikoallokation bei (*Hellwig* 1991, S. 35 ff.). Gerade diese Funktionen werden beeinträchtigt, wenn es zu einer Bankenpanik und damit zu einer Finanzkrise kommt.

Dabei werden häufig sogenannte „systemische Risiken" unterstellt, die aus einem „Run" auf eine einzelne Bank eine Krise des gesamten Bankensystems entstehen lassen („Spillovers"). Unter systemischen Risiken ist das Risiko oder die Wahrscheinlichkeit eines Systemzusammenbruchs zu verstehen (*Kaufman* 1999, S. 16 f.). Nach *Hellwig* (1998) lassen sich diese Risiken in „Domino- und Informationseffekte" unterteilen. Erstere liegen vor, wenn das Nichterfüllen einer vertraglichen Verpflichtung eines Akteurs zur Insolvenz anderer Akteure führt, die durch eine Kettenreaktion den Zusammenbruch des gesamten Systems bedingt. Informationseffekte können dann auftreten, wenn Ertrags- und Vermögenspositionen der verschiedenen Banken aus Sicht der Anleger (Sparer) eng miteinander korreliert sind. Schwierigkeiten bei einer Bank werden dann dazu führen, daß auch bei anderen Banken Einlagen abgezogen werden und ebenfalls ein Dominoeffekt ausgelöst wird. Unklar bleibt jedoch, wodurch eine Krise letztendlich ausgelöst wird. Sucht man nach Gemeinsamkeiten bei vergangenen Krisen, so fällt allerdings auf, daß sie häufig in Rezessionsphasen, bei riskanten Kreditgeschäften und geringer Eigenkapitalquote der Banken auftraten, also in Situationen von „bad news and high leverage" (*Davis* 1992, S. 188).

Der Internationale Währungsfonds führt die Turbulenzen auf den internationalen Finanzmärkten insbesondere auf systemische Risiken zurück (*IMF* 1998b, S. 14 f.). Demnach hätte die wachsende Finanzmarktintegration zu einer höheren Anfälligkeit für Finanzkrisen geführt. Der Ablauf von Finanzkrisen stellt sich dabei folgendermaßen dar: Am Beginn steht ein Kreditboom, der zu steigenden Vermögenspreisen führt. Diese Entwicklung kann durch eine expansive Geld- und Fiskalpolitik oder durch eine beginnende Liberalisierung des Finanzsektors, wie sie in vielen Schwellenländern erfolgte, ausgelöst werden (*Eichengreen* und *Rose* 1998). Problematisch ist eine solche Situation dann, wenn Banken aufgrund des gestiegenen Wettbewerbsdrucks zu hohe Risiken im Rahmen ihres Kreditgeschäfts eingehen (*Lamfalussy* 2001, S. 12). Refinanzieren sich Banken zudem in ausländischer Währung, so stellt diese Währungsinkongruenz neben der Fristeninkongruenz eine Verschärfung des Problems dar. Treten zusätzlich negative

Schocks auf, so kann dies zu einer starken Zunahme des Kreditrisikos und damit zu einer Verschlechterung der Bilanzsituation des Banken- und Unternehmenssektors führen.

Die negativen Schocks können in einer unerwartet auf restriktiven Kurs umschwenkenden Geldpolitik bestehen, die eine spekulative Blase zum Platzen bringt und damit eine steigende Zahl an Insolvenzen und Kreditausfällen nach sich zieht. Die gleichen Wirkungen hätten negative Terms of trade-Schocks oder unerwartete Änderungen des realen Wechselkurses, insbesondere wenn ein Großteil der Kredite an den Export- bzw. Immobiliensektor herausgegeben wurde. Ein Zinsanstieg in großen Industrieländern kann zudem zu weiteren Kapitalabflüssen und zu noch stärkerem Abwertungsdruck in Schwellenländern führen. *Mishkin* (1998) weist darauf hin, daß sich die Wirkungen dieser negativen Schocks im Zuge von Informationsasymmetrien weiter verschärfen können. Denn aufgrund gestiegener Zinsen bzw. wachsender politischer und wirtschaftlicher Unsicherheit oder sich verschlechternder Bonität des Banken- und Unternehmenssektors werden verstärkt übermäßig risikobereite Investoren Kredite nachfragen, während ein „Screening" durch die Kreditinstitute zunehmend schwieriger wird. Die Banken werden darauf mit einer Kreditrationierung reagieren.

Zur weitern Analyse der Finanzkrise muß zwischen den betrachteten Ländergruppen unterschieden werden. Denn im Vergleich zu Industrieländern ist die Gefahr bei Schwellenländern einerseits groß, daß es durch den Risikoanstieg bedingt zu einer massiven Kapitalflucht kommt. Andererseits waren bzw. sind die Währungen einseitig an den US-Dollar gekoppelt, so daß die massiven Kapitalabflüsse einen starken Abwertungsdruck induzieren (*Mishkin* 1999). In einem solchen Spannungsfeld verbleiben der Zentralbank eines Landes mit Festkurssystem nur noch wenig Handlungsalternativen:

- Entschließt sich die Zentralbank zu einer expansiven Politik, um im Zuge von kurzfristigen Zinssenkungen den Unternehmenssektor und damit indirekt auch den Finanzsektor zu stabilisieren, erhöhen die durch diese Politik induzierten zusätzlichen Kapitalexporte den Abwertungsdruck. Die Spannung zwischen binnen- und außenwirtschaftlichen Zielen nimmt weiter zu und kann sich schließlich im Rahmen einer spekulativen Attacke auf die heimische Währung entladen. Mit einer Abwertung steigen aber die Auslandsverbindlichkeiten des Finanzsektors kurzfristig so massiv an, daß ein umfassender Zahlungsausfall bei den Kreditinstituten kaum mehr zu vermeiden ist.
- Alternativ könnte die Geldpolitik restriktiv ausgerichtet werden, um über entsprechende Zinserhöhungen eine Abwertung zu verhindern. Allerdings hätte eine solche Hochzinspolitik zur Folge, daß das Kreditrisiko ansteigt und sich in den Bankbilanzen „faule Kredite" anhäufen, deren Ausmaß letztendlich auch zur Finanzkrise führt. Generell stellt sich allerdings die Frage, ob eine solche Politik in Zeiten massiver Kapitalflucht und geringer Glaubwürdigkeit der Zentralbank überhaupt noch effektiv ist. Denn es ist anzunehmen, daß es aufgrund asymmetrischer Informationsverteilung zu einem Herdenverhalten kommt und der Kapitalabfluß auch durch hohe kurzfristige Nominalzinsen nicht eingedämmt werden kann.

Dieses Szenario gibt die Situation wieder, in der sich viele südostasiatische Schwellenländer, insbesondere Indonesien, 1997/98 befunden haben. Es hat sich auch gezeigt, wie eng Währungs- und Finanzkrisen miteinander verbunden sind, wenn ein hoher Anteil der Auslandsverbindlichkeiten in ungesicherten kurzfristigen Fremdwährungstransaktionen besteht. Auf ein Hedging wurde deswegen verzichtet, weil das Wechselkursziel von den Finanzmarktakteuren für glaubwürdig gehalten wurde. Einige Autoren weisen jedoch auch auf die Möglichkeit eines Moral Hazard hin. Demnach wären Investoren Positionen mit hohem Risiko deswegen eingegangen, weil die Erwartung bestand, die nationalen Zentralbanken bzw. der IMF würden bei einer Liquiditätskrise als „lender of last resort“ eingreifen.

Für Industrieländer stellt sich die Situation etwas anders dar, da in der Regel keine Währungsbindungen vorliegen. Insbesondere sind Währungskrisen eher unwahrscheinlich oder führen zu einer abwertungsbedingten Verbesserung der Wettbewerbsposition, wie das Beispiel Großbritannien während der EWS-Krise zeigt. Trotzdem kann auch in entwickelten Ländern eine Bankenkrise zu großen Problemen führen, wenn aufgrund der Kreditkontraktion die Geldbasis und damit das Preisniveau im Inland sinken. Resultat könnte eine „Schuldendeflation“ sein. Bei sinkendem Preisniveau steigt der Realwert von Forderungen und Verbindlichkeiten. Es kommt also zu einer Umverteilung des Realvermögens von Schuldnern zu Gläubigern. Wird eine relativ höhere marginale Konsumneigung der Schuldner unterstellt, so müssen aggregierte Konsumnachfrage und Beschäftigung zurückgehen. Diese auf *Irving Fisher* (1933) zurückgehende Theorie erweiterte *Bernanke* (1983) explizit um den Bankensektor. Sorgt ein negativer Schock dafür, daß die reale Verschuldung der Unternehmen und das Kreditrisiko der Banken ansteigen, während gleichzeitig die zur Besicherung der Kredite hinterlegten Vermögensaktiva an Wert verlieren, so werden die Kreditinstitute einen Risikozuschlag verlangen oder das Kreditangebot rationieren. Ein kontinuierlicher Nachfragerückgang und eine fortgesetzte Deflation wären die Folgen. Eine mögliche Fortsetzung dieses Prozesses auf internationaler Ebene wird vorstellbar, wenn die hohe Interdependenz des internationalen Bankensystems berücksichtigt wird. Dabei spielen nicht nur die Transaktionen auf dem Interbankenmarkt beispielsweise für Euro-Dollar („on-balance sheet“) eine Rolle, sondern auch die immer noch weiter wachsenden Aktivitäten der Kreditinstitute auf Märkten für Finanzderivate wie Optionen oder Swaps („off-balance sheet“). Beide Übertragungskanäle erhöhen die Interdependenz und das Risiko im Bankensektor (*Wolfson* 1996, S. 330).

Damit wird deutlich, welchen Einfluß Kreditvergabeentscheidungen von Geschäftsbanken auf die Transmission der Geldpolitik haben können, insbesondere dann, wenn dieser sogenannte „Kreditkanal“ eine große Rolle spielt, wie *Woo* (1999) im Falle Japans[8] vermutet. Restriktive geldpolitische Maßnahmen könnten dann wesentlich stärkere reale Wirkungen hervorrufen als aufgrund mäßig steigender Notenbank- und Marktzinsen zu erwarten wären. Gleichzeitig ist die Effektivität einer expansiven Geldpolitik eingeschränkt, da neben den Zinsen asymmetrische Informationen ein wesentli-

---

[8] Eine ausführliche Darstellung der Wirtschafts- und Finanzkrise in Japan findet sich z. B. bei *Kanaya* und *Woo* (2000).

ches Kriterium für die Kreditvergabe darstellen (*Görgens*, *Ruckriegel* und *Seitz* 2001, S. 253 ff.).

Die Ergebnisse legen den Schluß nahe, daß die Finanzmarktintegration keine höhere Instabilitätsneigung des Finanzsektors hervorruft. Da sich das Umfeld durch die zugenommenen außenwirtschaftlichen Verflechtungen verändert hat, ist der Spielraum für die Wirtschaftspolitik jedoch enger geworden. Damit führten eine nicht adäquate Politik bzw. ein unzureichender Ordnungsrahmen zwangsläufig schneller zu Störungen des Finanzsektors und zu schwerwiegenden realwirtschaftlichen Konsequenzen. Nicht geklärt werden konnte die Frage, ob die Gefahr größer geworden ist, daß sich Finanzkrisen auf andere Länder übertragen. Die Entwicklungen in Japan oder in Argentinien deuten eher darauf hin, daß das Problem systemischer Risiken auf internationaler Ebene verhältnismäßig gering ist. Dagegen wurde das Eingreifen der amerikanischen Federal Reserve Bank während des Beinahe-Zusammenbruchs des Hedge-Fonds LTCM gerade dadurch begründet.

5. Neue Anforderungen an die Wirtschaftspolitik

Die vorangegangenen Ausführungen haben gezeigt, daß eine hohe Finanzmarktintegration prinzipiell mit großen Vorteilen verbunden ist. Insbesondere eine effiziente internationale Faktorallokation und gestiegene internationale Diversifizierungsmöglichkeiten lassen Wohlfahrtsgewinne erwarten. Diese positiven Effekte gehen allerdings mit einer eingeschränkten wirtschaftspolitischen Autonomie einher. Doch muß das nicht zwangsläufig ein Nachteil sein. So hat die disziplinierende Wirkung der Finanzmarktintegration besonders in Europa dazu geführt, daß im Laufe der vergangenen zwanzig Jahre immer mehr Länder zu einer stabilitätsorientierten Wirtschaftspolitik übergegangen und Inflationsraten gesunken sind (*Siebert* 1997, S. 41 ff.; *Obstfeld* 1998, S. 10). Damit ist auch die Gefahr geringer geworden, daß eine im Falle fester Wechselkurse nicht adäquate Geldpolitik eine Währungskrise verursacht. Hat die Zentralbank zudem ein ausreichendes Maß an Glaubwürdigkeit aufgebaut, entfällt der originäre Grund für feste Wechselkurse. Flexible Wechselkurse können dann wieder ihre Aufgabe als marktmäßiger Anpassungsmechanismus bei asymmetrischen Entwicklungen in den einzelnen Ländern bzw. Ländergruppen erfüllen. Damit wird eine immer wieder geforderte stärkere Marktregulierung in Form von Wechselkurszielzonen, Devisenmarktsteuern oder Kapitalverkehrskontrollen obsolet.

Die Entwicklung in Japan seit Beginn der 90er Jahre sowie die Asienkrise 1997/98 belegen jedoch, daß es auch bei relativer fiskalischer und monetärer Stabilität zu schweren Störungen des Finanz- und Realsektors einer Volkswirtschaft kommen kann. Die Ursache ist dabei nicht so sehr in einer inflationären Geldpolitik zu sehen, sondern in fehlenden institutionellen Arrangements zur Schulden- und Risikobegrenzung. Daher zeigt sich die Bank für Internationalen Zahlungsausgleich in ihrem 71. Jahresbericht 2001 auch besorgt über den weiter zunehmenden Verschuldungsgrad der privaten Haushalte und des Unternehmenssektors in vielen Industrie- und Schwellenländern (*BIS* 2001, S. 123 ff.).

Eine mögliche Reaktion auf dieses Problem stellt die neue Eigenkapitalnorm des Basler Ausschusses für Bankenaufsicht dar („Basel II"). Diese Regelungen setzen bei den Kreditrisiken an, was auch sinnvoll erscheint, da Kreditinstitute immer noch eine herausragende Bedeutung für die Finanzintermediation haben.[9] Langfristig, das zeigen die Entwicklungen in vielen Industriestaaten, geht der Trend jedoch von einem banken- zu einem börsenorientierten Finanzsystem (*Lamfalussy* 2001; *White* 1999). Wenn infolge eines solchen Systemwandels außerdem die unternehmerischen Risiken stärker geteilt werden, wäre die Gefahr einer umfassenden Finanzkrise deutlich geringer. Solch eine Risikoteilung wird durch eine Unternehmensfinanzierung möglich, die sich verstärkt auf Eigenkapital (Aktien) stützt und weniger auf Fremdkapital (Anleihen, Bankkredite) angewiesen ist. In einer derartigen Situation fielen eine Kreditkontraktion und deren negative Wirkung auf die Investitionsnachfrage wesentlich geringer aus.

Wirtschaftspolitisch kommt es jedoch darauf an, diesen Trend zu beschleunigen und Anreizverzerrungen zu beseitigen, die eine Fremdkapitalfinanzierung bevorzugen. *Rogoff* (1999) weist in diesem Zusammenhang auf folgende Problemfelder hin:

- Einlagenversicherung,
- Durchsetzung von Kreditverträgen vor Gerichten in Industriestaaten (dort ist die Stellung der Gläubiger traditionell stärker als die der Anteilseigner),
- Rezyklierung der Finanzmittel aus Not- und Hilfsfonds an Banken und sonstige Gläubiger aus Industriestaaten,
- niedriges Niveau der Finanzmarktentwicklung.

Die genannten Punkte bewirken, daß einer Fremdkapitalfinanzierung häufig der Vorrang vor einer Eigenkapitalfinanzierung eingeräumt wird, was im wesentlichen auf eine indirekte Subventionierung insbesondere der Kreditvergabe durch die Steuerzahler zurückzuführen ist (*Rogoff* 1999, S. 38). Denn der Zahlungsausfall bei Insolvenz des Kreditnehmers wird durch Einlagenversicherungen oder die starke Stellung der Kreditgeber vor Gericht zumindest teilweise kompensiert. Eine unzureichende Finanzmarktentwicklung zwingt darüber hinaus vor allem Unternehmen in Schwellenländer dazu, sich über Bankkredite zu finanzieren, da ihnen Aktien- und Wertpapieremissionen als alternative Finanzierungsinstrumente (noch) nicht zur Verfügung stehen.

Neben der geringeren Krisenanfälligkeit bietet ein börsenzentriertes System auch verstärkt die Möglichkeit einer systemstabilisierenden Selbstregulierung der Finanzmärkte (*Bishop* 2001). Denn wie die Erfahrungen auf einigen Märkten für Finanzderivate, insbesondere in den USA und Großbritannien, zeigen, könnte ein Regulierungswettbewerb prinzipiell eine staatliche Überregulierung verhindern und gleichzeitig eine vertragliche und organisatorische Struktur schaffen, die in der Lage ist, Risiken zu kontrollieren (*Kroszner* 1999; *Kupiec* und *White* 1996).

---

[9] *Eichengreen* (1999) liefert darüber hinaus eine umfangreiche Zusammenstellung der aktuellen Reformvorschläge im Bereich der Banken- und Finanzmarktaufsicht, Bilanzierungs- und Insolvenzverfahren und anderer Maßnahmen zur Erhöhung der Transparenz auf internationalen Finanzmärkten.

Aus den genannten Argumenten läßt sich insgesamt keine pauschale Kritik an der Finanzmarktintegration ableiten. Insbesondere erscheinen Kapitalverkehrsbeschränkungen oder ähnlich regulierende Eingriffe als Lösung für das Instabilitätsproblem wenig sinnvoll. Da sich die Rahmenbedingungen für private und staatliche Akteure auf den Finanzmärkten deutlich verändert haben, sollte die Hauptaufgabe statt dessen in der Schaffung eines anreizorientierten Regelwerks liegen, das die negativen Konsequenzen von Informationsasymmetrien verringert. Damit ist nicht zwangsläufig eine stärkere Finanzmarktaufsicht bzw. -regulierung gemeint. Denkbar wären auch Mechanismen, die ein „Bail-in" des Privatsektors bei auftretenden Störungen auf den Finanzmärkten vorsehen bzw. zu einer Selbststabilisierung im Vorfeld führen.

Literatur

Agénor, Pierre-Richard (2001), Benefits and Costs of International Financial Integration: Theory and Facts, World Bank Working Paper, No. 2699.

Akdogan, Haluk (1995), The Integration of International Capital Markets, Aldershot.

Arrow, Kenneth (1953), Le rôle des valeurs Boursières pour la repartition la meilleure des risques, in: Econometrie, Paris: Centre National de la Recherche Scientifique. [Übersetzung: *Arrow, Kenneth* (1964), The role of securities in the optimal allocation of risk-bearing, in: Review of Economic Studies, Vol. 31, S. 91-96.]

Balassa, Bela (1961), Towards a Theory of Economic Integration, in: Kyklos, No. 1, S. 1-17.

BIS – Bank for International Settlements (2001), 71st Annual Report, Basel.

Bayoumi, Tamim A. (1999), Is There a World Capital Market?, in: *Horst Siebert* (Hg.), Globalization and Labor, Tübingen, S. 65-86.

Bayoumi, Tamim A. und *Ronald McDonald* (1994), Consumption, Income, and International Capital Market Integration, CEPR Discussion Paper, No. 1028.

Bernanke, Ben (1983), Nonmonetary Effects of the Financial Crisis in the Propagation of the Great Depression, in: American Economic Review, Vol. 73, No. 3, S. 257-276.

Bishop, Graham (2001), Die Regulierung oder Selbstregulierung der Finanzmärkte, in: *Christa Randzio-Plath* (Hg.), Zur Globalisierung der Finanzmärkte und Finanzmarktstabilität, Baden-Baden, S. 101-116.

Bofinger, Peter (2001), „Managed Floating" als währungspolitische Strategie zur Krisenprävention?, in: *Michael H. Stierle* und *Marc S. Resinek* (Eds.), Challenges for Monetary Policy in a Global Financial Market Environment, INFER Studies, Vol. 4, Berlin, S. 65-74.

Buch, Claudia (2000), Financial Market Integration in the US: Lessons for Europe?, Kiel Working Paper, No. 1004, Kiel Institute for World Economics.

Buch, Claudia (2001), Financial Market Integration in a Monetary Union, Kiel Working Paper, No. 1062, Kiel Institute for World Economics.

Buch, Claudia und *Christian Pierdzioch* (2001), The Growth and Volatility of International Capital Flows: Reconciling the Evidence; in: *Horst Siebert* (Hg.), The World's New Financial Landscape: Challenges for Economic Policy, Berlin, S. 3-53.

Cuthbertson, Keith (1996), Quantitative Financial Economics, Chichester.

Davis, E. Philip (1992), Debt, Financial Fragility, and Systemic Risk, Oxford.

DeGrauwe, Paul (2000), The Economics of Monetary Union, 4th ed., Oxford.

DeGrauwe, Paul und *Magdalena Polan* (2001), Increased Capital Mobility: A Challenge for National Macroeconomic Policies, in: *Horst Siebert* (Hg.), The World's New Financial Landscape: Challenges for Economic Policy, Berlin, S. 177-194.

de Ménil, Georges (1999), Real Capital Market Integration, in: Economic Policy, Vol. 11, Issue 28, S. 165-201.

Dornbusch, Rudiger (1988), Exchange Rates and Inflation, Cambridge/London.

Eichberger, Jürgen und *Ian R. Harper* (1997), Financial Economics, Oxford.

Eichengreen, Barry (1999), Toward a New International Financial Architecture: A Practical Post-Asia Agenda, Institute for International Economics, Washington D. C.

Eichengreen, Barry und *Andrew K. Rose* (1998), Staying Afloat When the Wind Shifts: External Factors and Emerging-Market Banking Crises, NBER Working Paper, No. 6370.

Eijffinger, Sylvester und *Wolf Wagner* (2001), The Feasible Gains from International Risk Sharing, CEPR Discussion Paper, No. 2691.

Feldstein, Martin und *Charles Horioka* (1980), Domestic Saving and International Capital Flows, in: The Economic Journal, Vol. 90, S. 314-329.

Fisher, Irving (1933), The Debt-Deflation Theory of Great Depressions, in: Econometrica, Vol. 1, S. 337-357.

Flood, Robert P. und *Peter M. Garber* (1984), Collapsing Exchange-Rate Regimes, in: Journal of International Economics, Vol. 17, S. 1-13.

Frankel, Jeffrey A. (1992), Measuring Capital Mobility: A Review, in: American Economic Journal, Papers and Proceedings, Vol. 8, No. 2, S. 197-202.

Frankel, Jeffrey A. (1993), On Exchange Rates, Cambridge/London.

Frankel, Jeffrey A. und *Andrew K. Rose* (1996), Currency Crashes in Emerging Markets: an Empirical Treatment, in: Journal of International Economics, Vol. 41, S. 351-366.

French, Kenneth R. und *James M. Poterba* (1991), Investor Diversification and International Equity Markets, in: Amercan Economic Review, Papers and Proceedings, Vol. 81, No. 2, S. 222-226.

Frenkel, Michael und *Lukas Menkhoff* (2000), Stabile Weltfinanzen: Die Debatte um eine neue internationale Finanzarchitektur, Berlin.

Görgens, Egon, Karlheinz Ruckriegel und *Franz Seitz* (2001), Europäische Geldpolitik, Düsseldorf.

Hasan, Iftekhar und *Yusif Simaan* (1999), A Rational Explanation for Home Country Bias, in: Journal of International Money and Finance, Vol. 19, S. 331-361.

Hellwig, Martin (1991), Banking, financial intermediation, and corporate finance, in: *Alberto Giovannini* und *Colin Mayer* (Eds.), European financial integration, Cambridge, S. 35-63.

Hellwig, Martin (1998), Systemische Risiken im Finanzsektor, in: *Dieter Duwendag* (Hg.), Finanzmärkte im Spannungsfeld von Globalisierung, Regulierung und Geldpolitik, Berlin, S. 123-151.

Hermalin, Benjamin E. und *Andrew K. Rose* (1999), Risks to Lenders and Borrowers in International Capital Markets, in: *Martin Feldstein* (Ed.), International Capital Flows, Chicago, S. 363-386.

IMF – International Monetary Fund (1998a), International Capital Markets, Developments, Prospects, and Policy Issues, Washington D.C.

IMF – International Monetary Fund (1998b), World Economic Outlook and International Capital Markets, Interim Assessment, Washington D.C.

IMF – International Monetary Fund (1998c), Japan: Selected Issues, Staff Country Report, No. 98/113, Washington D.C.

Jandura, Dirk (2000), Integration internationaler Finanzmärkte, Bad Soden/Ts.

Kanaya, Akihiro und *David Woo* (2000), The Japanese Crisis of the 1990s: Sources and Lessons, IMF Working Paper, No. 00/7, International Monetary Fund, Washington D.C.

Kaufman, George G. (1999), Banking and Currency Crises and Systemic Risk, A Taxonomy and Review, Working Paper, No. 99-12, Federal Reserve Bank of Chicago.

Kenen, Peter B. (1997), Analyzing and Managing Exchange-Rate Crises, in: *George S. Tavlas* (Ed.), The Collapse of Exchange Rate Regimes: Causes, Consequences and Policy Responses, Boston/London, S. 39-62.

Kim, Hak-Min (1999), Globalization of International Financial Markets, Aldershot.

Kroszner, Randall S. (1999), Can the Financial Marktes Privately Regulate Risk?, in: Journal of Money, Credit, and Banking, Vol. 31, No. 3, S. 596-618.

Krugman, Paul (1979), A Model of Balance-of-Payments Crises, in: Journal of Money, Credit, and Banking, Vol. 11, No. 3, S. 311-325.

Kupiec, Paul H. und *A. Patricia White* (1996), Regulatory Competition and the Efficiency of Alternative Derivative Product Margining Systems, Board of Governors of the Federal Reserve System, Finance and Economics Discussion Paper , No. 96-11.

Lamfalussy, Alexandre (2001), Die finanzielle Globalisierung und Fragilitätsprobleme, in: *Christa Randzio-Plath* (Hg.), Zur Globalisierung der Finanzmärkte und Finanzmarktstabilität, Baden-Baden, S. 11-17.

Lemmen, Jan J.G. und *Sylvester C. W. Eijffinger* (1995a), Financial Integration in Europe: Evidence from Euler Equation Tests, Mimeo, Department of Economics, Tilburg University, Tilburg.

Lemmen, Jan J.G. und *Sylvester C. W. Eijffinger* (1995b), The Fundamental Determinants of Financial Integration in the European Union, Mimeo, Department of Economics, Tilburg University, Tilburg.

Lewis, Karen K. (1999), Trying to Explain Home Bias in Equities and Consumption, in: Journal of Economic Literature, Vol. 37, S. 571-608.

Martin, Philippe und *Hélène Rey* (2000), Financial Integration and Asset Returns, in: European Economic Review, Vol. 44, S. 1327-1350.

Martin, Philippe und *Hélène Rey* (2001), Financial Super-Markets: Size Matters for Asset Trade, NBER Working Paper, No. 8476.

Mélitz, Jaques und *Frédéric Zumer* (1999), Interregional and International Risk Sharing and Lessons for EMU, CEPR Discussion Paper, No. 2154.

Mishkin, Frederic S. (1998), International Capital Movements, Financial Volatility and Financial Instability, in: *Dieter Duwendag* (Hg.), Finanzmärkte im Spannungsfeld von Globalisierung, Regulierung und Geldpolitik, Berlin, S. 11-40.

Mishkin, Frederic S. (1999), Global Financial Instability: Framework, Events, Issues, in: The Journal of Economic Perspectives, Vol. 13, No. 4, S. 3-20.

Mussa, Michael, Paul Masson, Alexander Swoboda, Esteban Jadresic, Paolo Mauro und *Andy Berg* (2000), Exchange Rate Regimes in an Increasingly Integrated World Economy, IMF Occasional Paper, No. 193, Washington D.C.

Niehans, Jürg (1984), International Monetary Economics, Baltimore.

Obstfeld, Maurice (1985), Capital Mobility in the World Economy: Theory and Measurement, NBER Working Paper, No. 1692.

Obstfeld, Maurice (1994a), International Capital Mobility in the 1990s, CEPR Discussion Paper, No. 902.

Obstfeld, Maurice (1994b), Are industrial-country consumption risks globaly diversified?, in: *Leonardo Leiderman* und *Assaf Razin* (Eds.), Capital mobility: the impact on consumption, investment and growth, Cambrige/London, S. 13-44.

Obstfeld, Maurice (1994c), The Logic of Currency Crises, in: Cahiers économiques et monétaires (Banque de France), No. 43, S. 189-213.

Obstfeld, Maurice (1998), The Global Capital Market: Benefactor or Menace?, The Journal of Economic Perspectives, Vol. 12, No. 4, S. 9-30.

Obstfeld, Maurice und *Kenneth Rogoff* (1996), Foundations od International Macroeconomics, Cambridge/London.

Oxelheim, Lars (1990), International Financial Integration, Berlin et al.

Paulsen, Wolfgang (1993), Internationalisierung und Technisierung der Finanzmärkte, Stuttgart.

Portes, Richard und *Hélène Rey* (1999), The Determinants of Cross-Border Equity Flows, CEPR Discussion Paper, No. 2225.

Reisen, Helmut (2000), Pensions, Savings and Capital Flows: From Aging to Emerging Markets, OECD Paris.

Rogoff, Kenneth (1999), International Institutions for Reducing Global Financial Instability, in: The Journal of Economic Perspectives, Vol. 13, No. 4, S. 21-42.

Rose, Klaus und *Karlhans Sauernheimer* (1995), Theorie der Außenwirtschaft, 12. Aufl., München.

Shleifer, Andrei (2000), Inefficient Markets, Oxford.

Siebert, Horst (1997), Disziplinierung der nationalen Wirtschaftspolitik durch die internationale Kapitalmobilität, in: *Dieter Duwendag* (Hg.), Finanzmärkte im Spannungsfeld von Globalisierung, Regulierung und Geldpolitik, Berlin, S. 41-67.

Solbes, Pedro (2001), Die globalisierten Finanzmärkte und die Risiken für die Stabilität der Wirtschaft, in: *Christa Randzio-Plath* (Hg.), Zur Globalisierung der Finanzmärkte und Finanzmarktstabilität, Baden-Baden, S. 59-71.

Stulz, René M. (1999), International Portfolio Flows and Security Markets, in: *Martin Feldstein* (Ed.), International Capital Flows, Chicago, S. 257-293.

Svensson, Lars E.O. (1988), Trade in Risky Assets, in: American Economic Review, Vol. 78, S. 375-394.

Tatewaki, Kazuo (1991), Banking and Finance in Japan, London/New York.

Taylor, Alan M. (1996), International Capital Mobility in History: The Saving-Investment Relationship, NBER Working Paper, No. W5743.

Tesar, Linda L. und *Ingrid M. Werner* (1992), Home Bias and the Globalization of Securities Markets, NBER Working Paper, No. 4218.

Thieme, H. Jörg und *Uwe Vollmer* (1990), Internationale Integration der Finanzmärkte: Wirtschaftspolitische Herausforderungen durch liberalisierten Kapitalverkehr, in: *Dieter Cassel* (Hg.), Wirtschaftssysteme im Umbruch, München, S. 47-71.

White, William R. (1999), Evolving International Financial Markets: Some Implications for Central Banks, BIS Working Paper, No. 66.

Wolfson, Martin H. (1996), Irving Fisher's debt-deflation theory: its relevance to current conditions, in: Cambridge Journal of Economics, Vol. 20, S. 315-333.

Woo, David (1999), In Search of Credit Crunch: Supply Factors Behind the Slowdown in Japan, IMF Working Paper, No. 99/3, International Monetary Fund, Washington D.C.

Alfred Schüller und H. Jörg Thieme (Hg.), Ordnungsprobleme der Weltwirtschaft
Schriften zu Ordnungsfragen der Wirtschaft · Band 71 · Stuttgart · 2002

Technik und staatliche Notenbankmonopole: Chancen für Währungswettbewerb?

H. Jörg Thieme und Katharina Wacker

Inhalt

1. Money is what money does ...

Die technologische Entwicklung im Bereich der Telekommunikation bringt weitreichende Veränderungen für die Weltwirtschaft. In bezug auf unser Währungssystem werden durch die Fortschritte in der Informations- und Kommunikationstechnologie zwei Entwicklungen angestoßen: Veränderung der Zahlungssysteme, insbesondere der elektronischen Abwicklung von Zahlungsvorgängen, sowie Entstehung neuer Formen des Geldes, komplementär zu den bisherigen, auf der Grundlage dieser oder möglicherweise als Ersatz. Anhand dieser Unterscheidung sind auch die häufig unter dem Begriff ‚digitales Geld' zusammengefaßten Erscheinungsformen des Geldes zu trennen: Handelt es sich nur um die elektronische Abwicklung oder wirklich um neues (digitales) Geld?

In der ökonomischen Theorie wird Geld üblicherweise nicht durch seine (Wesens-) Eigenschaften, sondern durch die Funktionen definiert, die es erfüllt: Tausch- und Zahlungsmittel-, Recheneinheits- sowie Wertaufbewahrungsfunktionen (*Issing* 2001, S. 1 ff.). Der Nutzen der Verwendung von Geld ist um so höher, je größer die Anzahl der Marktteilnehmer und der produzierten Güter einer arbeitsteiligen Wirtschaft ist. Denn mit der Größe des Marktes steigt der Informationsbedarf, der für eine ausreichende Marktübersicht erforderlich ist. Unsicherheit bezüglich der Tauschmöglichkeiten und Gütereigenschaften sowie die Komplexität von Angebotsvergleichen können durch die Verwendung von Geld reduziert werden. Dabei wird sich das Medium als Geld durchsetzen, das besonders geringe Transaktions- bzw. Übertragungskosten sowie Aufbewahrungskosten aufweist. Dazu sollte es folgende Eigenschaften besitzen: Homogenität, Teilbarkeit, Haltbarkeit und Seltenheit. Neben diesen eher technischen Eigenschaften ist es für die Funktionsfähigkeit eines Zahlungsmittels unerläßlich, daß sein Tauschwert im Zeitablauf keinen größeren Schwankungen unterliegt (*Jarchow* 1998, S. 2 ff.).

Das Verhalten der Wirtschaftssubjekte in Zeiten hoher und wechselnder Inflationsraten zeigt, daß die Bereitschaft, Geld anzunehmen, nicht auf der Eigenschaft als gesetzliches Zahlungsmittel beruht, sondern auf dem Vertrauen, mit dem empfangenen Geld selbst wieder Käufe tätigen zu können. In solchen Situationen ist dann erkennbar, daß verwendete Substitute nicht unbedingt alle drei Funktionen erfüllen müssen. Substitute eignen sich möglicherweise als Tauschmittel, da es sich um ein knappes aber begehrtes Gut handelt (z. B. Zigarettenwährung), nicht hingegen als Wertaufbewahrungsmittel und allgemeine Recheneinheit.

Die Geschichte des Geldes der letzten 5000 Jahre ist nach *Glyn Davies* durch lediglich zwei außerordentliche Veränderungen gekennzeichnet: Die erste ist das Drucken von Papiergeld als Ersatz für das Prägen von Münzen im späten Mittelalter, die zweite ist die Erfindung des elektronischen Zahlungsverkehrs (*Davies* 1994, S. 646). Für die meisten Banken liegt der Tätigkeitsschwerpunkt nicht mehr in der klassischen Aufbewahrung der Ersparnisse von Konsumenten und Kreditvergabe an Unternehmen. Den größten Anteil an den Einnahmen des Bankensektors haben inzwischen die Finanzdienstleistungen, z. B. Ausgabe von Kreditkarten an Konsumenten. Das Handeln der Banken ist dem computerisierter Telekommunikationsunternehmen sehr ähnlich geworden. Umgekehrt haben aber auch Unternehmen aus den Bereichen Telekommunikation, Computer, Internet-Handel oder Kabelfernsehen entdeckt, daß sie die Dienstleistungen, die bislang üblicherweise von Banken bereitgestellt werden, selbst anbieten können (*Lietaer* 1999, S. 86).

2. Internet-Ökonomie: Neue Technik oder Neue Wirtschaft

Der Fortschritt in der Telekommunikations- und Informationstechnologie und insbesondere die Verbreitung des Internet haben eine Euphorie um die sogenannte ,New Economy' ausgelöst, die einige Vertreter aus Wissenschaft und Praxis bereits dazu veranlaßte, mit der Überwindung konjunktureller Schwankungen, dauerhaft anhaltendem Wachstum und Veränderungen bislang bekannter wirtschaftstheoretischer Zusammenhänge zu rechnen. Realistischer betrachtet, kann die Entwicklung mit dem Konzept der *Kondratieff*-Zyklen erklärt werden. Danach wird tiefgreifender technologischer, wirtschaftlicher und sozialer Wandel durch sogenannte Basisinnovationen ausgelöst, die eine neue Innovationswelle begründen. Solche Phasen wurden aber bereits bei anderen Technologien wie Eisenbahn oder Elektrizität durchlaufen, so daß die ,Internet-Revolution' letztlich nach dem bekannten Schema als ,fünfter Kondratieff' bezeichnet werden kann.

Dennoch sind die Auswirkungen nicht nur auf einzelne Wirtschaftsbereiche, sondern auch auf die Volkswirtschaften insgesamt erheblich. Diese Entwicklung wird oft umschrieben als Wandel von der Industrie- zur Informationsgesellschaft. Information als wichtigster Rohstoff der ,Neuen Wirtschaft' unterscheidet sich in seinen Eigenschaften von den Rohstoffen, die im industriellen Zeitalter eine zentrale Rolle spielten (*Lietaer* 1999, S. 144-147):

- Information ist ein nicht-rivalisierendes Produkt, da es im Produktionsprozeß nicht verbraucht wird; es findet kein Tausch in dem Sinne statt, daß der Besitz zum Tauschpartner übergeht, vielmehr werden Informationen geteilt.
- Über Telekommunikationsnetze sind Informationen in digitaler Form sehr leicht und durch den Ausbau digitaler Netzwerke zudem immer schneller transportierbar. Zusammen mit der Eigenschaft, Informationen nicht besitzen zu können, entstehen jedoch Probleme des Eigentumsschutzes.
- Wichtige Ressourcen waren bislang durch Knappheit gekennzeichnet, wohingegen Informationen im Überfluß vorhanden zu sein scheinen. Häufig wird von einer Informationsflut im Internet gesprochen, da es scheinbar unerschöpfliche Quellen gibt, auf die von überall aus zugegriffen werden kann und die leicht zu vervielfältigen sind. Ihre Verwertung wird allerdings durch die Aufnahmefähigkeit sowie Verwertungs- und Umsetzungskompetenzen begrenzt.
- Die ,Neue Wirtschaft' mit ihren elektronischen Marktplätzen scheint die erste Realisierung eines vollkommenen Marktes zu sein. Diese Aussage ist jedoch zu differenzieren: Einige Transaktionskosten sinken zwar durch die Nutzung neuer Technologien, es kann aber nicht generell von gegen Null tendierenden Transaktionskosten ausgegangen werden.[1] Ebenso ist vollkommene Information und Markttransparenz nicht

---

[1] Für eine Erörterung dieser Problematik vgl. den Beitrag von *R. Geruschkat* (in diesem Band).

automatisch dadurch gegeben, daß die Möglichkeiten der Informationsbeschaffung sich verbessert haben. Markteintrittshindernisse scheinen zumindest in den Bereichen zu sinken, in denen sie durch traditionelle Engpässe wie Standort und Zugang zu Produktionsfaktoren begründet sind.

Diese Veränderungen wirken sich in einer Entmaterialisierung des Warenwertes von Gütern aus, der zu einem wachsenden Anteil aus Dienstleistungen besteht, die wiederum über Netze übertragen werden können, wodurch Kontrollen und Regulierungen durch staatliche Institutionen erschwert werden (auch bei der Steuererhebung). Außerdem verkürzen sich die Vertriebswege, wenn Produkte direkt vom Hersteller zum Konsumenten gelangen. Neue Produkte entstehen, da Güter, die bisher nur als Bündel erworben werden konnten, nun auseinander dividiert und einzeln vertrieben werden (z. B. einzelne Artikel statt Zeitungen).

Hieraus ergeben sich neue Anforderungen an das verwendete Geld, die sowohl aus neuen Möglichkeiten als auch aus zusätzlichen Notwendigkeiten bei der Zahlungsabwicklung über Telekommunikationsnetze resultieren. Insbesondere für den wachsenden Internet-Handel werden neue Geldanwendungen benötigt: Einerseits in Form von Zahlungssystemen, die eine Abwicklung von elektronischen Transaktionen überhaupt ermöglichen, andererseits müssen sie so auf Internet-Transaktionen zugeschnitten sein, daß sie Kleinstbeträge – auch kleiner als bislang möglich – abrechnen können. Dies wird vor allem im Zusammenhang mit der Bereitstellung von Content im Internet gegen Bezahlung diskutiert: Der Telekommunikationsanbieter Arcor hat das Problem, kleine Beträge für das sogenannte Video on Demand abrechnen zu können, durch die selbstentwickelte Kleingeldbörse gelöst, die per Bankeinzug im voraus aufgeladen wird. Sind solche Konstruktionen eher dadurch bedingt, kleine Beträge kosteneffizient abrechnen zu können, sind für die Zukunft Weiterentwicklungen denkbar, die bis zu ‚eigenen‘ Währungen reichen.

Ein Großteil des heute für Transaktionen verwendeten Geldes hat bereits elektronischen Charakter, da die Bargeldzahlung selbst im stationären Handel durch die verschiedenen bargeldlosen Zahlungsmöglichkeiten wie Scheck, Debit- und Kreditkarten zunehmend zurückgedrängt wird. All diese herkömmlichen Zahlungssysteme eignen sich jedoch nur bedingt bis gar nicht für die Bezahlung von im Internet getätigten Transaktionen. Bargeld ist das am wenigsten geeignete Zahlungsmittel, da die Tauschpartner nicht aufeinandertreffen. Kreditkartenzahlungen finden zur Zeit verbreitete Anwendung, die Notwendigkeit der Übertragung sensibler Daten läßt viele Nutzer aber aufgrund von Sicherheitsmängeln noch vor Transaktionen in großem Umfang zurückschrecken. Um die Vorteile des Erledigens diverser alltäglicher Geschäfte vom heimischen Computer aus wirklich ausnutzen zu können, sind also neue Zahlungssysteme notwendig.

Die Notwendigkeit neuer, kleinerer Geldeinheiten ergibt sich aus den bereits angesprochenen Eigenschaften des Gutes Information. Informationsprodukte unterschiedlichster Art lassen sich sehr leicht digitalisieren und damit problemlos direkt über das Internet übertragen. Bei solchen Produkten kann mithin die Transaktion vollständig – einschließlich Lieferung – direkt und ausschließlich am Computer stattfinden. Da die Vervielfältigung und Übertragung zu extrem geringen Grenzkosten möglich ist, werden gewisse Informationsprodukte (z. B. einzelne Zeitungsartikel) in Zukunft zwar kostenpflichtig, aber zu sehr geringen Preisen angeboten werden. Denkbar sind sogenannte Micropayments, die Geldeinheiten kleiner als ein Pfennig bzw. Cent darstellen können.

Die Möglichkeiten von Online-Transaktionen beschränken sich nicht nur auf den Handel mit Waren und Dienstleistungen. Insbesondere bislang typische Bankgeschäfte eignen sich aufgrund der Digitalisierbarkeit der Produkte für die Online-Abwicklung. Dies läßt sich am schnellen Wachstum von Direktbanken, Online-Brokern und Finanzportalen im Internet zu Beginn des Booms Mitte der neunziger Jahre ablesen. Banken und Finanzinstitute hatten den Vorteil des Informationsmonopols über die Finanzmärkte. Mit der Verbreitung von Computern und deren Vernetzung hat nun jeder Zugang zu Finanzmarktdaten. Selbst Banker halten es für möglich, daß „die Tätigkeit der Banken Bestandteil einer Anwendungssoftware in einem intelligenten Netzwerk" werden wird (*John Reed*, Vorstand der Citibank, zitiert nach *Lietaer* 1999, S. 159).

3. Digitales Geld und Währungswettbewerb

Die Faszination über die technischen und wirtschaftlichen Möglichkeiten des Internet zu Beginn des Booms Mitte der neunziger Jahre verleitete viele zu der Vorstellung, mit dem Internet entstünden bislang ungeahnte Möglichkeiten zur Umgehung staatlicher Zwänge. Ein Aspekt solcher Freiheitsideen war das von *Friedrich A. von Hayek* entworfene Konzept eines entnationalisierten Geldes ohne staatliches Währungsmonopol, dessen Umsetzung durch das Internet nun möglich schien.

Im folgenden sollen lediglich eine kurze Einführung in die Theorie des Währungswettbewerbs und ein Überblick über generelle Einwände gegeben werden. Daran anschließend wird der Begriff des digitalen Geldes näher bestimmt, um verschiedene Erscheinungsformen und Charakteristika aufzuzeigen, die für die folgende Analyse und Beurteilung von Bedeutung sind. Die Verbindung der beiden Phänomene wirft die Frage auf, ob digitales Geld neue und besonders günstige Bedingungen für eine wettbewerbliche Ordnung des Geldsektors bietet.

3.1. Theorie des Währungswettbewerbs

Währungswettbewerb kann auf verschiedenen Ebenen stattfinden. Daher ist zunächst genau zu spezifizieren, welche Formen von Währungskonkurrenz denkbar sind. Zur theoretischen Diskussion der verschiedenen Ideen eines Währungswettbewerbs sei auf die zahlreichen Quellen in der Literatur verwiesen.[2] Im folgenden wird lediglich die Systematik erläutert, die sich aus der Unterscheidung in Außen- und Innengeld ergibt. Außengeld ist im hier beschriebenen Kontext solches Geld, das keine Forderung auf Einlösung in eine andere Geldart darstellt. Innengeld hingegen ist solches Geld, welches die Einlösung in ein anderes Geld bzw. Medium verbrieft. Innengeld lautet auf den gleichen Rechenstandard wie das ihm jeweils zugrundeliegende Außengeld.

---

[2] Eine detaillierte Auseinandersetzung mit Währungswettbewerb nach *von Hayek* findet sich bei *Bofinger* (1985); für einen Überblick zur Theorie des Währungswettbewerbs vgl. *Prüßmann* (2000), *Pool* (1998) und die dort angegebene Literatur.

Ein Währungswettbewerb im Sinne *von Hayeks* entspricht in dieser Systematik einer wettbewerblichen Außengeldverfassung. *Von Hayeks* Theorie der Entnationalisierung des Geldes entstand unter dem Eindruck dauerhafter Inflation in den siebziger Jahren.

> „Die bisherige Instabilität der Marktwirtschaft ist eine Folge davon, daß der wichtigste Regulator des Marktmechanismus, das Geld, seinerseits von der Regulierung durch den Marktprozeß ausgenommen wurde" (*von Hayek* 1977, S. 94).

Sein Hauptanliegen war es, ständige Geldentwertungen und die damit verbundenen gesamtwirtschaftlichen Störungen zu vermeiden. Dazu sei es notwendig, „die Wurzel allen monetären Übels – das Regierungsmonopol bei Emission und Kontrolle des Geldes" (*von Hayek* 1977, S. 2) zu beseitigen. Er entwickelte das Konzept eines Wettbewerbs zwischen unterscheidbaren Währungen, die nicht auf einem gemeinsamen Außengeld oder einem gemeinsamen Rechenstandard beruhen. Durch Wettbewerb und Gewinnmaximierungskalkül der Emittenten soll ein stabiler Einlösungswert, hier gemessen an Realwerten, auf Dauer erreicht werden (*Neldner* 1983).

Wettbewerb zwischen verschiedenen Innengeldemittenten kann auf Grundlage verschiedener Außengeldverfassungen stattfinden. Es können drei Fälle unterschieden werden:

- Staatliches Außengeld (Zentralbanksystem):
  Dies ist die heute in den westlichen Industrieländern übliche Geldverfassung mit Unterschieden vor allem im Grad der Entpolitisierung bzw. der Autonomie der Zentralbank.
- Entstaatlichtes Außengeld (Free Banking[3]):
  Im System der Bankenfreiheit existiert keine staatliche Notenbank und somit auch kein staatliches Notenausgabemonopol. Vielmehr steht es privaten Banken frei, Banknoten und Giralgeld zu emittieren, welches auf einem einheitlichen Währungsstandard basiert. Das entpolitisierte Basisgeld dient damit als Einlösemedium für das wettbewerblich emittierte Innengeld und als einheitliche Recheneinheit. Die Einlösung erfolgt in einem festgelegten Verhältnis. Das Basisgeld ist zudem das Zahlungsmittel zwischen den Banken. Das umlaufende Geld unterscheidet sich somit lediglich durch die Kennzeichnung des jeweiligen Anbieters. Der Bankenmarkt ist nicht länger wettbewerblicher Ausnahmebereich, sondern sollte in die bestehende Wettbewerbsordnung integriert werden.
- Kein Außengeld (New Monetary Economics[4]):
  Ansätze der New Monetary Economics entwerfen eine Geldverfassung, in der es überhaupt kein Außengeld mehr gibt. Die Geldfunktionen Zahlungsmittel und Recheneinheit sind in einem solchen System getrennt. Die Rechenmittelfunktion übernimmt hier eine nicht physisch vorhandene Standardeinheit. Die Wirtschaftssubjekte halten anstelle von Geld verzinsliche Einlagen, über die sie zu Zahlungszwecken ver-

---

[3] Die moderne Theorie des Free Banking geht insbesondere zurück auf *Selgin* (1988) und *White* (1989).

[4] Die Forschungsrichtung wird häufig auf Beiträge von *Black*, *Fama* und *Hall* zurückgeführt. Daher werden diese Systeme auch als BFH-Systeme bezeichnet; vgl. dazu *Greenfield and Yeager* (1983) und die dort angegebene Literatur.

fügen können. Die Wahl des Einlösemediums kann als Wettbewerbsparameter für die Innengeldproduzenten dienen. Untereinander begleichen Geschäftsbanken Zahlungssalden durch Austausch bilateral vereinbarter Aktiva. Es herrscht Zahlungsmittelvielfalt.

Zur Überprüfung der Gründe, die häufig gegen die Einführung von Wettbewerb bei der Geldproduktion vorgebracht werden, sollen die Geldfunktionen – Tauschmittel und Rechenstandard – getrennt betrachtet werden. Bereits *Eucken* (1947, S. 180 ff.) hat darauf hingewiesen, daß diese Funktionen nicht notwendigerweise zusammenfallen müssen. Ebenso betont *Schumpeter*, daß „die Funktion eines Gutes als Tauschmittel und die Funktion als Wertmaßstab streng zu scheiden ist", da eine „wirklich klare Auffassung [...] nicht möglich (ist), solange man beide zusammenwirft" (*Schumpeter* 1970, S. 288 f.).

Die Geldproduktion wird häufig als natürliches Monopol charakterisiert, weshalb das betreffende Gut von einem einzelnen Anbieter günstiger produziert werden kann als von mehreren.

- Geld als Rechenstandard: Die Definition eines natürlichen Monopols scheint hier nicht anwendbar, da es sich nicht um die Produktion eines (physischen) Gutes handelt (*Selgin* 1988, S. 153); somit ist fraglich, worauf sich sinkende Durchschnittskosten bei steigender Produktionsmenge beziehen sollten.
- Geld als Tauschmittel: Für die rein physische Erstellung von Geldscheinen ist die charakteristische Kostenstruktur gegeben. Berücksichtigt man jedoch darüber hinaus auch Kosten, die zur Erhaltung des gleichbleibenden Qualitätsstandards anfallen (*Claassen* 1980, S. 271), ist ein natürliches Monopol nicht mehr zwangsläufig gegeben. Das Argument, die Schaffung von Vertrauenskapital sei ein natürliches Monopol, ist wenig überzeugend, da Vertrauen im Wettbewerb etwa durch Einlöseversprechen erzielt werden könnte.

Skaleneffekte im Bankgeschäft werden von verschiedenen Autoren in Form von Größenvorteilen der Reservehaltung und der Diversifizierung des Portfolios geltend gemacht. *Prüßmann* (2000, S. 161 f.) stellt hierzu fest, daß in beiden Bereichen Größenvorteile vorliegen, diese aber nicht ausreichen, um ein natürliches Monopol zu begründen.

Zwischen den Eigenschaften eines öffentlichen Gutes und Externalitäten in Form von Netzeffekten sollte getrennt werden. Letztere treten auf, wenn der Nutzen eines Gutes für jeden einzelnen Konsumenten mit der Anzahl der Nutzer insgesamt ansteigt (klassisches Beispiel: Telefon).

- Rechenstandard: Geld weist in seiner Funktion als Rechenstandard das Merkmal der Nicht-Rivalität auf, da es ohne Nutzeneinbußen von beliebig vielen Konsumenten verwendet werden kann. Nicht-Ausschließbarkeit liegt vor, sofern kein Verbot der Nutzung des Standards durchgesetzt wird. Netzeffekte sind bei Geld in der Funktion als Rechen- bzw. Währungsstandard besonders deutlich.
- Tauschmittel: Wird Geld zunächst verstanden als ein durch einen Währungsnamen quantifiziertes Objekt (*Bofinger* 1985, S. 199), liegt sowohl Rivalität in der Nutzung

beispielsweise von Geldscheinen als auch Ausschließbarkeit vor. Bezieht man hingegen neben der Bargeldnutzung die Möglichkeit der elektronischen Verrechnung mit ein, liegt zumindest bis zu einem gewissen Grad keine Rivalität mehr vor, Ausschluß ist jedoch ebenso möglich. Netzeffekte können bei der Nutzung von Kommunikationsnetzen zu Verrechnungen identifiziert werden.

Da Charakterzüge eines öffentlichen Gutes bzw. bedeutsame Netzeffekte vor allem bei der Verwendung eines Rechenstandards auftreten, ist die wettbewerbliche Produktion von Innengeld, welches auf einen einheitlichen Währungsstandard lautet, unproblematisch, während die Beurteilung von Wettbewerb bei Außengeldern nicht so eindeutig ausfällt (*Prüßmann* 2000, S. 169). Denn bei der Verwendung von verschiedenen Währungsstandards entstehen Transaktions- bzw. Substitutionskosten für den Wechsel von einem Standard auf einen anderen. Aufgrund von Externalitäten scheint daher die Verwendung eines einheitlichen Standards effizient. Wie bei anderen Netzgütern auch, können dem Netzeffekt aber Technologieeffekte gegenüberstehen: Haben die Währungsstandards unterschiedliche Eigenschaften und existieren bei den Wirtschaftssubjekten entsprechend verschiedene Präferenzen, spräche dies gegen eine Vereinheitlichung (*Prüßmann* 2000, S. 185 f.).

Als kritisch für die Funktionsfähigkeit und die Effizienz eines Währungswettbewerbs sind damit Netzeffekte und Transaktionskosten vor allem im Hinblick auf die Rechenstandardfunktion anzusehen. Bei der Tauschmittelfunktion ergeben sich lediglich Netzeffekte, wodurch Wettbewerb jedoch nicht automatisch unmöglich ist, da bei entsprechend niedriger kritischer Masse mehrere Netze existieren können. Die weitere Analyse wird sich auf Netzeffekte konzentrieren, da diesen bei der Einführung und Durchsetzung von digitalem Geld besondere Bedeutung zukommt.

3.2. Eigenschaften und Entwicklung digitalen Geldes

> „Elektronisches Geld wird allgemein definiert als eine auf einem Medium elektronisch gespeicherte Werteinheit, die allgemein genutzt werden kann, um Zahlungen an Unternehmen zu leisten, die nicht die Emittenten sind. Dabei erfolgt die Transaktion nicht notwendigerweise über Bankkonten, sondern die Werteinheiten auf dem Speichermedium fungieren als vorausbezahltes Inhaberinstrument" (*EZB* 1998, S. 8).

Aus Sicht der Geldtheorie ist digitales Geld in seiner heutigen Ausgestaltung als eine neue Form von Innengeld einzuordnen und kann als eine weitere Finanzinnovation aufgefaßt werden. Es hebt sich aber insofern von den bisherigen ab, als es zum Bargeld direkter als alle anderen Zahlungsmittel in Konkurrenz tritt, während Kredit- und Debitkarten lediglich neue (elektronische) Zugangsmöglichkeiten zu bestehenden Zahlungsverkehrsmitteln waren. So unterscheidet auch die *Bank for International Settlements* (*BIS* 1996) neue Zahlungsmitteltechnologien in ‚electronic access products' und ‚e-money'. Erstere nutzen dabei lediglich elektronische Kommunikationsmittel, um über Bestände auf (Bank-)Konten zu verfügen.

Digitales Geld ist nach obiger Definition durch drei Eigenschaften charakterisiert:

- Es handelt sich um Geldeinheiten, die auf einem Datenträger gespeichert sind; es können kartengestützte Produkte (Karte mit Computerchip) und softwaregestützte Produkte (Festplatte eines PCs) unterschieden werden.

- Der Datenträger ist ein vorausbezahltes Inhaberinstrument; die Geldeinheiten werden vom Benutzer auf Vorrat erworben und gehen zum Zeitpunkt des Erwerbs in seinen Besitz über.
- Die Geldeinheiten sind in dem Sinne multifunktional, daß sie nicht nur beim Emittenten einlösbar sind.

Dadurch grenzt sich so definiertes elektronisches Geld zum einen von sogenannten Single purpose-Karten (z. B. Telefon- oder Mensa-Karten) ab, da diese nur von einem oder einem begrenzten Kreis von Akzeptanzstellen angenommen werden. Zum anderen fallen aber auch Bonuskonzepte (z. B. Flugmeilen) nicht unter diese Abgrenzung, da sie ebenfalls nicht überall eingelöst werden können und vor allem nur gegen bestimmte Produkte eintauschbar sind. Zudem ist kein privater Weiterverkauf oder Handel möglich (*Hartmann* 2000, S. 64).

Während diese definitorische Abgrenzung den gegenwärtigen Entwicklungsstand abbildet, sind an ein zukünftiges elektronisches Geld weitergehende Anforderungen zu stellen, damit das Innovationspotential dieser Technologie ausgeschöpft werden kann. Um vor allem die Tauschmittelfunktion zu erfüllen, muß Geld übertragbar sein. Diese Eigenschaft zeichnet sowohl Bargeld als auch die verschiedenen Zugriffsmöglichkeiten auf Buchgeldbestände aus. Der Unterschied liegt in der Finalität, da lediglich Bargeld eine unmittelbare und endgültige Begleichung einer Schuld ermöglicht. Um sich als allgemeines Zahlungsmittel durchsetzen zu können, muß elektronisches Geld flexibel verwendbar sein. Dazu sollte es nicht nur online- und offline-fähig, also im Internet und im stationären Handel einsetzbar sein. Es sollte auch direkt zwischen Personen übertragbar sein, ohne den Emittenten oder sonstige Verrechnungsstellen einschalten zu müssen. Unkomplizierte Handhabung und beliebige Teilbarkeit sind ebenso erfolgskritische Voraussetzungen wie die Lösung zahlreicher Sicherheitsprobleme. Vermeidung von Diebstahl und Geldfälschung sowie die Nachvollziehbarkeit von Transaktionen stehen dabei in Konflikt mit der Gewährleistung von Anonymität und Schutz der Privatsphäre (*Ely* 1997, S. 102 f.). Letzteres ist ein wesentliches Merkmal, das eine Ablösung von Bargeld (bislang) verhindert. Um sowohl der Internationalität als auch der möglichen Zulassung verschiedener Emittenten Rechnung zu tragen, sollte elektronisches Geld auf verschiedene Währungseinheiten lauten können und in nationale Währungen konvertierbar sein. Da sich nicht alle Anforderungen vollständig und gleichzeitig verwirklichen lassen, ist nach einer möglichst optimalen Kombination der genannten Eigenschaften zu suchen (*Kristoferitsch* 1998, S. 41).

Die euphorischen Erwartungen, der technische Fortschritt würde eine wettbewerbliche Geldordnung erzwingen, sind angesichts der spezifischen Eigenschaften des Geldes zu relativieren (*Hartmann* 2000, S. 141-150). Trotz der neuen Technik bleiben die bereits dargestellten Einwände bezüglich verschiedener Rechenstandards bestehen. Gerade wegen der neuen Technik sind gegen funktionsfähigen Wettbewerb insbesondere Netzwerkeffekte vorzubringen. Diese treten sowohl bei Computer-Netzwerken zur Abwicklung von Verrechnungen als auch in bezug auf Rechen- und Zahlungsstandards auf. Die schnelle Verbreitung wird durch Eintrittshindernisse gehemmt, da eine kritische Masse an Akzeptanzstellen erforderlich ist und zudem hohe Einführungskosten (Investitionen, Reputationsaufbau) entstehen.

An die Nutzerbasis geknüpfte Aspekte sind bei der Beurteilung von E-Geld-Systemen besonders zu beachten.[5] Der Nutzen für die Beteiligten wird von positiven Externalitäten beeinflußt, die ein Hindernis beim Aufbau eines neuen Systems darstellen. Wird eine kritische Masse nicht erreicht, wird der Anbieter wieder vom Markt verschwinden. Hat sich ein System (mit einer Nutzerzahl oberhalb der kritischen Masse) etabliert, stellen die Netzexternalitäten in der Folge eine Markteintrittsbarriere für andere (potentielle) Anbieter dar.

Van Hove (1999) wendet die Theorie der Netzexternalitäten auf die Bedingungen elektronischen Geldes an und gelangt unter anderem zu folgenden Schlußfolgerungen: Elektronisches Geld erfüllt beide notwendigen Bedingungen, die eine kritische Masse für den Markterfolg voraussetzen, nämlich eine ‚stand alone utility' von Null und einen mit der Netzwerkgröße ansteigenden Nutzen. Darüber hinaus haben Eigenschaften wie economies of scale, fehlende Differenzierungsmöglichkeit seitens der Anbieter, Transparenz hinsichtlich der Netzgröße und die Stärke der Netzeffekte eine große Bedeutung. Ein wirksamer Wettbewerb verschiedener Anbieter wäre demnach nicht zu erwarten, vielmehr ist mit ‚first mover advantages' zu rechnen.

In Anbetracht der beschriebenen Gutseigenschaften sind somit die Chancen, durch elektronisches Geld eine wettbewerbliche Geldordnung zu etablieren, eher gering einzuschätzen. Angesichts solcher Hindernisse ist genauer zu untersuchen, ob diesen nicht Anreize gegenüberstehen, welche die Entwicklung und Durchsetzung von E-Geld-Systemen (dennoch) vorantreiben. Die Einflußfaktoren verteilen sich auf drei Ebenen (Abb. 1): Die Ausgestaltung des Zahlungssystems wird neben der Aufsichtsebene mit Staat und Zentralbank vor allem beeinflußt von Nutzer- und Anbieterebene.

Staat und Zentralbank können die Entwicklung aktiv beeinflussen, da sie für die rechtlichen und institutionellen Rahmenbedingungen zuständig sind. Um dem Wettbewerb als Entdeckungsverfahren möglichst freie Entfaltung zu lassen, sollten sich ihre Aktivitäten jedoch auf notwendige Gesetzesanpassungen beschränken, ohne durch zu enge Vorgaben die Entwicklung von vornherein in eine bestimmte Richtung zu lenken. Zudem stellt sich – nicht nur für die Geldordnung – die Frage, welches Ausmaß an Kontrolle im Internet überhaupt noch möglich ist. So könnten die Akteure der Aufsichtsebene Veränderungen der Geldordnung zwar behindern, gleichzeitig verlieren sie jedoch an Einfluß auf die tatsächlichen Abläufe.

---

[5] Eine ausführliche Auseinandersetzung mit Bewertungskriterien von E-Geld findet sich bei *Schmidt* und *Müller* (1999). Sie unterscheiden zwischen technischen (Sicherheit, Zuverlässigkeit, Wartezeit), sozialen (Anonymität, Möglichkeit von Peer to peer-Zahlungen) und (mikro-)ökonomischen Aspekten (Transaktionskosten, Nutzerbasis).

Abbildung 1: Einflußfaktoren auf die Entwicklung digitalen Geldes

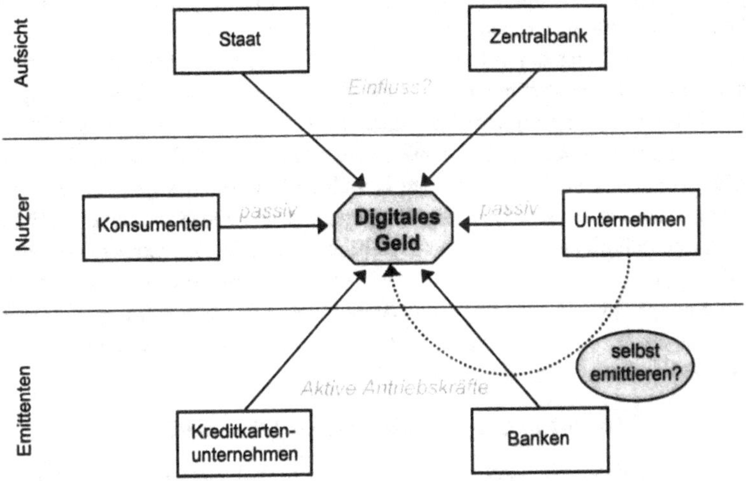

Nachfrager bzw. Nutzer des Zahlungssystems wirken eher passiv auf die Entwicklung ein. Sie repräsentieren die Bedürfnisse des Marktes, sowohl als Anbieter, der das Internet als Vertriebskanal nutzen möchte, als auch als Konsument, der bequem und überall sichere Transaktionen tätigen möchte. Als Beispiel für die sehr kostenintensive gegenwärtige Abwicklung von Zahlungen seien die Kosten der traditionellen Rechnungsstellung in Papierform für die USA betrachtet: Für Rechnungsstellung und Bezahlung fallen jährlich 80 Milliarden US-Dollar an. Allein im Handel mit Endkonsumenten betragen die Kosten für Rechnungsstellung bis zu 25 Milliarden US-Dollar bei einem Zeitaufwand von bis zu fünf Tagen (*Andreeff* u. a. 2001, S. 2 f.).

Eine besondere Rolle könnten große, international tätige Unternehmen einnehmen, wenn sie selbst als Emittent eigenen Geldes auftreten und damit eine treibende Kraft neben Banken und Kreditkarteninstituten sind. Eine solche Entwicklung bedarf Anpassungen der Aufsichtsebene, insbesondere der staatlichen Geldemissionsmonopole. Banken und Kreditkarteninstitute sind die primären Triebkräfte, da sie zusammen mit Softwareherstellern für die technischen Voraussetzungen verantwortlich sind und gleichzeitig ökonomische Anreize zur Veränderung des gegenwärtigen Zahlungssystems haben.

Kreditkartenunternehmen haben schnell erkannt, welche Bedeutung der elektronische Geschäftsverkehr für ihren Umsatz haben wird. Daher haben sie versucht, ihre Marktstellung abzusichern, indem sie den Standard für Kreditkartenzahlungen in offenen Netzen entwickelten. Gegenwärtig wird zwar ein Großteil der Internet-Zahlungen über Kreditkarten abgewickelt, es gibt aber große Vorbehalte aufgrund von Sicherheitsmängeln. Sollten diese Probleme gelöst werden können, hätten Kreditkartenunternehmen gegenüber neu in den Markt eintretenden E-Geld-Systemen mehrere Vorteile:

Sie verfügen bereits über eine ausgebaute Infrastruktur, sind international schon weit verbreitet und akzeptiert und genießen daraus einen Vertrauensvorsprung.

Banken erhoffen von einem Engagement im Bereich elektronischen Geldes Kosten- und Zeitersparnis, insbesondere im internationalen Zahlungsverkehr. Dort kommt es immer noch zu erheblichen Verzögerungen, was angesichts zunehmender Internationalisierung – nicht nur über das Internet – nicht mehr hingenommen werden kann. Kostenvorteile ergeben sich aber auch im Vergleich zum Umgang mit Bargeld (Lagerung, Transport, Zählung, Sortierung). Auf der anderen Seite könnten zusätzliche Einnahmequellen erschlossen werden. Für die Abwicklung elektronischer Zahlungen an Automaten oder an Terminals im Handel können Gebühren erhoben werden. Zudem erhalten Banken wegen der Online-Übermittlung der Beträge direkt zinsfähiges Buchgeld anstatt erst nach Kassenschluß zinsloses Bargeld. Darüber hinaus forciert der wachsende Wettbewerbsdruck (auch durch Nichtbanken) eine Anpassung an die Gegebenheiten des Internet-Zeitalters, wenn der Verlust von Kernbereichen wie Kontoführung, Kreditvergabe und Spareinlagen vermieden werden soll. Zumal hier die vorhandene Reputation und das verfügbare Know-how genutzt werden können.

3.3. Digitales Geld als konkurrierendes Transaktionsmedium

Auch ohne grundlegende Änderungen der heutigen Währungsverfassung hat die bereits vollzogene und bevorstehende Nutzung von digitalem Geld unmittelbar Auswirkungen auf das Geldsystem, wie der Wettbewerb zwischen verschiedenen Zahlungsmitteln innerhalb eines Währungsstandards und die erwartete Substitution von Bargeld im alltäglichen Zahlungsverkehr zeigen.

Einführung, Durchsetzung und Veränderungen des Geldes sind ein fortlaufender Prozeß der Kostenreduktion. Die heute gebräuchlichen Zahlungsmittel weisen allerdings immer noch eine Reihe von Nachteilen auf, die durch neue Systeme unter Nutzung digitaler Technik weiter reduziert werden können (*Kristoferitsch* 1998, S. 36-38):

- Hohe Transaktionskosten, die bei Bargeldzahlungen bis zu vier Prozent der Einnahmen betragen, wurden bereits als Gebührenspanne für Kreditkartenzahlungen genutzt und könnten nun weiter gesenkt werden.
- Zinsverluste, die durch Bargeldhaltung, aber auch durch Vorratshaltung auf einer Geldkarte entstehen, könnten bei Netzgeld sinken, da eine schnellere Übertragung in andere (zinstragende) Geldformen möglich ist.
- Die Abwicklungsgeschwindigkeit kann im Vergleich zu Wechselgeldsuche, Online-Autorisation bei Debitkarten oder Ausfüllen von Schecks reduziert werden.
- Mangelnde Anonymität bei den heute verbreiteten elektronischen Zahlungsmethoden kann durch dem Bargeld ähnliche digitale Einheiten unter Verwendung von Verschlüsselungstechniken überwunden werden.

Während sich die hohen Erwartungen an eine schnelle Durchsetzung von Geldkarten im stationären Handel zumindest bislang nicht erfüllt haben, ist ein neuer Entwicklungsschub durch die wachsende Bedeutung des Internet-Handels zu erwarten. Hier fehlt es immer noch an einem geeigneten Zahlungssystem, da die häufig genutzten Kreditkartenzahlungen Sicherheitsmängel aufweisen. Verschiedene Zahlungssysteme werden zwar entwickelt und getestet,[6] eine breite Akzeptanz konnte bislang jedoch keines erreichen.

Die Substitutionsbeziehungen zwischen verschiedenen Zahlungsmitteln können in mikroökonomischen Entscheidungsmodellen analysiert werden. Das Transaktionsmotiv der Geldhaltung vorausgesetzt, untersuchen die Modelle von *Baumol* (1952) und *Tobin* (1956), welche Variablen den Umfang bestimmen, in dem ein allgemein akzeptiertes Tauschmittel gehalten wird. Das Optimierungsproblem eines Wirtschaftssubjektes besteht dabei darin, die anfallenden Abhebungs- und Opportunitätskosten der Geldhaltung zu minimieren. Der Abhebungsbetrag ergibt sich in Abhängigkeit der Fixkosten pro Abhebung, des Einkommens und des Zinssatzes auf Bonds in der Weise, daß die durchschnittliche Kassenhaltung ansteigt bei steigendem Einkommen, steigenden Fixkosten und sinkendem Zinssatz.

Santomero und *Seater* (1996) erweitern die klassischen Geldnachfragemodelle, indem sie verschiedene Güter und verschiedene Geldformen betrachten, wodurch das Entscheidungsproblem wesentlich komplexer wird (*Kabelac* 1999, S. 20 f.). Die Entscheidung für verschiedene Transaktionsmittel hängt von mehreren Faktoren ab, nämlich dem Einkommen, den Zinsen, den Kosten der Beschaffung und den Transaktionskosten. Zu beachten ist, daß Veränderungen der Einflußgrößen teilweise überraschende Wirkungen haben können. So läßt sich die Vermutung, eine Verzinsung elektronischer Geldbestände werde die Nachfrage nach diesen positiv beeinflussen, nicht eindeutig bestätigen. Wenn das Modell auch keine klaren Zuordnungen von Geldformen zu bestimmten Transaktionsbereichen ermöglicht, so läßt sich doch eine Tendenz erkennen, daß vorausbezahlte Karten im stationären Handel eher Bargeldtransaktionen ersetzen und Netzgeld bei Internet-Transaktionen eher für kleine Ausgabenvolumina verwendet werden.

Diese Modelle betrachteten lediglich die Nachfrage nach Transaktionsmitteln. Für eine umfassende Beurteilung ist jedoch die Angebotsseite mit einzubeziehen. Zu untersuchen ist, welche Anreize und Ertragschancen sich für Emittenten ergeben und welche Bedeutung das Zusammenspiel von Angebot und Nachfrage für die Entwicklung neuer Geldformen hat. Diesen Aspekt untersucht *Kabelac* (1999) in einer Erweiterung des Modells von *Whitesell* (1992). Im ursprünglichen Modell ist die Analyse auf Transaktionskosten abgestellt und kommt zu dem Ergebnis, daß sich aus der Kostenstruktur verschiedene Nachfragebereiche ableiten lassen. Netzgeld fände demnach aufgrund der geringen Fixkosten pro Transaktion Anwendung bei Transaktionen von hoher Frequenz bzw. niedrigen Beträgen. Die Analyse von Reaktionsfunktionen in einem strategischen Spiel zweier Emittenten von Kreditkarten und Netzgeld ergibt eine Segmentierung des Zahlungsverkehrs in der Weise, daß Netzgeld als Medium für Kleinbetragszahlungen eingesetzt wird (*Kabelac* 1999, S. 27-34).

Berentsen weist zudem explizit darauf hin, daß ein großer Mangel des Modells von *Santomero* und *Seater* in der Annahme liegt, daß alle Zahlungsmittel akzeptiert werden.

---

6 Einen Überblick über verschiedene elektronische Zahlungssysteme und deren technische Umsetzung bieten *O'Mahony, Peirce* and *Tewari* (2001).

Er betrachtet daher die Entscheidung der Konsumenten und der Händler als strategische Interaktion. Im Ergebnis hängen die Entscheidungen natürlich auch von den Kosten für die Installation eines neuen Systems und den Transaktionskosten ab, aber eben auch von der Wahrscheinlichkeit, daß das neue Geld tatsächlich genutzt wird. Selbst wenn also die Nutzung für beide Parteien im Endeffekt (kosten-)günstiger ist, wird für die Substitution von Bargeld erhebliche Überzeugungsarbeit seitens der Emittenten notwendig sein. Sie müssen Konsumenten und Händler nicht nur davon überzeugen, daß die Investition in ihr System eine positive Ertragsrate hat. Bedingt durch die Netzeffekte, müssen die Beteiligten insbesondere davon überzeugt sein, daß sich gerade dieses System durchsetzen wird (*Berentsen* 1998, S. 97-100).

Damit wird die Möglichkeit von Wettbewerb zwischen verschiedenen privaten Geldemittenten angesprochen, was nunmehr näher analysiert werden soll.

3.4. Wettbewerb zwischen privaten Emittenten

Matonis (1995, S. 1) bemerkt in seinem bereits 1995 verfaßten Artikel: „If all that digital cash permits is the ability to trade and store dollars, francs, and other governmental units of account, then we have not come very far." Neben den bereits untersuchten Charakteristiken besteht die eigentliche Innovation darin, daß digitales Geld auf marktbestimmte, entpolitisierte Geldeinheiten lautet.

Bislang existiert noch kein Wettbewerb zwischen verschiedenen Emittenten von Stored value-Systemen, was folgende Gründe haben kann (*Furche* und *Wrightson* 2000):

- Erträge für den Emittenten resultieren aus Zinseinnahmen für die im Umlauf befindliche Geldmenge und aus Gebühren von Nutzern oder Händlern: Für beide Einnahmequellen ist eine entsprechende Verbreitung des Systems erforderlich, die bislang nicht erreicht wurde (Berechnungen gehen davon aus, daß solche Systeme erst nach ca. 10 Jahren profitabel arbeiten).
- Festlegung der Gebührenstruktur: Sowohl Nutzer als auch Händler reagieren auf Gebühren mit Zurückhaltung, da Bargeld als ‚kostenloses' Zahlungsmittel wahrgenommen wird.
- Aufbau einer neuen Infrastruktur: Der Etablierung neuer Zahlungssysteme stehen hohe Einführungskosten entgegen.
- Henne-Ei-Problem: Ein Emittent muß auf eine breite Basis von Nutzern und Händlern verweisen können, um neue Kunden vom Nutzen seines Systems zu überzeugen.
- Etablierte elektronische Zahlungssysteme funktionieren ‚zu gut'.
- Unsicherheit bezüglich der gesetzlichen Regulierung: Systeme werden international unterschiedlich behandelt.

Einige dieser Probleme sind vernachlässigbar, weil digitales Geld wegen der Verbreitung des Internet notwendig wurde. Die erforderliche Infrastruktur (Terminals, Vernetzung etc.) ist mit dem Internet bereits vorhanden. Zudem muß digitales Geld keine etablierten Zahlungsmittel verdrängen, da derzeit keine guten Alternativen zur Verfügung stehen. Als besonderes Problem des Netzgeldes betonen *Furche* und *Wrightson* (2000, S. 45) jedoch die Umwandlung von Geldbeständen in Netzgeld. Die derzeitige

Nutzung von Bankkonten in Verbindung mit einem Internet banking-System beschränkt das Wachstum des Netzgeldsystems beträchtlich. Allerdings hatten auch andere Finanzinnovationen lange Anlaufzeiten, so daß ein zukünftiger Erfolg von Stored value-Systemen keineswegs ausgeschlossen ist.

Schwierigkeiten, die sich bei Existenz privater Nichtbanken als Emittenten eigenen, digitalen Geldes ergeben können, hängen davon ab, ob die Nichtbanken Kredite vergeben können oder nicht (*Söllner* und *Wilfert* 1996, S. 400-404). Wickeln die Nichtbanken lediglich elektronische Zahlungen ab, wird Bargeld durch elektronisches Geld ersetzt. Aus Sicht des Bankensektors wird Bargeld durch Sichteinlagen substituiert. Das neu emittierte Geld ist demnach vollständig durch Sichteinlagen der Nichtbanken bei den Banken gedeckt. Für den Bankensektor könnte daraus ein Umsatz- und Bedeutungsverlust resultieren, weil seine Kreditexpansion eingeschränkt wird.

Weitreichender sind die Folgen für das Bankensystem und damit auch für die Geldpolitik im Fall der Emission privaten digitalen Geldes mit Kreditgewährung, da die Emittenten völlig unabhängig vom Bankensektor und dessen Geld agieren können. Wird durch die Nutzung elektronischer Zahlungsmittel Bargeld überflüssig, wird dieses in Bankeinlagen umgewandelt. Im Bankensektor ergeben sich demnach Verschiebungen zwischen den verschiedenen Zahlungsmitteln, die sich auch auf die Geldschöpfungsmöglichkeiten auswirken. Die Betreiber elektronischer Geldsysteme können hingegen unendlich (elektronisches) Geld schöpfen, da dieses nicht durch Basisgeld gedeckt sein muß. Da zudem die Kosten der elektronischen Geldschöpfung gegen Null gehen, besteht die Gefahr, daß die zusätzliche, nicht durch Geldpolitik steuerbare Geldschöpfung zu Inflation führt.

Disziplinierend könnte hier Währungswettbewerb wirken. Dazu müßte elektronisches Geld unterscheidbar sein und ein entsprechender Markenschutz gesetzlich geregelt werden. Zumindest theoretisch könnte dann durch den Wettbewerb um die Geldnachfrage ein Expansionswettlauf verhindert werden. Es gelten jedoch weiterhin die bereits oben geäußerten Zweifel bezüglich der Durchsetzbarkeit und Funktionsfähigkeit eines Wettbewerbs zwischen Währungen. Festzuhalten ist jedoch, daß bei einer Nichtregulierung der möglichen Emission durch private Nichtbanken die Kontrolle der Geldmenge durch die Geldpolitik verloren geht.[7] Als Emittenten vorstellbar wären neben den Banken, die auch weiterhin elektronisches Geld ausgeben könnten, insbesondere Unternehmen, deren Geschäftstätigkeit in engem Zusammenhang mit dem Internet stehen, z. B. Softwarehersteller, Telekommunikationsanbieter und Online-Händler.

4. Implikationen für die Geldpolitik

Ob und inwieweit elektronisches Geld die Effizienz der Geldpolitik beeinflußt, läßt sich nicht generell beantworten, weil – wie die Analyse gezeigt hat – keineswegs eindeutig ist, welche Formen das elektronische Geld annehmen wird und welche Funktio-

---

[7] In Großbritannien wurden Ende April 2002 neue Regulierungen für die Digital Cash-Industrie getroffen, nach denen es Nichtbanken u. a. nicht mehr gestattet ist, Kredite zu vergeben (*o. V.* 2002a).

nen es ausüben kann. Zu prüfen ist, ob der Geldangebotsprozeß, die Geldhaltung und deshalb auch die Transmission monetärer Impulse beeinflußt werden, was wiederum prinzipiell davon abhängt, ob das staatliche Zentralbankmonopol erhalten bleibt oder nicht.

4.1. Auswirkungen im System staatlicher Zentralbankmonopole

Wenn Bargeld durch elektronisches Geld substituiert werden sollte, müßte es Vorteile gegenüber der Bargeldverwendung haben. Dies könnte im Kleinbetragsbereich der Fall sein (Parkhäuser, Autobahngebühren, Automaten etc.), besonders dann, wenn die Anwendungsfelder europaweit einheitlich organisiert sind. Ein geldpolitisches Steuerungsproblem resultiert daraus dann nicht, wenn – wie von der *EZB* beabsichtigt – das produzierte elektronische Geld in die üblichen Geldaggregate einbezogen und der Mindestreservepflicht unterworfen wird. Es wird sich allerdings nur um einen kleinen Substitutionsanteil handeln, weil Geldkartenlösungen den entscheidenden Vorteil des Bargeldes – nämlich die Anonymität bei Zahlungsvorgängen – nicht realisieren können. In einer Zeit, in der wie in Deutschland die Bargeldverwendung (*Deutsche Bundesbank* 1997, S. 41) seit den siebziger Jahren des vergangenen Jahrhunderts wieder deutlich zugenommen hat (Anstieg der Schattenwirtschaft), wird auf diesen Vorteil nicht verzichtet. Insofern ist eine drastische Reduktion der Bargeldkomponente nicht zu erwarten. Gleichwohl würden Tauschkosten reduziert, weil die relativ hohen Kosten der Münzgeldproduktion weitgehend entfallen.

Eine Zunahme der Verwendung von elektronischem Geld könnte insbesondere bei einer drastischen Ausweitung der Internet-Aktivitäten stattfinden, wenn die Sicherheit des neuen Zahlungsmediums so verbessert werden kann, daß das Geld akzeptiert wird. Zwar würden dann keine besonderen geldpolitischen Steuerungsprobleme entstehen, wenn nur die Geschäftsbanken als Produzenten fungieren würden und die Deckung immer durch Bankeinlagen (Sichtdepositen) gewährleistet wäre. In diesem Fall würden Sichtdepositen durch die elektronische Geldkomponente substituiert. Die als Zwischenziel oder Indikatoren verwendeten Geldmengenaggregate wären den neuen Bedingungen der elektronischen Handels- und Zahlungssysteme anzupassen, was jedoch keine Probleme bereiten wird. Die quantitativen Geldmengeneffekte wären zu prognostizieren, weil nicht zu erwarten ist, daß der Geldangebotsmultiplikator instabil wird: Er wird sich in Abhängigkeit vom angepaßten Zahlungsverhalten strukturell verändern, nicht jedoch den bestehenden systematischen Zusammenhang zwischen Geldbasis und Tauschmenge zerstören.

Nach allen Erfahrungen ändern die Menschen ihre Zahlungsgewohnheiten nicht abrupt, so daß – mit Ausnahme der Münzgeldnachfrage – auch keine dramatischen Veränderungen der Kassenhaltung und damit der Einkommenskreislaufgeschwindigkeit des Geldes zu erwarten sind. So liegt die durchschnittliche Bargeldhaltung in der EU bei 4,1 % des BIP, wobei in den letzten Jahren sogar eher eine Zunahme des Bargeldumlaufs festzustellen ist (*Drehmann*, *Goodhart* und *Krueger* 2002, S. 196), was zu einem erheblichen Anteil auf Schattenwirtschaftsaktivitäten zurückgeführt wird. Bargeld weist aber auch weiterhin einen hohen Anteil am Transaktionsvolumen im Einzelhandel auf.

In Deutschland ist dieser zwischen 1994 und 1999 lediglich von 78,7 % auf 73 % zurückgegangen (*Drehmann, Goodhart* und *Krueger* 2002, S. 203).

Santomero und *Seater* (1996) gelangen in ihrer transaktionstheoretischen Modellanalyse zu dem Ergebnis, daß Haushalte in Abhängigkeit von Einkommen, Zinssätzen, Beschaffungskosten einzelner Geldformen sowie Transformationskosten jeweils eine Zahlungs- und damit Geldform präferieren. Da die Präferenzen – auch vermögens- und altersabhängig – sehr unterschiedlich sind, werden verschiedene Zahlungssysteme in Konkurrenz nebeneinander bestehen, ähnlich wie die Kommunikationssysteme. Zu beachten bleibt, daß die Höhe der elektronischen Kassenhaltung auch von einer – generell möglichen – Verzinsung abhängt. Dies gilt aber für die bislang bekannten Zahlungsmittel auch, so daß hieraus keine Besonderheiten resultieren dürften. Auch hier gilt: Gesamtwirtschaftlich ist keineswegs sicher, ob die Umlaufgeschwindigkeit sich tatsächlich erkennbar verändert oder nur die Struktur der Kassenhaltung variiert. Nichts spricht jedoch dafür, daß die Stabilität der Geldnachfrage langfristig gefährdet ist.

Unter diesen Prämissen sind die Effekte für die Geldpolitik gering bzw. durch entsprechende Modifikationen des Ziel-, Indikator- und Instrumentensystems so einzuschränken, daß eine inflationsvermeidende Geldmengensteuerung möglich ist.

4.2. Auflösung staatlicher Zentralbankmonopole

Dies würde sich verändern, wenn die Internet-Aktivitäten dramatisch ausgeweitet werden und zugleich die Nachfrage nach Netzgeld – wegen verbesserter Sicherheit, größerer Bequemlichkeit etc. – ansteigt. Wegen des generellen Güterhandels über die Währungsgrenzen hinweg könnte die damit verbundene Ausweitung der Netzgeldverwendung zugleich Schwierigkeiten einer wirksamen Geldmengenkontrolle durch Institutionen einzelner Währungsräume begründen. Denkbar wäre, daß Inländer im Inland mit im Ausland produziertem Netzgeld bezahlen (‚offshore booking‘) und dadurch der systematische Zusammenhang zwischen inländischer Geldmenge und Transaktionsvolumen aufgelöst wird (*Borchert* 1996).

Denkbar ist auch eine andere Entwicklung (*de Haan* 2000, S. 87): Werden die Transaktionen zahlungstechnisch zwischen den Nichtbanken durchgeführt, sind die Geschäftsbanken nur noch dazu da, verbleibende Salden zu verrechnen. Bei einem solchen ‚switch vor der Bank‘ würden eigene Geldkreisläufe entstehen. Dadurch würden auch die Funktionen der Geschäftsbanken maßgeblich beeinflußt. Akzeptieren die Nichtbanken solche regionalen oder weltweiten Geldsysteme, die möglicherweise durch flexible Tauschrelationen (Wechselkurse) verknüpft sind, wird das Zentralbankmonopol durch Währungswettbewerb aufgehoben; eine monopolistische Zentralbankpolitik wird unmöglich. Eine solche Entwicklung ist gegenwärtig allerdings nur eine Vision, weil alle Bemühungen von Netzgeldproduzenten bislang an dem Zahlungsverhalten der Menschen scheitern.

5. Naturaltausch als Folge der technischen Entwicklung?

Die bahnbrechenden Innovationen in der Informations- und Kommunikationstechnik haben die Transaktionskosten arbeitsteiligen Wirtschaftens in Marktwirtschaften drastisch sinken lassen. Ob hierdurch in der Zukunft eine viel radikalere Veränderung von Wirtschafts- und Währungsordnungen, als bislang diskutiert, stattfinden wird, soll abschließend gefragt werden: Wie eingangs geschildert, ist Geld historisch entstanden aus den erheblichen Schwierigkeiten, die mit dem Übergang zu arbeitsteiliger Wirtschaftsweise und der daraus resultierenden Notwendigkeit zum (Natural-)Tausch aufgetreten sind. Insbesondere die doppelte Koinzidenz der Wünsche beim Naturaltausch und der hohen Zahl der Preise waren die entscheidenden Hürden dafür, daß die ökonomischen Vorteile der produktivitätssteigernden Arbeitsteilung gesellschaftlich genutzt werden konnten. Diese wohlstandsfördernden Effekte konnten erst verwirklicht werden, nachdem halbwegs stabiles Geld als Zahlungsmittel und Recheneinheit verwendet wurde und dadurch die Transaktionskosten der Arbeitsteilung erheblich gesunken sind.

Durch die neue Informationstechnik und ihre vielfältigen, bislang keineswegs vollständig erkannten oder angewendeten Nutzungen ist es bereits heute möglich, im Internet in Sekundenschnelle und weltweit zu niedrigen Kosten Tauschpartner zu finden. Dies dürfte auch für Naturaltausch im Internet gelten, wobei virtuelle Auktionshäuser die notwendigen Maklerfunktionen weltweit übernehmen könnten. Dabei wären auch systematische Naturaltauschketten denkbar. Solche regionalen Naturaltauschketten haben sich in der Vergangenheit schon immer dann herausgebildet, wenn die monetären Systeme nicht mehr hinreichend funktionierten. Sie entstanden, obwohl die informationstechnisch begründeten Kostenreduktionen noch nicht existierten. Beispiele hierfür sind regional begrenzte Tauschbörsen in Marktwirtschaften, aber auch vielfältige Naturaltauschtransaktionen zwischen Staatsbetrieben sozialistischer Planwirtschaften und Unternehmen in Marktwirtschaften, die wegen der Nichtkonvertierbarkeit sozialistischer Währungen notwendig waren.

Die Wahrscheinlichkeit, daß Naturaltausch über die zunehmenden Internet-Aktivitäten an die Stelle von funktionierenden geldwirtschaftlichen Tauschökonomien treten wird, ist gering; gleichwohl werden diese Möglichkeiten immer dann und dort genutzt werden, wenn konkrete Geldordnungen ihre Funktionen nicht oder aus der Sicht der Tauschpartner nicht hinreichend erfüllen.

Zusammenfassend läßt sich festhalten:

- Die Innovationen in der Informations- und Kommunikationstechnik haben bereits in den vergangenen zehn Jahren die realen Tauschprozesse wesentlich verändert; ein Ende des Veränderungsprozesses ist nicht abzusehen.
- Auch die monetären Tauschakte werden beeinflußt, weil digitales Geld als konkurrierendes Tauschmedium entstanden ist; bislang sind die Systeme von privaten Produzenten (Geschäftsbanken und Nichtbanken) allerdings noch nicht so entwickelt und akzeptiert, daß wesentliche Substitutionsprozesse bei Bargeld (Kleinbetragsbereich) oder Sichtgeld eingesetzt haben. So titelte die FAZ Ende April 2002: „Das Bargeld überlebt auch im elektronischen Zeitalter“ (*o. V.* 2002b), und gibt damit den gegenwärtigen Entwicklungsstand wieder.
- Die Effizienz der traditionellen Zentralbankpolitik ist gegenwärtig nicht gefährdet, weil weder Instabilitäten des Geldangebotsmultiplikators noch der Einkommenskreislaufgeschwindigkeit des Geldes feststellbar sind; strukturelle Veränderungen der

Kassenhaltung und des Geldangebotsmultiplikators (Bargeldkassenhaltungskoeffizient) können durch Variationen von Ziel-, Indikator- und Instrumentenvariablen der Geldpolitik berücksichtigt werden.

– Erst die Entwicklung konkurrierender Systeme elektronischen Geldes von Geschäfts- oder Nichtbanken könnten zukünftig das Zentralbankmonopol gefährden und wettbewerbliche Währungsordnungen entstehen lassen; die Voraussetzungen dafür sind allerdings nicht vorhanden, weil die Akzeptanz wegen Sicherheitsmängeln und fehlender Anonymität (noch?) nicht gegeben ist.

Auch eine Rückkehr in den – technisch sicherlich möglichen – Naturaltausch ist allein deshalb in naher Zukunft unwahrscheinlich, weil die Bequemlichkeit monetärer Tauschtransaktionen bei funktionierenden Geldordnungen dominiert.

Literatur

Andreeff, Alexandria u. a. (2001), Electronic bill presentment and payment – Is it just a click away? In: Economic Perspectives, Federal Reserve Bank of Chicago, Vol. XXV, Issue 4, S. 2-16.

Baumol, William J. (1952), The Transactions Demand for Cash: an Inventory Theoretic Approach, in: Quarterly Journal of Economics, Vol. 66, November, S. 545-556.

Berentsen, Aleksander (1998), Monetary policy implications of digital money, in: Kyklos, Vol. 51, Fasc. 1, S. 89-117.

BIS – Bank for International Settlements(1996), Security of electronic money, Basel.

Bofinger, Peter (1985), Währungswettbewerb, Köln.

Borchert, Manfred (1996), Cyber-Money – eine neue Währung? In: Sparkasse, 113. Jg., H. 1, S. 41-43.

Claassen, Emil-Maria (1980), Grundlagen der Geldtheorie, Berlin.

Davies, Glyn (1994), A History of Money from the Ancient Times to the Present Day, Cardiff.

de Haan, Nicole (2000), Elektronisches Geld und Geldmengensteuerung: Geht die geldpolitische Kontrolle verloren? In: *Dieter Cassel* u. a. (Hg.), Ausgewählte Volkswirtschaftliche Diplomarbeiten des Fachbereichs Wirtschaftswissenschaften der Gerhard-Mercator-Universität Duisburg, Nr. 33, Duisburg.

Deutsche Bundesbank (1997), Monatsbericht, 49. Jg., Nr. 3, Frankfurt a. M., S. 33-46.

Drehmann, Mathias, Charles Goodhart und *Malte Krueger* (2002), The challenges facing currency usage: will the traditional transaction medium be able to resist competition from the new technologies?, in: Economic Policy, Vol. 27, April, S. 195-227.

Ely, Bert (1997), Electronic Money and Monetary Policy: Separating Fact from Fiction, in: *James A. Dorn* (Hg.), The Future of Money in the Information Age, Washington D. C., S. 101-114.

Eucken, Walter (1947), Die Grundlagen der Nationalökonomie, 5. Aufl., Godesberg.

EZB - Europäische Zentralbank (1998), Bericht über Elektronisches Geld, Frankfurt a. M.

Furche, Andreas und *Graham Wrightson* (2000), Why do stored value systems fail?, in: Netnomics, Vol. 2, S. 37-47.

Greenfield, Robert L. und *Leland B. Yeager* (1983), A Laissez-Faire Approach to Monetary Stability, in: Journal of Money, Credit and Banking, Vol. 15, Nr. 3, S. 302-315.

Hartmann, Monika E. (2000), Elektronisches Geld und Geldpolitik: eine Analyse der Wechselwirkungen, Wiesbaden.

Hayek, Friedrich A. von (1977), Entnationalisierung des Geldes: eine Analyse der Theorie und Praxis konkurrierender Umlaufsmittel, Tübingen.

Issing, Otmar (2001), Einführung in die Geldtheorie, München.

Jarchow, Hans-Joachim (1998), Theorie und Politik des Geldes 1, Göttingen.

Kabelac, Gabriele (1999), Netzgeld als Transaktionsmedium, Volkswirtschaftliche Forschungsgruppe der Deutschen Bundesbank, Diskussionspapier, Nr. 5/99, Frankfurt a. M.

Kristoferitsch, Georg (1998), Digital Money – Electronic Cash – Smart Cards: Chancen und Risiken des Zahlungsverkehrs via Internet, Wien.

Lietaer, Bernard (1999), Das Geld der Zukunft, 2. Aufl., München.

Matonis, Jon W. (1995), Digital Cash & Monetary Freedom, in: http://isoc.org/HMP/PAPER/136/html/paper.html.

Neldner, Manfred (1983), Notenausgabemonopol oder Währungswettbewerb?, in: WiSt – Wirtschaftswissenschaftliches Studium, 12. Jg., H. 8, S. 397-403.

O'Mahony, Donal, Michael Peirce und *Hitesh Tewari* (2001), Electronic payment systems for e-commerce, 2nd ed., Norwood, MA.

o. V. (2002a), Großbritannien limitiert Spielraum für Payment-Anbieter, in: http://www.ecin.de/news/2002/04/29/04221.

o. V. (2002b), Das Bargeld überlebt auch im elektronischen Zeitalter, in: Frankfurter Allgemeine Zeitung, Nr. 100 vom 30.04.2002, S. 19.

Pool, Frank (1998), Währungswettbewerb in kritischer Perspektive, Lohmar und Köln.

Prüßmann, Olaf (2000), Geldverfassung und Währungswettbewerb: eine verfassungsökonomische Analyse, Freiburg i. B.

Santomero, Anthony M. und *John J. Seater* (1996), Alternative Monies and the Demand for Media of Exchange, in: Journal of Money, Credit and Banking, Vol. 28, Nr. 4, S. 942-960.

Schmidt, Carsten und *Rudolf Müller* (1999), A framework for micropayment evaluation, in: Netnomics, Vol. 1, S. 187-200.

Schumpeter, Josef A. (1970), Das Wesen und der Hauptinhalt der theoretischen Nationalökonomie, Berlin.

Selgin, George A. (1988), The Theory of Free Banking, Money Supply under Competitive Note Issue, Totowa.

Söllner, Fritz und *Arno Wilfert* (1996), Elektronisches Geld und Geldpolitik, in: List Forum für Wirtschafts- und Finanzpolitik, 22. Jg., Nr. 3, S. 389-405.

Tobin, James (1956), The Interest-Elasticity of Transactions Demand for Cash, in: The Review of Economics and Statistics, Vol. 38, Nr. 3, S. 241-247.

Van Hove, Leo (1999), Electronic money and the network externalities theory: lessons for real life, in: Netnomics, Vol. 1, S. 137-171.

White, Lawrence H. (1989), Competition and Currency, Essays on Free Banking and Money, New York.

Whitesell, William C. (1992), Deposit Banks and the Market for Payment Media, in: Journal of Money, Credit and Banking, Vol. 24, Nr. 4, S. 483-498.

Alfred Schüller und H. Jörg Thieme (Hg.), Ordnungsprobleme der Weltwirtschaft
Schriften zu Ordnungsfragen der Wirtschaft · Band 71 · Stuttgart · 2002

Technische Entwicklung und weltweiter Wettbewerb zwischen Finanzintermediären

Albrecht F. Michler

Inhalt

1. Einleitung

Konzentrierte sich der technische Fortschritt in westlichen Volkswirtschaften zunächst auf die realwirtschaftliche Sphäre, in der innovative Produktionsverfahren zu einem raschen Produktivitätsanstieg führten und die Basis für den materiellen Wohlstand schufen, ziehen in den letzten Jahren in zunehmendem Maße auch die Finanzdienstleister ihren Nutzen aus der Anwendung neuer Technologien. Durch die Digitalisierung von Informationen und den Ausbau weltweiter Informations- und Kommunikationsnetze verlieren räumliche und zeitliche Distanzen an Bedeutung. So basiert das Zusammenwachsen nationaler Kredit- und Aktienmärkte zu international integrierten Kapitalmärkten mit weltweitem Wettbewerb insbesondere auf der neu geschaffenen Informations- und Kommunikationsinfrastruktur. Im folgenden Kapitel werden zunächst jene Bereiche beschrieben, in denen neue Technologien die traditionellen Bankenstrukturen nachhaltig verändert haben. Ein besonderes Augenmerk ist auf die Bedeutung des Internets gerichtet. Im dritten Kapitel werden deshalb die Auswirkungen des Internets auf Aktien- und Kreditmärkte nochmals separat betrachtet. Anschließend wird geprüft, ob die strukturellen Anpassungsprozesse eine zunehmende Disintermediation zur Folge haben oder aber den traditionellen Finanzintermediären neue Aufgaben übertragen werden. Im fünften Abschnitt werden Auswirkungen des technologischen Fortschritts auf die Struktur der Bankdienstleistungen und im sechsten Kapitel Auswirkungen auf die optimale Koordinationsform der Finanzintermediäre betrachtet.

2. Technologischer Wandel im internationalen Bankgeschäft

Die Entwicklung der Informations- und Kommunikationstechnologien hat in den letzten Jahren einen massiven Einfluß auf die Struktur, die Geschäftsprozesse (Wertschöpfungskette) und die Rentabilität im internationalen Bankensystem gehabt. Neuartige Entwicklungen in der Informationsbeschaffung, -speicherung, -bearbeitung, -übertragung und -verteilung haben traditionelle Bankdienstleistungen nachhaltig verändert und neue Bankaktivitäten hervorgerufen. Der technische Fortschritt beeinflußt das Bankgeschäft dabei über zwei zentrale Kanäle: Neue Informationstechniken führen einerseits zu einer nachhaltigen Kostenreduktion im Informationsmanagement, insbesondere durch den Austausch papierbasierter und arbeitsintensiver Prozeduren durch automatisierte Geschäftsprozesse. Andererseits ändern sich die Wege, durch die Kunden sowohl im Retail Banking als auch im Wholesale Banking auf Bankdienstleistungen und -produkte zurückgreifen können. Die Bedeutung automatisierter Verteilungskanäle (Internet Banking, Telefon Banking sowie andere Remote-Zugriffsmöglichkeiten) hat deutlich zugenommen.

Die Kreditinstitute werden durch die neuen Informations- und Kommunikationstechnologien auf vier unterschiedlichen Ebenen beeinflußt (*Goddard, Molyneux* und *Wilson* 2001, S. 142):

- *Kundenorientierte Technologien*: Geldautomaten (ATM's = automated teller machines; cash dispenser), elektronische Überweisungen an der Kasse (EFTPOS = electronic funds transfer at the point of sale), Telefon Banking, Call Centers, Internet Banking, E-Commerce und E-Card-Geschäft sowie kundenorientierte Managementsysteme (CRM's = customer relationship management systems);

- *Managementsysteme innerhalb der Bank*: Data Warehouse, Data Mining, Middleware, Kredit-und Risikosysteme;
- *Technologien in den Kernprozessen*: Zahlungsverkehrsabwicklung und Kontenverwaltungssysteme (einschließlich Systeme für Zinsgutschriften und -belastungen);
- *Unterstützungs- und Integrationstechnologien*: Buchhaltungs-, Personalentwicklungs- und Finanzsysteme sowie Technologieunterstützungssysteme.

Europäische Retail-Banken investierten in diese neuen Informations- und Kommunikationstechniken 1999 ca. 21,7 Mrd. USD, während US-Banken ca. 23,5 Mrd. USD ausgaben.

2.1. Kundenorientierte Technologien

Die breite Palette neuartiger Technologien im Kundenverkehr zwingt die Banken zu einer Multi-Channel-Strategie, d. h. Bankdienstleistungen können letztlich nicht mehr über einen einzigen, traditionellen Vertriebskanal bereitgestellt werden, sondern werden über eine Vielzahl potentieller Absatzkanäle angeboten.

Geldautomaten:

Insbesondere das rasche Wachstum der verfügbaren Geldautomaten ist ein Beleg für die Durchdringung des Bankgeschäftes mit kundenorientierten Technologien. So stieg die Anzahl der verfügbaren Geldautomaten (pro 1 Mio. Bürger) in Deutschland zwischen 1993 und 1997 um 64 % , in Frankreich um ca. 42 % (*European Central Bank* 1999). Obwohl das Wachstum in Großbritannien im gleichen Zeitraum lediglich 20 % betrug, ähneln die Anzahl der getätigten Transaktionen pro Kopf und das Transaktionsvolumen pro Kopf weitgehend den Werten anderer Länder, mithin führte die geringere Automatendichte nicht zu einer intensiveren Nutzung. In jüngster Vergangenheit ist bei vielen Kreditinstituten eine deutliche Konsolidierungsphase erkennbar, die durch eine erhöhte Kooperationsbereitschaft zwischen den Wettbewerbern gekennzeichnet ist. Durch die gegenseitige Bereitstellung von Geldautomaten ohne Erhebung von Zusatzgebühren, läßt sich insbesondere auf lokalen Märkten die Dichte des Automatennetzes reduzieren.

EFTPOS:

Die Bereitschaft der Banken, ihre Vertriebskanäle auszuweiten, wird auch an der Zunahme von EFTPOS-Terminals sichtbar. Derartige Terminals finden sich zumeist in Supermärkten, Tankstellen sowie bei anderen Einzelhändlern und erlauben die Bezahlung von Waren und Dienstleistungen durch die direkte Belastung der Bank- bzw. der Kreditkartenkonten an der Kasse. Im internationalen Vergleich zeigte sich die höchste EFTPOS-Dichte 1993 in Frankreich und Großbritannien, während beispielsweise die USA und die Bundesrepublik Deutschland eher unterentwickelt waren. Im Zeitraum von 1993 bis 1997 ist dann insbesondere in den USA ein drastischer Anstieg der Terminalzahl identifizierbar, obwohl die Terminaldichte in den USA genauso wie in Deutschland relativ gering blieb. In Frankreich ist hingegen bereits ab 1993, in Großbritannien ab 1995 eine Marktsättigung bei der Terminaldichte identifizierbar. Im Gegensatz dazu ist aber die Anzahl der EFTPOS-Transaktionen in allen Ländern stark angestiegen.

e-Money:

Beim elektronischen Geld wird zwischen kartenbasiertem Geld und Netzwerkgeld differenziert. Beim kartenorientierten e-money kann auf Chip-Karten jederzeit ein Geldbetrag für zukünftige Transaktionszwecke gespeichert werden. Alternativ lassen sich auch vorausbezahlte Karten – insbesondere für geringwertige Transaktionen – verwenden. Beim netzwerkorientierten e-money werden die Transaktionen hingegen über Telekommunikationsnetzwerke – insbesondere das Internet – abgewickelt. Im europäischen Vergleich ist der Anteil des kartenbasierten e-money in Deutschland relativ hoch. Dies ist nicht weiter verwunderlich, da e-money-Funktionen häufig automatisch in EC- oder Geldautomatenkarten integriert sind.

Telefon Banking:

Im Vergleich zu anderen europäischen Ländern spielt das Telefon Banking insbesondere in Großbritannien und Frankreich eine gewichtige Rolle. Häufig werden die Dienstleistungen über Call Center mit ton- oder sprach-aktivierten Telefon Banking-Systemen angeboten, obwohl die Mehrzahl der Bankkunden den persönlichen Kontakt mit einem „menschlichen Operator" präferiert.

Internet Banking:

Bankinstitute haben zwei unterschiedliche Interessensebenen bei der Nutzung des Internets. Zum einen bietet sich das Internet als Absatzkanal für Bankdienstleistungen an. Andererseits kann das Medium auch für den rasch anwachsenden Markt des E-Commerce genutzt werden.[1] Strategisches Ziel der Banken ist der Einsatz neuer Technologien sowohl im Produktions- als auch im Absatzprozeß.

Transaktionskosten lassen sich durch die Verwendung des Internets deutlich absenken. Die Kostenreduktion beläuft sich zwischen 1% und 25% der ursprünglichen Transaktionskosten. Die *European Central Bank* (1999) erwartet dabei die größten Kostenersparnisse im Zahlungsverkehr, im Einlagengeschäft, im Kreditvergabegeschäft sowie im Wertpapiergeschäft. Neben der Kostenreduktion bietet das Internet den Banken aber auch ein neuartiges Marketing- und Transaktionsinstrument. Es ermöglicht Strategien zur Ausweitung von Marktanteilen zu Lasten konkurrierender Institute. Internet Banking liefert einen effizienteren Weg zur Informationsbereitstellung bei spezifischen Kundenwünschen. Da die Eintrittskosten vergleichsweise niedrig sind, besteht ferner die Möglichkeit einer Diversifizierung in unterschiedliche Geschäftsbereiche (einschließlich E-Commerce und nichtfinanzielle Dienstleistungen). Die neuen Techniken sollen in die internen Ablaufprozesse, Produkte und Absatzkanäle integriert werden, um Wettbewerbsvorteile zu generieren, den Marktanteil zu vergrößern, die Effizienz der Bank zu erhöhen oder aber die Risikomanagement-Fähigkeiten auszuweiten. Dies soll letztlich zu einer höheren Performance und zu einem verstärkten Wachstum führen.

---

[1] E-Commerce (E-Business) charakterisiert den Austausch von Waren und Dienstleistungen über Rechnernetze, insbesondere das Internet. Nach Art der Geschäftspartner unterscheidet man Geschäftsbeziehungen zwischen Unternehmen (B2B) und Geschäftsbeziehungen zwischen Unternehmen und Konsumenten (B2C).

Internet Banking und andere Technologien reduzieren die direkte Einbindung menschlicher Arbeitskraft in den Absatz-, Verteilungs- und Transaktionsprozeß und senken damit dramatisch die Operationskosten. Stabskosten stellen aus Sicht der Banken den größten Kostenblock dar und betragen in aller Regel mehr als 50 % der Gesamtkosten im operativen Geschäft. Betrachtet man die relativen Kosten unterschiedlicher Absatzkanäle, wird die Kosteneffizienz des Internet Banking besonders deutlich. Empirische Untersuchungen weisen darauf hin, daß die Transaktionskosten für Bankdienstleistungen im Internet bis zu 90 % geringer ausfallen können als bei der Bereitstellung entsprechender Leistungen über ein traditionelles Filialsystem. Die *European Central Bank* (1999) geht davon aus, daß eine Transaktion im bargeldlosen Zahlungsverkehr ca. 1,08 USD im Filialnetz, 0,54 USD im Telefongeschäft, 0,26 USD im Geschäft über PC und lediglich 0,13 USD bei der Internetbenutzung kostet. Bei dieser Berechnung werden allerdings die Installations- bzw. Investitionskosten unterschiedlicher Vertriebskanäle weitgehend vernachlässigt. Die erwartete Kostenreduktion durch das Internet Banking basiert letztlich auf vier Faktoren:

- niedrige Kosten bei der Durchführung der elektronischen Transaktionen im Gegensatz zu den personalintensiven traditionellen Methoden;
- Realisierung von Skaleneffekten und Kostenersparnisse durch die Zentralisierung der Informationsbeschaffung und Transaktionsprozesse;
- Rationalisierung der Produktion und Verteilungsstrukturen sowie die Standardisierung der Bankprozesse;
- Realisierung von Economies of Scope durch die Möglichkeit verstärkter Cross-Selling-Aktivitäten mit traditionellen Nichtbank-Produkten (beispielsweise Versicherungen oder Reisedienstleistungen).

Die Entscheidung der Banken, ihre Internet-Aktivitäten auszudehnen, ist aber nicht allein durch das Kostenargument bestimmt. Die Bereitstellung neuer Dienstleistungen und erweiterte Zugriffsmöglichkeiten auf Bankprodukte ermöglichen den Aufbau neuer Kundenbeziehungen und das Generieren zusätzlicher Erträge. Neue Technologien erlauben es den Banken, Informationen zu zentralisieren, insbesondere Details über Produktpräferenzen der Kunden zu speichern und für weitere Geschäftsaktivitäten zu nutzen. Die Banken können auf dieser Basis maßgeschneiderte Produkte bzw. Dienstleistungen bereitstellen und die Kundenbindung erhöhen.

Das Geschäftsmodell des Retail Banking versucht die Verbundenheit mit dem Kunden dadurch zu stärken, daß man eine vollständige Palette von Bankdienstleistungen über eine Vielzahl von Absatzkanälen anbietet (Multi-Channel-Lösung). Dieser Ansatz konzentriert sich verstärkt auf die Bedeutung des Bankproduktes sowie die Beratung und basiert weniger auf dem Versuch, die Dienstleistungen allein über den Preis anzubieten. Angesichts eines breiten Spektrums an Finanzprodukten stellen die Beratungsprovisionen ein wesentliches Element beim Produktverkauf dar. Da Beratungsleistungen zumeist einen persönlichen Kontakt zwischen Kunde und Bankmitarbeiter erfordern, sind sie nur begrenzt für einen Absatz über das Internet geeignet. Im Ergebnis werden deshalb insbesondere prozeßorientierte und preissensible Transaktionen über das Internet angeboten. Unter den konventionellen Finanzdienstleistungen bieten sich insbesondere der

Zahlungsverkehr sowie einfache Versicherungs- und Sparprodukte für den Internet-Vertrieb an.

Da das Internet aber auch die Transparenz im Markt für Bankdienstleistungen erhöht, können Kunden besser nach dem besten „Deal" suchen. Eine Reihe von nichtfinanziellen Unternehmen übernehmen dabei die Funktion eines Informationsbrokers, der die Kunden bei der Suche nach den günstigsten Konditionen unterstützt. Es wird erwartet, daß diese Broker zukünftig eine weitaus größere Rolle spielen werden. Die Zunahme des Informations-Brokings und die größere Preistransparenz steigern die Wettbewerbsintensität zwischen den Banken sowohl auf der internationalen als auch der nationalen bzw. regionalen Ebene. Geringe Operationskosten, höhere Preistransparenz und der verbesserte Zugriff auf eine breite Palette von Finanzdienstleistern wird die Gestaltungsspielräume für die Produktbepreisung nachhaltig einschränken. Dies wird vor allem bei den standardisierten, prozeßorientierten Produkten der Fall sein. Allgemein dürfte die zunehmende Konkurrenz den Anpassungsdruck in Richtung auf eine stärker kostenorientierte Bewertung von Bankdienstleistungen fördern und die Möglichkeit von Quersubventionierungen begrenzen. Sofern neue Anbieter Marktanteile zu Lasten der alten Finanzdienstleister gewinnen, sind etablierte Banken gezwungen, eine Preisdifferenzierung in Abhängigkeit vom Absatzkanal anzubieten, um weiterhin wettbewerbsfähig zu bleiben.

Aufgrund sinkender Kosten und höherer Ertragsmöglichkeiten durch die Einführung neuer Technologien müßten sich eigentlich die Gewinnaussichten der Kreditinstitute erhöhen. Die *European Central Bank* (1999) weist darauf hin, daß eine Vielzahl von Banken den wesentlichen Beitrag neuer Technologien auf der Ertragsseite ausmachen. Obwohl das Internet Banking und die Entwicklung des E-Commerce substantielle Ertragsmöglichkeiten offerieren, gibt es eine Reihe von Faktoren, die diese Aussichten relativieren. Der zunehmende Wettbewerb zwischen den Banken führt dazu, daß ein immer größerer Teil der Kostenersparnisse an die Kunden durchgereicht werden muß. Des weiteren bleibt abzuwarten, ob die Kunden nicht Angebote bankfremder Dienstleister als hinreichende Substitute betrachten. Das Einlagengeschäft könnte sich beispielsweise zugunsten von Fonds-Gesellschaften oder anderen Investmentunternehmen verlagern. Ferner kann technologische Führerschaft zumindest in der kurzen Frist die Gewinnerwartungen reduzieren, da die Setup-Kosten im IT-Bereich nicht zu unterschätzen sind.

Sofern Internet Banking und E-Commerce die Rentabilität der Banken verändern, werden sich auch die strukturellen Eigenschaften der Institute anpassen. Die Zahl der Filialen wird reduziert, so daß ein Ausgleich zwischen den physischen und elektronischen Vertriebskanälen erreicht wird. Darüber hinaus wird die Zahl strategischer Allianzen ansteigen. Banken vereinbaren Kooperationen sowohl bei der Produktion (Entwicklung allgemeiner Standards, Teilung der Entwicklungskosten, Zahlungsprozesse) als auch im Absatzbereich (kompatible E-Commerce-Transaktionen). Dies garantiert Effizienzvorteile und erhöht gleichzeitig den Kundennutzen aufgrund allgemein akzeptierter Zahlungsmedien. Zusätzlich wird es zu strategischen Allianzen und Joint Ventures zwischen Banken und IT-Unternehmen bzw. großen Telekommunikationsunternehmen kommen, wodurch eine raschere Umsetzung aktueller Technologien sowie eine nachhaltige Kostenreduktion im Bereich der Implementierung ermöglicht wird. Das Internet Banking führt auch zu einer Umstrukturierung des Personals bzw. seiner Tätigkeiten.

Voraussichtlich werden sehr viel mehr Mitarbeiter in marktnahen Bereichen (Marketing-Aktivitäten, Verkauf komplexerer Dienstleistungen) bzw. in der EDV-Entwicklung eingesetzt.

2.2. Managementsysteme innerhalb der Bank

Die meisten Finanzinstitute stehen vor dem Problem, eine beträchtliche Zahl von teilweise heterogenen operativen Informationssystemen betreiben zu müssen („gewachsene Strukturen"). Die Applikationen sind häufig in unterschiedlichen Programmiersprachen geschrieben und zugleich schlecht dokumentiert. Unterschiedliche Datenformate, Zugriffstechniken und Speicherverfahren der verarbeiteten Datenbestände verursachen zusätzliche Schwierigkeiten. Angesichts der Informationsflut und -verschiedenartigkeit weiß der einzelne Mitarbeiter nicht mehr, welche Daten überhaupt und wie verfügbar sind. Das Data Warehouse ist ein Ansatz zur Lösung dieser Probleme. Es stellt ein umfassendes Konzept zur Entscheidungsunterstützung von Mitarbeitern aller Bereiche und Ebenen dar. Kern ist eine integrierte Datenbank mit möglichst jeder entscheidungsrelevanten Information über die Geschäftsfelder der Bank. Die entsprechenden Informationen werden zuvor aus den operativen Datenbanken und externen Quellen extrahiert. Der direkte Zugriff wird den Endbenutzern durch einen Informationskatalog (Metadatenbank) erleichtert, der über die Inhalte, Formate und Auswertungsmöglichkeiten des Data Warehouse Auskunft gibt. Die Erfolgsaussichten beim Aufbau derartiger Informationssysteme hängen im wesentlichen davon ab, inwieweit sich diese Systeme in bestehende EDV-Strukturen integrieren lassen. Aus Sicht der Banken besteht ein großes Interesse an derartigen Systemen, da man sich eine verbesserte Nutzung von Cross-Selling-Möglichkeiten verspricht. Bislang sind die Ergebnisse bei europäischen Banken – im Vergleich zu US-amerikanischen Kreditinstituten – aber eher bescheiden. Bei den internen Kredit- und Marktpreisrisiko-Managementsystemen haben europäische Banken hingegen in den letzten Jahren deutliche Fortschritte gemacht.

2.3. Technologien in den Kernprozessen

Kernprozesse (Zahlungsverkehr, Kontenverwaltung etc.) werden in den meisten Großbanken mit Hilfe von Mainframe-Computern abgewickelt, die in der Lage sind, weit verzweigte Filialnetze und große Kundenstämme zu verwalten. Obwohl die EDV-Systeme über Jahre gewachsen sind, ergaben sich unerwartet viele Probleme bei der Umstellung auf den Euro bzw. bei der Bewältigung des Y2K-Problems. Wesentliche Beschränkungen bei der Abwicklung der Kernprozesse ergeben sich für viele europäische Banken allein aus dem Umfang ihrer Kundenstämme. Gegenwärtig werden am Markt keine neuen EDV-Systeme angeboten, die in der Lage sind, die auftretende Datenflut zuverlässig zu bewältigen. Aus diesem Grund sind die Kreditinstitute nicht in der Lage, veraltete EDV-Systeme auszumustern. Sie sind vielmehr gezwungen, vorhandene Mainframe-Lösungen weiterhin notdürftig an die steigenden Bedürfnisse anzupassen. Aus den genannten Gründen verbietet sich für die Großbanken auch ein Outsourcen von Kernprozessen.

2.4. Unterstützungs- und Integrationstechnologien

Unterstützungs- und Integrationstechnologien umfassen allgemeine Buchhaltungs-, Personalentwicklungs-, Finanz- und Technologieunterstützungssysteme. In der Vergangenheit haben europäische Großbanken ihre EDV-Prozesse nicht hinreichend standardisiert. Dies führte zu einer unbefriedigenden Integration der Unterstützungs- und Integrationstechnologien innerhalb der Banken. Die Ausrichtung der EDV-Systeme war eindeutig produktorientiert, so daß Management-Informationstools weitgehend vernachlässigt wurden. Im Ergebnis werden bis heute in vielen Bankabteilungen zum Teil „selbstgestrickte" Lösungen eingesetzt, um bestehende Aufgaben zu bewältigen. Zur Zeit bestehen allerdings größere Anstrengungen, insbesondere einige Kernbereiche (Personalwesen, Finanzen etc.) stärker zu integrieren (ERP = enterprise resource planning solutions → Einführung von umfassenden betriebswirtschaftlichen Informationssystemen wie SAP / R3). Dennoch bleibt festzuhalten, daß nordamerikanische Banken in diesem Bereich bereits sehr viel leistungsfähigere Systeme einsetzen.

3. Die Bedeutung des Internets für die internationalen Kapitalmärkte

3.1. Zunehmende Transparenz auf den Kapitalmärkten

Funktionierende Kapitalmärkte erfordern einen hohen Grad an Markttransparenz. Nur wenn die Akteure hinreichend über Konditionen und Usancen auf den Märkten informiert sind, besteht die Bereitschaft zum Abschluß von Kontrakten. Das Internet kann die bestehende Transparenz auf den Kredit- und Aktienmärkten entscheidend erhöhen. Informationen werden in größerem Umfang, immer kostengünstiger und schneller ohne räumliche Begrenzungen zur Verfügung gestellt. Betrachtet man die Auswirkungen des Internets auf die Transparenz der Kapitalmärkte genauer, lassen sich zwei gewichtige Fortschritte identifizieren:

- Das Internet kann den Kreis potenziell gut informierter Marktteilnehmer deutlich ausweiten. Ohne dieses Medium standen besonders Echtzeitinformationen (real time data) nur einem kleinen Kreis von institutionellen Marktteilnehmern in Form proprietärer Informationssysteme (*Reuters, Bloomberg, Vereinigte Wirtschaftsdienste* usw.) zur Verfügung. Dagegen können heute auch private Investoren relevante Daten wie Wertpapierkurse oder Ad hoc-Mitteilungen der Emittenten ohne gravierende Zeitverzögerungen abrufen, auswerten und zugleich auf veränderte Marktbedingungen reagieren.
- Zweitens erhöht die Nutzung des Internets die internationale Integration nationaler Kredit- und Aktienmärkte. Die weltweite Verfügbarkeit von Informationen und die Möglichkeit, auf diese Entwicklungen an jedem Finanzplatz zu reagieren, erlauben eine stärkere Nutzung internationaler Diversifikationsvorteile bei Anlageentscheidungen. Tatsächlich läßt sich eine deutliche Zunahme grenzüberschreitender Portfolioinvestitionen feststellen. Insbesondere institutionelle Anleger wie Investment-

oder Pensionsfonds bzw. Versicherungen haben ihre ausländischen Anlagevolumina deutlich ausgeweitet.[2]

Neben der besseren Verfügbarkeit anlagerelevanter Informationen erlaubt das Internet aber auch eine bedarfsorientierte Interaktion zwischen den Marktteilnehmern. Informationen lassen sich zielgerichtet zusammenstellen, so daß auch differenziertere Marktanalysen möglich sind. Zugleich führt diese Entwicklung auch zu einer Intensivierung der Geschäftsaktivitäten zwischen den Finanzdienstleistern und ihren Kunden.

Die erhöhte Transparenz hat gleichzeitig zu einem teilweise gravierenden Kosten- und Margenverfall auf den Kapitalmärkten geführt. Das Internet erlaubt den Marktteilnehmern einen besseren Vergleich von Wertpapierkursen und Marktkonditionen. Auftretende Preis- oder Kursunterschiede können vergleichsweise schnell mit Hilfe von Arbitrage-Geschäften ausgenutzt werden. Neben den sinkenden Transaktionskosten kommt es auch zu einer Annäherung der Konditionen und Usancen an den internationalen Kapitalmärkten. Im Ergebnis sind die Kredit- und Aktienmärkte sowohl zum Vorteil der Investoren als auch der Emittenten effizienter geworden.

3.2. Zunehmende Integration der Kapitalmärkte

Durch das Internet werden Informationsflüsse, Wertpapiertransaktionen sowie Investments unabhängig von Raum und Zeit. Aus Sicht der Marktteilnehmer kommt es zu einer Delokalisierung der Kapitalmärkte. Die Teilnahme am Wertpapierhandel kann zu jeder Zeit von jedem Ort erfolgen, ohne daß man am jeweiligen Handelsplatz physisch präsent sein muß. Von diesen Möglichkeiten profitieren insbesondere private Investoren, die bislang nicht in der Lage waren, an den internationalen Finanzplätzen zu agieren. Aber auch für die im Handel aktiven Großbanken ergeben sich deutliche Erleichterungen durch das Internet; im Ergebnis können sie ihre Handelsaktivitäten räumlich stärker konzentrieren. Im Zuge der Konzentrationsprozesse beschränken Global Player ihre Aktivitäten auf wenige Handelszentren, die letztlich nur unterschiedliche Zeitzonen abdecken (Europa, Nordamerika, Fernost). Die zunehmende Integration der Aktien- und Kreditmärkte erlaubt die Ausnutzung von Skalenvorteilen und damit eine effizientere Kapitalallokation und Risikoverteilung. Die traditionell national geprägte Ausrichtung der Kapitalmärkte wird einer stärkeren sektoralen Segmentierung Platz machen.

3.3. Die Förderung der Disintermediation

Mit Hilfe des Internets könnten Kapitalnehmer und -geber in stärkerem Maße auf die Dienstleistungen traditioneller Finanzintermediäre – insbesondere von Banken – verzichten (Disintermediation). Die Kosten für die Transformationsleistungen der Intermediäre übersteigen immer häufiger die sinkenden Transaktionskosten im Internet. Auf der Finanzierungsseite werden zunehmend Kreditgeschäfte durch Kapitalmarktfinanzierungen abgelöst. Traditionell durch Bankkreditmärkte dominierte Finanzplätze unterliegen demzufolge einem nachhaltigen Strukturwandel. Banken können von Kapitalnehmern

---

[2] Für diese Entwicklung dürften neben den Fortschritten in der Informations- und Kommunikationstechnologie aber auch die zunehmende Liberalisierung der Kapitalmärkte sowie in jüngster Zeit die Einführung des Euros verantwortlich sein.

durch die direkte Begebung der Wertpapiere über das Internet als Zwischenhändler ausgeklammert werden. Zugleich hat das Internet die Markteintrittsbarriere für Kapitalanleger gesenkt. Direktbanken und Discountbroker treten am Markt auf und verdrängen traditionelle Intermediäre.[3]

Die erhöhte Transparenz liefert den Bankkunden einen verbesserten Marktüberblick, so daß auch ein besserer Vergleich von Finanzierungs- und Anlagealternativen möglich wird. Die Kunden werden preissensibler und wählen für Transaktionen letztlich jenen Intermediär aus, der im konkreten Fall die besten Konditionen und Serviceleistungen bereitstellt. Banken verlieren ihre traditionelle Funktion als Hausbank und werden sich zukünftig verstärkt dem konditionenorientierten Transaction Banking widmen.[4] Andererseits können die Banken ihren Kunden eine Vielzahl von Beratungsleistungen anbieten und den Zugang zu den Kapitalmärkten erleichtern (Türöffner-Funktion von Banken). Das bilanzwirksame Zinsgeschäft kann dann verstärkt durch ein bilanzunwirksames Provisionsgeschäft ersetzt werden.

3.4. Auswirkungen auf die Primärmärkte

Das Internet eröffnet neue Möglichkeiten bei der Durchführung von Wertpapieremissionen. Der Emittent bzw. sein Emissionskonsortium können Informationen (Verkaufsprospekte, Research-Reports, Ergebnisse von Analystenmeetings etc.) weltweit über das Internet auf Abruf zur Verfügung stellen. Damit erhalten insbesondere private Investoren Zugang zu anlagerelevanten Daten, die ihnen ohne das Internet nicht unmittelbar zur Verfügung stehen würden. Aus Sicht des Emittenten ergeben sich ebenfalls eine Reihe von Vorteilen. Die Bereitstellung von Informationen über das Internet kann einerseits den Platzierungserfolg erhöhen und andererseits die Emissionskosten deutlich absenken. Der Kapitalnehmer erhält Einblicke in den Emissionsablauf, da er Informationen über

---

3 Direktbanken sind eigenständige Bankunternehmen, vornehmlich Tochtergesellschaften von Kreditinstituten oder Warenhandelsgesellschaften (z. B. *Quelle Bank, Volkswagenbank*), die sich dadurch auszeichnen, daß sie standardisierte Leistungen nicht über ein stationäres, dezentralisiertes Vertriebssystem, sondern ausschließlich über Post- und Telekommunikationsmedien offerieren. Das begrenzte Leistungsangebot erlaubt in diesem Fall nur den Aufbau einer Zweitbankverbindung. Zielsetzung ist die Kostenführerschaft im betreffenden Marktsegment. Direktbanken bieten inzwischen aber nicht nur das komplette Leistungsangebot des Mengengeschäftes an, sondern auch umfassende Beratungs- und Serviceleistungen über elektronische Kommunikationsmedien (z. B. *Advance Bank, Bank 24*). Damit besteht die Möglichkeit zum Aufbau einer Erstbankverbindung. Zielsetzung ist neben der Kostenführerschaft auch die Leistungsführerschaft im betreffenden Marktsegment. Discountbroker sind Direktbanken, die sich im wesentlichen auf Dienstleistungen im Wertpapiergeschäft konzentrieren (z. B. *Comdirekt, Direkt Anlage Bank*), wobei in der Startphase ausschließlich Transaktionsleistungen angeboten wurden.

4 Beim Transaction Banking steht die bedarfsgerechte Abwicklung einer Transaktion mit einem Kunden im Vordergrund (quasi einmaliger Bank-Kunde-Kontakt), so daß der Anbieter seine Unabhängigkeitsposition gegenüber einem Kunden wahren kann. Die Aufgabe besteht darin, neue Kunden durch die Kommunikation von Produkten in einem anonymen Markt zu gewinnen. Allerdings dürfte der einmalige Bank-Kunde-Kontakt in der Bankenpraxis der Ausnahmefall sein. Kreditinstitute werden eine Folge von Markttransaktionen anstreben, so daß sie ihren Leistungserstellungsprozeß bis zu einem gewissen Grade auf den Nachfrager einstellen müssen, wodurch zusätzliche Kosten entstehen.

die Entwicklung des Zeichnungsvolumens und die Zusammensetzung der Investoren quasi online abrufen kann. Dies erleichtert nicht nur die Festlegung des Emissionspreises, sondern erlaubt auch eine bessere Aussteuerung des gesamten Emissionsvolumens. Durch die Auswertung von Investorendaten lassen sich zugleich Marketingmaßnahmen zur Stärkung der Investorenbindung einsetzen.

Während die meisten Banken (insbesondere Großbanken) das Internet lediglich als zusätzlichen Absatzkanal für Aktienemissionen nutzen, gibt es bereits eine Reihe von Emissionshäusern, die sich auf Erstemissionen (IPO's = intial public offerings) spezialisiert haben, die ausschließlich über das Internet bereitgestellt werden. Diese Institute fungieren in aller Regel als Underwriter, d. h. sie bieten dem Emittenten nicht nur Beratungsleistungen an, sondern übernehmen auch das Platzierungsrisiko einer Emission. Andererseits erfüllen sie in aller Regel keine weiteren Aufgaben für den Emittenten bzw. die Investoren (Plausibilitätsüberprüfung im Vorfeld der Emission = initial due diligence; Market-Maker-Funktionen im Sekundärmarkt zur Sicherung der Liquidität und der Kurspflege etc.).

Bei den Anleihenemissionen spielt das Internet bislang eine untergeordnete Rolle. Dafür kann insbesondere die starke Marktfragmentierung verantwortlich gemacht werden, die eine hinreichende Liquidität in den einzelnen Teilmärkten verhindert. Andererseits werden spezielle Teilmärkte – insbesondere die Staatsanleihenmärkte – durch wenige institutionelle Investoren dominiert. Diese nutzen persönliche (telefonische) Kontakte mit den Konsortialbanken. Andererseits ist auch dieser Markt in den letzten Jahren in Bewegung geraten. Im Jahr 2000 hat die *Weltbank* erstmals eine rein virtuelle Globalanleihe über das Internet offeriert, die auch private Anleger direkt zeichnen konnten.

Ferner begünstigt das Internet die Eigenemission von Wertpapieren, bei der die Emittenten neue Wertpapiere unter teilweiser Ausschaltung von Banken platzieren. Derartige Eigenemissionen sind zur Zeit selten, da die meisten Emittenten mit den Emissionsregularien – insbesondere unter Berücksichtigung des Internets – noch nicht hinreichend vertraut sind. Des weiteren fehlt die Akzeptanz seitens der Investoren, da übliche Plausibilitätsüberprüfungen der Emission durch anerkannte Investmentbanken fehlen. Bei einer Eigenemission bleibt auch zu beachten, daß das Platzierungsrisiko beim Emittenten verbleibt.[5]

3.5. Auswirkungen auf die Sekundärmärkte

Auf den Sekundärmärkten sind die Auswirkungen des Internets bereits deutlicher zu erkennen. Das Internet bietet sich für Wertpapierhandel an, weil die Informationsverbreitung und die massenhafte Abwicklung von Aufträgen innerhalb sehr kurzer Zeiträume möglich sind. Online-Banken bzw. Discountbroker erlauben ihren Kunden den Handel mit Wertpapieren rund um die Uhr und ohne räumliche Begrenzungen. Durch den Verzicht auf teure Filialnetze und umfassende Beratung haben sie erhebliche Kostenvorteile gegenüber traditionellen Banken. Entsprechend kam es zu einer nachhaltigen Verschiebung der Marktanteile zugunsten dieser Intermediäre. Die traditionellen

---

5 Dieses Argument spielt möglicherweise in der Zukunft eine geringere Rolle, wenn die Investmentbanken in zunehmendem Maße die Übernahme des Platzierungsrisikos ablehnen.

Banken haben sich inzwischen dieser Herausforderung gestellt und ihre Preismodelle an das veränderte Wettbewerbsumfeld angepaßt. Des weiteren mußten die reinen Direktbanken und Discountbroker zwischenzeitlich erfahren, daß die ausschließliche Nutzung eines neuen Absatzkanals allein noch keinen anhaltenden Geschäftserfolg garantiert. Angesichts der internationalen Börsenflaute und der massiven Orderrückgänge sind diese Intermediäre erheblich unter Druck geraten, und es ist gegenwärtig eine deutliche Marktbereinigung erkennbar.[6] Letztlich werden sich wohl jene Intermediäre durchsetzen, die einer Multi-Channel-Strategie folgen, d. h. das Internet lediglich als einen alternativen Absatzkanal verstehen.

3.6. Auswirkungen auf die Börsenstrukturen

Der Fortschritt in der Informations- und Kommunikationstechnologie beeinflußt auch die traditionellen Marktplattformen. Im Zuge der Automatisierung spielt das physische Börsenparkett (open outcry exchange) eine immer geringere Rolle. Preisbildung und Handelsabschluß können zunehmend über elektronische Handelsplattformen der Börsen abgewickelt werden und erlauben den Akteuren eine standortunabhängige Teilnahme am Marktgeschehen. Wertpapiergeschäfte – insbesondere von institutionellen Anlegern – können darüber hinaus aber auch jenseits (neuer) Börsenformen über neu errichtete elektronische Handelsplattformen durchgeführt werden. Für die Wahl des Handelssystems sind letztlich nur die Höhe der Transaktionskosten sowie der Liquiditätsgrad relevant. Die elektronischen Handelsplattformen ermöglichen ein Umgehen ineffizienter Börsenstrukturen und protektionistischer Verhaltensweisen (z. B. Markteintrittsbarrieren). Die Unzufriedenheit großer Marktteilnehmer über die bestehende Börsenlandschaft hat dazu geführt, daß sie selbst neue elektronische Kommunikationsnetzwerke gegründet haben (ECN's = electronic communication networks). Die Intermediäre stellen über diese ECN's ihren Kunden und Abonnenten Fazilitäten für Wertpapiergeschäfte zur Verfügung. Um eine hinreichende Liquidität in den ECN's zu garantieren, gibt es – vernachlässigt man Bonitätsaspekte – in der Regel keine Marktzutrittsbarrieren. Vorteile der ECN's ergeben sich aus den günstigeren Transaktionsgebühren (da die Gebühren von Börsenmaklern ausgeschaltet werden), aus spezifischen Abwicklungsprozeduren sowie einer schnelleren Orderdurchführung. Die weitgehende Anonymität der Akteure verhindert darüber hinaus aus Sicht institutioneller Investoren die Gefahr negativer Signalwirkungen bei der Durchführung großer Transaktionen.

In den USA haben die ECN's im Aktienhandel bereits einen beachtlichen Marktanteil zu Lasten der traditionellen Börsen (*New York Stock Exchange* oder *NASDAQ*) erreicht. In Europa existieren bislang nur wenige ECN's und neue Börsen, die zudem noch keine signifikanten Marktanteile aufweisen. Die traditionellen Börsen haben sich in den letzten Jahren neu positioniert und bieten selbst einen elektronischen Handel (z. B. die *Deutsche Börse AG* mit dem *Xetra*-Handelssystem) an, so daß neue elektronische Kommunikationsnetzwerke keine signifikanten Effizienzvorteile liefern.

---

6 Aufgrund des hohen Wettbewerbs zwischen den Direktbanken besteht ein hoher Margendruck, der lediglich durch ein hohes Kundenwachstum nachhaltig gesenkt werden kann.

Im Rahmen der technologischen Entwicklung ist der traditionelle Telefonhandel in Rentenpapieren inzwischen durch eine Vielzahl von neuen elektronischen Handelssystemen abgelöst worden. Da die Börsen bislang keine effizienten Handelsplattformen bereitgestellt haben, läßt sich der Erfolg derartiger Handelssysteme leicht begründen. Insgesamt existieren weltweit 73 elektronische Handelsplattformen (fünf in Europa), von denen nahezu die Hälfte ausschließlich oder alternativ über das Internet zur Verfügung gestellt werden. Die anderen Systeme werden über Informationsprovider wie *Reuters* bzw. *Bloomberg* über eigene elektronische Netzwerke (proprietäre Systeme) betrieben. Besonders der Handel in homogenen Produkten wie Staatsanleihen (sovereign bonds) und anderen öffentlichen Schuldtiteln, die eine hinreichende Bonität und Liquidität garantieren, werden über die ECN's abgewickelt. Deutlich geringer fällt hingegen der Handel in Corporate Bonds (insbesondere in High Yield Bonds) aus. Der erheblich höhere Informationsbedarf (hinsichtlich der spezifischen Ausstattungsmerkmale, besonders der Ausfallrisiken) führt dazu, daß die Marktteilnehmer auch weiterhin den Telefonhandel bevorzugen.

Neben den ECN's stellen Großbanken ihren Kunden auch eigene Handelsplattformen sowohl im Aktien- als auch im Rentenhandel zur Verfügung. Damit wird versucht, Orderströme von anderen in- und ausländischen Banken zu internalisieren. Die Kundenaufträge sollen im wesentlichen innerhalb der Bank ausgeführt werden, so daß lediglich die Nettoorderströme (d. h. die Differenz zwischen Kauf- und Verkaufsorder) über eine Börse abgewickelt werden. Sowohl die Börsen als auch die ECN's reagieren auf diesen zusätzlichen Wettbewerb, indem sie sich verstärkt gegenüber privaten Investoren öffnen. Damit sollen die Kreditinstitute und andere institutionelle Investoren als Intermediäre abgelöst werden.

Zusammenfassend kann festgestellt werden, daß elektronische Handelsplattformen eine zunehmende Rolle spielen werden und den traditionellen Parketthandel weitgehend verdrängen. Größere Orderströme können sicherer, effizienter und kostengünstiger als bisher abgewickelt werden. Das gestiegene Informationsniveau und die Zugangsmöglichkeiten zu Echtzeitdaten erhöhen für alle Akteure die Markttransparenz. Die traditionellen Börsen werden in zunehmendem Maße gezwungen, ihre Handelssysteme an die veränderten Wettbewerbsbedingungen anzupassen. Mittelfristig ist mit einer Konsolidierung des Marktes zu rechnen. Die Marktanteile einzelner Handelsplattformen sind vermutlich zu klein, um ein langfristiges Bestehen im Wettbewerb zu garantieren. Vor diesem Hintergrund muß in den kommenden Jahren mit Fusionsprozessen gerechnet werden, die zu einer noch stärkeren internationalen Integration der Kredit- und Aktienmärkte führen werden. Die bislang bestehenden Abgrenzungen zwischen Banken, Börsen, Technologieunternehmen und privaten Investoren werden zunehmend verschwimmen. Neben der weiteren Technologisierung der Kapitalmärkte auf Basis von Skaleneffekten und Innovationsprozessen muß allerdings auch beachtet werden, daß die heute bestehende Informationsflut zusätzliche Beratungsleistungen seitens der Finanzdienstleister erfordert.

4. Besteht ein Trend zur Disintermediation?

Das Auftreten von Finanzintermediären wird traditionell mit der Existenz von Transaktionskosten und Informationsasymmetrien auf unvollkommenen Märkten begründet (*Bhattacharya* und *Thakor* 1993; *Allen* und *Santomero* 1997). Vor diesem Hintergrund müßten Fortschritte in der Informations- und Kommunikationstechnologie zu einer nachhaltigen Reduktion der traditionellen Intermediationsaufgaben führen. Die Technologien schaffen neue Möglichkeiten zur Koordination der Aktivitäten, indem sie die Liquidität und Transparenz auf den Märkten deutlich erhöht haben (transaktionskostensenkender Transparenz- und Liquiditätsschock). Es stellt sich mithin die Frage, ob die traditionellen Finanzintermediäre auch weiterhin für eine nutzenmaximierende Risiko- und Kapitalallokation erforderlich sind oder ob die Nutzung der Finanzmärkte ohne ihr Zwischenschalten möglich ist.

Letztlich entscheidet die Höhe der Transaktionskosten in den unterschiedlichen Koordinationsformen über die Effizienz der jeweiligen Organisationsform. Die Transaktionskosten beinhalten sowohl fixe als auch variable Kosten für Information und Kommunikation, die zur Koordination von Aktivitäten erforderlich sind. Die Transaktionskostentheorie empfiehlt eine vertikale Integration von Aufgaben mit hoher Spezifität, da gerade sie zu Hold up-Problemen führen können.[7] Die zur Vermeidung solcher Abhängigkeiten erforderlichen Vertragsmechanismen lassen sich effizienter in vertikal integrierten Unternehmen implementieren. Effizient ist letztlich jene Koordinationsform, die bei gegebener Spezifität die geringsten Transaktionskosten verursacht. Mit steigender Spezifität der Aufgabe steigen auch die Transaktionskosten, so daß die Koordination zunehmend internalisiert wird. Die Koordination wird dann immer weniger direkt über Märkte erfolgen und stärker auf hybride bzw. vertikal integrierte Unternehmen verlagert.[8]

Die Verbesserung der Informations- und Kommunikationstechnologie führt zu einer Abnahme sowohl der fixen als auch der variablen Transaktionskosten und damit zu einer Reduktion der Aufgabenspezifität. Mit anderen Worten, die Inanspruchnahme von Intermediären ist künftig in vielen Fällen nicht mehr erforderlich, weil sie aus Sicht der Akteure keine Effizienzgewinne generiert. Mithin können auch Aktivitäten, die bislang innerhalb integrierter Finanzdienstleister durchgeführt wurden, neu und möglicherweise räumlich verteilt koordiniert werden. Gleichzeitig führt der Abbau von Informationsasymmetrien aus Sicht des Kunden zu einer größeren Transparenz des Kosten-Nutzen-Verhältnisses einzelner Aktivitäten. Erhöhte Transparenz und eine geringere

---

[7] Der Spezifitätsgrad einer Transaktion ist um so höher, je größer die Gewinneinbuße ist, die entsteht, wenn die zur Aufgabenerfüllung erforderlichen Ressourcen nicht in der angestrebten Verwendung eingesetzt, sondern der zweitbesten Verwendung zugeführt werden. Hohe transaktionskostenspezifische Investitionen führen zu einer starken Abhängigkeit des Investors von anderen Transaktionsparteien. Diese Bindung führt möglicherweise zu Ausbeutungsversuchen (hold up) und wird deshalb das Investitionsverhalten nachhaltig beeinflussen Zum Spezifitätsbegriff und seinen Formen vgl. beispielsweise *Erlei, Leschke* und *Sauerland* (1999, S. 180 ff.).

[8] Unter hybriden Unternehmen versteht man lose verbundene Systeme oder Netzwerke rechtlich selbständiger Unternehmen (*Sydow* 1992).

Spezifität der Aktivitäten führen zu einem Kostendruck bei Standarddienstleistungen. Die bessere Vergleichbarkeit standardisierter Bankdienstleistungen reduziert letztlich die Zahlungsbereitschaft des Kunden für eine Dienstleistung mit gegebener Spezifität.

Betrachtet man die empirischen Fakten, läßt sich aber feststellen, daß die Intermediationsleistungen in den letzten Jahren entweder zugenommen haben (z. B. in den USA) oder aber weitgehend konstant blieben und sich lediglich in ihrer Struktur verändert haben (z. B. in Deutschland; *Siekmann* und *Solf* 2000). Auffällig ist, daß eine Vielzahl neuer – zum Teil branchenfremder – Intermediäre, wie beispielsweise Discountbroker, Direktbanken oder eng ausgerichtete Investmentbanken (Fokussierung auf wenige Geschäftsfelder), als neue Marktteilnehmer aufgetreten sind (*Siekmann* und *Solf* 2001). Dieser offensichtliche Gegensatz zwischen den theoretischen Überlegungen einerseits und den empirischen Fakten andererseits läßt sich überwinden, wenn man die Existenz von Finanzintermediären nicht mehr allein über die Transaktionskosten und Informationsasymmetrien definiert. Bei der traditionellen (institutionellen) Sichtweise stellen Intermediäre und Märkte konkurrierende Kanäle zur Kapital- und Risikoallokation zwischen Kapitalgebern (insbesondere den Haushalten) und Kapitalnehmern (insbesondere den Unternehmen) dar. Andererseits können Finanzintermediäre aber auch als Risikomanager und Partizipationskostenreduzierer auftreten (funktionelle Sichtweise) und sich zwischen Sektoren und Märkte schieben. In diesem Fall bieten Finanzmärkte und Finanzintermediäre komplementäre Dienstleistungen an und begründen bei veränderten Informations- und Kommunikationstechnologien die Koexistenz beider Allokationskanäle.

Risikomanagement umfaßt den Handel mit Risiken und die kurzfristige Liquiditätssicherung. Finanzintermediäre, insbesondere Kreditinstitute, treten seit jeher als Risikomanager auf. Bei Existenz illiquider Märkte schaffen sie als Risikonehmer eine erhöhte Liquidität, indem sie kurzfristige Einlagen auf der Passivseite ihrer Bilanzen (on balance sheet) hinsichtlich Qualität, Liquidität, Fristen, Lösgrößen und Währungsdenominierung zu langfristigen Krediten auf der Aktivseite transformierten. Diese Form des Risikomanagements wird in der Literatur mit dem Begriff der intertemporalen Glättung charakterisiert (*Thakor* 1996; *Allen* und *Santomero* 1999; *Allen* und *Gale* 2000). Die Finanzintermediäre schützen so ihre Kunden vor Marktrisiken. Voraussetzung für eine intertemporale Glättung ist allerdings die fehlende Konkurrenz durch funktionsfähige Kapitalmärkte, die diese Transformationsleistungen in ähnlicher Form erbringen können. Eine intertemporale Glättung ist also insbesondere in Ländern zu erwarten, in denen Bankenkreditmärkte dominieren, wie in Deutschland oder der Schweiz mit ihren Universalbankensystemen.

Mit zunehmender Entwicklung der Finanzmärkte – aufgrund der verstärkten Liberalisierung und der verbesserten Informations- und Kommunikationstechnologie – wird es für die Banken allerdings immer schwieriger, eine intertemporale Glättung durchzuführen, da die realisierten Zinsmargen durch die direkte Nutzung der Kapitalmärkte und die stärker werdende Konkurrenz von Non-Bank Financial Intermediaries (NBFI) immer geringer werden, mithin also die Kompensation für das übernommene Risiko nachhaltig sinkt. Vor diesem Hintergrund führen insbesondere größere Kreditinstitute bereits heute neue Risikomanagementwerkzeuge (z. B. Re-Packaging und Verbriefung von Krediten) ein, die eine effizientere Behandlung vorhandener Risiken ermöglichen und den bestehenden Margendruck dämpfen.[9] Diese Anpassungsprozesse werden durch die differenziertere Behandlung von Kreditrisiken im Rahmen von *Basel II* (siehe die Beiträge *Dietrich* und *Vollmer* in diesem Band) in den kommenden Jahren nachhaltig beschleunigt.

In Finanzsystemen mit einem höheren Verbriefungsgrad führen Finanzintermediäre statt einer intertemporalen Risikoglättung ein sektorübergreifendes Risikomanagement durch. Es erfolgt keine intertemporale Risikoglättung, sondern vielmehr eine Risikodiversifizierung über verschiedene Sektoren hinweg. Die Finanzintermediäre werden in diesem Fall zu Risikomanagern bzw. Risikohändlern, die in Verbindung mit den Märkten agieren. So gewähren Banken beispielsweise Bürgschaften für von ihnen am Markt plazierte Anleihen, anstatt wie bislang langfristige Kredite an Unternehmen zu vergeben. Bei Existenz wettbewerbsintensiver Märkte erscheint es wenig sinnvoll, langfristig Risiken in Form von Krediten auf die Bücher zu nehmen, da eine adäquate Eigenkapitalverzinsung aufgrund des vorhandenen Wettbewerbsdrucks nicht mehr gewährleistet ist. Die zunehmende Intermediationsleistung im Bereich des Risikomanagements und -handels bei einem simultanen Rückgang des traditionellen bilanzwirksamen Geschäftes (Einlagen- und Kreditgeschäft) läßt sich mit der Verschiebung von der intertemporalen Risikoglättung hin zu einem branchenübergreifenden (cross-sectional) Risikomanagement erklären. Das branchenübergreifende Risikomanagement können Finanzintermediäre letztlich günstiger durchführen als individuelle Akteure (*Dufey* 1998).

Als weitere zentrale Risikomanagementfunktion von Kreditinstituten läßt sich die kurzfristige Liquiditätssicherung sowohl auf der Aktiv- als auch der Passivseite der Bilanz anführen (*Rajan* 1996; *Kashyap, Rajan* und *Stein 1999*). Banken übernehmen die Funktion eines market makers, indem sie als liquiditätsschaffende Vertragspartner auftreten, d. h. kurzfristig Risiken auf ihre Bücher nehmen und so Liquidität zur Verfügung stellen. Die kurzfristige Bereitstellung von Liquidität auf der Aktiv- als auch der Passivseite charakterisiert letztlich die gleiche Aktivität. Der Finanzintermediär muß in beiden Fällen liquide Reserven vorhalten. Da die Entwicklungen auf der Aktiv- und Passivseite nicht vollständig miteinander korreliert sind, lassen sich aus Sicht der Banken Synergieeffekte erzielen. Damit unterscheiden sich Banken nachhaltig von anderen Finanzintermediären (z. B. Investmentfonds), die diese Liquiditätssicherungsfunktion in aller Regel nicht wahrnehmen können.

Neben dem Risikomanagement besteht die zweite zentrale Funktion von Finanzintermediären in der Reduktion von Teilnahme- oder Partizipationskosten für Marktteilnehmer. Steigende Partizipationskosten an den Kapitalmärkten führen zum Rückzug einzelner Investoren und ihrem verstärkten Rückgriff auf Finanzintermediäre. Obwohl durch die verbesserte Informations- und Kommunikationstechnologie die Transaktionskosten (wie Gebühren) rückläufig sind, haben andere Informationskostenarten deutlich

---

[9] Eine typische Verbriefung von Krediten sind Asset Backed Securities (ABS). Hierbei handelt es sich um handelbare Anteile an separierten Vermögensmassen (Forderungsbestand), die refinanziert werden sollen. Die Grundidee der Finanzierungsform liegt in der Trennung der Bonität des Forderungsverkäufers von der Bonität seiner Forderungen.

zugenommen. Entscheidend ist nicht nur eine kostengünstige Bereitstellung von Informationen – wie es beispielsweise heute über das Internet möglich ist –, sondern eine adäquate Auswertung dieser Informationen, die eine zuverlässige Bewertung einzelner Vermögensaktiva, Portefeuilles oder Anlagestrategien ermöglicht. Zunehmend komplexere und teurere Infrastruktur, weltweite Research-Leistungen, weltweiter Finanzmarkt- und Investorenzugang können nur institutionelle Investoren und professionelle Finanzintermediäre betreiben bzw. bereitstellen. Finanzintermediäre können mithin die Partizipationskosten für Marktteilnehmer durch die Realisierung von Externalitäten begrenzen (*Dufey* 1998; *Allen* und *Santomero* 1997, 1999). Die Gefahr von Moral Hazard in der Principal Agent-Beziehung zwischen Anlegern und Finanzintermediären kann durch langfristige Beziehungen reduziert werden (*Allen* und *Santomero* 1999). Die langfristigen Principal Agent-Relationen vermeiden eine kostspielige ex ante – Vertragsprüfung, die den Kostenvorteil des Intermediärs gegenüber einer direkten Marktteilnahme beseitigen würde. Obwohl man zunächst vom Gegenteil ausgehen könnte, wird die Reputation eines Finanzintermediärs in zunehmend transparenten Finanzsystemen immer bedeutsamer.

Die traditionelle Perspektive, Märkte und Finanzintermediäre als konkurrierende Kanäle zur Kapital- und Risikoallokation zu betrachten, wird durch den Ansatz der Komplementarität erweitert. Während beide Institutionen in einer statischen Sichtweise miteinander konkurrieren, ergänzen sie sich bei einer dynamischen Betrachtung (*Allen* und *Gale* 1997a, 1997b). Sie sind komplementäre Teile der finanzwirtschaftlichen Struktur. So werden Finanzinnovationen zunächst innerhalb von Finanzintermediären entwickelt und getestet (*Merton* 1995), bevor sie von Märkten übernommen werden (z. B. commodity swaps oder Kreditderivate). Die Marktteilnehmer können die Allokationsvorteile der Kapitalmärkte häufig erst durch das Zwischenschalten von Intermediären nutzen. Die Akteure gehen deshalb zunächst langfristige Vertragsbeziehungen mit den Intermediären ein und übertragen ihnen die Aufgabe der Risiko- und/oder Kapitalallokation. Die Intermediäre sind nun in der Lage, vorhandene Risiken umzustrukturieren, neu zu bündeln und mit anderen Intermediären an den Kapitalmärkten auszutauschen. Die zentralen Funktionen des Intermediärs – Risikomanagement und Partizipationskostenreduktion – bleiben davon unberührt, lediglich die institutionelle Ausgestaltung ändert sich. Die empirisch nachweisbare Abnahme von Transaktionskosten und Informationsasymmetrien in der Netzwerkgesellschaft bei zugleich ansteigenden Intermediationsleistungen läßt sich somit hinreichend theoretisch begründen. Eine Disintermediation, basierend auf der Reduktion von Transaktionskosten und Informationsasymmetrien, findet mithin nicht statt.

5. Auswirkungen des technologischen Fortschritts auf die Struktur von Bankdienstleistungen

Die Fortschritte in der Informations- und Kommunikationstechnologie führen zu einem Aktivitätensplit bei den Bankdienstleistungen d. h. zu einer Trennung von Aktivitäten auf Grundlage der Spezifität. Standardisierte Aktivitäten der Finanzintermediäre wie das vollständige Transaction Banking, das Brokerage sowie standardisierte Anlage- und Finanzierungsprodukte weisen eine geringe Komplexität und Spezifität auf.[10] Diese Aktivitäten sind aus Sicht des Kunden leicht vergleichbar, und der Wettbewerbsdruck in diesen Segmenten wird sich aufgrund der zunehmenden Preistransparenz weiter erhöhen. Wettbewerbsvorteile lassen sich in diesen Dienstleistungsbereichen nur durch niedrigere Kosten für den Kunden erzielen. Die dafür erforderlichen Economies of Scale können nur durch sehr große Finanzintermediäre erzielt werden, was zu einem intensiven Kampf um Neukunden führt (siehe dazu beispielsweise den Markt für Discountbroker). Andererseits kann der verschärfte Wettbewerb in diesem Bereich auch zu verstärkten Kooperationsbemühungen der beteiligten Intermediäre führen. So bestehen Bestrebungen, beispielsweise den Zahlungsverkehr oder die Verwaltung von Wertpapiergeschäften in gemeinsamen Unternehmen (z. B. Wertpapier-Service-Banken) abzuwickeln.

Daneben lassen sich jene Aktivitäten von Finanzintermediären zusammenfassen, die durch eine hohe Spezifität gekennzeichnet sind. Diese Dienstleistungen sollen für den Bankkunden einen (hohen) Mehrwert generieren („high value-adding services", *Siekmann* und *Solf* (2001, S. 139)) und umfassen beispielsweise Advisory, Investment Banking, strukturierte Finanzierung, Asset Management oder Private Banking.[11] Aufgrund der hohen Komplexität ist die Transparenz der Dienstleistungen sehr viel geringer als bei standardisierten Produkten. Daraus folgt zunächst ein geringerer Margendruck, da die Aktivitäten an die spezifischen Bedürfnisse des Kunden angepaßt werden müssen.[12] Diese Bankdienstleistungen umfassen dabei hauptsächlich Aktivitäten außerhalb des Bilanzbereichs (bilanzunwirksames Geschäft; off balance sheet). Die Attraktivität der Dienstleistungen resultiert deshalb nicht nur aus den höheren Gewinnspannen, sondern ergibt sich auch aus ihrem eigenkapitalschonenden Charakter. Derartige Aktivitäten sind eng mit dem Konzept des Relationship Banking verknüpft. Die Banken versuchen dauerhafte Kundenbeziehung zu schaffen bzw. zu festigen, was durch ein gegenseitiges Vertrauens-(und Abhängigkeits-)verhältnis erreicht werden soll. Die Kreditinstitute

---

[10] *Siekmann* und *Solf* (2001, S. 139) charakterisieren die standardisierten Aktivitäten der Finanzintermediäre als „virtual reality".

[11] Zum Advisory-Geschäft (Teil des Investment Banking) gehören beispielsweise Mergers & Acquisitions, Börseneinführung (Going Public oder Initial Public Offering), Kapitalstruktur- und Risikomanagement beim Bankkunden. Beim Investment Banking unterstützt das Kreditinstitut, allgemein gesprochen, den Handel auf Finanzmärkten. Die Investmentbank handelt an den Finanzmärkten und unterstützt Kapitalgeber und -nehmer beim Handel und der Emission von Finanzkontrakten. Bei der strukturierten Finanzierung kombinieren die Banken verschiedene Finanzierungsinstrumente miteinander, um den Finanzierungsbedürfnissen der Kunden möglichst umfassend zu entsprechen und eine Leistung zu erstellen, die so von den Kunden nicht selbst erstellt bzw. nicht direkt am Kapitalmarkt nachgefragt werden kann. Das Asset Management umschreibt einen Unternehmensbereich mit eigener Ergebnisverantwortung, in dem wesentliche Vermögensverwaltungsaktivitäten der Bank zusammengefaßt sind.

[12] Allerdings ist in der Praxis ein zunehmender Margendruck zu beobachten. Aufgrund der hohen Gewinnspannen in der Vergangenheit sind eine Reihe neuer Marktanbieter aufgetreten. Bei einer derzeit verhaltenen Nachfrage im Investment Banking-Bereich (z. B. im Emissionsgeschäft) steigt der Wettbewerbsdruck zwischen den Banken an.

können eine bestehende Kundenbeziehung durch ihre Problemlösungsfähigkeit und Servicebereitschaft ausbauen. Sie sind deshalb zu individuellen Verhandlungen mit einem Kunden bereit, um Wiederholungskäufe zu gewährleisten.

Die dargestellten Dienstleistungen bestehen häufig aus Beratungsaktivitäten der Banken. Die daraus resultierenden Provisionserträge sind beispielsweise im Private Banking bislang in starkem Maße abhängig von den damit verknüpften Transaktionen (Transaktionsprovision) und resultieren weniger aus einer direkten Bewertung der Beratungsleistungen. Die Bepreisung im Wertpapiergeschäft befindet sich deshalb zur Zeit in einem Strukturwandel. Die bislang vergleichsweise hohen Transaktionskosten enthalten (versteckt und nicht transparent) die quersubventionierte Bepreisung der Service- und Betreuungsaktivitäten. Die durch fortschreitende Informations- und Kommunikationstechnologie auftretenden Discountbroker – mit ihren wesentlich niedrigeren Preisen für Wertpapiertransaktionen – machen das Ausmaß der versteckten Quersubventionierung transparent. Um ein Abwandern der Kunden zu den Direktbanken zu verhindern, reduzierte man bislang – auf Anfrage der Kunden – die Preise pro Wertpapiertransaktion. Zugleich versuchte man, die Beratungsleistungen im Fall von Preiszugeständnissen einzuschränken. Andererseits war zu beobachten, daß viele Bankkunden die nicht kostenpflichtigen Beratungsleistungen in Anspruch nahmen und das Geschäft letztlich bei einem Discountbroker abschlossen. Vor diesem Hintergrund modifizieren die Banken gegenwärtig ihre Preismodelle im Wertpapiergeschäft und bewerten die Beratungsleistungen separat. Neben einer „aufwandsgerechten" Preisbildung versucht man zugleich, die Depot- und Ordervolumina zu Lasten der Mitbewerber auszuweiten.[13] Die separate Bewertung der Beratungsleistungen führt aber auch dazu, daß eine Quersubventionierung zugunsten von Kleinstdepots und Kleinstorders entfällt. Die drastisch ansteigenden Kosten für diese Kundenklientel führt im Ergebnis zu einer stärkeren Kunden- und Produktselektierung. Eine intensive Beratung und Betreuung wird nur noch vermögenden Privatkunden angeboten. Kleinanleger werden aufgrund prohibitiv wirkender Beratungskosten verstärkt in standardisierte Produkte gedrängt (z. B. Fondslösungen).

6. Auswirkungen des technologischen Fortschritts auf die optimale Koordinationsform der Finanzintermediäre

Zu prüfen bleibt, ob die Entwicklung der Informations- und Kommunikationstechnologie Auswirkungen auf die optimale Koordinationsform der Finanzintermediäre hat. Lassen sich die funktionalen Aufgaben der Finanzintermediäre (Risikomanagement und Reduktion der Partizipationskosten) besser in einer einzigen organisatorischen Einheit

[13] Beispielhaft für diese Entwicklung ist das Preismodell der *Deutschen Bank* (vgl. *Heuveldop* 2001). Beratungsleistungen werden über einen volumenabhängigen Depot- oder Basispreis abgegolten. Dabei wird eine degressiv-volumenabhängige Staffelung des Basispreises geboten, mit deren Hilfe eine Vermögenskonsolidierung zugunsten der *Deutschen Bank* angestrebt wird (asset gatheriung effect). Gleichzeitig werden auf der Transaktionsseite Anreize für höhere Ordergrößen geschaffen. Ferner erfolgt eine Preisdifferenzierung nach Zugangswegen, die sich an der Ressourcenbindung orientiert. Die Nutzung des Online-Kanals zur Abwicklung der Wertpapiergeschäfte wird mit einem Preisabschlag honoriert.

(z. B. in einer traditionellen Universalbank) oder besser in unterschiedlichen organisatorischen Einheiten (Aufteilung in spezialisierte Institute) abwickeln?

Die Vielzahl von Dienstleistungen, die durch integrierte Finanzintermediäre angeboten werden, führt möglicherweise zu einem eigenständigen Mehrwert für den Kunden. Economies of Scope ergeben sich auf der Ertragsseite durch die Möglichkeit des One-Stop-Shopping (Dienstleistungen aus einer Hand) und einer daraus resultierenden höheren Zahlungsbereitschaft der Kunden (Cross-Selling-Potential).[14] Economies of Scope sind andererseits aber auch auf der Kostenseite denkbar, wenn Inputfaktoren gemeinsam genutzt werden können. Integrierte Finanzinstitute können zudem Effizienzsteigerungen durch den Aufbau interner Kapitalmärkte, die Informationsasymmetrien abbauen, realisieren. Banken, die eine Vielzahl von Dienstleistungen anbieten, sind ferner in der Lage, ihre Risiken besser zu diversifizieren. Dieses Diversifizierungspotential erlaubt eine günstigere Refinanzierung auf den Kapitalmärkten im Vergleich zu Spezialinstituten.

Demgegenüber sind Finanzintermediäre mit einer Konzentration auf einzelne Kerngeschäftsfelder möglicherweise besser geeignet, den Unternehmenswert zu maximieren. In integrierten Unternehmen besteht immer die Gefahr einer Quersubventionierung ertragsschwacher Dienstleistungssegmente. Mit anderen Worten, integrierte Finanzinstitute unterliegen einer weniger starken Marktdisziplin als spezialisierte Intermediäre, deren Erfolg von wenigen Tätigkeitsfeldern abhängt.

In der Praxis finden sich erfolgreiche Beispiele sowohl für integrierte Finanzintermediäre als auch für spezialisierte Finanzinstitute. Diese Koexistenz läßt drei unterschiedliche Schlußfolgerungen zu (*Siekmann* und *Solf* 2001, S. 141):

- Integrierte und spezialisierte Finanzinstitute sind ähnlich effizient und können deshalb gleichzeitig existieren.
- Beide Argumentationsstränge sind gültig, beziehen sich aber jeweils auf einen anderen Unternehmenstypus.
- Eine der beiden Organisationsformen ist dominant, vorhandene Marktineffizienzen verhindern allerdings ihre Durchsetzung.

Empirische Untersuchungen – insbesondere für die USA – liefern keine eindeutigen Ergebnisse für die Vorteilhaftigkeit spezifischer Organisationsformen. Daraus kann gefolgert werden, daß Spezialinstitute und integrierte Finanzinstitute nebeneinander exi-

---

[14] Insbesondere die Aufspaltung einer „alt eingesessenen" Universalbank führt zu einer starken Unzufriedenheit und einer erhöhten Abwanderung der Kunden zu anderen Wettbewerbern. Nach der Übernahme der *Westfalenbank AG* durch die *Bayerische Hypo- und Vereinsbank AG* erfolgte eine Konzentration auf das Geschäft mit Firmenkunden und vermögenden Privatkunden. Im zweiten Schritt wurden standardisierte Bankdienstleistungen auf die *Hypo-Vereinsbank* übertragen, so daß die Kunden nicht mehr das gesamte Spektrum an Bankdienstleistungen nachfragen konnten. Die *Westfalenbank* sollte aufgrund einer unbefriedigenden Ertragsentwicklung vollständig in die *Hypo-Vereinsbank* eingegliedert werden. Inzwischen wurde die *Westfalenbank* an die *Falke Bank AG* in Düsseldorf verkauft. Der im Rahmen dieses Eigentümerübergangs erworbene Anteil an der *Falke Bank* stellt aus Sicht der *Hypo-Vereinsbank* nur eine Übergangslösung dar.

stieren können, da sie jeweils in unterschiedlichen Geschäftsmodellen und -feldern überlegen sind. Spezialinstitute sind besser geeignet, kundenspezifische Lösungen zu entwickeln und diese entsprechend höher zu bepreisen. Dies stützt zudem die These, daß Bankkunden nur bedingt bereit sind, für ein umfassendes Dienstleistungsspektrum (One-Stop-Banking) Prämien zu bezahlen. Folgerichtig sind Vorteile integrierter Finanzintermediäre gegenüber Spezialisten insbesondere auf der Kostenseite zu suchen.

7. Schlussfolgerungen

Bankaktivitäten lassen sich hinsichtlich ihrer Höhe (Spezifität), ihrer Breite (Umfang der Aktivitäten) und Tiefe (Wertschöpfungskette) segmentieren. Durch die Fortschritte in der Informations- und Kommunikationstechnologie kann sich das Dienstleistungsangebot in jeder Dimension ausweiten. Bislang dominierten die Eigenentwicklung (Inhouse Sourcing) und der Bezug von Teillösungen die Integrationsstufen im Finanzsektor. In der Netzwerkgesellschaft ist auch der Zukauf von Komplettlösungen, das Outsourcen von Prozeßteilen sowie die gezielte Nutzung von Allianzpartnerkompetenzen in der eigenen Wertschöpfungskette möglich.

Aus strategischen Gründen werden insbesondere große Kreditinstitute keine wesentlichen Prozeßteile ausgliedern, sondern diese auch weiterhin vorhalten. Hingegen sind insbesondere neue Wettbewerber gezwungen, gezielt spezialisierte Dienstleister in der Wertschöpfungskette zu nutzen. Nur so kann sichergestellt werden, daß sie rechtzeitig im Markt sind und sich zugleich auf die Akquisition von Neukunden konzentrieren können.[15] Integrierte Kreditinstitute versuchen durch die Bündelung unterschiedlicher Bankdienstleistungen sowohl Ertrags- als auch Kostensynergien zu realisieren. Die Möglichkeit zur ganzheitlichen Betreuung der Kunden steht im Vordergrund. Um den Gesamtwert der Kundenbeziehung zu erhöhen, ist man auch bereit, defizitäre Aktivitäten zu akzeptieren und zu subventionieren. Ob defizitäre Aktivitäten unter strategischen Aspekten dauerhaft durchgeführt werden, entscheidet sich letztlich auf Grundlage einer Gesamtkundenkalkulation.

Spezialisierte Institute konzentrieren sich hingegen ausschließlich auf ihre Kernkompetenzen und lagern alle anderen Aktivitäten an ihre Netzwerkpartner aus bzw. kaufen die entsprechenden Dienstleistungen zu. Beschränkt sich das Unternehmen nicht auf seine Kerngeschäftsfelder, ist es gezwungen, auf Kooperationen und strategische Allianzen mit anderen Unternehmen zurückzugreifen. Nur eine enge Kooperation in einem Netzwerkverbund mit anderen Dienstleistern garantiert die Fähigkeit zur Bedürfnisbefriedigung der Bankkunden.

---

[15] Ein Beispiel für den Einsatz von Partnern in der eigenen Prozeßkette war die Internetbank *first-e* (*Banque d'Escompte*), die vom Call Center über das Back Office bis zum Internet-Auftritt alle Prozeßteile ausgegliedert hat. Inzwischen hat *first-e* ihre internetbasierten Finanzdienstleistungen in Deutschland eingestellt. Nach einer Analyse ihrer strategischen Geschäftsausrichtung entschied sich die *Banque d'Escompte* für diesen Schritt und damit gleichzeitig für eine Konzentration auf das französische Kerngeschäft, das sie seit 1936 betreibt.

Betrachtet man diese Entwicklungen, erscheinen die traditionellen Universalbanken mit ihrem umfassenden Dienstleistungsangebot bislang nicht ausreichend positioniert. Zur optimalen Ausnutzung vorhandener Kundenpotentiale und zur Sicherung der eigenen Wettbewerbsposition müssen sie ihre Bankaktivitäten unternehmensweit neu ordnen. Aus der traditionellen Universalbank entstehen verschiedenartige, teilweise rechtlich selbständige Einheiten, die sich mit ihren jeweiligen Kernkompetenzen im Markt behaupten müssen.

Bei allen Überlegungen zu den Fortschritten in der Informations- und Kommunikationstechnologie sowie ihren Auswirkungen auf die Organisationsstruktur von Finanzintermediären stellt sich aber immer die Frage, ob die Mehrzahl der Kunden bereit ist, neue Finanzprodukte und Absatzkanäle zu akzeptieren. Aus der Bankenpraxis ist häufig zu hören, daß nur eine begrenzte Anzahl von Bankkunden neue Dienstleistungsangebote nutzen. Die Bereitstellung von Internet-Diensten ist deshalb insbesondere für kleinere Kreditinstitute in vielen Fällen nicht ertragreich; andererseits kann man sich den Marktwünschen aber auch nicht verschließen.

Die zunehmende Bedeutung höherwertiger Bankdienstleistungen führt bereits heute zu Engpässen auf den Arbeitsmärkten. Diese Schlußfolgerung mag im ersten Augenblick überraschen, da gerade der technische Fortschritt einen geringeren Arbeitskräftebedarf im Bankensektor erwarten läßt und die Gefahr betriebsbedingter Kündigungen immer offensichtlicher wird. In der Tat ist in den nächsten Jahren mit einem zunehmenden Arbeitskräfteüberhang im nicht-qualifizierten Bereich der Bankdienstleistungen (Massengeschäft) zu rechnen.[16] Andererseits sind die freigesetzten Arbeitskräfte – zum überwiegenden Teil – nicht in der Lage, bestehende Bedarfslücken für qualifizierte Bankdienstleistungen zu schließen.[17] Dieser Engpaßfaktor kann insbesondere für kleinere Kreditinstitute zu einem gravierenden Wettbewerbsnachteil führen. Qualifizierte Mitarbeiter sind häufig nicht bereit, außerhalb der großen Finanzzentren zu arbeiten, bzw. die erforderlichen finanziellen Anreize führen aus Sicht der Kreditinstitute zu einer nicht mehr akzeptablen Kosten-Nutzen-Relation.[18] Im Ergebnis werden viele kleinere

---

[16] Experten erwarten in den nächsten beiden Jahren die Streichung jeder zehnten Stelle im Massengeschäft der Banken. Neben den neuen Informations- und Kommunikationstechnologien werden als Ursachen die gegenwärtige Börsenbaisse, fusionsbedingter Abbau von doppelt vorhandenen Abteilungen und ein zunehmender Kostensenkungsdruck seitens der Aktionäre angeführt. Vor Arbeitsplatzverlusten ist auch das in den letzten Jahren präferierte M&A-Geschäft nicht sicher. In der Hoffnung, daß das neue Steuerrecht in 2002 zu einer Flut von Firmenkäufen führt, hatten die Banken ihre M&A-Abteilungen erheblich ausgeweitet.

[17] Bereits heute sind Kreditinstitute nicht in der Lage, freie Stellen, z. B. im Stabsbereich (Controlling, Meldewesen, Handelskontrolle etc.), aber auch in den marktnahen Bereichen (im qualifizierten Firmen- und Privatkundengeschäft) adäquat zu besetzen. Internationale Personalberatungen erwarten insbesondere in der Vermögensverwaltung und im Private Banking eine Zunahme der Beschäftigung. Es wird allerdings auch darauf verwiesen, daß die Arbeitsplatzverluste im Massengeschäft bei weitem nicht ausgeglichen werden können.

[18] Dies führt auch zu einer zunehmenden Konzentration von spezialisierten Finanzintermediären in Frankfurt/M., da die Mitarbeiter – trotz finanzieller Anreize – nicht bereit sind, in Köln, München oder Düsseldorf zu arbeiten. Dieser Konzentrationsprozeß setzt sich auf internationaler Ebene fort, wobei eine deutliche Präferenz für die Standorte London oder New York erkennbar ist. Derartige Präferenzstrukturen sind auch ein gewichtiger Grund dafür,

Institute – in Deutschland also insbesondere Sparkassen und Genossenschaftsbanken – qualifizierte Bankdienstleistungen auf Verbundunternehmen (Zentralbanken oder Spezialinstitute) übertragen bzw. sich im Rahmen von Fusionen zu größeren Einheiten zusammenschließen müssen.

Literatur

Allen, Franklin und *Douglas Gale* (1997a), Financial innovation and risk sharing, Cambrigde/Mass.

Allen, Franklin und *Douglas Gale* (1997b), Financial markets, intermediaries and intertemporal smoothing, in: Journal of Political Economy, Vol. 105, S. 523-546.

Allen, Franklin und *Douglas Gale* (1999), Innovations in financial services, relationships and risk sharing, in: Management Science, Vol. 45, S. 1239-1253.

Allen, Franklin und *Douglas Gale* (2000), Intertemporal smoothing, in: *Franklin Allen* und *Douglas Gale* (eds.), Comparing financial systems, Cambridge/Mass., S. 163-190.

Allen, Franklin und *Anthony M. Santomero* (1997), The theory of financial intermediation, in: Journal of Banking and Finance, Vol. 21, S. 1461-1485.

Allen, Franklin und *Anthony M. Santomero* (1999), What do financial intermediaries do?, University of Pennsylvania, Wharton School, Financial Institutions Center, Working Paper, No. 99-30-B, Philadelphia.

Altunbas, Yener, John Goddard und *Philip Molyneux* (1999), Technical change in banking, in: Economics Letters, Vol. 64, S. 215-221.

Altunbas, Yener, Lynne Evans und *Philip Molyneux* (2001), Bank ownership and efficiency, in: Journal of Money, Credit and Banking, Vol. 33, S. 926-954.

Altunbas, Yener, E.P.M. Gardener, Philip Molyneux und *Basil Moore* (2001), Efficiency in European banking, in: European Economic Review, Vol. 45, S. 1931-1955.

Bhattacharya, Sudipto und *Anjan V. Thakor* (1993), Contemporary banking theory, in: Journal of Financial Intermediation, Vol. 3, S. 2-50.

Dufey, Gunter (1998), The changing role of financial intermediation in Europe, in: International Journal of Business, Vol. 3, S. 49-67.

Erlei, Mathias, Martin Leschke und *Dirk Sauerland* (1999), Neue Institutionenökonomik, Stuttgart.

European Central Bank (1999), The effects of technology on the EU banking systems, Frankfurt/M.

Goddard, John, Philip Molyneux und *John O. S. Wilson* (2001), European banking: Efficiency, technology and growth, Chichester.

Harker, Patrick T. und *Stavros A. Zenios* (eds.) (2000), Performance of financial institutions. Efficiency, innovation, regulation, Cambridge.

Heuveldop, Guido (2001), Neue Wege in der Preispolitik, in: Die Bank, Bd. 4, S. 288-291.

---

daß die technischen Möglichkeiten für räumlich verteilte Koordinationsformen nicht hinreichend genutzt werden. Lediglich im Transaction Banking ist eine Verlagerung der Unternehmensstandorte auf die „grüne“ Wiese erkennbar.

Kashyap, Anil K., Raghuram Rajan und *Jeremy C. Stein* (1999), Banks as liquidity providers: An explanation for the co-existence of lending and deposit taking, NBER Working Paper, No. 6962, Cambridge/Mass.

Merton, Robert C. (1995), Financial innovation and the management and regulation of financial institutions, in: Journal of Banking and Finance, Vol. 19, S. 461-482.

Rajan, Raghuram (1996), Why banks have a future: Toward a new theory of commercial banking, in: Journal of Applied Corporate Finance, Vol. 9, S. 114-128.

Siekmann, Matthias und *Markus Solf* (2000), Disintermediation? Die Folgen der Fortschritte in der Informations- und Kommunikationstechnologie auf dem deutschen Bankensektor, Wissenschaftliche Hochschule für Unternehmensführung (WHU), Working Paper, Nr. 00-01, Vallendar.

Siekmann, Matthias und *Markus Solf* (2001), Auswirkungen der Netzwerkgesellschaft auf das Tätigkeitsfeld traditioneller Finanzintermediäre, in: *Jörg Birkelbach* (Hg.), Cyber finance: The next generation, Bankgeschäft im Internet, 3. A., Wiesbaden, S. 133-147.

Sydow, Jörg (1992), Strategische Netzwerke: Evolution und Organisation, Wiesbaden.

Thakor, Anjan V. (1996), The design of financial systems: An overview, in: Journal of Banking and Finance, Vol. 20, S. 917-948.

Alfred Schüller und H. Jörg Thieme (Hg.), Ordnungsprobleme der Weltwirtschaft
Schriften zu Ordnungsfragen der Wirtschaft · Band 71 · Stuttgart · 2002

Internationale Bankenregulierung durch den Baseler Ausschuß für Bankenaufsicht: Konsequenzen für den Finanzsektor

Uwe Vollmer

Inhalt

When asked what he thought of The French Revolution
Chou En-lai answered, „It is too early to tell".

Jokivuolle und *Kauko* (2001, S. 7)

1. Entstehungsgeschichte der Basel-Akkords

Der Basler Ausschuß für Bankenaufsicht wurde 1975 im Anschluß an die *Herstatt*-Krise gegründet. Ihm gehören hochrangige Vertreter von Zentralnotenbanken und von Bankenaufsichtsbehörden der G10-Industriestaaten (Belgien, Deutschland, Frankreich, Italien, Großbritannien, Japan, Kanada, Niederlande, Schweden, USA) und der Schweiz, Spaniens und Luxemburgs an. Seine Aufgabe besteht darin, Grundsätze und Standards für das Bankenaufsichtsrecht zu erstellen und Empfehlungen zu den besten Praktiken im Bereich der Bankenaufsicht abzugeben (*Europäische Zentralbank* 2001, S. 65).

Bereits im Juli 1988 hatte der Ausschuß die erste Basler Eigenkapitalvereinbarung vorgelegt, die ursprünglich eine freiwillige Übereinkunft zwischen den Aufsichtsbehörden und international tätigen Banken darstellte. Diese verpflichteten sich, eine Mindesteigenkapitalquote von 8 v.H. (‚*Cooke*-Ratio') der standardisiert risikogewichteten Bankaktiva mit dem Ziel einzuhalten, die Solidität des Bankensektors zu erhöhen. Anlaß war die Besorgnis der Zentralbankpräsidenten der G10-Staaten, daß das Eigenkapital wichtiger Geschäftsbanken auf einen gefährlich tiefen Stand gefallen sei (*Sekretariat des Basler Ausschusses für Bankenaufsicht* 2001, S. 11). Durch Übernahme dieses ersten Basel-Akkords in EU-Recht fanden die Mindesteigenkapitalanforderungen dann Eingang in nationales Recht der EU-Staaten und wurden Ende 1992 auch für national tätige Banken verpflichtend. Inzwischen ist die erste Basler Eigenkapitalvereinbarung zu einem flächendeckenden und in über 100 Ländern angewendeten Regulierungstatbestand geworden (*Jokivuolle* und *Kauko* 2001, S. 7).

Gleichwohl wies die bestehende Regulierung einige Defekte auf; um diese zu beseitigen, hat der Basler Ausschuß im Jahre 1999 eine neue Eigenkapitalempfehlung („Basel II") vorgelegt, zu der bis Ende Mai 2001 Stellung genommen werden konnte. Die endgültige Fassung soll bis Ende 2002 veröffentlicht werden und bis Ende 2004 für international tätige Banken Anwendung finden. Parallel dazu laufen derzeit in Brüssel und in den betroffenen Ländern Vorbereitungen für die Umsetzung in europäisches bzw. nationales Recht, das die bestehende Vereinbarung bis zum Jahre 2006 oder 2007 (ursprünglich zunächst 2004, dann 2005) ablösen soll (*Basler Ausschuß für Bankenaufsicht* 2001; *o. V.* 2001; *Buchholz* 2002). Im Kern beinhaltet die neue Vereinbarung veränderte Verfahren zur Risikomessung und sieht vor, daß neben dem Kredit- und Marktrisiko auch das operative Risiko mit Eigenkapital unterlegt wird; darüber hinaus sollen die veränderten Vorsichtsregeln durch Kontrollen seitens der Bankenaufsichtsbehörden ergänzt werden.

Nachfolgend werden die wichtigsten Regelungen der beiden Basler Eigenkapitalvereinbarungen erläutert, und es wird gefragt, welche Effekte von ihnen für den Finanzsektor ausgehen können. Dazu wird zunächst der Inhalt der ersten und die wahrscheinliche Ausgestaltung der zweiten Basler Eigenkapitalvereinbarung dargestellt (2.). Anschließend wird allgemein die Motivation von Mindesteigenkapitalquoten als Teil der Bankenregulierung vorgestellt (3.). Der nächste Abschnitt faßt Befürchtungen über mögliche ungewünschte Konsequenzen für das Verhalten einer einzelnen Bank, die Bankenstruktur und die Kreditnehmerschaft zusammen (4.). Der Beitrag endet mit einer kurzen ordnungspolitischen Einordnung der Basel-Akkords (5.).

2. Inhalt der Basler Eigenkapitalvereinbarungen

Die heute noch geltende Eigenkapitalvereinbarung sieht vor, daß Kreditinstitute eine Mindesteigenkapitalquote von täglich 8 v.H. ihrer Aktiva (einschließlich der bilanzunwirksamen Geschäfte) einhalten, wobei die Bankaktiva entsprechend ihrer Risikoeinstufung gewichtet addiert werden. Zum Eigenkapital zählen die eingezahlten Stammaktien und die offenen Rücklagen („Kernkapital"), stille Rücklagen, Rückstellungen für Wertberichtigungen, nachrangige Verbindlichkeiten mit einer Restlaufzeit von mehr als 5 Jahren und hybride Kapitalinstrumente („Ergänzungskapital"). Das Ergänzungskapital wird nicht höher als das Kernkapital angerechnet. Die Bankaktiva werden innerhalb der Bankbilanz gewichtet, wie in Tabelle 1 dargestellt. Für Bankaktiva außerhalb der Bilanz und für Zins- und Währungsderivate werden gesonderte Gewichte verwendet.

Tabelle 1: Aktivagewichte gemäß Basler Eigenkapitalvereinbarung nach Kontrahentengruppen (bilanzwirksame Geschäfte)

Kategorie	Risikogewicht
Bargeld; Forderungen an Zentralregierungen und Zentralbanken aus OECD-Staaten; Forderungen an Zentralregierungen und Zentralbanken in sonstigen Ländern, falls sie auf Landeswährung lauten	0
Forderungen an internationale Organisationen; Forderungen an Gebietskörperschaften in OECD-Ländern; Forderungen an Kreditinstitute in OECD-Ländern; Forderungen an Banken in anderen Ländern, sofern ihre Laufzeit ein Jahr nicht übersteigt	0,2
Gewerbliche Realkredite	0,5
Übrige Forderungen, insbesondere Kredite an private Nichtbanken, Unternehmensbeteiligungen	1,0

Quelle: *Dewatripont* und *Tirole* (1994, S. 52 f.)

Dieses sehr grobe Gewichtungsschema schafft Anreize für Kreditinstitute, zusätzliche Kreditrisiken einzugehen (*Dewatripont* und *Tirole* 1994, S. 53 f.; *Deutsche Bundesbank* 2001, S. 16 f.; *Europäische Zentralbank* 2001, S. 66):

- Da alle nicht grundwertgesicherten Kredite an private Nichtbanken unabhängig vom faktisch zugrunde liegenden Risiko in dieselbe Risikoklasse eingestuft werden, besteht für die Bank ein Anreiz, Kredite mit hoher Ertragserwartung, aber auch hohen Risiken ins Anlagebuch aufzunehmen, um ihre Gewinnmargen zu vergrößern, ohne den Eigenkapitalbedarf auszuweiten.
- Da neue Finanzierungsinstrumente und Methoden der Kreditsteuerung praktisch nicht berücksichtigt werden, gehen Banken zur Verbriefung von Kreditforderungen und sonstigen Transaktionen über, um die resultierende Eigenkapitalbelastung zu vermindern (Regulatory Capital Arbitrage; *Jones* 2000, S. 36), was zu einer Verminderung der gemessenen im Vergleich zu den faktischen Risiken geführt haben dürfte.

Um diese Mängel zu beseitigen, hat der Basler Ausschuß die neue Eigenkapitalvereinbarung vorgelegt, die inhaltlich in drei, als „Säulen" bezeichnete Teile gegliedert ist. Die erste Säule besteht weiterhin aus der Vorgabe einer Mindesteigenkapitalanforderung von (täglich) 8 v.H. der standardisiert risikogewichteten Bankaktiva. Dabei bleibt die Definition des haftenden Eigenkapitals unverändert. Allerdings soll sich die Eigenkapitalunterlegung zukünftig stärker am Risikogehalt einer einzelnen Forderung der Bank orientieren. Zwei wesentliche Neuerungen werden im Bereich der Risikomessung angestrebt:

- Die Geschäftspartner werden nicht mehr in grobe Kontrahentengruppen eingeteilt, sondern jeder Forderung soll unmittelbar ein individuelles, vom Rating abhängiges Bonitätsgewicht zugeordnet werden.
- Neben dem Kreditrisiko (Adressatenausfallrisiko) und dem Marktpreisrisiko tritt das operative Risiko als dritter unterlegungsbedürftiger Risikofaktor hinzu; hiermit sollen vor allem Betriebs- und Rechtsrisiken erfaßt werden.

Bei der Messung des Kreditrisikos stehen einer Bank mehrere Optionen zur Auswahl, wie sie das Risikogewicht der Forderung an einen Schuldner bestimmen kann. Im Standardansatz beruht die Vergabe von Risikogewichten auf dem externen Rating der Kreditnehmer durch eine von den nationalen Behörden autorisierte Rating-Agentur (oder durch die Exportversicherungsagentur der *OECD*). Kredite an (risikoarme) Schuldner mit gutem Rating müssen mit weniger Eigenkapital unterlegt werden als Kredite an schlechter eingestufte (risikoreichere) Schuldner. Weiterhin wird zwischen einzelnen Kontrahentengruppen (Staaten, Banken, Nichtbanken) unterschieden. Tabelle 2 gibt beispielhaft die Risikogewichte für die einzelnen Schuldnergruppen auf Basis des Rating-Systems von *Standard & Poor*'s wieder.

Folgende wichtige Unterschiede bestehen zum derzeit noch gültigen Gewichtungsverfahren:

- Während bislang Forderungen an Zentralregierungen und Zentralbanken in *OECD*-Mitgliedsstaaten anrechnungsfrei sind, werden solche Forderungen zukünftig auf Grundlage des Ratings gewichtet; Forderungen ohne Rating erhalten ein Bonitätsgewicht von 1,0.
- Forderungen an Kreditinstitute im *OECD*-Raum werden nicht mehr mit einem Faktor von 0,2, sondern mit Faktoren bis zu 1,5 gewichtet. Dabei erhalten die Bankaufsichtsbehörden zwei Möglichkeiten bei der Rating-Ermittlung: Option 1 erlaubt ei-

nem Kreditinstitut, das jeweils nächst höhere Bonitätsgewicht als das der Zentralregierung zu verwenden, in dem die kreditnehmende Bank ihren Sitz hat. Alternativ können auch Gewichte auf Basis direkter Ratings verwendet werden (Option 2), wobei kurzfristige Forderungen mit einer ursprünglichen Vertragslaufzeit unter drei Monaten, bei denen keine Prolongation möglich ist, ein günstigeres Gewicht erhalten, sofern sie nicht in die beste Rating-Kategorie fallen.

- Kredite an private Nichtbanken und von privaten Nichtbanken emittierte Wertpapiere werden nicht mehr einheitlich mit 1,0, sondern nach Maßgabe ihres externen Ratings gewichtet; dabei erhalten Forderungen an Nichtbanken mit guter Bonität ein geringeres, Forderungen an Nichtbanken mit geringer Bonität ein höheres Gewicht.
- Forderungsbesicherte Wertpapiere (wie beispielsweise *asset backed securities*) mit einem Rating schlechter als BB- erhalten ein Gewicht von 12,5 und werden damit vollumfänglich vom haftenden Eigenkapital abgezogen.
- Für bilanzunwirksame Geschäfte mit privaten Nichtbanken entfällt die bisherige Begrenzung des Gewichts auf 0,5.
- Kreditzusagen mit einer Befristung auf ein Jahr oder weniger sowie länger laufende und unbefristete Kreditzusagen, die vorbehaltlos und fristlos gekündigt werden können, sollen nicht mehr anrechnungsfrei bleiben. Kreditzusagen mit einer Ursprungslaufzeit bis zu einem Jahr erhalten ein Gewicht von 0,2, Kreditzusagen mit einer Ursprungslaufzeit über ein Jahr ein Gewicht von 0,5.

Tabelle 2: Bonitätsgewichtungsfaktoren auf Grundlage des externen Rating-Systems von *Standard & Poor's*

Rating	Forderungen an...				
	Zentralstaaten und Zentralbanken	Kreditinstitute: Option 1	Kreditinstitute: Option 2 (kurzfristige Forderungen)	Nichtbanken	Asset backed securities
AAA bis AA-	0	0,2	0,2 (0,2)	0,2	0,2
A+ bis A-	0,2	0,5	0,5 (0,2)	0,5	0,5
BBB+ bis BBB-	0,5	1,0	0,5 (0,2)	1,0	1,0
BB+ bis BB-	1,0	1,0	1,0 (0,5)	1,0	1,5
B+ bis B-	1,0	1,0	1,0 (0,5)	1,5	12,5
Unter B-	1	1,5	1,5 (1,5)	1,5	12,5
Ohne Rating	1,0	1,0	0,5 (0,2)	1,0	12,5

Quelle: *Basler Ausschuß für Bankenaufsicht* (2001, S. 7 f.).

Im Unterschied zum Standardansatz beruhen die Gewichte beim internen Rating (*internal ratings-based approach*, IRB-Ansatz) auf bankinternen Risikoeinstufungen der Kreditnehmer. Allerdings bedarf die Anwendung dieses Verfahrens der Genehmigung durch die Bankenaufsichtsbehörden. Ursprünglich war die Verwendung dieses Ansatzes nur für besonders ‚sophisticated banks' vorbehalten. Dies hätte aber erhebliche Wettbewerbsnachteile für europäische Unternehmen bedeutet, von denen nur sehr wenige extern durch die großen Agenturen beurteilt sind und für die deshalb das Bonitätsgewicht der letzten Zeile von Tabelle 2 Anwendung gefunden hätte (*Boos* und *Schulte-Mattler* 2001, S. 39). Derzeit besitzen in Deutschland außerhalb des Bankensektors weniger als 100 Unternehmen ein externes Rating der großen Agenturen (*Krämer-Eis* 2001, S. 24).

Sofern sie den IRB-Ansatz verwenden, müssen die Banken die Aktiva ihres Anlagebuchs in sechs Klassen mit unterschiedlichen Kreditrisikoeigenschaften einteilen: Kredite an Unternehmen, an Banken, an Staaten, an Privatpersonen, Projektfinanzierungen und Unternehmensanteile. Dabei hat der Ausschuß für die ersten drei Risikoklassen zwei Methoden für die Schätzung der Risikoparameter entwickelt, die als Basisansatz und als fortgeschrittener Ansatz bezeichnet werden; für Kredite an Privatkunden gibt es diese Unterscheidung nicht. Für jede Bonitätsklasse ergeben sich die Risikogewichte aus einer stetigen Funktion, wobei das Gewicht von vier Parametern abhängt, die einem individuellen Kredit zugeordnet werden müssen und zwar von

- der Ausfallwahrscheinlichkeit des Kreditnehmers innerhalb des nächsten Jahres (PD: *probability of default*);
- der Forderungshöhe bei Ausfall (EAD: *exposure at default*);
- dem (prozentualen) Verlust des Kredits bei Ausfall des Kreditnehmers (LGD: *loss given default*); und
- der Restlaufzeit des Kredits (M: *maturity*).

Während der erste Parameter kreditnehmerspezifisch ist, hängen die drei übrigen von der Art der Transaktion ab. Verwendet die Bank den *Basisansatz*, schätzt sie intern die Ausfallwahrscheinlichkeit PD und setzt sie in eine Risikogewichtungsfunktion ein, die gegebenen Ausfallwahrscheinlichkeiten bestimmte Risikogewichte zuordnet. Die Risikogewichtungsfunktion wird von der Aufsichtsbehörde in Form einer Funktion von ‚Benchmark-Risikogewichten' (BRW) vorgegeben und verläuft, wie in Abbildung 1 dargestellt. Die Funktion enthält implizite Annahmen über die anderen Parameter; es wird pauschal davon ausgegangen, daß die Forderungshöhe bei Ausfall (EAD) mit dem Nennwert der Forderung übereinstimmt, daß der Verlust bei Ausfall (LGD) einer unbesicherten Forderung 50 % (für eine nachrangige unbesicherte Forderung 75 %) und die Restlaufzeit (M) drei Jahre beträgt.

Wählt die Bank demgegenüber die *fortgeschrittene Methode*, muß sie alle vier Parameter selbst schätzen (*Terres* 2001, S. 14). Für beide Verfahren sieht die Basler Übereinkunft vor, daß nach Ermittlung der risikogewichteten Summe der Bankaktiva ein Zuschlag oder Abschlag vorgenommen wird, der die Größenklassendiversifizierung (‚Granularität') widerspiegelt. Auf diese Weise soll der unterschiedlichen Konzentration oder Diversifizierung der jeweiligen Risikoklassen Rechnung getragen werden.

Abbildung 1: Entwicklung der Risikogewichte in Abhängigkeit von der Ausfallwahrscheinlichkeit im Basisansatz

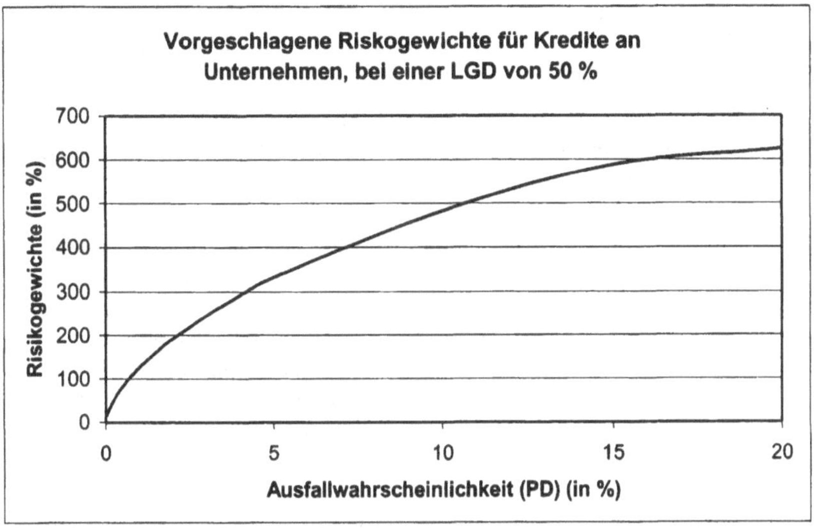

Quelle: *Basler Ausschuß für Bankenaufsicht* (2001, S. 39).

Neben dem Kredit- und dem Marktrisiko soll in Zukunft auch das operationelle Risiko mit Eigenkapital unterlegt werden. Auf diese Weise soll Problemen aus dem täglichen Bankgeschäft, die beispielsweise aus Computerproblemen oder menschlichem Fehlverhalten resultieren, begegnet werden. Auch für die Messung dieses Risikos sieht der Ausschuß (drei) verschiedene Verfahren vor, wobei im einfachsten Fall die Höhe der Bruttoerträge als Risikomaß verwendet wird und ein fester Prozentsatz (‚Alpha-Factor') dieser Erträge als Eigenkapital gehalten werden muß. Geplant ist, daß für die Unterlegung der operativen Risiken etwa 20 % des regulatorischen Eigenkapitals verwendet werden.

Die neben der Vorgabe von Mindesteigenkapitalquoten „zweite" und „dritte Säule" von Basel II bestehen in einem aufsichtsrechtlichen Überprüfungsverfahren (*supervisory review process*) der Bank und verstärkten Offenlegungsanforderungen (‚Marktdisziplin'). Wie bereits im angelsächsischen Raum praktiziert, sollen die Einhaltung der Mindesteigenkapitalanforderungen und der internen Risikobemessungsverfahren durch die Bankenaufsicht überprüft werden. Die Aufsichtsbehörden bekommen zudem das Recht, für einzelne Banken eine über dem Mindestwert liegende Eigenkapitalausstattung zu verlangen. Die dritte Säule umfaßt strengere Publizitätsvorschriften für die Geschäftsbanken, wodurch Gläubigern die Möglichkeit gegeben wird, das Risikoprofil der Bank zu überwachen; insbesondere hat das Kreditinstitut Auskunft über die von ihm gewählten aufsichtsrechtlichen Berechnungsmethoden zu geben.

Trotz zahlreicher Änderungen und Ergänzungen im Detail bildet die Vorgabe einer Mindesteigenkapitalnorm den Kern sowohl der bestehenden als auch der neuen Eigenkapitalrichtlinie. Dabei ist der Basler Ausschuß im neuen Akkord bestrebt, die Risikogewichte bei Verwendung des externen Ratings so festzusetzen, daß sich durch den Übergang zu Basel II für den Bankensektor ceteris paribus insgesamt kein gestiegener Eigenkapitalbedarf ergibt (*o. V.* 2002, S. 7). Darüber hinaus sollen die Gewichte für Banken, die beim internen Rating den fortgeschrittenen Ansatz verwenden, so gesetzt werden, daß ein sinkender Eigenkapitalbedarf entsteht. Auf diese Weise sollen Anreize für die Banken geschaffen werden, eigene Methoden zur internen Risikobeurteilung zu entwickeln.

Dennoch ist mit dem Übergang zu Basel II mit einem steigenden Eigenkapitalbedarf des Bankensektors zu rechnen. Bereits nach Einführung der ersten Basler Eigenkapitalrichtlinie hielten die Geschäftsbanken deutlich mehr als die geforderte Mindesteigenkapitalquote von 8 v.H.: *Jackson* et al. (1999, S. 2) berichten, daß in den G10-Ländern die tatsächliche Eigenkapitalquote von 9,3 % im Jahre 1988 auf 11,2 % im Jahre 1996 angestiegen war (ähnlich auch *Rime* 2001 für die Schweiz). *Furfine* (2000) begründet diesen Anstieg mit den hohen Kosten (in Form von Reputationsverlusten, stärkerer aufsichtsrechtlicher Überwachung, Zwang zu zusätzlicher Eigenkapitalaufnahme oder zu einer Kreditrückrufung), die eine unerwartete Untererfüllung der Eigenkapitalquote für eine Bank verursacht. Um diese Kosten zu vermeiden, überschreiten sie die Mindestnorm und halten einen Puffer an Eigenkapital. *Jokivuolle* und *Kauko* (2001, S. 10) argumentieren, daß durch Basel II der aggregierte Eigenkapitalbedarf der Banken weiter ansteigen und nicht – wie beabsichtigt – konstant bleiben wird (ähnlich auch *Rolfes* und *Emse* 2000a, 2000b, S. 683, die für ein Musterportfolio einer deutschen Regionalbank zeigen, daß deren Eigenkapitalbedarf bei Verwendung des externen Ratings ansteigen wird). Durch die stärkere Differenzierung der Risikogewichte reagiert der Eigenkapitalbedarf der Banken stärker auf Umschichtungen im Kreditportfolio. Risikoaverse Banken werden darauf mit einer Ausweitung ihres Eigenkapitalpuffers reagieren.

3. Ökonomische Begründung für Mindesteigenkapitalnormen

Einen naheliegenden Ausgangspunkt, um zu beurteilen, ob Mindesteigenkapitalnormen sich ökonomisch begründen lassen, bildet das Theorem von *Modigliani* und *Miller* (1958) als Teil der neoklassischen Finanzierungsliteratur. Danach bleibt in einer friktionsfreien Welt die Finanzierungsentscheidung eines Unternehmens ohne Auswirkungen auf dessen Unternehmenswert. Sofern keine Transaktionskosten existieren und Finanzierungsverträge vollständig in dem Sinne sind, daß sie alle Kontingenzen berücksichtigen, bleiben Größe und Struktur der Bankbilanz auch in Risikosituationen ohne Konsequenzen für das Investitionsverhalten anderer Wirtschaftssubjekte (*Freixas* und *Rochet* 1997, S. 11), so daß die Vorgabe einer Mindesteigenkapitalnorm sinnlos ist, aber auch ohne Konsequenzen bleibt.

Dies ändert sich jedoch, wenn man Transaktionskosten des Bankbetriebs berücksichtigt, weil die Bank dann effiziente Vorsorge gegen die im Einlagen- und Kreditgeschäft begründeten Marktrisiken treffen muß, indem sie über die für sie optimale Aktiva- und Passivastruktur entscheidet. Dabei ist das Einlagengeschäft risikobehaftet, wenn eine Bank nur unvollständige Informationen über die tatsächlichen Auszahlungswünsche ihrer Einleger hat. Dann kann die Bank ihre auf Sicht fälligen Einlagen nicht vollständig in illiquide, aber zinstragende Kredite transformieren, weil der kurzfristige Liquidationserlös der Kredite möglicherweise nicht ausreicht, um die Auszahlungsverpflichtungen an die Einleger in jedem Fall erfüllen zu können, und die Bank illiquide wird. Um dem vorzubeugen, muß die Bank eine Liquiditätsreserve an Basisgeld halten, deren optimale Höhe neben dem Kreditzinssatz und der Verteilungsfunktion der Barabhebungen von den Anpassungskosten bei Illiquidität abhängt (*Baltensperger* 1980, S. 4 ff.).

Darüber hinaus ist auch das Kreditgeschäft risikobehaftet, weil die Bank ebenfalls nur unvollständige Informationen über die zukünftigen Erträge aus dem Kreditgeschäft hat. Sofern diese variieren, kann die Bank ihre Kreditforderungen nicht vollständig durch Fremdkapital finanzieren, weil der Buchwert ihrer Forderungen unter den ihrer Rückzahlungsverbindlichkeiten absinken kann und die Bank überschuldet ist. Um dies zu verhindern, muß die Bank einen Teil ihrer Forderungen durch Eigenkapital finanzieren, wobei das optimale Eigenkapitalvolumen neben dem Einlagenzinssatz, den Opportunitätskosten der Eigenkapitalverwendung und der Verteilungsfunktion der Kreditertäge von den mit einer Überschuldung verbundenen marginalen Insolvenzkosten abhängt.

Formal lassen sich diese Determinanten des einzelwirtschaftlich optimalen Eigenkapitalvolumens in einem Einperiodenmodell (*Baltensperger* 1973) für eine Bank ableiten, die im Aktivgeschäft nur Kredite vergibt und daraus ein stochastisches Zinseinkommen Y mit einer der Bank bekannten Dichtefunktion $p(Y)$ erzielt. Sie finanziert das zu Periodenbeginn vorhandene Kreditvolumen K durch Aufnahme von Eigenkapital EK und Einlagen DE; r_{DE} sei der Einlagenzinssatz und R der Marktzins für alternative Eigenkapitalanlagen. Die Bank ist zum Periodenende überschuldet, sofern Y einen kritischen Wert $\hat{Y}$ unterschreitet, und es gilt:

$$(1) \qquad Y < \hat{Y} \equiv DE \cdot (1 + r_{DE}) - K = (K - EK) \cdot (1 + r_{DE}) - K\,.$$

Überschuldung verursacht Kosten $c \cdot (\hat{Y} - Y)$ für die Bank, deren Höhe proportional zu der Eigenkapitallücke $(\hat{Y} - Y)$ ist, wobei die Überschuldungskosten pro Euro Eigenkapitallücke c betragen. Die Bank wählt zu Periodenbeginn für ein gegebenes Kreditvolumen das für sie kostengünstigste Eigenkapitalvolumen EK. Dies bestimmt sich im Minimum der folgenden Kostenfunktion der Eigenkapitalhaltung, die sich als Summe der (zusätzlichen) Zinszahlungen bei einer Eigenkapital- anstatt einer Einlagenfinanzierung und der erwarteten Überschuldungskosten bei einer Einlagenfinanzierung ergibt, wenn Y kleiner $\hat{Y}$ ist:

$$(2) \qquad C = (R - r_{DE}) \cdot EK + \int_{-\infty}^{\hat{Y}} c(\hat{Y} - Y)\, p(Y)\, dY\,.$$

Im Kostenminimum gilt:

$$(3) \qquad (R - r_{DE}) = c \cdot (1 + r_{DE}) \int_{-\infty}^{\hat{Y}} p(Y)\, dY\,.$$

Die Bank wählt damit gemäß (3) ein Eigenkapitalvolumen, bei dem die marginalen Opportunitätskosten der Eigenkapitalhaltung mit den erwarteten Grenzkosten der Solvenzsicherung übereinstimmen.

Sofern eine Mindesteigenkapitalnorm bindend wirkt, zwingt sie die Bank, mehr Eigenkapital aufzunehmen, als gemäß (3) optimal ist. Begründen läßt sich dies unter Hinweis auf das Vorliegen externer Effekte oder auf die Notwendigkeit von Folgeregulierungen: Das Externalitätenargument unterstellt, daß die Bank nur einen Teil der Überschuldungskosten internalisiert, weil der Rest von der Gemeinschaft getragen wird und aus Sicht der Bank externe Kosten darstellt. Dann fällt c zu niedrig aus, und die Bank wählt gemäß (3) ceteris paribus ein zu niedriges Eigenkapitalvolumen, das mit einem höheren kritischen Wert $\hat{Y}$ einhergeht. Dies ist vor allem dann zu befürchten, wenn sich die Bank im öffentlichen Eigentum befindet und sie wegen *Anstaltslast* und *Gewährsträgerhaftung* mit einer Übernahme der Überschuldungskosten durch den Gewährsträger rechnen kann. In diesem Fall stellt aber die Privatisierung öffentlicher Banken (und nicht die Vorgabe einer Eigenkapitalnorm) die adäquate ordnungspolitische Antwort dar.

Darüber hinaus mögen einige Banken inzwischen so groß geworden sein, daß sie zwar keine formale, aber eine faktische Existenzgarantie erhalten („Too big to fail"; *Belke* 2001) und erwarten können, im Überschuldungsfall nur einen Teil der Überschuldungskosten tragen zu müssen. Auch in dieser Situation stellt die angemessene ordnungspolitische Antwort keine Eigenkapitalnorm, sondern eine glaubwürdige Selbstbindung des Staates dar, auf einen Bestandsschutz großer Banken zu verzichten; andernfalls müßte man mit demselben Argument auch jedem anderen Industrieunternehmen eine Mindesteigenkapitalquote vorschreiben.

Das Folgeregulierungsargument geht aus von der Existenz staatlicher Einlagesicherungssysteme, die den Einlegern in vielen Ländern die Ausbezahlung ihrer Guthaben (bis zu Höchstbeträgen) garantieren. Obwohl solche Einlagenversicherungen der Gefahr eines Bank-Runs vorbeugen (*Diamond* und *Dybvig* 1983), schaffen sie adverse Anreize für Einleger und Banken und können auf diese Weise die Risikoposition einer Bank erhöhen[1]: Solange ihre Guthaben vollständig versichert sind, haben Einleger keinen Anreiz, die Bank zu überwachen und eine Risikoprämie auf die Habenzinsen zu verlangen; solange die Versicherungsprämien der Einlagensicherungssysteme nicht risikoadjustiert sind, hat die Bank zudem einen Anreiz, in risikoreichere Portfolios zu investieren.[2] Aber auch in diesem Fall ist die Vorgabe einer Mindesteigenkapitalnorm wiederum nicht die angezeigte ordnungspolitische Antwort auf das Vorliegen adverser Anreize im Bankgewerbe; ursachenadäquat wären eine Reform von Einlagensicherungssystemen, bei der die Versicherungsprämie auf die von der Bank eingegangenen Risiken

---

1 *Merton* 1977; *Kareken* und *Wallace* 1978; *Buser, Chen* und *Kahane* 1981; *Greenbaum* und *Thakor* 1995, S 477 ff.; *Freixas* und *Rochet* 1997, S. 266-272.

2 Für einen alternativen Ansatz, der Mindesteigenkapitalnormen ebenfalls als Folgeregulierung auf Einlagensicherungssystemen ansieht, siehe *Diamond* (2001a, S. 7; 2001b, S. 11).

reagiert, oder andere Formen der Risikovorsorge (für eine Diskussion siehe *Santos* 2000, S. 6 f.).[3]

Beide Argumente sind damit entweder wenig stichhaltig oder machen deutlich, daß die Vorgabe von regulatorischen Mindesteigenkapitalnormen eine Folgemaßnahme zuvor ergriffener Regulierungsschritte ist. Es soll jetzt geprüft werden, welche Nebeneffekte von den im Basel-Akkord vorgesehenen Regelungen auf das Bankenverhalten ausgehen.

4. Konsequenzen für die einzelne Bank, den Bankensektor und die Kreditnehmerschaft

Schon nach Umsetzung des ersten Basel-Akkords ist eine Reihe von Studien entstanden, die sich mit möglichen unbeabsichtigten Folgewirkungen von Mindesteigenkapitalnormen befassen. Um sie darzustellen, ist es zweckmäßig, zwischen den Konsequenzen für die Portfoliowahl einer einzelnen Bank, für den Bankensektor und für die Kreditnehmerstruktur zu unterscheiden.

4.1. Auswirkungen auf Portfoliostruktur und Überschuldungsrisiko einer einzelnen Bank

Für eine einzelne Bank kann die Vorgabe einer Mindesteigenkapitalnorm zu einem Anstieg der Überschuldungswahrscheinlichkeit führen (*Koehn* und *Santomero* 1980; *Kim* und *Santomero* 1988). Dies läßt sich zeigen in einem Einperiodenmodell für eine Bank, deren Eigenkapitalausstattung gegeben ist und die zum risikolosen Zinssatz r_{DE} Sichteinlagen in beliebiger Höhe aufnehmen kann. Die Bank investiert ihr gesamtes (Eigen- und Fremd-)Kapital in verschiedene Aktiva $i = 1,...n$, die sich hinsichtlich ihrer erwarteten Ertragssätze r_i und ihrer Risiken unterscheiden. Sie verhält sich risiko-avers und wählt die für sie nutzenmaximale Portfoliozusammensetzung, die sich in Abbildung 2 im Tangentialpunkt der Nutzenindifferenzkurve I mit der vom erwarteten Portfolioertragssatz μ und vom Portfoliorisiko σ abhängigen Möglichkeitengrenze ergibt, die die bei alternativen Portfoliozusammensetzungen effizienten Ertrags-Risiko-Kombinationen wiedergibt.

Es läßt sich zeigen, daß die Position einer Möglichkeitengrenze im (μ/σ)-Raum von der Eigenkapitalquote k der Bank abhängt, die das Verhältnis zwischen Eigenkapital und Gesamtkapital beschreibt. Dabei verschiebt sich in Abbildung 2 die Möglichkeitengrenze mit steigendem k nach links unten, beispielsweise von der Position A_1A_2 in die Position B_1B_2. Solange keine Eigenkapitalnorm gegeben ist, ergibt sich die globale Möglichkeitengrenze der Bank als Umhüllende UU der einzelnen Möglichkeitengrenzen. Die Bank wählt jene Portfoliostruktur, bei der diese Umhüllende die höchstmögliche Indifferenzkurve gerade tangiert (Punkt C in Abbildung 2 mit einer der Möglichkeitengrenze A_1A_2 zugehörigen Eigenkapitalquote).

[3] Umstritten ist in der Literatur, ob die Konstruktion solcher anreizkompatibler Einlagenversicherungen möglich ist; vgl. *Chan*, *Greenbaum* und *Thakor* (1992) und *Freixas* und *Rochet* (1995).

Die Bank ist überschuldet, sofern die Verluste aus dem Aktivgeschäft das Eigenkapital übersteigen und für die realisierte Eigenkapitalrendite $r \leq -1$ gilt. Für die Wahrscheinlichkeit, daß dieser Fall eintritt, läßt sich ein Maximalwert p bestimmen, für den gilt (*Koehn* und *Santomero* 1980, S. 1241):

$$\text{(4)} \qquad \Pr(r < -1) \leq \frac{\sigma^2}{(1+\mu)^2} = p,$$

d. h. die Wahrscheinlichkeit, daß $r < -1$ gilt, ist höchstens gleich p.[4] Damit wird die Überschuldungswahrscheinlichkeit nur dann null, wenn die Bank ausschließlich in risikolose Aktiva ($\sigma^2 = 0$) investiert. Aus der rechten Seite von Ungleichung (4) können die zu einem bestimmten p gehörigen (μ, σ)-Kombinationen abgeleitet werden. Es ergibt sich, wie in Abbildung 2 dargestellt, für jedes p eine Gerade mit einem Ordinatenschnittpunkt $\mu = -1$. Diese Gerade hat eine Steigung $1/\sqrt{p}$ und verläuft um so steiler, je geringer die maximale Überschuldungswahrscheinlichkeit p ist, so daß jedem Punkt auf der Umhüllenden eine andere maximale Überschuldungswahrscheinlichkeit zugeordnet ist (*Koehn* und *Santomero* 1980, S. 1241).

Abbildung 2: Portfoliowahl und Eigenkapitalnorm

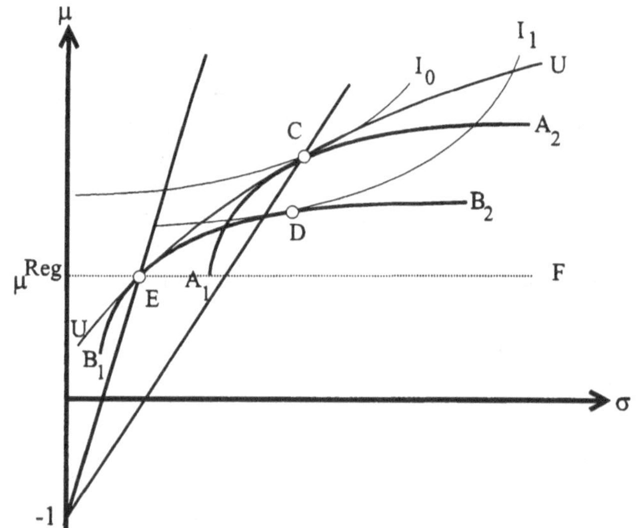

Quelle: *Kim* und *Santomero* (1988, S. 1223).

Durch Vorgabe einer bindenden Eigenkapitalnorm wird die Bank gezwungen, einen Punkt auf einer unterhalb von A_1A_2 liegenden Möglichkeitengrenze, beispielsweise auf

---

[4] Die Wahrscheinlichkeit p ergibt sich aus der Ungleichung von *Tschebyscheff*, wonach gilt: $\Pr(|r-\mu| \geq k\sigma) \leq 1/k^2$, hieraus folgt Ungleichung (4) wenn man $-1=\mu - k\sigma$ oder $k=(\mu+1)/\sigma$ setzt; vgl. *Koehn* und *Santomero* (1980, S. 1241).

B_1B_2, zu wählen. Die Regulierungsbehörde hofft, daß die Bank dort einen Punkt im Streckenabschnitt B_1E wählt, der auf einer steiler verlaufenden Geraden liegt und damit mit einer geringeren maximalen Überschuldungswahrscheinlichkeit verbunden ist. Ob die Bank so reagiert, hängt jedoch vom Grad ihrer Risikoaversion ab (*Koehn* und *Santomero* 1980, S. 1242; *Kim* und *Santomero* 1988, S. 1223): Bei starker Risikoaversion verlaufen die Indifferenzkurven im (μ/σ)-Diagramm steil, und die Bank entscheidet sich tatsächlich für eine Portfoliozusammensetzung mit verringertem maximalem Überschuldungsrisiko.

Liegt demgegenüber schwache Risikoaversion vor und verlaufen die Indifferenzkurven relativ flach, kann der Tangentialpunkt mit der zulässigen Möglichkeitengrenze B_1B_2 (wie in Abbildung 2 dargestellt) in D und damit sehr weit rechts von E liegen. Dann hält die Bank die Mindesteigenkapitalnorm zwar ein, wählt aber eine Ertrag-Risiko-Kombination, die – entgegen der Intention der Regulierungsbehörde – mit einer höheren maximalen Überschuldungswahrscheinlichkeit als vor Einführung der Eigenkapitalnorm verbunden ist. Dies ist dadurch begründet, daß neben einem direkten Volumenseffekt auch ein indirekter, adverser Struktureffekt auf die Bank einwirkt (*Freixas* und *Rochet* 1997, S. 243): Durch Vorgabe der Mindesteigenkapitalnorm muß die Bank ihr Aktivavolumen einschränken (direkter Volumenseffekt); gleichzeitig hat eine schwach risikoaverse Bank einen Anreiz, ihre Portfoliostruktur zugunsten ertrag- und risikoreicherer Anlageformen anzupassen (indirekter adverser Struktureffekt). Dadurch sinken zwar die erwartete Portfoliorendite und das Portfoliorisiko, aber bei Vorliegen schwacher Risikoaversion ist es möglich, daß die neue Portfoliostruktur gemäß (4) mit einem gestiegenen maximalen Überschuldungsrisiko verbunden ist (*Koehn* und *Santomero* 1980, S. 1241).[5]

Um solche Fehlanreize zu vermeiden, müssen die Bankaktiva mit Risikogewichten multipliziert werden, die sicherstellen, daß der Eigenkapitalbedarf einer Bank zunimmt, wenn sie risikoarme durch risikoreiche Aktiva substituiert. Solch eine Risikogewichtung ist – zumindest prinzipiell – in beiden Basel-Akkords vorgesehen. Sie soll sicherstellen, daß die Bank (unabhängig von ihrer Risikopräferenz) keine Portfoliostruktur wählt, die mit einem höheren maximalen Überschuldungsrisiko verbunden ist, als von der Regulierungsbehörde gewünscht. Die Höhe der Risikogewichte läßt sich wieder mit Hilfe von Abbildung 2 bestimmen: Durch Vorgabe von Risikogewichten will die Regulierungsbehörde verhindern, daß die Bank in der Fläche zwischen den Kurvenzügen EB_2 und EF (und deren Verlängerung nach rechts) liegende Portfoliokombinationen wählt. Dann beträgt der durch die Bank realisierbare erwartete Portfolioertrag maximal μ^{Reg}, und sie wählt als risikoaverser Entscheider die durch den Punkt E beschriebene Aktivastruktur, da alle anderen Punkte auf der Geraden $\mu^{Reg}F$ denselben Erwartungswert bei höherem Risiko aufweisen.

Um dies zu erreichen, muß die Regulierungsbehörde den Beitrag jedes einzelnen Aktivums (nach Abzug des sicheren Fremdkapitalzinses r_{DE}) zum erwarteten Portfolioertrag auf μ^{Reg} beschränken: Wenn jedes Aktivum eine erwartete Rendite von μ^{Reg} aufweist, dann ist auch die Portfoliorendite auf diesen Wert beschränkt. Bezeichnet man

5 Zu ähnlichen Ergebnissen gelangt *Blum* (1999) im Rahmen eines dynamischen Modells.

mit $a_i = EK / x_i$ das Risikogewicht des Aktivums *i*, mit x_i den von der Bank in dieses Aktivum investierten Betrag, muß gelten (*Kim* und *Santomero* 1988, S. 1228):

$$(5) \qquad r_i \leq (1 - a_i) \cdot r_{DE} + a_i \cdot \mu^{\text{Reg}} = r_{DE} + a_i \cdot (\mu^{\text{Reg}} - r_{DE}).$$

Das Risikogewicht muß so gesetzt werden, daß die erwartete Rendite des Aktivums *i* ausreicht, um die Fremdkapitalzinsen $(1 - a_i) \cdot r_{DE}$ und die vom Regulator angestrebte Portfoliorendite $a_i \cdot \mu^R$ (jeweils pro Einheit Eigenkapital) zu tragen. Damit gilt:

$$(6) \qquad a_i \begin{cases} \geq \dfrac{r_i - r_{DE}}{\mu^{\text{Reg}} - r_{DE}} & \text{für } r_i > r_{DE}; \\ = 0 & \text{für } r_i \leq r_{DE}, \end{cases}$$

da das Risikogewicht nicht negativ werden kann.[6] Die so bestimmten Risikogewichte sind unabhängig von der Präferenzstruktur der Bank und um so höher, je größer der erwartete Ertragssatz eines Aktivums relativ zum risikolosen Einlagenzinssatz ist. Die Gewichte steigen an, wenn die Regulierungsbehörde ein geringeres maximales Überschuldungsrisiko *p* wählen möchte (*Kim* und *Santomero* 1988, S. 1228).

Die derzeit geltenden Risikokategorien sind jedoch viel zu grob, um auch nur annähernd sicherzustellen, daß die gesetzten Risikogewichte mit diesen theoretisch korrekten Gewichten übereinstimmen. Dies gilt in abgeschwächter Form auch für die im neuen Basel-Akkord bei Wahl des Standardansatzes vorgesehenen Gewichte, die immer noch wenig differenziert ausfallen. Nur der IRB-Ansatz erlaubt eine feinere Risikogewichtung der Bankaktiva, die aber vom internen Urteil der Bank abhängt; er stellt aber nicht sicher, ob die Anreizbedingung für ein wahrheitsgemäßes Risikourteil seitens der Bank erfüllt ist (*Santos* 2000, S. 18 ff.; *Krahnen* und *Weber* 2001, S. 19): Abgesehen von möglichen innerhalb der Bank bestehenden Interessenkonflikten (ein Kreditsachbearbeiter vermeidet es, eine Kreditforderung zurückzustufen, wenn dann die Kreditbetreuung innerhalb der Bank umgesetzt wird), hat die Bank selbst ein Interesse, ihr Kreditportfolio nicht zu schlecht zu bewerten, weil dies einen gestiegenen Eigenkapitalbedarf bedeutet. Damit stellt sich die Frage, ähnlich wie schon in der Vergangenheit bei der Konstruktion der Einlagensicherungssysteme, ob anreizkompatible Risikogewichte definiert werden können (*Milne* 2002).

Hinzu kommt, daß selbst bei Vorgabe der theoretisch korrekten Risikogewichte die Gefahr fortbesteht, daß die Bank ein Portfolio mit überhöhtem Insolvenzrisiko wählt, sofern Haftungsbeschränkung vorliegt, weil sich dann ein risikoadverser Entscheider so verhält, als ob er risikofreudig wäre (*Rochet* 1992, S. 1157 ff.). Um dies zu verhindern, muß der Bank neben der Eigenkapitalquote und den Risikogewichten eine weitere Norm in Form einer (absoluten) Mindesteigenkapitalausstattung vorgegeben werden.

---

6 Damit sind die Risikogewichte proportional zu den aus dem *Capital asset pricing*-Modell bekannten *Beta-Faktoren*, die den relativen Risikobeitrag der Anlage *i* zum Risiko des Marktportfolios messen; vgl. *Rochet* (1992, S. 1155).

4.2. Konsequenzen für die Bankenstruktur und die Standortwahl von Banken

Neben den dargestellten Auswirkungen auf die Portfoliowahl einer einzelnen Bank haben die Basler Eigenkapitalrichtlinien auch Auswirkungen auf die zukünftige Bankenstruktur und auf die Standortwahl von internationalen Geldmarktgeschäften. Wie dargestellt, kommt ein externes Rating für die überwiegende Zahl der Kreditnehmer in absehbarer Zeit nicht in Betracht, so daß für diese Kunden entweder der Bonitätsgewichtungsfaktor für Kreditnehmer ohne Rating angewendet werden oder die Bank ein internes Rating durchführen muß. Sofern ein internes Rating durchgeführt wird, ist seitens des Ausschußes beabsichtigt, eine niedrigere Eigenkapitalunterlegung für Banken vorzusehen, die den fortgeschrittenen Ansatz verwenden und alle das Risiko beeinflussenden Parameter selbst ermitteln. Diese Regelungen haben Konsequenzen für die bislang dezentral organisierten Sparkassen und Genossenschaftsbanken (*Terres* 2001, S. 16): Einzelne Institute dieser Gruppen dürften mit dem Aufbau eines eigenen Rating-Systems organisatorisch überfordert sein, da die Anforderungen an die hierzu vorliegenden Daten sehr hoch gesetzt sind; für die Datenbasis muß eine Ausfallhistorie über mindestens fünf (in der Übergangszeit drei) Jahre vorliegen. Da wegen des Fixkostencharakters dieser Regelungen kleinere Institute stärker als größere betroffen sind, besteht ein Druck auf Sparkassen und Genossenschaftsbanken, ein regional oder auf Bundesebene einheitlich gestaltetes Rating-System einzuführen.

Dies bedeutet aber erhebliche Eingriffe in die Kreditvergabe als Kerngeschäft dieser Institute, deren Wettbewerbsvorteil gegenüber den zumeist bundesweit operierenden Kreditbanken in der besonderen Kenntnis lokaler Umstände liegt. Vor allem Genossenschaftsbanken verfügen durch den engen Kontakt zu den in der Region Ansässigen über kostengünstige Teilinformationen über die Lebensverhältnisse und die Kreditwürdigkeit ihrer Mitglieder, die sie als komparative Kostenvorteile gegenüber Kreditbanken nutzen können (*Bonus* 1994). Solche Kenntnisse ermöglichen es ihnen, Kreditnehmer kostengünstiger als andere Geschäftsbanken zu überwachen und bei Vorliegen asymmetrischer Informationsverteilungen auch Kreditnehmern mit geringer Eigenkapitalausstattung zu finanzieren (*Vollmer* 2000, S. 67). Eine Zentralisierung des Kreditgeschäfts würde Genossenschaftsbanken (und Sparkassen) dieses Informationsvorsprungs berauben und den Verlust eines wichtigen Wettbewerbsparameters im Vergleich zu den Kreditbanken bewirken. Die Konsequenzen wären eine Konzentration im Bankensektor und ein Bedeutungsverlust von dezentral organisierten Sparkassen und Genossenschaftsbanken.

Verstärkt wird dieser Konzentrationsdruck auf Sparkassen und Volksbanken noch durch die im neuen Basel-Akkord geplante Regelung, daß mindestens 20 % des bestehenden Eigenkapitals für die Unterlegung des operativen Risikos verwendet werden müssen. Diese pauschale Vorgabe von Unterlegungssätzen für einzelne Risikotypen oder die Festlegung von Verhältnissen zueinander erscheint willkürlich. Sie benachteiligt kleinere Institute, deren operative Risiken wegen weniger komplexer Organisationsstrukturen als geringer einzuschätzen sind. Deshalb sollte die Unterlegung von Eigenkapital für diese Institute geringer ausfallen und einen kleineren Teil der gesamten Eigenkapitalunterlegung ausmachen (*Terres* 2001, S. 17).

Neben Effekten auf die Bankenstruktur lassen sich auch Konsequenzen für die Standortwahl von Banken ableiten. Wie Tabelle 2 verdeutlicht, kann bei Interbankenkrediten zukünftig das Bonitätsgewicht für die kreditgebende Bank vom Sitz der kreditnehmenden Bank abhängen. Option 1 sieht vor, daß eine Bank eine Klasse schlechter als die Regierung ihres Sitzlandes eingestuft wird. Durch diese Regelung weisen Banken in gut eingestuften Ländern niedrigere Refinanzierungskosten auf als Banken in schlechter eingestuften Ländern, so daß die Standortwahl zu einem relevanten Wettbewerbsparameter werden kann. Darüber hinaus kann es zu Umlenkungen von Finanzströmen in die Europäische Union kommen, weil für Banken mit Sitz in der EU dasselbe Risikogewicht angewendet wird, nicht aber für Banken außerhalb der EU. Bislang spielt diese Unterscheidung noch keine große Rolle, weil die EU-Mitgliedsländer sehr homogene Ratings aufweisen; allein Griechenland weist ein Länder-Rating (*Standard & Poor*'s) schlechter als AA- auf.

Dies wird sich aber mit Aufnahme neuer Staaten in die Europäische Union verändern, deren Rating schlechter als das der bisherigen Mitgliedsländer ist. Konsequenz ist, daß Banken mit Sitz in der EU einen Wettbewerbsvorteil gegenüber Banken außerhalb der EU bei der Kreditvergabe an Banken in die Beitrittsländer haben. Das Länder-Rating von *Standard & Poor*'s für Estland, Polen und Ungarn liegt beispielsweise derzeit bei A-, so daß etwa eine japanische Bank pro Geldeinheit Kredit zusätzliches Eigenkapital in Höhe von $0{,}50 \cdot 0{,}08 = 0{,}04$ Geldeinheiten benötigt. Vergibt diese Bank den Kredit zunächst an eine Luxemburger Bank (bestes Rating) und leitet diese den Betrag an die estnische Bank weiter (ebenfalls bestes Rating, da es sich um einen Intra-EU-Kredit handelt), entsteht eine zusätzliche Eigenkapitalbindung für die japanische und die luxemburgische Bank in Höhe von zusammen $2 \cdot 0{,}20 \cdot 0{,}08 = 0{,}032$ Geldeinheiten. Konsequenz ist, daß ein Anreiz für Banken in EU-Mitgliedsländern geschaffen wird, Kredite an Banken in Beitrittsländer zu akkumulieren (*Jokivuolle* und *Kauko* 2001, S. 17 f.).

4.3. Einfluß auf die Kreditnehmerstruktur

Die Eigenkapitalrichtlinie sieht bei Anwendung des externen Ratings vor, daß auf Institutionen mit demselben Rating unterschiedliche Bonitätsgewichte angewendet werden, wobei auf Kredite an Nichtbanken oder an Banken höhere Gewichte als auf Kredite an Zentralregierungen und Zentralnotenbanken angewendet werden müssen. Diese Diskriminierung ist nicht nachvollziehbar, wenn man die externen Ratings ernst nimmt und unterstellt, daß die Beurteilungen konsistent sind (was etwa für das Rating von *Standard & Poor*'s zutrifft). Vielmehr müßten identisch eingestufte Institutionen dasselbe Risikogewicht erhalten, da gleiche Ratings gleich hohe Ausfallwahrscheinlichkeiten bedeuten. Die jetzt vorgesehene Regelung bedeutet einen Finanzierungskostenvorteil für öffentliche Kreditnehmer und damit eine Verzerrung der gesamtwirtschaftlichen Ressourcenallokation (*Terres* 2001, S. 13).

Darüber hinaus ist auch ein Einfluß von Basel II auf die Struktur der Kreditnehmer innerhalb des Unternehmenssektors zu vermuten. Einfache Finanzierungsmodelle zeigen, daß bei Vorliegen von Informationsasymmetrien auf Finanzmärkten die externen Finanzierungsmöglichkeiten eines Unternehmens von dessen Eigenkapitalausstattung abhängen (*Holmström* und *Tirole* 1997). Abbildung 3 skizziert dies für den Fall eines Kontinuums von Unternehmen, die alle dasselbe Investitionsprojekt durchführen, aber über unterschiedliche Eigenkapitalausstattungen verfügen. Die Verteilung dieser Eigenmittel wird durch eine Verteilungsfunktion *F(EK)* beschrieben, wobei *F* den Anteil der Unternehmen mit einem Eigenkapitalbestand kleiner *EK* beschreibt. Die Unternehmer führen das Projekt durch und bestimmen annahmegemäß durch Wahl ihres Anstrengungsniveaus dessen Erfolgswahrscheinlichkeit. Da dieses Anstrengungsniveau durch Außenstehende nicht beobachtbar ist, kommt nur dann eine externe Projektfinanzierung zustande, wenn zugleich die Anreizbedingung für fleißiges Verhalten und die Teilnahmebedingung für die externen Finanziers erfüllt sind.

Abbildung 3: Eigenkapitalausstattung und externe Finanzierung

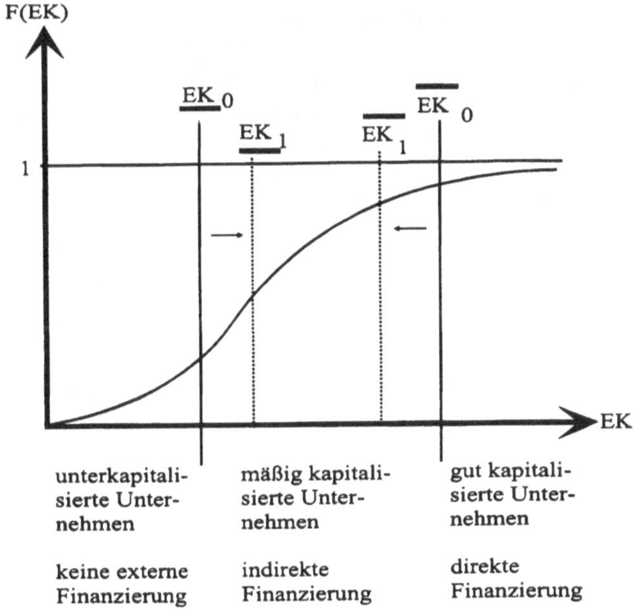

Quelle: *Holmström* und *Tirole* (1997).

Holmström und *Tirole* (1997) zeigen, daß für eigenkapitalschwache Unternehmer mit einer Eigenkapitalausstattung unterhalb eines kritischen Werts $\underline{EK}_0$ eine dieser Bedingungen nicht erfüllt ist und die Unternehmer keine externe Finanzierung erhalten. Für diese Unternehmer ist der externe Finanzierungsbedarf zu groß, um bei gegebenem Projektertrag den externen Kapitalgebern die Marktrendite zu zahlen und sich glaubhaft zu fleißigem Verhalten zu verpflichten. Mäßig kapitalisierte Unternehmer mit einer Eigenmittelausstattung zwischen $\underline{EK}_0$ und $\overline{EK}_0$ erhalten eine intermediäre Finanzierung über eine Bank, die durch Kontrolle das Anstrengungsniveau des Unternehmers beeinflußt und die Erfolgswahrscheinlichkeit des Projekts erhöht. Für diese Unternehmer ist der externe Finanzierungsbedarf gering genug, um die Kontrollkosten der Bank zu tragen, die Marktrendite zu zahlen und sich glaubhaft zu fleißigem Verhalten zu verpflichten. Gut kapitalisierte Unternehmer mit einer Eigenmittelausstattung über $\overline{EK}_0$ erhalten eine direkte Finanzierung, weil sie imstande sind, den Marktzins zu zahlen und sich glaubhaft fleißig zu verhalten.

Sofern Banken kein zusätzliches Eigenkapital aufnehmen können, führen steigende Eigenkapitalnormen zu einer Verschiebung der kritischen Eigenkapitalwerte nach innen in die Position $\underline{EK}_1$ und $\overline{EK}_1$ (*Vollmer* 2001, S. 587 ff.). Die Eigenkapitalnorm zwingt die Banken, ihre Kreditforderungen einzuschränken, was die indirekte Finanzierung gegenüber der direkten verteuert. Dadurch scheiden mäßig kapitalisierte Unternehmer, die vorher noch eine indirekte Finanzierung erhalten haben, aus der externen Finanzierung aus, weil sie nicht mehr imstande sind, sowohl die Anreizbedingung für fleißiges Verhalten zu erfüllen als auch die Marktrendite zu zahlen. Umgekehrt wechseln Unternehmer, die bislang eine indirekte Finanzierung erhalten haben, zur direkten Finanzierung, weil diese relativ zur indirekten Finanzierung kostengünstiger geworden ist; für diese Unternehmer sind Anreiz- und Teilnahmebedingung nur noch bei einer direkten Finanzierung erfüllt. Konsequenz ist, daß die steigende Eigenkapitalnorm einen Disintermediationseffekt auslöst, weil Unternehmen, die sich bislang über Banken finanziert haben, zur direkten Finanzierung übergehen. Zugleich kommt es zu einem Verdrängungseffekt eigenkapitalschwacher Unternehmen, weil einige von ihnen von einer externen Finanzierung ausgeschlossen werden.

5. Ordnungspolitische Einordnung der Basel-Akkords

Aus den vorstehenden Überlegungen wurde deutlich, daß die Basler Eigenkapitalvereinbarungen eine Reihe von „Nebenwirkungen“ haben, deren Tragweite noch nicht endgültig absehbar ist. Es ist nicht auszuschließen, daß einzelne Banken als Reaktion auf die Vorgabe von Mindesteigenkapitalnormen eine Aktivastruktur mit gestiegenem Überschuldungsrisiko wählen. Zudem beeinflussen die Regelungen von Basel II die Wettbewerbsposition von Sparkassen und Genossenschaftsbanken relativ zu den Kreditbanken und können einen Disintermediationsprozeß auslösen, in dessen Folge eigenkapitalschwache Unternehmen vom Zugang zu externer Finanzierung abgeschnitten werden. Aus ordnungspolitischer Sicht besteht darüber hinaus das Problem, daß die in demokratischen Regelungssystemen übliche Trennung zwischen regelsetzenden, ausführenden und urteilenden Organen im angestrebten Regelwerk verschwimmen (*Terres* 2001, S. 19). Die Bankenaufsichtsbehörden legen Mindeststandards fest, entscheiden beispielsweise über die Zulässigkeit interner Rating-Verfahren und sanktionieren Fehlverhalten (durch Vorgabe höherer Eigenkapitalquoten), ohne daß es eine Berufungsinstanz gibt.

Insgesamt erscheint die neue Basler Eigenkapitalrichtlinie als ein neuer Schritt auf einer staatlichen Regulierungsspirale des Bankensystems, bei dem aktuelle Regulierungen die verfehlten Anreize früherer Regulierungen zu korrigieren versuchen und dabei möglicherweise neue Fehlanreize setzen: Als Reaktion auf die *Herstatt*-Krise sind in der Bundesrepublik (und in anderen Ländern) bereits Mitte der 70er Jahre Einlagensicherungssysteme zur Prävention gegen Liquiditätsrisiken entstanden. Da deren Prämien kaum risikoadjustiert sind und wenig auf steigende Aktivarisiken reagieren, schaffen sie

Anreize für die Geschäftsbanken, in risikoreiche Aktiva zu investieren. Als Reaktion hierauf wurde 1988 die erste Basler Mindesteigenkapitalvereinbarung verabschiedet, von der aber, wie gezeigt, Anreize ausgingen, zusätzliche Risiken einzugehen. Um dem zu begegnen, ist die Übereinkunft überarbeitet und Basel II verabschiedet worden, was möglicherweise Anreize für die Bank schafft, die eigene Risikoposition zu optimistisch zu beurteilen. Ob dies mittelfristig einen weiteren Schritt auf der Regulierungsspirale notwendig werden läßt, bleibt abzuwarten. In jedem Fall ist es noch viel zu früh, um auch nur ein Zwischenfazit über die Wirkung des Basel-Akkords ziehen und eine Prognose über die zukünftige Entwicklung von Bankenregulierungen abgeben zu können.

Literatur

Baltensperger, Ernst (1973), Optimal Bank Portfolios: The Liability Side, in: Jahrbücher für Nationalökonomie und Statistik, Bd. 187, S. 147-160.

Baltensperger, Ernst (1980), Alternative Approaches to the Theory of the Banking Firm, in: Journal of Monetary Economics, Vol. 6, S. 1-37.

Basler Ausschuß für Bankenaufsicht (2001), Konsultationspapier: Die Neue Basler Eigenkapitalvereinbarung, Basel.

Belke, Ansgar (2001), Too Big to Fail – Bankenkonkurs, ‚Bailout' und Wählerstimmenkalkül, in: *Dietrich von Delhaes-Guenther*, *Karl-Hans Hartwig* und *Uwe Vollmer* (Hg.), Monetäre Institutionenökonomik, Stuttgart, S. 261-297.

Blum, Jürg (1999), Do Capital Adequacy Rates Reduce Risk in Banking?, in: Journal of Banking and Finance, Vol. 23, S. 755-771.

Bonus, Holger (1994), Das Selbstverständnis moderner Genossenschaften, Tübingen.

Boos, Karl-Heinz und *Hermann Schulte-Mattler* (2001), Basel II: Externes und internes Rating, in: Die Bank, Nr. 5, S. 346-354.

Buchholz, Angelika (2002), Ein Gespenst namens Basel II, in: Süddeutsche Zeitung vom 8. April 2002, abgedruckt in: *Deutsche Bundesbank,* Auszüge aus Presseartikeln, Nr. 17, 10. April 2002, S. 10-11.

Buser, Stephen, Andrew Chen und *Edward Kane* (1981), Federal Deposit Insurance, Regulatory Policy, and Optimal Bank Capital, in: The Journal of Finance, Vol. 36, S. 51-60.

Chan, Yuk-Shee, Stuart I. Greenbaum und *Anjan V. Thakor (1992),* Is Fairly Priced Deposit Insurance Possible?, in: The Journal of Finance, Vol. 15, S. 227-245.

Deutsche Bundesbank (2001), Die neue Basler Eigenkapitalvereinbarung, in: Monatsbericht, 53. Jg., April, S. 15-44.

Dewatripont, Mathias und *Jean Tirole* (1994), The Prudential Regulation of Banks, Cambridge und London.

Diamond, Douglas W. (2001a), Should Japanese Banks be Recapitalized?, in: Bank of Japan, Monetary and Economic Studies, Vol. 19 (2), S. 1-19.

Diamond, Douglas W. (2001b), Should Banks be Recapitalized?, in: Federal Reserve Bank of Richmond, Economic Quarterly, S. 1-28.

Diamond, Douglas W. and *Philip H. Dybvig* (1983), Bank Runs, Deposit Insurance and Liquidity, in: Journal of Political Economy, Vol. 91, S. 401- 419.

Europäische Zentralbank (2001), Die neue Basler Eigenkapitalvereinbarung aus Sicht der EZB, in: Monatsbericht, 3. Jg., Mai, Frankfurt, S. 65-84.

Freixas, Xavier und *Jean-Charles Rochet* (1995), Fairly Priced Deposit Insurance: Is it Possible? Yes. Is it Desirable? No, Universitat Pompeu Fabra, Barcelona, Finance and Banking, Discussion Paper, No. 4.

Freixas, Xavier und *Jean-Charles Rochet* (1997), Microeconomics of Banking, Cambridge und London.

Furfine, Craig (2000), Evidence on the Response of US Banks to Changes in Capital Requirements, Bank for International Settlements, Working Paper, No. 88.

Greenbaum, Stuart I. and *Anjan V. Thakor* (1995), Contemporary Financial Intermediation, Fort Worth u.a.

Holmstrom, Bengt und *Jean Tirole (1997),* Financial Intermediation, Loanable Funds and the Real Sector, in: The Quarterly Journal of Economics, Vol. 112, S. 663-691.

Jackson, Patricia et al. (1999), Capital Requirements and Bank Behaviour: The Impact of the Basle Accord, Bank for International Settlements, Basle Committee on Banking Supervision, Working Paper, No. 1.

Jokivuolle, Esa und *Karlo Kauko* (2001), The New Basel Accord: Some Potential Implications of the New Standards for Credit Risk, Bank of Finland, Discussion Paper, No. 2.

Jones, David (2000), Emerging Problems with the Basel Capital Accord: Regulatory Capital Arbitrage and Related Issues, in: Journal of Banking and Finance, Vol. 24, S. 35-58.

Kahane, Yehuda (1977), Capital Adequacy and Regulation of Financial Intermediaries, in: Journal of Banking and Finance, Vol. 1, S. 207-218.

Kareken, John H. und *Neil Wallace (*1978), Deposit Insurance and Bank regulation: A Partial Equilibrium Exposition, in: Journal of Business, Vol. 51, S. 413-438.

Kim, Daesik und *Anthony M. Santomero* (1988), Risk in Banking and Capital Regulation, in: The Journal of Finance, Vol. 43, S. 1219-1233.

Koehn, Michael and *Anthony M. Santomero* (1980), Regulation of Bank Capital and Portfolio Risk, in: The Journal of Finance, Vol. 35, S. 1235-1244.

Krämer-Eis, Helmut (2001), Rating: Herausforderungen für Kreditinstitute und Unternehmen, in: KfW-Research vom 26.8.2001, S. 24-31.

Krahmen, Jan Pieter und *Martin Weber* (2001), Generally Accepted Rating Principles: A Primer, in: Journal of Banking and Finance, Vol. 25, S. 3-23.

Merton, Robert C. (1977), An Analytic Derivation of the Cost of Deposit Insurance and Loan Guarantees, in: Journal of Banking and Finance, Vol. 1, S. 3-11.

Milne, Alistair (2002), Bank Capital Regulation as an Incentive Mechanism: Implications for Portfolio Choice, in: Journal of Banking and Finance, Vol. 26, S. 1-23.

Modigliani, Franco und *M. Miller (*1958), The Cost of Capital, Corporation Finance and the Theory of Investment, in: American Economic Review, Vol. 68, S. 261-297.

o. V. (2001), Basel II soll erst 2005 in Kraft treten, in: Deutsche Bundesbank, Auszüge aus Presseartikeln, Nr. 29 vom 28. Juni 2001, S. 14-15.

o. V. (2002), Inkrafttreten von Basel II könnte sich verschieben, in: Deutsche Bundesbank, Auszüge aus Presseartikeln, Nr. 3 vom 16. Januar 2002, S. 7 f.

Rime, Bertrand (2001), Capital Requirements and Bank Behaviour: Empirical Evidence for Switzerland, in: Journal of Banking and Finance, Vol. 25, S. 789-805.

Rochet, Jean-Charles (1992), Capital Requirements and the Behaviour of Commercial Banks, in: European Economic Review, Vol. 36, S. 1137-1178.

Rolfes, Bernd und *Cordula Emse* (2000a), Rating-basierte Ansätze zur Messung der Eigenkapitalunterlegung von Kreditinstituten, European Center for Financial Services, Forschungsbericht, August 2000, Duisburg.

Rolfes, Bernd und *Cordula Emse* (2000b), Konsequenzen einer auf internen Ratings basierenden Eigenkapitalunterlegung, in: Die Bank, Nr. 10, S. 680-724.

Santos, Joao A. C. (2000), Bank Capital Regulation in Contemporary Banking Theory: A Review of the Literature, Bank for International Settlements, Basel, Working Paper, No. 90.

Sekretariat des Basler Ausschusses für Bankenaufsicht (2001), Erläuternde Angaben zur Neuen Basler Eigenkapitalvereinbarung, Basel, Januar.

Terres, Paul (2001), Basel II: Mehr Regulierung in der Kreditwirtschaft, in: Konjunktur, Zinsen, Währungen, Volkswirtschaftliche Abteilung der DGZ Deka Bank Konzern, Heft 2, S. 12-19.

Vollmer, Uwe (2000), Warum gibt es (immer noch) Kreditgenossenschaften? Eine institutionenökonomische Analyse, in: Jahrbuch für Wirtschaftswissenschaften, Bd. 51, S. 53-74.

Vollmer, Uwe (2001), Minimum Capital Adequacy Ratios for Banks: An Obstacle to Investment Finance of Poorly Capitalized Firms?, in: Jahrbücher für Nationalökonomie und Statistik, Bd. 221, S. 577-591.

Alfred Schüller und H. Jörg Thieme (Hg.), Ordnungsprobleme der Weltwirtschaft
Schriften zu Ordnungsfragen der Wirtschaft · Band 71 · Stuttgart · 2002

Nationale Regulierungspolitik und internationale Unternehmenszusammenschlüsse: Das Beispiel der Banken

*Diemo Dietrich**

Inhalt

---

* Mein Dank gilt Herrn cand. rer. pol. *Peter Saß* für sehr wertvolle Zuarbeiten und seine Diskussionsbereitschaft.

1. Internationale Bankenfusionen und Bankenübernahmen: Empirischer Befund

In den vergangenen zwei Dekaden ist im Zuge der zunehmenden Finanzmarktintegration eine weltweit verstärkte Fusionsaktivität im Bankensektor zu beobachten (Mergers & Acquisitions, M&A). Dies betrifft in besonderem Maße auch internationale, d. h. grenzüberschreitende Bankenzusammenschlüsse und Bankenübernahmen (Cross-border mergers). So ist sowohl die Gesamtzahl von M&A als auch die Anzahl internationaler M&A in den Ländern der OECD allein im Zeitraum von 1990-99 auf jeweils mehr als das Doppelte gestiegen (*Focarelli* und *Bozzolo* 2001, S. 2311).

Abbildung 1: Anzahl der jährlichen Bankenzusammenschlüsse 1978-2001

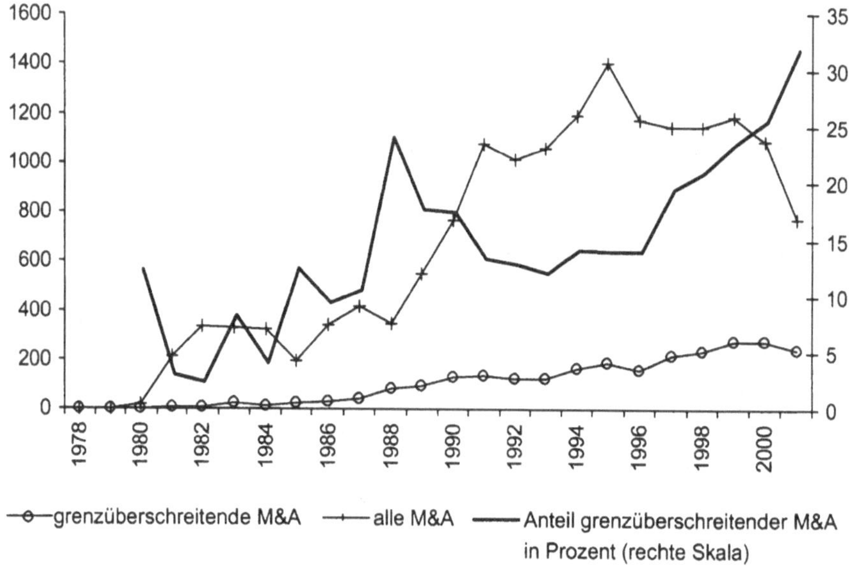

Quelle: *Buch* und *DeLong* (2001, S. 34).

Aus der Abbildung 1 ist des weiteren zu erkennen, daß der Anteil der grenzüberschreitenden Bankenzusammenschlüsse mittlerweile über 30 Prozent der gesamten Bankenzusammenschlüsse weltweit ausmacht; allerdings fällt dieser Anteil in einzelnen Ländern der OECD zum Teil sehr unterschiedlich aus. So sind mehr als die Hälfte aller M&A, die zwischen 1990 und 1999 in Deutschland stattgefunden haben, grenzüberschreitend, während dieser Anteil in Japan etwa ein Viertel betrug und in den USA grenzüberschreitende M&A in keinem nennenswerten Anteil stattfanden (siehe Abbildung 2).

Abbildung 2: Anteil der internationalen M&A an der Gesamtanzahl der M&A (in Prozent)

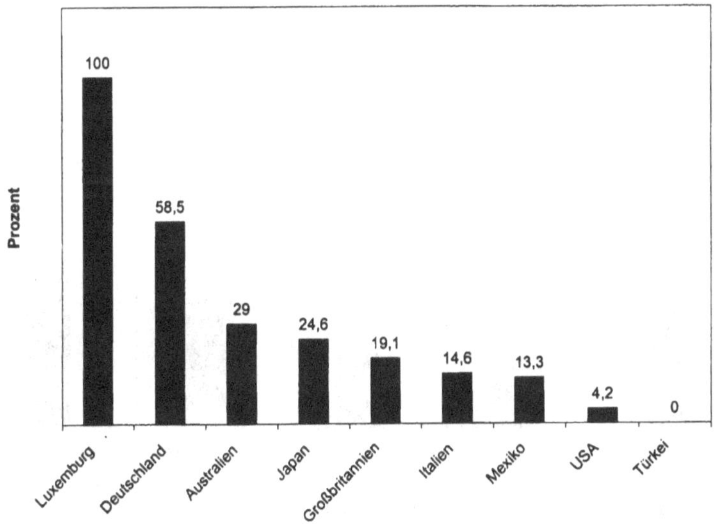

Quelle: Daten entnommen aus *Focarelli* und *Bozzolo* (2001, S. 2312).

Ein weiterer Indikator für eine Zunahme der internationalen M&A-Aktivitäten findet sich mit Blick auf die bei internationalen Bankenzusammenschlüssen gezahlten Erwerbspreise (merger purchase price): So zeigen beispielsweise *Berger*, *DeYoung*, *Genay* und *Udell* (2000, S. 31 ff.), daß bis Mitte der 1990er Jahre keine nennenswerten Zusammenschlüsse und Übernahmen zwischen europäischen Banken einerseits und nichteuropäischen Banken andererseits zu verzeichnen waren, die Summe der jährlich gezahlten Erwerbspreise anschließend jedoch sehr schnell auf durchschnittlich 30 Milliarden US Dollar anstieg und somit das Niveau der intra-europäischen Bankenzusammenschlüsse erreichte. Auch an der Anzahl gemessen, sind seit Mitte der 1990er Jahre die internationalen Bankenzusammenschlüsse über die Grenzen des europäischen Währungsraumes hinweg von größerer Bedeutung als intra-europäische Bankenzusammenschlüsse (siehe Abbildung 3).

Abbildung 3: Anzahl der internationalen M&A innerhalb des EWR und über seine Grenzen hinweg (1995-1999)

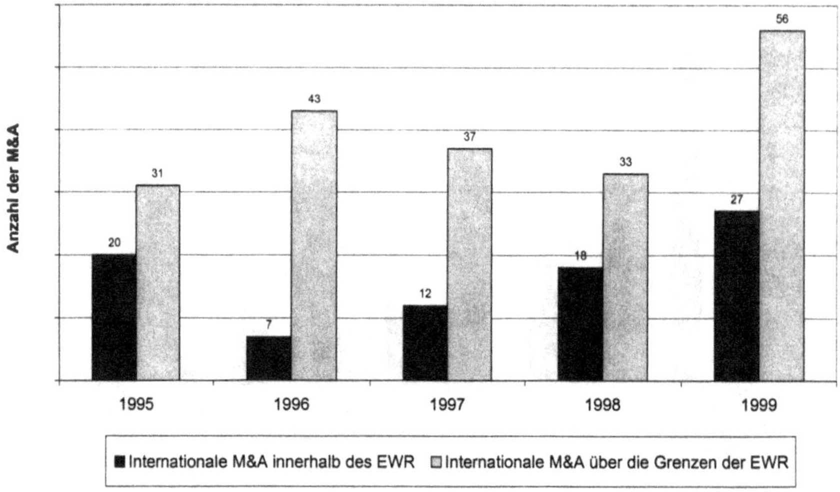

Quelle: Daten entnommen aus *European Central Bank* (2000, S. 10).

Diesen zunehmenden Konsolidierungsprozeß im internationalen Bankensektor zu erklären ist Gegenstand dieses Beitrages. Im Abschnitt 2 wird zunächst ein Überblick gegeben über die in der Literatur am häufigsten diskutierten Gründe von Bankenzusammenschlüssen. Es zeigt sich, daß diese traditionellen Erklärungsansätze unter dem grundsätzlichen Mangel leiden, die zunehmende Tendenz hin zu *internationalen* Bankenzusammenschlüssen nicht erklären zu können. Dieser Feststellung wird im vorliegenden Beitrag die Hypothese gegenübergestellt, daß internationale Bankenzusammenschlüsse zurückgeführt werden können auf nationale Unterschiede bei der Ausgestaltung von Bankenregulierungssystemen. Hierzu werden im Abschnitt 3 die wesentlichen Unterscheidungsmerkmale nationaler Regulierungssysteme vorgestellt, die sich in der Hauptsache auf die Ausgestaltung von Einlagensicherungssystemen und Mindesteigenkapitalvorschriften beziehen. Im Anschluß daran wird im Abschnitt 4 am Beispiel unterschiedlicher Einlagensicherungssysteme analysiert, inwieweit internationale Bankenzusammenschlüsse eine Anpassungsreaktion auf internationale Regulierungsdifferenzen im Bankensektor darstellen. Der Beitrag endet mit einer Diskussion zur künftigen Ausgestaltung nationaler Regulierungssysteme.

2. Gründe für Bankenzusammenschlüsse: Überblick

Ältere Ansätze der industrieökonomischen Literatur, insbesondere die Ansätze von *Klein* (1971) und *Monti* (1972) zum *Cournot*-Wettbewerb im Bankensektor, erklären M&A durch die damit verbundenen zusätzlichen Gewinne für Banken (Überblicke bei

Freixas und *Rochet* 1997, S. 51 ff.; *Toolsema* 2000): So wird durch Zusammenschlüsse und Übernahmen im Bankensektor die Anzahl der miteinander im Wettbewerb stehenden Banken dezimiert, wodurch Banken im Durchschnitt steigende Gewinne zu Lasten der Kreditnehmer und Einleger realisieren; diese Umverteilung resultiert bei vermindertem Bankenwettbewerb (und der damit verbundenen höheren Preissetzungsmacht der Banken) aus einer Zunahme der Differenz zwischen Kredit- und Einlagenzinsen. Dieser Erklärungsansatz ist jedoch aus empirischer Sicht fragwürdig, da keine eindeutige Evidenz für eine Zunahme von Zinsspreads infolge von Bankenzusammenschlüssen existiert (Überblick bei *Berger, Demsetz* und *Strahan* 1999, S. 152 ff.; siehe auch *Corvoisier* und *Gropp* 2001).

Defizite weisen auch die Erklärungsversuche von Bankenzusammenschlüssen auf, die argumentieren, daß große Banken gegenüber kleinen Banken einen Effizienzvorteil erreichen, der sich aus der Ausschöpfung von Skalenvorteilen bei der Entwicklung der Durchschnittskosten des Bankbetriebs ergibt (*Benston*, *Hanweck* und *Humphrey* 1982). Bei diesen Ansätzen spielen insbesondere X-Ineffizienzen eine große Rolle, die möglicherweise durch Bankenzusammenschlüsse vermieden werden (*Berger* und *Humphrey* 1997). X-Ineffizienzen liegen vor, sofern die tatsächlichen Produktionskosten höher sind als die bei gegebenen Faktorpreisen abgeleiteten Minimalkosten (*Vollmer* 1999, S. 47). Es wird beobachtet, daß die durchschnittlichen X-Ineffizienzen etwa 20 Prozent der Gesamtkosten und etwa 50 Prozent der potentiellen Gewinne im Bankensektor ausmachen (*Berger*, *DeYoung*, *Genay* und *Udell* 2000, S. 46). Allerdings ist die Existenz von Skalenerträgen im Bankgewerbe nur schwer nachzuweisen. Zumeist gilt, daß diese bereits bei mittleren Bankengrößen, d. h. bei Bilanzvolumina von zum Teil unter 25 Milliarden Euro, voll ausgeschöpft und Fusionen kleinerer und mittlerer Banken lediglich mit einer Steigerung der Kosteneffizienz von durchschnittlich 5 Prozent verbunden sind.[1]

Drittens wird als Begründung für Bankenzusammenschlüsse die Existenz von Diversifikationsmöglichkeiten angeführt (*Baltensperger* 1980; *Baltensperger* und *Milde* 1987, S. 21 ff.; *Pilloff* und *Santomero* 1998). Hiernach folgt aus portfoliotheoretischen Überlegungen, daß zum einen ein Kreditportfolio bei imperfekt korrelierten Ertragsrisiken mit steigendem Kreditvolumen zu einer geringeren Gesamtvolatilität des Bankgewinns führt; damit besteht letztlich ein geringerer Bedarf an Bankeigenkapital pro Krediteinheit zur Abfederung von Ertragsrisiken. Zum anderen sinkt auch die durchschnittliche Liquiditätsreserve einer Bank (beziehungsweise deren Basisgeldbedarf) mit steigendem Einlagenvolumen, sofern sich die unerwarteten und voneinander unabhängigen Ein- und Auszahlungswünsche der Einleger wechselseitig verstärkt kompensieren. Diese portfoliotheoretischen Ansätze argumentieren jedoch vor dem Hintergrund eines als perfekt funktionierend unterstellten Marktes für Finanzaktiva und sind nicht in der Lage, die Besonderheiten einer Bankunternehmung, die sich aus der Wahrnehmung ihrer Funktionen ergeben, zu berücksichtigen (*Breuer* 1993).

---

[1] *Berger* und *Mester* 1997; *Europäische Kommission* 1997; *Lang* und *Welzel* 1998, 2000; *Wheelock* und *Wilson* 2001

Ein weiteres Argument für Bankenzusammenschlüsse wird abgleitet aus der Strategie nationaler Bankenaufsichtsbehörden (‚Too big to fail'-Doktrin): Wenn eine Bank sehr groß wird, so ist die Wahrscheinlichkeit hoch, daß die Bankenaufsichtsbehörde diese Bank nicht schließen wird, selbst wenn die (zukünftigen) Ertragsaussichten der Bank sehr schlecht sind. Dieses Verhalten folgt vor allem aus dem Bestreben der Aufsichtsbehörde, die zusätzlichen Kosten, die aus einem Vertrauensverlust in den heimischen Bankensektor bei Schließung eines bedeutenden Kreditinstitutes entstehen können, zu vermeiden (Überblick bei *Belke* 2001). Allerdings scheinen ‚Too big to fail'-Strategien von Bankenaufsichtsbehörden alleine noch keine hinreichende Motivation für Bankenzusammenschlüsse zu sein. So testen beispielsweise *Benston*, *Hunter* und *Wall* (1995), ob US-amerikanische Banken fusionieren, um den Optionswert einer (nicht risikogerecht ausgestalteten) Einlagenversicherung mit unvollständiger Deckung zu maximieren; hierbei wird vermutet, daß durch eine ‚Too big to fail'-Politik der Anreiz für Banken besteht, durch eine Fusion auch ein höheres Ausfallrisiko durch die Zusammenlegung ähnlicher Risiken zu suchen: Wenn sich die sehr schlechten Kreditertråge realisieren, so würden die entsprechenden Verluste über die Einlagenversicherung externalisiert, da die Einlagensicherungsgesellschaft mit großer Wahrscheinlichkeit die gesamten Bankeinlagen einer bedeutenden großen Bank ausbezahlen würde; hingegen fielen bei Realisation hoher Kreditertråge die Gewinne ausschließlich bei der Bank an. Diese Hypothese wurde jedoch durch die Studie der Autoren abgelehnt.

Eine alternative, agency-theoretische, Begründung von Bankenzusammenschlüssen läßt sich finden unter Rückgriff auf das bereits angeführte Diversifikationsargument. So ist die Existenz einer Geschäftsbank gemäß *Diamond* (1984) erklärbar, sofern eine Bank aufgrund perfekter Diversifikationsmöglichkeiten sichere Gesamtkreditertråge realisieren kann. Dann nämlich unterliegen die Bankgläubiger (die Einleger) keinem Zurechnungsproblem mehr, welches sich grundsätzlich ergibt, sofern Informationen über transaktionsrelevante Größen (Umweltzustand und/oder Anstrengungsniveau des Schuldners) zwischen Geldgeber und Geldnehmer asymmetrisch verteilt sind:[2] Immer wenn die Bank ihre Bankeinlagen aufgrund der Angabe zu geringer Kreditertråge nicht in voller Höhe zurückbezahlen kann (oder will), muß sie die Einleger getäuscht haben und ist ihren Verpflichtungen als Unternehmenskontrolleur nicht nachgekommen. Die zur Lösung des Informationsproblems notwendige Diversifikation kann bei unabhängig verteilten Kreditrisiken nur über die Ausnutzung des Gesetzes der großen Zahl erreicht werden, was faktisch eine (unendlich) große Bank erfordert.[3]

---

[2] Zu vertragstheoretischen Implikationen asymmetrisch verteilter Informationen siehe *Vollmer* und *Dietrich* (2000).

[3] *Milbourn*, *Boot* und *Thakor* (1999) bieten einen weiteren agency-theoretischen Erklärungsansatz, in dem Bankeigentümer keine Information über das ‚Talent' von Bankmanagern haben. Die Bankeigentümer wissen jedoch, daß es einem ‚talentierten' Bankmanager möglich ist, eine große Bank im Erwartungswert erfolgreicher zu führen als ein ‚untalentierter' Bankmanager. Hieraus resultiert ein ‚Reputations-Wettlauf' der Bankmanager, die durch die Übernahme anderer Banken den Bankeigentümern signalisieren wollen, daß sie tatsächlich ‚talentiert' sind.

Die Liste möglicher Erklärungsansätze von Bankenzusammenschlüssen soll abgeschlossen werden (ohne hiermit Anspruch auf Vollständigkeit zu erheben) mit einem Argument, welches sich aus Sicht der Theorie unvollständiger Verträge ergibt (*Dietrich* und *Vollmer* 2001). Banken spielen hiernach aufgrund ihrer spezifischen Fähigkeiten eine besondere Rolle bei der Einforderung von ausstehenden Krediten (*Diamond* und *Rajan* 2001). Wenn ein Unternehmen die ursprünglichen, vertraglich vereinbarten Zahlungen nicht leisten kann (oder will), so hat die Bank das im Standardkreditvertrag vereinbarte Recht, das Unternehmen zu liquidieren und somit die Finanzierungsbeziehung zu beenden.[4] Die Bank kann sich aber auch auf eine Nachverhandlung des Kredites mit dem Unternehmen einlassen und Zahlungsaufschub gewähren gegen das Versprechen des Unternehmers, zu einem späteren Zeitpunkt Zahlungen an die Bank zu leisten. Regelmäßig ist das Ergebnis dieser Nachverhandlungen jedoch unsicher, vor allem wenn Nachverhandlungskosten berücksichtigt werden, deren Höhe zum Zeitpunkt der Aufnahme von Nachverhandlungen nicht mit Sicherheit bekannt ist. Eine Bank, die über viel Eigenkapital oder über eine hohe Anzahl von Eigenkapitalgebern verfügt, ist bereit, die im Nachverhandlungsprozeß entstehenden Risiken eher einzugehen als eine Bank mit geringer Eigenkapitalbasis. Dies stärkt die Verhandlungsposition der Bank gegenüber dem Kreditnehmer und führt dazu, daß die gut kapitalisierte Bank im Durchschnitt höhere Kreditерträge erwarten kann als eine Bank mit niedriger Eigenkapitalbasis.

Trotz der Fülle alternativer Erklärungsansätze für Bankenzusammenschlüsse bleibt ein wesentliches Faktum in der Entwicklung der internationalen Finanzmärkte weitgehend unerklärt. So können alle die hier vorgebrachten Argumente Bankenzusammenschlüsse im allgemeinen mehr oder weniger (empirisch robust) erklären, jedoch gerade nicht die zunehmende Tendenz zu *internationalen* Bankenzusammenschlüssen. Diesem Erklärungsdefizit soll mit Hilfe des Modells von *Repullo* (2001) begegnet werden, welches internationale Bankenzusammenschlüsse als Anpassungsreaktion auf *internationale Regulierungsdifferenzen* im Bankensektor erklärt. Hierzu wird zunächst ein Überblick über Unterschiede nationaler Regulierungssysteme gegeben und nachfolgend der Erklärungsansatz internationaler Bankenzusammenschlüsse diskutiert.

3. Nationale Regulierungssysteme

Im folgenden werden in einem Bankenregulierungssystem regulierungspolitische Instrumente zusammengefaßt, die darauf ausgerichtet sind, die Sicherheit und die Zuverlässigkeit eines Bankensystems zu gewährleisten oder wiederzuerlangen. Somit bleiben andere Regeln im Bankensektor, die nicht auf dieses Ziel abstellen, unberücksichtigt, wie beispielsweise die Vorgabe von Mindestreservepflichten oder die Wahl der geldpo-

---

[4] Es gibt drei konstituierende Merkmale für Standardkreditverträge: 1. Es wird zwischen den Vertragsparteien ein festes (zustandsunabhängiges) Rückzahlungsversprechen vereinbart; 2. der Gläubiger hat das Recht, die Herrschaftsrechte über die Vermögensgegenstände des Schuldners an sich zu nehmen, sofern der Schuldner sein gegebenes Rückzahlungsversprechen bricht; 3. die Forderungen aus Standardkreditverträgen werden im Falle des Konkurses des Schuldners vorrangig gegenüber anderen Kapitalüberlassungsformen behandelt (siehe *Hart* 1995, S. 95 ff.).

litischen Instrumente einer Zentralnotenbank, obwohl auch sie in entscheidender Weise das Verhalten der Geschäftsbanken bestimmen.

Die Einführung von Systemen zur Bankenregulierung ist zurückzuführen auf den Wunsch der politischen Entscheidungsträger, Kunden von Banken (insbesondere kleine Einleger und Kreditnehmer) vor dem Risiko eines Bankenzusammenbruchs zu schützen (*Freixas* und *Rochet* 1997, S. 257 f.). Dieses Risiko von Zusammenbrüchen ist insbesondere im Bankensektor bedeutsam, da aufgrund der auf Finanzmärkten besonders ausgeprägten Informationsprobleme das Verhalten der Banken durch moral hazard und adverse selektion gekennzeichnet ist. Um diesen adversen Anreizen für Banken zu begegnen, müssen Bankgläubiger eine Vielzahl von Überwachungsaufgaben wahrnehmen, die zum Teil sehr komplex und kostenintensiv und aufgrund bestehender Informationsprobleme zwischen den Bankeinlegern kaum zu koordinieren sind; aus diesem Grunde wird unter Umständen die Delegation der Überwachungsaufgaben an eine zentrale (staatliche) Institution notwendig (representative hypothesis; *Dewatripont* und *Tirole* 1994, S. 31 f.).

Neben der Vorgabe von Zinsbeschränkungen (die mittlerweile in vielen Ländern wieder abgeschafft wurden; *Gual* 1999, S. 3 f.) sind die Errichtung eines ‚lender of last resort‘ und einer Einlagenversicherung sowie die Vorgabe und Überwachung von Mindesteigenkapitalnormen die wichtigsten Instrumente nationaler Bankenregulierungssysteme (*Freixas* und *Rochet* 1997, S. 260 ff.). Die Kompetenzzuweisung zur Wahrnehmung dieser Aufgaben sowie die konkrete Ausgestaltung der Regeln erfolgen hierbei in den einzelnen Staaten mitunter sehr verschieden:

Der ‚lender of last resort‘ stellt illiquiden, aber solventen Banken gegen die Herausgabe einwandfreier Sicherheiten kurzfristige Liquidität zur Überbrückung kurzfristiger Liquiditätsengpässe zur Verfügung. Diese Aufgabe wird in den meisten Ländern von der Zentralnotenbank wahrgenommen mit Ausnahme von Deutschland, wo die im gemeinschaftlichen Eigentum von Bundesbank und Bankenverbänden befindliche (privatrechtlich organisierte) Liquiditäts- und Konsortialbank (LIKO) die Funktion des ‚lender of last resort‘ erfüllt.

Die Einlagenversicherung dient explizit dem Schutz der Einlagen von Banken, so daß im Falle eines Bankenzusammenbruches die Bankeinleger nicht mit einem (vollständigen) Verlust ihrer Einlagen rechnen müssen. Grundsätzlich wird diese Aufgabe von einer extra eingerichteten öffentlichen Behörde übernommen. Ausnahmen sind hier beispielsweise die Niederlande und Spanien, wo die Einlagenversicherung bei der nationalen Zentralbank angesiedelt ist, und Deutschland, wo die einzelnen Bankenverbände die Einlagenversicherung privatrechtlich organisieren (Überblick bei *Vollmer* 2000). Darüber hinaus existierten im Jahr 2000 in nicht weniger als 50 Ländern überhaupt keine explizit ausgestalteten Einlagensicherungssysteme, wie beispielsweise in Australien, China, Neuseeland und Rußland (*Barth*, *Caprio* und *Levine* 2001, Tabelle 2).

Neben den zum Teil erheblichen Unterschieden in der Höhe der zu leistenden Versicherungsprämie (Deutschland und Japan: etwa 0,03 Prozent des versicherten Einlagevolumens; USA: maximal 0,27 Prozent; Griechenland: zwischen 0,025 und 1,25 Prozent; Venezuela: 2,0 Prozent) bestehen vor allem enorme Divergenzen bei der vorgesehenen Deckungsquote: So sind in den lateinamerikanischen Ländern Chile und Mexiko sowie in den ostasiatischen Ländern Japan, Korea, Malaysia und Thailand die Einlagen ebenso wie in der Türkei vollständig abgesichert, während in Ländern wie der Schweiz und dem Vereinigten Königreich die Deckung auf einen Betrag in Höhe von weniger als dem Pro-Kopf-Einkommen des Landes beschränkt ist (siehe Tabelle im Anhang).

Die Empfehlungen zu den Regelungen von Eigenkapitalnormen werden vom Basler Ausschuß für Bankenaufsicht gegeben und beinhalten eine Mindesteigenkapitalquote von 8 Prozent der standardisiert risikogewichteten Aktiva (siehe Beitrag *Vollmer* in diesem Band). Diese Empfehlungen werden über die nationalen Gesetzgebungsverfahren in jeweiliges Landesrecht übernommen werden. Abweichungen hiervon finden sich beispielsweise in Kanada, wo eine Mindesteigenkapitalquote von 10 Prozent erhoben wird, und auf den Cayman Islands mit einer Mindesteigenkapitalquote in Höhe von 12 Prozent (siehe Tabelle im Anhang). Diese Eigenkapitalnormen haben die Funktion, Banken von einer exzessiven Risikoübernahme abzuhalten: Da durch eine Einlagenversicherung der Sichteinlagenvertrag nicht mehr disziplinierend für die Bank wirkt, soll eine zusätzlich eingeführte Eigenkapitalnorm diese Fehlanreize korrigieren, indem bei einem Unterschreiten der Eigenkapitalnorm die Bankenaufsichtsbehörde die Geschäftslizenz für die betroffene Bank entzieht (*Diamond* 2001, S. 7 ff.).

Die Einhaltung dieser und anderer bankenaufsichtlicher Vorgaben wird in den einzelnen Ländern durchgesetzt und kontrolliert von staatlichen Bankenaufsichtsbehörden, die größtenteils selbständig organisiert sind. Ausnahmen hiervon sind beispielsweise die USA, Kanada und Italien, wo die Bankenaufsicht von der Einlagensicherungsgesellschaft betrieben wird. Auch die Formulierung der Eigenkapitalnormen erfolgt in den einzelnen Ländern verschieden stringent. So sind die Eigenkapitalnormen vor allem in entwickelten Volkswirtschaften wie den USA sowie den meisten Mitgliedsstaaten der Europäischen Union vergleichsweise zwingend formuliert. Dagegen wird in Ländern wie der Türkei und Indonesien, aber auch in Griechenland und in Schweden eher lax mit Eigenkapitalnormen umgegangen, da u.a. mangels entsprechender Bilanzierungsvorschriften zum Teil erhebliche diskretionäre Spielräume für die Banken bestehen (*Barth*, *Caprio* und *Levine* 2001, Abbildung 12).[5]

Es bestehen demnach zum Teil erhebliche nationale Unterschiede in der expliziten Ausgestaltung von Bankenregulierungssystemen.[6] Es läßt sich daher vermuten, daß internationale Bankenzusammenschlüsse eine Anpassungsreaktion auf bestehende Regulierungsdifferenzen darstellen. Dieser Vermutung am Beispiel national unterschiedlich

---

[5] Die Stringenz der Durchsetzung von Eigenkapitalnormen wurde mit Hilfe eines Indexes erfaßt, der unter anderem berücksichtigt, inwieweit noch nicht realisierte Kreditausfälle bei der Bestimmung der tatsächlichen Eigenkapitalposition sowie andere Aktivbewertungsrisiken einbezogen werden und ob beispielsweise die Herkunft von Eigenkapitalquellen durch die Aufsichtsbehörden nachvollziehbar ist (*Barth*, *Caprio* und *Levine* 2001, S. 16 ff.).

[6] Ein weiterer (hier nicht weiter berücksichtigter) Regulierungstatbestand ist der Anteil von Banken, die sich in jeweiligem Staatsbesitz befinden. Dieser Anteil, gemessen in Prozent der aggregierten Bankaktiva in Staatseigentum an den gesamten Bankaktiva eines Landes, beträgt beispielsweise in Japan unter 5 Prozent, in Deutschland über 40 Prozent und in Rußland etwa 70 Prozent (*Barth*, *Caprio* und *Levine* 2001, Abbildung 4).

ausgestalteter Einlagensicherungssysteme nachzugehen ist Gegenstand des folgenden Abschnittes.

4. Übernahme ausländischer Banken

Das folgende Modell von *Repullo* (2001) erklärt internationale Bankenübernahmen als Folge einer Ausnutzung von Diversifikationseffekten unter besonderer Berücksichtigung des regulierungspolitischen Umfeldes des Bankgeschäftes. Diversifikationseffekte sind realisierbar, da annahmegemäß in- und ausländische Kreditertrage der Banken nicht perfekt miteinander korrelieren.[7] Das regulierungspolitische Umfeld, in dem Banken ihre Geschäftstätigkeit ausüben, wird charakterisiert durch die Existenz einer Einlagenversicherung sowie einer Bankenaufsicht. Die Bankenaufsichtsbehörde hat hierbei das Recht, Lizenzen zur Ausübung der Bankgeschäftstätigkeit zu erteilen oder auch zu entziehen. Letzteres wird sie tun, sofern eine Bank überschuldet ist (bzw. die regulatorische Mindesteigenkapitalnorm nicht erfüllt) oder die Aufsichtsbehörde zusätzliche Informationen bei ihrer Aufsichtstätigkeit erhält, die eine künftige Überschuldung signalisieren.

Die heimische Bankenaufsichtsbehörde ist nur unzureichend über die Ertragsaussichten ausländischer Zweigstellen[8] heimischer Banken informiert und betreibt gleichzeitig ihre Lizenzvergabepolitik unabhängig von den Kosten, die entstehen, wenn eine ausländische Zweigstelle einer heimischen Bank infolge eines Lizenzentzuges ebenfalls geschlossen werden muß. Dann sind Übernahmen ausländischer Banken durch heimische Banken um so wahrscheinlicher,

- je unbedeutender der Übernahmekandidat für den ausländischen Bankenmarkt ist,
- je risikoreicher dessen Aktiva im Vergleich zu denen der heimischen Bank sind und
- je höher die ausländische Einlagensicherungsprämie im Vergleich zur heimischen ist.

Dies zu zeigen, ist Gegenstand der folgenden Ausführungen. Hierbei wird zunächst das Verhalten nationaler Bankenaufsichtsbehörden bei ausschließlich im nationalen Markt agierenden Banken beschrieben (4.1.); anschließend folgen entsprechende Ausführungen bei heimischen Banken mit ausländischen Zweigstellen (4.2.); zuletzt erfolgt die Darstellung der Implikationen des Verhaltens nationaler Bankenaufsichtsbehörden bezüglich der Anreize für Banken zu internationalen Bankenzusammenschlüssen (4.3.).

---

[7] Diese Annahme ist beispielsweise für Zusammenschlüsse zwischen EU-Banken und Banken außerhalb der EU gerechtfertigt, da aufgrund des engen Konjunkturzusammenhanges innerhalb der EU die Erträge von EU-Banken miteinander stärker korrelieren als die Erträge von EU-Banken und Banken außerhalb der EU (*Berger* 2001, S. 38).

[8] Eine Zweigstelle ist gemäß Artikel 1, Absatz 5, EG-Richtlinie 97/9, „eine Betriebsstelle, die einen rechtlich unselbständigen Teil einer Wertpapierfirma [einschließlich Kreditinstitute, Anm. d. Verf.] bildet...“.

4.1. Die Politik der Bankenaufsicht bei national agierenden Banken

Zunächst wird eine ausschließlich auf dem jeweils nationalen Bankenmarkt agierende Bank betrachtet, wobei erst das Inland (heimische Bank) und anschließend das Ausland (ausländische Bank) zu untersuchen ist.

Eine heimische Bank, die nur auf dem heimischen Bankenmarkt aktiv ist, nimmt zu jedem Zeitpunkt $t = 0, 1, 2,...$ Einlagen im Volumen von 1 Geldeinheit (GE) auf, sofern sie über die notwendige Lizenz der Aufsichtsbehörde verfügt. Diese aufgenommenen Mittel sind durch die Einlagenversicherung vollständig abgesichert, wofür die Bankeigentümer eine pauschale Versicherungsprämie ϕ pro GE (flat rate) zahlen müssen. Die Bank investiert diese Mittel im selben Zeitpunkt t in die Kreditvergabe und realisiert im Zeitpunkt $t+1$ einen stochastischen Kreditertrag $\widetilde{R}$, wobei mit einer Prior-Wahrscheinlichkeit p ein Ertrag in Höhe von $R > 1$ GE pro investierter GE und mit der Gegenwahrscheinlichkeit $(1-p)$ kein Ertrag erzielt wird. Annahmegemäß ist der erwartete Kreditertrag pR größer als die Refinanzierungskosten der Bank, die sich bei einem für alle geltenden Diskontsatz von null aus den Rückzahlungen der Einlagen bestimmen.

Für die Bankenaufsichtsbehörde besteht darüber hinaus die Möglichkeit, vor Realisation des stochastischen Kreditertrages in $t+1$ die gesamten Bankaktiva bereits zu einem festen Zeitpunkt $t+\alpha$, der zwischen t und $t+1$ liegt, zu liquidieren und einen positiven Liquidationserlös $L < 1$ GE pro investierter GE zu realisieren. Diese Liquidationspolitik wird die Bankenaufsichtsbehörde betreiben, sofern sie zum Zeitpunkt $t+\alpha$ aus einem (von außenstehenden Dritten nicht überprüfbaren) Signal über die zukünftige Entwicklung der Bankaktiva hinreichend schlechte Ertragsaussichten für die Bank ableitet. Die Bankenaufsichtsbehörde bildet aus der Kenntnis dieses Signals gemäß der *Bayes*-Regel eine Posterior-Wahrscheinlichkeit $s \in [0,1]$ darüber, daß der Kreditertrag in $t+1$ tatsächlich R betragen wird und die Bank in $t+1$ nicht überschuldet ist; entsprechend ist $(1-s)$ die Posterior-Wahrscheinlichkeit, daß eine Bank in $t+1$ keinen Ertrag erzielt und überschuldet ist. Aus Gründen der Vereinfachung wird dieser *Bayes*'sche Lernprozeß nicht explizit modelliert, sondern statt dessen angenommen, daß die Bankenaufsichtsbehörde ein Signal erhält, welches unmittelbar die Posterior-Wahrscheinlichkeit s beinhaltet. Im Zeitpunkt t ist s eine Zufallsvariable mit einer - für alle Beteiligten als bekannt unterstellten – Verteilungsfunktion $F(s)$ sowie einer zugehörigen Dichtefunktion $f(s)$.

Die Bankenaufsichtsbehörde betreibt ihre Lizenzpolitik mit dem Ziel der Minimierung ihrer erwarteten Kosten, die sich zusammensetzen aus den Kompensationszahlungen an die Bankeinleger im Falle einer Bankschließung und aus den Kosten, die in Verbindung mit einem potentiellen Vertrauensverlust in den heimischen Bankensektor sowie daraus resultierenden Ansteckungseffekten im eigenen Land entstehen:[9] So verlieren durch Bankenschließungen vor allem institutionelle Anleger den Zugang zu ihren Bankeinlagen, da diese in der Regel nicht durch Einlagensicherungssysteme abgesichert

[9] Daß eine, wie hier unterstellte, Zusammenführung der Kompetenzen von Einlagenversicherung und Bankenaufsicht bei einer Institution nicht immer optimal sein muß, zeigen *Kahn* und *Santos* (2002); siehe hierzu auch *Goodhart* und *Schoenmaker* (1993).

sind; darüber hinaus erhalten ansonsten kreditwürdige Kreditnehmer, die eine sehr enge Beziehung zu ihrer Bank unterhielten (relationship lending, Hausbankbeziehung), keine externe Unternehmensfinanzierung und werden möglicherweise ebenfalls in den Konkurs getrieben; schließlich müssen Steuerzahler unter Umständen eine teure Rekapitalisierung konkursbedrohter Banken finanzieren (wie beispielsweise bei der japanischen Bankenkrise 1998 im Volumen von 60 Billionen Yen geschehen, siehe *Hoshi* 2001).

Die Aufsichtsbehörde wird die Bank zum Zeitpunkt $t+\alpha$ schließen, sofern die Kosten einer sofortigen Schließung geringer sind als die erwarteten Kosten einer späteren Schließung in $t+1$, d. h. falls

$$(1) \qquad (1-L)+c<(1-s)(1+c),$$

wobei $(1-L)$ die von der Bankenaufsichtsbehörde über den Liquidationserlös hinaus benötigten Mittel zur Kompensation der Einleger und c die mit der Schließung einer Bank entstehenden Kosten eines Vertrauensverlustes in den heimischen Finanzsektor bezeichnen. Da in $t+1$ keine Erlöse bei Liquidation der Bankaktiva mehr anfallen, muß die Bankenaufsichtsbehörde im Fall einer tatsächlichen Überschuldung der Bank ($\widetilde{R}=0$) die gesamten Einlagen im Volumen von 1 GE auszahlen, und entsprechend sind $(1+c)$ die Kosten, die entstehen, falls die Bank in $t+1$ überschuldet ist; da dieser Fall mit der Wahrscheinlichkeit $(1-s)$ eintritt, bezeichnet die rechte Seite von (1) die erwarteten Kosten der Bankenaufsichtsbehörde, sofern sie in $t+\alpha$ die Bank nicht liquidiert.

Gemäß Beziehung (1) entzieht die Bankenaufsichtsbehörde der heimischen Bank bereits in $t+\alpha$ die Geschäftslizenz, sofern das Signal über die zukünftigen Ertragsaussichten der Bank hinreichend schlecht ausfällt und folgende Bedingung erfüllt:

$$(2) \qquad s<\hat{s}:=\frac{L}{1+c}.$$

Eine erste wichtige Implikation läßt sich hieraus ableiten: Die kritische Signalausprägung $\hat{s}$ ist um so geringer, je höher die Kosten der Bankenschließung c sind. Kann unterstellt werden, daß die Kosten, die für die gesamte Volkswirtschaft bei der Schließung einer Bank entstehen, um so höher ausfallen, je größer und bedeutender die betroffene Bank für den heimischen Bankenmarkt ist, so ist das traditionelle ‚Too big to fail'-Argument rationalisierbar: So ist mit der Schließung einer bedeutenden und großen Bank auch eine vergleichsweise starke Ansteckungsgefahr für den gesamten Bankensektor verbunden, so daß die mit einer potentiellen Ansteckung verbundenen gesamtwirtschaftlichen Kosten höher ausfallen, als bei Schließung einer unbedeutenden kleinen Bank. Darum wird die Bankenaufsichtsbehörde eine vergleichsweise bedeutende Bank auch mit relativ schlechten künftigen Ertragsaussichten vorerst nicht liquidieren.

Aus (2) bestimmt sich schließlich die Wahrscheinlichkeit $z_{t+\alpha}$, mit der eine Bank bereits in $t+\alpha$ durch die Bankenaufsichtsbehörde geschlossen wird:

$$(3) \qquad z_{t+\alpha}:=\Pr(s<\hat{s})=\int_0^{\hat{s}} f(s)ds,$$

wobei $\Pr(s < \hat{s})$ die Wahrscheinlichkeit angibt, mit der das beobachtete Signal s schlechter ausfällt als der kritische Signalwert $\hat{s}$.

Eine Bank wird des weiteren in $t+1$ geschlossen, sofern sie nicht bereits in $t+\alpha$ aufgrund hinreichend schlechter Ertragsaussichten geschlossen wurde (d. h. $s \geq \hat{s}$) und wenn die tatsächlichen Kreditertträge in $t+1$ zu gering ausfallen und die Bank überschuldet ist (d. h. $\widetilde{R} = 0$, siehe Abbildung 4). Die Wahrscheinlichkeit für eine Bankschließung in $t+1$ lautet somit:

(4) $$z_{t+1} := \Pr(s \geq \hat{s} \text{ und } \widetilde{R} = 0) = \Pr(\widetilde{R} = 0 | s \geq \hat{s}) \cdot \Pr(s \geq \hat{s}) = \int_{\hat{s}}^{1} (1-s) f(s) ds.$$ [10]

Mithin ergibt sich die Wahrscheinlichkeit z, mit der eine Bank entweder in $t+\alpha$ oder in $t+1$ ihre Lizenz verliert, aus der Summe von (3) und (4) als:

(5) $$z := z_{t+\alpha} + z_{t+1} = 1 - \int_{\hat{s}}^{1} s f(s) ds.$$

Unter Berücksichtigung dieser Liquidationspolitik der Bankenaufsichtsbehörde folgt für den erwarteten Marktwert V_t einer Bank zum Zeitpunkt t:

(6) $$V_t = -\phi + (1-z)(R - 1 + V_{t+1}).$$

Hierbei beschreibt ϕ die von den Bankeigentümern zu jedem Zeitpunkt t zu leistende Einlagensicherungsprämie, $(1-z)$ die Wahrscheinlichkeit, daß die Bank ihre Lizenz auch im nächsten Zeitpunkt noch behalten kann, und $R-1$ den Bruttogewinn (Kreditertrag abzüglich Depositenverbindlichkeiten) in $t+1$, falls die Bank erfolgreich ist und ihre Lizenz behält; in diesem Fall kann die Bank in $t+1$ wiederum Einlagen aufnehmen und in Kredite investieren, so daß sich das Lizenzspiel wiederholt und bei der Bestimmung des erwarteten Marktwertes in t auch der zukünftige erwartete Marktwert V_{t+1} berücksichtigt werden muß. Da sich jedoch die Lizenzspiele zu allen Zeitpunkten gleichen, gilt bei einem unendlichen Zeithorizont: $V_t = V_{t+1} =: V$, und der erwartete Marktwert der Bank V ergibt sich aus (6) als

(7) $$V = \frac{(1-z)(R-1) - \phi}{z}.$$

---

[10] Hierbei ist $\Pr(s \geq \hat{s} \text{ und } \dot{R} = 0)$ die Wahrscheinlichkeit, daß in $t+\alpha$ das Signal s über die zukünftigen Erfolgsaussichten zwar relativ gut ist, und es in $t+1$ trotzdem zu einer Überschuldung der Bank kommt. Aus der Definition bedingter Wahrscheinlichkeiten ist $\Pr(s \geq \hat{s} \text{ und } \dot{R} = 0)$ identisch mit dem Produkt aus der Wahrscheinlichkeit $\Pr(s \geq \hat{s})$, daß das Signal hinreichend gut ausfällt, und der bedingten Wahrscheinlichkeit $\Pr(R = 0 | s \geq \hat{s})$, daß kein Kreditertrag realisiert wird, obwohl das Signal gut war; beachte hierbei, daß gilt: $\Pr(\widetilde{R} = 0 | s = \underline{s}) = 1 - \underline{s}$ für alle $\underline{s} \in [0,1]$.

Abbildung 4: Zeitliche Struktur des Lizenzspiels

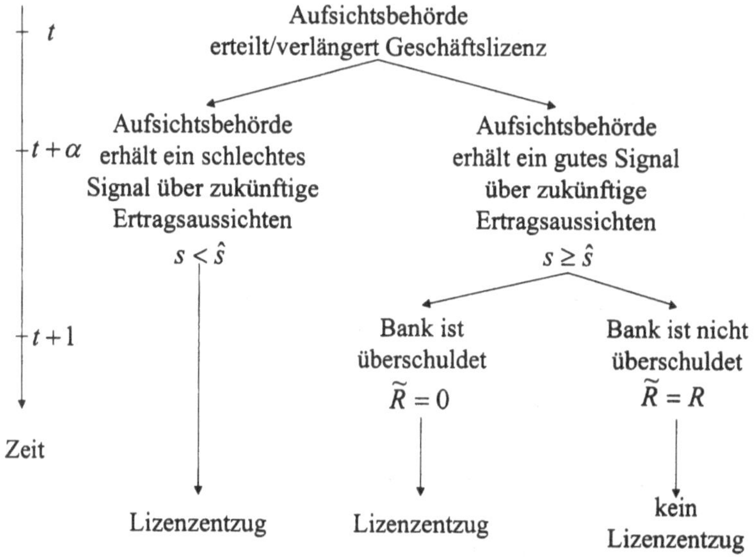

Für eine ausländische Bank, die ausschließlich im Ausland agiert, jedoch nur über ein Depositenvolumen in Höhe von $\lambda < 1$ GE verfügt, folgt in Analogie zu obigen Ausführungen:

(8) $$s^* < \hat{s}^* := \frac{L^*}{1 + c^*},$$

(9) $$z^*_{t+\alpha} := \Pr(s^* < \hat{s}^*) = \int_0^{\hat{s}^*} f^*(s^*)ds,$$

(10) $$z^*_{t+1} := \Pr(s^* \geq \hat{s}^* \text{ und } \widetilde{R}^* = 0) = \int_{\hat{s}^*}^{1} (1 - s^*) f^*(s^*)ds,$$

(11) $$z^* := z^*_{t+\alpha} + z^*_{t+1} = 1 - \int_{\hat{s}^*}^{1} s^* f^*(s^*)ds$$

und

(12) $$V^* = \lambda \frac{(1 - z^*)(R^* - 1) - \phi^*}{z^*},$$

wobei die mit Sternchen gekennzeichneten Variablen die für das Ausland relevanten Größen bezeichnen.

4.2. Die Politik der Bankenaufsicht bei international agierenden Banken

Sei nunmehr der Fall betrachtet, in dem die vergleichsweise große heimische Bank die relativ kleine ausländische Bank übernimmt und als Zweigstelle im Ausland weiter betreibt. Die so gebildete international agierende Bank setzt dann annahmegemäß die im jeweiligen Land in t aufgenommenen Mittel auch nur in diesem Land zur Kreditvergabe ein und erwirtschaftet somit einen stochastischen Bruttoertrag in $t+1$ in Höhe von insgesamt $\tilde{R}+\lambda\tilde{R}^{*}$. Unter der Annahme, daß heimische und ausländische Krediterträge unabhängig verteilt sind, können die Gesamterträge der internationalen Bank in vier statt der bislang zwei Ausprägungen auftreten: $R+\lambda R^{*}$ falls die Bank in beiden Märkten erfolgreich ist, R falls die Bank nur im Inland Krediterträge erwirtschaftet, λR^{*} falls nur die ausländische Zweigstelle Erfolg hat, und keinen Ertrag falls die Engagements in beiden Märkten fehlschlagen. *Repullo* (2001) unterstellt nun, daß die ausländische Zweigstelle, gemessen an der heimischen Konzernmutter, hinreichend klein ist (wie beispielsweise im Fusionsfall *Deutsche Bank* und *Bankers Trust* im Juni 1999), dann ermöglicht der alleinige Erfolg im Auslandsmarkt keine hinreichenden Erträge, um sowohl heimische als auch ausländische Einleger auszubezahlen, während die ausschließlich im Inland bei Erfolg erzielbaren Erträge hierfür hinreichend hoch sind, d. h. es gelte:

$$(13) \qquad R > 1+\lambda > \lambda R^{*}.$$

Wird, wie im europäischen Bankenaufsichtsrecht tatsächlich vorherrschend, unterstellt, daß eine international agierende Bank der Bankenaufsicht des Heimatlandes unterliegt und dort auch alle ihre Einlagen einschließlich derer ihrer ausländischen Zweigstellen abzusichern hat (Artikel 7, Absatz 1 EG-*Richtlinie* 97/9), so muß die internationale Bank eine Einlagenversicherungsprämie in Höhe von $(1+\lambda)\phi$ an die heimische Einlagenversicherung leisten und unterliegt auch der Solvenzüberwachung der heimischen Bankenaufsichtsbehörde (home country principle, siehe *Dermine* 2000, S. 414). Die heimische Einlagenversicherung ist dann aber auch vollständig für die Absicherung aller Einlagen, einschließlich derjenigen bei der ausländischen Zweigstelle, verantwortlich.

Allerdings kann die heimische Bankenaufsichtsbehörde regelmäßig nur weniger informative Signale über die Ertragsaussichten ausländischer Zweigstellen heimischer Banken erhalten als die ausländische Bankenaufsichtsbehörde. Darüber hinaus interessiert die heimische Aufsichtsbehörde die bei einer Schließung ausländischer Zweigstellen heimischer Banken anfallenden Kosten c^{*} nicht. Die Kosten einer vorzeitigen Liquidation in $t+\alpha$ für die Aufsichtsbehörde betragen somit im Unterschied zu (1) $(1-L)+\lambda(1-L^{*})+c$, da sie nicht nur die heimischen Einleger ausbezahlen muß, sondern darüber hinaus auch die Einleger bei der ausländischen Zweigstelle. Letztere halten eine Forderung gegenüber der Bank in Höhe von λ, die nur zu einem Anteil L^{*} aus der Liquidation der ausländischen Bankaktiva zu befriedigen ist.

Muß die Aufsichtsbehörde jedoch in $t+1$ die Bank schließen, weil die heimischen Krediterträge der Bank zu gering ausfallen (d. h. $\tilde{R}=0$), so hängen die tatsächlichen Kosten für die Aufsichtsbehörde auch von der Höhe der realisierten ausländischen Krediterträge $\tilde{R}^{*}$ ab. Sind diese null, so muß sie sowohl heimische als auch ausländische

Einleger mit einem Betrag in Höhe von insgesamt $1+\lambda$ kompensieren, während für den Fall einer Realisation positiver ausländischer Kreditertäge $\tilde{R}^* = R^*$ diese zunächst für die Befriedigung der Einlegeransprüche verwendet werden und der Fehlbetrag von $1+\lambda(1-R^*)$ von der Einlagenversicherung getragen werden muß. Da die Bankenaufsichtsbehörde auch zum Zeitpunkt $t+\alpha$ keine zusätzlichen Informationen über die Ertragsaussichten der ausländischen Zweigstelle erhält, bewertet sie den Fall positiver ausländischer Kreditertäge mit der Prior-Wahrscheinlichkeit p^*, so daß ihre erwarteten Kosten einer Fortführung der Bank zum Zeitpunkt $t+\alpha$ einen Betrag von $1+\lambda(1-p^*R^*)+c$ aufweisen. Die Bankenaufsichtsbehörde wird somit bereits in $t+\alpha$ die heimische Bank und deren ausländische Zweigstelle schließen, sofern gilt[11]

$$(14) \qquad (1-L)+\lambda(1-L^*)+c<(1-s)[1+\lambda(1-p^*R^*)+c].$$

Ein Vergleich mit (1) macht deutlich, daß zum einen die Kosten einer frühzeitigen Liquidation für die Aufsichtsbehörde in $t+\alpha$ bei einer international operierenden Bank höher ausfallen als bei einer ausschließlich im heimischen Markt operierenden Bank, da die Aufsichtsbehörde nun auch die ausländischen Bankeinleger bei einer Schließung der Bank mit einem Betrag in Höhe von $\lambda(1-L^*)$ entschädigen muß. Dies erhöht grundsätzlich die Bereitschaft der Aufsichtsbehörde, die international agierende Bank auch bei einem schlechteren Signal für die Ertragsaussichten der heimischen Muttergesellschaft nicht zu schließen. Verstärkt wird diese Bereitschaft noch, da zum anderen die erwarteten Kosten der Aufsichtsbehörde sinken, die verbunden sind mit einer Liquidation der internationalen Bank in $t+1$; dies resultiert aus dem mit dem Bankenzusammenschluß verbundenen Diversifikationseffekt, wonach bei einem Fehlschlag der heimischen Kreditaktivität die Kreditertäge der ausländischen Zweigstelle im Erfolgsfall zur Kompensation der Bankeinleger verwendet werden können und somit die erwarteten Auszahlungen der Einlagenversicherung im Falle der Bankenliquidation sinken.

Wird (14) umformuliert, so wird die Bankenaufsichtsbehörde die internationale Bank in $t+\alpha$ liquidieren, sofern das Signal s hinreichend schlecht ausfällt, d. h. falls gilt:

$$(15) \qquad s<\bar{s}:=\frac{L-\lambda(p^*R^*-L^*)}{1-\lambda(p^*R^*-1)+c}.$$

Aus dem Vergleich mit (2) folgt, daß unter den getroffenen Annahmen, insbesondere wegen (13), gilt: $\bar{s}<\hat{s}$, d. h. die Bankenaufsichtsbehörde akzeptiert ein schlechteres Signal über die zukünftigen Kreditertäge bei einer international operierenden Bank als bei einer ausschließlich im heimischen Markt agierenden Bank, bevor sie der Bank die Lizenz in $t+\alpha$ entzieht.

Damit folgt aber auch, daß die Wahrscheinlichkeit eines Lizenzentzuges in $t+\alpha$ für eine internationale Bank ($\bar{z}_{t+\alpha}=F(\bar{s})$) geringer ist als die entsprechende Wahrscheinlichkeit für eine ausschließlich im heimischen Kreditmarkt agierende Bank

[11] Darüber hinaus können in Erweiterung des *Repullo*-Modells auch Wechselkursrisiken berücksichtigt werden; diese bleiben jedoch im vorliegenden Modell ohne Einfluß auf die Modellergebnisse (siehe Anhang).

($z_{t+\alpha} = F(\hat{s})$). Allerdings ist die Wahrscheinlichkeit eines Lizenzentzuges für eine internationale Bank in $t+1$ höher als für eine heimische Bank, da gilt:

$$(16) \qquad \bar{z}_{t+1} = \int_{\bar{s}}^{1} (1-s) f(s) ds > \int_{\hat{s}}^{1} (1-s) f(s) ds = z_{t+1}.$$

Der Netto-Effekt auf die Gesamtwahrscheinlichkeit der Schließung einer internationalen Bank $\bar{z} = \bar{z}_{t+\alpha} + \bar{z}_{t+1}$ ist jedoch eindeutig bestimmbar aus

$$(17) \qquad z = 1 - \int_{\hat{s}}^{1} s f(s) ds > 1 - \int_{\bar{s}}^{1} s f(s) ds = \bar{z}.$$

Konsequenz ist, daß eine international operierende Bank mit einer insgesamt geringeren Wahrscheinlichkeit durch die heimische Bankenaufsichtsbehörde geschlossen wird als eine Bank, die sich ausschließlich im heimischen Kreditmarkt engagiert. Für den erwarteten Marktwert einer international tätigen Bank $\bar{V}$ folgt dann in Analogie zu (6) und (7)

$$(18) \qquad \bar{V} = \frac{(1-\bar{z})[R + \lambda p^{*} R^{*} - (1+\lambda)] - (1+\lambda)\phi}{\bar{z}},$$

wobei im Vergleich zu V (siehe 7) die höhere Überlebenswahrscheinlichkeit $(1-\bar{z})$ einer internationalen Bank relativ zu der Überlebenswahrscheinlichkeit einer heimischen Bank und die zusätzlichen erwarteten Gewinne der ausländischen Zweigstelle $\lambda(p^{*}R^{*} - 1)$ den erwarteten Marktwert der internationalen Bank erhöhen, während die zusätzlich zu leistende Einlagensicherungsprämie für die ausländische Zweigstelle sich mindernd auf den erwarteten Marktwert der internationalen Bank auswirkt.

4.3. Unterschiede nationaler Aufsichtspraktiken und Bestimmungsfaktoren internationaler Bankenübernahmen

Mit der Bestimmung der Politik der nationalen Bankenaufsichtsbehörden können nunmehr auch mögliche Determinanten für internationale Bankenübernahmen herausgearbeitet werden: Damit es zu einer Übernahme einer ausländischen Bank durch eine heimische Bank und deren Weiterführung als ausländische Zweigstelle der heimischen Bank kommen kann, müssen die Eigentümer der heimischen Bank einen Wertzuwachs erwarten, der größer ausfällt als die notwendige Entschädigungsleistung an die bisherigen Eigentümer der ausländischen Bank. Beträgt der erwartete Marktwert der ausländischen Bank V^{*} (siehe 12), so werden die ausländischen Bankeigentümer bereit sein, die ausländische Bank an die Eigentümer der heimischen Bank herauszugeben, sofern die neuen Bankeigentümer ihnen zumindest den erwarteten Marktwert V^{*} ausbezahlen. Ist der erwartete Marktwert der neu gebildeten internationalen Bank abzüglich der Kaufsumme in Höhe von mindestens V^{*} größer als der Marktwert der heimischen Bank, so werden die Eigentümer der heimischen Bank eine Übernahme der ausländischen Bank und deren Weiterführung als ausländische Zweigstelle anstrengen. Die notwendige und hinreichende Bedingung für das Zustandekommen einer internationalen Bankenübernahme lautet somit:

(19) $\quad \bar{V}-(V^{*}+V)>0\,.$

Das Vorzeichen der Differenz $\bar{V}-(V^{*}+V)$ ist unter Verwendung von (7), (12) und (18) a priori nicht eindeutig bestimmt. Jedoch lassen sich mit Hilfe der komparativen Statik die Einflüsse der heimischen und ausländischen Einlagensicherungsprämien sowie der ausländischen Schließungskosten c^{*} auf diese Differenz und damit auf die Vorteilhaftigkeit internationaler Bankenzusammenschlüsse bestimmen. So gilt erstens:

(20) $$\frac{\partial}{\partial\phi}\left[\bar{V}-(V^{*}+V)\right]=\left(\frac{1}{z}-\frac{1}{\bar{z}}\right)-\lambda\frac{1}{\bar{z}}<0\,.$$

Wegen (17) ist dieser Ausdruck strikt negativ, d. h. eine zunehmende heimische Einlagensicherungsprämie senkt den Wert einer international operierenden Bank im Vergleich zur Summe der Werte ausschließlich lokal agierender Banken, und eine Übernahme der ausländischen Bank durch die heimische wird unwahrscheinlicher. Die Intuition hinter diesem Ergebnis ist, daß ein Anstieg der heimischen Einlagensicherungsprämie den Vorteil einer ausländischen Zweigstelle für die heimische Bank, der aus dem Diversifikationseffekt resultiert, durch die höheren Kosten für die Absicherung der ausländischen Bankeinlagen vermindert und sich somit bei gegebenem Kaufpreis V^{*} der Anreiz zur Übernahme abschwächt.

Umgekehrt folgt aus einem Anstieg der ausländischen Einlagensicherungsprämie, daß es vorteilhafter wird, die ausländischen Einlagen über die heimische Einlagenversicherung abzusichern, und somit eine Übernahme der ausländischen Bank aus Sicht der heimischen Bank lohnender ist. Genauer vermindert ein Anstieg der ausländischen Einlagensicherungsprämie den erwarteten Marktwert der ausländischen Bank, so daß letztlich der von den heimischen Bankeigentümern zu leistende Kaufpreis sinkt:

(21) $$\frac{\partial}{\partial\phi^{*}}\left[\bar{V}-(V^{*}+V)\right]=\frac{\lambda}{z^{*}}>0.$$

Schließlich folgt, daß bei einer Zunahme der ausländischen Schließungskosten c^{*} eine internationale Bankenübernahme für die heimische Bank unvorteilhafter und somit unwahrscheinlicher wird, da gilt:

(22) $$\frac{\partial}{\partial c^{*}}\left[\bar{V}-(V^{*}+V)\right]=-\frac{\lambda(R^{*}-1-\phi^{*})}{(z^{*})^{2}}\frac{L^{*}\cdot\hat{s}^{*}\cdot f^{*}(\hat{s}^{*})}{(1+c^{*})^{2}}<0\,.$$

Aus den bereits angeführten Überlegungen sind die Kosten c^{*} relativ hoch, sofern es sich bei der betrachteten ausländischen Bank um eine, gemessen am gesamten ausländischen Bankenmarkt, relativ große und bedeutsame Bank handelt. In diesem Fall ist die Überlebenswahrscheinlichkeit der ausländischen Bank vergleichsweise hoch, da die ausländische Bankenaufsichtsbehörde sich sogar bei relativ schlechten zukünftigen Ertragsaussichten davor scheut, dieser Bank die Lizenz zu entziehen. Da aber nun die heimische Bankenaufsichtsbehörde ausschließlich an der Stabilität des heimischen Bankensektors interessiert ist, berücksichtigt sie diese im Ausland anfallenden Kosten nicht. Konsequenz ist, daß sich die Überlebenswahrscheinlichkeit der international operierenden Bank gegenüber der einer ausschließlich im ausländischen Markt aktiven Bank verschlechtert, so daß das Verhältnis zwischen den erwarteten Marktwerten einer internationalen und einer ausländischen Bank sinkt und internationale Bankenübernahmen unwahrscheinlicher werden.

Es ist daher festzuhalten, daß Übernahmen ausländischer Banken durch heimische Banken um so eher stattfinden werden, je kleiner der Übernahmekandidat im Verhältnis zum gesamten ausländischen Bankenmarkt ist und je ungünstiger die ausländische Einlagensicherungsprämie im Vergleich zur heimischen ist. *Repullo* (2001) zeigt darüber hinaus, daß eine Übernahme aus Sicht der heimischen Bank um so vorteilhafter wird, je risikoreicher die ausländischen Bankaktiva sind, d. h. je geringer die Wahrscheinlichkeit ist, daß die ausländische Bankenaufsichtsbehörde ein Signal erfährt, das mindestens so gut ist wie das kritische Signal $\hat{s}^*$. Intuition dieses Ergebnisses ist, daß mit einem höheren Kreditrisiko die Überlebenswahrscheinlichkeit der international operierenden Bank im Vergleich zu einer ausschließlich im Ausland operierenden Bank aufgrund des Diversifikationseffektes weniger stark zurückgeht. Dadurch sinkt der Marktwert der internationalen Bank in geringerem Umfang als der Marktwert einer ausländischen Bank, und die Differenz $\bar{V} - (V^* + V)$ nimmt zu. Dies erhöht die Attraktivität einer internationalen Bankenübernahme.

Abschließend noch eine Anmerkung zur Modellierung der Einlagenversicherung: Im vorliegenden Modell ist eine vollständige Absicherung der Bankeinlagen sowohl im Inals auch im Ausland unterstellt, lediglich in der Höhe der Versicherungsprämien bestehen zwischen den Regulierungssystemen Unterschiede. Modellkompatibel ist aber auch, wenn bei identischen Versicherungsprämien die Deckungsquoten in beiden Ländern divergieren: Falls beispielsweise im Ausland die Einlagenversicherung nur einen Anteil $\alpha^* < 1$ der Einlagen abdeckt, dann ist die kritische Signalausprägung $\hat{s}^*$ bestimmt durch $L^*/(\alpha^* + c^*)$. Daraus folgt, daß die Wahrscheinlichkeit einer Schließung der ausländischen Bank durch die ausländische Aufsichtsbehörde z^* ebenfalls zunimmt, wodurch der erwartete Marktwert einer ausländischen Bank sinkt. Dieser Effekt verstärkt den Anreiz für eine internationale Bankenfusion.

5. Internationale Bankenzusammenschlüsse: Eine Herausforderung für nationale Regulierungssysteme?

Die bisherige positive Analyse zeigte, daß für heimische Banken ein zusätzlicher Anreiz bestehen kann, ausländische Banken zu übernehmen und als Zweigstelle im Ausland weiter zu betreiben, sofern unterstellt wird, daß bei der Bankenregulierung das Heimatland-Prinzip gilt (home country principle). Würde hingegen das sogenannte Gastland-Prinzip (host country principle) Anwendung finden, so wäre dieser zusätzliche Anreiz zu internationalen Bankenübernahmen genommen. Ob dies allerdings grundsätzlich vorteilhafter wäre, ist sicher im Einzelfall zu überprüfen: Wird nämlich, im Unterschied zum *Repullo*-Modell, berücksichtigt, daß Fusionsverhandlungen mit Transaktionskosten verbunden sind,[12] so sind die erzielbaren Diversifikationsvorteile unter

---

[12] Die Kosten können sich zusammensetzen aus den Informations- und Suchkosten beim Auffinden eines geeigneten Fusionspartners, aus den Kosten einer Einigung der Vertragsparteien sowie der anschließenden Niederlegung der erzielten vertraglichen Vereinbarungen, eventuell aus Kosten der rechtlichen Vertragsdurchsetzung etc.

Umständen alleine noch nicht hinreichend, um Bankenzusammenschlüsse zu ermöglichen. Dies gilt insbesondere, wenn Bankmanager einen kürzeren Zeithorizont haben als die Bankeigentümer und somit die entstehenden Transaktionskosten bei ihrer Fusionsentscheidung überbewerten und zukünftige Diversifikationsvorteile unterbewerten. In diesem Fall wäre es durchaus hilfreich, bei bestehenden Regulierungsdifferenzen unter Anwendung des Heimatland-Prinzips internationale Bankenzusammenschlüsse zu begünstigen, um die Möglichkeit zur Diversifikation von Kreditrisiken im In- und Ausland ausnutzen zu können. Hiermit würde letztlich auch die Stabilität des heimischen Bankensektors zunehmen.

Das mögliche Gegenargument, daß sich durch Fusionen und Übernahmen die Zinssetzungsspielräume von Banken erhöhen und somit eine Umverteilung der Konsumentenrente der Bankkunden auf die Produzentenrente der Banken stattfindet, kann unter Verweis auf die eingangs bereits angeführte empirische Evidenz entkräftet werden, wonach keine eindeutige Zunahme von Zinsspreads infolge einer zunehmenden Konsolidierung im Bankensektor zu beobachten ist. Dies mag auch an der im Zuge steigender Finanzmarktintegration intensivierten ‚Bestreitbarkeit' der Märkte liegen, da sich beispielsweise das traditionelle Sichteinlagengeschäft von Banken in zunehmendem Maße auch mit ähnlichen Angeboten von Nicht-Banken, wie beispielsweise den Geldmarktfonds, messen lassen muß.

Des weiteren ist das Heimatland-Prinzip ein Ansatz, der institutionellen Wettbewerb auf der Regulierungsebene unter Umständen begünstigen kann. Es wurde im Modell gezeigt, daß die Zielbanken bei internationalen Bankenzusammenschlüssen vorzugsweise in Ländern mit relativ hohen Einlagensicherungsprämien beziehungsweise geringeren Deckungsquoten ansässig sein werden und daß diese Banken durch eine internationale Übernahme dem eigenen Regulierungssystem unter Anwendung des Heimatland-Prinzips entzogen werden können. Wenn die nationalen Bankenaufsichtsbehörden ein Interesse daran haben, die im eigenen Land ansässigen Banken weiter unter der eigenen Kontrolle zu haben, so müssen sie sich bei Geltung des Heimatland-Prinzips um eine möglichst effiziente Ausgestaltung ihrer Einlagensicherungssysteme bemühen (*Dermine* 2000, S. 416).

Abschließend sei darauf verwiesen, daß die Literatur derzeit nur sehr wenig zur normativen Analyse nationaler Regulierungssysteme vor dem Hintergrund der zunehmenden Finanzmarktintegration und der damit zusammenhängenden Tendenz zu internationalen Bankenübernahmen und -zusammenschlüssen aussagt. Gerade hier wird aber ein großer, auch von Seiten der Politik ausgehender, weiterer Forschungsbedarf bestehen.

Anhang:

Zur Berücksichtigung von Wechselkursrisiken im *Repullo*-Modell

Der Wechselkurs e zum Zeitpunkt t sei gegeben und auf eins normiert und folge einem Random Walk mit $e_{t+1} = e_t + \varepsilon_{t+1}$, wobei gilt: $\varepsilon_{t+1} \in \{-\varepsilon, 0, +\varepsilon\}$, $1 > \varepsilon > 0$ und $\Pr(\varepsilon_{t+1} = -\varepsilon) = \Pr(\varepsilon_{t+1} = 0) = \Pr(\varepsilon_{t+1} = +\varepsilon) = 1/3$. Dann ergeben sich folgende Kosten für die Bankenaufsichtsbehörde bei einer Bankenschließung in $t+1$ aufgrund zu geringer heimischer Kreditertäge ($\widetilde{R} = 0$):

1. Keine ausländischen Kreditertäge ($\widetilde{R}^* = 0$)

   Die ausländischen Einleger dagegen erhalten mit einer Wahrscheinlichkeit von jeweils 1/3 Kompensationszahlungen in Höhe von $\lambda(1-\varepsilon)$, λ und $\lambda(1+\varepsilon)$; der Erwartungswert hierüber ist dann λ.

2. Positive ausländische Kreditertäge ($\widetilde{R}^* = R^*$)

   Die ausländischen Kreditertäge haben dann mit einer Wahrscheinlichkeit von jeweils 1/3 einen Wert in Inlandswährung in Höhe von $\lambda R^*(1-\varepsilon)$, λR^* und $\lambda R^*(1+\varepsilon)$. Dem gegenüber stehen Auszahlungsverbindlichkeiten der heimischen Bankenaufsichtsbehörde in Höhe von $\lambda(1-\varepsilon)$, λ und $\lambda(1+\varepsilon)$ mit jeweils identischer Eintrittswahrscheinlichkeit. Die erwarteten Kosten für die Bankenaufsichtsbehörde belaufen sich somit für den Fall erfolgreicher ausländischer Kreditengagements auf: $1/3(1-\varepsilon)\lambda(1-R^*) + 1/3\,\lambda(1-R^*) + 1/3(1+\varepsilon)\lambda(1-R^*) = \lambda(1-R^*)$.

Die insgesamt in $t+\alpha$ erwarteten Kosten einer Bankenschließung in $t+1$ lauten folglich $(1-s)\left[1+\lambda(1-p^*R^*)+c\right]$ und sind identisch mit denen in Ungleichung (14).

Tabelle: Einlagensicherungssysteme und Eigenkapitalnormen ausgewählter Länder im Vergleich (Stand 2000)

	Deckungsgrenze in EUR oder USD	Deckungsgrenze als Vielfaches des Pro-Kopf-Einkommens	Prämien in Prozent der abgesicherten Einlagen	Eigenkapitalnorm in Prozent
Bahrain	5640 USD	1	ex post	12
Belgien	15.000 EUR	1	bis 0,06	8
Brasilien	17.000 USD	4	0,3	11
Chile	vollständig	1	keine	8
Dänemark	20.000 EUR	1	0,2 (Maximum)	8
Deutschland	20.000 EUR	1	0,03	8
Estland	20.000 EUR	0	0,5 (Maximum)	10
Finnland	29.435 EUR	1	0,05 bis 0,3	8
Griechenland	20.000 EUR	2	0,025 bis 1,25	8
Großbritannien	22.000 EUR	<1	nach Bedarf	8
Indonesien	Blanko		keine	8
Italien	125.000 EUR	6	0,4 bis 0,8	8
Jamaika	5.512 USD	2	0,1	10
Japan	vollständig		0,036	4/8*
Kanada	40.770 USD	2	0,33 (Maximum)	10
Kolumbien	vollständig	2	0,3	n.a.
Kroatien	15.300 USD	3	0,8	10
Malaysia	Blanko		keine	8
Mexiko	vollständig		bis 1,0	8
Niederlande	20.000 EUR	1	ex post	8
Österreich	24.075 USD	1	pro rata, ex post	8
Schweiz	19.700 EUR	<1	nach Bedarf	8
Südkorea	vollständig		0,05	8
Thailand	Blanko		keine	8,5
Türkei	vollständig		1,0 bis 1,2	n.a.
Ungarn	4.165 EUR	1	bis 0,3	8
USA	100.000 USD	3	bis 0,27	8
Venezuela	7.309 USD	2	2,0	10

* Für international tätige Banken gelten in Japan 8 Prozent, für ausschließlich im heimischen Bankenmarkt tätige Banken 4 Prozent.

Quelle: *Demirgüç-Kunt* und *Kane* (2001), Tabelle 1; *Barth*, *Caprio* und *Levine* (2001), Abbildung 9.

Literatur

Baltensperger, Ernst (1980), Alternative Approaches to the Theory of the Banking Firm, in: Journal of Monetary Economics, Vol. 6, S. 1-37.

Baltensperger, Ernst und *Hellmut Milde* (1987), Theorie des Bankenverhaltens, Berlin u.a.

Barth, James R., *Gerard Caprio* und *Ross Levine* (2001), The Regulation and Supervision of Banks Around the World: A New Database, World Bank Policy Research Working Paper, No. 2588, http://econ.worldbank.org/files/1697_wps2588.pdf, erscheint in: *Robert E. Litan* und *Richard Herring*, (eds.), Integrating Emerging Market Countries into the Global Financial System, Brookings-Wharton Papers on Financial Services, Brookings Institution Press.

Belke, Ansgar (2001), Too Big to Fail – Bankenkonkurs, ‚Bailout' und Wählerstimmenkalkül, in: *Dietrich v. Delhaes-Guenther*, *Karl-Hans Hartwig* und *Uwe Vollmer* (Hg.), Monetäre Institutionenökonomik, Stuttgart, S. 261-297.

Benston, George J., *Gerald A. Hanweck* und *David B. Humphrey* (1982), Scale Economies in Banking, in: Journal of Money, Credit and Banking, Vol. 14, S. 435-546.

Benston, George J., *William C. Hunter* und *Larry D. Wall* (1995), Motivations for Bank Mergers and Acquisitions: Enhancing the Deposit Insurance Put Option versus Earnings Diversification, in: Journal of Money, Credit and Banking, Vol. 27, S. 777-788.

Berger, Allen N. (2001), The Integration of the Financial Services Industry: Where are the Efficiencies?, in: North American Actuarial Journal, Vol. 4, S. 25-45.

Berger, Allen N., *Rebecca S. Demsetz* und *Philip E. Strahan* (1999), The Consolidation of the Financial Services Industry: Causes, Consequences, and Implications for the Future, in: Journal of Banking and Finance, Vol. 23, S. 135-194.

Berger, Allen N., *Robert DeYoung*, *Hesna Genay* und *Gregory F. Udell* (2000), Globalization of Financial Institutions: Evidence from Cross-border Banking Performance, in: Brookings-Wharton Papers on Financial Services, Vol. 3, S. 23-158.

Berger, Allen N. und *David B. Humphrey* (1997), Efficiency of Financial Institutions: International Survey and Directions for Future Research, Board of Governors, WP 11.

Berger, Allen N. und *Loretta J. Mester* (1997), Inside the Black Box: What Explains Differences in the Efficiencies of Financial Institutions?, in: Journal of Banking and Finance, Vol. 21, S. 895-947.

Breuer, Wolfgang (1993), Finanzintermediation im Kapitalmarktgleichgewicht, Wiesbaden.

Buch, Claudia und *Gayle L. DeLong* (2001), Cross-border Bank Mergers: What Lures the Rare Animal?, Kiel Working Paper, No. 1070.

Corvoisier, Sandrine und *Reint Gropp* (2001), Bank Concentration and Retail Interest Rates, European Central Bank Working Paper, No. 72.

Demirgüç-Kunt, Asli und *Edward J. Kane* (2001), Deposit Insurance Around the Globe: Where Does it Work, NBER Working Paper, No. W8493.

Dermine, Jean (2000), Bank Mergers in Europe: The Public Policy Issues, in: Journal of Common Market Studies, Vol. 38, S. 409-425.

Dewatripont, Mathias und *Jean Tirole* (1994), The Prudential Regulation of Banks, Cambridge (Mass.).

Diamond, Douglas W. (1984), Financial Intermediation and Delegated Monitoring, in: The Review of Economic Studies, Vol. 51, S. 393-414.

Diamond, Douglas W. (2001), Should Japanese Banks be Recapitalized?, in: Monetary and Economic Studies (IMES), Vol. 19, No. 2, S. 1-19.

Diamond, Douglas W. und *Raghuram G. Rajan* (2001), Liquidity Risk, Liquidity Creation and Financial Fragility: A Theory of Banking, in: Journal of Political Economy, Vol. 109, S. 287-327.

Dietrich, Diemo und *Uwe Vollmer* (2001), Bankenzusammenschlüsse – Eine Erklärung aus Sicht der Theorie unvollständiger Verträge, Leipzig, mimeo.

Europäische Kommission (1997), The Single Market Review, Credit Institutions and Banking, Brüssel.

European Central Bank (2000), Mergers and Acquisitions Involving the EU Banking Industry: Facts and Implications, Frankfurt am Main.

Focarelli, Dario und *Alberto F. Bozzolo* (2001), The Patterns of Cross-border Bank Mergers and Shareholdings in OECD Countries, in: Journal of Banking and Finance, Vol. 25, S. 2305-2337.

Freixas, Xavier und *Jean-Charles Rochet* (1997), Microeconomics of Banking, Cambridge (Mass.) und London.

Goodhart, Charles und *Dirk Schoenmaker* (1993), Institutional Separation Between Supervisory and Monetary Agencies, LSE Financial Market Group, No. 52.

Gual, Jordi (1999), Deregulation, Integration, and Market Structure in Eurpean Banking, CEPR Discussion Paper, No. 2288.

Hart, Oliver (1995), Firms, Contracts, and Financial Structure, Oxford.

Hoshi, Takeo (2001), What happened to Japanese banks?, in: Monetary and Economic Studies (IMES), Vol. 19, No. 1, S. 1-28.

Kahn, Charles M. und *João A. Santos* (2002), Allocating Bank Regulatory Powers: Lender of Last Resort, Deposit Insurance and Supervision, Vortrag beim AFA-Meeting in Atlanta, http://www.cba.uiuc.edu/broker/kahn/index.htm.

Klein, Michael A. (1971), A Theory of the Banking Firm, in: Journal of Money, Credit and Banking, Vol. 3, S. 205-218.

Lang, Günter und *Peter Welzel* (1998), Technology and Cost efficiency in Universal Banking: A Thick Frontier Approach, in: Journal of Productivity Analysis, Vol. 10, S. 63-84.

Lang, Günter und *Peter Welzel* (2000), Mergers Among German Co-operative Banks, A Panel-based Stochastic Frontier Analysis, Augsburg und Jena, mimeo.

Milbourne, Todd T., *Arnoud W. A. Boot* und *Anjan V. Thakor* (1999), Megamergers and Expanded Scope: Theories of Bank Size and Activity Diversity, in: Journal of Banking and Finance, Vol. 23, S. 195-214.

Monti, Mario (1972), Deposit, Credit, and Interest Rate Determination Under Alternative Bank Objectives, in: *Giorge P.Szegö* und *Karl Shell* (eds.), Mathematical Methods in Investment and Finance, Amsterdam, S. 431-454.

Pilloff, Steven J. und *Anthony M. Santomero* (1998), The Value Effects of Bank Mergers and Acquisitions: Mergers of Financial Institutions, in: *Yakow Amihud* und *Geoffrey P. Miller* (eds.), Bank Mergers & Acquisitions: An Introduction and an Overview, Boston, S. 59-78.

Repullo, Rafael (2001), A Model of Takeovers of Foreign Banks, in: Spanish Economic Review, Vol. 3, S. 1-21.

Richtlinie 97/9/EG des Europäischen Parlaments und des Rates vom 3. März 1997 über Systeme für die Entschädigung der Anleger, in: Amtsblatt der Europäischen Gemeinschaften, Nr. L 84/22 vom 26.3.1997.

Toolsema, Linda A. (2000), Market Power in the Banking Sector: A Survey, University of Groningen, http://www.eco.rug.nl/medewerk/toolsema/downloads/survey.pdf.

Vollmer, Uwe (1999), Funktionen und Organisation der Bankenwirtschaft, in: *Karl-Hans Hartwig* und *H. Jörg Thieme* (Hg.), Finanzmärkte: Funktionsweise, Integrationseffekte und ordnungspolitische Konsequenzen, Stuttgart, S. 25-59.

Vollmer, Uwe (2000), Adverse Anreize in der deutschen Einlagenversicherung, in: *Wirtschaftswissenschaftliche Fakultät der Universität Leipzig, KPMG Deutsche Treuhand-Gesellschaft* und *PWC Deutsche Revision* (Hg.), Rechnungslegungskonzeptionen im Widerstreit. Beiträge zu den Wissenschaften, Leipzig, S. 259-271.

Vollmer, Uwe und *Diemo Dietrich* (2000), Der Ordnungsbezug der Informationsökonomik, in: *Helmut Leipold* und *Ingo Pies* (Hg.), Ordnungstheorie und Ordnungspolitik: Konzeptionen und Entwicklungsperspektiven, Stuttgart, S. 225-250.

Wheelock, David C. und *Paul W. Wilson* (2001), New Evidence on Returns to Scale and Product Mix Among U.S. Commercial Banks, in: Journal of Monetary Economics, Vol. 47, S. 653-674.

IV.

Ordnungspolitik in einer wettbewerblichen Weltwirtschaft

Alfred Schüller und H. Jörg Thieme (Hg.), Ordnungsprobleme der Weltwirtschaft
Schriften zu Ordnungsfragen der Wirtschaft · Band 71 · Stuttgart · 2002

Erscheinungsformen regionaler Integrationsabkommen im weltwirtschaftlichen Ordnungsrahmen: Defizite und Dynamik*

Rolf J. Langhammer und *Ludger Wößmann*

Inhalt

* Die Autoren danken dem Korreferenten *Uwe Vollmer* und den Teilnehmern des 35. Forschungsseminars Radein für hilfreiche Anregungen zum Manuskript.

1. Einleitung

Seit Beginn der 90er Jahre erleben regionale[1] Handelsabkommen sowohl zwischen Gruppen von Ländern als auch zwischen einzelnen Ländern eine Renaissance. Die Welthandelsorganisation WTO erhielt bis zum Ende des Jahres 2000 Notifikationen von über 150 Abkommen, von denen über 60 Prozent europäischen Ursprungs waren. Die Dominanz europäischer Länder spiegelt die lange Tradition derartiger Abkommen in Europa wider, die mit der Gründung der Europäischen Wirtschaftsgemeinschaft begann, sich in ähnlichen Ansätzen benachbarter europäischer Länder fortsetzte und schließlich in die Gründung von regionalen Gemeinschaften in Entwicklungsregionen, speziell in Lateinamerika und in jungen afrikanischen Staaten, einmündete. Diesem europäischen Modell war jedoch nur eine kurze Blütezeit beschieden. Außerhalb Europas zeigte sich schnell, daß die rigiden institutionellen Voraussetzungen des europäischen Modells nicht vorhanden waren und daß die Dynamik hin zu binnenmarktähnlichen Verhältnissen zu schwach ausgeprägt war, um die immanenten Nachteile eines regionalen Ansatzes, nämlich die Diskriminierung des Angebots aus Nichtmitgliedsstaaten und die damit verbundenen Innovations- und Wachstumseinbußen, zu kompensieren. Viele dieser Kopien des europäischen Integrationsmusters zerfielen in den 70er und 80er Jahren als Folge verteilungspolitischer Konflikte über eine „ausgewogene" Verteilung von Nutzen und Kosten vor dem Hintergrund einer geringen Wachstumsdynamik. Unter diese Rubrik fallen beispielsweise die Lateinamerikanische Freihandelszone (LAFTA), die Zentralafrikanische Zoll- und Wirtschaftsunion (UDEAC), die Ostafrikanische Gemeinschaft (OAG), die Westafrikanische Zollunion (UDAO) sowie der Zentralamerikanische Gemeinsame Markt (CACM). In Europa blieb die Europäische Freihandelszone im Schatten der Europäischen Wirtschaftsgemeinschaft, und in Asien verhinderten die hohe Heterogenität der Länder sowie die erheblichen politischen Konflikte von Anfang an ein Vordringen des europäischen Integrationsmodells. Letztlich wurde deutlich, daß dieses Modell ein Mindestmaß an politischer Kohärenz, um nicht zu sagen Integrationswillen, benötigte, um den Abbau nationaler Souveränitäten in wichtigen Bereichen der Wirtschaftspolitik politisch durchzusetzen.

Die Anfang der 90er Jahre eingetretene Renaissance blieb demgegenüber nicht auf Europa beschränkt. In Europa führte zwar die Vertiefung des europäischen Integrationsprozesses nach einer Stagnationsphase Anfang der 80er Jahre zur Vollendung des Binnenmarktes Anfang der 90er Jahre, und mehrere Erweiterungsprozesse folgten. Bemerkenswert ist aber vor allem die Kehrtwendung der amerikanischen Handelspolitik seit Beginn der 90er Jahre, die zu einem zweiten Kristallisationspunkt regionaler Integration außerhalb der EU geführt hat. Zwei Zitate mögen diese Kehrtwendung dokumentieren. Noch 1992 stellte die amerikanische Regierung in ihrer Erwiderung zum Bericht des GATT-Sekretariats zur amerikanischen Handelspolitik als Eingangsaussage fest: „United States policy remains as fully committed to multilateral trade liberalization and expansion as at any time during the last fifty years" (*GATT* 1992, S. 15). Neun Jahre später lautete die Aussage des amerikanischen Handelsbeauftragten *Zoellick* zur han-

---

[1] Unter Teilgliedern einer Region werden im folgenden lediglich Staaten, nicht aber subnationale Einheiten verstanden.

delspolitischen Agenda des amerikanischen Präsidenten für das Jahr 2001: „The European Union has free trade agreements with 27 countries, and 20 of these agreements have been signed since 1990 ... And while there are approximately 130 free trade agreements in force globally, the United States is a party to just two: one is with Canada and Mexico (NAFTA), and the other with Israel. America's absence from the proliferation of trade accords hurts our exporters ... If other countries go ahead with free trade agreements and the US does not, we must blame ourselves. We have to get back into this game and take the lead. We are certainly in a position to do so" (*US Trade Representative* 2001, S. 4). Konkret hat sich diese Kehrtwendung der Vereinigten Staaten sowohl in bilateralen Projekten, wie beispielsweise Freihandelsabkommen mit Jordanien und Singapur, niedergeschlagen als auch in Regionen umfassenden Ansätzen wie das Freihandelsprojekt der gesamten westlichen Hemisphäre (FTAA) zwischen dem Nordamerikanischen Freihandelsabkommen (NAFTA) und den zentral- und südamerikanischen Staaten. In jüngster Zeit sind auch asiatische Staaten zu dem Kreis derer gestoßen, die in regionalen Ansätzen Vorteile erblicken. Dazu gehören sowohl Japan als auch Singapur, die sowohl untereinander als auch jeweils bilateral mit anderen asiatischen Staaten Freihandelsabkommen in Erwägung ziehen (*Hertel et al.* 2001).

Diese neuen Initiativen sind allerdings keineswegs nur Ausdruck zyklischer Bewegungen, sondern reflektieren vor dem Hintergrund veränderter Rahmenbedingungen im Vergleich zu den 60er/70er Jahren auch neue empirische Erscheinungsformen und theoretische Erklärungen. Erstere sollen in Abschnitt 2 dokumentiert und gewürdigt, letztere in Abschnitt 3 diskutiert und gegenübergestellt werden. Beiden Integrationswellen, der der 60er/70er Jahre und der der 90er Jahre, ist allerdings gemeinsam, daß sie sich gegenüber ordnungspolitischen Bedenken rechtfertigen müssen, sofern die ordnungspolitische Norm die der unbedingten Meistbegünstigung und der Inländerbehandlung und somit der Nichtdiskriminierung ist. *Per se* verstoßen regionale Handelsabkommen gegen dieses Prinzip, weil sie zwischen Begünstigten und Nichtbegünstigten trennen und damit über die politisch gewollte Marktsegmentierung einen Anstieg der Transaktionskosten im Vergleich zur Meistbegünstigungssituation in Kauf nehmen. Darüber hinaus gibt es eine Anzahl weiterer ordnungspolitischer Bedenken, an denen die existierenden Integrationsansätze in ihren verschiedenen Erscheinungsformen gemessen werden können. Dies soll in Abschnitt 4 geschehen. Ein Urteil über regionale Handelsabkommen wäre allerdings nicht vollständig, würde man die auch von der WTO selbst betonten positiven Effekte von einer Überprüfung ausschließen. So wird beispielsweise argumentiert, daß regionale Gemeinschaften und bilaterale Abkommen Pfadfinder für künftige multilaterale Vereinbarungen über neue Fragestellungen sind, weil diese aufgrund der höheren Homogenität und der geringeren Anzahl der Partner regional leichter als multilateral umgesetzt werden können. Durch den Wettbewerb verschiedener Integrationsformen kann auch für das Welthandelssystem nutzbares Wissen über Vor- und Nachteile verschiedener Lösungen entstehen. Diese Effekte sollen in Abschnitt 5 diskutiert werden. Abschnitt 6 schließt mit Überlegungen zur Frage, ob regionale Integrationsabkommen, die die Liberalisierung der Leistungsbilanztransaktionen zum Inhalt haben, eine notwendige Bedingung für regionale Abkommen sind, die monetäre Kooperation zum Inhalt haben.

2. Empirische Erscheinungsformen regionaler Integrationsabkommen

Beginnend mit den Römischen Verträgen zur Gründung der Europäischen Wirtschaftsgemeinschaft (EWG), die am 1. Januar 1958 in Kraft traten, sind beim GATT bzw. bei der WTO insgesamt 156 regionale Handelsabkommen angemeldet worden und in Kraft getreten (Stand September 2001). GATT/WTO-Mitgliedstaaten sind verpflichtet, regionale Handelsabkommen, an denen sie teilhaben, beim GATT als Ausnahmen von der Meistbegünstigungsregel anzumelden. Nur diese beim GATT angemeldeten Präferentiellen Integrationsabkommen (PIAs)[2] sollen im weiteren analysiert werden. Dies bedeutet, daß etwa der sogenannte offene Regionalismus der APEC (Asia-Pacific Economic Co-operation) im folgenden unberücksichtigt bleibt. Hierbei handelt es sich um eine bloße Absichtserklärung, die nicht bei der WTO notifiziert ist, da sie de facto noch keine Ausnahme von der Meistbegünstigung darstellt.[3] Von den 156 beim GATT notifizierten PIAs stellen 14 lediglich Dienstleistungsabkommen unter den Mitgliedstaaten eines bereits bestehenden Handelsabkommens dar; diese werden im folgenden nicht als eigenständige PIAs behandelt. Damit verbleiben 142 PIAs, deren Erscheinungsformen in den verschiedenen Wellen des Regionalismus hier analysiert werden sollen. Nicht alle dieser einmal beim GATT angemeldeten PIAs sind heute noch in Kraft. Fast alle WTO-Mitgliedstaaten haben die Mitgliedschaft in zumindest einem PIA angemeldet, einige sind sogar Mitglied in mehr als zehn PIAs.

Es gibt zwei verschiedene GATT-Klauseln, die eine Ausnahme von der Meistbegünstigungsregel erlauben: zum einen Artikel XXIV des GATT und zum anderen die Ermächtigungsklausel für Abkommen, die sich auf Entwicklungsländer beschränken (Enabling Clause von 1979). Die große Mehrzahl (122) der hier analysierten Abkommen wurde unter Art. XXIV GATT angemeldet. Nur ein relativ geringer Anteil (19) der PIAs wurde unter der Ermächtigungsklausel für Entwicklungsländer beantragt.[4] Letztere wurde im Rahmen der Tokio-Runde verabschiedet und setzt wegen der Vorzugsbehandlung von Entwicklungsländern in der internationalen Handelsordnung weniger strenge Anforderungen an die Vereinbarkeit regionaler Abkommen mit der Meistbegünstigung als Art. XXIV GATT. Neben mehreren nicht mehr in Kraft befindlichen Abkommen zwischen verschiedenen Gruppen von Entwicklungsländern gehören zu den bedeutenderen unter der Ermächtigungsklausel angemeldeten PIAs die Gemeinschaft

---

[2] Der Begriff ‚Präferentielle Integrationsabkommen' wird hier anstelle des häufig allgemein verwendeten Begriffs ‚regionale Handelsabkommen' benutzt, da einige der untersuchten Abkommen nicht im engen Sinne regional sind und viele sich auf eine über Handelsthemen hinausgehende Integration beziehen.

[3] Die APEC ist eine Absichtserklärung, Freihandel innerhalb des asiatisch-pazifischen Bekkens bis zum Jahre 2010 für die entwickelten und bis zum Jahre 2020 für die Entwicklungsländer unter den Mitgliedern zu verwirklichen, ohne Drittländer zu diskriminieren. Dementsprechend handelt es sich bei ihr nicht um ein Freihandelsabkommen mit einem konzertierten Zeitplan bei der präferentiellen Abschaffung der Handelshemmnisse untereinander (siehe auch *Langhammer* 1999).

[4] Neben den unter Art. XXIV GATT und unter der Ermächtigungsklausel angemeldeten PIAs verbleibt in unserer Analyse noch der Europäische Wirtschaftsraum zwischen EU und EFTA, der als Dienstleistungsabkommen unter Art. V GATS angemeldet wurde.

Südostasiatischer Nationen ASEAN von 1977 und ihr Freihandelsabkommen AFTA von 1992, der Südamerikanische Gemeinsame Markt Mercosur, der Andenpakt, die Westafrikanische und die Zentralafrikanische Wirtschafts- und Währungsgemeinschaft (WAEMU und CEMAC) sowie der Ost- und Südafrikanische Gemeinsame Markt (COMESA).

Von den 142 PIAs sind nur 30 (oder 21%) vor 1990 in Kraft getreten und die restlichen 112 erst seit 1990 (siehe Abbildung 1). In weniger als 12 Jahren sind also nahezu vier mal so viele Abkommen in Kraft getreten wie in den über 30 Jahren zuvor. Dabei wächst die Zahl der in Kraft getretenen PIAs immer schneller: In der ersten Hälfte der 90er Jahre waren es 30 gegenüber 64 in der zweiten Hälfte der 90er Jahre. In den ersten 1¾ Jahren des neuen Jahrtausends waren es bereits 18. Ein einfaches Zählen der Anzahl notifizierter PIAs verschleiert hierbei natürlich einige zugrundeliegende Unterschiede, auf die im weiteren noch eingegangen wird. So bekommt in einer solchen Zählung eine bilaterale Freihandelszone zwischen zwei kleinen Staaten genauso viel Gewicht wie die Gründung einer großen Wirtschafts- und Währungsunion wie etwa der Europäischen Union (EU). Bei der Behandlung systemischer Fragen des Ordnungsprinzips der Weltwirtschaft erscheint eine solche Vorgehensweise – zumindest bei einer differenzierten Betrachtung der analysierten Fälle – aber durchaus sinnvoll, weil sie aufzuzeigen vermag, mit welchen Erscheinungsformen regionaler Integrationsabkommen es die Welthandelsordnung zu tun hat.[5] Im Sinne einer reinen Auflistung der beim GATT notifizierten PIAs kann also davon gesprochen werden, daß der Regionalismus seit Beginn der 90er Jahre deutlich angestiegen ist.

Abbildung 1: Präferentielle Integrationsabkommen nach Datum des Inkrafttretens

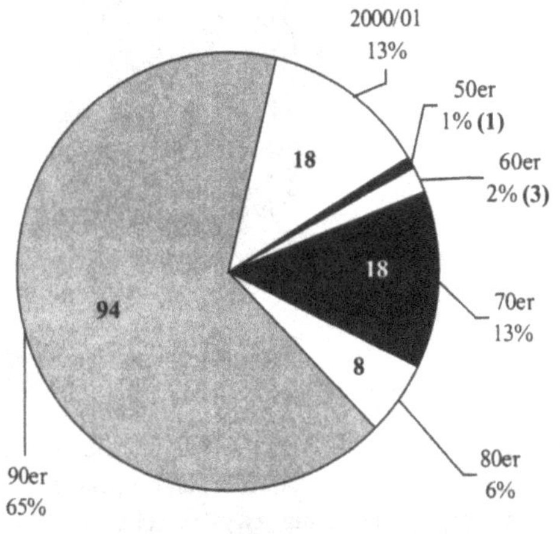

Quelle: Eigene Berechnungen auf der Basis von WTO-Daten.

[5] Für andere Fragestellungen könnten mögliche Alternativen wie etwa eine Gewichtung mit dem Handelsvolumen oder dem Sozialprodukt der beteiligten Volkswirtschaften aufschlußreich sein.

Unter den PIAs ist die Anzahl der Freihandelszonen mit 105 mehr als zehn mal so groß wie die der Zollunionen mit 10 (vgl. Abbildung 2); hinzu kommen jeweils 4 Beitritte zu Freihandelszonen und Zollunionen. Die Anzahl tatsächlicher Zollunionen ist also sehr übersichtlich: Neben der EWG/EG/EU mit ihren vier Beitrittsrunden (1973, 1981, 1986 und 1995) sowie ihren Zollunionen mit Malta (1971), Zypern (1973), Andorra (1991) und der Türkei (1996) sind dies nur die Zollunion zwischen der Tschechischen und der Slowakischen Republik (1993), die Eurasische Wirtschaftsgemeinschaft EAEC zwischen fünf ehemaligen Sowjetrepubliken (1997) sowie drei Zollunionen in Lateinamerika – die Gemeinsamen Märkte CACM in Zentralamerika (1961), CARICOM in der Karibik (1973) und Mercosur in Südamerika (1991). Zu den wichtigsten Freihandelszonen zählen das Europäische Freihandelsabkommen EFTA von 1960, das Zentraleuropäische Freihandelsabkommen CEFTA von 1993 und die NAFTA von 1994. Darüber hinaus gibt es zahlreiche Freihandelszonen zwischen der EU und jeweils einzelnen anderen Ländern sowie zwischen der EFTA und jeweils einzelnen Ländern. Es fällt auf, daß der relative Anteil der Freihandelszonen seit 1990 drastisch angestiegen ist: Während nur 40% der bis 1990 in Kraft getretenen PIAs Freihandelszonen waren, sind es seit 1990 83%.

Abbildung 2: Art des Abkommens

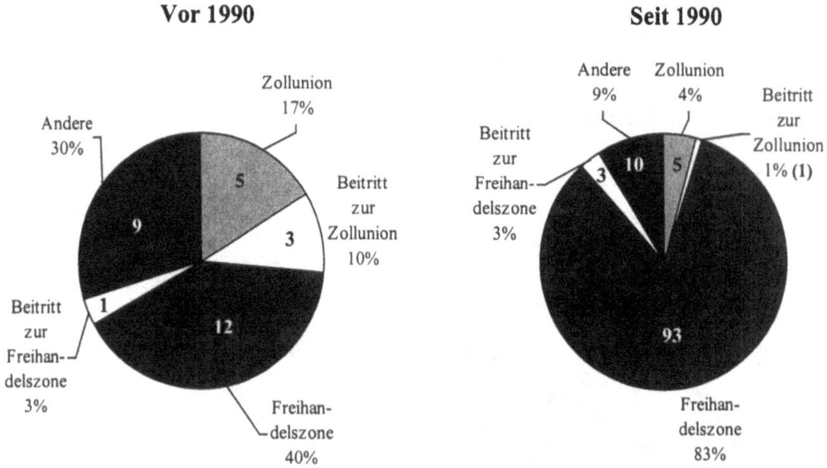

Quelle: Eigene Berechnungen auf der Basis von WTO-Daten.

Wie bereits angesprochen, reicht das Spektrum der PIAs von Abkommen zwischen zwei einzelnen Ländern bis hin zur Gründung großer Freihandelsräume. An der Gesamtzahl der PIAs bilden bilaterale Abkommen zwischen nur zwei Parteien die überwiegende Mehrzahl: 61 PIAs sind bilaterale Abkommen zwischen zwei Ländern, und weitere 46 PIAs sind bilaterale Abkommen zwischen einem bereits bestehenden PIA und einem einzelnen Land (vgl. Abbildung 3). Demgegenüber sind nur 27 der beim GATT notifizierten PIAs Gründungen von neuen plurilateralen PIAs mit mindestens drei Mitgliedstaaten; hinzu kommen 8 Notifikationen von Beitritten zu bereits bestehenden PIAs. Dabei hat der Bilateralismus seit 1990 stark zugenommen: Während bilaterale Abkommen vor 1990 nur einen Anteil von 43% ausmachten, sind es seit 1990 83%. Mehr als die Hälfte der seit 1990 in Kraft getretenen PIAs sind Abkommen zwischen zwei einzelnen Ländern, und etwa ein weiteres Drittel sind Abkommen zwischen einem bestehenden PIA und einem Land, ohne daß dieses Land dem PIA beitreten würde. In diesem Sinne kann eindeutig von einem ‚Neuen Regionalismus' gesprochen werden: Die Anzahl bilateraler Abkommen ist seit Beginn der 90er Jahre extrem angestiegen.

Abbildung 3: Art der Teilnehmer

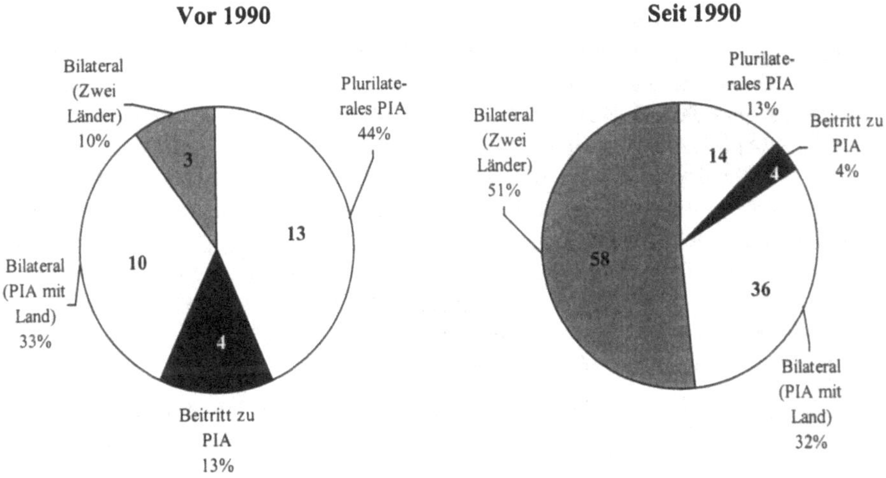

Quelle: Eigene Berechnungen auf der Basis von WTO-Daten.

Allein die EU hat Integrationsabkommen mit 28 einzelnen Ländern geschlossen. So ergibt sich ein ‚Nabe-Speichen-System' (‚Hub and Spoke-System'), in dem die EU als Nabe mit zahlreichen einzelnen Speichen verbunden ist. Im Lehrbuchfall eines solchen Nabe-Speichen-Systems gäbe es keine Verbindungen unter den einzelnen Speichen, so daß zwischen diesen kein direkter präferentieller Handel stattfinden könnte. Damit genießt die Nabe einen Marktzugangsvorteil, weil sie allein den präferentiellen Zugang zu den Märkten in Anspruch nehmen kann. Allerdings gibt es allein 40 bilaterale Abkommen zwischen je zwei Ländern, die EU-Beitrittskandidaten sind oder in anderer Weise mit der EU eng verbunden sind. Darüber hinaus ist die EU durch den Europäischen Wirtschaftsraum noch mit den vier Ländern der EFTA verbunden, und die EFTA hat wiederum Integrationsabkommen mit 16 einzelnen Ländern geschlossen. Damit verschwimmt das Nabe-Speichen-System der EU nach und nach zu einer komplexen Verflechtung zahlreicher Länder, die aber unter den Ländern nicht generell Freihandel sicherstellt, sondern jeweils einzeln bilateral Verträge mit unterschiedlicher Behandlung der Partner aushandelt. Zwei Beispielländer mit besonders vielen bilateralen Abkommen sind die Türkei und Israel. So hat etwa die Türkei bilaterale Abkommen mit der EU, der EFTA, Israel sowie mit nicht weniger als 10 einzelnen osteuropäischen Ländern geschlossen. Israel hat – neben dem Abkommen mit der Türkei – selbst bilaterale Abkommen mit der EU, der EFTA, 5 osteuropäischen Ländern sowie jeweils einzeln mit den drei Staaten der NAFTA (Kanada, Mexiko und Vereinigte Staaten). Auch Chile hat bilaterale PIAs mit zwei der drei NAFTA-Länder (Kanada und Mexiko) geschlossen. Damit kann man auch bei den Mitgliedern der NAFTA schon ansatzweise von einem Nabe-Speichen-System sprechen.

Bei der regionalen Verteilung der Abkommen[6] wird deutlich, daß innereuropäische Abkommen mehr als die Hälfte aller PIAs ausmachen (vgl. Abbildung 4). Der große Anteil innereuropäischer PIAs wird vor allem seit 1990 deutlich. In diesen Zeitraum fallen auch zahlreiche bilaterale Abkommen zwischen ehemaligen Sowjetrepubliken, vor allem je 6 PIAs zwischen Georgien und einem anderen Land und zwischen der Kirgisischen Republik und einem anderen Land.[7] Neben der europäischen Dominanz unter den PIAs ist aber auch festzuhalten, daß es mittlerweile in allen Weltregionen regionale Handelsabkommen gibt: Neben EU, EFTA und CEFTA in Europa gibt es beispielsweise AFTA und das Südasiatische Präferentielle Handelsabkommen (SAPTA, 1995) in Asien, WAEMU, CEMAC und COMESA in Afrika, die NAFTA in Nordamerika sowie CARICOM und Mercosur in Südamerika. Zu den relativ wenigen nennenswerten interkontinentalen Abkommen, die noch in Kraft sind, gehören neben den bereits angesprochenen bilateralen Abkommen Israels vor allem die Abkommen der EU mit einigen Ländern Nordafrikas und des Nahen Ostens sowie die beiden 2000 in Kraft getretenen Abkommen der EU mit Mexiko und mit Südafrika. Darüber hinaus ist 2001 eine Freihandelszone zwischen Neuseeland und Singapur in Kraft getreten. Insgesamt sind europäische Staaten an 97 der 142 PIAs beteiligt.

Es läßt sich festhalten, daß es nach einer ersten Welle des Inkrafttretens zahlreicher PIAs in den 70er Jahren seit Beginn der 90er Jahre zu einer neuen Welle von PIAs gekommen ist, welche die Gesamtzahl regionaler Integrationsabkommen rasant steigen läßt. Der Regionalismus ist aber nicht nur gestiegen, sondern es lassen sich auch Bedeutungsverschiebungen in Richtung eines ‚Neuen Regionalismus' feststellen. Empirisch wird dies vor allem an folgenden Verschiebungen deutlich: Die relative Bedeutung von Freihandelszonen im Vergleich zu Zollunionen hat seit Beginn der 90er Jahre immens zugenommen. Auch sind es seit 1990 vor allem bilaterale Abkommen, zu denen sich Länder zusammenschließen; zuvor war der Bilateralismus bei weitem nicht so stark ausgeprägt. Neben einer europäischen Dominanz unter den PIAs ist auch das Auftreten von Nabe-Speichen-Systemen festzustellen, die aber zusehends zu komplexen Verflechtungen verschwimmen. Schließlich ist ein Trend dahingehend zu erkennen, daß die Abkommen über bloße Handelsliberalisierungen hinausgehen und auf eine vertiefte Integration mit einer stärkeren Koordinierung und Harmonisierung derjenigen nationalen Wirtschaftspolitiken abzielen, die beispielsweise für die grenzüberschreitende Niederlassungsfreiheit und den Kapitalverkehr wichtig sind.

---

6 Für einen Überblick über die derzeitigen und geplanten PIAs in den verschiedenen Regionen der Welt siehe auch *WTO* (2000).

7 In Abbildung 4 wurden die ehemaligen Sowjetrepubliken sowie der Nahe Osten unter Asien eingruppiert. Rußland und die Ukraine wurden bei Abkommen mit europäischen Ländern zu Europa und bei Abkommen mit asiatischen Ländern zu Asien gezählt.

Abbildung 4: Regionale Verteilung der Abkommen

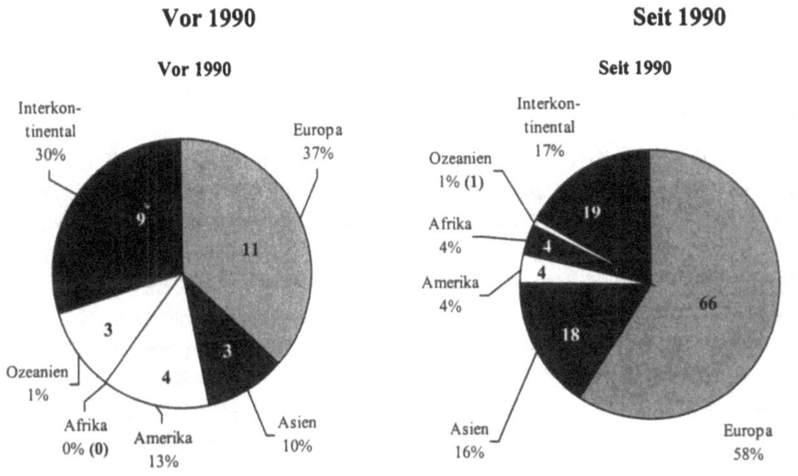

Quelle: Eigene Berechnungen auf der Basis von WTO-Daten.

3. Zur Theorie des *Alten* und des *Neuen Regionalismus*

Warum Staaten generell miteinander Handelsabkommen abschließen, statt ihre Außenprotektion einseitig zu bestimmen, wird in der wirtschaftswissenschaftlichen Literatur mit der Existenz grenzüberschreitender Externalitäten erklärt.[8] Dabei ist die wichtigste Externalität die der Verschlechterung der Terms of Trade des Handelspartners, weil sich die einseitige Festsetzung der Außenprotektion eines Landes nicht nur auf die heimischen, sondern auch auf die Preise des Handelspartners niederschlägt. Werden beispielsweise Importzölle erhöht, so schlägt sich dies nicht allein in steigenden heimischen Preisen, sondern bei nicht unendlicher Angebotselastizität auch in sinkenden Exportpreisen für den ausländischen Konkurrenten nieder. Seine Terms of Trade verschlechtern sich. Diese Externalität führt dazu, daß Regierungen geneigt sind, ihr Außenprotektionsniveau einseitig höher zu setzen, als es effizient ist. Der Vorteil eines Handelsabkommens besteht dann darin, diese von den Terms of Trade bestimmten Restriktionen bei einseitiger Außenprotektionssetzung abzubauen und den Regierungen eine Möglichkeit zu geben, dem ‚prisoners' dilemma' (‚Gefangenendilemma') zu entgehen.[9] Handelsabkommen können zudem die Glaubwürdigkeit einer Regierung im Vergleich zu einseitigem Vorgehen verbessern, weil die Selbstbindung mittels eines Abkommens der Regierung potentielle Kosten bei Verletzung des Abkommens in Ge-

---

[8] Siehe zum folgenden vor allem *Bagwell* und *Staiger* (2000).

[9] Diese Externalität gibt es auch in der umgekehrten Richtung. So kann bei einer Zollsenkung nicht nur der heimische Konsument dank niedriger Importpreise profitieren, sondern auch der ausländische Konkurrent einen Terms of Trade-Gewinn realisieren, wenn ein Teil der Importzollsenkung sich auch in steigenden Exportpreisen niederschlägt.

stalt von Vergeltungsmaßnahmen auferlegt. Derartige Kosten bestehen bei einseitigem Vorgehen nicht. Durch das Abkommen kann die Risikoprämie auf Investitionen sinken, so daß es investitionsfördernd wirkt. Das Vergeltungspotential besteht wiederum in der Terms of Trade-Externalität, da angenommen wird, daß der Handelspartner bei Vertragsverletzung sein Außenprotektionsniveau erhöht und damit die Terms of Trade des vertragsverletzenden Landes mindert.

Grundsätzlich sind diese Überlegungen auch für den Fall relevant, in dem Handelsabkommen nicht alle Handelspartner umfassen, sondern nur einen Teil von ihnen. Aus der Sicht des Landes, das vor der Frage steht, einem multilateralen oder einem regionalen Abkommen den Vorzug zu geben, stellt sich die Frage nach den Nettoerträgen, die nach Berücksichtigung der durch die Diskriminierung zwischen begünstigten und nichtbegünstigten Partnern für das Land erwachsenen Handelskosten verbleiben. Hier hat der Alte Regionalismus seine wesentlichen theoretischen Grundlagen von der *Viner*schen Zollunionstheorie erhalten, die den Unterschied zwischen Handelsumlenkung und Handelsschaffung prägte (*Viner* 1950). Handelsschaffung ist kein Spezifikum von regionalen Abkommen, sondern würde auch bei einem multilateralen Abkommen auftreten, da als Folge eines niedrigeren Außenzolls (im Vergleich zum einseitig gesetzten Zoll) heimische Industrien unter Druck geraten und durch Importe verdrängt werden. Dieser Effekt ist sowohl für das Einzelland als auch für die Weltwirtschaft insgesamt wohlfahrtsfördernd. Erst bei den regionalen Abkommen tritt der zweite Effekt zutage, die Handelsumlenkung, weil die Senkung von Zöllen gegenüber einer bestimmten Gruppe von Ländern (oder gegenüber einem Einzelland) dazu führen kann, daß kostengünstigere Wettbewerber aus nichtbegünstigten Ländern nach Zoll durch Konkurrenten aus begünstigten Ländern, die zu höheren Kosten produzieren, verdrängt werden. Ob Handelsumlenkung Handelsschaffung übersteigt oder nicht, hängt vom Gewicht der Gemeinschaft im Welthandel einerseits und vom Anteil des innergemeinschaftlichen Handels im Vergleich zum Handel mit dem Rest der Welt andererseits ab. Je geringer der Anteil einer Gemeinschaft am Welthandel und/oder je höher der Anteil des Handels mit dem Rest der Welt im Vergleich zum innergemeinschaftlichen Handel ist, desto größer ist die Wahrscheinlichkeit, daß die Handelsumlenkung überwiegt. Dies ist leicht nachzuvollziehen, da sich mit zunehmender Mitgliedschaft regionale Abkommen multilateralen Abkommen volumenmäßig annähern und am Ende in multilateralen Abkommen aufgehen. Ein regionales Abkommen, das die gesamte Welt umfaßt, kennt keine Handelsumlenkung mehr.

Im sogenannten *Alten Regionalismus* der 60er/70er Jahre werden regionale Handelsabkommen unter der Annahme diskutiert, daß die Außenzölle von Mitgliedstaaten exogen in dem Sinne sind, daß sie entweder gegeben oder einseitig gesetzt sind. Das heißt, daß der Alte Regionalismus ein paralleles regionales wie multilaterales Vorgehen ausschließt bzw. keine Sequenz zwischen multilateraler und regionaler Handelspolitik kennt. Dieser Alte Regionalismus weist zwei institutionelle Erscheinungsformen auf, die auch explizit im multilateralen Handelssystem für Güter, dem GATT, als Ausnahmen von der Meistbegünstigung anerkannt werden. Die Freihandelszone enthält als Maßnahmen nur die Beseitigung der Protektionsmauern zwischen den Vertragsparteien und beläßt unterschiedliche Außenzölle gegenüber dem Rest der Welt in der Verantwortung der einzelnen Staaten. Demgegenüber harmonisiert die Zollunion die Außenzölle gegenüber dem Rest der Welt auf einem einheitlichen Niveau und kommt dabei zu einem Handelsblock mit einer einheitlichen Außenhandelspolitik gegenüber Nichtmitgliedern. Dies führt dazu, daß neben dem Handelsumlenkungseffekt bei der Zollunion auch der Marktmachteffekt behandelt werden muß, der darin besteht, daß eine Gemeinschaft im Vergleich zu einem einzelnen Land über ein größeres Drohpotential verfügt, nämlich höhere (glaubwürdige) Zölle gegenüber ihren Handelspartnern erheben zu können, falls dies notwendig sein sollte (*Bagwell* und *Staiger* 2000).[10] Da die meisten regionalen Abkommen sowohl beim Alten Regionalismus als auch nach Beginn der neunziger Jahre Freihandelszonen und nicht Zollunionen als institutionelle Form gewählt haben (siehe Abschnitt 2), ist der Marktmachteffekt gegenüber dem Handelsumlenkungseffekt in den Hintergrund der Analysen gerückt. Institutionell sollte der Handelsumlenkungseffekt dadurch in Grenzen gehalten werden, daß den regionalen Nichtmitgliedern, die GATT bzw. WTO-Mitglieder sind, keine Rechte aus der multilateralen Mitgliedschaft, also der Meistbegünstigung, verloren gehen sollten und daß das begünstigte Handelsvolumen nahezu den gesamten Handel umfassen sollte. Im Auge hatten die Väter des GATT dabei eine vertiefte Integration, die über die Handelspolitik hinausging und die letztlich eine einheitliche Wirtschaftspolitik zweier Staaten, beispielsweise in einer Föderation, anstrebte.

Die Attraktivität, die der Alte Regionalismus unmittelbar nach der Gründung der Europäischen Wirtschaftsgemeinschaft in vielen Entwicklungsländern gewann, läßt sich nicht allein wirtschaftspolitisch, sondern auch theoretisch begründen. Dazu ist es allerdings notwendig, von den statischen Einmaleffekten abzugehen und dynamische Effekte, wie beispielsweise Skalenerträge, mit einzubeziehen. Bereits aus den frühen Analysen von *Viner* (1950), *Lipsey* (1957) und *Corden* (1972) läßt sich ableiten, daß Handelsumlenkung sowohl für das handelsumlenkende Land als auch für den Rest der Welt in dynamischer Sicht positive Wohlfahrtseffekte zeitigen kann, beispielsweise wenn das Land, das von Handelsumlenkung profitiert, im Zeitablauf seine Kosten so sehr senkt, daß es den verdrängten Wettbewerber an Konkurrenzfähigkeit überflügelt (*Wonnacott* 1996). Dynamische Effekte haben auch für viele Entwicklungsländer den Ausschlag gegeben, regionale Integration nach dem Vorbild der Europäischen Wirtschaftsgemeinschaft zu verfolgen. Dabei stand das Argument im Vordergrund, die Kosten der Industrialisierung der Entwicklungsländer bei gegebener Protektion der Industrieländer dadurch zu senken, daß die Entwicklungsländer untereinander liberalisierten.[11] Viele empirische Analysen haben versucht, diese dynamischen Effekte zu quantifizieren, beispielsweise dadurch, daß man die Exportstruktur innerhalb der Gemein-

---

[10] Dieser Marktmachteffekt kann spieltheoretisch vertieft werden, wenn sich wenige Zollunionen in einem nichtkooperativen Spiel gegenüberstehen und als optimale Strategie die Erhöhung der Außenzölle wählen und damit den Inter-Zollunionshandel reduzieren. Dies brächte Handelsumlenkung und wäre wohlfahrtsmindernd. Wie bei der Strategie eines einzelnen Landes würden die aus dieser Strategie erwachsenden Ineffizienzen wohl zu einer Verhandlungslösung führen und damit die Handelsumlenkungseffekte mindern (siehe hierzu *Krugman* 1989).

[11] *Cooper* und *Massell* 1965; *Johnson* 1965, 1967; *Bhagwati* 1968; *Bhagwati* und *Panagariya* 1996; *Bhagwati* et al. 1998

schaft und ihre Veränderungen mit der Exportstruktur gegenüber dem Rest der Welt verglich und so dem Argument nachging, daß der regionale Markt eine Vorbereitungsstufe für den Weltmarkt sein könnte (training field argument). Eine Zusammenfassung bei *Langhammer* und *Hiemenz* (1990) verwirft die empirische Tragfähigkeit dieses Arguments. Was das Zusammenspiel zwischen regionaler Integration und multilateralen Handelssystemen anlangt, so ist es wichtig, daß die theoretischen Analysen zum Alten Regionalismus eine Phase vorübergehender Handelskonflikte vorhersagen, weil die Gemeinschaften ihre Zölle exogen setzen und die Handelsumlenkung in ihrem vollen Ausmaß in Kauf nehmen bzw. sogar anstreben.

Die Legitimation und Begründung der Regionalismuswelle des *Neuen Regionalismus* der 90er Jahre weichen von dieser Exogenität deutlich ab. Es wird postuliert, daß Regionalismus letztlich aus den Erfolgen einer multilateralen Handelsliberalisierung abzuleiten und daher endogen zu sehen ist. Danach bedeutet Neuer Regionalismus, daß sich im wesentlichen kleine Länder an große Gemeinschaften oder große Länder mit ihrer Handelspolitik anpassen bzw. sie übernehmen, nachdem sie bereits eine signifikante multilateral gebundene Handelsliberalisierung im nationalen Rahmen vollzogen haben. Im übrigen steht der Handel nicht mehr im Vordergrund des Interesses, und das Ausmaß der Veränderungen der unmittelbaren Rahmenbedingungen für Handel (also das Protektionsniveau) ist nicht mehr der eigentliche Aktionsparameter der Integration. Vielmehr streben die neuen Abkommen eine vertiefte Integration in Richtung Harmonisierung nationaler Wirtschaftspolitiken an (*Lawrence* 1996; *Ethier* 1998a). Dieser Endogenität regionaler Integration werden positive Konsequenzen für die Weltwohlfahrt nachgesagt, da sie das diskriminierende Element der Handelsumlenkung in den Hintergrund rücken. Statt dessen bauen potentielle Handelspartner zunächst multilateral einen Großteil ihrer Außenprotektion ab, so daß als Transaktionskosten im wesentlichen die natürlichen Distanzüberwindungskosten übrigbleiben. Dies bedeutet einen Vorteil des Handels mit Nachbarn gegenüber dem Handel mit weiter entfernten Partnern, so daß regionale Integration durch einen natürlichen Prozeß der Regionalisierung des Handels unterstützt wird, ohne daß Grund zur Sorge über Diskriminierung bestünde.

Die Sequenz von multilateraler zu regionaler Liberalisierung kann sich bei ‚tiefer Integration' in einer späteren Phase dahingehend umkehren, daß die regionale Integration Wegbereiterfunktion für künftige multilaterale Vereinbarungen in neuen Fragestellungen hat (siehe Abschnitt 5). Die Bindung kleiner Länder an die Regelwerke großer Volkswirtschaften nach erfolgter multilateraler Liberalisierung bedeutet auch, daß Reformanstrengungen international vertraglich fixiert werden und somit die Glaubwürdigkeit der Regierung gegenüber Reformgegnern stärken. Es wird zudem argumentiert, daß man die Bindung an einen großen Partner bzw. an eine existierende Gemeinschaft auch als einen Versicherungskontrakt verstehen kann, der das kleine Land gegenüber den Risiken der Globalisierung absichert. Die Kosten dieser Absicherung sind in einer regionalen Gemeinschaft für das einzelne Land niedriger als im Alleingang.

In beiden Formen des Regionalismus ist eine Vorbildfunktion der EU zu erkennen; im erstgenannten Fall durch den Versuch der Kopie des europäischen Modells einschließlich seiner Sequenz über Freihandelszone und Zollunion zum Gemeinsamen Markt und zur Wirtschaftsgemeinschaft, im letztgenannten Fall durch den möglichst engen Anschluß an die EU. Der Versuch, diese Sequenz zu kopieren, trägt das Risiko des Scheiterns in sich, wenn, wie in den meisten Entwicklungsregionen, die institutionellen Voraussetzungen fehlen. Es bleibt zu beachten, daß die Risiken der Handelsumlenkung auch im Neuen Regionalismus bestehen, auch wenn dieser sich stärker auf die Faktormobilität und die Politikharmonisierung und weniger auf die Liberalisierung des Güterhandels konzentriert. Dies gilt vor allem für Integrationsgemeinschaften zwischen Entwicklungsländern, die ähnliche Produktionsstrukturen aufweisen und daher nur wesentlich schwächer von einer Komplementarität der Faktorausstattung profitieren können als Gemeinschaften zwischen Ländern unterschiedlichen Einkommensniveaus. Auch besteht die Gefahr, daß die regionale Integration zunehmend als ein Substitut für multilaterale Liberalisierung gesehen wird. Damit die positiven Effekte des Neuen Regionalismus wirken können, ist ein Nebeneinander von multilateraler Liberalisierung und regionaler Handelsliberalisierung notwendig. Schließlich kann die regionale Integration im Sinne des Neuen Regionalismus nur dann positiv beurteilt werden, wenn sie in eine Kettenreaktion verschiedener regionaler Ansätze einmündet, die im Wettbewerb zueinander stehen und dabei die globalen positiven Externalitäten erzeugen, die das multilaterale System alleine nicht hervorbringen könnte. Letztlich geht es beim Regionalismus in der Interpretation des Neuen Regionalismus darum, in der Interaktion verschiedener Gemeinschaften und Abkommen ein positives Moment der Liberalisierung zu generieren.

4. Ordnungspolitische Anforderungen an den *Alten* und den *Neuen Regionalismus*

Alter und Neuer Regionalismus haben einen gemeinsamen Ausgangspunkt: den Abschluß eines neuen oder die Erweiterung eines bereits bestehenden regional begrenzten Handelsabkommens. Von diesem gemeinsamen Ausgangspunkt aus teilt sich der Weg. Abkommen aus der Ägide des Alten Regionalismus verfolgen den exogenen Ansatz: Sie vereinbaren den Abbau von Handelshemmnissen untereinander, ohne daß dieser zeitlich oder inhaltlich an eine vorherige multilaterale Liberalisierung gekoppelt wäre. Beispielhaft für diesen Typus sollen im folgenden Mercosur und AFTA auf ordnungspolitische Kriterien hin untersucht werden.[12]

Zum Neuen Regionalismus sollen die Anschlüsse kleiner Länder an bestehende regionale Abkommen gezählt werden, d. h. die EU-Osterweiterung und Mexikos Anschluß an die amerikanisch/kanadische Freihandelszone. Zum Neuen Regionalismus können zusätzlich die im folgenden nicht weiter diskutierten Pläne gerechnet werden, entweder asymmetrische Nabe-Speichen-Vereinbarungen (hub and spoke-Vereinbarungen) durch Vereinbarungen zwischen den Speichen zu ergänzen und damit symmetrisch zu gestalten oder Asymmetrien gleich zu verhindern. Zu ersteren gehört die Zentraleuropäische Freihandelszone CEFTA, die die wichtigsten EU-Beitritts-

[12] Obgleich beide Gemeinschaften erst zu Beginn der 90er Jahre in Kraft getreten sind, sind sie noch dem Typus des Alten Regionalismus zuzuordnen. Sie verknüpfen weder multilaterale mit regionaler Liberalisierung, noch beinhalten sie den Anschluß an bestehende Gemeinschaften.

kandidaten umfaßt und letztlich nur durch das gemeinsame Ziel des EU-Beitritts zustande kam; zu letzteren das Vorhaben der FTAA, die Nord-, Zentral- und Südamerika umfassen soll. Auch rein bilaterale Abkommen sind dem Neuen Regionalismus zuzuordnen.

4.1. Ordnungspolitische Kriterien

Wie im üblichen Gebrauch der nationalen Politik sollen unter ordnungspolitischen Kriterien auch hier Normen verstanden werden, die die längerfristigen Rahmenbedingungen für den internationalen Güteraustausch setzen. Ausgehend von der Minimierung der Diskriminierung zwischen Ländern, Sektoren und Gütern als zentralem Kriterium für ordnungspolitische ‚Unbedenklichkeit', entwickeln wir folgende sechs Normen als Prüfkriterien.

(1) *Diskriminierungsausmaß (100 Prozent-Kriterium)*

Art. XXIV GATT schreibt vor, daß präferentielle Vereinbarungen im wesentlichen den gesamten Handel umfassen sollten (substantially all trade-criterion). Damit sollen intersektorale Verzerrungen mit entsprechenden allokativen Wirkungen als Folge von Ungleichbehandlung in der Konfrontation mit regionalen Wettbewerbern ausgeschlossen werden. Typischerweise aber wird dieses Kriterium oft dahingehend verletzt, daß landwirtschaftliche Produkte oder sogenannte ‚sensible' Industriegüter vom regionalen Freihandel ausgeschlossen werden.

Eine Verletzung dieses Kriteriums bedeutet, daß Branchen innerhalb eines Landes unterschiedlichen Anpassungsherausforderungen ausgesetzt sind und damit auch die Faktorallokation beeinflußt wird. So ist es möglich, daß sich eine Hierarchie von drei unterschiedlichen Protektionsstufen aufbaut: Produkte, die vom regionalen Freihandel ausgeschlossen sind und in einer nationalen Importsubstitutionsstrategie eingebettet bleiben; Produkte, die in den regionalen Freihandel eingeschlossen werden und den Bedingungen einer regionalen Importsubstitution unterliegen; und schließlich eine letzte Kategorie von Gütern, die Freihandel unter Meistbegünstigungsbedingungen unterliegt. Ziel der Durchsetzung des 100 Prozent-Kriteriums ist es, die erstgenannte ‚Box' zu leeren, weil sich in ihr die Produkte vereinigen würden, die eine ineffiziente Faktorbindung heraufbeschwören.

(2) *Zeitkonsistenz*

Art. XXIV GATT kennt lediglich drei Voraussetzungen für die Vereinbarkeit von Integrationsräumen mit den allgemeinen Regeln des GATT: die Nichtanhebung der Zölle[13] und Handelsschranken gegenüber Drittstaaten, die Anwendung der Integrationsvereinbarung auf annähernd den gesamten Handel und die Notifizierung der Integration. Somit ist der Zeitraum, in dem ein solcher Raum zu bilden ist, im GATT nicht spezifiziert. Damit wird von seiten der Internationalen Handelsordnung kein Druck auf die

---

[13] Denkbar wäre es, auch die Nichtanhebung der Zölle als eigenes Kriterium zu verwenden. Allerdings verbleiben hier Unklarheiten, da Art. XXIV GATT nicht spezifiziert, ob die Grundlage für diese Vorschrift die angewendeten oder die GATT-gebundenen Zölle sind (siehe den Fall Mexikos unter Abschnitt 4.2.).

Vertragspartner ausgeübt, die Schaffung von Integrationsräumen verbindlich festzulegen und Zeitpläne einzuhalten. Die Erfahrung lehrt, daß fehlende Zeitrahmen die Beteiligten veranlassen, Vereinbarungen als unglaubwürdig einzustufen und sich so zu verhalten, als könnten Zeiträume beliebig ausgedehnt werden (Zeitinkonsistenz). Auch können Vereinbarungen über Zeitrahmen in Gemeinschaften, die über keinerlei Durchgriffsrechte gegenüber den Mitgliedern oder über kein Potential für intra-regionale Arbeitsteilung verfügen, als unglaubwürdig eingestuft werden und daher wiederum ein Handeln induzieren, das eher von der Annahme der Nichterfüllung der Vereinbarungen geprägt ist. Sowohl das Fehlen eines Zeitrahmens als auch das Fehlen von Sanktionen bei Verletzung eines vorher verkündeten Zeitrahmens sind ordnungspolitisch wichtige Negativeffekte von Integrationsvereinbarungen. Sie rücken diese in den Bereich der Intransparenz, verursachen höhere Transaktionskosten und schaffen einen wachstumsfeindlichen Investitionsattentismus. Zudem beinhalten sie negative grenzüberschreitende externe Effekte, da die Verletzung eines Zeitrahmens durch ein Mitglied mit großer Wahrscheinlichkeit ein entsprechendes Verhalten anderer Mitglieder nach sich zieht.

(3) *Kompatibilität mit anderen Politiken*

Regionale und internationale Handelsströme reagieren auf Preisanreize nicht nur als Folge von Handelspolitiken, sondern auch als Resultat von Wechselkursveränderungen. Laufen Wechselkurspolitiken und Handelspolitiken gegeneinander, so kann dies dazu führen, daß Handelspolitiken als Korrektiv für veränderte Wettbewerbsbedingungen als Folge von Wechselkursveränderungen zweckentfremdet werden. Eine Wechselkursbindung an einen externen Anker, die innerhalb einer Gemeinschaft neben einem flexiblen Wechselkursregime eines Partnerlandes steht, kann beispielsweise dazu führen, daß die Produkte des erstgenannten Landes an Wettbewerbsfähigkeit gegenüber den Produkten des zweiten Landes verlieren, wenn die Ankerwährung stark aufwertet (siehe den Beitrag von *Baer* in diesem Band). Da liegt die Versuchung seitens des erstgenannten Landes nahe, mit Binnenzollsurrogaten diese veränderten Wettbewerbsbedingungen zu korrigieren. Die Folge ist ein Auseinanderbrechen der Gemeinschaft. Polare Wechselkursregime innerhalb einer Gemeinschaft sind also zumeist inkompatibel mit einer gemeinsamen Handelspolitik. Desgleichen kann die Liberalisierung des Dienstleistungshandels daran scheitern, daß die Mitgliedstaaten unterschiedliche Migrationspolitiken vertreten und den freien Handel mit Dienstleistungen dann unterbinden, wenn er mit dem vorübergehenden Aufenthalt des Dienstleistungsproduzenten im Verbraucherland verbunden ist. Inkompatibilitäten können auch zwischen Umweltpolitik und Handelspolitik auftreten.

(4) *Ein Ziel, ein Instrument*

Regionale Integrationsgemeinschaften können mit der Nebenbedingung einer ‚fairen' Verteilung von Nutzen und Kosten belastet werden. In dem Maße, wie sich Allokations- und Distributionsziele in einer Integrationsvereinbarung wiederfinden, treten Zielkonflikte auf, die Gemeinschaften nach den Erfahrungen in den sechziger und siebziger Jahren recht schnell in die Desintegration zurückführen. Verteilungsnebenbedingungen gewannen damals recht schnell Zielcharakter und die Oberhand gegenüber Allokationszielen. Am Ende derartiger Zielkonflikte stand zumeist die Einführung von Binnenzöllen und die Aufgabe der Gemeinschaften.

(5) *Wettbewerbsprinzip*

Viele Integrationsgemeinschaften zwischen Entwicklungsländern nennen in der Präambel die Ausdehnung des innergemeinschaftlichen Handels als Ziel, ohne daß der Unterschied zwischen Handelsumlenkung und Handelsschaffung dargelegt wird. Die Erfahrung zeigt, daß derartige Gemeinschaften recht schnell die Strategie der regionalen Importsubstitution und damit das Ziel der Handelsumlenkung verfolgt haben. Dem Wettbewerbsprinzip wurde dadurch Schaden zugefügt, da der Wettbewerb regional aufgrund vieler natürlicher Wettbewerbshemmnisse (hohe Transportkosten beispielsweise) bei weitem nicht so intensiv war wie im Handel mit Drittländern.

(6) *Selbstbindung in internationalen Regelsystemen*

Die Unverbindlichkeit, mit der regionale Abkommen im Art. XXIV GATT als Ausnahme von der Meistbegünstigung sanktioniert werden, findet ihr Pendant in der fehlenden Disziplin, der diese Abkommen unterworfen sind. Arbeitsgruppen, die zu den meisten Integrationsgemeinschaften von seiten des GATT und der WTO eingerichtet wurden, konnten sich nicht auf eindeutige Aussagen einigen, so daß es bislang zu keinerlei Streitschlichtung in bezug auf regionale Abkommen und ihre Kompatibilität mit dem internationalen Regelsystem gekommen ist. Darüber hinaus sehen regionale Abkommen prinzipiell nicht vor, daß Gebietsangehörige (eine juristische oder natürliche Person) das Recht besitzen, die Vereinbarkeit regionaler Abkommen mit internationalen Regelsystemen juristisch überprüfen zu lassen. Nur in sehr wenigen Fällen geben regionale Abkommen den Mitgliedstaaten die Wahlmöglichkeit, zwischen den regionalen und den GATT/WTO-Foren für die Klärung von Streitfällen zu entscheiden (*Roessler* 1993, S. 318 f.).

4.2. Ordnungspolitische Beurteilung am Beispiel bestehender Abkommen

Übersicht 1 zeigt eine Einschätzung der Bedeutung dieser ordnungspolitischen Kriterien für vier Integrationsgemeinschaften bzw. -projekte, von denen zwei (Mercosur und AFTA) dem sogenannten Alten Regionalismus zugeordnet werden können.

Übersicht 1 versucht nach sechs ordnungspolitischen Kriterien die beiden Vertreter des Alten Regionalismus Mercosur und AFTA sowie die des Neuen Regionalismus EU-Osterweiterung und NAFTA ordnungspolitisch ‚zu kartieren'. Zugegebenermaßen sind diese Kriterien in einigen Fällen nicht mit der wünschenswerten Trennschärfe zu erfassen. Dennoch zeigt sich, daß beim *100 %-Kriterium* mit Ausnahme der EU-Osterweiterung[14] alle drei Gemeinschaften dauerhafte Ausnahmen vom Freihandel festgelegt haben, darunter im wesentlichen Agrarprodukte und einige sog. sensible Industriegüter. Auch bei der EU-Osterweiterung gab es zunächst eine asymmetrische Liberalisierung dahingehend, daß die sensiblen Industriegüter und auch einige Agrargüter später liberalisiert wurden als andere Produkte, dennoch wurde die Freihandelszone verwirklicht.

---

[14] Die Gemeinsame Agrarpolitik (GAP) wird wie im GATT üblich nicht als Handelspolitik im engeren Sinne verstanden.

Übersicht 1: Die ordnungspolitische Kohärenz von Regionalismus

Ordnungspolitische Kriterien	*Alter Regionalismus*		*Neuer Regionalismus*	
	Mercosur	AFTA	EU-Osterweiterung	NAFTA
100 %-Kriterium (substantially-all-trade)	nein (Ausnahmen: Stahl, Textil, Autos; einige Agrarprodukte)	nein (Ausnahme: Agrarerzeugnisse)	ja (unter den Bedingungen der GAP)	nein (Agrarerzeugnisse)
Zeitkonsistenz	nein (Zeitrahmen durchbrochen)	nein (Zeitrahmen gestreckt und gestaffelt nach Einkommensniveau von Ländern)	ja (beim Handel, nicht bei Vollmitgliedschaft)	ja
Kompatibilität mit anderen Politiken	nein (Wechselkursregime)	nein (Investitionsregeln)	nein (Agrarmarktpolitik)	ja
Ein Ziel, ein Instrument	ja	ja	nein	ja
Wettbewerbsprinzip	nein (Binnenzollsurrogate)	nein (Notfallklauseln)	ja	nein (Mexiko erhöht ungebundene Zölle auf Nicht-NAFTA-Produkte)
Selbstbindung in internationalen Regelsystemen	noch nicht bewiesen	nein (Entwicklungsländerprivileg)	noch nicht bewiesen	noch nicht bewiesen

Was die *Zeitkonsistenz* anlangt, so sind entweder die a priori festgelegten Zeitrahmen durchbrochen oder von Anfang an wie bei AFTA nach Einkommensniveaus von Ländern gestaffelt worden. Die EU hat diese Zeitkonsistenz zwar im Freihandelsabkommen, aber nicht bei der Vollmitgliedschaft (offenes Beitrittsdatum) erreicht, während NAFTA die Zeitpläne bislang eingehalten hat. Bedenklich ist die auch aus der multilateralen Handelsordnung bekannte Tendenz, die Endpunkte der Liberalisierung an Einkommensniveaus festzumachen, die willkürlich sind. So erscheint es nach dem Einkommensniveau nicht schlüssig, warum innerhalb der AFTA Vietnam einen längeren Zeitraum zur Verwirklichung des Abbaus von Zöllen erhält als Indonesien.

Was die Frage der *Kompatibilität mit anderen Politiken* anlangt, so ist dieses Kriterium vor allem bei Mercosur durch die Unvereinbarkeit der Handelsliberalisierung mit den polaren Wechselkursregimen Argentiniens und Brasiliens verletzt. Dieses Urteil schließt in abgeschwächter Form auch AFTA ein, die zwar eine freie Investitionszone anstrebt, dies aber dadurch zunichte macht, daß sie keinen freien Handel mit Dienstleistungen zuläßt. Der freie Dienstleistungshandel und die damit erforderliche Freizügigkeit von Arbeit ist im übrigen in allen Integrationsgemeinschaften, auch bei der EU-Osterweiterung, ein Desideratum, soweit er mit restriktiven Migrationspolitiken kollidiert. Die gemeinsame Agrarmarktpolitik hat im übrigen bei der EU-Osterweiterung zu Konflikten mit den Beitrittskandidaten geführt, da ein freier Handel die Importe der Beitrittskandidaten von subventionierten Agrarerzeugnissen aus den Altmitgliedern anschwellen ließ und daraufhin Polen zu Abwehrmaßnahmen veranlaßt hat. Werden die Beitrittskandidaten Vollmitglieder, so würde für sie das Regelwerk der Gemeinsamen Agrarpolitik gelten mit der Konsequenz, daß es in den neuen Mitgliedsländern zu Preissteigerungen kommen würde, die Produktion ausgedehnt und der Verbrauch eingeschränkt würde. Dies hätte Konsequenzen für den Handel mit der EU wie für den EU-Haushalt, der wahrscheinlich schrumpfen würde. Dem stünden erhebliche Haushaltsbelastungen aufgrund der durch die Preissteigerungen angeregten Produktionsüberschüsse entgegen. Eine Kompatibilität zwischen Handel, Agrarmarktpolitik und Haushaltsdisziplin wäre somit nicht gegeben. Einzig bei der NAFTA erscheint die Kompatibilität mit anderen Politiken gegeben, auch wenn der Freihandel als Hebel eingesetzt wurde, um Mexiko zu einer Anhebung der eigenen Umweltstandards zu bewegen. Der Vertrag zeigt aber keine direkte Verknüpfung zwischen beiden Zielen.

Das Kriterium *Ein Ziel, ein Instrument* wird bei den drei Gemeinschaften, die lediglich Handelsliberalisierung als Ziel haben, erfüllt, nicht jedoch bei der EU. Sie geht in ihrem Zielkatalog weit über den Handel hinaus und strebt auch Ziele der Einkommenskonvergenz bzw. der Vereinheitlichung des gesamten wirtschaftspolitisch relevanten Regelwerks an.

Das Kriterium *Wettbewerbsprinzip* wird danach beurteilt, ob die Gemeinschaften entweder Binnenzollsurrogate eingeführt (Mercosur) oder folgenlose Abweichungen vom Liberalisierungsfahrplan zugelassen (AFTA) haben oder es Mitgliedern ermöglichen, die sogenannten angewandten Zölle gegenüber Nichtmitgliedern anzuheben und damit zwischen Nichtmitgliedern und Mitgliedern in einer Art Grauzone zu diskriminieren. Dies trifft für Mexiko zu, das zwar nicht die WTO-gebundenen Zölle, aber die niedrigeren angewandten Zölle gegenüber der EU, nicht aber gegenüber den NAFTA-

Partnern nach Eintreten der Krise erhöhte (*Nagarajan* 1998). Dies wäre ein Fall für eine Streitschlichtung, da eines der drei Kriterien nach Art. XXIV GATT verletzt sein könnte.

Was die Frage der *Selbstbindung in internationalen Regelsystemen* anlangt, so läßt sich dies für drei von vier Gemeinschaften noch nicht beweisen, da es noch nicht zu einer Streitschlichtung über die Kompatibilität der regionalen Vereinbarungen mit der multilateralen Handelsordnung gekommen ist. Wie oben ausgeführt, ist dies eine der Schwächen der WTO. Bei AFTA kann eine Selbstbindung auch deshalb nicht erfolgen, weil die Gemeinschaft nicht nach Art. XXIV notifiziert worden ist, sondern nach der erheblich permissiveren Ermächtigungsklausel von 1979, die die Sonderbehandlung der Entwicklungsländer im Falle regionaler Abkommen absicherte. AFTA braucht sich daher bislang nicht an die Bedingungen nach Art. XXIV gebunden zu sehen.

Insgesamt weisen sowohl der Alte als auch der Neue Regionalismus ordnungspolitische Defizite auf. Diese ähneln denjenigen, die sich auch in der multilateralen Handelsordnung zeigen: u.a. das Vermischen von mehreren inkompatiblen Zielen, die Ungleichbehandlung von Gütern und die exzessive Duldung von Ausnahmetatbeständen wie Notfallklauseln und Länderprivilegien.

5. Regionale Abkommen als Wegbereiter für multilaterale Abkommen?

Die bisher behandelten Verstöße regionaler Integrationen gegen das Prinzip der Nichtdiskriminierung und damit gegen das ‚first best' des weltweiten Freihandels bilden die potentiellen negativen Effekte des Regionalismus. Je stärker sie ausgeprägt sind, um so problematischer fällt ihre Beurteilung aus ordnungspolitischer Sicht aus. Einige Autoren – wie z. B. *Bhagwati* (1995) oder *Bagwell* und *Staiger*[15] – kommen aufgrund der negativen Effekte der PIAs, die auch mögliche negative Nebenwirkungen für das multilaterale Handelssystem umfassen können, eher zu einer negativen Gesamtbeurteilung regionaler Integrationsabkommen.[16] Demgegenüber weisen andere Autoren – wie etwa *Ethier* (1998a, 1998b) oder *Lawrence* (1996) – auf potentielle positive Effekte regionaler Integrationsabkommen für das multilaterale Welthandelssystem hin. Aus systemischer Sicht darf nicht übersehen werden, daß es einen Ausleseprozeß von untereinander im Wettbewerb stehenden Integrationsformen gibt, woraus sich positive Effekte sowohl für die beteiligten Länder als auch für das Welthandelssystem an sich ergeben können. So können regionale Integrationsabkommen als Wegbereiter für das multilaterale Handelssystem angesehen werden, die eine Erweiterung und Vertiefung des multilateralen Systems erleichtern. Hier lassen sich zwei Argumentationslinien unterscheiden: Zum einen können PIAs kleinen reformwilligen Ländern den Zugang zu ausländischen Direktinvestitionen erleichtern; zum anderen können sie eine Pfadfinderfunktion für die

---

[15] Anstelle zahlreicher Artikel der beiden Autoren sei hier auf ihr in Kürze erscheinendes Buch (*Bagwell* und *Staiger* 2001) verwiesen.

[16] Zur Fragestellung des Verhältnisses zwischen Regionalismus und Multilateralismus siehe allgemein den Beitrag von *Kaiser* in diesem Band sowie *Krueger* (1999), *Panagariya* (2000) und *Winters* (1999).

Lösung neuer Herausforderungen ausüben, denen sich das multilaterale Handelssystem gegenüber sieht.

Die erste Argumentationslinie wird vor allem von *Ethier* (1998a, 1998b) vertreten. Seine Einschätzung beruht auf der Beobachtung, daß sich die internationalen Rahmenbedingungen des Neuen Regionalismus gegenüber denen zur Zeit des Alten Regionalismus in bedeutender Hinsicht verändert haben. So ist die multilaterale Handelsliberalisierung wesentlich weiter fortgeschritten; viele der weniger entwickelten Länder haben ihre auf Autarkie gerichtete marktfeindliche Politikausrichtung aufgegeben und versuchen nun, dem multilateralen Handelssystem beizutreten; und die Rolle von ausländischen Direktinvestitionen ist gegenüber den Tagen des Alten Regionalismus markant gestiegen. Unter diesen veränderten internationalen Rahmenbedingungen besteht für die kleinen, reformwilligen Länder ein großer Anreiz, mit großen, entwickelten Ländern (oder mit aus solchen bestehenden PIAs) regionale Integrationsabkommen zu schließen, wie man sie vielfach im Neuen Regionalismus beobachten kann. Das kleine Land kann durch ein solches PIA nämlich Direktinvestitionen aus dem großen Land attrahieren, weil Direktinvestoren nun den präferentiellen Zugang zum Markt des großen, entwickelten Landes ausnutzen können. Durch die technische Unteilbarkeit von Direktinvestitionen können kleine Integrationspartner ein Investitionsvolumen aus dem Ausland attrahieren, das über das hinausgeht, was normalerweise durch die Binnenmarktgröße des Landes vorgezeichnet wäre. Durch die Attrahierung ausländischer Direktinvestitionen werden die Erfolge des kleinen reformierenden Landes gestärkt und damit die Reformanstrengungen gefestigt. Dadurch werden aber wiederum seine Anstrengungen begünstigt, dem multilateralen Handelssystem beizutreten – und ein solcher Beitritt ist in *Ethiers* Modell vor allem deshalb wünschenswert, weil das multilaterale System die mit international steigenden Skalenerträgen verbundenen Externalitäten zu endogenisieren vermag. Damit wird das regionale Integrationsabkommen für das kleine Land zum Sprungbrett für eine weitergehende Bindung an das multilaterale System, und das Aufkommen der PIAs ist nur ein Zeichen für die zunehmende Attraktivität und damit den Erfolg der multilateralen Liberalisierung. In dieser Betrachtungsweise ist der Regionalismus dem Multilateralismus endogen: Er ist eine direkte Folge des Erfolgs der multilateralen Liberalisierung.[17] Bei den neuen PIAs handelt es sich dann zumeist um relativ bescheidene, einseitige Liberalisierungsabkommen, durch die sich die reformwilligen kleinen Länder den Zugang zum größeren Land und einer damit zumeist verbundenen tieferen Integration ‚erkaufen'. Insofern kommt es zu einem Wettbewerb der kleinen Länder um ein bilaterales ‚Andocken' an die Naben der Nabe-Speichen-Systeme.

Abgesehen von dieser auf PIAs zwischen Reformstaaten und großen entwickelten Ländern zielenden Argumentationslinie ist aus systemischer Sicht noch eine zweite zu betonen, die für die Weiterentwicklung der Welthandelsordnung in einer dynamischen Welt einige Bedeutung erlangen kann. So können regionale Integrationsabkommen eine Pfadfinderfunktion bei der Lösung neuer Problemstellungen haben, indem der

---

[17] Weitere Versuche, den Anstieg des Regionalismus endogen zu erklären, sind *Baldwins* (1997) ‚Domino-Theorie' und *Freunds* (2000) Theorie der endogenen Bildung präferentieller Handelsabkommen.

Wettbewerb zwischen verschiedenen Integrationsformen als wissensgenerierender Prozeß à la *Hayek* (1968) fungieren kann. Ihren Ursprung hat diese Möglichkeit in zwei Charakteristika, die regionale Integrationsabkommen von multilateralen Abkommen unterscheiden: Zum einen weisen PIAs quasi definitionsgemäß eine weit geringere Anzahl an Mitgliedern auf als multilaterale Abkommen. So hat die WTO mittlerweile 144 Mitgliedsstaaten (Stand: 1. Januar 2002). Zum anderen besteht innerhalb von PIAs in den meisten Fällen eine weit höhere Homogenität der Partner als in multilateralen Abkommen. Aus diesen Charakteristika ergeben sich drei Konsequenzen:

Erstens ist es in relativ kleinen, homogenen Gruppen leichter, zu Verhandlungsergebnissen zu kommen. Bei einer geringeren Anzahl von Verhandlungspartnern gibt es meist nur eine geringere Anzahl unterschiedlicher Meinungen, und durch die relative Homogenität der Verhandlungspartner sind die Meinungsunterschiede zumeist relativ gering.

Zweitens sind die Durchsetzungskosten von Vereinbarungen (enforcement costs) in den PIAs meist geringer als im multilateralen System. Die Überwachung der Regeleinhaltung ist in kleinen Gruppen einfacher, und man kann Abweichler leichter zur Verantwortung ziehen. Vielleicht ist der gestiegene Regionalismus auch insofern endogen zum Multilateralismus, diesmal aber nicht aufgrund der Erfolge, sondern aufgrund der Schwächen des multilateralen Systems:[18] Die Durchsetzungskosten der WTO haben sich oftmals als sehr hoch erwiesen; Verhandlungen bei der WTO können sich lange hinziehen, und vor allem aufgrund unterschiedlicher Verhandlungsmacht der beteiligten Parteien kommt es oft dazu, daß sogar rechtskräftig für gegen WTO-Regeln verstoßend erklärte Praktiken in kaum abgewandelter Form jahrelang aufrechterhalten werden. Wäre die Durchsetzung von Handelsregeln in der WTO besser, wären die Vorteile des Regionalismus vermutlich geringer.

Drittens kann in den kleineren, relativ homogenen Gruppen der PIAs zumeist über mehr Themen verhandelt werden. Dies führt dazu, daß die regionalen Abkommen gerade im Neuen Regionalismus oft weit über Themen der Handelsliberalisierung hinausgehen und damit zu einer tieferen Integration weiter Politikbereiche führen (sogenannte ‚deep integration'). Dieses gerade im Neuen Regionalismus bedeutende Element bedeutet, daß dieser gerade das verwirklichen könnte, was die Väter des GATT bei der Formulierung der Ausnahmebestimmungen von Art. XXIV GATT ursprünglich intendiert hatten.

Aufgrund der Möglichkeit einer schnelleren Entscheidungsfindung, einer besseren Entscheidungsdurchsetzung und einer umfangreicheren Themenabdeckung können regionale Integrationsabkommen eine ‚Pfadfinderfunktion' für das multilaterale System ausüben: In den unterschiedlichen PIAs werden verschiedene Lösungsmöglichkeiten für sich neuergebende Themengebiete ausgelotet. Zukünftige multilaterale Verhandlungsrunden können dann auf die Erfahrungen der regionalen Abkommen zurückgreifen. So konnten zum Beispiel die Erfahrungen der EU bei der Dienstleistungsliberalisierung im

---

[18] Ähnlich argumentieren etwa *Srinivasan* et al. (1993), daß der Anstieg des Regionalismus zum Teil der Frustration über den relativ langsamen Fortschritt bei der multilateralen Liberalisierung zuzuschreiben ist.

Rahmen des Binnenmarktprogramms und die Erfahrungen der Freihandelsabkommen zwischen Kanada und den Vereinigten Staaten (FTA) und zwischen Australien und Neuseeland (CER) in die multilateralen Verhandlungen des GATS einfließen. Dies wird etwa in der Einschätzung von *Hoekman* und *Sauvé* (1994, S. 314) deutlich, daß das GATS „clearly built upon the experiences gained in achieving progressive liberalization within the EU, the FTA and CER". Dies gilt etwa für die Erfahrungen der EU bezüglich der Bedeutung von Niederlassungsrechten und von Regeln für Lizenzierung, Akkreditierung, gegenseitiger Anerkennung und Harmonisierung von Standards. Der FTA folgten das GATS im Einsatz einer Positivliste für zu behandelnde Themen und der CER bei der Unterscheidung zwischen Inländerbehandlung und Marktzugang. In die multilateralen Verhandlungen der WTO sind beispielsweise auch die Erfahrungen der NAFTA bei der Behandlung von Umwelt-Themen eingeflossen. In Zukunft könnten bei der Ausarbeitung von Regelsystemen für die Neue Ökonomie wie etwa der Liberalisierung des Internethandels und weiterer Netzwerkgüter die Erfahrungen verschiedener regionaler Integrationsabkommen dienstbar gemacht werden und so zu besseren Ergebnissen führen. Gleiches gilt beispielsweise bei Themen wie einer zunehmenden Faktormobilität oder auch dem Schutz geistiger Eigentumsrechte. Als Wegbereiter multilateraler Liberalisierung können regionale Abkommen – so die Verfechter des Neuen Regionalismus – als treibende Kraft bei der Öffnung der Märkte für internationalen Handel fungieren.

Da das multilaterale Handelssystem ein gewisses Maß an Freiheit des internationalen Handels ermöglicht hat, stehen die Volkswirtschaften, die die verschiedenen PIAs ausmachen, im Wettbewerb untereinander. Wer es schafft, in ‚seinem' PIA die besten Regeln aufzubauen, hat also einen Vorteil im weltweiten Wettbewerb. Insofern besteht ein ‚Wettbewerb der institutionellen Regelungen' der verschiedenen PIAs, der Wissen über den relativen Erfolg unterschiedlicher Regelsysteme generieren kann. Dieses Wissen kann nicht nur in den PIAs mit den relativ ineffektiveren Regelsystemen dienstbar gemacht werden – wie es etwa wiederum bei der Liberalisierung im Dienstleistungsbereich beobachtet werden konnte (vgl. *Hoekman* und *Sauvé* 1994) –, sondern auch bei der Weiterentwicklung des multilateralen Systems. Über den Wettbewerb der regionalen Integrationsabkommen untereinander hinaus kann auch der Wettbewerb zwischen regionalen Integrationsabkommen auf der einen und multilateralen Abkommen auf der anderen Seite als ein durchaus fruchtbares, belebendes Prinzip für die weltwirtschaftliche Ordnung gesehen werden. Geht es im multilateralen System aufgrund der schwierigen Verhandlungen zwischen unzähligen heterogenen Mitgliedstaaten und einer schwachen Durchsetzung einmal geschlossener Abkommen mit der Liberalisierung nicht voran, so wenden sich viele Länder zunehmend den regionalen Integrationen zu, in denen eine Entscheidungsfindung und -durchsetzung zumeist leichter fällt. Damit hat das multilaterale System Anreize, den regionalen Liberalisierungsanstrengungen nachzukommen, um nicht zur relativen Bedeutungslosigkeit zu verkommen.

6. Zur Sequenz zwischen realwirtschaftlicher Integration und monetärer Kooperation

Im vorliegenden Beitrag wurden insbesondere realwirtschaftliche Integrationsabkommen behandelt. In Abschnitt 4 wurde bereits auf die Unvereinbarkeit von PIAs mit konträren makroökonomischen Politiken einzelner Partner hingewiesen, wie sie sich innerhalb des Mercosur gezeigt haben. Daraus kann die Frage abgeleitet werden, ob eine frühe monetäre Kooperation beispielsweise durch gemeinsame Wechselkursanker die Handelsintegration fördern kann. Weiter geht eine andere Frage: Sollte nicht angesichts des Bedeutungszuwachses von internationalen Finanzströmen gegenüber den Leistungsbilanztransaktionen der monetären Kooperation grundsätzlich der Vorrang vor der Handelsintegration eingeräumt werden, weil die mit den Finanzströmen verbundene Volatilität Handelsintegration per se tangieren kann?

Diese Frage ist nicht neu. Das Modell der Europäischen Integration hat über lange Jahre hinweg der sogenannten Krönungstheorie den Vorzug gegeben. Die Vertiefung der Güter- und Faktormarktintegration über die bekannten vier Stufen hinweg würde am Ende eines Prozesses hin zu binnenmarktähnlichen Verhältnissen die monetäre Integration als relativ leicht zu bewältigende Krönung des gesamten Integrationsprozesses erscheinen lassen (so etwa bei *Vickerman* 1992). Allerdings wurde in der zweiten Stufe des Weges zur Währungsunion auch argumentiert, daß die Ankündigung einer Nichtbeteiligung von Ländern an der ersten Runde der Mitgliedschaft in der Währungsunion nicht nur den Prozess der realwirtschaftlichen Integration dieser Länder in die Kerngruppe gefährden würde, sondern auch das bisher Erreichte an realwirtschaftlicher Integration (so etwa bei *DeGrauwe* 1997). Monetäre Integration erscheint in dieser Sicht nicht als Krönung, sondern als Vehikel für weitere realwirtschaftliche Integration und deren Unumkehrbarkeit. Aus den Schwellenländern kommt nach den Finanzkrisen der letzten Jahre die noch über die Vehikeltheorie hinausreichende Forderung, monetäre Zusammenarbeit bereits dann zu starten, wenn sich die Handelsintegration noch in den Anfängen befindet, so innerhalb des Mercosur oder innerhalb Ostasiens.[19]

Es würde den Rahmen dieses Beitrags sprengen, die Frage der optimalen Sequenz weiter auszuleuchten, doch läßt sich unschwer erkennen, daß die regionale monetäre Kooperation künftig mehr Aufmerksamkeit erhalten wird. Zum einen kann die Existenz der EMU wie die Römischen Verträge in den 50er Jahren eine Vorbildfunktion für andere regionale Vereinbarungen erfüllen. Zum anderen wächst der Wunsch, sich vorbeugend gegen nationale Finanzkrisen und deren regionale Verbreitung nicht allein mit dem Instrumentarium des IWF zu wappnen, sondern auch mit regionalen Vereinbarungen. Zum jetzigen Zeitpunkt sprechen die wirtschaftliche Heterogenität der Länder, die Gefahr asymmetrischer Schocks, die Anfälligkeit derartiger Abkommen gegenüber Tests auf ihre Glaubwürdigkeit und die geringen Kosten eines Bruchs regionaler monetärer Kooperationsvereinbarungen dafür, daß die Vorbildfunktion Europas in der mo-

---

[19] Die sogenannte Chiang Mai-Initiative, die nach der Asien-Krise von 1997 von der Asiatischen Entwicklungsbank angestoßen wurde, sieht gegenseitige Unterstützungsverpflichtungen bei Zahlungsbilanzkrisen als Ausgangspunkt für monetäre Kooperation vor.

netären Integration ähnlich illusorisch ist wie bei der realwirtschaftlichen Integration seit den 50er Jahren.

Literatur

Bagwell, Kyle und *Robert W. Staiger* (2000), GATT-Think, National Bureau of Economic Research (NBER), Working Paper, No. 8005, Cambridge/Mass.

Bagwell, Kyle und *Robert W. Staiger* (2001), The Economics of the World Trading System, Manuskript, Oktober, Cambridge/Mass. (erscheint 2003).

Baldwin, Richard E. (1997), The Causes of Regionalism, in: The World Economy, Bd. 20, H. 7, S. 865-888.

Bhagwati, Jagdish (1968), Trade Liberalization Among LDCs, Trade Theory and GATT Rules, in: *J. N. Wolf* (ed.), Value, Capital and Growth, Oxford, S. 21-43.

Bhagwati, Jagdish (1995), U.S. Trade Policy: The Infatuation with Free Trade Areas, in: *Jagdish Bhagwati* und *Anne O. Krueger* (eds.), The Dangerous Drift to Preferential Trade Agreements, Washington, D.C., S. 1-18.

Bhagwati, Jagdish und *Arvind Panagariya* (1996), The Theory of Preferential Trade Agreements: Historical Evolution and Current Trends, in: American Economic Review, Bd. 86, H. 2, S. 82-87.

Bhagwati, Jagdish, David Greenaway und *Arvind Panagariya* (1998), Trading Preferentially: Theory and Policy, in: Economic Journal, Bd. 108, Juli, S. 1128-1148.

Cooper, Charles A. und *Benton F. Massell* (1965), Toward a General Theory of Customs Unions for Developing Countries, in: Journal of Political Economy, Bd. 73, H. 5, S. 461-476.

Corden, W. Max (1972), Economies of Scale and Customs Union Theory, in: Journal of Political Economy, Bd. 80, H. 3, S. 465-475.

DeGrauwe, Paul (1997), The Prospects of a Mini Currency Union in 1999, in: *Horst Siebert* (Hg.), Quo Vadis Europe?, Tübingen, S. 275-298.

Ethier, Wilfred J. (1998a), The New Regionalism, in: Economic Journal, Bd. 108, Juli, S. 1149-1161.

Ethier, Wilfred J. (1998b), Regionalism in a Multilateral World, in: Journal of Political Economy, Bd. 106, H. 6, S. 1214-1245.

Freund, Caroline (2000), Multilateralism and the Endogenous Formation of Preferential Trade Agreements, in: Journal of International Economics, Bd. 52, H. 2, S. 359-376.

GATT (1992), Trade Policy Review, United States, Vol. II, Geneva.

Hayek, Friedrich August von (1968), Der Wettbewerb als Entdeckungsverfahren, Kieler Vorträge N.F. 56, Institut für Weltwirtschaft, Kiel.

Hertel, Thomas W., Terrie Walmsley und *Ken Itekura* (2001), Dynamic Effects of the „New Age" Free Trade Agreement Between Japan and Singapore, in: Journal of Economic Integration, Bd. 16, H. 4, S. 446-484.

Hoekman, Bernard und *Pierre Sauvé* (1994), Regional and Multilateral Liberalization of Service Markets: Complements or Substitutes?, in: Journal of Common Market Studies, Bd. 32, H. 3, S. 283-317.

Johnson, Harry (1965), An Economic Theory of Protectionism, Tariff Bargaining, and the Formation of Customs Unions, in: Journal of Political Economy, Bd. 73, H. 3, S. 256-283.

Johnson, Harry (1967), Economic Policies Towards Less Developed Countries, Washington D.C.

Krueger, Anne O. (1999), Are Preferential Trading Arrangements Trade-Liberalizing or Protectionist?, in: Journal of Economic Perspectives, Bd. 13, H. 4, S. 105-124.

Krugman, Paul (1989), *Is Bilateralism Bad?*, National Bureau of Economic Research (NBER), Working Paper, No. 2972, Cambridge/Mass.

Langhammer, Rolf J. (1999), Regional Integration APEC Style: Lessons from Regional Integration EU Style, in: ASEAN Economic Bulletin, Bd. 16, H. 1, S. 1-19.

Langhammer, Rolf J. und *Ulrich Hiemenz* (1990), Regional Integration among Developing Countries, Tübingen.

Lawrence, Robert Z. (1996), Regionalism, Multilateralism, and Deeper Integration, Washington D.C.

Lipsey, Richard. G. (1957), The Theory of Customs Union: Trade Diversion and Welfare, in: Economica, Bd. 24, H. 93, S. 40-46.

Nagarajan, Nigel (1998), Regionalism and the WTO, European Commission, Directorate-General for Economic and Financial Affairs, Economic Papers, No. 128, Brussels.

Panagariya, Arvind (2000), Preferential Trade Liberalization: The Traditional Theory and New Developments, in: Journal of Economic Literature, Bd. 38, June, S. 287-331.

Roessler, Frieder (1993), The Relationship between Regional Integration and the Multilateral Trade Order, in: *Kym Anderson* und *Richard Blackhurst* (eds.), Regional Integration and the Global Trading System, New York, S. 311-325.

Srinivasan, T. N., John Whalley und *Ian Wooton* (1993), Measuring the Effects of Regionalism on Trade and Welfare, in: *Kym Anderson* und *Richard Blackhurst* (eds.), Regional Integration and the Global Trading System, New York, S. 52-79.

US Trade Representative (USTRA) (2001), Trade Policy Agenda for 2001 and the 2000 Annual Report of the President of the United States on the Trade Agreements Program, March, Washington D.C., Website: www.ustr.gov/reports/2001.html.

Vickerman, Roger W. (1992), The Single European Market, New York.

Viner, Jacob (1950), The Customs Union Issue, ed. By Carnegie Endowment for International Peace, New York.

Winters, L. Alan (1999), Regionalism vs. Multilateralism, in: *Richard Baldwin, Daniel Cohen, Andre Sapir* und *Anthony Venables* (eds.), Market Integration, Regionalism and the Global Economy, Cambridge, UK, S. 7-49.

Wonnacott, Ronald J. (1996), Free-Trade Agreements: For Better or Worse?, in: American Economic Review, Bd. 86, H. 2, S. 62-66.

WTO – World Trade Organization (2000), Mapping of Regional Trade Agreements, Committee on Regional Trade Agreements, Note by the Secretariat, WT/REG/W/41, October, Geneva, Website: http://www.wto.org/english/tratop_e/region_e/wtregw41_e.doc.

Alfred Schüller und H. Jörg Thieme (Hg.), Ordnungsprobleme der Weltwirtschaft
Schriften zu Ordnungsfragen der Wirtschaft · Band 71 · Stuttgart · 2002

Die WTO – Garant einer liberalen Welthandelsordnung?

Hartmut Berg

Inhalt

1. Die WTO: Garant weiterer Liberalisierungsfortschritte ...

Die Uruguay-Runde wird zumeist als eindrucksvoller Erfolg angesehen. Sie erbrachte noch einmal beachtliche Zollsenkungen im Austausch industrieller Fertigwaren. Es gelang erstmals, den Handel mit Agrarerzeugnissen in die Verhandlungen einzubeziehen und die Europäische Union zu verpflichten, das Niveau der bisherigen Protektion ihres gemeinsamen Agrarmarktes schrittweise zu senken. Durch die neuen Regelwerke GATS (General Agreement on Trade in Services) und TRIPS (Agreement on Trade-Related Aspects of Intellectual Property Rights) sind nunmehr auch der Austausch von Dienstleistungen und der Schutz geistigen Eigentums als Tätigkeitsfelder der neu geschaffenen WTO (World Trade Organization) anerkannt worden. Das Subventionsabkommen (Agreement on Subsidies and Countervailing Measures) ist nach seiner Novellierung umfassender und präziser als die zuvor geltenden Regeln. Das Streitschlichtungsverfahren wurde erheblich verbessert. Über die Grenzen einer Subventionierung des zivilen Großflugzeugbaus konnte eine Einigung erzielt werden. Die Mitgliedstaaten haben sich verpflichtet, über ihre Handelspolitik regelmäßig zu berichten. Sonderregelungen sind nunmehr in den Text der allgemeinen WTO-Statuten einbezogen worden. Ferner haben sich die Mitgliedstaaten darauf verständigt, freiwillige Exportbeschränkungen auslaufen zu lassen und sich dieser Form der Handelsbeschränkung in Zukunft nicht mehr zu bedienen. Schließlich hat das GATT durch seine Fortentwicklung zur WTO den Status einer internationalen Organisation erreicht und damit eine deutlich höhere Wertigkeit erlangt, als sie das GATT als lediglich völkerrechtliche Vereinbarung aufwies (*Donges* 1995; *Sauernheimer* 1996; *Hasse* 1997).

Der vorliegende Beitrag diskutiert die Frage, ob diese in der Tat unbestreitbaren Erfolge weitere Liberalisierungsfortschritte wahrscheinlich machen, protektionistische Praktiken der Mitgliedstaaten also mehr und mehr zurückgedrängt werden können.

„Welches Lied die Sirenen sangen und welchen Namen Achilles trug, als er sich in Frauenkleidern unter den Weibern verbarg – das sind zwar schwierige Fragen, aber sie entziehen sich dennoch nicht jeglicher Mutmaßung." Diese Worte des englischen Philosophen *Sir Thomas Browne* gelten dabei auch für die soeben skizzierte Fragestellung: Die Zeit, die seit dem formalen Abschluß der Uruguay-Runde am 15. April 1994 bis heute vergangen ist, reicht nämlich noch nicht aus, um hinreichend zuverlässige Erfahrungen darüber zu erlangen, wie weitgehend sich die WTO als Institution Akzeptanz verschaffen konnte und wie gut sich die neu beschlossenen Regeln und Verfahren bewährt haben. Verfügbar sind indes erste Erfahrungen, möglich somit erste Einsichten. Sie sollen im folgenden zumindest in einer Auswahl und naturgemäß eher kursorisch diskutiert und kritisch gewürdigt werden.

2. ... oder anfällig für neuen Protektionismus?

Durch die Uruguay-Runde hat das GATT, wie bereits erwähnt, eine erhebliche Ausweitung seiner Aktivitäten und eine Aufwertung seines Status als eine internationale Institution erfahren. Das verfügbare Instrumentarium ist erweitert und verbessert worden. Dennoch vermag es gegen Protektionismus nicht wirksam zu schützen. Für Entwicklungsländer gilt noch immer, daß wesentliche Bestimmungen, wie etwa die Grundsätze der Meistbegünstigung und der Reziprozität hier keine Anwendung finden und daß ein Zahlungsbilanzdefizit nahezu jede Importbeschränkung zuläßt. Den Industrieländern belassen insbesondere die Antidumping-Regeln und die Schutzklauseln der Art. IX und XIX erhebliche Möglichkeiten zur Rücknahme zuvor konzedierter Zollsenkungen. So bestimmt etwa Art. XIX, daß neue Zölle eingeführt werden dürfen, wenn es zu einem derart starken Ansteigen der Importmenge oder zu einer derartigen Verschlechterung der Importbedingungen kommt, daß dadurch den inländischen Produzenten gleichartiger oder unmittelbar konkurrierender Waren ein ernsthafter Schaden zugefügt wird oder zugefügt zu werden droht.

Die im März 2002 von den USA erhobenen Sonderzölle auf Stahlimporte sind ein Beispiel für die Fehlallokationen, die ein derartiger Protektionismus zur Folge hat. Die US-Stahlindustrie ist Jahrzehnte hindurch vor Konkurrenz aus anderen Volkswirtschaften geschützt worden. Ihr hoher Konzentrationsgrad hatte zur Folge, daß die wenigen großen Anbieter ein weitgehend friedliches Oligopolverhalten praktizierten. Im internationalen Vergleich waren die amerikanischen Stahlwerke von unterdurchschnittlicher Produktivität, eine Folge häufig veralteter Anlagen. Die Innovationsaktivität dieser Branche ist wiederholt als unzureichend beanstandet worden. Nahezu alle bedeutsamen Neuerungen in der Stahlerzeugung sind anderswo hervorgebracht und durchgesetzt worden. Überkapazitäten blieben über Jahrzehnte hinweg hartnäckig bestehen (*Adams* 2001). Eine wirksame Therapie aller dieser Mängel hätte darin bestehen können, die Branche durch einen unbehinderten Marktzugang für ausländische Anbieter verstärkt unter Wettbewerbs- und damit unter Anpassungsdruck zu setzen, um die Unternehmen dadurch zu zwingen, die vorhandenen Leistungsschwächen zu beseitigen oder den Markt zu verlassen. Von der *Bush*-Administration ist diese Lösung offensichtlich als politisch nicht opportun verworfen worden. Ausländischer Stahl, der auf dem US-Markt nunmehr nicht absetzbar ist, drängt auf die Märkte anderer Volkswirtschaften und induziert hier weiteren Protektionismus. Das marktwirtschaftliche Anreiz-, Steuerungs- und Kontrollverfahren eines unbeschränkten Leistungswettbewerbs und sich frei bildender Preise wird in seiner Funktionsfähigkeit erheblich beeinträchtigt, die Marktversorgung entsprechend verschlechtert, ohne daß die WTO mit verbindlichen Maßnahmen einschreiten könnte. Sie muß vielmehr abwarten, daß Mitgliedstaaten die der Auffassung sind, in ihren Rechten beeinträchtigt zu werden, die Bildung eines Schiedsgerichts (Panels) beantragen, weil bilaterale Verhandlungen mit dem Schädiger ergebnislos blieben. Kommt ein Land den Empfehlungen des Schiedsgerichts nicht nach, so können schließlich Gegenmaßnahmen für zulässig befunden werden. Dieses Prozedere macht deutlich, daß die Position der WTO (wie zuvor die des GATT) gegenüber den Mitgliedstaaten durchweg eher schwach ist. Sie kann ihren Mitgliedern letztlich nur ihre guten Dienste anbieten und ist ansonsten auf die sehr ungewisse Regeltreue der einzelnen Welthandelsländer angewiesen: Sie besitzt keinen Sanktionsauftrag gegenüber regelbrüchigen Mitgliedern und könnte Sanktionen gegebenenfalls auch kaum durchsetzen.

Das der WTO zugestandene Instrumentarium ist in seiner Wirkung zudem durchweg ungewiß: die Herstellung von Transparenz, das Beharren auf der Selbstbindung der Mitglieder, der Soll-Ist-Vergleich, die Überwachung von Umsetzungsmaßnahmen und das Anstoßen neuer Liberalisierungsimpulse. Es wäre folglich wohl eher naiv anzunehmen, daß die WTO gegen neuen Protektionismus dauerhaft wirksam schützen kann (*Langhammer* 2002).

3. Fehlentwicklungen des GATT

Es ist häufig darauf hingewiesen worden, daß das GATT in seiner ursprünglichen Fassung (GATT 1947) nicht nur explizit zahlreiche Bestimmungen enthielt, die Ausnahmen von den auf Liberalisierung abzielenden Grundsätzen dieses Abkommens zuließen, sondern daß auch implizit Vorbehalte gegen die Freihandelsidee immer wieder anklingen. So ist in den GATT-Statuten von Freihandel an keiner Stelle die Rede; es wird vielmehr sehr viel vorsichtiger formuliert, daß es das Ziel sei, bestehende Handelsbeschränkungen nach Möglichkeit schrittweise zu vermindern. Auch muß es den wohlfahrtsökonomisch geschulten Ökonomen irritieren, daß das Insistieren auf Reziprozität zugestandener Zollsenkungen suggeriert, eine Volkswirtschaft, die ihre Märkte durch Zollabbau öffnet, nutze damit nicht etwa sich selbst, sondern vornehmlich ihren Handelspartnern; sie müsse folglich durch gleichwertige Gegenleistungen für ihre Zugeständnisse entschädigt werden.

Die eher geringe Bereitschaft wohl aller damaligen Welthandelsländer von einiger Bedeutung, sich nach der Phase der Desintegration der Weltwirtschaft auf eine rasche und uneingeschränkte Rückkehr zu einer liberalen Welthandelsordnung einzulassen, wird schließlich durch die Erfahrung belegt, daß sich die Errichtung einer International Trade Organization (ITO) mit erheblichen Befugnissen, so wie sie in der Havanna-Charta ursprünglich vorgesehen war, selbst in den USA nicht durchsetzen ließ, obwohl diese Volkswirtschaft damals auf den meisten Märkten auch unter Freihandelsbedingungen ernst zu nehmende ausländische Konkurrenz kaum zu befürchten gehabt hätte; es zeigen sich derartige Vorbehalte aber auch in der Weigerung, dem GATT den Status einer internationalen Organisation zuzuerkennen. Statt Mitgliedstaaten gab es nur Vertragsparteien. Dem GATT-Sekretariat wurden Entscheidungskompetenzen weitgehend verweigert.

Zwar konnten alle Zollrunden, die seit 1948 stattfanden, erfolgreich abgeschlossen werden, so daß sich zumindest für Industrieerzeugnisse schließlich eine erhebliche Absenkung der durchschnittlichen (Nominal-)Zollbelastung ergab; doch gelang es bis zur Uruguay-Runde bekanntlich nicht, den hoch geschützten und massiv regulierten Agrarbereich auch nur einmal erfolgreich zum Verhandlungsgegenstand zu machen, und eben so wenig wurde der Ausnahmebereich des Handels mit Textilerzeugnissen mit seinem Sonderregime jemals ernsthaft in Frage gestellt. Indem die meisten Entwicklungsländer die ihnen zugestandenen weitgehenden Ausnahmen vom Grundsatz der Meistbegünstigung in Anspruch nahmen, hemmten sie ihre zunehmende Integration in das System der internationalen Arbeitsteilung und schmälerten auf diese Weise die Chance, im Wachstumsprozeß aufzuholen.

Dort, wo die hochentwickelten Volkswirtschaften durch den Abbau der Zölle rasch wachsende Importe oder einen als bedrohlich empfundenen Wettbewerbsdruck hinzunehmen hatten, nahm man entweder die bestehenden Schutzklauseln in Anspruch, oder man ersann neue nicht-tarifäre Handelshemmnisse, die, wenn nicht gegen die Buchstaben, so doch gegen den ‚Geist' der im GATT getroffenen Vereinbarungen verstießen und sehr wahrscheinlich einen nicht unerheblichen Teil der in den Zollrunden erreichten Liberalisierungsfortschritte wieder verloren gehen ließen (*Wedel-Parlow* 1995):

- Abkommen nötigen Lieferländer, die in ihren Exportaktivitäten als besonders ‚aggressiv' angesehen werden, ihre Ausfuhren ‚freiwillig' zu begrenzen (VER: Voluntary Export Restraints).
- Schutzklauseln (escape clauses) gestatten es, Zollkonzessionen auszusetzen, wenn der durch die Importkonkurrenz bewirkte Preisdruck als nicht mehr tragbar angesehen wird.
- Normen und Sicherheitsbestimmungen, die von denen des Auslands abweichen, zwingen die Unternehmen der Exportländer, zusätzliche Kosten aufzuwenden, die ihre Wettbewerbsposition auf den Märkten des Importlandes beeinträchtigen.
- Vorschriften des Lebens- oder Arzneimittelrechts, die primär andere Ziele verfolgen mögen, wirken vielfach durchaus gewollt auch handelshemmend.
- Methoden der Zollwertermittlung eröffnen erhebliche Ermessensspielräume und schützen den Importeur weder vor Willkür und Diskriminierung, noch eröffnen sie ihm die Möglichkeit, die Höhe der Zollbelastung im vorhinein zuverlässig abzuschätzen.
- Das Erheben von Verwaltungsgebühren und das Festhalten an zeitraubenden Verfahren der Genehmigung und Abfertigung führen zu zusätzlichen Kosten und haben dadurch zollähnlichen Charakter.
- Verfahren der staatlichen Auftragsvergabe verhindern, daß ausländische Bewerber zum Zuge kommen, auch wenn deren Offerten wesentlich preisgünstiger sind als die der inländischen Anbieter.
- Auf Güter werden Verbrauchsteuern erhoben, obwohl für sie keine nennenswerte Inlandsproduktion besteht; dadurch wird nämlich nach den GATT-Statuten eine entsprechende Importbelastung möglich, die wie ein Einfuhrzoll wirkt.

Das Gegenstück zu derartigen ‚neomerkantilistischen' Praktiken auf der Einfuhrseite bilden Maßnahmen, die darauf abzielen, die Absatzchancen der heimischen Exportwirtschaft vor allem auf strategisch als bedeutsam erachteten Märkten zu verbessern:

- Hier übernimmt der Staat häufig nicht nur die Entwicklungskosten für neue Produkte, sondern er unterstützt auch deren Vermarktung und subventioniert die Produktion.
- Entwicklungshilfe wird an die Bedingung gebunden, daß diese zu Käufen im Geberland verwendet wird.
- Direktinvestitionen werden steuerlich gefördert oder in Systemen fester Wechselkurse fällige Aufwertungen der Inlandswährung verzögert.
- Nicht selten sind schließlich auch Versuche, politischen Druck auszuüben, um der heimischen Industrie Zugang zu ausländischen Märkten zu verschaffen oder bei der Vergabe von Großaufträgen Bewerber aus anderen Volkswirtschaften nicht zum Zuge kommen zu lassen.

Die nicht-tarifären Handelshemmnisse, die auf Importerschwernis abzielen, gleichen in ihrer Wirkung dort, wo sie (wie etwa Selbstbeschränkungsabkommen) die Einfuhrmenge begrenzen, dem ‚klassischen' Instrument des Kontingents; dort, wo sie Importe mit zusätzlichen Kosten belasten, entspricht ihr Effekt dem eines Zolls. Zölle und Kontingente können jedoch in der Regel hinreichend zuverlässig in die unternehmerischen Dispositionen einbezogen werden. Sie sind weitgehend kalkulierbar. Mit ihrer Konstanz kann zumindest auf mittlere Sicht im allgemeinen gerechnet werden. Die Möglichkeiten der willkürlichen oder diskriminierenden Anwendung sind begrenzt.

Die nicht-tarifären Handelshemmnisse in ihrer ‚modernen' Ausprägung erfüllen diese Erfordernisse durchweg nicht. Sie sind in Umfang und Wirkung nur schwer zu durchschauen; ihre Handhabung kann sehr differenziert erfolgen, die Eingriffsintensität häufig kurzfristig und erheblich variiert werden. Dort, wo die Maßnahmen auf Exportförderung abzielen, veranlassen sie zur Reaktion. Wird diese wiederum pariert, droht ein Prozeß der Eskalation, der den Status quo der Liberalisierung verloren gehen läßt, und eine derartige Vielzahl von Verzerrungen und Verfälschungen bewirkt, daß der Anspruch eines freien Leistungswettbewerbs sich zunehmend diskreditiert sieht.

Dieser neue Protektionismus war es wohl vor allem, der das GATT in seiner überkommenen Ausgestaltung und Politik schließlich zunehmend an Wirksamkeit und Erfolg einbüßen ließ, zumal sich bevorzugte Praktiken, wie etwa die freiwilligen Exportbeschränkungen, mit den Bestimmungen des GATT entweder nicht wirksam erfassen ließen oder als Verstoß gegen dieses Abkommen nicht beseitigt und wirksam sanktioniert werden konnten. Litt doch das Schlichtungsverfahren, das zur Beilegung von Handelsstreitigkeiten geschaffen worden war, von Beginn an unter dem gravierenden Mangel, daß ein Schiedsspruch (Panel-Bericht) nur im Konsens angenommen werden konnte, so daß ein beklagtes Land eine Beschlußfassung durch sein Veto stets verhindern konnte (*Hauser* 2001).

4. Konflikt und Kooperation als rivalisierende Betrachtungsweisen internationaler Wirtschaftsbeziehungen

Befragungen von Professoren der Volkswirtschaftslehre zeigen, daß von allen zur Bewertung vorgelegten Aussagen den höchsten Grad an Zustimmung der Satz fand: „Zölle und Importquoten verringern die wirtschaftliche Wohlfahrt der Gesellschaft." So wurde diese Behauptung in Deutschland nur von 5,5 % der Befragten als unzutreffend abgelehnt; dagegen stimmten 69,6 % der Aussage „im großen und ganzen" zu; 24,2 % akzeptierten sie immerhin noch „mit Einschränkungen" (*Frey* 1989).

Das damit abgelegte Bekenntnis zum Freihandel gründet sich auf die Überzeugung, daß die Verbindung von dezentraler Planung mit einem freien Leistungswettbewerb und einem System von Marktpreisen als Organisationsprinzip für die Weltwirtschaft ebenso vorteilhaft ist wie als Ordnungsgrundsatz für den nationalen Wirtschaftsraum. Die Argumente, die für diese Überzeugung geltend gemacht werden können, sind bekannt und in der Tat wohl auch einsichtig und empirisch bewährt:

Freihandel eröffnet Chancen zu produktivitätssteigernder Spezialisierung. Die am Welthandel beteiligten Länder können sich auf die Erzeugung jener Produkte konzentrieren, die sie mit vergleichsweise geringeren Kosten herstellen als ihre Tauschpartner. Von diesen Gütern gilt es, mehr zu produzieren als für den heimischen Markt erforderlich, um den damit verfügbaren Überschuß gegen Produkte zu tauschen, die im eigenen Staatsraum gar nicht oder nur mit erheblich höheren Kosten gefertigt werden können. Freihandel gestattet es einer Volkswirtschaft somit, ihre Ressourcen mit größerer Ergiebigkeit einzusetzen, als es bei Autarkie oder Protektionismus möglich wäre.

Durch Freihandel können Konflikte gelöst werden, die auftreten, wenn auf zu engen nationalen Märkten zugleich ein intensiver Wettbewerb, eine hinreichende Nutzung von Massenproduktionsvorteilen und ein genügend vielfältiges Angebot angestrebt werden; denn durch Export und den Rückgriff auf ausländische Erzeugung läßt sich die Zahl der Konkurrenten und die der offerierten Alternativen erhöhen, ohne daß die durchschnittliche Unternehmensgröße abnehmen und auf kostengünstige Produktion verzichtet werden muß.

Freihandel ist schließlich gleichbedeutend mit offenen Märkten. Dadurch droht leistungsschwachen inländischen Produzenten die Gefahr, von überlegener ausländischer Konkurrenz vom Markt verdrängt zu werden. Das zwingt zu kostengünstiger Produktion marktgerechter Sortimente. Das nötigt zu innovatorischer Aktivität und fördert die Anpassungsflexibilität. Auch steigt die Wahrscheinlichkeit dafür, daß Monopolrenten zum Markteintritt neuer Anbieter führen und damit verloren gehen. Freihandel reduziert somit die Möglichkeit zu friedlichem Oligopolverhalten und dauerhafter Monopolisierung. Es steigert die Wettbewerbsintensität und schafft ein stetes Reservoir potentieller Konkurrenz. Alles das verbessert die Faktorallokation und fördert die Wachstumsdynamik.

Die vorstehend skizzierte Argumentation steht in einer Tradition, die durch die klassischen Ökonomen des späten 18. und des beginnenden 19. Jahrhunderts begründet wurde: *Adam Smith, David Ricardo, John Stewart Mill.* Der Glaube an die natürliche Harmonie der Interessen, der die wirtschaftspolitische Konzeption des klassischen Liberalismus kennzeichnet, bestimmt auch die ihr zugrundeliegenden außenhandelstheoretischen Vorstellungen und die daraus abgeleiteten Empfehlungen zur Außenhandelspolitik. Wenn nur die freie Entscheidung der Individuen beim Einsatz der produktiven Kräfte gewahrt ist, der Außenhandel sich also frei von staatlichen Eingriffen vollzieht, dann bewirkt er eine Wohlstandssteigerung in allen Volkswirtschaften, die durch wirtschaftliche Beziehungen miteinander verbunden sind: Jedes Land realisiert das größtmögliche Produktionsergebnis, das in seiner Zusammensetzung zudem mit den Konsumentenpräferenzen bestmöglich abgestimmt ist.

Besteht in allen am Welthandel beteiligten Nationen hinreichend Einsicht in die wohlstandsfördernden Effekte eines freien internationalen Wirtschaftsverkehrs, dann kann es für sie auch keinen Anlaß geben, in handelspolitische Streitigkeiten einzutreten. Erhebt ein Land Einfuhrzölle, auf die ein anderes Land mit einem Retorsionszoll reagiert, dann wird dadurch nicht allein der freie Handel zwischen diesen Volkswirtschaften eingeschränkt, als Folge dieses Verstoßes gegen das Freihandelspostulat verfehlen auch beide Staaten das Ziel eines größtmöglichen Sozialproduktes und damit das bestmöglicher Versorgung:

„Unter einem System von vollständig freiem Handel widmet natürlicherweise jedes Land sein Kapital und seine Arbeit solchen Verwendungen, die jedem am segensreichsten sind. Dieses Verfolgen des individuellen Nutzens ist wunderbar mit der allgemeinen Wohlfahrt der Gesamtheit verbunden. Indem es den Fleiß anregt, wenn man die Erfindungsgabe und wenn man am erfolgreichsten die besonderen Kräfte, die von der Natur verliehen sind, ausnutzt, verteilt es die Arbeit am wirksamsten und wirtschaftlichsten; während es durch die Vermehrung der allgemeinen Masse der Produktionen allgemeinen Segen verbreitet und die Universalgesellschaft der Nationen der zivilisierten Welt durch ein gemeinsames Band des Interesses und des Verkehrs miteinander verbindet" (*Ricardo* 1819).

Die klassische Freihandelslehre entstand bekanntlich aus der Auseinandersetzung mit der Außenhandelspolitik des Merkantilismus, als deren vornehmste Aufgabe die Stärkung staatlicher Macht angesehen würde. Der moderne Staat, der im Zeitalter des Absolutismus begründet würde, benötigte in zunehmendem Maße Geld, um die Beamten der zentralen Verwaltung und das stehende Heer zu besolden, um einen möglichst großen Kriegsschatz anzusammeln und die Hofhaltung des Souveräns zu finanzieren. Mittel zur Befriedigung dieses Bedarfs war eine aktive staatliche Wirtschaftspolitik, die im Inland vornehmlich auf eine Förderung der gewerblichen Produktion und im Außenhandel vor allem auf einen aktiven Saldo der Handelsbilanz abzielte. Um die Einfuhr so weit wie möglich zu vermindern und die Ausfuhr zu fördern, ersann die Außenhandelspolitik des Merkantilismus eine Vielzahl von Maßnahmen, die ihr einen ausgeprägt nationalistischen, dirigistischen und aggressiven Charakter verliehen: Einfuhren von Manufakturerzeugnissen wurden mit hohen Zöllen belegt oder gänzlich verboten. Beim Transport waren Kabotagevorbehalte die Regel. Zur Förderung des Überseehandels wurden privaten Gesellschaften Monopole und andere Privilegien gewährt. Zur Steigerung der Ausfuhr von Fertigwaren wurden Prämien gezahlt und Steuervergünstigungen zugestanden. Alle damaligen Großmächte, aber auch kleinere Staaten, wie etwa Dänemark und Preußen, versuchten Kolonialbesitz zu erlangen und weiteten dazu ihre Flotten aus. Hinzu kamen vielfältige staatliche Bemühungen zur Entwicklung des heimischen Gewerbes und zur Verbesserung der Infrastruktur, auch das nicht zuletzt mit dem Ziel, die Wettbewerbsfähigkeit der heimischen Produkte auf ausländischen Märkten zu verbessern.

Wenn die Außenhandelspolitik der Merkantilisten als aggressiv bezeichnet wird, so stützt sich diese Bewertung auf die Tatsache, daß der Merkantilismus einen vollkommenen Interessengegensatz zwischen den am Welthandel beteiligten Staaten annahm. Das damit begründete „merkantilistische Konfliktmodell" basiert im Gegensatz zum „klassischen Kooperationsmodell" (*Watrin* 1967) auf der Vorstellung, daß das insgesamt realisierbare Handelsvolumen konstant sei, so daß die Exportsteigerung eines Staates zwangsläufig eine Abnahme der Exporte anderer Staaten bewirken müsse. Konflikte gelten damit als unvermeidbar, ja, Handelskriege werden durchaus als ein legitimes Mittel angesehen, um den Reichtum und die Macht des Staates zu vergrößern: „Man sagt, der eine verliere nie, ohne daß der andere dabei gewinnt. Dies ist wahr und gilt in höherem Maße für den Außenhandel als für irgendeine andere Sache" schreibt der Franzose *Antoyne de Montchrétien* (1575-1621), dem sich „der Ruhm, die Vergrößerung und die Bereicherung der Staaten" als selbstverständliches und oberstes Ziel der Politik darstellt (*Salin* 1967).

Wie *Watrin* aufzeigt, ist die von den Merkantilisten begründete konflikttheoretische Interpretation der internationalen Wirtschaftsbeziehungen in der Folgezeit immer wieder aufgegriffen worden und bis heute relevant geblieben. So beschreibt *Friedrich List* den Interessengegensatz zwischen Agrikultur- und Manufakturnationen, der darin besteht, das ersteren bei freiem Handel die Möglichkeit genommen wird, ihre Manufakturkraft zu entwickeln. Von den Vertretern der älteren und der jüngeren historischen Schule wird angenommen, „das infolge des Wirkens des Gesetzes der abnehmenden Erträge die Preise der Rohstoffe im Verhältnis zu den Preisen der Industriewaren steigen, das heißt auf lange Sicht die Austauschbedingungen der Industrieländer sich gegenüber den Entwicklungsländern zunehmend verschlechtern und ein tiefgreifender Konflikt zwischen den beiden Staatengruppen unvermeidbar sei“ (*Watrin* 1967).

Prebisch, *Myrdal* und andere Autoren behaupten, der Handel zwischen Industrie- und Entwicklungsländern begünstige einseitig die Industriestaaten, zu deren Gunsten sich über sinkende terms of trade ein fortwährender Transfer von Produktivitätsgewinnen aus den Entwicklungsländern vollziehe (*Prebisch* 1959; *Myrdal* 1957). „Die schärfste Betonung findet schließlich die Konfliktperspektive in der Imperalismustheorie, die ihren Ausgang von der Marxschen Analyse nimmt. In dogmenhistorischer Sicht kann man sie als den bisher umfassendsten Versuch kennzeichnen, eine Konflikttheorie, die ökonomische, soziale und politische Aspekte umfaßt, aufzustellen“ (*Watrin* 1967).

Eine konflikttheoretische Betrachtungsweise liegt schließlich auch der Theorie einer strategischen Handelspolitik zugrunde. Sie empfiehlt, die heimischen Unternehmen einer Volkswirtschaft dort gegebenenfalls durch wirtschaftspolitische Maßnahmen gezielt zu fördern, wo im Rahmen der internationalen Arbeitsteilung neue Märkte entstehen, die durch hohe Eintrittsbarrieren und steigende Skalenerträge gekennzeichnet sind und die erfolgreichen Anbietern attraktive Gewinn- und Wachstumschancen eröffnen. Ziel ist es, der eigenen Volkswirtschaft dadurch Renten zu verschaffen, daß man die potentiellen Anbieter auf derart strategisch bedeutsamen Märkten dazu veranlaßt, sich durch Fusionen zu einem ‚national champion‘ zu formieren, dem dann im Inland durch Protektion eine marktbeherrschende Stellung zugestanden wird und dessen Exportbemühungen man durch Beihilfen bei Forschung und Entwicklung, aber auch bei Produktion und Absatz fördert, um ihm nach Möglichkeit eine dominante Position auch auf dem Weltmarkt zu verschaffen. Wenn andere Volkswirtschaften dieselben Absichten verfolgen und wenn es im wesentlichen auch immer dieselben Märkte sind, auf die sich das Begehren richtet, ergibt sich aus diesen Bestrebungen ein erhebliches Moment der Rivalität, sowie es auch dort zu Konflikten kommt, wo strategische Handelspolitik Abwehr- oder gar Vergeltungsmaßnahmen provoziert. Die Zahl der Branchen und Märkte, für die sich Praktiken einer strategischen Handelspolitik belegen lassen, ist zwar begrenzt – Großflugzeugbau, Mikroelektronik, Informations- und Kommunikationstechnik –, aber diesen Branchen wird eben in dem Sinne eine besondere Relevanz zuerkannt, daß hier eine angemessene Präsenz vielfach als Bedingung dafür gilt, daß eine hochentwickelte Volkswirtschaft dauerhaft ein dynamisches Wachstum und eine starke internationale Wettbewerbsposition erzielen und sichern kann.

Die Bedrohung einer liberalen Weltwirtschaft durch ein Erstarken des Protektionismus ist jedoch wesentlich stärker, als es dann zu vermuten wäre, wenn das Augenmerk nur den Märkten gilt, für die Versuchung besteht, hier dem Glück der heimischen Anbieter durch strategische Handelspolitik nachzuhelfen; denn tatsächlich besteht ein grundsätzlicher und ubiquitärer Widerspruch zwischen dem Postulat offener Märkte und den vielfachen Protektionsbegehren, wie sie für den ‚modernen' Wohlfahrtsstaat typisch sind. Offene Märkte sind nur durch den Verzicht auf Protektion und Subventionierung zu gewährleisten. Auf derartigen Schutz und derartige Begünstigungen zielen jedoch gerade jene Rent seeking-Aktivitäten, die dort lohnend erscheinen, wo Unternehmen auf ihren Märkten Enttäuschungen erfahren, weil man hier in die Stagnations- oder Rückbildungsphase eingetreten ist oder weil neue überlegene Konkurrenz aus ‚jungen' Industrieländern den etablierten Unternehmen ‚reifer' Volkswirtschaften Marktanteile abgewinnt. Regierungen, die sich im Amt behaupten wollen, müssen dazu in Wahlen die Mehrheit der Stimmen erlangen und sind erfahrungsgemäß gegen die Versuchung nicht gefeit, Schutz und Hilfe zu gewähren, wo andernfalls erhebliche Wählerpotentiale verloren gehen könnten (*Tollison* 1982; *Olson* 1982).

Unser Rückblick auf etwa drei Jahrhunderte Wirtschaftsgeschichte und eine ähnlich lange Tradition rivalisierender ökonomischer Lehrmeinungen zeigt also, daß die Freihandelsidee als Leitbild der Außenwirtschaftspolitik kaum jemals ohne Einschränkungen akzeptiert wurde, daß es hier vielmehr nahezu immer protektionistische Einreden gab; und auch für die Entwicklung der ökonomischen Theorie gilt, daß die Überlegenheit der Freihandelslehre bis heute immer wieder Relativierungen erfahren hat. Aus all dem folgt, daß nicht einmal der Status quo der bisher erreichten Liberalisierung in den internationalen Wirtschaftsbeziehungen als unbedroht und ungefährdet angesehen werden kann.

5. Zur ‚Ventilfunktion' des Protektionismus: Das Beispiel Antidumping

Die Neue Politische Ökonomie (NPÖ) lehrt, daß Regierungen in der Demokratie dazu neigen, Produzenteninteressen stärker zu berücksichtigen als Konsumenteninteressen, und daß ordnungspolitische Maßnahmen zumeist weniger wählerwirksam sind als (in der Regel ordnungswidrige) Interventionen in Marktprozesse. Auch ist zu bedenken, daß Branchen, die zunehmend unter Wettbewerbsdruck geraten, Rent seeking-Aktivitäten praktizieren, die auf Protektion und Subventionierung abzielen und die erfolgreich sein werden, wenn entsprechende Zugeständnisse für politisch opportun erachtet werden. Schließlich ist der moderne Wohlfahrtsstaat in seiner Anpassungsflexibilität erfahrungsgemäß erheblich beeinträchtigt. Protektionismus hat hier die Aufgabe, Anpassungsdruck abzuschwächen (‚Ventilfunktion'). Dabei wird erfahrungsgemäß auf Instrumente ausgewichen, die mit dem Regelwerk der WTO nicht wirksam erfaßt und geahndet werden können. Eine dieser Möglichkeiten ist die Antidumping-Politik, die somit auch nicht von ungefähr seit Mitte der neunziger Jahre durch eine stark angestiegene Zahl von Fällen gekennzeichnet ist.

Nach Art. VI GATT dürfen die Mitgliedstaaten Abwehrmaßnahmen gegen Importe ergreifen, wenn der Dumping-Tatbestand vorliegt, wenn zudem eine „Schädigung" gegeben ist und wenn schließlich ein kausaler Zusammenhang von Dumping und Schädigung nachgewiesen werden kann. Als Dumping gilt die Einfuhr einer Ware zu einem Preis, der unter seinem ‚Normalwert' liegt. Dieser Wert wird durch den Preis eines ‚gleichartigen' Produktes auf dem Inlandsmarkt des Exporteurs bestimmt. Gibt es diese Vergleichsmöglichkeit nicht, so kann auch ein konstruierter Wert als Referenzgröße herangezogen werden, der sich aus den Stückkosten und einer angemessenen Gewinnmarge ergibt. Schädigung wird dann bejaht, wenn im Importland ein Wirtschaftszweig durch zunehmende Importe sinkende Marktanteile, abnehmende Gewinne und ungenutzte Kapazitäten hinzunehmen hat (*Peters* 1996).

Im Antidumping-Kodex von 1994 wird als Abwehrmaßnahme das Erheben von Antiduming-Zöllen gestattet, die das Preisniveau der importierten Güter soweit anheben, daß der Schädigungstatbestand nicht mehr gegeben ist. Alternativ kann sich der ausländische Anbieter gegenüber der Antidumpingbehörde des Importlandes verpflichten, die Preise so weit anzuheben oder die gelieferten Mengen so stark zu begrenzen, daß die Schädigung ebenfalls entfällt. Kommt es nicht zu einer Einigung, kann das Schlichtungsverfahren in Anspruch genommen werden. Im ersten Halbjahr 2001 hat das Streitschlichtungsorgan der WTO neun Panel- bzw. Appellate body-Berichte angenommen. Davon betrafen fünf Streitsachen Antidumping- oder Schutzklauselfälle. Zusätzlich befanden sich zwei Panel-Berichte aus diesem Bereich im Berufungsverfahren. Auch das ist eine Häufung derartiger Fälle, wie es sie in früheren Jahren nicht gegeben hat.

Mittlerweile haben nahezu alle Welthandelsländer von auch nur einiger Bedeutung ein nationales Antidumpingrecht geschaffen und Behörden zu dessen Handhabung eingerichtet. Auch diese Entwicklung hat wahrscheinlich dazu beigetragen, die Zahl der Antidumping-Verfahren so rasch ansteigen zu lassen. Die erheblich gewachsene Bedeutung der Antidumpingpolitik erklärt sich jedoch gewiß auch daraus, daß sie als Substitut für andere Formen des Protektionismus herangezogen wird, die nicht WTO-konform wären, die als unzureichend wirksam angesehen werden oder weniger differenziert und rasch gehandhabt werden können.

Daß das Schutzbegehren von Unternehmen oder Branchen im Importland als wesentliche Ursache des Antrages auf Einleitung eines Antidumping-Verfahrens anzusehen ist, kann schon deswegen vermutet werden, weil es zumeist Unternehmen oder deren Verbände sind, die derartige Verfahren anstrengen. Dabei wird zumeist behauptet, daß das Dumping ‚räuberischer' Natur sei (predatory dumping), weil es darauf abziele, die Unternehmen des Importlandes durch aggressiv niedrig gesetzte Preise vom Markt zu verdrängen.

Tatsächlich sind indes Fälle des räuberischen Dumping erfahrungsgemäß eher selten, was auch nicht überraschen kann. Setzen sie doch zunächst eine marktbeherrschende Stellung des Dumping-betreibenden Unternehmens auf seinem heimischen Markt voraus, damit hier jene Gewinne erzielt werden können und jene überlegene Finanzkraft (deep pocket) erlangt wird, die man benötigt, um auf den attackierten Exportmärkten auf Gewinne verzichten oder gegebenenfalls sogar Verluste kompensieren zu können.

Die derart herausgeforderten Unternehmen des Importlandes müssen ihrerseits so schwach sein, daß sie im Verdrängungswettbewerb nicht mithalten können. Auch muß das Unternehmen des Exportlandes darauf bauen können, nach erfolgreicher Verdrängung tatsächlich einen Monopolpreis zu erzielen, der genügend hoch und genügend dauerhaft ist, um die Kosten des Verdrängungswettbewerbs mehr als auszugleichen. Das impliziert u. a., daß weder die Wettbewerbsbehörde des Importlandes tätig wird, etwa um den Mißbrauch einer marktbeherrschenden Position zu ahnden, noch dürfen die hohen Gewinne des Marktführers erfolgreiche Eintritte neuer Anbieter aus anderen Branchen oder Volkswirtschaften induzieren. Alle diese Voraussetzungen sind tatsächlich eher selten erfüllt. Sehr häufig muß ein Exporteur sich mit niedrigeren Preisen begnügen, als sie auf dem heimischen Markt durchgesetzt werden können, weil er nur dadurch überhaupt als Newcomer den Markteintritt erfolgreich vollziehen kann. Auch ist denkbar, daß die Märkte des betrachteten Produktes sich im Ex- und Importland in unterschiedlichen Phasen ihrer Entwicklung befinden und damit auch unterschiedliche Elastizitäten und divergierende Wettbewerbsbedingungen aufweisen. Preisdifferenzierung ist in diesem Falle dann nicht nur ein Gebot unternehmenspolitischer Rationalität, sondern sehr wohl auch vereinbar mit dem gesamtwirtschaftlichen Interesse an einer bestmöglichen Konsumentenversorgung.

Ist die jeweils zuständige Behörde zu der Auffassung gelangt, daß sowohl Dumping als auch eine Schädigung vorliegt, können Abwehrmaßnahmen ergriffen werden. Sie werden zumeist in der Erhebung eines Antidumping-Zolls bestehen, der so bemessen wird, daß er der ermittelten Dumpingmarge entspricht. In der Europäischen Union hat die Kommission vor dem Ergreifen einer derartigen Maßnahme zu prüfen, ob diese durch ein übergeordnetes Gemeinschaftsinteresse gerechtfertigt ist. Das EU-Antidumping-Recht gibt dabei allerdings keinen Aufschluß darüber, wie dieses Gemeinschaftsinteresse zu interpretieren und zu konkretisieren ist. Die Antidumping-Praxis der Kommission deutet darauf hin, daß das Vorliegen eines Gemeinschaftsinteresses vor allem dort vermutet wird, wo als strategisch bedeutsam angesehene Märkte durch eine eher schwache Wettbewerbsposition der europäischen Anbieter gekennzeichnet sind und diesen folglich industriepolitische Unterstützung gewährt werden soll. Dies kann dann eben dadurch geschehen, daß man derartigen Branchen für ihre heimischen Märkte vor überlegener ausländischer Konkurrenz Schutz verschafft (*Berg* und *Peters* 1996).

Die erhebliche Zunahme der Antidumping-Verfahren seit Mitte der neunziger Jahre deutet darauf hin, daß hier von den Mitgliedsländern der WTO Ausweichstrategien betrieben werden, so wie sie sich auch früher beobachten ließen. In den sechziger Jahren hat der Zollabbau, der durch erfolgreich abgeschlossene GATT-Runden erreicht worden war, wie schon erwähnt, zum Entstehen eines ‚neuen Protektionismus' durch die Einführung zahlreicher nicht-tarifärer Handelshemmnisse geführt. Sogenannte freiwillige Exportbeschränkungen, wie sie damals erhebliche Relevanz erlangten, werden nunmehr nicht länger toleriert. Die Beschlüsse von Uruguay verpflichten die Mitgliedstaaten vielmehr, bestehende Abkommen dieser Art auslaufen zu lassen und auf neue Vereinbarungen zu verzichten. Die wachsende Bedeutung von Antidumping-Verfahren ist vermutlich auch Folge einer derartigen Verweigerung von protektionistischen Möglichkeiten, die vorher in Anspruch genommen werden konnten. Ist diese Einschätzung zutreffend, dann kommt sie der Einsicht gleich, daß auch eine erfolgreich tätige WTO einen stets verbleibenden ‚Rest' an Protektionismus hinzunehmen hat, weil sich das Freihandelsprinzip nie ohne Einschränkungen durchsetzen lassen wird. Für diese Erwartung sprechen nicht nur grundsätzliche Überlegungen, wie der Hinweis auf das für den modernen Wohlfahrtsstaat typische ‚rent seeking' und seine hier nie auszuschließenden Erfolgschancen, sondern auch die historische Erfahrung lehrt, daß es selbst in der liberalen Weltwirtschaft des 19. Jahrhunderts nur etwa zwei Jahrzehnte einer „Freihandelsepisode" (*Borchardt* 1987) gegeben hat, bevor der Protektionismus aufs Neue erstarkte.

Ausnahmen von den Liberalisierungsgrundsätzen der WTO käme in dieser Sicht eine Art ‚Ventilfunktion' zu. Sie sind die Voraussetzung dafür, daß die Mitgliedstaaten den Wettbewerbs- und Anpassungsdruck, der sich für sie aus offenen Märkten ergibt, zwar grundsätzlich zu akzeptieren bereit sind, daß man sich aber dort die Möglichkeit vorbehalten möchte, Importschutz zu gewähren oder Exportförderung zu betreiben, wo dies politisch opportun erscheint oder zur ‚Zukunftssicherung' für unverzichtbar erachtet wird (*Wins* 1999).

6. Konfliktpotentiale künftiger WTO-Konferenzen

Die GATT-Statuten wurden 1947 von 23 Staaten unterzeichnet. Die WTO hat mittlerweile mehr als 140 Mitglieder. Die Heterogenität der Interessen ist damit größer, die Willensbildung schwieriger und das decision-making zeitaufwendiger und mühsamer geworden. Belegt wird diese Entwicklung u. a. durch die lange Dauer der Uruguay-Runde und durch die erheblichen Schwierigkeiten, für eine neue WTO-Runde ein Arbeits- und Verhandlungsprogramm festzulegen. Mehr Probleme ergeben sich auch dort, wo die Einhaltung der WTO-Regeln zu überprüfen ist und wo neu gefaßte Beschlüsse durchgesetzt werden müssen.

Seit dem 11. Dezember 2001 ist China Mitglied der WTO. Auch dadurch wird die Tätigkeit dieser Organisation eher schwieriger werden. Zum einen hat China erhebliche Liberalisierungsverpflichtungen auf sich genommen, zum anderen haben sich aber auch die bisherigen WTO-Mitglieder Möglichkeiten vorbehalten, um den freien Zugang zu ihren Märkten für chinesische Güter zu beschränken oder zu verzögern. So werden etwa die Mengenbeschränkungen im Textilbereich gegenüber China nur zeitverzögert aufgehoben. Im Antidumping-Bereich oder bei Antisubventionsmaßnahmen können chinesische Anbieter den wesentlich schlechteren Regelungen für Staatshandelsländer unterworfen werden, sofern sie nicht nachweisen, daß auf ihrem Heimatmarkt marktwirtschaftliche Verhältnisse gelten. Die USA haben eine China-spezifische Schutzklausel durchgesetzt, die für maximal zwölf Jahre begrenzende Maßnahmen gegen chinesische Exporte erlaubt, sofern steigende Einfuhren aus diesem Land zu einer Marktstörung führen. Diese läßt sich dabei bereits mit einem Marktanteilsgewinn chinesischer Produkte begründen.

Es kann auch nicht ausgeschlossen werden, daß die Öffnung des chinesischen Marktes für ausländische Exporte und Investoren die noch immer stark bürokratisch regulierte und reglementierte Volkswirtschaft Chinas in Schwierigkeiten geraten läßt, etwa weil hier die zumeist ineffizienten, großen Staatsbetriebe sich als nicht hinreichend wettbewerbsfähig erweisen oder weil es ihnen an der erforderlichen Anpassungsflexibilität fehlt. Ebenso ist denkbar, daß die anderen WTO-Mitglieder von den protektionistischen Möglichkeiten, die sie sich gegenüber China vorbehalten haben, tatsächlich Gebrauch machen werden. Der WTO-Beitritt Chinas impliziert somit ein erhebliches Konfliktpotential. Nun hat sich dieses Land nahezu zwei Jahrzehnte hindurch um eine Mitgliedschaft im GATT bemüht und zur Verwirklichung dieses Zieles schließlich sehr weitgehende Liberalisierungszusagen gemacht. Für die USA als dem einflußreichsten WTO-Mitglied, aber auch für die Europäische Union gilt, daß man für die eigene Industrie in China auf künftige Markt- und Wachstumspotentiale von außerordentlicher Ergiebigkeit hofft. Zudem wird diesem Land auch politisch ein hohes Maß an strategischer Bedeutung zugemessen. Alles das läßt hoffen, daß Streitigkeiten, wie sie nicht ausbleiben werden, beigelegt werden können, ohne das Schlichtungsverfahren der WTO zu überfordern.

Wo im Rahmen der WTO künftig Konflikte drohen, welches Gewicht ihnen jeweils zukommen wird und wie gut sie gelöst werden können – das sind Fragen, über die, wie eingangs erwähnt, vielfach vorerst nur Vermutungen angestellt werden können. So läßt sich gegenwärtig mangels einschlägiger empirischer Befunde noch keine Aussage darüber treffen, ob die Schutzklausel des Art. XIX tatsächlich jene Formen des Protektionismus zu vermeiden vermag, die zuvor im ,Grauzonenbereich' entstanden waren. Dieselbe Feststellung gilt auch für das neu ausgehandelte Subventionsabkommen (Agreement on Subsidies and Countervailing Measures). Beide Regelungen sind vergleichsweise kompliziert ausgefallen und enthalten in großer Zahl unbestimmte Rechtsbegriffe, die im Zweifel je nach Interessenlage vom Export- und Importland unterschiedlich interpretiert und konkretisiert werden dürften. Durch zahlreiche eher proklamatorisch gehaltene Passagen, aber auch durch eine Vielzahl von Vorbehalten und Ausnahmemöglichkeiten ist auch das Agrarabkommen (Agreement on Agriculture) gekennzeichnet. Das neue Streitschlichtungsverfahren kann trotz erheblicher Verbesserungen ebenfalls noch nicht als erfolgreich und bewährt angesehen werden. Wenn ein Land einen Schiedsspruch nicht zu akzeptieren gewillt ist, fehlt es wie schon früher auch weiterhin an der Möglichkeit, Sanktionen zu beschließen und durchzusetzen. Hier bleibt es vorerst bei der Hoffnung auf die möglicherweise abschreckende Aussicht, als Mitgliedstaat, der sich den Empfehlungen der Streitschlichtungsorgane wiederholt verweigert, an Reputation einzubüßen. Diese Erwartung kann sich indes als trügerisch erweisen. Vor allem große und mächtige GATT-Mitglieder wie die USA und die EU haben sich schon früher nicht gescheut, gegen Empfehlungen, mit denen im Rahmen des GATT Streitigkeiten beigelegt werden sollten, ihr Veto einzulegen oder sie zu ignorieren. Auch für das neue Schlichtungsverfahren gibt es Belege für entsprechende Verweigerungen (*Hauser* 2001).

Noch bedrohlicher und brisanter als die Konfliktmöglichkeiten, die sich aus der Durchsetzung der WTO-Regeln ergeben können, dürften indes die Spannungen sein, die die Vorbereitung einer neuen Verhandlungsrunde schon jetzt erheblich belasten. Die Rede ist von der Forderung, im WTO-Abkommen Umwelt- und Sozialstandards zu normieren, um dadurch ,free trade' mit seinen vermeintlich unerwünschten Folgen für

Umwelt und sozialen Fortschritt zu ‚fair trade' zu machen. Von denen, die diese Forderung ablehnen, wird sicher zu Recht vermutet, hier würden möglicherweise sehr populäre Argumente vorgetragen, um neuen Protektionismus durchzusetzen und dadurch den Anpassungsdruck zu vermindern, dem sich die ‚alten' Industrieländer im Zeichen der Globalisierung dort verstärkt ausgesetzt sehen, wo neue Anbieter auf ihre Märkte drängen und dort durch relativ niedrige Löhne, weniger strenge Auflagen der Umweltpolitik und das Fehlen umfassender Systeme der sozialen Sicherung Kostenvorteile ausspielen können (*Donges* 1995; *Bender* 2002).

7. Lösungsmöglichkeiten: Entlastung der WTO durch EU-Erweiterung, Subsidiarität und Beschränkung auf das Ziel der Handelsliberalisierung

Wie kann die neue Welthandelsordnung bei stark erweiterten Kompetenzen, einer noch immer wachsenden Zahl von Mitgliedstaaten und heterogenen Interessen in ihrer Funktionsfähigkeit dauerhaft gesichert werden? Regionale Integration kann hier hilfreich sein. Zollunionen, Freihandelszonen und weitergehende Konzepte wie die Bildung von Wirtschafts- und Währungsunionen verstoßen gegen das Meistbegünstigungsprinzip und damit gegen den Grundsatz, von dessen Durchsetzung man sich im Rahmen des GATT zunächst mehr als von allen anderen Regelungen Liberalisierungsfortschritte erhofft hatte. Die Bildung von Zollunionen wurde in den GATT-Statuten folglich auch nur als Ausnahme zugestanden, weil man befürchtete, sie werde zu einer unangemessenen Diskriminierung der jeweiligen Drittländer führen. Doch wurde auch schon früh die These vertreten, Ansätze zu einer regional begrenzten Re-Integration könnten schließlich auch Fortschritte auf dem Wege zu einer globalen Re-Integration der nach der Weltwirtschaftskrise zerfallenen liberalen Weltwirtschaft erbringen (*Predöhl* 1971).

Betrachtet man die Europäische Union als die ohne Zweifel erfolgreichste Strategie regionaler Integration, so zeigt sich, daß es hier nicht, wie ursprünglich vielfach befürchtet, zu einem verstärkten Protektionismus oder gar zu einer weitgehenden Abschottung gegenüber der übrigen Weltwirtschaft gekommen ist. Der erfolgreiche Abschluß der Kennedy-Runde hatte einen gemeinsamen Außenzolltarif zur Folge, der erheblich niedriger ausfiel, als es nach den ursprünglichen Regelungen im EWG-Vertrag möglich gewesen wäre. Auch die Besorgnis, das Programm „EG-Binnenmarkt '92" werde eine „Festung Europa" zur Folge haben, hat sich nicht bestätigt. Schließlich ist es auch nicht zu jener handelspolitischen Spaltung Europas gekommen, die als Konsequenz der zunächst gewählten „kleineuropäischen Lösung" einer „EWG der Sechs" und durch die dadurch angestoßene Bildung einer Europäischen Freihandelsassoziation (EFTA) erwartet worden war (*Giersch* 1957).

Zugleich hat die Europäische Union im Innenverhältnis ihrer Mitglieder zueinander mittlerweile einen Liberalisierungsgrad erreicht, der dem angestrebten Ziel eines Wirtschaftsraumes mit binnenmarktähnlichen Verhältnissen schon weitgehend entspricht. Es steht außer Zweifel, daß im Rahmen entsprechender GATT-Runden ähnliche Erfolge auch nicht annähernd erreichbar gewesen wären. Die Erfolge des GATT sind auch dadurch zu erklären, daß den USA mit ihrer zunächst stark protektionistischen Handelspolitik durch die Gründung und die Integrationserfolge der Europäischen Wirtschaftsgemeinschaft erstmals ein Verhandlungspartner von vergleichbarer Stärke gegenübertrat, der erhebliche Zugeständnisse erreichen konnte, weil er mit entsprechend attraktiven Gegenleistungen aufzuwarten vermochte. Der Erfolg der Kennedy-Runde war sehr wesentlich Konsequenz der damals bestehenden Befürchtung, den USA werde der Zugang zu den attraktiven Märkten der EWG erheblich erschwert werden, falls es nicht gelingen würde, das Niveau des hier geplanten Außenschutzes durch entsprechende eigene Konzessionen deutlich zu senken.

Das GATT ist dadurch erheblich entlastet worden, daß ein erheblicher Teil der mittlerweile erzielten Liberalisierungsfortschritte außerhalb dieses Regelwerks, nämlich durch regional begrenzte Integrationsbemühungen erreicht wurde. Die EU-Kommission vertritt die handelspolitischen Interessen von bald mehr als zwanzig Nationen und Regierungen. Durch diese ‚Bündelung' ergibt sich ein im Zweifel erheblicher Rationalisierungseffekt. Zugleich ist das GATT durch die Dominanz der Verhandlungspartner EU und USA von deren Kompromißbereitschaft abhängiger und für deren Krisen und Streitigkeiten anfälliger geworden. Der positive Effekt scheint indes zu überwiegen. Die Oligopolsituation, in der sich die Mitglieder der sogenannten Triade zueinander befinden, ihr hohes Droh-, Abschreckungs- und Vergeltungspotential haben zusammen mit der Einsicht in die Wohlfahrtseinbußen protektionistischer Kettenreaktionen bisher noch immer verhindert, daß GATT-Runden schließlich scheiterten. Hier erscheint uns auch für die Zukunft Pessimismus somit nicht angebracht zu sein, zumal eben nicht nur der Protektionismus, sondern auch ein freier Welthandel seine Lobby hat: Unternehmen, die leistungsstark genug sind, um sich auf Märkten anderer Volkswirtschaften attraktive Wachstums- und Gewinnchancen erhoffen zu können, und denen die Einsicht sehr wohl geläufig sein dürfte, daß der ungehinderte Zugang zu diesen Märkten voraussetzt, daß auch die eigene Volkswirtschaft Zugang zu diesen Märkten gewährt.

Entlastung kann die WTO schließlich auch dadurch erfahren, daß sie von Aufgaben befreit wird, die mit gleicher oder sogar höherer Effizienz von den einzelnen Mitgliedstaaten oder im Rahmen regional konzipierter Wirtschaftsgemeinschaften wahrgenommen werden können. Ein Bereich, in dem das damit angesprochene Subsidiaritätsprinzip angewendet werden könnte, ist die schon angesprochene Antidumping-Politik, diese nämlich dann, wenn sie, was sinnvoll wäre, als Teil der Wettbewerbspolitik begriffen und betrieben werden würde.

Es dürfte die Behauptung herrschende Meinung sein, daß Dumping nur dann zu Wohlfahrtseinbußen führt, wenn es ‚räuberischer' Natur ist, also durch den Einsatz von Marktmacht auf Verdrängung schwächerer Konkurrenten und damit auf Monopolisierung abzielt. In diesem Sinne wäre Dumping als mißbräuchliche Ausnutzung einer marktbeherrschenden Stellung anzusehen und mit dem Instrument der Mißbrauchskontrolle Unternehmen grundsätzlich zu erfassen und zu ahnden. Würde das Vorgehen gegen Antidumping-Praktiken den nationalen Wettbewerbsbehörden überlassen, hätten die protektionistischen Begehren, die sich üblicherweise mit Dumpingvorwürfen verbinden, eine deutliche geringere Chance, sich Geltung zu verschaffen.

Ähnliches gilt unseres Erachtens auch für die Forderung, der WTO die wettbewerbspolitischen Kompetenzen einer Art „Weltkartellbehörde" zuzuerkennen (*Immenga*

1997). Ist es doch bislang bestenfalls gerade einmal ein Dutzend von WTO-Mitgliedern, die leistungsfähige Gesetze gegen Wettbewerbsbeschränkungen geschaffen haben und von diesen Möglichkeiten auch tatsächlich konsequent und erfolgreich Gebrauch machen. Daraus folgt, daß die WTO mit massiven Widerständen zu rechnen haben würde, falls sie etwa gegen die Mitgliedstaaten ein Kartellverbot oder die Untersagung von Unternehmenszusammenschlüssen durchsetzen wollte. Die Akzeptanz würde ihr dabei wohl gleichermaßen dort verweigert werden, wo wie in der EU in den USA tatsächlich ernsthaft Wettbewerbspolitik betrieben wird, wie auch dort, wo man derartigen Bemühungen gegenüber eher ablehnend oder desinteressiert gegenüber steht. Auch hier scheint uns Subsidiarität somit vorerst ein kluger Grundsatz zu sein, das Prinzip also, Instrumente mit höherer Effektivität auf einer niedrigeren Ebene einzusetzen als sie mit geringerer Wirkung im Sinne einer Weltwettbewerbsordnung global durchsetzen zu wollen. Marktbeherrschende Positionen und wettbewerbsbeschränkende Praktiken wie Kartellbildung oder formlos aufeinander abgestimmtes Verhalten tangieren, wenn sie für die Funktionsfähigkeit einer liberalen marktwirtschaftlich organisierten Weltwirtschaft als Bedrohung relevant sind, immer auch Märkte der USA oder der Europäischen Union, da diese einen wesentlichen Teil der Weltmärkte bilden. Sie sind folglich mit dem Instrumentarium des europäischen Wettbewerbsrechts und des Antitrustrechts erfaßbar. Beide Jurisdiktionen haben durch die erfolgreiche Anwendung der ihnen zur Verfügung stehenden Mittel jene Autorität bereits erlangt, von der höchst ungewiß ist, ob sie eine im Rahmen der WTO betriebene Wettbewerbspolitik auf absehbare Zeit erwerben könnte.

Subsidiarität als Ordnungsprinzip und Gestaltungsmaxime bedeutet auch, daß die WTO nicht auf weitere, zusätzliche und möglicherweise konfligierende Ziele verpflichtet wird; dadurch könnte die Chance, weitere Fortschritte bei der Liberalisierung des Welthandels zu erreichen, nämlich erheblich vermindert werden. So kann es nicht sinnvoll Aufgabe der WTO sein, etwa weltweit bestimmte Mindeststandards der Sozial- und Umweltpolitik durchzusetzen, Entwicklungshilfe zu betreiben oder gar „globale Gerechtigkeit" zu schaffen (*Langhammer* 2002).

Wenn diese Desiderate als eigenständige Ziele formuliert und der WTO zur Realisierung aufgetragen werden würden, wäre eine derartige Vielzahl und Vielfalt divergierender Interessen die Folge, daß künftige Liberalisierungsrunden kaum erfolgreich abgeschlossen werden könnten. Das Primärziel, den Welthandel möglichst weitgehend von Hemmnissen zu befreien, würde vermutlich mehr und mehr ins Hintertreffen geraten, die Effizienz der WTO Schaden nehmen. Eine derartige Fehlentwicklung ist folglich zu vermeiden.

Ein freier Welthandel wirkt wohlstandssteigernd. Dort, wo es Volkswirtschaften gelingt, sich zunehmend in das System der internationalen Arbeitsteilung einzugliedern und auch als Anbieter industrieller Fertigwaren erfolgreich zu sein, dort wächst erfahrungsgemäß auch die Möglichkeit, das Pro-Kopf-Einkommen der Bevölkerung zu steigern, sozialen Fortschritt zu erzielen, verstärkt Umweltpolitik zu betreiben und Entwicklungsrückstände zu beseitigen. Erfolge der WTO fördern die Verwirklichung derartiger Ziele also und stehen ihnen nicht etwa entgegen. Doch ist daraus eben nicht zu folgern, daß es folglich auch Aufgabe der WTO sein sollte oder gar sein müßte, für alle diese Bereiche Verantwortung zu übernehmen und sie in ihre Liberalisierungsversuche einzubeziehen. Die hier erforderlichen Entscheidungen sind vielmehr anderswo zu treffen, die nötigen Regeln im Rahmen anderer Arrangements zu vereinbaren und durchzusetzen. Die WTO wird am erfolgreichsten sein, wenn sie nicht mit immer neuen Aufgaben überfrachtet und überfordert wird, sondern sich auf ihre Kernkompetenz konzentriert und hier ihren Erfolg sucht: nämlich bei der weiteren Liberalisierung des Welthandels.

Literatur

Adams, Walter (2001), The Steel Industry, in: *Walter Adams* (Ed.), The Structure of American Industry, 10. Aufl., New York, S. 70–116.

Bender, Dieter (2002), Internationaler Handel, in: *Dieter Bender* u. a.: Vahlens Kompendium der Wirtschaftstheorie und Wirtschaftspolitik, Bd. 1, 8. Aufl., München, S. 153–218.

Berg, Hartmut und *Peters, Eva-Maria* (1996), Antidumping: Instrument der EG-Industriepolitik?, in: *Michael Frenkel* und *Dieter Bender* (Hg.): GATT und neue Welthandelsordnung, Wiesbaden, S. 91–120.

Borchardt, Knut (1987), Warum geht wissenschaftlicher Rat ins Leere? Das Beispiel des Protektionismus, in: Forschung. Mitteilungen der Deutschen Forschungsgemeinschaft, H. 3, S. 1–8.

Donges, Jürgen (1995), Nach der Uruguay-Runde: Alte und neue Bedrohungen für den freien Handel, in: Zeitschrift für Wirtschaftspolitik, 44. Jg., S. 209–229.

Frey, Bruno S. u. a. (1989), Consensus and Dissension among Economists: An Empirical Inquiry, in: American Economic Review, Vol. 74, S. 986–994.

Giersch, Herbert (1957), Einige Probleme der kleineuropäischen Zollunion, in: Zeitschrift für die gesamte Staatswissenschaft, 113. Bd., S. 602–623.

Hasse, Rolf H. (1997), Entwicklung und Aufgabe der WTO als Institution der Welthandelsordnung, in: Die Bedeutung der WTO für die europäische Wirtschaft, Referate des XXX. FIW-Symposiums, Köln, S. 10–35.

Hauser, Heinz (2001), Die WTO-Streitschlichtung aus einer Law and Economics-Perspektive, in: *Hartmut Berg* (Hg.): Theorie der Wirtschaftspolitik: Erfahrungen – Probleme – Perspektiven, Berlin, S. 79–111.

Hauser, Heinz (2002), Der WTO-Beitritt Chinas, in: WTO-News aus dem Schweizerischen Institut für Außenwirtschaft und Angewandte Wirtschaftsforschung, St. Gallen.

Immenga, Ulrich (1997), Entwicklung einer internationalen Wettbewerbsordnung – ein Instrument der Handelspolitik, in: Die Bedeutung der WTO für die europäische Wirtschaft, Referate des XXX. FIW-Symposiums, Köln, S. 107–128.

Langhammer, Rolf J. (2002), Die Welthandelsorganisation gegen Ende ihres ersten Jahrzehnts: Begonnenes, Erreichtes, Unterbliebenes und Fehlgeleitetes: Eine kritische Zwischenbilanz, in:. Wirtschaftswissenschaftliches Studium (WiSt), 22. Jg., S. 193–202.

Myrdal, Gunnar (1957), Economic Theory and under-developed regions, London.

Olson, Mancur (1982), The Rise and Decline of Nations: Economic Growth, Stagflation, and Social Rigidities, New Haven.

Peters, Eva-Maria (1996), Antidumping-Politik: Eine theoretische und empirische Analyse am Beispiel der EG, Baden-Baden.

Prebisch, Raul (1959), Commercial Policy in Underdeveloped Countries, in: American Economic Review, Vol. 49, S. 251–283.

Predöhl, Andreas (1971), Außenwirtschaft, 2. Aufl., Göttingen.

Ricardo, David (1819), On the Principles of Political Economy and Taxation, London.

Salin, Edgar (1967), Politische Ökonomie: Geschichte der wirtschaftspolitischen Ideen von Platon bis zur Gegenwart, 5. Aufl., Tübingen.

Sauernheimer, Karlhans (1996), Die neue Welthandelsordnung: Fortbestehender Handlungsbedarf, in: *Michael Frenkel* und *Dieter Bender* (Hg.), GATT und neue Welthandelsordnung, Wiesbaden, S. 227–245.

Tollison, Richard D. (1982), Rent Seeking: A Survey, in: Kyklos, 35. Jg., S. 575–602.

Watrin, Christian (1967), Konflikt und Kooperation: Bemerkungen zu zwei Betrachtungsweisen der internationalen Wirtschaftsbeziehungen, in: Wirtschaftspolitische Chronik, 7. Jg., S. 193–207.

Wedel-Parlow, Wolf von (1995), Vom Zoll zur freiwilligen Exportbeschränkung: Eine Rekonstruktion des Wandels des handelspolitischen Instrumentariums seit den 30er Jahren, in: Zeitschrift für Wirtschaftspolitik, 44. Jg., S. 255–288.

Wins, Henning (1999), Antidumping und die Welthandelsordnung, in: *Bernhard Duijm* (Hg.): Aktuelle Probleme der Welthandelsordnung, Festgabe für Josef Molsberger zum 65. Geburtstag, Hamburg, S. 95–114.

Alfred Schüller und H. Jörg Thieme (Hg.), Ordnungsprobleme der Weltwirtschaft
Schriften zu Ordnungsfragen der Wirtschaft · Band 71 · Stuttgart · 2002

Reformvorschläge zu Politik und Gestaltung des Internationalen Währungsfonds und der Weltbank aus ordnungspolitischer Sicht

Martin Leschke

Inhalt

1. Einleitung

Nicht nur von seiten radikaler Globalisierungsgegner geraten die Bretton Woods-Organisationen ‚Weltbank' (WB) und ‚Internationaler Währungsfonds' (IWF) unter Beschuß. Auch immer mehr seriöse Ökonomen kritisieren die Arbeit der beiden Organisationen. So wird der Weltbank ein eklatantes Versagen bei der internationalen Armutsbekämpfung vorgeworfen und dem IWF ein Versagen hinsichtlich der Entschärfung internationaler Finanzkrisen.

Während sich innerhalb der Ökonomik mittlerweile ein breiter Konsens herausgebildet hat, *daß* die Notwendigkeit besteht, Reformen der beiden Organisationen einzuleiten, gehen die Meinungen darüber, *wie* solche Reformen auszusehen haben, weit auseinander. Einige Ökonomen wollen die Aufgaben der Bretton Woods-Organisationen drastisch beschneiden, andere favorisieren eine Ausweitung ihrer Kompetenzen. Wiederum andere treten für eine klarere Trennung der Aufgaben der beiden Institutionen ein, während auch Vorschläge existieren, die beiden Organisationen zusammenzulegen.

Der vorliegende Beitrag hat zum Ziel, die kritischen Stimmen und Reformvorschläge aus ordnungspolitischer Sicht zu prüfen. Weil es innerhalb des vorgegebenen Rahmens nicht möglich ist, auf alle kritischen Stellungnahmen und Reformvorschläge einzugehen, soll der sogenannte ‚*Meltzer*-Report' Dreh- und Angelpunkt der Analyse sein. Dies erscheint gerechtfertigt, denn der Bericht der vom US-Congress eingesetzten ‚International Financial Institution Advisory Commission' (IFIAC) mit *Allan H. Meltzer* (Carnegie Mellon University und American Enterprise Institute) als ‚Chairman' hat nicht nur viel Aufsehen erregt, sondern liefert auch eine relativ umfassende Kritik der Bretton Woods-Organisationen aus ökonomischer Sicht.

Doch bevor auf den *Meltzer*-Bericht und andere Kritikpunkte im vierten Abschnitt eingegangen wird, sollen die Aufgaben und der Instrumenteneinsatz der Bretton Woods-Organisationen im zweiten bzw. dritten Abschnitt erörtert werden. Im fünften Abschnitt erfolgt dann eine Bewertung der Kritik und Reformvorschläge aus ordnungspolitischer Sicht.

2. Struktur und Ziele des Internationalen Währungsfonds und der Weltbank

Der IWF und die WB wurden am 27. Dezember 1945 mit der Unterzeichnung eines Abkommens durch 29 Staaten offiziell gegründet. Ausgearbeitet wurde das Abkommen auf einer Konferenz in Bretton Woods im amerikanischen Bundesstaat New Hampshire, die vom 1. bis 22. Juli 1944 unter Beteiligung von Delegierten aus 44 Staaten stattfand. Die Ideen zur Ausgestaltung der beiden Organisationen gehen auf den amerikanischen Ökonomen *Harry Dexter White* und auf den britischen Ökonomen *John Maynard Keynes* zurück, wobei der Einfluß des Amerikaners *White* größer war.[1] Beide Organisatio-

---

[1] „Without question, Harry Dexter White was one of the two great intellectual founders of the IMF and the World Bank. As the chief international economist at the U.S. Treasury in 1942–44, he drafted the U.S. blueprint for the IMF that competed with the plan drafted for the British Treasury by Keynes. The final compromise adopted at Bretton Woods, New Hamp-

nen erhielten im Jahr 1947 den Status von UN-Sonderorganisationen; gleichwohl sind sie den Vereinten Nationen nicht unterstellt. Der Sitz beider Organisationen ist Washington, D.C.

Der IWF nahm seine Tätigkeit im Mai 1946 auf, damals mit 39 Staaten.[2] Derzeit sind 183 Staaten freiwillige Mitglieder. Der IWF verfügt heute über 2700 Mitarbeiter aus 123 Ländern. Seit der letzten Kapitalerhöhung im Jahr 1999 stiegen seine Mittel auf 297 Mrd. US$. An seiner Spitze steht seit dem 1. Mai 2000 der geschäftsführende Direktor *Horst Köhler* aus Deutschland. Der aus den Repräsentanten der Mitgliedsstaaten (Zentralbankpräsidenten oder Finanzminister) bestehende Gouverneursrat ist die höchste Instanz. Er tritt einmal jährlich zusammen und stimmt über den Beitritt neuer Länder ab sowie über Quoten- und Kapitalerhöhungen und über die Neuzuteilung von Sonderziehungsrechten. Das Stimmrecht der Teilnehmer hängt von der Quote und damit von der Wirtschaftskraft eines Landes ab. Die USA haben mit dem höchsten Stimmenanteil von 17,16 % eine Sperrminorität. 15 % der Stimmen sind hier die kritische Grenze. Eine Sperrminorität besitzt außer den USA kein einzelner Staat, allerdings können beispielsweise die EU-Länder zusammen mit einem Stimmanteil von 29,88 % ebenfalls alle Beschlüsse blockieren. Die tagespolitischen Entscheidungen trifft das Exekutivdirektorium unter dem Vorsitz des Direktors. Dieses Gremium besteht aus 24 Direktoren, die von den Gouverneuren ernannt werden. Fünf Direktoren werden von den Mitgliedsstaaten mit den höchsten Quoten (USA, Japan, Deutschland, Frankreich, England) ernannt, die verbleibenden Direktoren vertreten jeweils mehrere Mitglieder, die in Stimmrechtsgruppen zusammengefaßt sind. Die Direktoren wählen den geschäftsführenden Direktor für 5 Jahre. Beraten wird das Direktorium von zahlreichen Ausschüssen, deren wichtigster das ‚International Monetary and Financial Committee' (IMFC) ist.

Ziel des IWF ist die Schaffung und Erhaltung einer stabilen Weltwährungsordnung. Bis Anfang der siebziger Jahre bestand diese Aufgabe im wesentlichen darin, das auf der Bretton Woods-Konferenz (1944) beschlossene System weltweit fester Wechselkurse zu stabilisieren und erhalten. Seit Anfang der 70er Jahre das weltweite Festkurssystem zusammenbrach und in ein System floatender Wechselkurse überging, besteht die Aufgabe des IWF darin, gravierende Währungskrisen frühzeitig zu bekämpfen, um auf diese Weise Stabilität, Wachstum und Beschäftigung der Mitgliedsländer zu fördern. Mit anderen Worten: Der IWF ist eine monetäre Institution mit der Aufgabe, Zahlungsbilanz- und Währungskrisen nach Möglichkeit zu vermeiden. Kann eine Krise nicht vermieden werden, so hilft der IWF bei der Formulierung makroökonomischer Wirtschaftsreformpläne sowie bei Schuldendienst- und Zahlungsbilanzproblemen. Aber auch technische Hilfe bietet der IWF an. Diese besteht in Entwürfen und Umsetzungshilfen der Geld- und Fiskalpolitik, dem Aufbau monetärer Institutionen wie Zentralbanken, Schatzämter, Steuer- und Zollbehörden sowie Statistikämter und in der Ausarbeitung und Überprüfung von Wirtschafts- und Finanzgesetzen. Seit September 1999 hat

shire in July 1944 retained much of the flavor of the White Plan: it defined the IMF not as a world central bank but as a promoter of economic growth through international trade and financial stability" (*Boughton* 1998).

2 Vgl. zu den folgenden Ausführungen die Informationen auf der Internetseite des *IWF* (2002a) sowie *Driscoll* (1998, S. 4 ff.).

sich der IWF zusätzlich – in Koordination mit der WB – eine verstärkte Armutsbekämpfung zum Ziel gesetzt.

Von der WB ist die Weltbankgruppe zu unterscheiden.[3] Während zur WB die ‚International Bank for Reconstruction and Development' (IBRD, deutsch: Internationale Bank für Wiederaufbau und Entwicklung) und die ‚International Development Association' (IDA, deutsch: Internationale Entwicklungsagentur) zählen, gehören zur WB-Gruppe zusätzlich der ‚Multilateral Investment Guarantee Agency' (MIGA, deutsch: Multilaterale Investitionsgarantie-Agentur), die ‚International Finance Corporation' (IFC, deutsch: Internationale Finanz-Korporation) und das ‚International Centre for Settlement of Investment Disputes' (ICSID, deutsch: Internationales Zentrum zur Beilegung von Investitionsstreitigkeiten). Gemeinsamer Präsident der WB-Gruppe ist seit dem Jahr 1995 *James D. Wolfensohn* aus den USA. – Die IBRD wurde zusammen mit dem IWF auf der Bretton Woods-Konferenz im Jahr 1944 ins Leben gerufen und nahm im Juni 1946 ihre Tätigkeit auf. Die IDA wurde im September 1960 als Tochter der IBRD gegründet.

Die WB ist ähnlich organisiert wie der IWF. Der Gouverneursrat, in den jedes Mitgliedsland einen Gouverneur – in der Regel den Finanz- oder Wirtschaftsminister – entsendet, entscheidet über Grundsatzfragen. Die tagespolitischen Befugnisse hat der Gouverneursrat an das Exekutivdirektorium abgetreten. Dieses besteht aus 24 Exekutivdirektoren. Dabei vertreten 5 Direktoren die Mitglieder mit dem höchsten Kapitalanteil (USA, Japan, Deutschland, Frankreich, England), weitere 3 Direktoren vertreten jeweils ein Land, nämlich China, Rußland und Saudi-Arabien. Die restlichen 16 Exekutivdirektoren vertreten jeweils mehrere Mitgliedsländer, die wie beim IWF in Stimmrechtsgruppen zusammengefaßt sind. Der Präsident ist der höchste Vertreter des Managements. Er handelt auf Weisung und unter der Aufsicht des Exekutivdirektoriums, dessen Vorsitzender er ist, jedoch ohne Stimmrecht. Er wird vom Direktorium jeweils für 5 Jahre gewählt. Für die übrigen Teilorganisationen der Weltbankgruppe bestehen insofern organisatorische Besonderheiten, als sie einen eigenen, von der IBRD und IDA getrennten Mitarbeiterstab und einen eigenen geschäftsführenden Vizepräsidenten haben.

Die Bekämpfung der Armut in der Welt ist das Ziel der WB. Dieses Ziel soll erreicht werden, indem bedürftigen Ländern finanzielle und beratende Hilfestellung angeboten wird, damit durch mehr Wachstum Beschäftigung gefördert und Armut abgebaut werden. In den Anfangsjahren war die WB vorwiegend mit dem Wiederaufbau Europas beschäftigt. Seit Ende der 50er Jahre widmet sie sich primär den Entwicklungs- und Transformationsländern. Eine freiwillige Mitgliedschaft können nur solche Staaten anstreben, die auch Mitglied beim IWF sind.

---

[3] Vgl. zu den folgenden Ausführungen die Informationen auf der Internetseite der *Weltbank* (2002a).

3. Der Instrumenteneinsatz der beiden Organisationen

Die Politik des IWF war und ist einerseits von dem weltwirtschaftlichen Umfeld und andererseits von dem theoretischen Background, der vorherrschenden ökonomischen Theorie, geprägt. So hatte der Fonds in den 50er Jahren die Aufgabe, das Paritätensystem auszubauen; in den 60er Jahren stand die Abwehr von Krisen zur Stabilisierung des Festkurssystems auf der Agenda; die 70er Jahre waren geprägt von der Reorganisation des internationalen Wechselkurssystems, nachdem das Festkurssystem zusammengebrochen war; die Politik der 80er Jahre stand im Zeichen der internationalen Schuldenkrise; seit Anfang der 90er Jahre bis heute widmet sich der IWF der Abwehr internationaler Finanzkrisen und neuerdings zusammen mit der Weltbank auch der Armutsbekämpfung. Hierfür stehen ihm eine Reihe von Instrumenten zur Verfügung, die im folgenden kurz erörtert werden:[4]

Die Überwachung der Wechselkurs- und Zahlungsbilanzspolitik der Mitgliedsstaaten stellt die wichtigste präventive Maßnahme zur schnellen Erkennung und Abwehr von Krisen dar. Voraussetzung hierfür ist wiederum, daß die Mitglieder Einsicht in die Daten und Politiken gewähren. Nur wenn diese Transparenz gegeben ist, kann sich der Fonds ein umfassendes Bild über den makroökonomischen Zustand eines Staates machen, der über kurz oder lang, so die Annahme, den Wechselkurs bestimmt. In diesem Zusammenhang spielen die sogenannten ‚Konsultationen‘ eine wichtige Rolle. Hierunter versteht man die regelmäßig (zumeist jährlich) stattfindenden Erörterungen der wirtschaftlichen Lage eines Mitgliedsstaates zwischen den entsprechenden Länderexperten des Fonds und Regierungsvertretern.[5]

Ein wichtiges Mittel, das die Überwachungsaufgabe erleichtert und transparenter macht, besteht in der Anwendung sogenannter ‚Standards‘ und ‚Kodizes‘, die z. T. vom IWF selbst, aber auch von anderen Organisationen entwickelt wurden. Zu nennen sind beispielsweise die Verfahrenskodizes zur Transparenz der Geld-, Finanz- und Fiskalpolitik, der Standard zur Datenveröffentlichung, die Grundsätze zu Insolvenzregeln, zur Rechnungslegung, Wirtschaftsprüfung, Banken-, Wertpapier- und Versicherungsaufsicht u.v.a.m.[6]

Neben diesen Instrumenten spielen die Finanzierungsinstrumente eine entscheidende Rolle bei der Politik des Fonds. Mit Ausnahme der Armutsbekämpfungs- und Wachstumsfazilität (PRGF) – ehemals die ‚Erweiterte Strukturanpassungsfazilität‘ (ESAF) – beansprucht ein Mitgliedsland die finanziellen Ressourcen des Fonds, indem es Reserveaktiva (allgemein verwendbare Währungen und Sonderziehungsrechte) gegen einen entsprechenden Betrag seiner eigenen Währung vom Fonds kauft (sogenannte Ziehung). Auf diese Ziehungen erhebt der IWF Gebühren und verlangt, daß das betreffende Mitgliedsland innerhalb einer bestimmten Zeit seine eigene Währung vom Fonds wieder

---

[4] Vgl. zu den folgenden Ausführungen die Informationen auf der Internetseite des *IWF* (2002b) sowie *Driscoll* (1998, S. 11 ff.).

[5] Normalerweise reisen vier bis fünf Fondsmitarbeiter jährlich in die Hauptstadt eines Mitgliedsstaates und sammeln unter Hilfestellung von Regierungsvertretern zwei Wochen lang Informationen über die Makropolitik des Landes.

[6] Vgl. die Internetseite des *IWF* (2002c) sowie *Deutsche Bundesbank* (2000, S. 25).

zurückkauft. Neben einer Reservetranche[7] wird den Mitgliedsstaaten für den Bedarfsfall eine Kredittranche[8] und für Notfälle eine Notfinanzierung[9] zur Verfügung gestellt. Im Detail lassen sich folgende sogenannte Kredit- und Notfinanzierungsfazilitäten unterscheiden:

(1) Reguläre Fazilitäten, bestehend aus

   (a) Stand-by-Arrangements für kurzfristige Zahlungsbilanzhilfen, d. h. Rückzahlung nach gut 2 ¼ bis 4 Jahren,

   (b) Extended Fund Facility, eine mittelfristige Fazilität zur Bekämpfung von Zahlungsbilanzdefiziten, die auf strukturellen Ursachen beruhen, Rückzahlung nach 4 ½ bis 7 Jahren;

(2) Sonstige Fazilitäten, bestehend aus

   (c) Compensatory Financing Facility für plötzliche Ausfälle von Exporterlösen oder bei einem hohen Preisanstieg von Nahrungsmittelimporten,

   (d) Supplement Reserve Facility, kurzfristige, großvolumige Hilfe bei vertrauensbedingten hohen Kapitalabflüssen mit einer Laufzeit von 12 bis 18 Monaten,

   (e) Contingent Credit Line für ‚gesunde' Länder zur Abwehr eine drohenden Krisenansteckung, Laufzeit ebenfalls 12 bis 18 Monate;

(3) Konzessionäre Fazilitäten, bestehend aus

   (f) Poverty Reduction and Growth Facility zur Armutsbekämpfung in Kooperation mit der Weltbank,

   (g) Heavily Indebted Poor Countries-Initiative, IWF-Beitrag zum Schuldenerlaß für die ärmsten Länder.

Insbesondere hohe Kredite an Staaten, die von schweren Krisen getroffen sind, werden nicht ohne Auflagen gewährt. Die Politik des IWF folgt hier dem Prinzip der Kon-

---

[7] Ein Mitgliedsland hat eine Reservetranchen-Position beim IWF entsprechend der Reserveaktiva, die es dem IWF überwiesen hat. Bei Vorliegen eines Zahlungsbilanzbedarfs kann ein Mitglied jederzeit den vollen Betrag seiner Reservetranche ziehen. Eine solche Ziehung bedeutet *keine* Inanspruchnahme eines IWF-Kredits, da die Reserveposition eines Landes als Teil der Devisen des Mitglieds angesehen wird, und sie unterliegt auch keiner Rückzahlungspflicht. Vgl. *IWF* (2002b).

[8] Als reguläre Fazilitäten werden die Kredite des Fonds den Mitgliedsländern in Tranchen (Teilbeträgen) von jeweils 25 % ihrer Quote zur Verfügung gestellt. Für Ziehungen in der ersten Tranche müssen die Mitglieder nachweisen, daß sie angemessene Anstrengungen zur Überwindung ihrer Zahlungsbilanzschwierigkeiten unternehmen, und es gibt keinen Abruf in Teilbeträgen. Ziehungen in den oberen Tranchen über 25 % werden gewöhnlich in Teilbeträgen abgerufen, sofern bestimmte Bedingungen oder „Erfüllungskriterien" eingehalten werden. Vgl. *IWF* (2002b).

[9] Die Notfinanzierungspolitik dient der Überwindung von Zahlungsbilanzproblemen, die auf plötzliche unvorhersehbare Naturkatastrophen oder schwere Konflikte zurückgehen. In der Regel erfolgt dies in Form von Direktkäufen von bis zu 25 % der Quote, sofern das Mitgliedsland mit dem IWF kooperiert. Nach der Beendigung sehr schwerer Konflikte kann den entsprechenden Ländern ein zusätzlicher Zugang zu bis zu 25 % der Quote gewährt werden. Vgl. *IWF* (2002b).

ditionalität. Durch dieses Prinzip soll eine nachhaltige Krisenbekämpfung und damit auch eine Rückzahlung der gewährten Kredite weitgehend sichergestellt werden. Allerdings muß ein Land den Auflagen zur Durchführung von mehr oder weniger weitreichenden Reformen zustimmen, weil der IWF nach seinen eigenen Statuten nicht in die (wirtschafts-)politische Souveränität eines Mitgliedsstaates eingreifen darf.

Es leuchtet unmittelbar ein, daß die Überwachung und auch die Auflagen des Fonds maßgeblich von dem theoretischen Background, der Norm, geprägt sind. Hierbei spielte und spielt der sogenannte ‚Washington Konsens‘[10] eine zentrale Rolle. Dieser beschreibt die Vorstellung, daß die Regierungen von Krisenländern

- konsequent die Inflation bekämpfen,
- die Staatsquote und das Budgetdefizit senken,
- Staatsbetriebe privatisieren und die Märkte deregulieren,
- die Steuern senken und das Steuersystem ggf. vereinfachen,
- die Kürzung und letztlich Streichung von Subventionen anstreben,
- sich dem internationalen Handel öffnen,
- die vollständige Liberalisierung der Finanzmärkte einleiten und
- die Eigentumsrechte sichern

sollen, um jenes ausländische Kapital anzuziehen, das sie aufgrund ihrer in der Regel geringen inländischen Sparquote für den dynamischen Wachstumsprozeß benötigen.

Zusammenfassend läßt sich somit sagen, daß der IWF beratende und finanzielle Hilfe leistet, wobei die Kreditvergabe an Auflagen geknüpft wird. Das Aufgabenspektrum geht heute weit über die Abmilderung von Zahlungsbilanzkrisen hinaus.

Auch die Politik der Armutsbekämpfung und Entwicklungsförderung der WB war und ist geprägt von den Problemen der Weltwirtschaft.[11] War die Hauptaufgabe der WB nach Ende des Zweiten Weltkriegs vor allem der Wiederaufbau in Europa, so widmete sie sich nach Inkrafttreten des Marshallplans fast ausschließlich der Entwicklungshilfe. Verursacht durch die Ölpreiskrisen in den 70er und 80er Jahren, wuchs ihr Engagement im Energiebereich. Nach dem Abklingen dieser Krisen erweiterte die WB ihr Aufgabenspektrum. Insbesondere der Umweltschutz wurde einbezogen, und die Beratungsaktivitäten wurden verstärkt. Seit Anfang der 90er Jahre leistet sie auch den Transformationsstaaten Hilfestellung bei der Umgestaltung des Wirtschaftssystems.

---

[10] Der Begriff ‚Washington Consensus‘ wurde von dem Ökonomen *John Williamson* (heute Senior Fellow am Institute for International Economics) im Jahr 1989 geprägt. Unter diesem Titel faßte er zusammen, was er derzeit als einen aktuellen Konsens zwischen Politik und Technokraten (dem Kongreß der Vereinigten Staaten und den Fachleuten in IMF und WB sowie den wichtigen Think Tanks) ansah. *Williamson* selbst bedauert heute, daß dieser unglücklich gewählte Begriff für eine Ideologie neoliberaler Marktgläubigkeit steht. Ein solches Ziel habe er nicht verfolgt, vgl. *Williamson* (1999). Die ursprüngliche Form des ‚Washington Consensus‘ findet sich im Anhang.

[11] Vgl. zu den folgenden Ausführungen die Informationen auf der Internetseite *Weltbank* (2002b).

Die heutige Entwicklungshilfe der IBRD und der IDA als Kern der WB-Gruppe besteht nicht nur in der Förderung bestimmter Projekte mittels zinsgünstiger Langfristdarlehen und in der langfristigen finanziellen Unterstützung komplexer Reformprogramme, sondern vor allem auch in einer beratenden Funktion. So erarbeitet die WB in Kooperation mit dem IWF strukturelle Reformen zur Armutsbekämpfung, bei denen die makro- und mikroökonomischen Strukturen des Krisenlandes im Vordergrund stehen. Festgehalten werden diese Ergebnisse in den sogenannten ‚Poverty Reduction Strategy Papers'.

Die Entwicklungsförderung umfaßt heute aber nicht nur Strukturhilfen und Umweltschutzprogramme, sondern auch

- die Verbesserung der Bildungssituation,
- den Abbau geschlechtlicher Diskriminierung,
- den Abbau der Säuglings- und Kindersterblichkeit und
- den Aufbau eines funktionierenden Gesundheitswesens.

Der Instrumenteneinsatz der WB ist also nicht nur auf den Abbau von Armut durch Förderung von Programmen zur Steigerung des Bruttoinlandsprodukts gerichtet, sondern die WB-Politik hat die Verbesserung der allgemeinen Lebensbedingungen der Menschen zum Ziel. Entsprechend dieser Zielsetzung wird die Situation der Menschen in einem Staat nicht allein nach dem Bruttoinlandsprodukt pro Kopf bewertet. Vielmehr ist ein Land ‚arm' im Sinne der WB, wenn das Land einen sehr niedrigen Wert im sogenannten ‚Human Development Index' aufweist, in den nicht nur das BIP pro Kopf, sondern auch die Lebenserwartung, das Analphabetentum und die schulische Bildung eingehen (vgl. *Human Development Report* 2001, S. 14).

Nach diesem Überblick über den Instrumenteneinsatz der beiden Bretton Woods-Organisationen erfolgt im nächsten Abschnitt eine Darstellung der wichtigsten Kritikpunkte, zu Politik und Struktur von IWF und WB. Anknüpfend an diese Kritikpunkte werden dann zentrale Reformvorschläge angeführt. Eine ordnungspolitische Bewertung der Kritiken und Reformvorschläge wird dann in Abschnitt 6 vorgenommen.

4. Kritik und Reformvorschläge

Die Bandbreite der Kritik an den beiden Bretton Woods-Organisationen ist groß. Ein Extrempunkt ist sicher das grundsätzliche In-Frage-Stellen einer berechtigten Existenz der beiden Organisationen. Dieser zumeist vom rechten, konservativen Spektrum vorgetragene Standpunkt wird in der Regel mit einem völligen Versagen der Politik der beiden Organisationen begründet. Dem IWF gelang es bisher weder Finanzkrisen vorherzusehen, noch sie wirksam zu bekämpfen. Im Gegenteil: In Erwartung einer Krisenmilderung durch den Fonds müssen private Investoren kein hinreichendes Risikomanagement mehr betreiben. Dies führt zu einer Verschärfung von Finanzkrisen, weil gemessen an dem objektiv vorhandenen Risiko, zu viel Finanzkapital in bestimmte Länder fließt. Mit anderen Worten: In einer Welt ohne vollkommene Voraussicht sorgt die Politik des IWF für ein Moral harzard-Verhalten privater Investoren, welches erst den Grundstein für echte Krisen legt. – Ähnlich wird der Weltbank ein Versagen bei der

Armutsbekämpfung und Entwicklungsförderung vorgeworfen. Aufholprozesse der ärmsten Länder dieser Welt sind kaum zu beobachten, die Schere zwischen ‚arm und reich' klafft mehr denn je auseinander. Vor diesem Hintergrund scheint so manchem Kritiker die Abschaffung der beiden Bretton Woods-Organisationen eine vernünftige Alternative zu sein; denn auf diese Weise wird wenigstens sichergestellt, daß keine Mittel mehr verschwendet werden.[12]

Andere Kritiker, insbesondere vom ‚linken' politischen Spektrum, bemängeln ebenfalls ein Versagen der beiden Organisationen (vgl. z. B. *Falk* 2000). Im Gegensatz zu der angeführten Extremposition sehen sie jedoch Möglichkeiten für Reformen, wobei sie auf zwei wesentliche Ursachen für die verfehlte Politik hinweisen: Erstens sei die liberale Ideologie der Schaffung und Öffnung von Märkten falsch, denn die Globalisierung und die freien Währungs- und Finanzsysteme stifteten mehr Schaden als Nutzen für die ärmeren Länder. Zweitens könne die Dominanz der liberalen Ideologie, die nur den entwickelten Ländern nütze, damit begründet werden, daß die Entwicklungsländer ein viel zu geringes Stimmengewicht in den beiden Organisationen besitzen und somit nicht in der Lage sind, die Dominanz einer einseitigen Politik der reicheren Länder zu brechen. Vor diesem Hintergrund werden folgende Reformvorschläge gemacht:

- demokratische Neuordnung der Bretton Woods-Organisationen mit dem Ziel, die Verhandlungsmacht der Entwicklungsländer zu erhöhen;
- Beendigung einer von der liberalen Ideologie getriebenen Auflagenpolitik, stattdessen eine Aufstockung der Mittel zur Krisen- und Armutsbekämpfung;
- Festlegung von Wechselkurszielzonen zur Verhinderung spekulativer Wechselkursverzerrungen und flankierend dazu die Einführung einer *Tobin*-Steuer zur Disziplinierung der Spekulanten.

Die Kritik aus der ökonomischen Wissenschaft, die mehrheitlich zwischen den angeführten Positionen angesiedelt ist, wurde und wird vor allem durch den sogenannten ‚*Meltzer*-Report' neu angestoßen. Dieser Report ist das Ergebnis der Arbeit einer Gruppe internationaler Finanzmarktexperten[13], die von dem amerikanischen Kongreß beauftragt wurden, die Effizienz der internationalen Organisationen (IWF, WB, BIZ, WTO) zu überprüfen. Vorsitzender der Gruppe war *Allan Meltzer* (Professor of Political Economy and Public Policy, Carnegie Mellon University). Nach einer Arbeitszeit von deutlich unter einem Jahr legte die Gruppe im März 2000 ihre Ergebnisse in einem Bericht vor. Die Kritikpunkte und Reformvorschläge stellen allerdings keinen Konsens, sondern lediglich eine Mehrheitsmeinung der Mitglieder dar. Ausgangspunkt des *Meltzer*-

---

[12] Laut einer Meldung des *Wirtschaftsdienstes* (1998) sollen weltbekannte Ökonomen wie *Jeffrey Sachs, Paul Krugman, Joseph Stiglitz* und auch *Milton Friedman* die Auflösung des IWF gefordert haben. Vgl. zur Forderung nach Abschaffung der Weltbank *Gilbert* und *Vines* (2000, S. 16).

[13] Es handelt sich um die sogenannte ‚International Financial Institution Advisory Commission' (IFIAC).

Reports ist eine ernüchternde Bestandsaufnahme der bisherigen Resultate der Politiken von IWF und WB:[14]

Die Häufigkeit und Schwere der jüngsten Krisen lassen nach Meinung der Kommission Zweifel am gegenwärtigen Krisenmanagement des IWF und an den Anreizen für die privaten Kapitalanleger aufkommen. Der Fonds habe den Finanzinstitutionen der Entwicklungsländer bisher zu wenig Aufmerksamkeit geschenkt. Statt dessen habe er sich auf viel zu teure Rettungsaktionen konzentriert. Dieses Kurzfrist-Krisenmanagement sei nicht nur ineffizient, sondern die Aktionen kämen häufig auch zu spät, die Empfehlungen seien wenig hilfreich und die Instrumente und Auflagen würden zu stark in die Autonomie der Staaten eingreifen. Zudem würden die privaten Kapitalanleger zunehmend aus der Haftung entlassen, weil die gewährten Fondsmittel zur kurzfristigen Eindämmung von Krisen und kurzfristigen Stabilisierung der Wechselkurse nicht selten dazu führten, daß Privatanleger ein zu geringes Risiko zu tragen hätten. Das wiederum führe zu einer verzerrten Kapitalallokation. Zu viele liquide Mittel, gemessen am vorhandenen Risiko-Ertragsverhältnis, flössen in potentielle Krisenregionen. Der Fonds provoziere also ein Moral harzard-Verhalten mit der Folge, daß Krisen wahrscheinlicher werden, weil durch seine Politik die kurzfristige Auslandsverschuldung potentieller Krisenländer bei den Privaten stark ansteige. Der plötzliche Abzug dieser Mittel bei Eintritt bestimmter Ereignisse führe dann zu starken Finanzkrisen.

Ein ebenso vernichtendes Urteil fällt die Kommission über die Arbeit der WB. So hebt sie hervor, daß nur etwa jedes vierte Entwicklungsprogramm zu einem nachhaltig befriedigenden Ergebnis führe. Sowohl die Armutsbekämpfung als auch die Politik der Entwicklungsförderung durch Veränderung der institutionellen Strukturen müsse schleunigst verbessert werden. Eine Mißerfolgsquote von fast 75 % sei nicht länger hinzunehmen. Zur Reform der IWF-Politik schlägt die Kommission folgende Punkte vor:

(1) Um keine unproduktiven Kompetenzüberschneidungen weiter zu ermöglichen, soll der IWF als eine Organisation zur Bekämpfung von internationalen Finanzkrisen fungieren, also als ein ‚Quasi-lender of last resort'. Das bedeutet, daß der Fonds die Politik der Bekämpfung der Armut und der Förderung von Entwicklungs- und Wachstumsstrukturen aufgeben soll. Das Feld muß der Weltbank überlassen werden.

(2) Aus Punkt (1) folgt unmittelbar, daß alle Programme der langfristigen Kreditvergabe aufgegeben werden müssen. Der Fonds muß sich auf die Vergabe von Krediten mit kurzer Laufzeit beschränken.

(3) Die Kreditvergabe soll nicht länger zu einem stark subventionierten Preis erfolgen, sondern im Gegenteil zu einem Zins, der über dem liegt, der dem Land in der Vergangenheit am Kapitalmarkt gewährt wurde. Der Strafaufschlag führt dazu, daß IWF-Kredite nicht leichtfertig und übermäßig in Anspruch genommen werden. Als eine Folge dieser Politik werden Privatanleger ihre Mittel nicht länger übermäßig in Risikoregionen anlegen.

---

[14] Vgl. zu den folgenden Ausführungen grundlegend *Meltzer* et al. (2000) sowie *Stark* (2000), *Meltzer* (2000) und (2001).

(4) Bis auf den eher seltenen Fall, daß die gesamte Weltwirtschaft durch eine Finanzkrise in Mitleidenschaft gezogen wird, sollen Kredite nur solchen Krisenländern gewährt werden, die bestimmte institutionelle Voraussetzungen – sogenannte ‚Pre-conditions' – erfüllen. Solche Länder, die nicht Krisenauslöser sind, sondern von einer Krise lediglich angesteckt werden, sollen automatisch und ohne jede Verzögerung Fondsmittel erhalten. Krisenstaaten, die die ‚Pre-conditions' nicht erfüllen, sollen hingegen erst dann Fondsmittel erhalten, wenn sie sich bereit erklären, die institutionellen Voraussetzungen für einen stabilen Finanzsektor (wieder-)herzustellen.

(5) Zu den ‚Pre-conditions' zählen fünf zentrale institutionelle Voraussetzungen: (a) die Zulassung ausländischer Kreditinstitute im heimischen Markt, weil dadurch ein produktiver Wettbewerb einsetzt, der u.a. Korruption und die Gewährung von Gefälligkeitskrediten eindämmt; (b) die regelmäßige Veröffentlichung der Höhe und Struktur der gesamten in- und vor allem ausländischen Staatsschuld, um einen Einblick in die Risikostruktur zu erhalten; (c) die Kreditinstitute müssen international übliche Standards der Eigenkapitalausstattung beachten, um nicht plötzlich illiquide zu werden; (d) Krisenstaaten selbst müssen sicherstellen bzw. glaubhaft signalisieren, daß die Fondsmittel nicht eine unverantwortliche Budgetpolitik alimentieren, die krisenfördernd wirkt; (e) das Wechselkurssystem sollte entweder ein System freier oder fixer Wechselkurse sein, um die politische Manipulation des Wechselkurses zur Erlangung kurzfristiger Vorteile auszuschließen.

(6) Allen Staaten sollte ein Zeitraum von fünf Jahren gewährt werden, um die institutionellen Vorkehrungen zu treffen. In der Zwischenzeit können Krisenstaaten Fondsmittel natürlich weiterhin in Anspruch nehmen, allerdings zu einer Rate, die höher liegt als der Marktzins einschließlich des unter (3) erwähnten Strafaufschlags.

(7) Der IWF sollte darauf verzichten, Kredite mit weiteren eingriffsintensiven Auflagen zu versehen. Er sollte sich ausschließlich an der Einhaltung/Nichteinhaltung der angeführten institutionellen Voraussetzungen (Pre-conditions) orientieren und dementsprechend auf unbürokratischem Weg Mittel vergeben.

Nach Meinung der Kommission würde ein IWF, der diese Punkte beherzigt, Krisen nicht nur wirkungsvoller bekämpfen, sondern auch die Wahrscheinlichkeit ihres Ausbruchs deutlich eindämmen; denn: Zum einen werden Staaten angehalten, ihre Finanzinstitutionen zu verbessern, und zum anderen wird privaten Kapitalanlegern ein erhöhter Anreiz gegeben, mit Vorsicht Mittel in potentiellen Krisenregionen anzulegen. Gleichzeitig würdigt die Kommission alle bisherigen Anstrengungen des IWF, die dazu dienen, Informationen über die Mitgliedsstaaten zu sammeln und zu veröffentlichen. Dieser Weg müsse laut Kommission weiter beschritten werden; denn Transparenz ist eine, wenn nicht die wichtigste Voraussetzung, um Krisen im Vorfeld zu vermeiden.

Hinsichtlich der Politik und Struktur der Weltbank schlägt die Kommission folgende Punkte vor:

(1) Anstrengungen zur Verbesserung der Lebensqualität in armen Ländern sollen unverändert fortgesetzt werden, auch wenn die institutionellen Strukturen und die Korruption derartige Arbeiten erschweren.

(2) Das Gros der Projektfinanzierung soll nicht in Form von Krediten vergeben, sondern in Form von Transfers gewährt werden.

(3) Transfers sollen nach einem wettbewerblichen Bietverfahren und nur unter der Voraussetzung vergeben werden, daß eine Projektüberwachung sichergestellt ist.

(4) Die Mittel für einzelne Projekte sollten an die Investoren direkt und nicht an Regierungen vergeben werden.

(5) Umfangreiche Mittel für Reformprogramme sollten nur an solche Regierungen vergeben werden, die deutlich ihren Reformwillen signalisieren und weitreichende Überwachungen erlauben.

(6) Die Weltbank sollte sich bei ihrer Arbeit auf die ärmsten Länder der Welt konzentrieren, die vom privaten Kapitalmarkt abgeschnitten sind, und nicht wie bisher vorwiegend Länder mit mittlerem Einkommen fördern. Entsprechend sollten in den nächsten fünf Jahren alle Programme für Staaten, die Zugang zum privaten Kapitalmarkt haben und/oder deren Bruttoinlandsprodukt pro Kopf 4.000 US-$ übersteigt, beendet werden.

(7) Mit der Umstellung der Kreditvergabe auf eine Vergabe von Transfers sollte die Weltbank in eine Weltentwicklungsagentur (World Development Agency) umgewandelt werden. Gleichzeitig sollte sie ihre Kooperation mit regionalen Entwicklungsorganisationen intensivieren.

Über diese Punkte hinaus empfiehlt die Kommission einstimmig, IMF und WB mögen den ärmsten Staaten der Welt die Schulden erlassen, sofern diese bereit sind, nachhaltige institutionelle Reformen einzuleiten und überwachen zu lassen.

Ganz ähnlich wie die *Meltzer*-Kommission betont auch die Deutsche Bundesbank (2000), daß IWF und WB in Zukunft eine produktive Aufgabentrennung vollziehen müssen. Die WB soll nicht länger Liquiditätshilfen in Form von kurzfristigen Anpassungsdarlehen gewähren, und der IWF soll sich aus der langfristigen Kreditvergabe zur Stärkung der Wachstumskräfte und Linderung der Armut zurückziehen. Gedanken, IWF und WB zusammenzulegen, tritt die *Deutsche Bundesbank* (2000, S. 22) mit dem Argument entgegen, daß es dadurch nur zu einer „ordnungspolitisch höchst bedenkliche[n] Verwischung von monetären und entwicklungspolitischen Aufgaben" käme. Zudem befürchtet sie, daß mit der Fusion eine ausufernde Bürokratie mit diffusen Zielformulierungen, unklaren Prioritäten und erheblichen Managementproblemen entstehen würde. Weiterhin weist die Bundesbank genau wie die *Meltzer*-Kommission auf die Gefahr hin, durch eine laxe Kreditgewährung die Privaten aus der Verantwortung zu entlassen (Moral hazard-Problem). Dem müsse entschieden begegnet werden. Darüber hinaus unterstreicht sie die zentrale Rolle, die der Informationspolitik zukommt: Transparenz sieht sie als wichtig an, weist aber darauf hin, daß durch die Verbreitung von Informationen durch die Bretton Woods-Organisationen selbst keine Krisen initiiert werden dürften (vgl. *Deutsche Bundesbank* 200, S. 24).

Nach diesen Ausführungen zu Reformmöglichkeiten der Bretton Woods-Organisationen widmen wir uns nun der ordnungspolitischen Bewertung.

5. Eine ordnungspolitische Bewertung

Im folgenden werden die Aufgaben und Instrumente der beiden Bretton Woods-Organisationen aus ordnungspolitischer Sicht betrachtet. Die in Abschnitt 4 angeführten Kritikpunkte und Reformüberlegungen für eine Neuausrichtung der Politik von IWF und WB stellen hierbei den Ausgangspunkt unserer Überlegungen zur Ziel- und Mittellegitimation dar. Wir beginnen mit dem IWF.

Ohne Zweifel ist es für den internationalen Wettbewerb förderlich, wenn der internationale Handel mit Gütern und Dienstleistungen und der internationale Kapitalverkehr reibungslos, d. h. ohne schwere Finanzkrisen und erratische Wechselkursschwankungen verlaufen. Das allein bedeutet jedoch noch nicht, daß es sinnvoll ist, eine Organisation wie den IWF ins Leben zu rufen und ihn mit der Aufgabe zu betrauen, Krisen im Vorfeld zu verhindern und/oder im nachhinein abzumildern. Eine Organisation mit einer solchen Aufgabe zu betrauen, erscheint aus ordnungspolitischer Sicht nur dann sinnvoll, wenn dezentralere Lösungen versagen.[15]

Vor diesem Hintergrund erscheint es zumindest sinnvoll, daß eine Organisation wie der IWF Informationen über die makroökonomische Situation der Länder der Welt sammelt und in verständlicher Form veröffentlicht, damit sich Investoren und Handelstreibende einen Eindruck über die Stabilität und die Gefahr von Finanzkrisen (Zahlungsbilanz-, Wechselkurs- und Verschuldungskrisen) machen können. Es ist jedoch aus ordnungspolitischer Sicht ein Trugschluß zu meinen, sich allein aus makroökonomischen Daten ein Bild über die Stabilität und die (zukünftige) Wirtschaftskraft eines Landes machen zu können. Hierzu bedarf es über den Finanzsektor hinaus einer Diagnose der Institutionen und der Wirtschaftspolitik.

Die *Meltzer*-Kommission hat dies zum Teil erkannt. Sie stellt die Wichtigkeit bestimmter institutioneller Rahmenbedingungen im Finanzsektor heraus. Sie erkennt jedoch nicht, daß Investoren und Finanzkapitalanleger auch dann ihr Kapital aus einem Land abziehen, wenn die Institutionen im Finanzsektor relativ stabil sind, die Rahmenbedingungen der Güter-, Dienstleistungs- und/oder Arbeitsmärkte sich aber dramatisch verschlechtern, z. B indem produktive Wettbewerbsprozesse durch einen Staatsinterventionismus mehr und mehr verdrängt werden.[16]

Neuere empirische Forschungsergebnisse belegen, daß Wohlstand und Wachstum maßgeblich von der Institutionenstruktur eines Landes bestimmt werden (vgl. *Leschke* 2000 und die dort angegebenen Quellen). Produktive Institutionen erfüllen zwei zentrale Aufgaben, sie schaffen Freiheit zur Produktion und Konsumtion und initiieren auf diese Weise wissenschaffende Wettbewerbsprozesse (vgl. hierzu grundlegend *von Hayek* 1948a/1976 und 1968/1969). Auf der anderen Seite wird durch Institutionen in Form verläßlicher Rahmenregeln festgelegt, welche Handlungen erlaubt bzw. verboten sind. Das stabilisiert die Erwartungen, sofern der Staat diese Aufgabe konsequent verfolgt

---

[15] D. h. die Schaffung einer internationalen Währungsinstitution muß mit dem Subsidiaritätsprinzip vereinbar sein.

[16] Vgl. zur Bedeutung von Fundamentalfaktoren für die Entstehung von Währungskrisen auch *Deutsche Bundesbank* (1999).

und sich selbst bei Marktinterventionen, d. h. direkten Interventionen in die Marktergebnisse, zurückhält.[17] Darüber hinaus ist die Schaffung eines Sozialversicherungssystems, das den Markt nicht nur flankiert, sondern die Marktkräfte stimuliert, weil die Akzeptanz des Wettbewerbssystems und die Risikobereitschaft der Individuen steigen, eine zentrale Staatsaufgabe.[18]

Stabil ist ein solches institutionell verankertes Marktsystem langfristig jedoch nur dann, wenn es von der Bevölkerung verstanden und akzeptiert wird und wenn den politischen Akteuren durch eine Verfassung Anreize gegeben werden, eine Politik im Sinne der Bürger zu verfolgen (vgl. hierzu *North* 1981/1988, S. 209 ff.). Die bedeutet, daß die Etablierung einer demokratischen Konstitution auf die mittlere Frist gesehen eine ‚conditio sine qua non' ist.

Eine solche Sichtweise geht weit über die Ideologie des sogenannten ‚Washington-Konsens' hinaus (... und auch über die Ausführungen der *Meltzer*-Kommission!). Während dort ausschließlich auf die Schaffung von Freiheit durch weitreichende Privatisierungs- und Deregulierungsmaßnahmen hingewiesen wird, fehlen Aspekte wie die Schaffung verläßlicher Rahmenregeln, die auf allgemeine Akzeptanz stoßen, oder die Etablierung eines funktionsfähigen Sozialversicherungssystems. Diese Faktoren sind aber für die Entwicklung eines Landes von zentraler Bedeutung, denn die Makroraten werden letztlich durch diese grundlegenden Institutionen und Politiken bestimmt.

Will man also verhindern, daß internationales Finanzkapital in bestimmte Regionen fließt und dann panikartig wieder abgezogen wird, wenn sich bestimmte Makroraten ändern, muß man Länderdiagnosen erstellen, bei denen die Makrostruktur durch eine Mikrostruktur (Institutionen und wirtschaftspolitische Maßnahmen) erklärt wird. Dies hilft Investoren und Kapitalanlegern einen Eindruck zu gewinnen, ob eine Krise bevorsteht bzw. eine bereits eingetretene Krise nur von kurzer Dauer ist oder nachhaltig die wirtschaftliche Entwicklung hemmen wird. Es ist deshalb zwingend notwendig, daß IWF und Weltbank bei der Erstellung von Länderdiagnosen stärker als bisher kooperieren und einen gemeinsamen ‚Economic Outlook' verfassen, der die institutionelle Struktur zur Erklärung wirtschaftlicher Entwicklungsprozesse viel stärker berücksichtigt.

Die *Deutsche Bundesbank* (2000, S. 24) vertritt eine ähnliche Auffassung; sie betont jedoch darüber hinaus, daß Informationen der Bretton Woods-Organisationen selbst keine Krise auslösen dürften und deshalb mit Vorsicht veröffentlicht werden müßten. Diesem Punkt ist deutlich zu widersprechen! Werden bestimmte Informationen zurückgehalten und wird damit das Bild eines Staates bezüglich seines wirtschaftlichen Potentials verzerrt dargestellt, so verlieren die veröffentlichen Diagnosen ihren Wert, und die beiden internationalen Organisationen erleiden einen Reputationsverlust. Das sind Kosten, die vermieden werden müssen, zumal es ja auch so ist, daß nicht Informationen über die institutionelle Struktur und die sich ergebenden Makroraten eines Landes eine

---

[17] Vgl. hierzu *Eucken* (1952/1990, insb. S. 336), *von Hayek* (1960/1991, insb. S. 178 ff.) sowie grundlegend *Brennan* und *Buchanan* (1985/1993).

[18] Vgl. zur produktiven Sozialstaatlichkeit *Homann* und *Pies* (1996).

Krise auslösen, sondern Ursache sind immer noch die in dem jeweiligen Land getroffenen politischen Entscheidungen.

Damit erscheint die Aufgabe, begründete Länderstudien zu erstellen und zu veröffentlichen, als eine legitime Aufgabe des IWF. Es ist zugleich eine Aufgabe, die der Fonds in Kooperation mit der Weltbank erledigen sollte. Hierbei müssen jedoch die vorhandenen Standards und Kodizes des Finanzmarktes um die institutionellen Strukturen des Güter- und Dienstleistungsmarktes auf der einen und des Arbeits- und Sozialversicherungsmarktes auf der anderen Seite ergänzt werden. Zudem müssen die formelle und materielle Verfassungsstruktur sowie die informellen Institutionen analysiert werden.[19] Dementsprechend ist zu überlegen, ob den regelmäßigen Konsultationen nicht auch Vertreter der Weltbank beiwohnen sollten.

Wie lassen sich nun weitere Aufgaben des IWF, insbesondere die Kreditvergabepraktiken, begründen?

Daß Staaten sich darauf einigen, eine Art von internationaler Versicherung für den Fall, daß sie unverschuldet von einer Krise angesteckt werden, ins Leben zu rufen, erscheint nachvollziehbar. Der Begriff ‚unverschuldet' muß hierbei natürlich konkretisiert werden, soll nicht jeder von einer Finanzkrise getroffene Staat einfach behaupten können, er wäre schuldlos an der Krise. Die *Meltzer*-Kommission rekurriert diesbezüglich auf institutionelle Standards des Finanzsektors. Aus ordnungspolitischer Sicht ist dieser Maßstab alleine jedoch zuwenig aussagekräftig; er muß ergänzt werden um die institutionellen Rahmenbedingungen der Güter- und Dienstleistungsmärkte, des Arbeitsmarktes und des sozialen Netzes sowie um die Prüfung der grundlegenden wirtschaftspolitischen Entscheidungen und der demokratischen Strukturen. Vor diesem Hintergrund ist ein Staat dann unschuldig in eine Finanzkrise geraten, wenn Änderungen in der institutionellen Grundstruktur und in der Wirtschaftspolitik *nicht* auf eine Krise hindeuten. Ein solcher Staat sollte, wie es die *Meltzer*-Kommission vorschlägt, schnell und unbürokratisch zu einem marktüblichen Zins plus eines Aufschlags einen Kredit mit kurzer Laufzeit erhalten.

Wie aber sollte die IWF-Politik gegenüber Staaten gestaltet werden, die selbst eine Finanzkrise verursachen? Daß von solchen Krisen betroffene Staaten für die Gewährung von IWF-Mitteln plädieren, ist klar. Aus ordnungspolitischer Sicht zählen jedoch nur solche Argumente, die jene Länder überzeugen, die nicht von einer Krise betroffen sind und es wahrscheinlich in naher Zukunft auch nicht sein werden. Solche Geberländer werden nur dann Mittel bereitstellen, wenn diese kein Geschenk, sondern eine Investition darstellen.

Vor diesem Hintergrund erscheint eine Mittelbereitstellung legitim, wenn ein Land, dessen institutionelle Grundstruktur als wettbewerbsfreundlich und stabil angesehen wird, aufgrund wirtschaftspolitischer Fehlentscheidungen in eine Finanzkrise gerät. Da solche Fehlentscheidungen relativ kurzfristig behebbar sind, kann dem Land mit Kurz-

---

[19] Innerhalb der Ökonomik hat insbesondere *Douglass North* (1990/1992) auf die zentrale Bedeutung der informellen Institutionen und ihres Zusammenspiels mit den formellen Regeln aufmerksam gemacht.

fristkrediten, die allerdings unter Auflagen zu bewilligen sind, geholfen werden. Natürlich muß der Zins einen entsprechenden Strafaufschlag enthalten, und die Erfüllung der Auflagen muß überwacht werden. Da eine solche Finanzkrise ihren Ausgangspunkt nicht nur in einer verfehlten Finanzpolitik hat, sondern weil Fehler in anderen Feldern der Wirtschaftspolitik (z. B. in der Sozialpolitik) genauso Finanzkrisen, d. h. den plötzlichen Abzug von internationalem Kapital, auslösen können, darf die Sicht des IWF nicht verengt auf der Finanzpolitik liegen. Zahlungsbilanz-, Verschuldungs- und Wechselkurskrisen können unterschiedlichste Gründe haben. Es muß somit dem Vorschlag der *Meltzer*-Kommission, den IWF nur zum Überwacher der Institutionen und Politik im Finanzsektor zu machen, widersprochen werden.

Bleibt nach diesen Ausführungen noch die Frage offen, wie eine Politik des IWF gegenüber Staaten aussehen sollte, die Krisenauslöser sind, wobei der Grund für die Krise in der institutionellen Struktur des Landes liegt. In diesem Fall ist eine tiefgreifende institutionelle Strukturkrise Grund der Finanzkrise. Mithin handelt es sich in einem solchen Fall nicht um eine temporäre, sondern vielmehr um eine mittel-, wenn nicht langfristige Krise. Hier erscheint es wenig sinnvoll, daß eine für Finanzkrisen zuständige Organisation mit Krediten aushilft. Vielmehr scheint die dringlichste Aufgabe erst einmal darin zu bestehen, daß eine Kommission bestehend aus IWF- und Weltbankmitarbeitern beratende Hilfe leistet, um die Strukturkrise einzudämmen. Hierbei ist besonders auf das Zusammenspiel der Teilordnungen zu achten.[20] So kann z. B. eine Liberalisierung und Öffnung des Finanzsektors bei weiterhin bestehenden Defiziten in der institutionellen Struktur der Finanz-, Güter- oder/und Dienstleistungsmärkte negative Folgen für die Volkswirtschaft haben. Es wird dann über kurz oder lang zu Kapitalabflüssen und einer starken plötzlichen Abwertung der Währung kommen. Als Folge unterbleiben notwendige Investitionen, der Wohlstand nimmt ab und die Arbeitslosigkeit zu. Vor dem Hintergrund der Gefahr solcher Prozesse ist insbesondere auf das ‚Sequencing' einzelner Reformschritte in den Teilordnungen zu achten, ein Problem, das bisher vom IWF zu wenig beachtet wurde.[21]

Gelingt es trotz der geschilderten Probleme, eine krisengeschüttelte Volkswirtschaft durch Reformen wieder wirtschaftlich zu stabilisieren, werden Unternehmen und Kapitalanleger auch wieder bereit sein, in dem Land zu investieren. Der IWF jedenfalls sollte in solchen Fällen keine Kredite vergeben. Ob die WB sich engagieren sollte oder nicht, hängt u.a. davon ab, ob über eine konsequente Armutsbekämpfung hinaus noch Mittel für ein derartiges Arrangement vorhanden sind.

Damit kommen wir zu den Aufgaben der WB und einleitend zu der Frage, warum überhaupt eine solche Organisation ins Leben gerufen werden sollte, die die Armutsbekämpfung und Entwicklungsförderung zum Ziel hat. Ein Grund könnte in einem altruistischen Motiv gesehen werden. Die Spendenbereitschaft der Bevölkerung vieler reiche-

---

[20] *Eucken* (1952/1990, S. 14 und 180 ff.) spricht von der ‚Interdependenz der Ordnungen'.

[21] Innerhalb der Ökonomik wird das Problem des ‚Sequencing' immer stärker betont, vgl. *Deutsche Bundesbank* (2001, S. 27) oder *Eichengreen* und *Mussa* (1998). Aber es wird in der Regel nur auf die Institutionen im Finanzsektor angewandt. Diese Sichtweise ist jedoch zu eng.

rer Länder belegt, daß solch ein Motiv vorhanden ist. Doch existieren neben der WB eine Reihe von Organisationen, die Spendengelder sammeln und humanitären Zwecken zuführen, so daß dieses Motiv aus heutiger Sicht die Existenz der WB nicht alleine rechtfertigen kann. Fragen wir also nach weiteren Motiven über den Altruismus hinaus. Hilft man den ärmsten Entwicklungsländern humanitär und beim Aufbau einer funktionierenden, d. h. sich selbst tragenden Volkswirtschaft, so ist dies auch mit Vorteilen für die Geberländer verbunden. Erstens wird die Gefahr kriegerischer Auseinandersetzungen, verursacht u. a. durch soziale Spannungen, gemindert, zweitens wird die Gefahr unerwünschter Wanderungen in Form von Flüchtlingsströmen gebannt, und drittens wird der internationale Wettbewerb belebt. Diese Argumente unterstützen die These, daß es vernünftig ist, eine internationale Organisation zu errichten, welche die o. g. Aufgaben wahrnimmt.

Damit stellt sich nun die Frage, ob diese Aufgaben von einer Entwicklungsagentur oder von einer Bank wie der Weltbank wahrgenommen werden sollten. Die *Meltzer*-Kommission schlägt, wie oben erwähnt, vor, daß die Weltbank in eine Entwicklungsagentur umgewandelt werden soll, deren Aufgabe darin besteht, ihre Politik der Armutsbekämpfung und Entwicklungsförderung ausschließlich auf die ärmsten Länder der Welt zu beschränken. Das würde bedeuten, daß reichere Entwicklungsländer und Transformationsländer nicht mehr von der ‚neuen Weltbank' betreut würden. Dies erscheint vor dem Hintergrund rational, daß die bisherige Politik der Armutsbekämpfung und Entwicklungsförderung relativ erfolglos war. Dennoch sollte diese Forderung differenziert betrachtet werden.

Ohne Zweifel erscheint es vernünftig, knappe Mittel für humanitäre Hilfsmaßnahmen erst einmal in die ärmsten Länder der Welt zu lenken. Für einen gewissen Teil dieser Mittel erscheint es gerechtfertigt, sie in Form von Transfers zu vergeben. Allerdings sollten alle Mittel zur Förderung von Projekten in diesen Ländern, die der wirtschaftlichen und gesellschaftlichen Entwicklung dienen, nur in Form von Krediten gegeben werden. Schließlich handelt es sich um Investitionen, die, wenn sie vernünftig durchgeführt werden, einen ‚Payoff' abwerfen. Insofern ist dem *Meltzer*-Report zu widersprechen. Der Zins erst belegt, daß es sich bei diesen Mitteln nicht um Almosen, sondern um Investitionen handelt, wobei alle Seiten Anstrengungen unternehmen müssen, damit sich langfristig ein positiver Barwert ergibt.

Aber noch in einem weiteren Punkt ist dem *Meltzer*-Report zu widersprechen: Natürlich sollen knappe Mittel zuerst an die bedürftigsten Staaten vergeben werden. Das darf aber nicht bedeuten, daß die WB sich aus der beratenden Hilfestellung zur Errichtung erfolgversprechender institutioneller Strukturen für weniger arme Staaten zurückzieht. Gerade diese Arbeit bewirkt doch, daß den Staaten wieder ein Zugang zum privaten Kapitalmarkt geebnet wird. Sie ist daher langfristig ebenso wichtig, wenn nicht wichtiger als monetäre Unterstützungsleistungen. Es scheint daher dringend geboten, daß diese Art von Hilfestellung weiter ausgebaut wird, am besten in enger Kooperation mit dem IWF.

Vor diesem Hintergrund erscheint die Forderung der *Meltzer*-Kommission, die WB in eine Entwicklungsagentur umzuwandeln, wenig nachvollziehbar. Projekte zur Erhöhung des Bildungsstandards, der Gesundheitsförderung, zum Aufbau eines sozialen

Netzes sowie die Errichtung von Institutionen zur Förderung produktiver Wettbewerbsprozesse stellen letztlich alle Investitionen dar, die sich langfristig auch wirtschaftlich rechnen, wenn sie umfassend und nicht punktuell angegangen werden (ganz im Sinne von *Eucken* 1952/1990, S. 195 f. und 344 f.). Insofern kann bei den langlaufenden Mitteln auch ein Zins vereinbart werden, der eine produktive Funktion erfüllt. Die Umwandlung in eine Entwicklungsagentur würde hingegen die WB zu einer Transferstelle machen, deren Hauptaufgabe über kurz oder lang darin bestünde, humanitäre Hilfe in Form von Transfers zu vergeben. Das Wissen über die mikroökonomischen Strukturen (Institutionen) der Länder der Welt, die nicht zu den ärmsten Staaten zählen, würde verloren gehen, weil es für die Arbeit der WB nicht mehr benötigt wird. Gerade die institutionenorientierte Forschung der WB (z. B. das neue Sozialkapitalprojekt, vgl. die Internetseite *Weltbank* 2002c) scheint für die Zukunft ein großes Potential zu besitzen, das nicht eingeschränkt werden darf, sondern weiter ausgebaut werden sollte.

Nach der Analyse der Politiken der Bretton Woods-Organisationen wenden wir uns nun den Organisationsstrukturen zu. Wie ist die Forderung einer stärkeren Beteiligung der Entwicklungsländer an der Entscheidungsfindung der Bretton Woods-Organisationen aus ordnungspolitischer Sicht zu bewerten?

Erstens muß man bedenken, daß die Mitgliedschaft bei den beiden Organisationen freiwillig ist, also kein Land gezwungen ist, sich den Spielregeln von IWF und WB zu unterwerfen. Auch die Regel, daß eine Mitgliedschaft bei der WB nur für Mitglieder des IWF möglich ist, stellt eine produktive Einschränkung dar; denn ohne Zugang zu makroökonomischen Daten kann man sich schwer ein Bild von der Situation eines Staates machen. Dies aber ist eine Voraussetzung für die Erarbeitung erfolgversprechender Projekte und Reformen.

Zweitens lassen sich Forderungen nach einer Stärkung der Stimmen der Entwicklungsländer nicht gegen die reichen Geberländer durchsetzen. Diese können schließlich jederzeit von ihrer Exit-Möglichkeit Gebrauch machen. Bei allen Vorschlägen ist man also auf die Zustimmung der Industriestaaten angewiesen. Man wird also eine Stimmenverteilung nach den Quoten beibehalten müssen.

Allerdings erscheint es drittens nicht notwendig, ja sogar für die Funktionsweise der beiden Organisationen wenig hilfreich, daß ein Staat, z. Z. die USA, als einziges Land ein Vetorecht besitzt. Dies ist unproduktiv, weil auf diese Weise die spezielle Situation in diesem Land (Ideologie, Budgetsituation, Wahlkampf) die Entscheidungen der Bretton Woods-Organisationen, die auf Kontiunität angelegt sein sollten, dominieren kann. Man sollte daher die Sperrminorität hochsetzen. Hier könnte die Europäische Union erfolgreich Druck ausüben. Viertens ist schließlich jenen kritischen Stimmen recht zu geben, die eine stärkere Transparenz und Überwachung der Arbeit der beiden Organisationen fordern.[22]

---

[22] Durch eine Erhöhung der Überwachung werden die WB und der IWF auch angehalten, ihre Organisationsstrukturen stetig zu verbessern, d. h. effizienter zu gestalten.

Abschließend soll nun noch auf die Vorschläge der ‚Linken', die Fondsmittel zu erhöhen und gleichzeitig den freien internationalen Kapitalverkehr mittels interventionistischer Maßnahmen einzuschränken, eingegangen werden.

Soll eine Forderung nach Aufstockung der Fondsmittel nicht völlig ins Leere laufen, müssen Argumente vorgebracht werden, warum dies auch im Interesse der reicheren Geberländer sein könnte. Allein an altruistische Motive zu appellieren oder die berühmt-berüchtigte ‚soziale Gerechtigkeit' anzuführen, reicht – und das vergessen die ‚Linken' nur allzu oft – keinesfalls aus. In Einklang mit den Ausführungen in diesem Abschnitt kann man allerdings zu dem Schluß kommen, daß erfolgreiche Reformen der IWF- und der WB-Politik zur Folge haben werden, daß der internationale Wettbewerb langfristig mehr Vorteile für alle, also reiche und arme Länder, mit sich bringt und daß auf dieser Basis auch die Bereitschaft der reicheren Staaten zunimmt, mehr Geld in den Aufbau unterentwickelter Wirtschaftsräume zu investieren, die dann in Zukunft zu Handelspartnern werden.

Auch der Forderung, durch die Einführung einer *Tobin*-Steuer oder ähnlicher Maßnahmen die ‚bösen' Spekulanten zu zähmen, trifft aus ordnungspolitischer Sicht nicht den Kern. Zum einen darf man nicht übersehen, daß nahezu alle Lenkungssteuern, die demokratische Staaten bislang eingesetzt haben, weniger als Lenkungsinstrumente gebraucht, sondern vielmehr als Einnahmequellen mißbraucht werden. Zum anderen setzen solche Mittel nicht an der Ursache erratischer Schwankungen der internationalen Kapitalströme an, sondern fälschlicherweise an den Symptomen.[23] Folglich sind nicht interventionistische Eingriffe in die Ergebnisse des Kapitalmarktes der richtige Weg, diesem Problem zu begegnen. Vielmehr müssen durch die zukünftige Arbeit von IMF und WB (a) die Länderanalysen verbessert, (b) die Transparenz über Institutionen und Politiken in den Ländern der Welt erhöht und (c) die im vorherigen Abschnitt angesprochenen Moral harzard-Probleme durch verbesserte Informationen und Regelbindungen so weit wie möglich beseitigt werden. Solche Maßnahmen dienen letztlich dem Interesse armer wie reicher Länder. Zugleich sind sie praktikabel und zielführend, wohingegen Forderungen wie die erneute Etablierung eines internationalen Festkurssystems die Spekulation und Volatilität der Wechselkurse und Kapitalströme erhöhen würden.

6. Zusammenfassung

Ziel des Beitrags war es, sich mit Vorschlägen zur Reformierung der Bretton Woods-Organisationen ‚Internationaler Währungsfonds' und ‚Weltbank' kritisch auseinanderzusetzen. Hierzu wurden im Abschnitt 2 Struktur und Ziele und in Abschnitt 3 die Instrumente kurz vorgestellt. In Abschnitt 4 wurden schließlich Kritikpunkte und Reformvorschläge angeführt, wobei dem sogenannten ‚*Meltzer*-Report' besondere Beachtung geschenkt wurde. Die Bewertung der Politiken, Kritiken und Reformvorschläge erfolgte dann in Abschnitt 5, und zwar aus dem Blickwinkel der Ordnungspolitik. Zentrale Ergebnisse der Analyse sind:

---

[23] Vgl. zur Kritik an der *Tobin*-Steuer auch *Deutsche Bundesbank* (2001, S. 25 f.).

(1) Radikalvorschlägen, welche die Abschaffung der beiden Bretton Woods-Organisationen beinhalten, wird eine Absage erteilt. Ein internationales Krisenmanagement stellt ebenso eine legitime Aufgabe dar wie die Entwicklungsförderung der ärmsten Länder.

(2) Den Ausführungen der *Meltzer*-Kommission folgend, erscheint es dringend geboten, die Politiken des Internationalen Währungsfonds und der Weltbank zu reformieren. Eine erhöhte Regelbindung erscheint notwendig, damit der Internationale Währungsfonds nicht länger ein Moral harzard-Verhalten der privaten Kapitalanleger verursacht, durch welches Krisen deutlich verschärft werden, und die Weltbank die Effizienz der Entwicklungsförderung in den ärmsten Länder deutlich erhöht.

(3) Vernünftig erscheint auch der Vorschlag der *Meltzer*-Kommission, das Kreditengagement des Internationalen Währungsfonds auf Kurzfristkredite zur Behebung von Währungs- und Zahlungsbilanzproblemen zu beschränken und das Feld der Entschärfung von Strukturproblemen mit Hilfe langfristigen finanzieller Engagements der Weltbank zu überlassen.

(4) Um aussagefähige Länderdiagnosen zu erstellen, bedarf es einer fundierten, d. h. institutionenorientierten Mikro- und Makroanalyse der Volkswirtschaften. Dies kann nur durch verstärkte Kooperation zwischen Weltbank und Internationalem Währungsfonds geleistet werden. Auf der Basis dieser Diagnosen müssen dann auch Krisen klassifiziert und die Zuständigkeit der jeweiligen Organisation ermittelt werden.

(5) Internationaler Währungsfonds und Weltbank sollten sich weiter um ein Höchstmaß an Transparenz ihrer eigenen Tätigkeit bemühen, damit ihr Handeln nachvollziehbar ist und auf sachlicher Ebene kritisiert werden kann.

(6) Forderungen nach einer Erhöhung der Stimmgewichte der Entwicklungsländer übersehen, daß Entscheidungen gegen die reicheren geldgebenden Länder ohnehin nicht tragfähig sind, weil diese stets von ihrer Exit-Möglichkeit Gebrauch machen können. Allerdings kann es nicht im Sinn der Mitglieder sein, wenn ein einzelner Staat wie z. Z. die USA ein Vetorecht besitzt.

(7) Interventionistischen Vorschlägen, die Eingriffe in den internationalen Kapitalverkehr vorsehen (z. B. *Tobin*-Steuer), wird eine klare Absage erteilt. Statt dessen empfiehlt es sich, die Länderanalysen zu verbessern, d. h. die Transparenz über Institutionen und Politiken in den Ländern der Welt zu erhöhen. Bereits dies dürfte, sofern das Moral harzard-Problem entschärft ist, die Volatilität der internationalen Kapitalströme eindämmen.

Allerdings wirkt eine Politik der internationalen Organisationen, die die ärmeren Länder ermutigen soll, marktfördernde Institutionen zu etablieren, nur dann glaubwürdig, wenn diejenigen Länder, die über ihre Quote die Politik der internationalen Organisationen weitgehend bestimmen, ebenfalls ihre Märkte öffnen und in einen fairen internationalen Wettbewerb eintreten. So gesehen würde ein Abbau der Agrarmarktsubventionen und Regulierungen eine Investition in eine effizientere internationale Arbeitsteilung und einen funktionsfähigeren internationalen Wettbewerb darstellen, wovon langfristig alle Staaten profitieren.

Anhang: Die ursprüngliche Version des ‚Washington Consensus' von *John Williamson*

- Fiscal discipline.
- A redirection of public expenditure priorities towards fields with high economic returns and the potential to improve income distribution, such as primary health care, primary education, and infrastructure.
- Tax reform (to lower marginal tax rates and broaden the tax base).
- Interest rate liberalization.
- A competitive exchange rate.
- Trade liberalization.
- Liberalization of FDI inflows.
- Privatization.
- Deregulation (in the sense of abolishing barriers to entry and exit).
- Secure property rights.

Quelle: *Williamson* (1990) und (1999).

Literatur*

Boughton, James M. (1998), Harry Dexter White and the International Monetary Fund, in: Finance & Development 35 (3), http://www.imf.org/external/pubs/ft/fandd/1998/09/boughton.htm.

Brennan, Geoffrey und *James M. Buchanan* (1985), Die Begründung von Regeln: Konstitutionelle politische Ökonomie, Tübingen 1993.

Deutsche Bundesbank (1999), Zur Bedeutung von Fundamentalfaktoren für die Entstehung von Währungskrisen in Entwicklungs- und Schwellenländern, in: Monatsbericht April, S. 15-28. http://www.bundesbank.de/de/monatsbericht/bericht04/textteil/99/fundafaktor.pdf.

Deutsche Bundesbank (2000), Die Rolle des Internationalen Währungsfonds in einem veränderten weltwirtschaftlichen Umfeld, in: Monatsbericht September 2000, S. 15-31, http://www.bundesbank.de/de/monatsbericht/bericht09/textteil/00/rolleiwf.pdf.

Deutsche Bundesbank (2001), Grenzüberschreitender Kapitalverkehr und die Rolle des Internationalen Währungsfonds, in: Monatsbericht Juli, S. 15-32, http://www.bundesbank.de/de/monatsbericht/bericht07/textteil/01/kapitalverkehr.pdf.

Driscoll, David (1998), Was ist der Internationale Währungsfonds?, http://www.imf.org/external/pubs/ft/exrp/what/ger/whatg.pdf.

Eichengreen, Barry und *Michael Mussa* (1998), Capital Acount Liberalization and the IMF, in: Finance and Development 35 (4), http://www.imf.org/external/pubs/ft/fandd/1998/12/eichen.htm.

Eucken, Walter (1952), Grundsätze der Wirtschaftspolitik, 6. Aufl., Tübingen 1990.

Falk, Rainer (2000), Die Reform des Internationalen Währungsfonds (IWF), WEED-Arbeitspapier, World Economy, Ecology & Development, Bonn und Berlin.

Gilbert, C. und *D. Vines* (2000), The World Bank: Structure and Policies, Cambridge.

Hayek, Friedrich A. von (1948a,), Die Verwertung des Wissens in der Gesellschaft, in: *Friedrich A. von Hayek*, Individualismus und wirtschaftliche Ordnung, 2. Aufl., Salzburg 1976, S. 103-121.

Hayek, Friedrich A. von (1960), Die Verfassung der Freiheit, 3. Aufl., Tübingen 1991.

Hayek, Friedrich A. von (1968), Der Wettbewerb als Entdeckungsverfahren, in: *Friedrich A. von Hayek*, Freiburger Studien, Tübingen 1969, S. 249-265.

Homann, Karl und *Ingo Pies* (1996), Sozialpolitik für den Markt: Theoretische Perspektiven konstitutioneller Ökonomik, in: *Ingo Pies* und *Martin Leschke* (Hg.), James Buchanans konstitutionelle Ökonomik, Tübingen, S. 203-239.

Human Development Report (2001), Making New Technologies Work for Human Development, New York, http://www.undp.org/hdr2001/completenew.pdf.

IWF - Internationaler Währungsfonds (2002a), http://www.imf.org/external/about.htm.

IWF - Internationaler Währungsfonds (2002b), http://www.imf.org/external/np/exr/facts/deu/glanced.htm.

IWF - Internationaler Währungsfonds (2002c), http://www.imf.org/external/standards/index.htm.

Leschke, Martin (2000), Constitutional Choice and Prosperity, in: Constitutional Political Economy, Vol. 11, S. 165–180.

---

* Alle angeführten Internet-Adressen waren im Februar 2002 funktionsfähig.

Meltzer, Allan H. (2000), Reform of the IMF and World Bank, http://www.gsia.cmu.edu/afs/andrew/gsia/meltzer/Reform-of-the-IMF-and-World%20Bank4-17-00.doc.

Meltzer, Allan H. (2001), The Report of the International Financial Institution Advisory Commission: Comments and Critics, http://www.gsia.cmu.edu/afs/andrew/gsia/meltzer/Spanishedition3.doc.

Meltzer, Allan H. et al. (2000), Report of the International Financial Institution Advisory Commission, Washington, http://www.house.gov/jec/imf/meltzer.pdf.

Naim, Moises (2000), Washington Consensus or Washington Confusion?, in: Foreign Policy, Spring, http://www.findarticles.com/cf_0/m1181/2000_Spring/61640251/p1/article.jhtml.

North, Douglass C. (1981), Theorie des institutionellen Wandels, Tübingen 1988.

North, Douglass C. (1990), Institutionen, institutioneller Wandel und Wirtschaftsleistung, Tübingen 1992.

Stark, Jürgen (2000), Reform des internationalen Finanzsystems – wo stehen wir heute?, in: Mitteilungen des Instituts für Angewandte Wirtschaftsforschung, Bd. 28, S. 4-10.

Weltbank (2002a), http://www.worldbank.org/about/.

Weltbank (2002b), http://www.worldbank.org/about/whatwedo/.

Weltbank (2002c), http://www.worldbank.org/poverty/scapital/.

Williamson, John (1990), What Washington Means by Policy Reform, in: *John Williamson* (ed.), Latin American Adjustment: How Much has Happened?, Washington, S. 7-20.

Williamson, John (1999), What should the World Bank Think about the Washington Consensus?, Paper prepared as a background to the World Bank's World Development Report 2000, http://www.worldbank.org/research/journals/wbro/obsaug00/pdf/(6)Williamson.pdf.

Wirtschaftsdienst (1998), http://www.hwwa.de/Publikationen/Wirtschaftsdienst/1998/wd_docs1998/wd9810-kommentiert.htm.

Alfred Schüller und H. Jörg Thieme (Hg.), Ordnungsprobleme der Weltwirtschaft
Schriften zu Ordnungsfragen der Wirtschaft · Band 71 · Stuttgart · 2002

Economic Integration without Policy Coordination: The Case of Mercosur[1]

Werner Baer,
Tiago Cavalcanti and *Peri Silva*

Inhalt

---

[1] We would like to thank *Claudio Paiva, Giovanni Facchini, Earl Grinols, Thomas Hertel, Marcelo Olarreaga,* and *Roberto Perrelli* for many useful suggestions and for facilitating access to data.

Abstract

This paper analyses the evolution of the South American Common Market, Mercosur. We show how the lack of coordination of macroeconomic policies, especially of the two major participants (Argentina and Brazil), had caused trade strains and conflicting interests in attracting foreign direct investments. Divergent macro-economic policies have had negative effects on bilateral trade due to the risk averseness (resulting from bilateral exchange rate volatilities) of exporters and importers, and due to the protectionist forces they have brought forth. The paper also shows how the lack of policy coordination caused increased confrontations with respect to Foreign Direct Investment in the region.

1. Introduction

The common market of Argentina, Brazil, Uruguay and Paraguay (Mercosur) was created in 1991 by the Assuncion Treaty. Trade within Mercosur increased substantially since that time. For instance, in the period 1990-98 the share of intra-Mercosur exports rose from 9 to 25 percent of total Mercosur exports (*Inter-American Development Bank* 1999, p. 25). This occurred while different stabilization programs were instituted in the region's largest economies, Argentina and Brazil. As the macroeconomic policies pursued to stabilize these two large economies were substantially different, they gradually threatened the existence of Mercosur.[2]

Excessive price and exchange rate fluctuations resulting from uncoordinated macroeconomic policies affect international trade and the allocation of investments among members of a trade area. There are two main channels through which the lack of macroeconomic coordination affects international trade. First, there is an increased level of risk in international transactions (risk channel), which may induce producers to refrain from exporting or importing and, therefore, causing an allocation of resources different than what would be suggested from comparative advantage. It also stimulates lobbying for protection from imports when there exists a substantial increase in the import penetration ratio (lobbying channel).

Uncoordinated macroeconomic policies may also affect the allocation of investments among countries belonging to a common market as a result of major swings in the real effective exchange rate. Major changes in the real effective exchange rate may increase or decrease the returns on investments and thus induce shifts in the location of new production plants and the reallocation of existing ones. In a context of considerable increase of foreign direct investment (FDI), as is the case of Mercosur, some strains among its members regarding the inflows and stock of FDI should increase in importance over time.

---

[2] The prioritization of stabilization programs instead of commercial integration may also produce a lack of tax harmonization between members of a trade area. The lack of tax harmonization may cause an excess flow of capital within and from outside the region to those countries with the lowest taxes. This is not necessarily the most efficient location, and it may also lead to confrontation among the members of the common market and result in controls over the free movement of capital within the region. See *Brandão* and *Pereira* (1997, ch. 5).

Thus, the expected expansion of regional trade and investment flows, and even the formation of a common market[3], may be hampered by the fact that the two main countries of Mercosur do not have their economic policies directed towards economic integration. The objective of this paper is to investigate whether uncoordinated macroeconomic policies of Brazil and Argentina can hamper the further expansion of trade flows in the region through the increase of risk involved in regional transactions and through the implementation of trade protection measures originating from the lobbying of interest groups. We also examine how the lack of macroeconomic coordination among Mercosur's members may affect the allocation of FDI and present some evidence of strains between Brazil and Argentina related to FDI allocation.

Our work clearly relates to an earlier literature on Mercosur, in particular, to *Bevilaqua* (1997), *Olarreaga* and *Soloaga* (1998) and *Flôres* et al. (2000). *Bevilaqua* emphasized the risk channel while neglecting the lobbying impact. The others concentrated mainly on the political economy aspect of protection (lobbying channel), while neglecting the results of the lack of macroeconomic coordination and the risk channel. Our contribution is to take all these variables into account, and also to incorporate the impact on investment flows to the region.

The paper is presented in the following sequence. Section 2 describes the evolution of trade integration since the creation of Mercosur. It also describes how this period can be divided into sub-periods, depending on acute divergences of macroeconomic policies between Brazil and Argentina and presents some examples of trade strains between these two countries. Section 3 describes and tests how uncoordinated macroeconomic policies affect trade through risk and through the political economy of trade. In the latter case we focus on the description of what in the literature is called a trade barrier equation. The variables contained in a trade barrier equation are important in the definition of the level of protection in each sector of the economy. The equilibrium protection of each sector is defined by the demanders of protection, i.e. the lobbies, and by the suppliers of protection, the politicians. In the same section, we briefly describe the FDI flows to Brazil and Argentina in the nineties, and examine the relation between the lack of macroeconomic coordination and FDI allocation between these countries, presenting some evidence showing potential problems between these two countries regarding FDI distribution. Section 4 presents our major conclusions and some policy implications.

2. Trade Integration and Lack of Macroeconomic Coordination

2.1. Trade Integration

Mercosur (called Mercosul in Brazil) was created in 1991 by the Treaty of Asuncion. It established a program of gradual, automatic and across-the-board elimination of import duties between June 1991 and December 1994. Most tariffs were dismantled according to a set timetable, and since 1995 most intra-regional trade faced zero duties

---

[3] The formation of a common market was one of the targets of the Asuncion Treaty. See *Averburg* (1998, p. 3). *Giambiagi* (1999, p. 20) goes further and defend that Mercosur should move towards a monetary union in the long run.

(*Averburg* 1998, p. 4). A common external tariff (CET) structure was established in January 1995, ranging from zero to 20 percent. The CET applies to 85 percent of total trade and lists of temporary exemptions affect 300 items in each country (*MERCOSUR Report*, various issues).[4]

Neither the free trade area nor the CET was fully implemented by the turn of the century. Some sensitive goods were excluded from the free trade area, and capital goods, computers and related software and telecommunications equipment were not yet included in the CET regime.[5] Each Mercosur country can charge its own tariff rate on such goods. For capital goods, tariff rates were supposed to converge at 14 percent by January 2001 for Argentina and Brazil, and by January 2006 for Paraguay and Uruguay. In the case of computers and related software and telecommunications equipment, tariff rates are supposed to converge to 16 percent by 2006.

The automobile sector remains outside the sub-regional agreement. By the first half of 2000 Mercosur countries agreed to converge existing national tariffs on extra-regional imports with a common external tariff of 35 percent, effective January 1, 2006, while requirements of local contents for intra-regional tariff-free trade in the sector was set at 60 percent and fiscal incentives at the sub-national level were supposed to end (*Inter-American Development Bank* 2000, p. 52).

Trade integration in Mercosur has undeniably increased since the Asuncion Treaty. Table 1 and table 2 show growth rates of import and export for the two main partners in Mercosur, Brazil and Argentina. Table 1 shows that in the nineties Brazil's exports grew on average 6% but its exports to Mercosur grew about 23% or almost three times more than its total exports. Brazil's total imports grew on average about 12% in the nineties while its imports from Mercosur countries about 15%.

---

[4] In July of 2001, Argentina unilaterally reduced its extra-regional import tariffs for capital goods and computers equipment. It is still to be known the impacts and repercussions of this measure. See „Analistas dizem que conflito entre os dois países é passageiro,“ in: O Estado de São Paulo, 11 of July 2001.

[5] Although each country should have eliminated all barriers to intra-trade in Mercosur by 1995, they were allowed to have a list of products considered „vulnerable“ to foreign competition, which would be protected until 1999 for Brazil and Argentina and 2001 for Uruguay and Paraguay. The Brazilian list included 29 products, the Argentinean 212, the Paraguayan 432 and the Uruguayan 963. See *Averburg* (1998, p. 4).

Table 1: Growth Rate of Brazil's Trade with Mercosur

	Total exports	Exports to Argentina	Exports to mercosur	Total Imports	Imports from Argentina	Imports from mercosur
1991	0.7	128.8	74.9	1.8	15.4	-2.2
1992	13.2	105.9	77.4	-2.3	7.2	-1.8
1993	7.7	20.4	31.5	22.9	56.9	51.6
1994	12.9	13.0	9.9	31.0	34.8	35.7
1995	6.8	-2,.3	3.9	50.5	52.7	49.3
1996	2.7	27.9	18.7	7.1	21.7	21.3
1997	11.0	31.0	23.8	12.0	18.0	14.6
1998	-3.5	-0.3	-1.9	-3.4	0.0	-0.9
1999	-6.1	-20.5	-23.7	-14.7	-27.7	-28.7
2000	14.7	16.2	14.1	13.3	17.7	16.0
Average	6.0	32.0	22.9	11.8	19.7	15.5

Source: Brasil – Ministerio do Desenvolvimento, Industria e Comercio, www.mdicc.gov.br

Table 2 shows the increasing importance to Argentina of trade with Mercosur members. While Argentina's exports grew on average about 8% in the nineties its exports to Mercosur grew about 19%. In the same period Argentinean imports grew on average about 25% while its import from Mercosur's countries about 30%.

Table 2: Growth Rate of Argentina's Trade with Mercosur

	Total exports	Exports to Brazil	Exports to mercosur	Total Imports	Imports from Brazil	Imports from mercosur
1991	-2.4	7.1	11.1	105.4	114.3	112.5
1992	3.3	13.3	10.0	81.5	120.0	111.8
1993	7.0	64.1	66.4	13.3	12.1	13.9
1994	20.8	31.2	31.1	29.0	15.9	16.6
1995	32.1	50.5	41.5	-6.7	-2.8	-4.0
1996	13.6	20.1	16.6	18.5	27.8	26.4
1997	9.9	22.5	20.7	28.1	29.5	30.9
1998	0.0	-2.3	-1.8	3.5	2.2	4.5
1999	-11.8	-28.2	-24.7	-18.5	-20.6	-16.8
2000	12.7	23.6	18.7	-1.4	15.7	9.1
Average	8.5	20.2	19.0	25.3	31.4	30.5

Source: INDEC (Argentinian Institute of Statistics), www.indec.mecon.ar

Even with its many imperfections, the Mercosur led to a sharp reduction in external protection. The average tariff for the trade block declined from 41 percent in 1986 to 12 percent in the late 1990s. In the same period there was a substantial expansion of trade within the region. Between 1990 and 1997, intra-Mercosur exports grew by an average of 26 percent a year, rising from US$ 4 billion to 21 billion. The share of intra-regional share in Mercosur's total exports rose from 9 percent in 1990 to 25 percent in 1998.

This implied a substantial growth in regional trade interdependence. Thus, Brazil accounted for one third of Argentina's exports by the end of the 1990s, 40 percent of Paraguay's exports and 35 percent of Uruguay's exports. In the automotive sector, Brazil accounted for 90% of Argentina's exports in 1997.

2.2. Divergent Macroeconomic Policies

Although Mercosur has successfully increased trade among its members, part of the trade flows within Mercosur were achieved by the economic policies of Brazil and Argentina, which were not primarily directed to trade integration but rather to macroeconomic stability. The period from the creation of Mercosur to the early 2000s can be divided in three phases, each of them related to different macroeconomic regimes in the two main Mercosur members (the introduction of Argentina's Convertibility Plan in 1991, of Brazil's Real Plan in 1994 and the devaluation of the Real in January 1999). Figure 1a illustrates how each regime affected trade between Argentina and Brazil. One notes a positive trend in bilateral exports, though this declined in 1998 and 1999. Figure 1b shows the behavior of the net trade (deficit/surplus) of Brazil with respect to Argentina during the three phases. As discussed below, this series is consistent with the exchange rate and macroeconomic policies adopted in each country.

Figure 1: Bilateral Trade (Brazil and Argentina): 1990Q1-2000Q3.

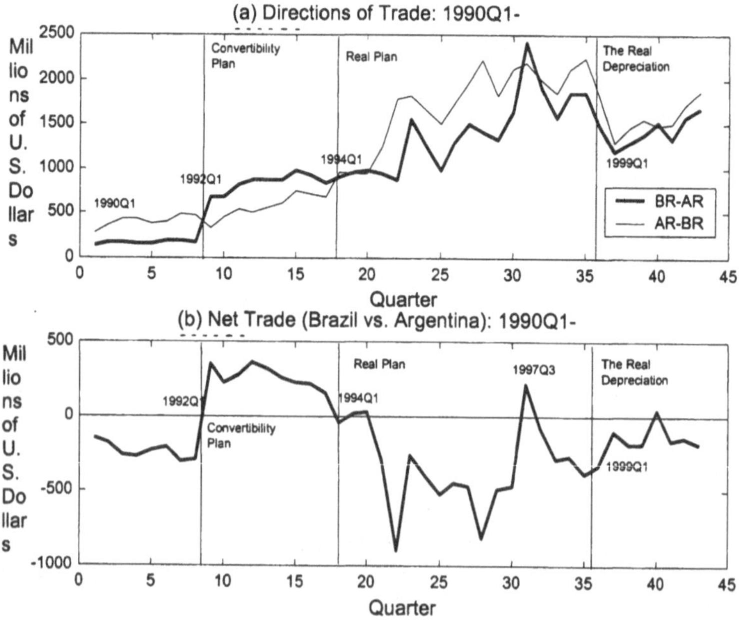

Source: *United Nations,* Direction of International Trade, various issues.

The first period extends from the implementation of the Convertibility Plan in Argentina in 1991 to the implementation of the Real Plan in Brazil in 1994. With the implementation of the Convertibility plan, the Argentinean peso was fixed by law at par with the U.S. dollar and the Argentinean central bank could only issue new currency if backed by U.S. dollars. Although the Convertibility plan caused a sharp reduction in the inflation rate (figure 2), prices in Argentina continued to rise at a higher rate than in the U.S., which caused an appreciation of Argentinean peso vis-à-vis the U.S. dollar (figure 3).

Figure 2: Inflation Rate (Brazil and Argentina): 1990Q1-1999Q4.

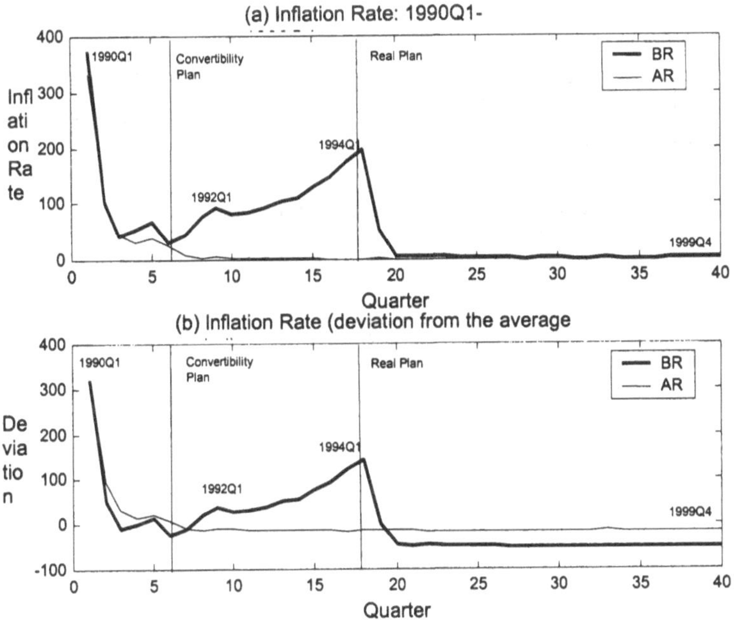

Source: *IMF,* International Financial Statistics, various issues.

At the same time, Brazil continued to live under a high inflationary regime (figure 2), but with constant devaluations vis-à-vis the U.S. dollar, hence also vis-à-vis the Argentinean peso (figure 3). The real appreciation of the peso vis-à-vis the Brazilian currency and the growth boom in Argentina due to the end of inflation, resulted in a change in the trade balance of Argentina with Brazil, from a surplus of US$ 853 million in 1990 to a deficit of US$ 1,031 million in 1993 (see *IMF,* International Financial Statistics 1994).

As a consequence of the increasing trade deficit with Brazil, Argentina's government took a series of protectionist measures in 1992. It increased the „statistical tax" levied on imports from 3% to 10%, including imports from Mercosur, and implemented safeguards and antidumping measures to protect its industry from foreign competition (see *Pereira* 1992, p. 99). Although this was viewed by Brazil as a move which was contrary to the goals of Mercosur, the ultimate reaction of Brazil was pragmatic. In order to help alleviate the bilateral deficit with Argentina, the Brazilian government decided to buy wheat and petroleum from Argentina in 1993 (see *Bevilaqua* 1997), p. 14).

Figure 3: Effective Exchange Rate (Brazil and Argentina): 1990Q1-2000Q4.

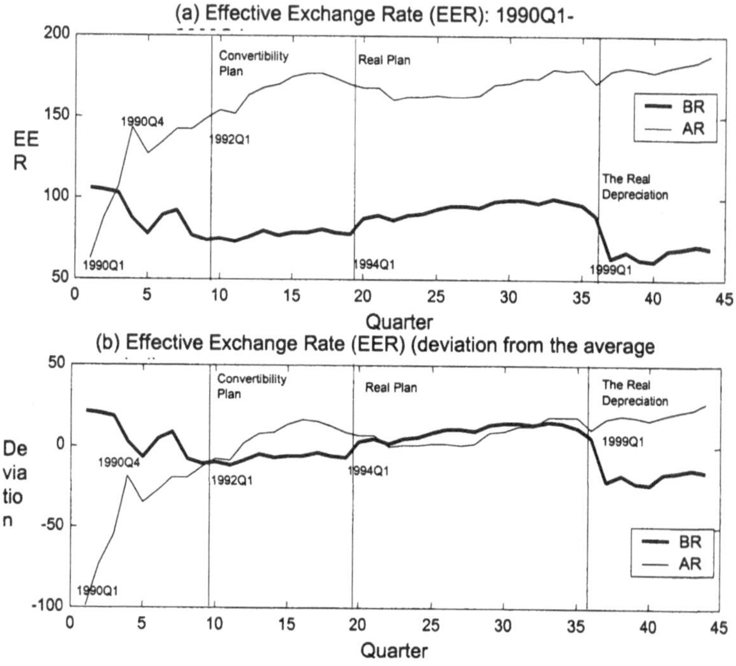

Source: *IMF,* International Financial Statistics, various issues.

The second period ranges from the implementation of the Real Plan in Brazil in July of 1994 to the Brazilian external crisis of January of 1999. In the first semester of the implementation of the Real Plan (second half of 1994), the Brazilian currency appreciated heavily vis-à-vis the U.S. dollar, when one Real could buy more than one U.S. dollar, and although the Brazilian inflation dropped sharply, it was still much higher than the U.S. inflation rate.[6] Since the Argentinean Peso had a fixed parity with the dollar, the Real appreciated considerably relative to the Peso (figure 3). As a consequence, the Brazilian trade balance with Argentina changed from a surplus of US$ 170 million in 1994 to a deficit of US$ 2,250 million in 1996 (see *IMF,* International Financial Statistics 1997).

---

6 For details of the Real Plan, see *Baer* (2001, ch. 10).

In response to the deterioration of its trade balance, Brazil took a series of protectionist measures. The tariff on vehicle imports[7] was increased, and quotas and restrictions on import credit were applied to selected products (including those produced in Mercosur) in 1995 (*Padin* and *Gonzales* 1997, p.66). In 1997, Brazil imposed a system of discretional import licenses on selected products. This was condemned by the Mercosur Tribunal and ordered suspended by 1999. However, Brazil was allowed to postpone the removal of this protectionist measure until the end of 2000 (see *Inter-American Development Bank* 2000, p. 49).

The third period ranges from the Brazilian external crisis of January of 1999 until mid-2001. In January of 1999 the Brazilian government had to give up its policy of periodic small devaluations of the Real vis-à-vis the U.S. Dollar due to the accelerated loss of foreign reserves, resulting from a combination of capital outflows and trade deficits (*Baer* 2001, ch. 10). As a result the Real was allowed to undergo a drastic devaluation (of 40%) vis-à-vis the U.S. dollar, and hence the Argentinean Peso (figure 3). As a consequence of the Real depreciation, the deficit in the trade balance of Brazil with Argentina decreased from US$ 1,282 million in 1998 to US$ 448 million in 1999.[8]

The latest crisis in Argentina, in which GDP shrank by 0.5 % in 2000 and is expected to stagnate in 2001, was „another blow to Mercosur.“[9] Argentineans view that their economic recession has been worsened by Brazil's exchange floating system, in which the Real has lost over 40% of its value since its devaluation in 1999 (figure 2). Nevertheless, Argentina has regained part of its trade surplus with Brazil (figure 1). This was only possible through protective measures in which not only existing trade restrictions were maintained, but also new obstacles to free trade were created. For instance, Brazil and Argentina negotiated voluntary export restrictions on Brazilian shoe exports in order to contain the fast growth of Brazilian exports to Argentina in this sector.[10] Also, Argentina proposed a rise in Mercosur's tariff on consumer goods from 14% to 35% in order to contribute to the economic recovery (The Economist, March 31st, 2001).

What are the effects of these uncoordinated policies on the trade integration in Mercosur (Argentina and Brazil)? The next section addresses this issue.

3. Divergent Macroeconomic Policies and Trade in Mercosur

Uncoordinated macroeconomic policies give rise to excessive price and exchange rate fluctuations which impact international trade through two different channels.[11] The

---

[7] Brazil and Argentina have different regimes to protect and develop the auto industry and both regimes should converge to a free trade intra-Mercosur regime by 2006. See *Inter-American Development Bank* (2000, pp. 44-48).

[8] The Brazilian trade with Argentina reached a deficit of US$ 502 millions until the third semester of 2000 (*IMF* 2000).

[9] Latin America: Economy and Business, May 2001 (Series of Latin American Newsletters).

[10] Other examples of new voluntary export restrictions are textiles and meat. A good example of quotes and minimum prices is steel products. See *Inter-American Development Bank* (2000, pp. 36-49). Other sources are *Pereira* (2000) and *Baumann* (2001, pp. 51-54).

[11] *Bevilaqua* (1997) and *Eichengreen* (1998) explain this idea very well.

first channel (direct effect) is through the impact on domestic producers' exports, due to an increase in the variability of the exchange rate. Exchange rate volatility affects risk and may lead risk-averse importers and exporters to reduce their demand and supply of traded goods. The second channel (indirect effect) is through the emergence of lobbies for protection of import competing sectors.

3.1. Exchange Rate Variability and Trade Flows in Mercosur

The effect of exchange rate variability on international trade has long been a major concern for policy-makers. This is also the case in Mercosur. To characterize Brazil's floating exchange rate system, Argentina's economy minister, *Domingo Cavallo*, for instance, posited that „those who devalue their currency are stealing their neighbors' house."[12] This is an important observation, since studies have shown that regional integration, in general, reduces the impact of exchange rate volatility on trade by implementing policies to promote macro coordination (e.g. *Frankel* and *Wei* 1993). One of the stated purposes of the European Union, for instance, was to reduce exchange rate uncertainty and to avoid exchange rate misalignment among European countries to promote intra-trade and investments (*Dell'Ariccia* 1999).

In this section, we investigate the direct effects of exchange rate volatility on intra-trade between the two major Mercosur's members. This implicitly gives a measure of the gains in bilateral trade from coordination of exchange rate policies. Theorical models[13] on the relation of exchange rate variability and international trade indicate an ambiguous effect of changes of the former on the latter. Since countries within Mercosur present a total lack of macroeconomic coordination, the study of the effects of exchange rate variability on trade among its members may add new insights to the empirical literature on the determinants of trade.

We use the following export supply equation[14] to measure the impact of changes in risk on trade between Brazil and Argentina.

$$\log(X_{it})=\beta_0+\beta_1\log(BRER_{it})+\beta_3 VOL_{it}+\beta_4\log(Y^*_{it}) + \alpha_i+\mu_{it},\ i = AR, BR \qquad (1)$$

where X_{it} is exports of Argentina (Brazil) to Brazil (Argentina) at period t; $BRER_{it}$ is the bilateral real exchange rate of Argentina (Brazil) with respect to Brazil (Argentina);[15]

---

[12] VEJA, March 30th, 2001.

[13] *Caballero* and *Corbo* (1989) show that increases in the volatility of the real exchange rate may decrease exports and imports depending on the level of risk averseness of individuals. Their model shows that since export firms have the profit function convex on prices, firms tend to increase exports and imports given an increase in exchange rate volatility. However, individuals are risk-averse and an increase in real exchange rate volatility decrease their savings, and, therefore, the export firms' capital. Then, we have an ambiguous result.

[14] See *Gonzaga* and *Terra* (1997), *Bevilaqua* (1997), and *Sauer* and *Bohara* (2001). The generalized export supply equation can be found on *Bergstrand* (1989).

[15] We follow *Edwards* (1989) to calculate the bilateral effective exchange rate. It is measured as the relative price of tradable to non-tradable goods: $BEER=(e\cdot PPI^*)/CPI$, where e is the domestic currency price of foreign exchange, PPI* is the trading partner's producer price index, and CPI is the domestic country's consumer price index. PPI* and CPI are the proxies for the price of tradable and non-tradable goods, respectively.

VOL_{it} is our measure of exchange rate variability of Argentina (Brazil) at time t (see below how we calculate it); Y^*_{it} is a measure of the trade partner level of activity (GDP); α_i is a time invariant country specific error; and μ_{it} is the remaining disturbance. In all regressions we include a trend and a set of seasonal dummies.

The theory suggests that an increase in the BRER reflects a decrease in the relative cost of producing tradable goods, therefore we expect that exports depend positively on BRER. We also expect that exports depend negatively on the variability of the bilateral exchange rate (VOL), and positively on the level of foreign activity (Y*). We use quarterly data from 1990I to 2000IV.

Figure 4: Monthly Bilateral (Argentina and Brazil) Exchange Rate Volatility.

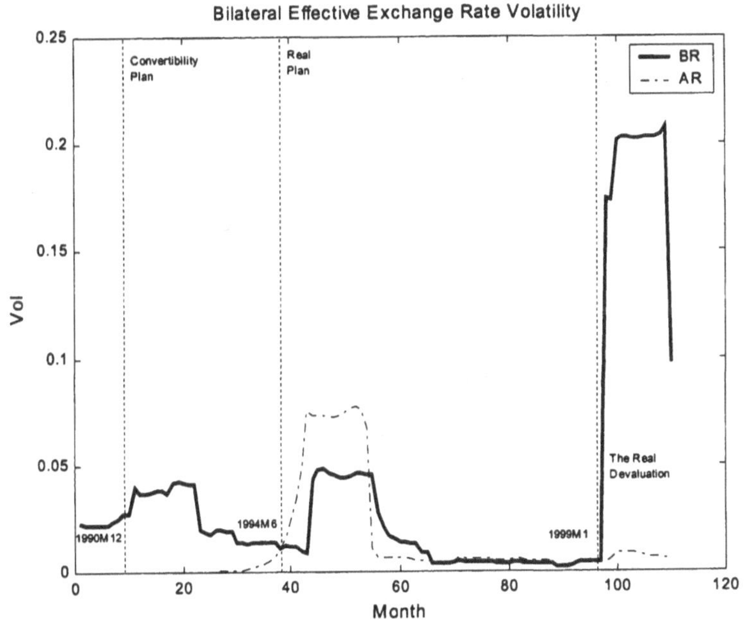

Source: *IMF,* International Financial Statistics, various issues.

To compute the bilateral exchange rate variability we use the traditional approach (*Kenen* and *Rodrik* 1986; *Gonzaga* and *Terra* 1997) and calculate the standard deviation of the monthly bilateral effective exchange rate changes, in which the standard deviation is taken over the 12 months preceding the observation. Figure 4 displays our measure of exchange rate volatility from 1990M12 to 1999M12. Notice that this variability follows a different pattern for the three phases identified previously. In particular, figure 4 shows that stabilization plans are an important source of real effective exchange rate volatility in the two countries, which is consistent with the findings of the literature (e.g.

Gonzaga and *Terra* 1997). Finally, notice that exchange rate volatility is higher in Brazil than in Argentina, reflecting the more flexible Brazilian exchange rate regime.

What are the effects of the volatility displayed in figure 4 on the export flows between Brazil and Argentina? The regression results in table 3 shed some light on this question. First, let us discuss some technical issues. In order to identify the country-specific differences, we first estimate the export equation for each country separately. The Durbin-Watson statistic for the Brazilian and Argentinean export equation – columns (1) and (4) - suggests that we cannot accept the null hypothesis of absence of serial correlation. We use the standard Cochrane-Orcutt method to deal with the presence of serial correlation in the errors – columns (2), (3), (5) and (6). To estimate the pooled export equation we use the fixed-effects method – columns (7) and (8),[16] that allows for country-specific disturbances and assumes the presence of correlation of the regressors with the country specific errors (*Johnston* and *DiNardo* 1997).[17] However, in order to deal with both cross-sectional and serial correlation, we use feasible generalized least square (FGLS) method – columns (9) and (10).

Table 3: Regression Results – Export Equations.

	Argentina			Brazil			Pooling Regression			
	(1)	(2)	(3)	(4)	(5)	(6)	(7)	(8)	(9)	(10)
BEER	0.044 (0.009)**	0.071 (0.016)**	0.061 (0.011)**	0.418 (0.152)**	0.147 (0.288)	0.124 (0.272)	0.026 (0.006)**	0.027 (0.005)**	0.056 (0.013)**	0.056 (0.012)**
VOL	-2.04 (0.623)**	-1.164 (0.678)*	-1.52 (0.605)**	-1.862 (0.683)**	-0.824 (0.858)	-0.677 (0.709)	-0.759 (0.293)**	-0.777 (0.277)**	-0.915 (0.393)**	-0.667 (0.389)*
VOL*			-0.615 (0.233)**			-0.639 (1.264)		-0.845 (0.276)**		-0.508 (0.233)**
Y*	3.146 (0.828)**	1.125 (0.875)	2.127 (0.830)**	2.458 (1.739)	3.908 (1.858)**	4.538 (0.954)**	4.829 (0.314)**	4.947 (0.298)**	1.21 (0.623)**	1.416 (0.597)**
N	37	36	36	37	36	36	74	74	74	74
Adj-R2	0.926	0.624	0.816	0.836	0.488	0.491	0.776	0.885		
DW	0.771	2.003	2.274	0.927	1.752	1.773				

16 *Hausman* (1978) specification test confirms the appropriateness of the fixed-effects estimator.

17 In addition, when the time period is larger than the number of observations the fixed effects model yields consistent and asymptotically efficient estimates (*Hsiao* 1986).

Notice that in some regression – columns (3), (6), (8) and (10) – we also added exchange rate variability of the trade partner to investigate how the exchange rate policies in the trade partner affect domestic exports. The sign of the estimated coefficients for all regression models are in accordance to what we postulated previously. If GDP in Brazil increases in 1%, the estimates from Cochrane-Orcutt and FGLS suggest that Argentinean exports will increase in 1.21 to 2.12%. The effect of Argentinean GDP on Brazilian exports is stronger (1.21 to 4.53%). In addition, exchange rate variability has a negative (statistically significant – except in column (5) and (6)) impact on bilateral exports for Brazil and Argentina, and the effects are stronger for the Argentinean equation.[18] The average volatility for the pooled data was 0.025. If this volatility increases by 10%, estimates based on FGLS method suggest that exports will decrease by approximately 1%. Therefore, changes in exchange rate policies, such as when the Real lost almost 50% of its value in 1999, can indeed hamper commercial integration in the region. This, in turn, can be reinforced by the formation of lobby groups demanding the introduction of trade barriers (when the level of import penetration increases) to protect domestic industry from external competition. Moreover, once protection is granted, it is not easy to remove it (*Trefler* 1993).

3.2. Exchange Rate Variability and Trade Protection

3.2.1. Description of the Problem

The swings of real exchange rates generated by uncoordinated macroeconomic policies have an indirect impact on trade volumes through their stimulus on lobbying activities for protection. For a given level of protection, prolonged real exchange movements may increase import penetration ratios. According to the literature on the political economy of trade policy[19], changes in import penetration ratios will increase the demand for protectionist measures in order to decrease the adjustment costs of the loss of competitiveness.[20] Once protection is given, it is not easy to reduce it even if there is a reversal in the real exchange rate.

The approach adopted to explain the existence of trade barriers between Brazil and Argentina is that explanatory variables of protection are determined by a bargain between sectorial lobbies (demand side) and the politicians (supply side). In this approach lobbies are able to take action to obtain protection from the politicians that supply protection trying to maximize their self-interest objectives.[21] For instance, although politi-

---

[18] The results here are in accordance to *Sauer* and *Bohara* (2001) who found that exchange rate volatility has a negative impact on exports for Latin American and African countries.

[19] A good example of the effects of changes in import penetration in trade policy can be found in *Lael* and *Verdier* (1994). A review on political economy of trade policy can be found on *Rodrik* (1995).

[20] *Trefler* (1993) is a good example of empirical study that presents evidence that an increase in import penetration ratio results in greater protection.

[21] There are other possible choices. For instance, we could have used the median voter approach or the political support function approach. Both approaches use the fact that the objective function maximized by the policymaker shows some preference for certain distribu-

cians may care about the efficiency in the economy[22], knowing that protection decreases the aggregate welfare of the economy, they also want to be re-elected (e.g. *Grossman* and *Helpman* 1994) or elected (e.g. *Magee, Brock* and *Young* 1989) and, therefore, need the money of the lobbies to spend in their campaigns.

This approach was chosen since the literature considers it to be the most useful[23] and because there exists evidence that lobbies were important players in Argentina (*Inter-American Development Bank* 2000, pp. 36-49) when the Brazilian currency crisis of 1999 took place. For instance, the association of rice and footwear products producers (lobbies) negotiated voluntary export restrictions between Brazil and Argentina after pressing their governments for protection.[24]

We test whether increases in import penetration ratio are significant and have the predicted positive sign in explaining protectionist measures affecting trade between Brazil and Argentina. If they are significant and have the predicted sign, we can conclude that coordination of macroeconomic policies is important since this reduce real exchange rate misalignments and, as a consequence, reduces increases in protection resulting from changes in the import penetration ratios.

We use a trade barrier equation[25] to test if variations in the import penetration ratio are important in explaining higher levels of protection and have the positive predicted sign. The data used in this equation applies to 1995 Argentinean and Brazilian primary and manufacturing sectors found in the GTAP (Global Trade Analysis Project) database.[26] Data for 1992, obtained from the GTAP database, was used to elaborate the variation of import penetration variable for each sector. Part of the political economy variables data is the same used by *Olarreaga* and *Soloaga* (1998).[27]

---

tional outcomes (*Rodrik* 1995, pp. 1464-1465). An example of empirical work using ideas contained on these approaches is *Esfahani* and *Leaphart* (2001).

22 In this scenario we need constant returns to scale and perfect competition so that strategic trade policy is excluded as an option to increase welfare. Also note that since we are analyzing two countries that are trying to implement in full a free trade area, we will not study any gain in protection regarding changes in the terms of trade. This point would be important when studying the formation of Mercosur's common external tariff. A good empirical study about the common external tariff of Mercosur is *Olarreaga* et al. (1999). See also *Olarreaga* and *Soloaga* (1998); *Flôres* et al. (2000).

23 See *Esfahani* and *Leaphart* (2001, p. 2); *Maggi* and *Goldberg* (1999).

24 One of the forms of pressure included using provincial (or state) courts to get special protection against imports. Obviously when the association of producers get some type of trade protection in a provincial (or state) court, the governments start to incentive a negotiation between the producers in order to avoid a possible trade war between Brazil and Argentina. Note that the literature do not talk about consumers association of any kind.

25 As examples the reader can see *Trefler* (1993); *Olarreaga* and *Soloaga* (1998); *Esfahani* and *Leaphart* (2001).

26 See *Hertel* (1997) for details on the GTAP database.

27 The variables are the concentration, union and intraindustry trade indexes.

The trade barrier equation explains bilateral (Brazil and Argentina) sectorial import tax[28] through some variables proposed in the literature that represent costs and benefits of lobbying for protection, and also variables important to the supply of trade protection according to the political economy of trade policy. Therefore, we examine if at a specific point in time variations in import penetration ratios are important on average to explain higher levels of protection between Brazil and Argentina. We can write our equation as follows:

$$T_{ki} = \beta_0+\beta_1 M_{ki}+\beta_2 \Delta M_{ki}+\beta_3 IS_{ki}+\beta_4 C_{ki}+\beta_6 U_{ki}+\beta_8 IT_{ki}+\alpha_i + \varepsilon_{ki} \text{ for } i = AR, BR \qquad (1)$$

where T_k is bilateral (Brazil-Argentina) import tax in sector k; M_k is bilateral import penetration ratio in sector k; ΔM_k is variation (between 1995 and 1992) of bilateral import penetration ratio in sector k; IS_k is the input sale index of sector k; C_k is the industrial concentration index for seller firms in sector k; U_k is the labor unionization index of sector k; IT_k is the bilateral intra-industry trade index of sector k. The disturbance ε_{ki} is considered to be normally distributed.

3.2.2. Description of the Data and Estimation Procedure

The GTAP database for 1992 presents 37 sectors in the 1992 version and 50 sectors in its version for 1995. Therefore, we aggregated the data for the primary and secondary sectors from the 1995 database to the correspondent sectors contained in the 1992 database.[29] Sectorial output was used as weight when one sector from the 1992 version corresponded to more than one sector in the 1995 version. Data for sectorial concentration, unionization and bilateral intraindustry was aggregated from secondary sectors of ISIC level 3 to the secondary sectors of GTAP database for 1995 and then aggregated to the correspondent sectors of GTAP database for 1992.[30]

The sectorial bilateral import penetration ratio was calculated as the division of imports by the sum of output and net imports for each sector.[31] The literature predicts an ambiguous impact of the level of import penetration ratio over sectorial protection. In a model with trade taxes but without quantitative restrictions on imports and exports, and where obtaining public funds does not distort consumption allocation, the standard prediction is that the greater are imports relative to the domestic consumption, the greater is the loss of welfare from protection (*Maggi* and *Rodriguez-Clare* 2000; *Grossman* and *Helpman* 1994, p. 842). However, if the model includes quantitative restrictions (like

---

[28] Import taxes mean net import tariffs, i.e., we are taking into consideration not only import tariffs but also import subsidies. A positive point of this measure of protection is that we may have negative values, since import subsidies may be larger than import tariffs. Therefore, we do not need to worry about bias in our econometric estimative originated by censored data. For information on the import tariff data see *Hertel* (1997, pp. 87-104).

[29] The total number of primary and secondary sectors in the 1995 version is 42 and 31 in the 1992 version.

[30] See the GTAP database manual (chapter 8, pp. 15-17) for the secondary sectors aggregation from ISIC level 3 to GTAP database version 4 (1995). For details on protection data see chapters 4 and 13 of this manual.

[31] Same procedure was used in *Trefler* (1993).

quotas or VERs) on imports and exports and where a receipt of public funds distort consumption allocation, the standard prediction does not hold in many cases.[32]

The industrial concentration index is calculated as the number of firms in one sector divided by the total number of firms in the economy. Since more concentrated firms have lower opportunity costs of lobbying by the reduction of the free rider problem in the coordination of the lobby, we expect that the concentration index coefficient be negative (*Rodrik* 1995).

The input sale index is calculated as the sectorial sale used as inputs by other sectors scaled by the total sectorial output. We expect that the input sale index has a negative impact on protection since other industry lobbies would try to counter-lobby any increase in protection of the sector from which they buy many intermediate goods. In the case of the union and intra-industry trade variables, we calculated in the same way and used the same data as in *Olarreaga* and *Soloaga* (1998). In both cases we expect the coefficient for both variables to have a positive effect on sectorial protection, which is the consensus in most of the literature on the political economy of trade (*Olarreaga* and *Soloaga* 1998 and *Trefler* 1993).

Equation (1) constitutes a panel model since we have two countries and individual effects for each sector. The estimation procedure adopted should take into consideration the nature of the individual effects, i.e., if they are randomly generated or are fixed but unknown constants differing among sectors. Besides, both the theoretical and empirical literature[33] indicate that the import penetration ratio is endogenous in equation (1). We need to test if correlation between the regressors and individual effects and an endogeneity problem in the level of import penetration variable exist in the model described by equation (1). The *Hausman* (1978)[34] test is an adequate tool to handle this task.

In this paper the null hypothesis would be the inexistence of endogeneity problems caused by the correlation of individual effects with the regressors and the presence of orthogonality of the import penetration ratio with respect to the remaining disturbance. The alternative hypothesis that will be used present correlation of the regressors with respect to individual effects and correlation of the import penetration ratio with respect to the equation disturbance.

Using this null and alternative hypothesis, the efficient and consistent estimator under the null is the random effect estimator (*Hausman* 1978, p. 1263; *Hausman* and *Taylor* 1981, pp. 1382 and 1387) and the consistent estimator under both hypothesis is a

[32] This point can be found in *Maggi* and *Rodriguez-Clare* (2000).

[33] Using a system of equations to capture the impact of trade barriers on U. S. imports, taking into account that protectionist measures are endogenous, i.e., trade protection is partially explained by imports and vice-versa, *Trefler* (1993) estimated that the impact of nontariff barriers have a ten times larger impact than previous estimatives that did not considered protection endogeneity.

[34] See *Hausman* (1978, pp. 1252-1253). The basic idea of the *Hausman* test is to compare two estimators, which under the null hypothesis are both consistent, one of them, is the fully efficient estimator, and under the alternative hypothesis just the less efficient estimator under the null hypothesis remains consistent.

fixed effect model using instrumental variables[35] (FEIV) to deal with the endogeneity problem of the import penetration ratio. One also notes that a fixed effect model automatically deals with the endogeneity problem between the regressors and individual effects.

The question of which instruments[36] use to control the endogeneity of the import penetration ratio and calculate equation (1) by fixed effects, still remains. Most analysts usually consider the sectorial factor shares as correlated with the import penetration ratio, but not with the trade protection (*Maggi* and *Goldberg* 1999, p. 1143; *Esfahani* and *Leaphart* 2001, pp. 9 and 10). The argument is that factor shares are correlated with the import penetration ratio since they indicate how well an industry matches with the country's comparative advantage and, therefore, how well it can compete against imports.

The GTAP database provides data about primary factor (labor, capital, land and natural resources) earnings by sector. Following the usual procedure (e.g. *Trefler* 1993, p. 148 and 157), we estimated factor shares as the total earning of the factor in a sector divided by total output of the sector. Then, in order to eliminate the endogeneity problem of the import penetration ratio, we ran by OLS, using pooled data for Brazil and Argentina, the following equations[37]:

$$M_k=\alpha_1 NR_k+\alpha_2 T_k+\alpha_3 L_k+\alpha_4 Ke_k+\mu \qquad (2)$$

where L_k is labor share in sector k; K_k is capital share in sector k; NR_k is natural resource in sector k; T_k is land share in sector k. It is also assumed that disturbances in both equations are normally distributed.

Estimating equation (2), we obtain an estimate of the import penetration ratio without endogeneity problems that can be used to estimate equation (1).[38] Equation (2) can be called a „first stage"[39] to estimate equation (1) without the possible endogeneity problem of the import penetration ratio. Using the estimated sectorial import penetration ratio from equation (2), we apply a fixed-effect (FEIV) model to estimate the Hausman test statistic described above. This test statistic achieved a value of 70.56 and, therefore,

---

35 It should be highlighted that IV estimators provide consistent estimators that in general are biased (*Davidson* and *MacKinnon* 1993, p. 217).

36 Using a large number of instruments may provide asymptotic more efficient estimators in large samples. However, in finite samples the more instruments used the more biased is the IV estimator (*Johnston* and *Dinardo* 1997, p. 157).

37 Another option would be to estimate a system of equations like equation (1) and equation (2) but adding trade barrier proxy (in our case import taxes) in equation (2) (*Trefler* 1993). However, we are not interested in estimating the impact of protection on the import penetration ratio. Then, we chose this easier method.

38 By the description of our method we are using a particular method by which IV estimates can be computed (*Davidson* and *MacKinnon* 1993, p. 220).

39 In analogy to the 2SLS estimator.

we reject the null hypothesis[40], ie, the FEIV model is the one that should be used. The estimates of equation (1) using the FEIV model can be seen in table 4.

Table 4 shows the estimation of equation (1) with different sets of explanatory variables. One observes that whatever the set of variables, the coefficient for the variation of import penetration variable is positive and significant. It clearly indicates that the large swings in real exchange rate produced by divergent macroeconomic policies of Brazil and Argentina cause the appearance or intensification of protective measures through the lobbying of sectors that lose market-share to imports.[41]

Table 4: Internal Trade and Political Economy in Mercosur

Variables	(1)	(2)	(3)	(4)
Import penetration (Estimated)	-0.12	5.02*	4.68*	4.68*
	(1.74)	(1.97)	(2.04)	(2.16)
Variation in Import Penetration	1.77*	2.7*	2.75*	2.74*
	(0.85)	(1.26)	(1.28)	(1.37)
Input sales	0.04	-0.26***	-0.27***	-0.27***
	(0.09)	(0.08)	(0.08)	(0.09)
Union		-2.78	-2.62***	-2.65*
		(0.66)	(0.69)	(1.02)
Intraindustry				0.05
				(1.28)
Concentration			-0.4	-0.37
			(0.46)	(0.77)
Number of Observations	62	30	30	30
F-Test	1.52	6.49***	5.2*	3.90*

* Significant at 95 percent, *** Significant at 99 percent.

Note: Standard errors are in parenthesis and F-test designated to test if all variables are different than zero.

One also notes that the input sales variable is significant and has the expected sign. The concentration index variable also has the expected effect on sectorial protection, but is not significant. In the case of the import penetration variable, its positive value has been found in other studies[42] and, as we have already said, theory's prediction of the coefficient of this variable is ambiguous.

---

40 Comparing with the critical value provided by a Chi-square distribution with six degrees of freedom.

41 We ran the same regressions using a country dummy variable and dummy variables for the automotive and sugar sectors. Since none of these dummies were significant, we decided not to report the coefficients of these regressions.

42 For instance, see *Olarreaga* and *Soloaga* (1998, pp. 305 and 314). One reason for the unexpected sign of the coefficient for import penetration could be the use of this variable and the union index in an additive form in the set of explanatory variables. It might be better use an interactive form between these variables. See *Maggi* and *Goldberg* (1999, p. 3).

However, the union index variable is significant, but do not have the expected effect on protection. This result might be due to the lack of better data to elaborate the index. For instance, in studies of protection in the United States, much use is made of campaign contributions to elaborate the unionization index (*Maggi* and *Goldberg* 1999; *Trefler* 1993). Unfortunately, this kind of data is not available for Brazil and Argentina.

3.3. FDI Flows to Mercosur: Some Indications of the Relation Between lack of Macro Coordination and Confrontation for the FDI country distribution

This subsection aims to describe another possible consequence of the lack of macro coordination between Brazil and Argentina: conflicts over the distribution of Foreign Direct Investment (FDI). This is done by first showing the magnitude of the FDI flows to Latin American economies (focusing on Mercosur), then analyzing what caused these flows to Mercosur and, finally, presenting some recent facts that indicate strains between the main economies of Mercosur with respect to FDI distribution.

3.3.1. Magnitude of FDI Flows to Mercosur and Its Causes

During the nineties there has been a major increase in FDI flows to Latin America and in particular to the main economies of Mercosur, Brazil and Argentina. The significant increase in FDI flows that are shown in table 3 is a consequence of the liberalization policies[43] and the attainment of economic stability, which the region experienced at that time. It is also a consequence of the deepening of the globalization process in the world (*Mortimore* 2000, p. 1613).

Table 5: Latin America and Mercosur: Net Inflows of Foreign Direct Investment 1990-2000 (Millions of Dollars)

	1990-1994[1)]	1995	1996	1997	1998	1999	2000[2)]
Latin American Integration Association (LAIA)	14249	27789	41301	61125	66025	85571	67191
Brazil	1703	4859	11200	19650	31913	32659	30250
Argentina	2982	5315	6522	8755	6670	23579	11975
Mexico	5430	9526	9186	12831	11312	11786	12950

[1)] Annual Average; [2)] Estimatives

Source: Economic Commission for Latin America and Caribbean (2000, p. 3).

The table above highlights the considerable increase of FDI net inflows to Latin America. In 1999 net inflows were 500 percent higher than the average of the period

[43] By liberalization process we mean the decrease of restrictions to foreign capital in many sectors and the implementation of privatization processes with minor restrictions to the participation of foreign capital. It also included guarantees to foreign capital against opportunistic behavior. See *Urbiztondo* (1998, pp. 465-466).

1990-1994, although a decrease in these values for 2000 was estimated. The decrease from 1999 to 2000 was caused by the concentration of some important acquisitions of domestic firms by multinationals firms in 1999. An example was the purchase of privately held shares in Argentinean Yacimientos Petroliferos Fiscales (YPF) by Spain's Repsol in an operation amounting more than US$ 13 billions. In the case of Brazil, the value of net inflows in 1999 was more than 1000 percent higher than the average of the period 1990-1994, which means an increase proportionately higher than the average of the Latin American countries (*Economic Commission for Latin America and the Caribbean* 2000, p. 5).

Not only is the size of the increase of FDI net inflows similar in the two main economies of Mercosur, but they also represent similarities in the strategies of multinational firms investing in these countries and in the economic activities in which these investments take place. The services sector was the most important vehicle behind the increase of net FDI inflows (ibid). Tables 6 and 7 show the participation of the main economic activities in FDI inflows for Brazil and Argentina in the nineties.

Table 6: Argentina: FDI Inflows by Main Economic Activity (%)

	1992	1993	1994	1995	1996	1997	1998
Primary	27.39	8.54	13.81	10.19	24.6	2.56	11.92
Manufacturing	14.72	31.07	51.74	37.92	40.43	35.46	13.89
Services	57.89	60.38	34.45	51.89	34.98	61.98	74.19

Source: INDEC (Argentinian Institute of Statistics), www.indec.mecon.ar

Table 7: Brazil: FDI Inflows by Main Economic Activity (%)

	1992	1993	1994	1996	1997	1998	1999
Primary	6.6	6.7	5.9	1.44	2.98	0.61	1.53
Manufacturing	69.15	72.75	72.53	22.7	13.3	11.89	25.4
Services	24.28	20.55	21.61	75.86	83.72	87.5	73.06

Source: Banco Central do Brasil, www.bcb.gov.br ; *IMF*, International Financial Statistics.

The tables above show the dramatic increase in the share of FDI allocated to services sector (mainly in the Brazilian case). This substantial share of FDI inflows in service activities, which are mostly non-tradables, raises questions of possible future problems in the balance of payments of both countries.[44] For instance, profits remittances increased 18 percent from 1997 to 1998 in the Brazilian case (*UNCTAD* 1999, p. xxii).

The possibility of balance of payments problems related to the concentration of FDI inflows in non-tradable industries is reinforced when we notice that in the case of Brazil and Argentina the strategies that multinational corporations have been adopting is to try

[44] *Bonelli* (1999, p. 3); *Economic Commission for Latin America and Caribbean* (2000, p. 5). *International Monetary Fund* (2001, pp. 185 and 186) presents an optimistic view of the relation between concentration of FDI in services sector and the balance of payments problem in the case of Brazil.

to guarantee market access at the regional (Mercosur) or at the domestic level.[45] Thus even investments in tradable activities in Brazil and Argentina (like those in manufacturing) are not usually aimed at generating exports to OECD countries, as was the case of recent FDI flows to Mexico and some countries in the Caribbean (*Mortimore* 2000, pp. 1616-1617).

From 1990 to 1993 the main source of FDI net inflows to Argentina was the privatization of public services (like telecommunications, energy and transports). During this period, 54 percent of net inflows of FDI were directed to the purchase of public service companies (*Economic Commission for Latin America and the Caribbean* 1998, p. 85). From 1994 to 1998, the purchase of private companies by multinational firms was the main channel of FDI inflows to Argentina, reaching 41 percent from 1995 to 1997 (ibid). In the case of Brazil, the outstanding increase of FDI inflows from 1994 to 2000 was linked to the privatization of public services and acquisition operations led by multinationals.

From 1996 to 2000 the net inflows of FDI channeled to privatization in Brazil ranged from 21 percent to 28 percent.[46] It is also notable that the value of the cross border mergers and acquisitions reached 70% and 60% of the amount of FDI in Argentina and Brazil respectively from 1991 to 1999. It clearly indicates that most FDI flows are not channeled to new investments in the larger economies of the south cone (*Chudnovsky* and *Lopez* 2001, p. 9).

3.3.2. Some Leads of Confrontation for FDI allocation in Mercosur

The privatization of public services at first attracted FDIs flows through the award of privileged access to domestic market and, at least until now, was not an issue creating confrontation between Brazil and Argentina because changes in the real effective rates would not affect the allocation of this type of investment.[47] However, the reinvestments in these sectors and the foreseen modernization and expansion of the public utilities system in both countries may generate confrontation between these economies since the lack of macroeconomic coordination might shift demand of equipments to the modernization of these sectors from one country to the other.

However, there are indications that the FDI inflows directed to manufacturing have been an issue causing confrontation between Brazil and Argentina. Activities in manufacturing are tradable, and, therefore, the allocation of investments in these activities

---

45 *Economic Commission for Latin America and Caribbean* (2000, p. 37); *Mortimore* (2000, p. 1615). According to *UNCTAD* (2000, p. 115), one half of investors that participated in a pool about the importance of Mercosur answered that in the absence of this regional agreement they would invest solely in Brazil. It's worth notice that the Brazilian economy accounts for 70 percent of the Mercosur.

46 Data provided by SoBEET (Brazilian Society for the Study of Transnational Enterprises).

47 According to *UNCTAD* (2000, p. 11 and pp. 20-21), there is no indication that FDI flow is scarce and that multinationals face hard choices among host countries with similar investment opportunities. Therefore, supply of FDI for privatization programs have not been causing strains between Brazil and Argentina since these countries are quite similar in the opinion of investors.

may be affected by the swings in the bilateral real exchange rate. The automobile sector is the most important in the trade and investment relations between Argentina and Brazil. As it represented one third of the trade between the two countries, a confrontation could be prejudicial to the continuance of Mercosur.

In the years after the devaluation of the *real* in January 1999 no new investment plans were made in Argentina's automobile sector. In July 2001 the president of Argentina's Association of Automobile Producers (Adefa) stated, „...if the Mercosur does not provide a market for at least 2.5 million cars per year, we shall not need so many manufacturing plants".[48] At the time of the interview the sales estimate for the region was less than 2 million cars. Given the weak market, Chrysler closed its plant in Córdoba, GM closed one of its Argentinean plants and concentrated its remaining production in Rosário. It was reported that Argentinean executives feared that the parent offices of multinationals would continue to transfer operations to Brazil, where production costs were 25 to 30% lower than in Argentina.

As a number of components producers were closing down in Argentina and transferring their operations to Brazil, especially after the devaluation of the *real*, the Argentinean government began to make demands on its main Mercosur partner. It demanded that the assembly plants located in Argentina increased their purchases of components produced in Argentina (30 to 40%) and that component producers located in Brazil set up production facilities in Argentina.[49]

The facts presented above indicate that the lack of coordination of macroeconomic policies, especially exchange rate policies, has changed relative prices and the costs of productive enterprises. This was an important source of trade conflicts and seems to be an important reason for the competition for new foreign investments in the region. Thus the greater coordination and synchronization of economic policies is a fundamental prerequisite for the future expansion of economic integration.

4. Conclusions and Policy Implications

In this paper we have shown that the lack of macroeconomic and exchange rate coordination policies in Mercosur have been an impediment to bringing the full potential trade and investment benefits of a common market to the region. It has caused substantial amounts of price and exchange rate fluctuations. In the second section of this work we showed data regarding trade integration among the major economies in Mercosul and also described how different their macroeconomic policies are since the creation of Mercosur through the Assuncion Treaty.

In section three we analyzed the impacts on trade of the lack of macroeconomic coordination between Brazil and Argentina. The divergent macroeconomic policies of these economies have had negative effects on bilateral trade due to the risk averseness

48 „Montadoras abandonam Argentina", in: VALOR, 27, 28 and 29 of July 2001, p. B1.

49 See „Setor representa um terço do comércio entre Brasil e Argentina", in: O Estado de São Paulo, 17 of August 2000.

of exporters and importers, and due to the protectionist forces they have brought forth. Using econometric tools this work showed that an increase of 10 percent in the bilateral effective exchange rate volatility, which was the measure of risk used in this paper, between Brazil and Argentina decreases in one percent bilateral exports for these economies.

In the same section we also analyzed the impact of the lack of macroeconomic coordination on trade through the existence of protectionist forces brought forth by lobbies. Dealing with the endogeneity problem between trade barriers and the import penetration ratio, we use a fixed-effects panel data regression to show that the variation of the import penetration ration has a positive and significant effect on average to the existence of higher bilateral trade barriers for Brazil and Argentina. Thus, it shows that in the case of Mercosur the large swings in bilateral effective exchange rate indirectly cause the creation of trade barriers within the trade block.

In addition to its effect on trade, the lack of policy coordination has also been causing increasing confrontations (mainly between Argentina and Brazil) with respect to the allocation of FDI. In the last subsection of section three we discussed the recent increase of FDI flows to Mercosur's economies and analyses existing and possible future sources of competition between Brazil and Argentina relating to FDI allocation. Using the example of the automotive sector, this section described strains between Brazil and Argentina related to the allocation of automotive firms' plants. The overvaluation of Argentina's real exchange rate and the devaluation of the Real in 1999, has caused both a switch in components purchases to Brazil and also a migration of FDI to the latter due to lower costs of production. This has increased tensions between the two countries.

It is thus clear that without policy coordination and a gradual unification of exchange rate policies, Mercosur's chances of success will be substantially diminished. In fact, our findings would sustain *Barry Eichengreen's* conclusion that „If...there develops a readiness to transform Mercosur into a more far-reaching integration initiative, involving the creation of a true single, integrated South American market, then exchange rate swings will become more politically disruptive, and monetary unification becomes not only feasible but essential" (*Eichengreen* 1998, p. 33).

Although the complete implementation of a monetary union between Brazil and Argentina seems at least a decade away (*Giambiagi* 2001), and even taking into account that the ex-ante qualifications of the two countries to form an optimal currency area are debatable (*Giambiagi* and *Rigolon* 1998, p. 17), the idea to create a common currency for the two main countries of South America is gaining popularity in the agenda of politicians.

If the creation of a common currency for Brazil and Argentina is essential to the deepening of the integration process in Mercosur in the long run, macroeconomic coordination (*Giambiagi* 2001, p. 150) in the short-run is important to achieve this long-run objective. As shown above, the differences in the macroeconomic policies of Brazil and Argentina result in trade and investment strains incompatible with the formation of a true common market in South America.

As well described in the literature a monetary union has advantages and disadvantages. Among the former are: 1) increased efficiency resulting from an expanded market; 2) the elimination of the uncertainties associated with exchange rate volatility; and 3) the creation of a supra-national central bank with a clear mandate to keep inflation low and thus eliminate the risks of investing in the region and by keeping interest rates low, increase the investment levels within the region. The main cost of monetary unification would be a reduction of sovereignty over monetary and exchange rate policies (*Giambiagi* 2001, pp. 123-124.

The increase of macroeconomic coordination between Brazil and Argentina in the short-run affects the costs and benefits of a monetary union involving these countries. Since economic policy coordination could promote trade between these countries, it would induce higher efficiency gains with the monetary union since these two economies would be more integrated. It is also worth noticing that economies with higher and similar levels of fiscal and monetary performance would attract higher levels of investment due to the reduction of investment risks.

Thus, macroeconomic coordination between Brazil and Argentina is a key not only in the strengthening of the economic relations between these two countries, but also in strengthening Mercosur. If not by its short-run effects, policy coordination between the two main economies in Mercosur would help to build the road to economic prosperity in the long run.

Bibliography

Averburg, André (1998), Mercosul: Conjuntura e Perspectivas, Revista do BNDES, dezembro.

Baer, Werner (2001), The Brazilian Economy: Growth and Development, 5th edition, Westport, CT.

Baumann, Renato (2001), Mercosul: Origens, Ganhos, Desencontros e Perspectivas, in: Mercosul: Avanços e Desafios da Integração. ECLAC, Brazilian office.

Bergstrand, Jeffrey (1989), The Generalized Gravity Equation, Monopolistic Competition, and the Factor Proportions Theory in International Trade, in: Review of Economics and Statistics, vol. 71, February, pp. 143-53.

Bonelli, Regis (1999), A Note on Foreign Direct Investment and Industrial Competitiveness in Brazil, in: Oxford Development Studies, vol. 71, pp. 305-327.

Bonelli, Regis (2001), Fusões e Aquisições no Mercosul, in: Mercosul: Avanços e Desafios da Integração, ECLAC, Brazilian office.

Brandão, Antônio Salazar and *Lia Valls Pereira* (1997). Mercosul: Perspectivas de Integração, 2nd Edition, Rio de Janeiro.

Bevilaqua, Afonso S. (1997), Macroeconomic Coordination and Commercial Integration in Mercosur, Departamento de Economia, PUC/Rio, Texto Para Discussão, no. 378, Outubro.

Caballero, Ricardo and *Victor Corbo* (1989), The Effect of Real Exchange Rate Uncertainty on Exports: Empirical Evidence, in: World Bank Economic Review, vol. 3(2), May 1989, pp. 263-278.

Chudnovsky, Daniel and *Andrez Lopez* (2001), El Boom the Inversion Extranjera Directa en el Mercosur en los Años 1990: Caracteristicas, Determinantes e Impactos, CENIT, Buenos Aires.

Davidson, Russell and *James MacKinnon* (1993), Estimation and Inference in Econometrics, Oxford University Press.

Dell'Ariccia, Giovanni (1999), Exchange Rate Fluctuations and Trade Flows: Evidence from the European Union, in: IMF Staff Paper, vol. 46, no. 3, pp. 315-334.

Esfahani, Hadi and *Stephanie Leaphart* (2000), Testing the Political Economy Models of Trade Policy: A Generalized Methodology with an Application to Turkey ...and some new Results, University of Illinois at Urbana-Champaign.

Economic Commission for Latin America and Caribbean, Foreign Investment in Latin America and Caribbean, various issues.

Edwards, Sebastian (1989), Real Exchange Rates, Devaluation, and Adjustment: Exchange Rate Policy in Developing Countries, Cambridge, MA.

Eichengreen, Barry (1988), Does Mercosur need a single currency?, NBER Working Paper, no. 6821.

Flôres, Renato, German Calfat and *Marlia Cecilia Ganame* (2000), Endogenous Protection in Mercosur: An Empirical Analysis, Ensaios Econômicos da EPGE, Fundação Getulio Vargas.

Frankel, Jeffrey and *Shang-Jin Wei* (1993), Trade Blocs and Currency Blocs, NBER Working Paper, no. 4335.

Giambiagi, Fábio (1999), Mercosul: Por que a União Monetária faz Sentido a Longo Prazo?, Ensaios BNDES, # 12.

Giambiagi, Fabio and *Francisco Rigolon* (1998), Áreas Monetárias Ótimas: Teoria, Unificação Monetária Européia e Aplicações para o Mercosul, Ensaios BNDES, # 8.

Giambiagi, Fabio (2001), A Moeda Comum como Base do Crescimento do Brasil e da Argentina, Revista do BNDES, Dezembro.

Grossman, Gene and *Elhanan Helpman* (1994), Protection for Sale, in: American Economic Review, vol. 84, pp. 833-850.

Gonzaga, Gustavo and *Maria Cristina Terra* (1997), Equilibrium Real Exchange Rate, Volatility, and Stabilization, in: Journal of Economic Development, vol. 54, pp. 77-100.

Hausman, Jerry A. (1978), Specification Tests in Econometrics, in: Econometrica, vol. 46, no. 6, pp. 1251-1271.

Hausman, Jerry A. and *William E. Taylor* (1981), Panel Data and Unobservable Individual Effects, in: Econometrica, vol. 49, no. 6, pp. 1377-1398.

Hertel, Thomas (1997), Global Trade Analysis: Modeling and Applications, Cambridge University Press.

Hsiao, Cheng (1986), Analysis of Panel Data, Cambridge University Press.

IMF – International Monetary Fund, International Financial Statistics, various issues.

IMF – International Monetary Fund (2001), Brazil: Selected Issues and Statistical Appendix, Country Report, No. 01/10.

Inter-American Development Bank (1999), Integration and Trade in the Americas, Periodic Note, October.

Inter-American Development Bank (2000), Informe Mercosur.

Johnston, Jack and *John DiNardo* (1997), Econometric Methods, The McGraw-Hill Companies, 4th Edition, New York.

Kenen, Peter and *Dani Rodrik* (1986), Measuring and Analyzing the Effects of Short-term Volatility in Real Exchange Rates, in: Review of Economics and Statistics, vol. 68, pp. 311-315.

Lael, Brainard and *Thierry Verdier* (1994), Lobbying and the Adjustment in Declining Industries, in: European Economic Review, vol. 38, pp. 586-595.

Magee, Stephen, William Brock and *Leslie Young* (1989), Black Hole Tariffs and Endogenous Policy Theory, Cambridge University Press.

Maggi, Giovanni and *Pinelopi Koujianou Goldberg* (1999), Protection for Sale: An Empirical Investigation, in: American Economic Review, vol. 89, pp. 1135-1155.

Maggi, Giovanni and *André Rodriguez-Clare* (2000), Import Penetration and the Politics of Trade Protection, in: Journal of International Economics, vol. 51, pp. 287-304.

MERCOSUR Report, Intal, various issues.

Mortimore, Michael (2000), Corporate Strategies for FDI in the Context of Latin American's New Economic Model, in: World Development, vol. 28, no. 9, pp. 1611-1626.

Olarreaga, Marcelo and *Isidro Soloaga* (1998), Endogenous Tariff Formation: The Case of Mercosur, in: World Bank Economic Review, vol. 12, no. 2, pp. 297-320.

Olarreaga, Marcelo, Isidro Soloaga, and *Alan Winters*, (1999). What's Behind Mercosur's Common External Tariff?, World Bank Working Paper, no. 2231.

Padin, Daniel and *Gustavo Gonzalez* (1997), Argentina: Preocupação com o Brasil, Conjuntura Econômica, Maio, pp. 66-67.

Pereira, Lia Valls (1992), Mercosul: Assinado Acordo sobre produtos siderúrgicos, Conjuntura Econômica, April, pp. 99.

Pereira, Lia Valls (2000), Mercosul: Agenda 2000, Conjuntura Econômica, Fevereiro, pp. 53-55.

Rodrik, Dani (1995), Political Economy of Trade, in: Handbook of International Economics, vol. III, pp. 1457-1494.

Sauer, Christine and *Alok K. Bohara* (2001), Exchange Rate Volatility and Exports: Regional Differences between Developing and Industrialized Countries, in: Review of International Studies, vol. 9, no. 1, pp. 133-152.

Trefler, Daniel (1993), Trade Liberalization and the Theory of Endogenous Protection: An Econometric Study of U.S. Import Policy, in: Journal of Political Economy, vol. 101, pp. 138-160.

UNCTAD (1999), Foreign Direct Investment and the Challenge of Development, World Investment Report, New York.

UNCTAD (2000), FDI Determinants and TNC Strategies: The Case of Brazil, New York.

United Nations, Direction of International Trade, various issues.

Urbiztondo, Santiago (1998), Direct foreign Investment in Argentina: Evolution, New Challenges and Perspectives, in: The Quarterly Review of Economics and Finance, vol. 38, no. 3, pp. 459-482.

Alfred Schüller und H. Jörg Thieme (Hg.), Ordnungsprobleme der Weltwirtschaft
Schriften zu Ordnungsfragen der Wirtschaft · Band 71 · Stuttgart · 2002

Internationale Wettbewerbspolitik zwischen Zentralität und Dezentralität

Oliver Budzinski

Inhalt

1. Globalisierung der Märkte und der Wettbewerbsbeschränkungen

Im Zuge der Globalisierung der Märkte agieren die Marktakteure sowohl auf der Anbieterseite als auch auf der Nachfragerseite zunehmend jurisdiktionsüberschreitend. Dabei ist es zunächst nicht erheblich, daß gegenwärtig nur wenige echte Weltmärkte existieren, denn auch die transkontinentalen Märkte, die ‚lediglich' die industrialisierten Regionen der Weltwirtschaft umfassen, lassen die relative Größe einzelner Jurisdiktionen in bezug auf die Marktgröße schrumpfen. Die Internationalisierung des Wettbewerbs läßt einen insgesamt positiven Wohlfahrtseffekt aufgrund vertiefter Arbeitsteilung, Spezialisierungsgewinnen und höherer Wettbewerbsintensität erwarten, allerdings dürften damit einhergehend auch die dem Wettbewerb inhärenten Gefahren der endogenen Produktion antikompetitiver Verhaltensweisen und Marktstrukturen eine internationale Dimension bekommen. So bilden sich im Zuge dieser Entwicklung globale Unternehmensstrukturen durch internationale Megafusionen heraus, die allein durch ihre schiere Größe und Finanzkraft (bis zur Fusion *Vodafone Airtouch* (USA/GB) und *Mannesmann* (D) mit einem Transaktionsvolumen von etwa 190 Mrd. US$) die Frage nach einer übermäßigen Konzentration ökonomischer Macht aufkommen lassen.[1] Auch die Existenz suprajurisdiktioneller marktbeherrschender Stellungen und die damit einhergehende Internationalisierung der Mißbrauchsgefahr solcher Marktpositionen werden gegenwärtig durch die Diskussion um das Wettbewerbsverhalten der *Microsoft Corporation* auf den Softwareweltmärkten verdeutlicht. Und auch die Kollusionsbestrebungen der privaten Akteure erreichen mittlerweile internationale Dimensionen, wie beispielsweise die jüngst von der EU-Kommission aufgedeckten ‚Vitaminkartelle', bestehend aus insgesamt 13 Unternehmen aus 5 europäischen und nicht-europäischen Ländern, zeigen.

Im Gegensatz zur Globalisierung der Marktbeziehungen, -strukturen und -verhaltensweisen – der kompetitiven wie der antikompetitiven – verbleibt die Wettbewerbspolitik inklusive der Wettbewerbsregeln, welche sie durchzusetzen versucht, jurisdiktionsgebunden. Die Notwendigkeit einer Wettbewerbsordnung zur Verhinderung, Kontrolle und Bekämpfung privater Wettbewerbsbeschränkungen, wie sie maßgeblich durch *Eucken* (1952) herausgearbeitet worden ist, impliziert dabei auf einen ersten Blick, daß internationale Wettbewerbsprozesse, die sich auf nicht mehr national segmentierten und segmentierbaren Märkten abspielen, auch einer internationalen Wettbewerbsordnung bedürfen.[2] Akzeptiert man diesen Schluß, ist die Forderung nach global einheitlichen Wettbewerbsregeln mit einer internationalen Wettbewerbsbehörde (‚Weltkartellamt') als ausführende Organisation naheliegend. Entsprechende Forderungen und Vorschläge aus der Wissenschaft liegen sowohl von ökonomischer als auch von juristischer Seite

---

[1] Zu der Diskussion um Wettbewerbswirkungen und wettbewerbspolitische Implikationen internationaler Megafusionen siehe *Kleinert* und *Klodt* (2000), *Kerber* und *Budzinski* (2001) sowie *Budzinski* und *Kerber* (2002).

[2] So führt der Generaldirektor der Generaldirektion Wettbewerb der Europäischen Kommission aus: „Die Bedeutung der Spielregeln für den Wettbewerb steht allerdings auch in Zeiten der Globalisierung nicht zur Diskussion. Im Gegenteil, erst die Existenz solcher Regeln und die weltweit effiziente Anwendung von Wettbewerbsrecht macht die Globalisierung politisch vermittelbar" (*Schaub* 2001, S. 928).

vor.[3] Allerdings betont die Marktwirtschaftstheorie auch die Vorteilhaftigkeit von Dezentralität. Dies gilt zunächst für die Planungs- und Entscheidungsebene, das heißt, individuelle Marktakteure treffen echte individuelle Verhaltensdispositionen und koordinieren sich selbstorganisierend über ihre wettbewerbliche Interaktion. Gerade die Neue Institutionenökonomik und die (evolutorische) Marktprozeßtheorie betonen allerdings die Vorteilhaftigkeit von Dezentralität (und damit verbunden: von Vielfalt) auch auf der Regelebene, so daß eine automatische Überlegenheit einer einheitlichen globalen Wettbewerbspolitik aus theoretischer Perspektive nicht konstatiert werden kann. Vielmehr ergibt sich ein Spannungsfeld zwischen den konkurrierenden Anforderungen der Zentralität und der Dezentralität an Wettbewerbsregeln für globale Märkte. Bevor Abschnitt 4 ordnungstheoretische bzw. institutionenökonomische Grundlagen einer Analyse dieses Spannungsfeldes skizziert, werden in Abschnitt 2 zunächst die theoretischen und politischen Vorteile dezentraler und jurisdiktioneller Wettbewerbspolitiken dargestellt. In Abschnitt 3 folgt eine kritische Diskussion der Reichweite und langfristigen wettbewerbspolitischen Tragfähigkeit rein jurisdiktioneller Lösungen. Der Beitrag schließt mit einem Ausblick auf den zukünftigen Forschungsbedarf.

2. Gründe für jurisdiktionelle Wettbewerbspolitiken

2.1. Mangelnde politische Akzeptanz einer harmonisierten internationalen Wettbewerbsordnung

Der erste Grund für eine dezentrale und jurisdiktionsgebundene Wettbewerbspolitik liegt in der gegenwärtig mangelnden Akzeptanz internationaler Wettbewerbsregeln durch die Politik (*Kerber* 1999). Eine internationale Wettbewerbsbehörde, welche supranationale Regeln exekutiert, verlangt von den Staaten und Staatengemeinschaften einen Verzicht auf einen Teil ihrer nationalen Souveränität. Die Bereitschaft, sich in wettbewerbspolitischen Fragen einer supranationalen Autorität zu beugen, ist jedoch insbesondere – aber nicht nur – in den USA momentan nicht gegeben (*Fox* 1997, S. 10 ff., 14). Obwohl die USA ihre Position in dem infolge des Abschlußberichts des vom US-Department of Justice einberufenen *International Competition Policy Advisory Committee* (*ICPAC* 2000; *Janow* and *Lewis* 2001) dahingehend geändert haben, daß sie nicht mehr auf einer ausschließlich nationalen Wettbewerbspolitik bestehen, lehnen sie verbindliche supranationale Wettbewerbsregeln, beispielsweise im Rahmen der Welthandelsorganisation (WTO), weiterhin ab. Die mangelnde Bereitschaft mehrerer Staaten, sich einer internationalen wettbewerbspolitischen Autorität zu unterwerfen, hängt vor allem damit zusammen, daß die Wettbewerbspolitik auch als Instrument zur Durchsetzung nationaler Interessen verstanden wird (siehe ausführlicher Abschnitt 3.1.2.), auf welches eigennutzorientierte Politiker ohne Kompensation nicht ohne weiteres verzichten werden. Die Geschichte internationaler Organisationen zeigt allerdings, daß es nicht

---

[3] Vgl. neben anderen *Scherer* (1994); *Fikentscher* und *Immenga* (1995); *Nicolaides* (1996); *Basedow* (1998, S. 102 ff.). Bereits die *Havanna-Charta* von 1948 enthielt Pläne für internationale Wettbewerbsregeln unter dem Dach der damals geplanten *International Trade Organization*. Allerdings wurde diese im Gegensatz zu den Liberalisierungsregeln (*GATT*) nie umgesetzt.

grundsätzlich unmöglich ist, Souveränitätstransfers von der nationalen auf eine internationale Ebene zu implementieren. Jedoch bedarf es hierzu bestimmter besonderer (‚historischer') Situationen, in denen der erwartete Nutzen einer Internationalisierung politischer Steuerungskompetenz die Opportunitätskosten (Verlust eigener Gestaltungsmöglichkeiten) übersteigt, wie es im Falle des GATT wohl die spezifische Situation am Ende des Zweiten Weltkrieges war, die eine besondere Weltsicht (Völkergemeinschaftsgedanke) der entscheidenden Akteure mit sich brachte. Von daher kann eine Zustimmung zu einer internationalen Wettbewerbsbehörde bzw. zu internationalen Wettbewerbsregeln unter dem Dach der WTO nicht grundsätzlich und nicht für alle Zeiten ausgeschlossen werden. Gegenwärtig scheint eine entsprechende Initiative der EU allerdings in der unverbindlich und ausschließlich informierend und beratend arbeitenden *WTO Working Group on the Interaction of Trade and Competition* (seit 1996) zu versanden.[4]

Allerdings bringt der notwendige Verhandlungsprozeß, der einer konsensualen Implementation internationaler Wettbewerbsregeln vorangehen würde, eigene Probleme und Gefahren mit sich, welche wiederum auf den Versuch der Beteiligten zurückzuführen sind, ihre (nationalen) Eigeninteressen durchzusetzen. Hierbei ist insbesondere ein Trade-off zwischen wettbewerbspolitischer Wirksamkeit der Regeln und ihrer Konsensfähigkeit zu erwarten: Sehr anspruchsvolle internationale Regeln (kombinierte Kollusions- und Konzentrationskontrolle) würden den globalen Wettbewerb wirkungsvoll schützen, wären aber aufgrund der Restriktivität des Eingriffs in die nationale Souveränität kaum konsensfähig. Niedrige Mindeststandards (beispielsweise Verbot sogenannter ‚Hardcorekartelle') hingegen wären zwar eher konsensfähig, ließen aber eine Vielzahl von Regelungslücken bestehen und könnten zudem unter Umständen zu einem ‚Race to the bottom' der nationalen Wettbewerbsregeln auf das Mindeststandardniveau führen, womit dann insgesamt sogar eine Verschlechterung der wettbewerbspolitischen Kontrolle einhergehen kann.[5]

2.2. Außenhandelsliberalisierung und Globalisierung der Märkte

Neben der Frage der Praktikabilität eines Implementierungsprozesses für eine internationale Wettbewerbspolitik kann auch deren generelle Notwendigkeit in Frage gestellt werden. Denn die Verknüpfung der globalisierungsbedingten (räumlichen) Vergrößerung der relevanten Märkte mit der Liberalisierung und Deregulierung des Außenhandels und bisher regulierter Industrien (Telekommunikation, Energie, Verkehr usw.) intensiviert den Wettbewerb und erschwert damit nach verbreiteter Auffassung private Wettbewerbsbeschränkungen. Demnach stellen Liberalisierung und Deregulierung ein Substitut für Wettbewerbspolitik dar, oder, mit anderen Worten, die Wohlfahrtsgewinne einer Verringerung staatlicher Wettbewerbsbeschränkungen überkompensieren die Kosten verbleibender privater Wettbewerbsbeschränkungen auf globalisierten Märkten

[4] Zu Stand, Entwicklung und Perspektiven gegenwärtiger Initiativen für eine internationale Wettbewerbspolitik vgl. *Budzinski* (2002).

[5] Eine differenzierte Analyse der Konsensfähigkeit unterschiedlicher Stufen internationaler Kooperation in der Wettbewerbspolitik liefert *Meiklejohn* (1999, S. 1241-1246).

derart, daß die Kosten internationaler Wettbewerbsregeln und -behörden Nettowohlfahrtsverluste mit sich bringen würden.

Modelltheoretische Analysen bestätigen eine substitutive Beziehung zwischen Außenhandelsliberalisierung und marktstruktureller Wettbewerbspolitik bei vollkommener Konkurrenz sowie bei *Cournot*- und *Bertrand*-Wettbewerb in Oligopolen (*Neven* und *Seabright* 1997; *Cadot*, *Grether* und *De Melo* 2000). Sind inländische und ausländische Produkte allerdings nicht homogen (monopolistische Konkurrenz), so sind auch Außenhandelsliberalisierung und strukturelle Wettbewerbspolitik nur imperfekte Substitute. Diese Ergebnisse gelten aber in strenger Form nur für bestehende private Wettbewerbsbeschränkungen auf bisher national mindestens partiell abgeschotteten Märkten, welche durch die Außenhandelsliberalisierung unter neuen Wettbewerbsdruck gesetzt werden. Für internationale private Wettbewerbsbeschränkungen sind die modelltheoretischen Ergebnisse insgesamt uneinheitlich (*Neven* und *Seabright* 1997, S. 389-396).

Auf der Basis der Theorie der *Contestable Markets* wird eine institutionell verankerte internationale Wettbewerbspolitik dann durch Liberalisierung und Deregulierung überflüssig, wenn man davon ausgeht, daß Marktzutrittsschranken prinzipiell auf staatliche Wettbewerbsbeschränkungen (beispielsweise Zölle und Zollsurrogate, Subventionen, protektionistisch entfremdete Antidumpingmaßnahmen und Mindeststandards für Arbeit und Umwelt sowie generell Maßnahmen der strategischen Handels- und Industriepolitik) zurückzuführen sind und private Wettbewerbsbeschränkungen überhaupt erst durch die Existenz staatlicher Marktzugangsbarrieren ermöglicht werden.[6] Durch den Wegfall von Handelsschranken werden dann die Bestreitbarkeit der Märkte und damit auch der Wettbewerbsdruck sowohl durch tatsächliche als insbesondere auch durch potentielle Konkurrenten deutlich erhöht. Die Wettbewerbspolitik wird somit spürbar entlastet, da sich Kartelle und andere Absprachen mit wachsender Marktgröße und Anbieterzahl schwieriger aufrechterhalten lassen und der Mißbrauch marktmächtiger Stellungen „durch die angestiegene Zahl potentieller Wettbewerber statt durch die (supra-) nationale Mißbrauchsaufsicht diszipliniert" (*Freytag* und *Zimmermann* 1998, S. 56) wird. Zudem sinkt bei einer größeren Bestreitbarkeit der Märkte die Wahrscheinlichkeit für die Unternehmen, beherrschende und dominierende Marktpositionen erreichen zu können, so daß selbst internationale Megafusionen als effizienzsteigernde Anpassung an globalisierte, liberalisierte und deregulierte Märkte betrachtet werden können – ohne daß wettbewerbsgefährdende Konzentrationen entstehen müssen (*Weizsäcker* 1998). „Je stärker der Handel liberalisiert und nationale Märkte durch Deregulierung geöffnet werden, desto unwirksamer sind die Versuche privater Unternehmen, den Wettbewerb zu Lasten anderer beschränken zu wollen – und desto geringer ist der wettbewerbspolitische Handlungsbedarf (...)" (*Freytag* und *Zimmermann* 1998, S. 56). Dem aus dieser Perspektive geringen Nutzen internationaler Wettbewerbspolitik stehen die Aushandlungs- und Implementierungskosten derselben entgegen, so daß eine Intensivierung der Liberalisierungs- und Deregulierungsbemühungen als die bessere Alternative erscheint.

---

6 So argumentieren beispielsweise *Hauser* und *Schoene* (1994); *De León* (1997); *Freytag* und *Zimmermann* (1998).

2.3. Extraterritoriale Möglichkeiten jurisdiktioneller Wettbewerbspolitik

Ein weiteres Argument gegen eine internationale Wettbewerbspolitik besteht darin, daß die bisherigen nationalen Wettbewerbspolitiken in der Antitrustpraxis ausreichen, um auch internationale Wettbewerbsbeschränkungen zu kontrollieren. In den meisten Wettbewerbsregeln der Industriestaaten ist das Auswirkungsprinzip (*effects doctrine*) verankert, welches besagt, daß jede Wettbewerbsbeschränkung unter die jeweiligen nationalen Wettbewerbsregeln fällt, wenn sie sich im Inland auswirkt – und zwar unabhängig von ihrem regionalen Ursprung und von Sitz und Nationalität der wettbewerbsbeschränkenden Akteure.[7] Infolge des Auswirkungsprinzips prüft die EU-Kommission auch Fusionen zwischen US-amerikanischen Firmen, sofern sich die Fusion auf den EU-Binnenmarkt auswirkt. In den Fusionsfällen *Boeing-McDonnell Douglas* und *AOL-Time Warner* setzte die EU-Kommission dabei härtere (bzw. zusätzliche) Auflagen als die US-amerikanischen Wettbewerbsbehörden durch (*Budzinski* und *Kerber* 2002), und jüngst wurde die geplante Fusion der US-amerikanischen Unternehmen *General Electric* und *Honeywell* durch die EU-Kommission untersagt (*Giotakos* et al. 2001; *European Commission* 2001).

Die extraterritoriale Anwendbarkeit nationaler Wettbewerbsregeln ergibt sich dabei auch daraus, daß selbst ausländische Unternehmen Sanktionen der heimischen Wettbewerbsbehörde fürchten müssen. Zum einen sind sie über eventuelle inländische Tochtergesellschaften und Importeure sanktionierbar, und zum anderen haben sie in der Regel ein Interesse an einem ungehinderten Zugang zum Inlandsmarkt.[8] Darüber hinaus kann die Wirksamkeit des Auswirkungsprinzips durch seine wechselseitige Anerkennung und eine daraus erwachsene Kooperation der Wettbewerbsbehörden der betroffenen Staaten verbessert werden. Ein diesbezüglicher bilateraler Konsens erscheint nicht unwahrscheinlich, da beide Staaten ein Interesse daran haben, im Zweifelsfall gegen inländische Wettbewerbsbeschränkungen durch ausländische Unternehmen vorgehen zu können. So wurde in der Vergangenheit auch bereits eine Reihe von bilateralen Kooperationsabkommen bezüglich der Wettbewerbspolitik geschlossen, unter anderem auch zwischen der EU und den USA (*Fox* 1999; *Fullerton* und *Mazard* 2001). In jüngster Zeit wird über das 2001 begründete *International Competition Network* auch die – allerdings unverbindliche – multilaterale wettbewerbspolitische Kooperation forciert (*Budzinski* 2002).

2.4. Theorienpluralität und institutionelle Lernprozesse

Schließlich soll noch ein theoretisches Argument für die Dezentralität und Vielfalt der Wettbewerbspolitiken diskutiert werden. Es leitet sich aus dem mangelnden wett-

---

[7] Die *effects doctrine* wurde erstmals vom US Supreme Court 1945 im Alcoa-Fall (in der Schweiz verortetes Quotenkartell internationaler Aluminiumunternehmen) angewendet. Vgl. ausführlich zum Auswirkungsprinzip *Basedow* (1998, S. 19 ff.).

[8] So beugten sich die fusionswilligen *global players* Philip Morris (USA) und Rothmans (GB/ZA) nach anfänglicher Weigerung schließlich doch den Auflagen des Bundeskartellamtes, da ihnen anderenfalls eine erhebliche „Strafgebühr" auf ihre Umsätze in Deutschland drohte. Vgl. *Klodt* (2001).

bewerbstheoretischen Konsens über die ‚richtige' Wettbewerbspolitik her und basiert auf evolutorisch-institutionenökonomischen Überlegungen.

Die ökonomische Wettbewerbstheorie ist durch eine Reihe von konkurrierenden und bestenfalls partiell kompatiblen Ansätzen und Schulen gekennzeichnet (siehe Abb. 1).[9] Aufgrund ihres großen Einflusses auf die praktische Wettbewerbspolitik ist hierbei zunächst die *Harvard School* hervorzuheben, die das Konzept des funktionsfähigen Wettbewerbs (*workable competition*) entwickelt und das SCP-Paradigma implementiert hat (*Clark* 1940; *Bain* 1956). Demnach ist funktionsfähiger Wettbewerb auf einem Markt (*Performance*) auf das Verhalten der Marktteilnehmer (*Conduct*) zurückzuführen, welches wiederum auf der Marktstruktur (*Structure*) basiert. Vereinfachend gilt dabei, daß eine hohe Konzentration kollusives and antikompetitives Verhalten begünstigt. Damit kommt einer marktstrukturellen Wettbewerbspolitik die Aufgabe zu, wettbewerbsfördernde Marktstrukturen zu sichern und herzustellen, was eine vergleichsweise anspruchsvolle und interventionsfreundliche Wettbewerbspolitik begünstigt. Dem entgegen steht die *Chicago School of Economics* (*Bork* 1978; *Posner* 1979), deren wettbewerbstheoretische Überlegungen vor allem in den USA der 1980er Jahre großen Einfluß auf die praktische Wettbewerbspolitik bekommen haben. Der *Marktmachtdoktrin* der Harvard School wird damit eine *Effizienzdoktrin* entgegenstellt, gemäß der eine interventionsfrei entstandene Marktstruktur regelmäßig eine Verbesserung der Allokationseffizienz repräsentiert. Um interventionsbedingte Wohlfahrtsverluste zu vermeiden, wird daher eine zurückhaltende Wettbewerbspolitik gefordert, die sich auf die Unterbindung sogenannter ‚Hardcore'-Wettbewerbsbeschränkungen (beispielsweise Preis- und Quotenkartelle) konzentriert. Unterstützt wurde das Aufkommen der Chicago School auch durch die letztendlich vergeblichen Versuche der Harvard School, das SCP-Paradigma mit Hilfe der empirischen Industrieökonomik zu untermauern.[10] Allerdings wird auch die Chicago-These, Wettbewerbsbeschränkungen und insbesondere Marktzutrittsschranken seien regelmäßig nicht auf das Verhalten von privaten Marktakteuren, sondern auf Interventionsfolgen zurückzuführen, durch die empirische und theoretische Industrieökonomik nicht gestützt.[11] Der Kanon anglo-amerikanischer Wettbewerbstheorien umfaßt zudem noch die Theorie der *Contestable Markets* (*Baumol* 1982), welche die Bedeutung potentieller Konkurrenz durch drohende Marktzutritte und damit die Problematik der Bestreitbarkeit von Märkten thematisiert.

---

[9] Die nachfolgende Aufzählung erhebt weder Anspruch auf Vollständigkeit, noch findet eine differenzierte Diskussion der jeweils in sich durchaus heterogenen Schulen statt. Für entsprechende Übersichten mit weiteren Literaturangaben vgl. *Kerber* (1994); *Mantzavinos* (1994); *Kerber* und *Budzinski* (2001).

[10] Dies räumen auch die Harvard-Vertreter *Scherer* und *Ross* (1990, S. 411 ff.) ein.

[11] Hier wäre beispielsweise die Theorie der strategischen Marktschranken zu erwähnen; Übersichten liefern unter anderem *Martin* (1993, S. 46 ff.) aus industrieökonomischer Perspektive und *Dulbecco* (1998, S. 579 ff.) aus organisationstheoretischer Perspektive.

Abb. 1: Pluralität in der Wettbewerbstheorie

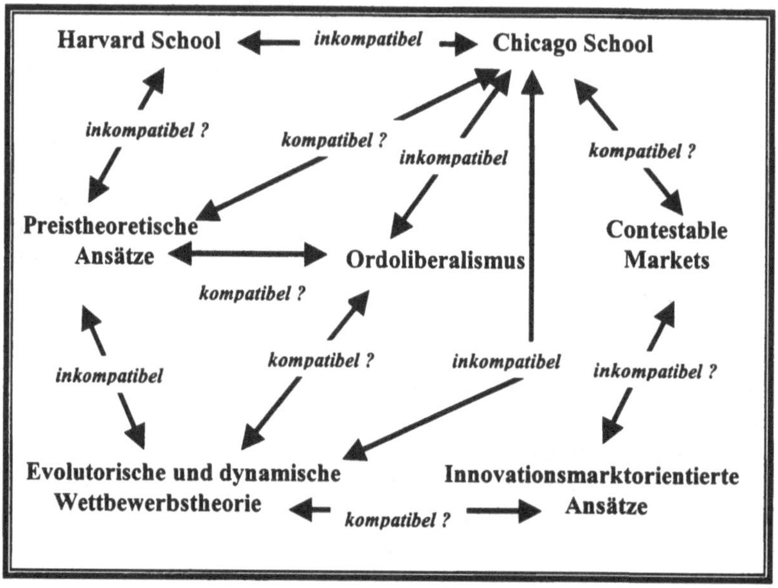

Neben Adaptionen der anglo-amerikanischen Wettbewerbstheorien hat sich in Deutschland in den 1950er Jahren im Zuge der Forderung der *Freiburger Schule* nach einer strikten Wettbewerbsordnung (*Eucken* 1952) eine eigenständige wettbewerbstheoretische Tradition entwickelt, wobei die ordoliberalen Grundüberlegungen mit dynamischen und evolutorischen Ansätzen in Anlehnung an *Schumpeter* (1912) und *Hayek* (1945 und 1968) verknüpft wurden.[12] Dabei steht der Zusammenhang von Wettbewerb und Innovationen im Mittelpunkt der Diskussion. Eine breite wettbewerbspolitische Adaption fand bisher zwar nicht statt[13], wird aber angesichts der großen Bedeutung und hohen Dynamik von Innovationen im Zuge der Globalisierung der Märkte in jüngster Zeit verstärkt eingefordert (*Audretsch*, *Baumol* und *Burke* 2001).

Der mangelnde Konsens der praktischen Wettbewerbspolitik über die anzuwendenden Regeln spiegelt somit auch die kontroverse wissenschaftliche Diskussion, insbesondere zwischen Marktmacht- und Effizienzdoktrin, wider (*Kerber* 1999; 2000, S. 80 ff.). Dies gilt in ähnlicher Weise für Begründungsmuster dezentraler Wettbewerbs-

[12] Neben anderen sind hier insbesondere die Arbeiten von *Hoppmann* und *Heuss* zu nennen. Siehe aber auch *Clark* (1961) und *Metcalfe* (1998) zu anglo-amerikanischen Ansätzen dynamischer Wettbewerbstheorie.

[13] Dies hängt auch damit zusammen, daß bisher kein konsensfähiges wettbewerbspolitisches Programm aus dieser Theoriegruppe hergleitet werden konnte. Insbesondere die Wirkung und Rolle von Fusionen werden dabei komplett uneinheitlich gesehen, wie die Extrempunkte eines allgemeinen Fusionsverbotes aufgrund der damit verbundenen Varietätsreduktion (*Röpke* 1990) und einer generellen Unbedenklichkeitserklärung infolge eines tiefverwurzelten ‚Evolutionsvertrauens' (*De Léon* 1997) demonstrieren.

politiken, welche international differierende wettbewerbspolitische Traditionen und Präferenzen betonen und daher auf länderspezifischen institutionellen Arrangements auch bezüglich der Wettbewerbsordnung beharren (*Trebilcock* 1996; *Ullrich* 1998). Aus dem mangelnden Steuerungswissen über die ‚richtige' Wettbewerbspolitik folgt eine Notwendigkeit zum wettbewerbspolitischen Lernen, welches in Anlehnung an das Wettbewerbskonzept von *Kerber* (1997) als Experimentierungsprozeß modelliert werden kann.

Theoriegeleitete wettbewerbspolitische Empfehlungen haben zunächst einmal Hypothesencharakter, das heißt, sie stellen Hypothesen bzw. Hypothesenbündel über wettbewerbliche Zusammenhänge und über die Reaktion der Marktakteure auf wettbewerbspolitische Interventionen dar. Lernprozesse bezüglich der Ausgestaltung der relevanten institutionellen Arrangements können durch das Testen unterschiedlicher institutioneller Hypothesen an der wettbewerblichen Realität induziert werden; hierdurch wird Steuerungswissen geschaffen. Allerdings stellen institutionelle Lernprozesse dieser Art keine Anpassungsvorgänge an objektive ‚Richtigkeiten' oder ‚Wahrheiten' dar. Das erworbene Politikwissen ist vielmehr fallibel und repräsentiert ‚lediglich' situativ überlegene institutionelle Arrangements. Dies resultiert zum einen daraus, daß die empirische Unterstützung oder Widerlegung einer getesteten institutionellen Hypothese wiederum auf (subjektiven) Interpretationen seitens der Politiker und/oder Wissenschaftler beruht, welche fehlerhaft sein können – zumal mit Hypothesenbündeln experimentiert wird, aus deren Erfolg oder Mißerfolg nicht trivial auf die hierfür relevanten Teilhypothesen geschlossen werden kann. Zum anderen sind empirischer Erfolg oder Mißerfolg situativ: Institutionelle Arrangements, die sich in einem bestimmten wettbewerblichen Umfeld als erfolgreich erwiesen haben, müssen nicht zwangsläufig auch in geänderten Kontexten überlegen sein. Solche Änderungen können in innovativen Handlungsweisen der Marktteilnehmer (beispielsweise neuartige antikompetitive Verhaltensmuster), in geänderten metainstitutionellen Bedingungen (beispielsweise globalisierungsbedingte Konkurrenz des institutionellen Angebots unterschiedlicher Jurisdiktionen) oder auch in technologischen Basisveränderungen (beispielsweise Internet, Biotechnologie) bestehen. Da auch Lernen aus institutionellen Experimentierungsprozessen mit partieller Entwertung des erworbenen Wissens über die Zeit verbunden ist, stellen die skizzierten wettbewerbspolitischen Lernprozesse keine singulären Anpassungsvorgänge dar, sondern sind permanenter Natur und weisen zudem Pfadabhängigkeiten auf. Damit stellen solche institutionellen Lernprozesse auch keinen Weg zu einer Harmonisierung der Wettbewerbsregeln ‚von unten' dar, sondern begründen die Notwendigkeit dauerhaften parallelen Experimentierens mit unterschiedlichen Wettbewerbsregeln, so daß eine prinzipielle Vorteilhaftigkeit von Diversität der Wettbewerbspolitiken resultiert.

Institutionelle Lernprozesse in der Wettbewerbspolitik können sich dabei auf zwei Ebenen abspielen: Zum einen folgen aus konkurrierenden Wettbewerbstheorien differierende Hypothesen über die Grundkonzeption der Wettbewerbsordnung und über unterschiedliche Ziele und Strategien wettbewerbspolitischer Interventionen. Zum zweiten sind aber selbst im Falle einer Übereinstimmung in diesen Grundfragen Lernprozesse über die konkrete Umsetzung bzw. über die anzuwendenden ‚Techniken' vorteilhaft (beispielsweise Verhinderung marktbeherrschender Stellungen versus Mißbrauchskontrolle, explizite Kartellverbotsausnahmen versus allgemeine Freistellungsbedingungen, Erlaubnisverfahren versus Widerspruchsverfahren, Monopolaufsicht versus Dekonzentrationsmaßnahmen usw.). Auf beiden Ebenen bedingt die Vorteilhaftigkeit bzw. Notwendigkeit institutionellen Lernens allerdings dezentrale Wettbewerbspolitiken, um parallele Experimentierungsprozesse zuzulassen, in welchen aus einer Vielzahl getesteter institutioneller Hypothesen wettbewerbspolitisches Steuerungswissen gewonnen werden kann. Dies spricht somit gegen eine zentralisierte internationale Wettbewerbsordnung mit einheitlichen Regeln und einheitlicher Regeldurchsetzung.

3. Wettbewerbspolitische Mängel einer Inkongruenz von Markt- und Jurisdiktionsraum

Die bisherige Diskussion hat verdeutlicht, daß eine Reihe von praktisch-politökonomischen und theoretisch-ökonomischen Argumenten gegen eine Globalisierung der Wettbewerbspolitik sprechen. Allerdings ist nun zu prüfen, ob die jurisdiktionsgebundenen Wettbewerbspolitiken, die gegenwärtig bestehen, tatsächlich und auch zukünftig eine ausreichende wettbewerbspolitische Kontrolle ermöglichen und die zunehmend globalisierten Wettbewerbsprozesse wirksam vor den innewohnenden Selbstauflösungstendenzen schützen können. Nur wenn aus der Inkongruenz von Markt- bzw. Wettbewerbsraum (zunehmend globalisiert) und Jurisdiktionsraum keine prinzipiellen Mängel der Wettbewerbspolitik resultieren, kann letztendlich ein Handlungsbedarf für eine internationale Wettbewerbsordnung negiert werden. Es geht damit in den folgenden Abschnitten nicht um eine Widerlegung der Dezentralitätsargumente sondern um die kritische Hinterfragung ihrer jeweiligen Reichweite.

3.1. Liberalisierung, globaler Wettbewerb und jurisdiktionelle Wettbewerbspolitik

3.1.1. Grenzen der Substitutionalität von internationaler Wettbewerbspolitik und Außenhandelsliberalisierung

Die in Abschnitt 2.2. diskutierte modelltheoretische Substitutionalität von internationaler Wettbewerbspolitik und Außenhandelsliberalisierung entfaltet insgesamt nur eine eingeschränkte reale Relevanz. Die Substitutionalitätsthese, welche ohnehin nur für marktstrukturelle Wettbewerbspolitik ausreichend fundiert ist, läßt sich im Grunde auf das Markterweiterungsargument reduzieren: Unter der Annahme, daß außerhalb eines bisher national abgeschotteten Marktes mindestens ein weiteres Unternehmen im relevanten Marktsegment tätig ist, führt eine Außenhandelsliberalisierung zwangsläufig zu einer Verbreiterung der Marktstruktur und setzt bisher bestehende *inländische* Wettbewerbsbeschränkungen unter einen neuen, zusätzlichen Wettbewerbsdruck. Damit wird aber nichts darüber ausgesagt, inwiefern neue *grenzüberschreitende* Wettbewerbsbeschränkungen durch internationale Kartelle, Absprachen und Fusionen entstehen, so daß die staatlichen Wettbewerbsbeschränkungen in Form von Außenhandelsbeschränkungen nun in der Gefahr sind, durch private internationale Wettbewerbsbeschränkungen substituiert zu werden (*Jacquemin* 1995; *Klodt* 2001). Diese können neben den üblichen generellen Wirkungen zu Lasten der Marktgegenseite und konkurrierender Marktakteure auch gerade wieder als Barriere gegen Außenhandel wirken und somit die Liberalisierungs- und Deregulierungsbemühungen der internationalen Handelspolitik (beispielsweise durch vertikale Integration, Verweigerung des Zugangs zu sogenannten *essential facilities* usw.) zunichte machen (*Meiklejohn* 1999, S. 1237 f.).

Die Annahme, daß rein private Wettbewerbsbeschränkungen in globalisierten Märkten unmöglich oder zumindest sehr unwahrscheinlich sind und im Zweifelsfall durch potentielle Konkurrenz diszipliniert werden, wird durch die Empirie nicht gestützt. Diese zeigt vielmehr, daß sich Kartelle auch in liberalisierten internationalen Märkten ohne staatliche Protektion bilden, wobei zudem ein signifikanter Anstieg grenzüberschreitender Kollusionsfälle in den 1990er Jahren festzustellen ist (*Evenett*, *Levenstein* und *Suslow* 2001). Dafür spricht auch, daß die Europäische Kommission im Jahr 2001 gegen internationale Kartelle insgesamt Bußgelder in der Rekordsumme von 1,84 Mrd. € verhängt hat; mit dem ‚Vitaminkartell' (Marktaufteilungs- und Preiskartelle; insgesamt € 855,22 Millionen Geldbuße) und dem ‚Papierkartell' wurden dabei die beiden (nach Einschätzung der Kommission) bisher schwerwiegendsten internationalen Kartelle der EU-Wettbewerbspolitikgeschichte aufgedeckt. Zudem weisen die Duopolisierung des Weltmarktes für düsengetriebene Passagierflugzeuge mit mehr als 100 Sitzen (*Boeing* und *Airbus*) und die Diskussion um Monopolisierungsbestrebungen bzw. Mißbrauch einer marktbeherrschenden Stellung durch *Microsoft* auf den Weltmärkten für Computerbetriebssysteme und Anwendungsprogramme darauf hin, daß auch die Konzentrations- und die Marktmachtproblematik auf Weltmärkten nicht ausgeklammert werden können.[14]

Die geographische Marktausweitung des Globalisierungsprozesses bewirkt lediglich temporär eine massive Minderung der Kollusions- und Konzentrationsproblematik. Die Marktakteure adaptieren die neuen Marktgrößen und streben danach, ihre individuell gewünschten Marktpositionen auf den nunmehr größeren Märkten zu erhalten bzw. neu zu errichten. Die gegenwärtige Welle an internationalen Megafusionen ist ein Symptom dieser Restrukturierungsprozesse in der Unternehmenslandschaft. Die Hoffnung auf eine stärkere Disziplinierungswirkung potentieller Konkurrenz in globalisierten Märkten im Vergleich zu nationalen Märkten trügt dabei in mindestens einer Hinsicht: Auf Inlandsmärkten besteht potentielle Konkurrenz für dominierende Unternehmen vor allem durch ausländische Unternehmen, die ihrerseits in ähnlichen Marktsegmenten in anderen Jurisdiktionen tätig sind. Diese verfügen über den entscheidenden Vorteil geringerer individueller Marktzutrittsschranken aufgrund von *sunk costs* als branchenfremde oder gänzlich neue Unternehmen. Im Zuge der Ausweitung zu Weltmärkten entfällt jedoch zukünftig diese potentielle Konkurrenz ‚von außen', so daß bei der Existenz branchenspezifischer *sunk costs* der Verhinderung vermachteter und verkrusteter Marktstrukturen sogar eine größere Bedeutung als bisher zukommt. Der zweifellos wettbewerbsintensivierende Effekt von Deregulierung und Außenhandelsliberalisierung kann somit langfristig eine internationale Wettbewerbspolitik nicht ersetzen, sondern

[14] Im Fall der *Microsoft Corporation* hat selbst das dem Geist der Chicago School verschriebene Berufungsgericht eine Reihe von wettbewerbsbeschränkenden Praktiken mit internationalen Auswirkungen identifiziert (*Gey* 2001).

verschafft lediglich eine Atempause, deren Länge allerdings ex ante ungewiß ist. Die internationale Handelspolitik durch die WTO (ohne Ergänzung expliziter internationaler Wettbewerbsregeln) kann in ihrer gegenwärtigen Ausgestaltung private internationale Wettbewerbsbeschränkungen nicht adäquat kontrollieren, da der internationale Wettbewerb an sich kein explizites Schutzobjekt im derzeitigen WTO-Kontext ist und private Marktakteure nicht die Adressaten der WTO-Politik darstellen (*Wins* 2000, S. 97 ff.).

3.1.2. Jurisdiktionelle Wettbewerbspolitik als Beschränkung des internationalen Wettbewerbs

Die Substitutionalität von Freihandelspolitik und internationaler Wettbewerbspolitik wird auch dadurch fragwürdig, daß rein nationale bzw. jurisdiktionelle Wettbewerbspolitiken selbst eine Beschränkung des internationalen Wettbewerbs darstellen bzw. zu protektionistischen Zwecken instrumentalisiert werden können. Gerade der Erfolg der internationalen Außenhandelsliberalisierungsbemühungen im Rahmen von GATT und WTO kann diese Problematik verschärfen: Die Verlagerung handelspolitischer Kompetenzen auf die WTO-Ebene bewirkt, daß nationale Protektionsinteressen über dieses Instrument zunehmend weniger verfügen können; eine strategische Handelspolitik wird damit erschwert. Die sich ergebende Lücke kann möglicherweise die nach wie vor jurisdiktionelle Wettbewerbspolitik füllen: Aus der Sicht der protektionssuchenden inländischen Marktakteure wird es rational, ihre *Rent seeking*-Aktivitäten statt auf die Handelspolitik, in welcher der Handlungsspielraum der lobbyistisch beeinflußbaren nationalen Politiker zunehmend enger wird, auf die Wettbewerbspolitik zu konzentrieren. Und eigennutzmaximierende Politiker, die im Bereich der Außenhandelspolitik diskretionäre Kompetenzen verlieren, erhalten Anreize, der Wettbewerbspolitik als Instrument zur Implementation diskriminierender Marktregeln steigende Aufmerksamkeit zu schenken. Eine abnehmende Bedeutung strategischer Handels- und Industriepolitik kann dann mit einer steigenden Bedeutung strategischer Wettbewerbspolitik einhergehen, wodurch das Ziel eines liberalen internationalen Wettbewerbs konterkariert wird.[15]

Da die nationalen Wettbewerbsordnungen regelmäßig auf den Schutz des jeweiligen Binnenwettbewerbs fokussiert sind, so daß der internationale Wettbewerb kein explizites Schutzobjekt nationaler Wettbewerbspolitik darstellt (*Jacquemin* 1995), finden sich in ihnen ohnehin oftmals Regelungen, die den internationalen Wettbewerb verzerren. So legalisiert eine Vielzahl der gegenwärtig existierenden Wettbewerbsordnungen reine Exportkartelle (*Schoenbaum* 1994 oder bereits *Hoppmann* 1961) und schließt auch weitere wettbewerbsverzerrende Maßnahmen der Exportförderung wie direkte und indirekte Subventionen[16] nicht aus. Darüber hinaus finden sich in vielen binnenwirtschaft-

---

[15] „In other words, trade liberalization may create a ‚policy vacuum' fitted by strategically complacent competition policy" (*Cadot*, *Grether* und *De Melo* 2000, S. 7).

[16] Subventionen von exportorientierten Unternehmen oder Branchen, wie sie im Zuge der strategischen Handels- und Industriepolitik unter anderem auch unter dem Label der Technologie- und Innovationsförderung eingesetzt werden, stellen ein Beispiel für den komplementären Charakter einer internationalen Handels- und Wettbewerbspolitik dar. Da sie sowohl den grenzüberschreitenden Wettbewerb als auch regelmäßig den Binnenmarktwettbewerb verzerren, fallen sie in beide Politikbereiche, wobei allgemein gilt, daß ihre binnenwirtschaftlichen Verzerrungswirkungen um so stärker sind, je indirekter sie sich infolge der internationalen

lich orientierten Wettbewerbsordnungen Regelungen, die einer Protektion der heimischen importkonkurrierenden Branchen dienen bzw. diese (unabhängig von der ursprünglichen Intention) zumindest bewirken (*Gröner* und *Knorr* 1996; *Freytag* und *Zimmermann* 1998, S. 44 ff.). Hierzu zählen die Verankerung wettbewerbspolitischer Ausnahmebereiche, die Zulassung vertikaler Vereinbarungen (und damit die Abschottung von Vertriebswegen), die Behinderung des Zugangs zu wesentlichen Einrichtungen (*essential facilities*; beispielsweise Verkehrs-, Telekommunikations- und Stromleitungsnetze, Medienlizenzen usw.) und auch mit den Wettbewerbsgesetzen indirekt zusammenhängende Regulierungen der Arbeitsmärkte und des Zugangs zu selbständigen Berufen (beispielsweise die Meisterpflicht im bundesdeutschen Handwerk). Weiterhin können auch durch Klauseln, die Sonderregeln aufgrund öffentlichen Interesses oder unter Bezug auf die internationale Wettbewerbsfähigkeit nationaler Unternehmen ermöglichen, internationale Wettbewerbsverzerrungen entstehen bzw. gefördert werden (*Gröner* und *Knorr* 1996, S. 580 ff.; *Wins* 2000, S. 71 f.).

Als besonders anfällig für lobbyistische Aktivitäten und daher vergleichsweise leicht für protektionistische Zwecke instrumentalisierbar gilt hierbei die Fusionskontrolle (*Fox* und *Ordover* 1995; *Petersmann* 1996). Eine permissive Haltung gegenüber inländischen Fusionen kann dabei sowohl defensiv im Sinne einer ‚Abwehrkonzentration' (gerade im Zuge der Globalisierung) als auch offensiv in bezug auf die Wettbewerbsposition heimischer Großunternehmen auf den Weltmärkten motiviert sein. Eine Förderung ‚nationaler Champions', welche als ‚heimische *global players*' bedeutsame Marktanteile auf Weltmärkten erobern sollen, kann dabei (neben der Erfüllung von *Rent seeking*-Aktivitäten heimischer Produzenten[17]) auch deswegen politisch rational sein, weil mit ihnen auch Steuereinnahmen und Arbeitsplätze verbunden sind sowie möglicherweise ein höherer Einfluß der inländischen Konsumenten auf die ‚anonymen' Weltmärkte suggeriert wird (*Ullrich* 1998). Dahinter verbirgt sich zudem die ökonomische Rationalität, daß die Kosten einer inländischen Konzentration im Falle eines ‚heimischen *global players*' sich auf in- und ausländische Konsumenten verteilen (bzw. unter Umständen sogar mehrheitlich die ausländischen Konsumenten betreffen), während der Nutzen vollständig bei dem (den) inländischen Produzenten anfällt. Diese von der internationalen Handelspolitik kaum handhabbare Variante einer *Beggar my neighbour-Politik* durch eine strategische Fusionspolitik reflektiert dabei oftmals nicht die – bereits vorhandene oder sich zukünftig wahrscheinlich ergebende – internationale Verflechtung der ‚heimischen' *global players*, welche eine Zurechenbarkeit des Nutzens auf das Inland fragwürdig werden läßt (*Fox* 1997).

Außenhandelsliberalisierungsregeln auf die Exportindustrie beziehen können. Eine internationale Wettbewerbspolitik könnte hier somit eine nachteilige Regelausweichung durch die wettbewerbswidrige ‚Kollusion' von Marktakteuren und nationaler Politik verhindern.

[17] Dabei kann sich im Zuge der Globalisierung das Lobbyismuspotential mobiler Großunternehmen verstärken (*Budzinski* 1999); diese können unter Umständen durch Abwanderungsdrohungen nationale oder regionale Politiker dazu motivieren, ‚ihren' Vertretern im globalen Wettbewerb einen Wettbewerbsvorteil zu Lasten eventuell nicht so mobiler oder kleinerer heimischer Konkurrenten zu verschaffen.

Als eine weitere Dimension der diskutierten Problematik ist auf den Bereich der Antidumpingregeln hinzuweisen. Diese stellen eigentlich eine Domäne der Wettbewerbspolitik im Zusammenhang mit der Bekämpfung bestimmter (ruinöser) Verdrängungsstrategien zwischen privaten Marktakteuren dar. Die Behandlung internationaler Dumpingprobleme durch die WTO-Außenhandelspolitik eröffnet nach verbreiteter Auffassung erhebliche Spielräume zu protektionistischem Mißbrauch. Eine Integration der Dumpingproblematik in eine internationale Wettbewerbspolitik könnte hier möglicherweise Abhilfe schaffen.[18]

Im Gegensatz zu nationalen Wettbewerbsbehörden können supranationale Wettbewerbspolitikinstanzen auch mit Entscheidungs- und Durchsetzungskompetenzen gegenüber der institutionellen oder diskretionären Zulassung von privaten Wettbewerbsbeschränkungen durch nationale Politiken ausgestattet werden. Somit kann eine internationale Wettbewerbsordnung auch dazu beitragen, auf nationaler Ebene – gerade auch in den zahlreichen Jurisdiktionen, in denen dies bisher nicht der Fall ist – wirksame Wettbewerbsregeln zu implementieren (*Brittan* und *van Miert* 1996). Ein Beispiel für eine Wettbewerbsordnung, die eine Kontrolle der Unterstützung privater Wettbewerbsbeschränkungen durch die nationale Politik beinhaltet, liefert die EU-Beihilfenkontrolle, die dabei auch einen Einblick in die mit der Implementation und der Durchführung verbundene politökonomische Problematik ermöglicht. Insgesamt ist zu konstatieren, daß internationale Wettbewerbspolitik und Außenhandelsliberalisierung eher Komplementäre als Substitute darstellen.

3.2. Grenzen einer extraterritorialen Anwendung jurisdiktioneller Wettbewerbsregeln

Auch der These, daß eine gegenseitige Anerkennung des Auswirkungsprinzips ausreicht, um internationale Wettbewerbsprobleme durch die jurisdiktionellen Wettbewerbsbehörden wirksam bekämpfen zu können, sind einige Grenzen gesetzt.[19] Zwar können die auf den ersten Blick resultierenden Informations- und Durchsetzungsprobleme in fremden Jurisdiktionen durch Kooperationsregeln zwischen den jeweiligen Wettbewerbsbehörden relativ reibungslos gelöst werden, wie die gegenwärtige Praxis zwischen der EU und den USA zeigt. Allerdings bestehen weitere Problemfelder einer extraterritorialen Anwendung jurisdiktioneller Wettbewerbsregeln, die erheblich schwieriger zu lösen sein dürften.

Eine voneinander unabhängige Anwendung des Auswirkungsprinzips durch nationale Wettbewerbsbehörden führt zu den Problemen der konkurrierenden Zuständigkeiten. Eine internationale Fusion wird von allen Wettbewerbsbehörden geprüft, deren Märkte (mit-)betroffen sind. Für die fusionierenden Unternehmen resultieren steigende Transaktionskosten durch unterschiedliche Meldevorschriften, eine Verlängerung des

---

[18] Zur Problematik: internationale Antidumpingregeln versus internationale Wettbewerbspolitik vgl. *Messerlin* 1995; *Freytag* und *Zimmermann* 1998; *Tharakan*, *Vermulst* und *Tharakan* 1998; *Pierce* 2000.

[19] Vgl. zu einer allgemeinen Kritik des Auswirkungsprinzip beispielsweise *Immenga* (1994) und *Basedow* (1998).

Gesamtprüfungsverfahrens, erhöhte Rechtsunsicherheit (unterschiedliche oder widersprüchliche Entscheidungen verschiedener Wettbewerbsbehörden), eine eventuelle Auflagenkumulation und aus der Notwendigkeit, das Fusionsvorhaben auf mehrere, materiell und verfahrenstechnisch unterschiedliche Wettbewerbsgesetze abzustimmen, inklusive juristischer Kenntnisse und Vertreter in den jeweiligen Jurisdiktionen (*Brittan* und *van Miert* 1996; *Campbell* und *Trebilcock* 1997). Volkswirtschaftlich bedeutet dies Ineffizienzen durch eine marktlich nicht begründete generelle Verteuerung von Fusionsvorhaben durch Bürokratiekosten. Eine Verringerung dieser bürokratischen Zusatzkosten jurisdiktioneller Wettbewerbspolitik auf globalisierten Märkten erfordert deutlich weiterreichende Kooperationsregeln als die Korrektur reiner Informations- und Durchsetzungsprobleme. Vorschläge hierzu existieren, beispielsweise in Form der *Positive Comity* (eine Partei verzichtet zugunsten einer anderen auf ihre Zuständigkeit) oder des *Lead-Jurisdictions-Models*, bei dem eine verfahrensführende Wettbewerbsbehörde eine internationale Fusion stellvertretend für alle betroffenen Jurisdiktionen prüft (*Campbell* und *Trebilcock* 1997). Freilich stellen derart ausgefeilte und weitreichende Kooperationsregeln bereits Elemente einer internationalen Wettbewerbsordnung bzw. -politik dar (siehe auch Abschnitt 4).

Durch komplexe Kooperationsregeln lassen sich zwar die Transaktionskosten extraterritorialer Wettbewerbspolitik mindern, jedoch verbleibt die Problematik konfliktärer Bewertungen internationaler Wettbewerbsbeschränkungen durch verschiedene Jurisdiktionen. Ohne eine Mindestharmonisierung der materiellen Regeln generiert das Auswirkungsprinzip selbst internationale Konflikte, weil im Extremfall legales Wettbewerbsverhalten in der Jurisdiktion A wettbewerbswidriges und damit untersagtes Verhalten in der Jurisdiktion B darstellt. Auch eine verfahrensführende Wettbewerbsbehörde, welche ja die Wettbewerbsregeln der weiterhin betroffenen Jurisdiktionen mitberücksichtigen müßte (sonst würde in den betroffenen Jurisdiktionen das Auswirkungsprinzip seine Gültigkeit verlieren), stünde hier vor einer Konfliktsituation. Der Fusionsfall *Boeing-McDonnell Douglas* stellt hier ein Paradebeispiel dar: Während die Fusion in den USA problemlos genehmigt wurde, wollte sie die EU zunächst untersagen, was beide Jurisdiktionen in der Folge an den Rand eines Handelskrieges brachte.[20] Derartige Probleme lassen sich nicht allein durch Kooperationsabkommen lösen, sondern bedürfen eines „common interest“ (*Fox* 1997, S. 1) bzw. einer „gemeinsamen Wettbewerbskultur“ (*Schaub* 2001, S. 929) der betroffenen Jurisdiktionen, und dies bedeutet, daß der internationale Wettbewerb selbst als vorrangiges Schutzobjekt vor nationalen (industriepolitischen) Interessen zu betrachten ist. Obwohl gerade die Praxis der Kooperation zwischen Jurisdiktionen bzw. Wettbewerbsbehörden zu der Herausbildung einer kompatiblen Problemsicht beitragen kann (*Schaub* 2001), darf doch insgesamt bezweifelt werden, ob ohne Elemente einer internationalen Wettbewerbspolitik eine solche Harmonisierung ‚von unten‘ konsistent gelingen kann.[21]

---

[20] Weitere Beispiele für Konfliktfälle diskutiert *Klodt* (2001).

[21] *Meiklejohn* (1999, S. 1247) hält es für „over-optimistic to imagine that a world-wide framework for competition policy could be built up piecemeal from a network of bilateral agreements. (...) it would be virtually impossible to ensure that all the agreements were compatible with each other.” Es resultiert dann die zusätzliche Problematik, daß eine Wettbewerbsbehör-

Verbleibt Konfliktpotential, so besteht die Gefahr, daß die Machtasymmetrie unterschiedlich großer Jurisdiktionen zu Verzerrungen des internationalen Wettbewerbs führen kann. Während die USA oder die EU mit Hilfe des Auswirkungsprinzips ihre Wettbewerbsregeln in der Regel extraterritorial zur Geltung bringen können, werden vor allem kleinere Entwicklungs- und Schwellenländer bei Konflikten mit den beiden dominierenden Jurisdiktionen und gegenüber multinationalen Konzernen, die auf die kleineren Inlandsmärkte im Gegensatz zum US- und EU-Binnenmarkt nicht angewiesen sind, oftmals zum Nachgeben gezwungen sein. Damit eröffnen sich für die besonders mächtigen Jurisdiktionen Spielräume, das Auswirkungsprinzip und die Kooperation zwischen Wettbewerbsbehörden protektionistisch zu missbrauchen (*Jacquemin* 1995; *Fox* 1999).

3.3. Wettbewerb der Wettbewerbspolitiken?

In der Literatur werden mitunter die Implementation internationaler Wettbewerbsregeln durch bi- oder multilaterale Verhandlungen und Vereinbarungen mit der Begründung abgelehnt, daß sich stattdessen mit Wettbewerb als Koordinationsprinzip auch auf der institutionellen Ebene superiore Ergebnisse erzielen lassen würden. Demnach führt ein ‚Wettbewerb der Wettbewerbsgesetze' (*Meessen* 2000) zu effizienten Wettbewerbsregeln und -politiken.[22] Dabei wird oftmals (mitunter implizit) eine ‚marktbestimmte' (im Gegensatz zu einer ‚politikbestimmten') Harmonisierung der jurisdiktionellen Wettbewerbsregeln und somit eine selbstorganisierende Herausbildung einer konsistenten und integrierten internationalen Wettbewerbsordnung angenommen. Denkbar – wenn auch in der Literatur seltener thematisiert – ist aber selbstverständlich auch eine dauerhafte kompetitive Koexistenz differierender jurisdiktioneller Wettbewerbsregeln.

Der der ökonomischen Gedankenwelt naheliegende Ansatz, das auf Gütermärkten erfolgreiche Koordinationsprinzip Wettbewerb auch auf die institutionelle Ebene zu übertragen, bringt bei näherer Betrachtung vielfältige theoretische und methodologische Probleme mit sich – von den praktisch-politischen einmal ganz zu schweigen.[23] Wenn man einen solchen Analogieschluß zwischen Gütermarktebene und Ordnungsebene für adäquat erachten kann – was allerdings nicht zwingend ist (*Kiwit* und *Voigt* 1998; *Budzinski* 1999) – so gelten für den institutionellen Wettbewerb auch die entsprechenden Problembereiche und Funktionsvoraussetzungen. Beispielsweise problematisiert der in Abschnitt 2.4. konstatierte Theorienpluralismus der Wettbewerbstheorien auch die Vorstellung eines institutionellen Wettbewerbs. So läßt die Konzeption eines Wettbewerbs der Wettbewerbsregeln als Pfad zu einer internationalen Harmonisierung zweifelsohne Rückschlüsse auf die (oftmals implizit) zugrundeliegende Wettbewerbstheorie

---

de sich bei einer Fallentscheidung mit der Berücksichtigung miteinander inkompatibler Kooperationsabkommen konfrontiert sieht. Für eine ausführlichere Diskussion der Potentiale und Grenzen von Kooperationslösungen siehe beispielsweise *Budzinski* (2002).

[22] Ähnlich argumentieren auch: *Hauser* und *Schoene* 1994; *First* 1998; *Freytag* und *Zimmermann* 1998.

[23] Kritiken eines Wettbewerbs der Wettbewerbsordnungen finden sich beispielsweise bei *Basedow* (1998) aus einer eher zentralistischen und bei *Ullrich* (1998) aus einer eher dezentralistischen Perspektive.

zu und dürfte von Vertretern evolutorischer und schumpeterianischer Wettbewerbstheorien kaum geteilt werden. Darüber hinaus bedarf auch der institutionelle Wettbewerb einer Wettbewerbsordnung, um seine Funktionsfähigkeit sicherzustellen und zu erhalten (*Kerber* 1998). Wenn jedoch Regeln für den marktlichen Wettbewerb effizient nur über einen Wettbewerb dieser Wettbewerbsregeln gefunden werden können, so muß dies auch für die Regeln des institutionellen Wettbewerbs gelten[24], so daß auch ein Wettbewerb der Regeln für den Wettbewerbsregelnwettbewerb implementiert werden muß usw. Zum einen wird damit das Problem der Regelfindung letztendlich nur auf höhere Ordnungsebenen verlagert, zum anderen ergibt sich das Problem eines infiniten Regresses der Regelebenen (*Budzinski* 2000, S. 214 ff.). Auf einer der Ordnungsebenen bedarf es jedenfalls eines *constitutional choice*, und es ist durchaus nicht zwingend, warum dies nicht bereits auf der Ebene der Wettbewerbsregeln für Gütermärkte geschehen soll. Dies ist auch vor dem Hintergrund zu sehen, daß es als durchaus fraglich gelten muß, ob eine Ordnung des institutionellen Wettbewerbs ohne materiellrechtliche Regeln für den Gütermarktwettbewerb auskäme, ohne daß es zu einer substitutiven Beziehung zwischen institutionellem Wettbewerb und Gütermarktwettbewerb kommt.

Die Problematik eines ‚Wettbewerbs der Wettbewerbsregeln' betrifft allerdings nicht die in Abschnitt 2.4. diskutierte Begründung für (dauerhafte) Regeldiversität. Institutionelle Lernprozesse sind nicht an einen ‚Wettbewerb' zwischen voneinander unabhängigen Ordnungen gebunden, sondern können auch innerhalb einer internationalen Wettbewerbsordnung ablaufen, insofern diese die wechselseitige Beobachtung parallelen (nicht-rivalisierenden, unabhängigen) Experimentierens inklusive der dadurch erzielten bzw. beobachteten Resultate ermöglicht. An dieser Stelle wird deutlich, daß die Frage einer internationalen Wettbewerbsordnung nicht zwangsläufig zentralistisch zu beantworten ist. Vielmehr besteht die Möglichkeit von Dezentralität innerhalb eines interjurisdiktionellen Systems integrierter Wettbewerbsregeln. Dies ist Gegenstand des folgenden Abschnittes.

4. Eine internationale Wettbewerbsordnung als System integrierter dezentraler Institutionen

An eine internationale Wettbewerbsordnung sind als Resultat der bisherigen Analyse zwei scheinbar konkurrierende Anforderungen zu stellen: Einerseits bedarf es jurisdiktionsübergreifender Regeln, um internationale private Wettbewerbsbeschränkungen effektiv kontrollieren zu können (*Konsistenzforderung*), und andererseits ist es vorteilhaft, die Evolutionsfähigkeit der internationalen Wettbewerbsordnung zu erhalten, indem Regeldiversität und damit Dezentralität zugelassen wird (*Diversitätsforderung*). Um zu verdeutlichen, daß eine integrative Berücksichtigung beider Anforderungen in einer internationalen Wettbewerbsordnung prinzipiell möglich ist, wird nachfolgend zunächst der Begriff ‚Ordnung' etwas näher betrachtet.[25] Insgesamt wird damit eine

---

[24] So fordert *Meessen* (2000, S. 16) folgerichtig: „Auch die WTO sollte sich dem Systemwettbewerb (...) stellen."

[25] Vgl. zum folgenden Absatz *Budzinski* (2000, S. 73 ff.).

(bisher eher selten anzutreffende) ordnungstheoretische Fundierung der Diskussion um eine internationale Wettbewerbspolitik angestrebt.

Der Begriff ‚Ordnung' stellt ebenso wie die Begriffe ‚System' oder ‚Institution' eine Methode des Betrachtens realwissenschaftlicher Erkenntnisgegenstände dar, also ein beobachterabhängiges Konstrukt oder eine Denkkategorie. Allgemein beschreibt der Begriff Ordnung eine spezifische Konfiguration eines Systems, welche eine makrostabile Funktion des Systems ermöglicht.[26] Das System Ökonomie prägt somit eine Wirtschaftsordnung aus, welche einen Rahmen für die Interaktion der Systemelemente (private und öffentliche Akteure und ihre wirtschaftlichen Handlungen) darstellt. Eine Wirtschaftsordnung besteht somit aus der Gesamtheit der ökonomierelevanten Institutionen. Letztere können dabei als *in einem gesellschaftlichen Kontext gemeinhin bekannte Systeme von interpersonalen Regeln zur Koordination wiederkehrender Interaktionen von Akteuren* (*Budzinski* 2000, S. 141)[27] definiert werden. Eine Wettbewerbsordnung stellt folglich die Gesamtheit aller wettbewerbsrelevanten Institutionen dar, womit der Begriff der Wettbewerbsordnung über die eigentlichen Wettbewerbsgesetze hinaus reicht und damit dem ordoliberalen Verständnis einer Wettbewerbsordnung (*Eucken* 1952) entspricht.

Demzufolge kann eine internationale Wettbewerbsordnung sehr unterschiedliche Ausprägungen annehmen und auf einem breiten Kontinuum zwischen hoher Zentralität (globale Wettbewerbsinstitutionen als unmittelbares Weltrecht mit einer entsprechenden, zentralisierten Weltwettbewerbsbehörde) und hoher Dezentralität angesiedelt sein. Dabei sind nicht nur die Pole ‚Zentralität' und ‚Dezentralität' besetzbar, sondern eine Vielfalt von Institutionen, die für die Kontrolle internationaler Wettbewerbsbeschränkungen relevant sind, ermöglicht Ordnungen mit sowohl zentralen als auch dezentralen Elementen (Erfüllung der Diversitätsforderung). Allerdings führt die institutionelle Vielfalt dann nicht zu einer effektiven internationalen Wettbewerbspolitik, wenn die Wettbewerbsinstitutionen in keinem systematischen Zusammenhang zueinander stehen, also voneinander isoliert (desintegriert) sind. Eine wirksame Kontrolle internationaler (privater) Wettbewerbsbeschränkungen ist keine Frage ‚institutioneller Vielfalt' versus ‚institutioneller Monokultur', sondern bedarf der systematischen Integration der wettbewerbsrelevanten Institutionen (Erfüllung der Konsistenzforderung).

---

[26] Diese geht einher mit einer gewissen Mikroinstabilität, das heißt, einer Flexibilität der Systemstruktur, welche sich als Momentaufnahme der Systemelemente und ihrer Vernetzung ergibt.

[27] Dort findet sich auch eine Übersicht ähnlicher und konkurrierender Definitionen des Institutionenbegriffs. Es wird dabei der in der Ökonomik üblichen strikten Unterscheidung von *Institutionen* und *Organisationen* gefolgt.

Abb. 2: Konsistenz und Diversität in einer internationalen Wettbewerbsordnung

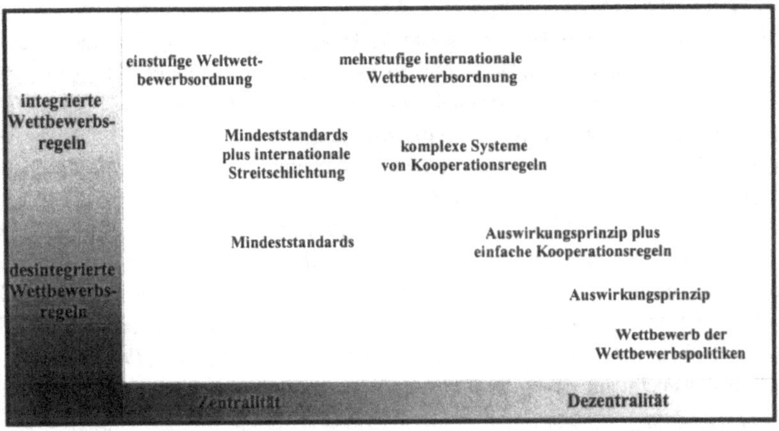

Abb. 2 verdeutlicht die Abhängigkeit von Konflikt oder Vereinbarkeit von Diversitäts- und Konsistenzforderung in Abhängigkeit von den als Kernelement einer internationalen Wettbewerbsordnung gewählten institutionellen Arrangements. So weisen ein ‚Wettbewerb der Wettbewerbsgesetze' oder eine nicht-kooperative Anwendung des Auswirkungsprinzips zwar eine hohe institutionelle Dezentralität auf und erfüllen damit die Diversitätsforderung, die in hohem Maße desintegrierten Wettbewerbsregeln können, aber keine institutionelle Konsistenz (und damit keine wirksame internationale Wettbewerbspolitik) hervorbringen. Eine einstufige Weltwettbewerbsordnung wiederum dürfte ein hohes Maß an Konsistenz der wettbewerbsrelevanten Regeln ermöglichen, jedoch sind der institutionellen Lern- und Evolutionsfähigkeit innerhalb dieser Form einer internationalen Wettbewerbsordnung aufgrund mangelnder Vielfalt und Dezentralität enge Grenzen gesetzt, was wiederum die dynamische Wirksamkeit der internationalen Wettbewerbspolitik schwächt. Allerdings zeigt Abb. 2 auch, daß eine Vielzahl an institutionellen Arrangements vorstellbar ist, welche die Diversitäts- und die Konsistenzforderung in unterschiedlichem Ausmaß erfüllen.

Eine Möglichkeit, eine adäquate Integration der Wettbewerbsinstitutionen mit der Möglichkeit zu institutionellen Lernprozessen zu verbinden, besteht in einer internationalen Wettbewerbsordnung als Mehr-Ebenen-System integrierter zentraler (interjurisdiktioneller) und dezentraler (jurisdiktioneller) Institutionen (*Kerber* 1999). Diese mehrstufige Wettbewerbsordnung beinhaltet eine globale Ebene, die sich auch als eine internationale Verfahrensordnung (*Kerber* 1999) denken läßt, in welcher die unteren Ebenen koordiniert werden. Letztere können aus jurisdiktionellen, aber auch aus regionalen Ebenen bestehen, auf denen die materiellrechtlichen Regeln institutionellen Lernprozessen ausgesetzt sind. Wettbewerbspolitische Organe werden auf allen Ebenen bestehen, beispielsweise in Form eines Forums für Konfliktmanagement auf der globalen

Ebene und in Form von ‚klassischen' Wettbewerbsbehörden auf der jurisdiktionellen und regionalen Ebene.[28]

Eine solche internationale Wettbewerbsordnung als mehrstufiges System integrierter dezentraler Wettbewerbsregeln ist vor allem mit der Problematik der *institutionellen Schnittstellen* zwischen den verschiedenen Elementen konfrontiert. Dies gilt sowohl für die vertikalen Schnittstellen, das heißt Kompetenzzuweisungen und -abgrenzungen, sowie Koordinationsverfahren bei rivalisierenden und komplementären Kompetenzen zwischen den Ebenen[29], als auch für die horizontalen Schnittstellen, also die Relationen zwischen Institutionen der gleichen Ebene. Darüber hinaus sind die materiellrechtliche und die verfahrensrechtliche Ebene zu unterscheiden.[30] Dabei treten sowohl bezüglich der materiellrechtlichen als auch bezüglich der verfahrensrechtlichen Regeln wiederum vertikale und horizontale institutionelle Schnittstellen auf; zudem existiert eine Schnittstelle zwischen materiellrechtlichen und verfahrensrechtlichen Regeln, die nicht völlig voneinander unabhängig betrachtet werden können (*Kerber* 1999, S. 263 f.).

Die Bedeutung der Schnittstellenproblematik resultiert aus der Notwendigkeit der Schaffung einer konsistenten und vielfältigen Wettbewerbsordnung, die folgende Bedingungen erfüllt: Erstens dürfen keine Regelungslücken resultieren, also (internationale) wettbewerbswidrige Tatbestände, die von keiner Ebene und keiner Jurisdiktion erfaßt werden. Zweitens müssen eventuelle Regelungskonflikte ordnungsintern gelöst werden, das heißt, da es real keine absolut überschneidungsfreie Kompetenzzuweisung geben kann, müssen Mechanismen der Koordination parallel (sowohl konkurrierend als auch komplementär) zuständiger Ebenen oder Jurisdiktionen existieren. Somit besteht internationale Wettbewerbspolitik in erster Linie in einer Lösung der Problematik der institutionellen Schnittstellen in einer komplexen Wettbewerbsordnung als System integrierter dezentraler Institutionen und bestenfalls in zweiter Linie in einer Einigung über die materiellrechtliche Ausgestaltung.[31] Als theoretische Fundierung einer solchen Wettbewerbsordnungspolitik bieten sich naturgemäß die Ordnungstheorie und die Institutionenökonomik an, deren Forschungsprogramme die Problematik institutioneller Schnittstellen logisch umfassen. Allerdings liegt eine systematische theoretische Unter-

---

[28] Beispielsweise: globales Wettbewerbsforum als Verfahrenskoordinator und Konfliktschlichtungsstelle → Europäische Kommission als Kartellbehörde und Fusionskontrolle → Bundeskartellamt als Kartellbehörde und Fusionskontrolle für abgrenzbare Inlandsmärkte (beispielsweise für nicht-handelbare Güter) → Wettbewerbszentralen auf Bundesländerebene zur Kontrolle von regionalem unlauterem Wettbewerbsverhalten.

[29] Hier besteht die Gefahr einer schleichenden Zentralisierung der Wettbewerbsordnung nach ihrer Implementierung, wie sie beispielsweise für die existierende Mehr-Ebenen-Wettbewerbsordnung der EU konstatiert werden kann (*Kerber* 2000).

[30] Während erstere die inhaltlichen Normen des Wettbewerbsrechts darstellen, beinhalten letztere die Regeln, nach denen die Rechtsverfahren ablaufen, also beispielsweise bezüglich Feststellung und Sanktionierung von Normverletzungen, die institutionelle Gestaltung der Durchsetzungsorgane (Wettbewerbsbehörden und Gerichte) sowie die Ablaufregeln für wettbewerbsrechtliche Verfahren.

[31] Offen bleibt an dieser Stelle, inwieweit eine funktionsfähige internationale Verfahrensordnung ohne inhaltliche Mindestharmonisierung möglich ist.

suchung der dargelegten Schnittstellenproblematik als Basisproblem jeder komplexen (mehrstufigen) Ordnung bisher nicht vor.

5. Fazit: Institutionelle Schnittstellen als offenes Problem der Ordnungstheorie

Die Schaffung, Gestaltung und Evolution einer internationalen Wettbewerbspolitik ist insgesamt weniger ein Problem des *ob* sondern des *wie*. Die in der wettbewerbspolitischen Diskussion aufgeworfenen Gegenpole, interjurisdiktionelle Wettbewerbsregeln als zentralistische und Konservierung jurisdiktioneller Wettbewerbsregeln als dezentralistische Lösung, lassen sich im Konzept einer mehrstufigen internationalen Wettbewerbs*ordnung* integrieren. Dies erscheint vor allem deswegen notwendig und sinnvoll, weil für beide Positionen gewichtige Argumente sprechen. Eine dezentrale Lösung kommt dabei nicht nur den polit-ökonomischen Realitäten entgegen, sondern wird auch durch theoretische Argumente (institutionelle Lernprozesse angesichts von nachhaltigem Theorienpluralismus) gestützt. Jedoch gewährleisten nicht-integrierte jurisdiktionelle Wettbewerbsregeln und ihre extraterritoriale Anwendung keine genügende Kontrolle internationaler Wettbewerbsbeschränkungen durch private Marktakteure und können strategische jurisdiktionelle Wettbewerbspolitik mit protektionistischem Charakter nicht ausreichend handhaben. Damit droht bei einem Verzicht auf eine systematische internationale Wettbewerbspolitik eine Konterkarierung der erfolgreichen Außenhandelsliberalisierungspolitik, womit letztendlich auch die Globalisierung der Märkte selbst begrenzt werden kann. Vermachtete Weltmärkte reduzieren zudem internationale Wohlfahrtschancen und ermöglichen neue Rent seeking-Potentiale.

Die Diskussion um eine internationale Wettbewerbspolitik bedarf einer verstärkten und expliziten ordnungstheoretischen und institutionenökonomischen Fundierung, um die an sie gestellten Anforderungen nicht als rivalisierend, sondern als integrierbar zu begreifen. Eine komplexe internationale Wettbewerbsordnung als Mehr-Ebenen-System beinhaltet Potentiale hinsichtlich ihrer Realisierbarkeit, Wirksamkeit und Evolutionsfähigkeit. Eine hohe Sensitivität kommt hierbei der Ausgestaltung der institutionellen Schnittstellen zwischen den diversen Ebenen der komplexen Ordnung zu. Hier allerdings besteht noch erheblicher Forschungsbedarf für die Ordnungstheorie und die Institutionenökonomik, denn die Problematik institutioneller Schnittstellen muß zum gegenwärtigen Zeitpunkt als offenes Problem der Ordnungsökonomik eingestuft werden.

Literatur

Audretsch, David B., *William J. Baumol* und *Andrew E. Burke* (2001), Competition Policy in Dynamic Markets, in: International Journal of Industrial Organization, Vol. 19 (5), S. 613-634.

Bain, Joe S. (1956), Barriers To New Competition, Cambridge, Mass.

Basedow, Jürgen (1998), Weltkartellrecht – Ausgangslage und Ziele, Methoden und Grenzen der internationalen Vereinheitlichung des Rechts der Wettbewerbsbeschränkungen, Tübingen.

Baumol, William J. (1982), Contestable Markets – An Uprising in the Theory of Industry Structure, in: American Economic Review, Vol. 72 (1), S. 1-15.

Bork, Robert H. (1978), The Antitrust Paradox, New York.

Brittan, Leon und *Karel van Miert* (1996), Towards an International Framework of Competition Rules, in: International Business Lawyer, Vol. 24 (10), S. 454-457.

Budzinski, Oliver (1999), Ordnungswettbewerb in der Globalisierung – Folgen für die Steuerungskompetenz nationaler Wirtschaftspolitik, in: *Michael H. Stierle* (Hg.), Globalisation – Effects on Enterprises, Employment and Government, Berlin, S. 201-224.

Budzinski, Oliver (2000), Wirtschaftspolitische Implikationen evolutorischer Ordnungsökonomik, Marburg.

Budzinski, Oliver (2002), Perspektiven einer internationalen Wettbewerbspolitik, in: List Forum für Wirtschafts- und Finanzpolitik, Bd. 28 (3), S. 233-252.

Budzinski, Oliver und *Wolfgang Kerber* (2002), Megafusionen, Wettbewerb und Globalisierung, Frankfurt a.M. (im Druck).

Cadot, Olivier, Jean-Marie Grether und *Jaime De Melo* (2000), Trade and Competition Policy – Where do we Stand?, in: Journal of World Trade, Vol. 34 (3), S. 1-20.

Campbell, Neil und *Michael J. Trebilcock* (1997), Interjurisdictional Conflict in Merger Review, in: *Leonard Waverman, William S. Comanor* und *Akira Goto* (eds.), Competition Policy in the Global Economy, London, S. 89-126.

Clark, John M. (1940), Toward a Concept of Workable Competition, in: American Economic Review, Vol. 30, S. 241-256.

Clark, John M. (1961), Competition as a Dynamic Process, Washington, D.C.

De León, Ignacio (1997), Should We Promote Antitrust in International Trade?, in: World Competition, Vol. 21 (2), S. 35-63.

Dulbecco, Philippe (1998), Inter-firm Cooperative Agreements, in: *Richard Arena* und *Christian Longhi* (eds.), Markets and Organization, Berlin, S. 577-596.

Eucken, Walter (1952), Grundsätze der Wirtschaftspolitik, Tübingen.

European Commission (2001), Case NoComp/M.220 – General Electric/Honeywell, Regulation (EEC) No4064/89 Merger Procedure, Brüssel.

Evenett, Simon J., Margaret C. Levenstein und *Valerie Y. Suslow* (2001), International Cartel Enforcement: Lessons from the 1990s, in: The World Economy, Vol. 24 (9), S. 1221-1245.

Fikentscher, Wolfgang und *Ulrich Immenga* (1995) (Hg.), Draft International Antitrust Code, Baden-Baden.

First, Harry (1998), Theories of Harmonization – A Cautionary Tale, in: *Hanns Ullrich* (Hg.), Comparative Competition Law: Approaching an International System of Antitrust Law, Baden-Baden, S. 17-41.

Fox, Eleanor M. (1997), Toward World Antitrust and Market Access, in: American Journal of International Law, Vol. 91 (1), S. 1-25.

Fox, Eleanor M. (1999), The Merger Regulation and its Territorial Reach, in: European Competition Law Review, Vol. 20 (6), S. 334-336.

Fox, Eleanor M. und *Janusz A. Ordover* (1995), The Harmonization of Competition and Trade Law, in: World Competition, Vol. 19 (2), S. 5-34.

Freytag, Andreas und *Ralf Zimmermann* (1998), Muß die internationale Handelsordnung um eine Wettbewerbsordnung erweitert werden?, in: Rabels Zeitschrift für ausländisches und internationales Privatrecht, Bd. 62 (1), S. 38-58.

Fullerton, Larry und *Camelia C. Mazard* (2001): International Antitrust Co-operation Agreements, in: World Competition, Vol. 24 (3), S. 405-423.

Gey, Peter (2001), Das Berufungsurteil in Sachen Microsoft – Kartellrecht in dynamischen Technologiemärkten, in: Wirtschaft und Wettbewerb, Jg. 51 (10), S. 933-944.

Giotakos, Dimitri, Laurent Petit, Gaelle Garnier und *Peter De Luyck* (2001), General Electric/Honeywell – An Insight into the Commission's Investigation and Decision, in: Competition Policy Newsletter, No. 3, October 2001, S. 5-13.

Gröner, Helmut und *Andreas Knorr* (1996), Internationalisierung der Wettbewerbspolitik, in: *Ulrich Immenga, Wernhard Möschel* und *Dieter Reuter* (Hg.), Festschrift für Ernst-Joachim Mestmäcker, Baden-Baden, S. 579-591.

Hauser, Heinz und *Rainer E. Schöne* (1994), Is There a Need for International Competition Rules?, in: Aussenwirtschaft, Bd. 49 (2-3), S. 205-222.

Hayek, Friedrich A. von (1945), The Use of Knowledge in Society, in: American Economic Review, Vol. 35, S. 519-530.

Hayek, Friedrich A. von (1968), Der Wettbewerb als Entdeckungsverfahren, in: Friedrich A. von Hayek (1969), Freiburger Studien, Tübingen, S. 249-265.

Hoppmann, Erich (1961), Wettbewerbspolitik und Exportkartelle, in: Jahrbücher für Nationalökonomie und Statistik, Bd. 173, S. 343-382.

ICPAC (2000), International Competition Policy Advisory Committee: Final Report, Department of Justice, Antitrust Division, Washington D.C.

Immenga, Ulrich (1994), The Failure of Present Institutions and Rules to Respond to the Globalization of Competition, in: Aussenwirtschaft, Bd. 49 (2-3), S. 201-204.

Jacquemin, Alexis (1995), Towards an Internationalisation of Competition Policy, in: The World Economy, Vol. 18 (6), S. 781-789.

Janow, Merit E. und *Cynthia R. Lewis* (2001), International Antitrust and the Global Economy, in: World Competition, Vol. 24 (1), S. 3-21.

Kerber, Wolfgang (1994), Evolutorischer Wettbewerb – Zu den theoretischen und institutionellen Grundlagen der Wettbewerbsordnung, Habilitationsschrift, Freiburg.

Kerber, Wolfgang (1997), Wettbewerb als Hypothesentest: Eine evolutorische Konzeption wissenschaffenden Wettbewerbs, in: *Karl von Delhaes* und *Ulrich Fehl* (Hg.), Dimensionen des Wettbewerbs: Seine Rolle in der Entstehung und Ausgestaltung von Wirtschaftsordnungen, Stuttgart, S. 29-78.

Kerber, Wolfgang (1998), Zum Problem einer Wettbewerbsordnung für den Systemwettbewerb, in: Jahrbuch für Neue Politische Ökonomie, Bd. 17, S. 199-230.

Kerber, Wolfgang (1999), Wettbewerbspolitik als nationale und internationale Aufgabe, in: *Thomas Apolte, Rolf Caspers* und *Paul J. J. Welfens* (Hg.), Standortwettbewerb, wirtschaftspolitische Rationalität und internationale Ordnungspolitik, Baden-Baden, S. 241-269.

Kerber, Wolfgang (2000), Europäische Fusionskontrolle: Entwicklungslinien und Perspektiven, in: *Peter Oberender* (Hg.), Die Europäische Fusionskontrolle, Berlin, S. 69-97.

Kerber, Wolfgang und *Oliver Budzinski* (2001), Wettbewerbspolitik: Zum Problem wachsender Unternehmenskonzentration auf globalisierten Märkten, in: *Lambert T. Koch* (Hg.), Wirtschaftspolitik im Wandel, München, S. 245-272.

Kiwit, Daniel und *Stefan Voigt* (1998), Grenzen des institutionellen Wettbewerbs, in: Jahrbuch für Neue Politische Ökonomie, Bd. 17, S. 313-337.

Kleinert, Jörn und *Henning Klodt* (2000), Megafusionen – Trends, Ursachen und Implikationen, Tübingen.

Klodt, Henning (2001), Conflict and Conflict Resolution in International Anti-trust: Do we Need International Competition Rules?, in: The World Economy, Vol. 24 (7), S. 877-888.

Mantzavinos, Chrysostomos (1994), Wettbewerbstheorie – Eine kritische Auseinandersetzung, Berlin.

Martin, Stephen (1993), Advanced Industrial Economics, Cambridge, Mass.

Meessen, Karl M. (2000), Das Für und Wider eines Weltkartellrechts, in: Wirtschaft und Wettbewerb, Bd. 50 (1), S. 5-16.

Meiklejohn, Roderick (1999), An International Competition Policy: Do we Need it? Is it Feasible?, in: The World Economy, Vol. 22 (9), S. 1233-1249.

Messerlin, Patrick A. (1995), Should Antidumping Rules Be Replaced by National or International Competition Rules?, in: World Competition, Vol. 18 (3), S. 37-54.

Metcalfe, J. Stanley (1998), Evolutionary Economics and Creative Destruction, London.

Neven, Damien und *Paul Seabright* (1997), Trade Liberalization and the Coordination of Competition Policy, in: *Leonard Waverman*, *William S. Comanor* und *Akira Goto* (eds.), Competition Policy in the Global Economy, London, S. 381-406.

Nicolaides, Phedon (1996), For a World Competition Authority, in: Journal of World Trade, Vol. 30 (4), S. 131-145.

Petersmann, Ernst-Ulrich (1996), International Competition Rules for Governments and for Private Business, in: Journal of World Trade, Vol. 30 (3), S. 5-35.

Pierce, Jr., Richard J. (2000), Antidumping Law as a Means of Facilitating Cartelization, in: Antitrust Law Journal, Vol. 67 (3), S. 725-744.

Posner, Richard A. (1979), The Chicago School of Antitrust Analysis, in: University of Pennsylvania Law Review, Vol. 127, S. 925-948.

Röpke, Jochen (1990), Externes Unternehmenswachstum im ökonomischen Evolutionsprozeß, in: ORDO, Bd. 41, S. 151-172.

Schaub, Alexander (2001): Konvergenz kartellrechtlicher Normen und deren Anwendung auf globale Sachverhalte, in: Wirtschaft und Wettbewerb, Bd. 51 (10), S. 928-933.

Scherer, Frederic M. (1994), Competition Policies for an Integrated World Economy, Washington D.C.

Scherer, Frederic M. und *David Ross* (1990), Industrial Market Structure and Economic Performance, 3. Aufl., Boston.

Schoenbaum, Thomas J. (1994), The International Trade Laws and the New Protectionism: The Need for a Synthesis with Antitrust, in: North Carolina Journal of International Law and Commercial Regulation, Vol. 19, S. 393-436.

Schumpeter, Joseph A. (1912), Theorie der wirtschaftlichen Entwicklung, 5. Aufl., Berlin 1952.

Tharakan, P.K.M., *Edwin Vermulst* und *Joe Tharakan* (1998), Interface Between Anti-dumping Policy and Competition Policy, in: The World Economy, Vol. 21 (8), S. 1035-1060.

Trebilcock, Michael J. (1996), Competition Policy and Trade Policy – Mediating the Interface, in: Journal of World Trade, Vol. 30 (4), S. 71-106.

Ullrich, Hanns (1998), International Harmonisation of Competition Law: Making Diversity a Workable Concept, in: *Hanns Ullrich* (Hg.), Comparative Competition Law: Approaching an International System of Antitrust Law, Baden-Baden, S. 43-74.

Weizsäcker, Carl Christian von (1998), Transnationale Fusionen aus der Sicht des Wettbewerbspolitikers, in: Wirtschaftsdienst, Bd. 78 (7), S. 386-389.

Wins, Henning (2000), Eine internationale Wettbewerbsordnung als Ergänzung zum GATT, Baden-Baden.

Alfred Schüller und H. Jörg Thieme (Hg.), Ordnungsprobleme der Weltwirtschaft
Schriften zu Ordnungsfragen der Wirtschaft · Band 71 · Stuttgart · 2002

Legitimation supranationaler Wirtschaftspolitik: Das Beispiel der Europäischen Union

Christian Müller[*]

Inhalt

---

[*] Für hilfreiche Diskussionen und Anmerkungen danke ich *Manfred Tietzel*, *Thorsten Jopp* und *Vincent Ostrom* sowie den Teilnehmern des 35. Forschungsseminars Radein, vor allem meinem Korreferenten *Thorsten Sundmacher*.

1. Legitimation durch Vertrag

Die Europäische Union wächst immer mehr zusammen. Kaum ein Jahrzehnt ist es her, daß der europäische Binnenmarkt vollendet wurde; 1999 wurde mit dem Euro eine gemeinsame Währung eingeführt, die nun auch physisch die Portemonnaies der Europäer füllt. Und schon steht die Osterweiterung auf der Agenda, im Zuge derer bis zu 10 weitere Staaten in Mittel- und Osteuropa (eventuell zuzüglich der Türkei und Zypern) Mitglieder der Europäischen Union werden könnten. Trotz dieser tiefgreifenden Veränderungen auf europäischer Ebene besteht über die zentralen Aufgaben und die institutionellen Strukturen der Europäischen Union weder unter den Regierungen ihrer Mitgliedstaaten noch unter den Bürgern Einigkeit.

Wie Europa aus Sicht seiner 370 Millionen Einwohner wirklich aussehen sollte und wie nicht, das können wir – solange die Bürger über ihre Vorstellungen von Europa nicht direkt abstimmen dürfen – natürlich nicht wissen. Die Fragestellung des vorliegenden Beitrags ist daher enger: Mit dem in der modernen Konstitutionenökonomik weitverbreiteten Legitimationsansatz der Theorien des Gesellschaftsvertrags[1] soll hier statt dessen gefragt werden, auf welche grundlegenden Verfassungsregeln sich rationale, ihre Individualinteressen zielgerichtet verfolgende Entscheidungsträger einigen würden, wenn sie zu einer (wohl nur hypothetisch denkbaren) verfassungsgebenden Versammlung aller Bürger geladen würden.

Anders als im tatsächlich stattfindenden politischen Prozeß der europäischen Einigung stehen in der modernen Vertragstheorie damit die von einer kollektiven Entscheidung betroffenen Menschen im Mittelpunkt. In idealer Weise legitimiert wären wirtschaftspolitische Kollektiventscheidungen nach der Vertragstheorie, wenn *alle* von dieser Handlung betroffenen Individuen einen tatsächlichen Konsens erzielen (z. B. *Vanberg* 2000a). In der Einstimmigkeit aller gesellschaftlichen Entscheidungen besteht das Ideal der klassischen Theoretiker des Gesellschaftsvertrags wie *Thomas Hobbes*, *Jean-Jacques Rousseau* oder *John Locke* und ihrer modernen Nachfolger wie *John Rawls* und *James Buchanan*. Das Einstimmigkeitserfordernis überträgt die *Pareto*-Effizienz marktlicher Entscheidungen auf die politischen Wahlhandlungen einer großen Gesellschaft: Entscheiden rationale Entscheidungsträger freiwillig im Konsens, so ist das Entscheidungsergebnis notwendig *pareto*optimal, insofern in einer solchen Gesellschaft niemand besser gestellt werden kann, ohne zugleich eines der Gesellschaftsmitglieder schlechter zu stellen. Durch das Vetorecht, welches das Einstimmigkeitserfordernis jedem Beteiligten einräumt, muß niemand ‚externe Kosten' (*Buchanan* und *Tullock* 1962, S. 47 f.) tragen, die ihm durch andere dadurch ‚von außen' (‚extern') auferlegt werden, daß er mit seiner eigenen Meinung unterliegt und eine Kollektiventscheidung gegen seinen Willen getroffen wird.

Eine einstimmige Wahl von Regeln ist in modernen Massengesellschaften aus der Sicht eines jeden einzelnen Individuums jedoch nur dann optimal, wenn ihre *Konsensfindungskosten* (*Buchanan* und *Tullock* 1962, S. 63 ff.) gleich null sind. Dabei handelt

---

[1] Vgl. vor allem *Buchanan* und *Tullock* (1962); *Buchanan* (1984); *Rawls* (1994). Überblicke geben z. B. *Buchanan* (1990); *Leschke* (1993); *Pies* und *Leschke* (1996); *Vanberg* (2000a).

es sich um alle interpersonellen Kosten, die jedes einzelne Individuum in Form von Kosten an Zeit, für Werbung für die eigene Meinung, Mühe etc. aufwenden muß, um die anderen Kollektivmitglieder zu überzeugen. In realen Gesellschaften vieler Millionen Individuen ist aber gerade diese Voraussetzung einstimmiger Kollektiventscheidungen in der Regel nicht erfüllt. Aus der Geschichte ist kein Beispiel bekannt, daß es je eine politische Handlung gegeben hätte, welche die einmütige Zustimmung aller Bürger erhalten hätte. Der Gesellschaftsvertrag, über den die großen Staatstheoretiker so lange philosophierten, ist eine Fiktion. Moderne Massengesellschaften sind geprägt durch das ‚Faktum des Pluralismus‘ (*Rawls* 1992, S. 294). Die Kosten, einen Konsens über irgendeine kollektive Handlung herbeizuführen, dürften sogar gerade dann maximal sein, wenn die Entscheidungsregel Einstimmigkeit verlangt.

Es ist dies der Grund dafür, warum die modernen Vertragstheorien, wie sie in der Ökonomik heute meistens verwendet werden, danach fragen, auf welche Regeln ihres postkonstitutionellen Zusammenlebens sich denn wenigstens fiktive Rationalentscheider in einer konstitutionellen Situation der Regelwahl – bei Nichtexistenz konstitutioneller Konsensfindungskosten – einigen *würden*.[2] An die Stelle einer tatsächlichen Rechtfertigung durch einen realen Konsens tritt hier die (Quasi-) Legitimation durch einen *hypothetischen Gesellschaftsvertrag*; statt tatsächliche Zustimmung aller Beteiligten verlangen diese Theorien lediglich die Zustimmungs*fähigkeit* durch alle Betroffenen.

Dabei wird vorausgesetzt, daß die Individuen ihre Eigeninteressen nur insoweit verfolgen können sollen, als diese nicht mit den legitimen Eigeninteressen aller übrigen Betroffenen kollidieren. Die Freiheit, zu tun und zu lassen, was der eine will, soll nur insoweit respektiert werden, als diese Freiheit nicht die Freiheit aller anderen Menschen beschneidet. Die Vertragstheoretiker postulieren daher, daß sich die Beteiligten im Zeitpunkt ihrer konstitutionellen Abstimmung in einer Situation ursprünglicher Gerechtigkeit befinden: Annahmegemäß entscheiden sie unter einem sog. ‚Schleier der Unkenntnis‘ (*Rawls* 1994; *Brennan* und *Buchanan* 1993; *Buchanan* und *Congleton* 1998), unter dem niemand seine eigenen Partialinteressen kennt. Da jeder befürchten muß, sich, wenn der Schleier der Unkenntnis gelüftet ist, in jeder möglichen gesellschaftlichen Situation wiederzufinden, hat niemand einen Anreiz, irgendeine gesellschaftliche Stellung systematisch zu diskrimieren. Jeder wird vielmehr eine Entscheidung nach einer ethischen Norm der Universalisierung treffen, die verlangt, daß man sich vor einer Entscheidung in die Lage des Mitmenschen versetzt und sich fragt, ob man auch dann, wenn man sich in dessen Position befände, eine beabsichtigte Handlung ausführen würde.[3]

Im folgenden soll mit diesem Modell einer hypothetischen Legitimation durch Gesellschaftsvertrag die europäische Wirtschaftspolitik auf ihre Rechtfertigung aus indivi-

---

2 Die (zumeist implizite) Annahme, daß für die Teilnehmer der konstitutionellen Entscheidung keine Konsensfindungskosten anfallen, macht eine einstimmige Entscheidung wenigstens auf der konstitutionellen Ebene möglich.

3 Zur Universalisierung in der Ethik vgl. *Mackie* (1980); für eine kritische Analyse verschiedener Varianten der hypothetischen Vertragstheorie vgl. *Müller* (2000) und (2002).

dualistischer Sicht hin getestet werden. Zwei miteinander verbundene Fragen bedürfen der Klärung: Erstens, welche Arten von (wirtschaftspolitischen) Aufgaben würden Bürger überhaupt auf die europäische Ebene delegieren? Wie groß ist, mit anderen Worten, der Umfang und die Tiefe der Entscheidungen, welche auf der Ebene der Europäischen Union mit Bindungswirkung für ihre Bürger getroffen werden dürfen? Und zweitens ist danach zu fragen, in welcher Weise die Einwohner der Mitgliedstaaten der Europäischen Union an der Entscheidungsfindung auf der höchsten föderalen Ebene beteiligt sind. Unter welchen Umständen also würden rationale Bürger welche Institutionen mit der Wahrnehmung der legitimen wirtschaftspolitischen Aufgaben betrauen?

2. Umfang und Tiefe wirtschaftspolitischer Aufgabenerfüllung in Europa

2.1. Die Legitimität kollektiven Handelns

Sieht eine Verfassung allein Vorschriften für das Verfahren, nicht aber über den Inhalt von kollektiven Entscheidungen vor und läßt damit die Tiefe und den Umfang legitimer Aufgabenerfüllung auf der kollektiven Ebene offen, so liegt nach *Hayek* (1969, S. 117) der Fall einer „unbeschränkten Demokratie“ vor. Eine solche inhaltlich unbegrenzte Delegation von Regelungsbereichen auf einen kollektiven Eingriffsträger wäre in der hypothetischen Verhandlung über einen Gesellschaftsvertrag kaum konsensfähig. Im allgemeinen werden rationale Individuen einer kollektiven Bereitstellung von Gütern – sei es durch nationale, sei es durch internationale Eingriffsträger – nämlich nur dann zustimmen, wenn diese Güter die Eigenschaften eines reinen Kollektivguts aufweisen. Solche Güter haben zum einen die Eigenschaft, daß ihre Nutzer um den Konsum dieser Güter ‚nicht rivalisieren‘, d. h. daß der Konsum des einen Nutzers jenen eines anderen Nutzers nicht einschränkt. Zum anderen kann von der Nutzung eines Kollektivgutes, wenn es einmal bereitsteht, niemand ausgeschlossen werden, und zwar auch dann nicht, wenn der einzelne Nutzer nichts zu seiner Bereitstellung beigetragen hat. Hierin liegt die Ursache für eine postkonstitutionelle Dilemmasituation eines ‚Marktversagens‘, das darin besteht, daß jeder jedem anderen dadurch eine negative Externalität (*Buchanan* 1966) zufügt, daß er bei freiwilliger Beitragsleistung nicht seine wahre marginale Zahlungsbereitschaft (seinen sog. ‚*Lindahl*-Preis‘) angibt, sondern sich durch Untertreibung seiner tatsächlichen Grenzzahlungsbereitschaft der vollen Finanzierungsforderung entzieht (*Samuelson* 1954). Obwohl im Extremfall reiner öffentlicher Güter alle die Bereitstellung und Finanzierung dieses Gutes wünschen, hätte niemand einen Anreiz, dazu beizutragen. Rationale Individuen in einer konstitutionellen Situation der Regelwahl würden sich daher darauf einigen, die Bereitstellung von Gütern mit den Eigenschaften der Nichtrivalität und des Nichtausschlusses auf einen kollektiven Akteur wie den Staat zu delegieren und die hierfür erforderlichen Finanzierungsanteile über Steuern oder naturale Zwangsabgaben (wie z. B. Wehrpflicht) zu erheben. Bei rein privaten Gütern wie Brot oder Clubgütern wie Kabelfernsehen[4] läßt sich das Ausschlußprinzip indes unter

---

[4] Zur Theorie der Clubgüter siehe grundlegend *Buchanan* 1965. Überblicke über die Literatur geben *Sandler* und *Tschirhart* (1980) und (1997); *Apolte* (1995).

Aufwendung vertretbarer Kosten durchsetzen; folglich können diese Güter privat über Märkte bereitgestellt werden.[5]

Daß öffentliche Güter kollektiv, private und Clubgüter indes privat bereitzustellen sind, ist letztlich eine Folge des Subsidiaritätsprinzips, das aus der katholischen Soziallehre stammt und das als föderales Aufgabenzuweisungsprinzip zumindest ansatzweise über den Maastrichter Vertrag (Art. 5 EGV) auch Eingang in das europäische Recht gefunden hat. Allgemein verlangt das Subsidiaritätsprinzip, daß der Aufbau einer Gesellschaft „von unten nach oben" erfolgen solle. Der „Staat soll nur da eingreifen, wo seine Mithilfe in keiner Weise zu entbehren ist" (*Eucken* 1990, S. 348). Insofern das Handeln des Staates immer in der einen oder anderen Weise mit Zwang verbunden ist, läßt sich das Subsidiaritätsprinzip auch als ein Prinzip der Vermeidung von Zwang auffassen (*Müller* und *Tietzel* 2002); es dient, in einer Formulierung von *Hensel* (1949, S. 229), dazu, „das gemeinschaftliche Leben der Völker mit einem Mindestmaß an öffentlicher Macht und einem Höchstmaß an einzelmenschlicher Freiheit zu ermöglichen."

Würden private oder Clubgüter nicht privat über Märkte, sondern kollektiv bereitgestellt und über nicht-äquivalente Steuern finanziert, so würde die Leistung von der Gegenleistung zumindest teilweise entkoppelt: Auf der einen Seite würden die Nutzer solcher Güter – etwa die Nachfrager nach subventionierten Opernkarten – nur im Ausnahmefall die vollen Kosten der von ihnen beanspruchten Nutzungseinheiten bezahlen; auf der anderen Seite müßten auch Menschen, die von den privat anfallenden Nutzen dieser Güter ausgeschlossen sind, zur Bereitstellung von Gütern beitragen, von denen sie nicht profitieren. Damit ist unnötiger Zwang involviert, gegen den rationale Individuen ihr Veto einlegen würden, da unter dem Schleier der Unkenntnis niemand ausschließen könnte, selbst zu den Opfern einer solchen Zwangsfinanzierung zu gehören.

Umgekehrt wäre unnötiger Zwang im Spiel, wenn reine öffentliche Güter nicht kollektiv alloziert würden, sondern ihre Bereitstellung dem marktlichen Austausch überlassen bliebe. Gäbe es keinen Staat, der einen Rechtsrahmen setzt, Eigentumsrechte definiert und schützt und die Anwendung von Gewalt monopolisiert, landeten die Individuen in einem *Hobbes*schen (Bürger-) „Krieg aller gegen alle" (*Hobbes* 1976), in dem jeder zum potentiellen Ausbeutungsobjekt des anderen wird. Würde der Staat auch nicht eine Wettbewerbsordnung bereitstellen, die alle Marktteilnehmer auf die Regeln eines Leistungswettbewerbs verpflichtet, so könnten die Anbieter einander behindern und aufgrund ihrer Marktmacht aufeinander Zwang ausüben (*Eucken* 1990). Erst die gesellschaftsvertragliche Ermächtigung eines kollektiven Akteurs zur Ausübung eines (zeitlich befristeten) Gewaltmonopols zwingt die Menschen in dieser Situation dazu, in einer Weise frei zu sein, die mit der Freiheitssphäre des jeweils anderen verträglich ist.

---

[5] Siehe für den Fall der Clubgüter *Berglas* (1976) und (1981), *Berglas* und *Pines* (1980). Bei rein privaten Gütern werden alle entstehenden Nutzungskosten über den Preis internalisiert; unbeteiligte Dritte werden nicht geschädigt. Bereits die am Markt abgeschlossenen Verträge über den Austausch dieser Güter genügen daher, um das vertragstheoretische Ideal einer hier sogar tatsächlichen und nicht nur hypothetischen Einstimmigkeit unter allen Betroffenen zu erzielen. Kollektiver Handlungsbedarf besteht aus der Sicht der konstitutionellen Entscheidungssituation insoweit nicht.

2.2. Die Legitimität supranationalen Handelns

Ist aber die Frage nach der Legitimität der kollektiven Bereitstellung reiner öffentlicher Güter im Grundsatz bejaht, so stellt sich die nachgelagerte Frage, auf welcher Ebene eines mehrschichtigen föderalen Staatengebildes diese Bereitstellung zu erfolgen hätte. Antworten auf diese Frage lassen sich der ökonomischen Theorie des Föderalismus[6] entnehmen, die man als einen Spezialfall der Theorien des hypothetischen Gesellschaftsvertrags auffassen kann. Nach dem in der Föderalismustheorie zentralen Theorem von *Tiebout* (1956) scheint es, als ob überhaupt keine wirtschaftspolitischen Aktivitäten auf die supranationale Ebene gehörten. Unter bestimmten Voraussetzungen, insbesondere bei vollständiger Mobilität aller Individuen, ist danach die dezentrale Bereitstellung öffentlicher Güter allokationseffizient. Wenn in verschiedenen Gebietskörperschaften unterschiedliche Bündel von Gütern angeboten werden, werden nach *Tiebout* die Individuen sich diejenige Gemeinde als Wohnort auswählen, die ihnen eine individuell optimale Kombination von Steuerbelastung und öffentlichen Gütern gewährleistet. Das Gleichgewicht, das sich nach diesem Anpassungsprozeß durch Migration einstellt, ist *pareto*optimal, insofern sich kein Bürger-Souverän mehr durch einen Umzug besserstellen kann.

Das aus der Theorie des Marktversagens bekannte Problem, daß die Bürger keinen Anreiz haben, ihre wahre Wertschätzung für Kollektivgüter bekanntzugeben, ist hier offenbar gelöst: Der Wettbewerb der Gebietskörperschaften führt zu einer vollständigen Offenbarung der Präferenzen und der damit verbundenen Zahlungsbereitschaften. Wie die ‚unsichtbare Hand' des Marktes die Eigeninteressen der Marktteilnehmer auf eine gesellschaftlich wünschenswerte Allokation von Produktionsfaktoren und Gütern hin koordiniert, so beschert der fiskalische Wettbewerb auf Regierungsebene den Bürger-Souveränen optimale Kombinationen von Kollektivgütern und Steuerpreisen in ihren jeweiligen Ländern. In einer dynamischen Perspektive zwingt die Steuerkonkurrenz darüber hinaus die Regierungen, immer neue Politikmodelle zu erfinden und gegebenenfalls Handlungsalternativen zu imitieren, welche sich in anderen Ländern als erfolgreich erwiesen haben. Auch der Wettbewerb der Gebietskörperschaften ist damit ein innovatives ‚Entdeckungsverfahren' im Sinne von *Hayek* (1969), ein Prozeß des parallelen Experimentierens mit wechselseitigem Lernen, in dem neue und bessere Wirtschaftspolitiken erfunden und verbreitet werden (*Kerber* 1998a, S. 257).

Nicht anders als der Wettbewerb auf den Güter- und Faktormärkten ist auch der *Tiebout*-Wettbewerb, um mit *Franz Böhm* (1961, S. 22) zu sprechen, somit ein „Entmachtungsinstrument der Geschichte". Die Migrationsströme zwischen Gebietskörperschaften veranlassen eigennutzstrebende Politiker dazu, ihre Politik näher an den Präferenzen der Bürger auszurichten, die Verschwendung von Steuergeldern zu vermeiden und auf politische Renten zu verzichten. Im Extremfall ist die stillschweigende „Abstimmung mit den Füßen" ein vollständiges Substitut zu politischen Wahlen; „Abwanderung" ersetzt, in der Diktion *Hirschmans* (1974), „Widerspruch".

---

[6] Neuere Überblicke geben *Dowding, John* und *Biggs* (1994); *Inman* und *Rubinfeld* (1996); *Feld* und *Kirchgässner* (1998); *Apolte* (1999); *Oates* (1999); *Blankart* und *Borck* (2000); *Müller* (2001).

Die perfekte Wirksamkeit des *Tiebout*-Mechanismus voruasgesetzt, würden rationale Individuen, die in einer verfassungsgebenden Versammlung den Aufbau eines föderalen Gebildes planen, der obersten Ebene ihrer Föderation – von einer Aufsicht für den Wettbewerb der Gebietskörperschaften abgesehen – keinerlei wirtschaftspolitische Kompetenzen einräumen. Eine supranationale Wirtschaftspolitik wäre aus dieser Sicht nicht nur überflüssig, sondern sogar kontraproduktiv. Wie auf den Güter- und Faktormärkten führt der Wettbewerb der Gebietskörperschaften zu einer reinen Äquivalenzfinanzierung des staatlichen Leistungsangebots. Reine öffentliche Güter gehören danach allein auf die nationale, nicht aber auf die supranationale Ebene.

Tiebout (1956, S. 419) selbst verschweigt indes nicht, daß es sich bei dem von ihm erdachten Allokations- und Legitimationsmechanismus um ein „extremes Modell" handelt. Es gilt u.a. unter der Annahme, daß die Kosten der Bereitstellung öffentlicher Güter pro Kopf der Bevölkerung in jeder Gebietskörperschaft eine U-förmige Funktion der Anzahl der Einwohner ist. Dies hat zur Folge, daß für jede Jurisdiktion eine optimale Größe existiert, vergleichbar der optimalen Betriebsgröße einer Unternehmung. Damit sind aber per Annahme gerade jene Güter aus der Analyse ausgeschlossen, welche die zentrale Kollektivguteigenschaft der Nichtrivalität – der Unabhängigkeit von der Bevölkerungsgröße der Gebietskörperschaft – aufweisen. Das *Tiebout*-Theorem eines allokationseffizienten Gleichgewichts infolge eines vollkommenen Wettbewerbs der einzelnen Staaten um Migranten gilt daher uneingeschränkt allenfalls für rein private Güter oder Clubgüter. Reine öffentliche Güter sind indes in dem Sinne ‚nichtrival' in ihrer Nutzung, als ein zusätzlicher Konsument keine Überfüllungskosten für bereits anwesende Konsumenten verursacht. Nichtrivalität im Konsum bedeutet, daß, im Gegensatz zu rein privaten oder Clubgütern, *steigende* Skalenerträge in der Nutzung – nicht notwendig aber auch steigende Skalenerträge in der Produktion (*Brueckner* 1981, S. 47) – dieses Gutes vorliegen.

Unter dieser Bedingung aber wäre eine dezentrale Bereitstellung reiner Kollektivgüter auf der Ebene der Nationalstaaten ruinös[7]: Im institutionellen Wettbewerb der Staaten untereinander würden diese Güter zu Preisen in Höhe der Grenzkosten ihrer Nutzung – im Extremfall völliger Nichtrivalität der Güter also zu einem Steuerpreis von null – angeboten. In diesem Fall wären die durchschnittlichen Nutzungskosten nicht gedeckt. Es entstünde ein Defizit, das zu einer Unterversorgung mit öffentlichen Leistungen oder sogar dazu führen kann, daß öffentliche Güter dezentral überhaupt nicht angeboten werden würden. Institutioneller Wettbewerb zwischen den einzelnen Gebietskörperschaften führte hier in einen *Race to the bottom.*

Wie aber würden sich rationale Individuen in ihrer gedachten Verfassungsversammlung vor dem Hintergrund dieser theoretischen Einsichten entscheiden? Es ist plausibel anzunehmen, daß sie auch für die Allokation wirtschaftspolitischer Kompetenzen zwischen unterschiedlichen Ebenen einer Föderation das Subsidiaritätsprinzip (Art. 5 EGV) wählen würden; für die Ausführung einer jeden gegebenen kollektiven Handlung würden sie die höchste nötige, aber die niedrigste mögliche föderale Ebene wählen. Denn

---

[7] Siehe z. B. *Gordon* (1986, S. 1095); *Sinn* (1997, S. 252); *Nechyba* (1997, S. 368); *Apolte* (1999, S. 32); *Huber* (1999, S. 452); *Fuest* und *Huber* (1999, S. 10).

nur dann ist der von der staatlichen Aktivität ausgehende Zwang, von dem unter dem ‚Schleier der Unkenntnis' jeder Beteiligte ausgehen muß, daß er selbst von ihm betroffen sein könnte, minimal. Würde in Europa etwa ein Kollektivgut, von dem nur die Bürger eines einzigen Landes profitieren, über die Ebene der Union bereitgestellt und seine Kosten auf die Gemeinschaft aller EU-Bürger umgelegt, so würden die Steuerzahler in allen übrigen Mitgliedstaaten gezwungen, ein Gut zu finanzieren, von dessen Nutzen sie nicht profitieren. Im Falle einer Durchbrechung des Äquivalenzgedankens der Finanzierung staatlicher Leistungen durch die Nichtbefolgung des Subsidiaritätsprinzips hätte folglich jeder konstitutionelle Entscheidungsträger einen Anreiz, sein Veto gegen einen entsprechenden Verfassungsvertrag einzulegen.

Soweit der institutionelle Wettbewerb mit reinen Kollektivgütern bei grenzüberschreitenden steigenden Skalenerträgen versagt, würden die Teilnehmer des hypothetischen Verfassungskonvents daher wohl supranationale Lösungen favorisieren. Im europäischen Kontext bedeutet dies keineswegs, daß die Europäische Union selbst tätig werden muß; sollen Kollektivgüter bereitgestellt werden, von denen nur einige, nicht aber alle EU-Mitglieder profitieren, würden die konstitutionellen Entscheider entsprechend bilateralen Abkommen den Vorzug geben. Soweit die Wirtschaftspolitik indes Kollektivgüter ohne grenzüberschreitende ‚Economies of scale' bereitstellen soll, werden sie indes eine einzelstaatliche Bereitstellung im institutionellen Wettbewerb favorisieren. Denn dem Theorem der Unmöglichkeit des institutionellen Wettbewerbs entspricht ja, positiv gewendet, ein *Möglichkeits*theorem: Der institutionelle Wettbewerb ist möglich für alle übrigen Arten von kollektiven oder privaten Gütern.

2.3. Die föderale Kompetenzverteilung in Europa

a) Welche Arten von Gütern gehören nach diesen Überlegungen nun konkret auf die europäische und welche auf die nationale Ebene? Von allen Bereichen der Wirtschaftspolitik scheint danach die *Wettbewerbspolitik* – die Schaffung und Erhaltung eines gemeinsamen europäischen Binnenmarktes – die originäre Aufgabe der Europäischen Union zu sein. Leistungswettbewerb ist ein reines Kollektivgut, von dem alle profitieren; er stellt sich nicht einfach von selbst ein, sondern muß, wie die Ordnungstheoretiker stets betonten, eigens produziert werden. Weil jeder Marktteilnehmer einen rationalen Anreiz hat, darauf zu warten, daß andere sich wettbewerbskonform verhalten, er selbst aber nicht, ist der „Wettbewerb als Aufgabe" (*Miksch* 1947; siehe auch *Berndt* und *Goldschmidt* 2000) der Wirtschaftspolitik anzusehen. Der wirtschaftspolitische Eingriff besteht hier in der Bereitstellung eines Regelrahmens, der alle auf die Befolgung der Regeln einer wohlfahrtsfördernden Leistungskonkurrenz verpflichtet. Durch die Einschränkung der Freiheit der Marktteilnehmer, Kartellverträge abzuschließen und andere Absprachen zu treffen, die den Wettbewerb behindern, werden alle Marktteilnehmer in ihrer Rolle als Konsumenten bessergestellt. Die Bereitstellung einer ‚Wettbewerbsordnung', wie sie *Eucken* (1990) und andere Ordnungstheoretiker vorgeschlagen haben, ist daher aus konstitutioneller Sicht allgemein zustimmungsfähig (vgl. *Tietzel* und *Müller* 2000).

Gerade dort, wo die steigenden Skalenerträge der Wettbewerbsordnung die Grenzen der EU-Mitgliedsländer überschreiten, findet eine supranationale Wettbewerbsaufsicht ihre Aufgabe. In einem Wirtschaftsgebiet vieler (sagen wir: gleich großer) Nationen, in dem es einen freien Verkehr von Waren und Dienstleistungen gibt, aber nur Wettbewerbsbehörden, die auf ihre jeweiligen nationalen Territorien beschränkt sind, bliebe die Wettbewerbspolitik eines einzelnen Staates bei grenzüberschreitenden Transaktionen ohne positive Wirkungen. Im Gegenteil: Strenge Wettbewerbsregeln eines Staates könnten sogar zu Wettbewerbsnachteilen der heimischen Unternehmen werden. Eine Bereitstellung von Wettbewerbspolitik im institutionellen Wettbewerb hätte im Extremfall zur Folge, daß das Kollektivgut ‚Leistungswettbewerb' nicht geschützt und infolgedessen überhaupt nicht bereitgestellt wird. Rationale Verfassungswähler würden daher, soweit der Handel die Grenzen eines Staates überschreitet, die aufsichtsrechtliche Kompetenz für den Wettbewerb einer supranationalen Regulierungsebene zuweisen.

In der Tat kann die Europäische Kommission in der Wettbewerbspolitik auf eine vierzigjährige erfolgreiche Anwendungspraxis zurückblicken (*Schmidt* 2001, S. 365). Zum einen wurden in allen Mitgliedstaaten der Union funktionsfähige Wettbewerbsordnungen in nationales Recht überführt; die Kommission wacht hier über horizontale und vertikale Wettbewerbsbeschränkungen (Art. 81 EGV), kontrolliert die Ausnutzung marktbeherrschender Stellungen im gemeinsamen Markt (Art. 82 EGV) und versucht seit dem Inkrafttreten der Europäischen Fusionskontrollverordnung im Jahre 1990, Unternehmensstrategien der Behinderung von Wettbewerb durch Unternehmenskonzentrationen zu unterbinden. Zum anderen verdanken wir der europäischen Wettbewerbspolitik wesentliche Initiativen zur Deregulierung von Staatsunternehmen (vor allem Post, Telekommunikation und Flugverkehr) und von staatlich regulierten Unternehmen (z. B. Energieversorgungsunternehmen und Banken- und Versicherungswesen) (*Kantzenbach* 1996, S. 49 f.; *Möschel* 1999).

Diese unbestreitbaren Erfolge implizieren gleichwohl nicht, daß die Wettbewerbspolitik notwendig bei der Europäischen Kommission zentralisiert sein sollte, da dieses Gremium zu stark unter dem Einfluß der EU-Mitgliedsregierungen steht. Selbst wenn man sich für ein einheitliches europäisches Kartellrecht entscheidet, könnte dieses besser von den einzelstaatlichen Wettbewerbsbehörden angewendet werden, die sich ‚vor Ort' befinden und daher über die beteiligten Unternehmen und ihr Geschäft im allgemeinen besser informiert sein dürften als irgendeine supranationale Behörde; supranationale Regelungen können auch hier sehr wohl mit dezentralen Durchsetzungsinstanzen einhergehen. Eine einzelstaatliche Wettbewerbsaufsicht könnte zudem auch der Tatsache Rechnung tragen, daß ein wesentlicher Teil von Unternehmenskonzentrationen allein Unternehmen eines einzigen Mitgliedstaats betrifft und somit nach dem Subsidiaritätsprinzip ohnehin nicht in die Kompetenz einer supranationalen Instanz fallen sollte; nach Aussagen des Bundeskartellamts hatte ein Viertel aller von der Europäischen Kommission beurteilten und genehmigten Fusionen rein nationalen Charakter. Es wäre demgegenüber aber auch denkbar, auf ein einheitliches europäisches Kartellrecht zu verzichten und die Wettbewerbspolitiken der einzelnen Staaten selbst dem institutionellen Wettbewerb auszusetzen. Gerade in der Wettbewerbspolitik, in welcher die Meinungen von Fachleuten häufig deutlich auseinandergehen, wären die effizienzsteigernden und innovationsschaffenden Wirkungen des Konkurrenzmechanismus wünschenswert. Man könnte sich etwa vorstellen, daß in einem Fall der grenzüberschreitenden

Kooperation von Unternehmen dasjenige nationale Kartellamt zuständig sein sollte, in dem das größte der beteiligten Unternehmen seinen Geschäftssitz hat, wie dies Australien und Neuseeland miteinander vereinbart haben (*Vaubel* 2001, S. 89).

Die Errichtung einer europäischen Wettbewerbsbehörde wäre in einem fiktiven Verfassungskonvent wohl nur insoweit konsensfähig, als diese rein subsidiäre Aufgaben gegenüber jenen der nationalen Kartellämter auszuführen hätte. Dies wäre insbesondere dort der Fall, wo der Wettbewerb vor den nationalen Politikern und Bürokraten zu schützen ist. Im Bereich des Wettbewerbs auf den Güter- und Faktormärkten käme ein europäisches Kartellamt vor allem im Bereich der staatlichen oder staatlich regulierten Unternehmen in Frage, wo nationale Politiker und Bürokraten ‚Wettbewerbsausnahmebereiche' relativ leicht gegen ihre nationalen Wettbewerbsinstanzen verteidigen könnten, deutlich schwerer jedoch gegen die Wettbewerbshüter auf der europäischen Ebene (*Vaubel* 2001, S. 89).

Zum anderen könnte ein europäisches Kartellamt auch die Aufgabe haben, den *institutionellen* Wettbewerb der Gebietskörperschaften selbst zu schützen.[8] Rationale Entscheidungsträger, die unter einem ‚Schleier der Unkenntnis' nicht wissen, ob sie selbst der politischen Klasse oder der Gruppe der Steuerzahler angehören, würden einen solchen Wettbewerb favorisieren, sichert er ihnen doch nicht nur, daß die Ergebnisse der nationalen politischen Prozesse sich mehr an den Präferenzen der Bürger orientieren und der Mißbrauch staatlicher Macht reduziert wird. Auch dürfte der institutionelle Wettbewerb der Grund dafür sein, daß überhaupt erst einige Politikalternativen erfunden werden. Demgegenüber haben jedoch die Politiker und Bürokraten das Interesse, mit Hilfe von Kartellbildungen das Niveau von Steuern und Regulierungen in abgestimmten Schritten anzuheben, da dies den betroffenen Bürgern die Möglichkeit nimmt, sich ihrer Politik durch Abwanderung zu entziehen. Aus Sicht der Entscheidungsträger einer verfassungsgebenden Versammlung für die Europäische Union stellt der Wettbewerb der Regierungen verschiedener Gebietskörperschaften insofern einen Mechanismus dar, der sie vor dem Macht- und Ausbeutungswillen des fiskalischen Leviathan schützen kann (*Brennan* und *Buchanan* 1988, S. 212 ff.).

b) Aus konstitutioneller Sicht ist auch die *Sozialpolitik* ein öffentliches Gut, obwohl eine Umverteilung von Einkommen und Vermögen über den Staatshaushalt aus postkonstitutioneller Sicht mit Zwang verbunden ist. Da unter dem ‚Schleier der Unkenntnis' niemand weiß, ob er selbst in der postkonstitutionellen Gesellschaft zu den Wohlhabenden oder den Hungerleidern gehören wird, wird er mit seiner Stimme weder die einen noch die anderen bevorzugen: Jeder wird, um sich selbst gegen den Fall der Armut zu ‚versichern', aus eigenem Interesse für eine Umverteilung votieren, die den Armen ein auskömmliches Dasein garantiert und die gleichwohl die Reichen – in deren Rolle sich ja jeder selbst einmal wiederfinden könnte – nicht zu sehr schröpft. Nach traditioneller wohlfahrtsökonomischer Auffassung gehört die Staatsaufgabe der Redistribution sogar auf die supranationale Ebene (*Oates* 1968, 45 ff. und 1999, S. 1121; *Sinn* 1997, S. 258 ff.). Legte nämlich eine lokale Regierung im Alleingang ein großzü-

[8] *Kerber* (1998b) und (2000); *Vaubel* (1999); *Windisch* (1999, S. 163 ff.); *Vanberg* (2000b, S. 104 ff.).

giges Wohlfahrtsprogramm auf, so hätte dies bei hoher Mobilität der Wirtschaftssubjekte zur Folge, daß Wirtschaftsflüchtlinge aus Gebietskörperschaften mit geringerem Redistributionsniveau ins Land strömten, während die Wohlhabenden in Regionen mit niedrigeren Umverteilungssteuern abwanderten. Im Grenzfall würde sich jede Besteuerung zu Umverteilungszwecken verbieten.

Aus konstitutioneller Sicht ist diese Zuordnung der Redistribution zur supranationalen Ebene jedoch keineswegs klar. Denn selbst in der Europäischen Union, in welcher Wanderungsschranken weitgehend abgebaut wurden, ist die Mobilität des Faktors Arbeit immer noch – wohl allein schon aufgrund der sprachlichen Unterschiede – sehr gering (siehe z. B. *Feld, Kirchgässner* und *Savioz* 1997); ein Wettbewerb der Sozialsysteme hätte daher wohl kaum die desaströsen Ergebnisse, welche die auf der unrealistischen Annahme vollkommener Faktormobilität basierenden wohlfahrtsökonomischen Modellstudien vorhersagen. Selbst dann aber, wenn man diesen Wettbewerb für so stark hielte, daß ein Eingreifen der supranationalen Ebene unumgänglich erschiene, so hieße das nicht, daß dieses Gut von der obersten Ebene der Föderation zentral bereitzustellen wäre. Denn die denkbaren negativen Auswirkungen von Wanderungsbewegungen der Empfänger und der Zahler umverteilender Transfers ließen sich leicht durch die Einführung des sog. ‚Heimatlandprinzips' (z. B. *Sinn* 2000) bei staatlichen Unterstützungszahlungen unterbinden. Nach diesem Grundsatz erhielte jeder Zuwanderer in seinem Aufenthaltsland nur jene Sozialhilfe, die von seinem Heimatland gewährt wird. Ein wesentlicher Wanderungsanreiz fiele insoweit weg, während die Freizügigkeit grundsätzlich gewahrt bliebe.

Rationale Teilnehmer einer verfassungsgebenden Versammlung würden solche, am Heimatlandprinzip orientierten nationalen Redistributionspolitiken vielleicht auch vorziehen, weil auf diese Weise länderspezifische Unterschiede in den Präferenzen der Geber und der Nehmer von Sozialtransfers berücksichtigt werden könnten (*Vaubel* 2001, S. 46 f.). Würde der Sozialhilfesatz, der in einem Hochlohnland Europas nach dem Lohnabstandsgebot um einen bestimmten Prozentsatz unter dem Lohn der niedrigsten Lohngruppe dieses Landes liegen müßte, zugleich in einem Land mit deutlich geringerer Produktivität angewendet, so hätte dies negative Wirkungen auf die Arbeitsbereitschaft der Leistungsempfänger in diesem Land. Insofern die Bereitschaft der Nettozahler solcher Leistungen ihrerseits mit der Höhe ihrer Einkommen steigen und entsprechend in Hochlohnländern besonders hoch sein dürfte, bedeutete die Übertragung der Sozialhilfesätze dieses Landes auf alle übrigen EU-Mitglieder einen Zwang der Leistungsträger in den Niedriglohnländern, mehr zu zahlen, als sie bereit sind. Erst eine konsequent subsidiäre Ausrichtung der nationalen Sozialpolitiken am Heimatlandprinzip dürfte daher einen konstitutionellen Konsens in dieser Frage ermöglichen.

c) Nichts auf der europäischen Ebene zu suchen hätte aus konstitutioneller Sicht das europäische Großprojekt der *Agrarpolitik*, deren Ausgaben immer noch knapp die Hälfte (47,9 Prozent; *Commission Européenne* 1999) des gesamten Unionsbudgets ausmachen. Preisstützungen und -fixierungen, wie sie in Europa gang und gäbe sind, verzerren die Allokation des Marktes und beseitigen die Informationsfunktion des Preises, auf die der Konsument angewiesen ist, um eine mündige Entscheidung zu treffen. Es bleibt außerdem fraglich, warum ausgerechnet die Einkommensdisparität zwischen

Landwirten und Beschäftigten in der Industrie angeglichen und den Landwirten damit eine Art besonderer Sozialpolitik zuteil werden soll. Unter dem ‚Schleier der Unkenntnis', unter dem niemand seine eigene berufliche Position kennt, würde sich wohl niemand für eine solche Art der Diskriminierung einzelner Berufsgruppen entscheiden.

d) Auch eine europäische *Arbeitsmarktpolitik* hätte kaum Chancen, den fiktiven Verfassungskonvent aller Bürger im Konsens zu passieren. Die derzeitige Arbeitslosigkeit hat offensichtlich einen Grund in, gemessen an der Produktivität, zu hohen Reallöhnen. Die Kostensituation der Unternehmen wird indes durch die Zentralisierung von Lohnverhandlungen – gar auf europäischer Ebene – nicht verbessert. Insofern das allgemeine Kartellverbot des Wettbewerbsrechts die Kartellierungen der Anbieter- und der Nachfragerseite des Arbeitsmarktes ausklammert, ist die Massenarbeitslosigkeit heute eher ein Phänomen des Staats- denn des Marktversagens. Wollen sich die Bürger vor den Folgen von Massenarbeitslosigkeit – sei es in ihrer Rolle als Arbeitslose oder als Steuer- und Beitragszahler – schützen, so werden sie daher auch die Beschäftigungspolitik stärker dem institutionellen Wettbewerb aussetzen wollen (siehe auch *Schatz* 2001, S. 571).

Der Spielraum für eine eigenständige europäische Wirtschaftspolitik oder zumindest für eine Koordinierung nationaler Politiken ist nach alledem aus vertragstheoretischer Sicht sehr begrenzt. Auf europäischer Ebene gibt es nur wenige öffentlich bereitgestellte Güter, deren Nutzung so nichtrival ist, daß sich jede nationale Bereitstellung verbietet und nur ein Angebot auf der supranationalen europäischen Ebene in Frage kommt. Plausiblerweise ist zu erwarten, daß es meist eine kritische Nutzerzahl gibt, oberhalb derer die marginalen Überfüllungskosten positiv werden. Empirische Untersuchungen für die USA und die Schweiz ergaben, daß nicht nur auf lokaler Ebene viele öffentliche Leistungen den Charakter (teil-)rivaler Güter haben[9]; selbst auf der Ebene der Nationalstaaten werden, wie *Holcombe* und *Sobel* (1995) zeigen, fast ausschließlich Güter mit Rivalität in der Nutzung alloziert, und der Öffentlichkeitsgrad der nationalen Gesetzgebung hat seit den 60er Jahren des letzten Jahrhunderts zudem ständig abgenommen.

Ein Verfassungskonvent aller europäischen Bürger, so lassen sich die voranstehenden Überlegungen zusammenfassen, würde das Budget der Europäischen Union wohl auf geringe Bruchteile seiner derzeitigen Ausmaße zusammenkürzen. Wenden wir uns nun der Frage zu, ob und inwieweit die Bürger, welche der europäischen Staatsgewalt unterworfen sind, an der Entscheidungsfindung auf der Ebene der Europäischen Union beteiligt sind.

3. Die Entscheidungsbeteiligung der europäischen Bürger

3.1. Die Effizienz von Repräsentationsorganen

Die Vertragstheorie unterstellt, daß im Zeitpunkt der konstitutionellen Abstimmung die Kosten, zu einem einstimmigen Votum zu gelangen, null sind. Im hypothetischen

---

[9] Vgl. *Borcherding* und *Deacon* (1972), *Bergstrom* und *Goodman* (1973), *Pommerehne* und *Frey* (1976); siehe allerdings *Brueckner* (1981), der steigende Skalenerträge von Feuerwehrleistungen ermittelt.

Verfassungskonvent werden alle betroffenen Bürger daher stets einen Konsens erzielen. Dies gilt gleichwohl nicht für die postkonstitutionellen Kollektiventscheidungen, für welche die konstitutionellen Entscheidungsträger einen institutionellen Rahmen und eine Abstimmungsregel vorsehen müssen. Um postkonstitutionelle Kollektiventscheidungen zu ermöglichen, ist es daher aus konstitutioneller Perspektive erforderlich, die Zahl der Ja-Voten, die zusammenkommen müssen, um zu einer Entscheidung zu gelangen, in der einen oder anderen Weise zu reduzieren (*Eschenburg* 1977 und 1980, S. 33): Ein erstes Mittel wäre es, für die direkt-demokratischen Kollektiventscheidungen aller Bürger eine Abstimmungsregel vorzusehen, die für die Annahme eines Vorschlags weniger als 100 Prozent aller Bürger verlangt. Eine zweite Strategie bestünde darin, auf eine direkt-demokratische Abstimmung ganz zu verzichten und die Abstimmung über Sachfragen an einen oder eine Gruppe von Vertretern (Agenten) zu delegieren; den Bürgern (Prinzipalen) verbleibt insofern nur die Möglichkeit, zwischen verschiedenen Agenten, nicht aber zwischen Lösungen von Sachfragen zu wählen. Letzteres ist der Weg, den alle modernen Staaten sowie die Europäische Union gehen; direkt-demokratische Entscheidungen spielen demgegenüber auf der Ebene der Europäischen Union keine Rolle. Im folgenden soll jedoch argumentiert werden, daß die institutionelle Struktur der Europäischen Union äußerst unvollkommen ist: Die gegenwärtige, in den EU-Verträgen kodifizierte ‚Verfassung' der Europäischen Union hätte wenig Chancen, auf einer hypothetischen Vollversammlung aller Bürger im Konsens verabschiedet zu werden.

Der Übergang von der direkten zur indirekten Demokratie, wie er in Europa vollzogen ist, reduziert erheblich die Zahl der für eine Sachentscheidung erforderlichen Zustimmung und senkt damit drastisch die Konsensfindungskosten in der Gesellschaft.[10] Insofern die von einer Entscheidung Betroffenen mit den an dieser Entscheidung Beteiligten nicht länger identisch sind (*Kirsch* 1974, S. 48 ff. und S. 72 ff.), ist diese Senkung der Konsensfindungskosten jedoch ihrerseits nicht kostenlos. Die institutionelle Kongruenz (*Blankart* 2001, S. 27) – die Übereinstimmung von Nutznießern staatlicher Leistungen, Entscheidungsträgern und Steuerzahlern – ist nicht mehr gewahrt. Weil sie den größten Teil der Kosten ihrer Entscheidung nicht selbst zu tragen haben, werden in einer repräsentativen Demokratie Mitglieder von Entscheidungskollektiven mit höherer Wahrscheinlichkeit rationalerweise unqualifizierte Entscheidungen treffen, die Folgen, die ihre Entscheidungen für Unbeteiligte haben, nicht ins Kalkül ziehen oder sogar ganz bewußt andere Individuen entmündigen oder ausbeuten. Die Prinzipale haben dann

[10] Je kleiner das Organ ist, das mit der Entscheidung und Ausführung von Sachentscheidungen beauftragt wird, desto höher ist – für jede beliebige (Mehrpersonen-)Entscheidungsregel – die Ersparnis von Kosten, mit anderen Beteiligten eine Übereinstimmung zu erreichen. Denn zum einen sind Entscheidungsprozesse in kleinen Entscheidungsgremien weniger schwerfällig und langwierig als in großen; im Extrem werden in großen Entscheidungsorganen die Zeiträume, die benötigt werden, um eine Entscheidung zu treffen, so lang, daß letztlich überhaupt nicht mehr entschieden werden kann. Zum anderen dürfte mit der Anzahl der Entscheidungsberechtigten in einem Entscheidungsgremium ihre Heterogenität steigen und mit ihr die Schwierigkeit der Kommunikation; in kleinen, durch Personenwahl ermittelten Entscheidungsorganen werden demgegenüber die vielfältigen Vorstellungen aller Kollektivmitglieder gebündelt und damit die Kommunikationskosten, um zu einer Kollektiventscheidung zu gelangen, gesenkt (*Kirsch* 1993, S. 172).

Vertretungskosten (*Agency-Kosten*; grundlegend *Jensen* und *Meckling* 1976) zu tragen – Nutzenverluste, die den Wählern (Prinzipalen) dadurch entstehen, daß eine Entscheidung nicht von ihnen selbst, sondern von in der Regel eigennützigen Agenten getroffen wird. Die Agency-Kosten – eine besondere Form ‚externer Kosten' (*Tietzel* 1998, S. 685) – bestehen zum einen in direkten Kosten wie dem Lohn, den der Agent bezieht, in den Kosten der Organisation einer allgemeinen Wahl, in Bürokratiekosten, Anreiz- und Kontrollkosten etc. Zum anderen sind darunter die Opportunitätskosten zu zählen, die dem (repräsentativen) Prinzipal dadurch entstehen können, daß das Entscheidungsorgan seine Macht mißbraucht (sog. ‚residual loss').

Ein rationaler Teilnehmer einer verfassungsgebenden Versammlung wird unter dem ‚Schleier der Unkenntnis' allein dann die Einführung einer zusätzlichen Entscheidungsebene eines föderalen Staatengebildes befürworten, wenn die Senkung der Konsensfindungskosten infolge der Beauftragung von Agenten größer ist als die zusätzlichen Vertretungskosten, die er damit in jeder möglichen gesellschaftlichen Position in Kauf nimmt. Das dürfte aber gerade in der Europäischen Union nicht gegeben sein, insofern die europäischen Prinzipale auf die Höhe der ihnen auferlegten Agency-Kosten praktisch keinen Einfluß haben. In vertikaler Richtung sind sie kaum in der Lage, die Entscheidungen der Wirtschaftspolitik zu beeinflussen (Abschnitt 3.2.). In horizontaler Hinsicht ist der Grundsatz der Gewaltenteilung als eines der zentralen demokratietheoretischen Prinzipien praktisch völlig ausgehebelt (Abschnitt 3.3.). In Folge fehlender demokratischer Kontrollmechanismen sind die Ineffizienzen des politischen Wettbewerbs der Politiker um Wählerstimmen und entsprechend auch die Agency-Kosten der Bürger hoch (Abschnitt 3.4.). Der Einfluß der Bürger auf die europäische Wirtschaftspolitik würde überdies noch weiter abnehmen, wenn, wie in jüngerer Zeit insbesondere von der deutschen Bundesregierung gefordert, der Ministerrat nach der Regel der einfachen Mehrheit entscheiden würde statt, wie bisher, mit qualifizierter Mehrheit oder Einstimmigkeit (Abschnitt 3.5.).

3.2. Das Fehlen vertikaler Kontrolle

a) Eine Kontrolle der Wirtschaftspolitik durch den Souverän – die Bürger – findet auf der Ebene der Europäischen Union praktisch nicht statt. Von den zentralen Trägern der Wirtschaftspolitik auf europäischer Ebene wird nur das Europäische Parlament – nicht aber die Europäische Kommission und der Rat der Europäischen Union – von den Bürgern direkt gewählt. Die Europäische Kommission besteht nach Art. 213 EGV grundsätzlich aus zwanzig Mitgliedern. Jeder Mitgliedstaat stellt mindestens einen, höchstens aber zwei Kommissare, wobei in der Praxis die Zuordnung nach Ländergröße erfolgt.[11] Auf die Zusammensetzung dieses Gremiums haben die EU-Bürger keinen direkten Einfluß. Vielmehr ernennen die nationalen Regierungen zunächst den Kommissionspräsidenten „im gegenseitigen Einvernehmen" (Art. 214 Abs. 2 EGV) und bestimmen daraufhin, „im Einvernehmen mit dem designierten Präsidenten" (Art. 214

[11] Die großen EU-Mitglieder Deutschland, Frankreich, Großbritannien, Italien und Spanien senden danach je zwei Mitglieder in die Kommission, die übrigen Länder nur eines.

Abs. 2 EGV), die übrigen Kommissionsmitglieder, denen der Kommissionspräsident ihre Ressorts zuteilt.

Selbst das Europäische Parlament kontrolliert die Kommission nur schwach. Zwar bedarf eine Kommission, will sie neu ins Amt kommen, eines Zustimmungsvotums des Europäischen Parlaments. Das Parlament hat jedoch nicht die Möglichkeit, einzelne Kommissare abzulehnen, sondern kann nur gegen die Kommission als Kollektiv stimmen. Die Abgeordneten stehen also vor dem Problem, die ganze Kommission abzulehnen, wenn sie nur einen einzigen Kommissar nicht für geeignet halten, und damit eine neue Kommissionsbildung mit ungewissem Ausgang abzuwarten (*Theurl* und *Meyer* 2001, S. 99). Auch eine Amtsenthebung eines Kommissars darf allein von der Kommission beim Europäischen Gerichtshof beantragt werden. Das Europäische Parlament könnte allenfalls einen Mißtrauensantrag gegen die gesamte Kommission stellen, was im Erfolgsfall alle Kommissare die Stellung kosten würde (Art. 201 EGV).

Auch auf die Zusammensetzung der Räte der Europäischen Union, die gesondert für jeden Fachbereich der Politik (z. B. Wirtschaft und Finanzen, Verkehr, Umwelt, Landwirtschaft) existieren, haben die Prinzipale der EU keinen direkten Einfluß. In den Räten sitzen jeweils die Minister des betreffenden Ressorts aus allen Mitgliedsländern (Art. 203 Abs. 1 EGV). Weder die Ratsmitglieder noch die Abgeordneten des Europäischen Parlaments haben Einfluß auf die jeweiligen Ratspräsidenten; einem Ministerrat steht der jeweilige Ressortleiter desjenigen Landes vor, das gerade turnusmäßig die EU-Präsidentschaft innehat.

Die politische Macht geht damit in der EU nicht vom Volke aus. Legitimiert sind die einzelnen nach Länderproporz bestimmten Kommissions- und Ratsmitglieder allein durch die Mitglieder ihres jeweils eigenen Volkes. Kein Kommissions- oder Ratsmitglied bedarf der Zustimmung der EU-Bürger aller Länder; umgekehrt haben die EU-Bürger ihrerseits nicht einmal einen indirekten Einfluß auf die Besetzung der Ressorts, die von den Regierungen der übrigen Mitgliedstaaten bestimmt werden. Die zentralen Handlungsgremien gehen nicht aus einer kettenweisen Delegation von Handlungsbefugnissen auf die zentralen Entscheidungsträger von den Prinzipalen der Europäischen Union aus. Die tatsächliche Zusammensetzung von Kommission und Ministerräten stimmt daher allenfalls zufällig mit den Präferenzen irgendeines Bürgers überein.

b) In Europa ist der Delegationsweg – vom Bürger zum schließlich entscheidungsbefugten Politiker – überdies unnötig lang. In der Europäischen Union wählen derzeit die Bürger ihre jeweiligen nationalen Parlamente, die ihrerseits die Regierung des Mitgliedstaates bestimmen. Aus dem „Einvernehmen" aller so bestimmten Regierungen gehen schließlich die Europäische Kommission und die Ministerräte hervor. Die Kompetenzhierarchie umfaßt damit eine Prinzipal-Agenten-Beziehung mehr als in den Mitgliedstaaten, in denen die einzelstaatlichen Regierungen von den nationalen Parlamenten gewählt und kontrolliert werden. Die Agency-Kosten einer europäischen Wirtschaftspolitik ließen sich ceteris paribus entsprechend senken, wenn auch die EU-Exekutive direkt vom Europa-Parlament, nicht aber von den Regierungen der Einzelstaaten abhängig wäre.

c) Für die Höhe der Vertretungskosten ist darüber hinaus die Frage zentral, bei wem in einem Staat die Kompetenzkompetenz, also die Kompetenz, die Verfassung zu ändern, liegt. In Deutschland liegt die Kompetenzkompetenz beim Bundestag, der die Verfassung mit einer Zwei-Drittel-Mehrheit ändern kann. Eine Übertragung der Kompetenzkompetenz auf eine zwischenstaatliche Ebene wie jene der Europäischen Union ist nach Art. 24 Abs. 1 GG zwar grundsätzlich ausgeschlossen. Die Kompetenzkompetenz muß aber dennoch nicht bei der Bundesrepublik liegen, da Art. 24 Abs. 1 GG zuläßt, daß sich die Bundesrepublik der Möglichkeit einer einseitigen Rücknahme von Kompetenzen begibt, indem sie eine prinzipiell unkündbare Bindung an eine zwischenstaatliche Einrichtung eingeht (*Schilling* 1991, S. 39 f.). Der Rat hat seinerseits die Möglichkeit, Kompetenzen auch ohne formelle Vertragsänderungen auf die EU-Ebene zu verlagern, um eine „Abrundung" der Gemeinschaftsbefugnisse zur Verwirklichung der Ziele des Vertrages zu erreichen. Der dabei gegebene Ermessensspielraum des Rates entzieht dieses Handeln der nationalen Verfassungskontrolle; denn Art. 24 GG begründet in bezug auf die EU Anwendungsvorrang des EU-Rechts gegenüber nationalem Recht inklusive Verfassungsrecht und sogar Grundrechten (*Nicolaysen* 1991, S. 43). Damit liegt insoweit eine indirekte Kompetenzkompetenz beim Ministerrat, der Gemeinschaftsbefugnisse kraft eigener Entscheidungsmacht erweitern kann, ohne daß den nationalen Parlamenten die Möglichkeit zu einer Rückverlagerung der zentralisierten Kompetenzen auf die nationale Ebene zustünden (*Witte* 1995, S. 53).

Eine solche Regelung wäre unter dem ‚Schleier der Unkenntnis' nicht zustimmungsfähig, insofern die konstitutionellen Entscheidungsträger hiermit jede Kontrolle über die ihnen auferlegten Agency-Kosten aus der Hand gäben. Aus vertragstheoretischer Sicht muß die Kompetenzkompetenz allein bei den Bürger-Souveränen bleiben. Nationale wie supranationale Entscheidungsorgane verfügen lediglich über temporär an sie delegierte Kompetenzen. Sie sind nur die Agenten, nicht die Prinzipale. Delegierten die Verfassungswähler ihre Kompetenzkompetenz an Parlament und Regierung, dann gäben sie letztlich ihre Souveränität auf (*Blankart* 1993 und 2001, S. 46). Auf die Höhe der ihnen auferlegten Agency-Kosten hätten die Bürger, wie in Europa, dann keinen Einfluß mehr.

3.3. Das Fehlen horizontaler ‚Checks and Balances'

Auch die gegenwärtige Aufteilung der Handlungskompetenzen zwischen den einzelnen Entscheidungsorganen in der EU hätte wohl kaum eine Chance, eine verfassungsgebende Versammlung aller Bürger erfolgreich zu passieren. Mehrere Repräsentationsorgane wären aus Sicht der Prinzipale allenfalls sinnvoll, wenn sich hierdurch ihre Vertretungskosten gegenüber der Situation mit nur einem solchen Organ senken ließen. Um die Macht der Agenten und damit den Residualverlust der Bürger zu begrenzen, könnten die Verfassungswähler etwa ein System gegenseitiger ‚Checks and Balances' institutionalisieren, in dem sich mehrere voneinander unabhängige Gewalten gegenseitig kontrollieren.

Eine solche Gewaltenteilung ist aber gerade auf der EU-Ebene nicht gegeben. Als europäische Exekutive fungieren nicht nur der Rat, sondern auch die Kommission. Der Rat koordiniert die Wirtschaftspolitik der Mitgliedstaaten (Art. 99, 100 und 202 EGV), stellt auf Vorschlag der Kommission den Haushalt auf (Art. 272 Abs. 3 EGV), schließt Abkommen mit Drittstaaten und internationalen Organisationen, setzt die Vergütungen der EU-Bediensteten fest (Art. 210 EGV) und trifft alle zentralen Personalentscheidungen. So bestimmt der Rat nicht nur die Mitglieder des wichtigen Wirtschafts- und Sozialausschusses (Art. 258 EGV), des Ausschusses der Regionen (Art. 263 EGV) und, nach Anhörung des Parlaments, die Mitglieder des Europäischen Gerichtshofs (Art. 247 EGV); er benennt auch, wenngleich nicht formal (*Theurl* und *Meyer* 2001, S. 89), die Mitglieder der EU-Kommission (Art. 214 EGV). Die Kommission nimmt ihre Exekutivfunktion als ‚Hüterin der Verträge' durch die Kontrolle der Umsetzung und der Anwendung des primären und sekundären Gemeinschaftsrechts durch Einzelpersonen, Mitgliedstaaten und Gemeinschaftsorgane wahr. Sie fungiert zugleich als ‚Motor der Integration' durch die Abfassung von Empfehlungen und Stellungnahmen.

Auch die Wahrnehmung der legislativen Gewalt obliegt nicht, wie in den Mitgliedstaaten, dem Parlament; Rat und Kommission teilen sich auch diese Funktion. Nach Art. 249 EGV erlassen beide Organe Verordnungen, Richtlinien, Entscheidungen sowie Empfehlungen und Stellungnahmen.[12] In fast allen Fällen trifft der Rat die letzte Entscheidung über die Annahme eines Rechtsaktes. Das Initiativrecht hierzu obliegt der Kommission, sie kann allerdings vom Rat dazu aufgefordert werden, diese Initiative zu ergreifen (Art. 208 EGV). Das Prinzip der Gewaltenteilung wird auch dadurch ausgehebelt, daß im Ministerrat die nationale Exekutive die Funktionen einer europäischen Legislative wahrnimmt (*Witte* 1995, S. 50 f.).

Das Europäische Parlament ist im Rahmen des Anhörungs-, des Kooperations-, des Mitentscheidungs- und des Zusammenarbeitsverfahrens (Art. 250 bis 252 EGV) an der Rechtssetzung beteiligt. Ein Initiativrecht hat es aber nicht. Nach Art. 192 EGV kann es lediglich die Kommission auffordern, Vorschläge zu Fragen zu unterbreiten, die nach seiner Auffassung die Ausarbeitung eines Rechtsaktes der Gemeinschaft erfordern. Ausgerechnet das Parlament, das von allen europäischen Organen die höchste Legitimation aufweist, hat damit die geringsten Entscheidungsbefugnisse. Die ‚Regierungsvertreter' sind dem Parlament praktisch keine Rechenschaft schuldig. „In Form des Europaparlamentes", urteilt deshalb *Witte* (1995, S. 65), „wurde ein Transistor geschaffen, der es erlaubt, die Reaktionen der Wähler auf die auf europäischer Ebene betriebene Politik gezielt von den entscheidungsbefugten Gremien abzulenken. Die Wähler können ihre Meinung durch Wahlen zwar äußern; die von ihnen Gewählten sind jedoch nicht befugt, diese Wählermeinung in Politik umzusetzen."[13]

---

[12] Verordnungen sind unmittelbar allgemeinverbindlich; Richtlinien sind zwar für jeden Mitgliedstaat hinsichtlich eines zu erreichenden Ziels verbindlich, die Wahl der Form und der Mittel bleibt aber den innerstaatlichen Stellen überlassen; Entscheidungen sind nur für ihre Adressaten verbindlich; Empfehlungen und Stellungnahmen sind schließlich unverbindlich.

[13] Die Gewaltenvermischung geht so weit, daß nicht einmal die judikative Gewalt allein vom Europäischen Gerichtshof ausgeübt wird, da der Kommission in der Wettbewerbspolitik teilweise quasi-judikative Funktionen zukommen; vgl. *Vaubel* (2001, S. 173).

3.4. Das Fehlen politischen Wettbewerbs

Es ist kein Wunder, daß sich die fehlenden Kontrollmöglichkeiten der Bürger auf die Intensität des Wählerstimmenwettbewerbs der Politiker in den einzelnen Staaten auswirken. Erst Wettbewerb zwischen verschiedenen Politikangeboten eröffnet den Individuen Wahlmöglichkeiten und ermöglicht, neue, bislang unbekannte Politiken überhaupt erst zu erfinden. Nicht anders als auf der Ebene der Güter- und Faktormärkte bildet sich ein Leistungswettbewerb um Wählerstimmen mit politischen Programmen und ihrer Realisierung jedoch nicht einfach von selbst heraus; die Marktwirtschaft bedarf vielmehr stets der Ergänzung um institutionelle Verfahren, welche den politischen Wettbewerb erst herstellen (*Tietzel* 1998; *Rauhut* 2000).

Wo aber die Bürger nichts oder nur wenig zu sagen haben, ist die Intensität des politischen Wettbewerbs gering. Bürger haben wenig Anreiz, sich über die Europapolitik zu informieren oder überhaupt zur Europawahl zu gehen; die niedrigen Beteiligungen bei Wahlen zum Europaparlament dürften weniger eine Folge mangelnden europäischen Bewußtseins der Wähler sein als die ihrer Einsicht in ihre fehlenden Kontrollmöglichkeiten. Umgekehrt haben auch die Parteien wenig Anreize, ihre besten Köpfe in die zu wählenden Gremien zu senden. So ist es nicht überraschend, daß die nach Straßburg entsandten Abgeordneten nicht selten ausgediente und abgehalfterte Politiker sind, die für verantwortliche Positionen in ihren Heimatländern nicht mehr in Frage kamen.[14]

Um jene europäischen Gremien, die – wie der Rat oder die Kommission – über wesentliche Entscheidungsbefugnisse verfügen, werden sich aber um so mehr die Interessengruppen bemühen, je geringer der Einfluß der Bürger auf sie ist. Denn der Hauptgegenspieler von Lobbyisten ist der Wähler. In der direkten Demokratie wären die Transaktionskosten des Rent seeking für einen Interessenverband maximal; besonders einfach haben es die Lobbyisten hingegen, wenn in der indirekten Demokratie nur die Mitglieder weniger Repräsentationsorgane von der Unabdingbarkeit der Sonderinteressen des Verbandes überzeugt werden müssen. In der EU sind zwar die einzelnen Kommissare grundsätzlich mit den Ministern nationaler Regierungskabinette zu vergleichen; da sie aber nicht vom Volk gewählt sind, werden sie sich eher wie budgetmaximierende Bürokraten verhalten, denen die Forderungen von Lobbyverbänden sogar sehr entgegenkommen, fordern diese doch letztlich stets eine Ausweitung des bürokratischen Apparats. In der Europäischen Union ist daher die Bürokratie mit der Kommission an der Spitze im Vergleich zu den gewählten Repräsentanten, dem Ministerrat und erst recht dem Parlament, ganz ungewöhnlich stark (*Vaubel* 2001, S. 145). Manchmal fordert die Kommission sogar Interessengruppen dazu auf, bei den Ratsmitgliedern ihre Wünsche zu äußern (*Siedentopf* und *Ziller* 1988, S. 79).

Das Demokratiedefizit auf der Ebene der Europäischen Union führt sogar auf der Ebene der Einzelstaaten zu einer geringeren Intensität des politischen Wettbewerbs und

---

[14] Diese „Großvater-Hypothese“ (*Vaubel* 1994) scheint um so stärkere Geltung zu haben, je größer das betreffende EU-Mitgliedsland ist: Während Politiker aus großen Mitgliedsländern durch ihren Gang in die Europapolitik im allgemeinen einen Bedeutungsverlust erleiden, bietet die EU für Politiker in den kleinen EU-Ländern interessante Aufstiegsmöglichkeiten und Reputationszuwächse, die sie in ihrem Heimatland nicht vorfinden.

damit zu unnötig hohen Agency-Kosten. So erlaubt die Existenz einer supranationalen Instanz der EU mit für die Wähler undurchschaubaren Entscheidungsprozessen den Politikern beispielsweise, auf der Unionsebene Regulierungen oder sonstige Begünstigungen für Lobbygruppen, von deren Unterstützung sie abhängen, durchzusetzen und vor den Wählern in ihrem Heimatland die EU als ‚Sündenbock' für diese unpopuläre Entscheidung darzustellen. Selbst wenn Entscheidungen von Politikern auf einzelstaatlicher wie Unionsebene gleichermaßen getroffen werden, sind vom einfachen Wähler die Verantwortlichkeiten kaum zu durchschauen. Sanktionsmöglichkeiten für solche Entscheidungen hat er nicht; insofern dies zu überoptimalem Ausgabeverhalten auf beiden Regierungsebenen führen dürfte, trägt er indes die (Agency-) Kosten auch für diese Art der Politikineffizienz (*Vaubel* 1994).

3.5. Mehrheitsentscheidungen im Ministerrat?

Manchen Politikern geht der Einigungsprozeß der Europäischen Union nicht schnell genug. Die deutsche rot-grüne Bundesregierung schlug daher vor, daß im Ministerrat künftig häufiger mit einfacher Mehrheit entschieden werden sollte. Zwar beschließt der Rat nach Art. 205 Abs. 1 EGV schon jetzt grundsätzlich mit der Mehrheit seiner Mitglieder. Dazu kommt es jedoch nur selten, da die einzelnen Rechtsgrundlagen im Regelfall eine Abstimmung nach einer qualifizierten Mehrheitsregel oder mit Einstimmigkeit vorsehen.[15]

a) Aus Sicht von Politikern kann die Forderung nach einer Abstimmung gemäß der Regel der einfachen Mehrheit durchaus rational sein (siehe die Abbildung). Betrachten wir – in Abwandlung des ‚Urmodells' der ökonomischen Vertragstheorie von *Buchanan* und *Tullock* (1962) – den Kalkül des Ministers irgendeines Einzelstaats, der in seinem Fachbereich Mitglied des Rates ist. Es ist plausibel anzunehmen, daß ein solcher Politiker im Ministerrat die erwarteten Konsensfindungskosten KFK_P als eine positive Funktion des sog. Inklusivitätsgrads kalkuliert, der den Anteil der erforderlichen Ja-Stimmen umfaßt, die für ein zur Abstimmung stehendes Kollektiventscheidungsproblem erforderlich sind. Die Konsensfindungskosten werden im allgemeinen bei derjenigen Regel gleich null sein, die jedem einzelnen Landesvertreter gewissermaßen eine prokuraähnliche Vollmacht einräumt, für alle anderen Mitentscheider verbindliche Entschlüsse zu fassen. Da im Ministerrat die Stimmen nach Maßgabe von Art. 205 Abs. 2 EGV nach der Landesgröße gewichtet werden, läge diese ‚Jedes-Land-Regel' je nach Heimatland

---

[15] Im Falle einer Entscheidung mit qualifizierter Mehrheit werden die Stimmen der EU-Mitgliedstaaten nach Ländergröße gewichtet. Eine qualifizierte Mehrheit liegt dann vor, wenn bei einem Vorschlag der Kommission 62 von 87 Stimmen (d.h. 71,2 Prozent) erreicht werden; in allen übrigen Fällen müssen diese 62 Stimmen aus mindestens zehn verschiedenen Ländern kommen (Art. 205 Abs. 2 EGV). Nach dem Vertrag von Nizza ändert sich die Gewichtung der Stimmen der Mitgliedsländer ab dem Jahr 2005 auf 237 Stimmen insgesamt, wobei eine qualifizierte Mehrheit 170 Stimmen (d.h. 71,7 Prozent) voraussetzt. Für eine Aufstellung aller Bereiche, in denen eine qualifizierte Mehrheit bzw. Einstimmigkeit vorgesehen ist, vgl. *Theurl* und *Meyer* (2001, S. 186-194).

Abbildung: Entscheidungskosten aus Sicht von Ministerratsmitgliedern und aus konstitutioneller Sicht

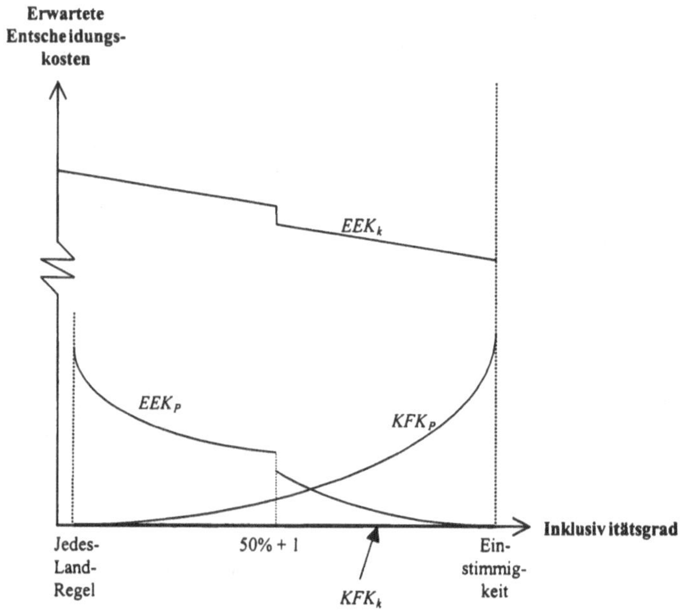

des Politikers bei einer anderen Stimmenzahl, von einer Stimmenzahl von zwei (Luxemburg) bis zu der Stimmenzahl von zehn eines großen Landes (Deutschland, Frankreich, Italien und Großbritannien).[16] Rechts von der ‚Jedes-Land-Regel' werden die Konsensfindungskosten aus der Sicht eines jeden Mitglieds streng monoton – und vermutlich überproportional – mit dem Inklusivitätsgrad ansteigen, bis sie bei der Einstimmigkeit – in unserem Fall also bei 87 Stimmen im Ministerrat – maximal werden.

Legte ein Politiker bei seiner Wahl einer Entscheidungsregel allein die erwarteten Konsensfindungskosten zugrunde, so wäre die Einstimmigkeitsregel in der Tat nicht die optimale Entscheidungsregel; jede Abstimmungsregel unterhalb von 87 Stimmen wäre im Vergleich dazu vorzuziehen. Daß Politiker sehr stark auf die Höhe der Konsensfindungskosten schauen, muß dabei nicht irrational sein. Denn Politiker werden oft daran gemessen, was sie tun und ‚bewegen' – ein Eindruck, der naturgemäß leichter zu erwecken ist, wenn nach Mehrheit und nicht im Konsens entschieden wird. Die Nachteile einer solchen aktionistischen Entscheidung fallen für die Bürger-Souveräne in der Regel aber erst Monate oder gar Jahre später an und werden daher von ihnen vielfach nicht

---

[16] Ab 2005, wenn nach dem Vertrag von Nizza die Gesamtstimmenzahl voraussichtlich 237 betragen wird, variierte diese Regel entsprechend von vier Stimmen (Luxemburg) bis zu 29 Stimmen für ein großes Land.

mehr mit dieser Entscheidung verbunden, so daß die Politiker insoweit eine Sanktion nicht zu befürchten haben.

Ein rationales Ratsmitglied wird aber auch die erwarteten externe Kosten EEK_P, in einer Abstimmung zu unterliegen, in seine Rechnung einbeziehen, soweit es von diesen Kosten selbst betroffen ist. Beim Kalkül dieser Kosten, im Ministerrat überstimmt zu werden, wird ein rationaler Minister eines Einzelstaats seine Einkommensperspektiven, seine zu erwartende Macht und seinen Einfluß, die Interessen der Lobbyisten, die ihn tragen, seine eigene ideologische Position (seine eigene ‚Vision für Europa') im Falle unterschiedlicher Entscheidungsausgänge berücksichtigen, aber auch seine Wiederwahlchancen auf nationaler Ebene. Bis zu einem gewissen Grad werden in die vom Politiker kalkulierten erwarteten externen Kosten also auch die Präferenzen des Medianwählers (unter den Bedingungen der Geltung dieses Theorems) eingehen; die Bindung an die Wählerpräferenzen wird jedoch aus den oben schon angesprochenen Gründen kaum strikt sein, sondern eher recht lose.

Die vom Politiker kalkulierten externen Kosten werden bei Einstimmigkeit – also je nach Land bei 78 (großes Land mit zehn Stimmen) oder bei 88 Stimmen (Luxemburg mit zwei Stimmen) – null sein; in diesem Fall hat der Politiker mit der ihm nach dem EGV zustehenden Stimmenzahl ein Veto gegen ihm ungenehme Entscheidungen. Je geringer der Anteil der Ja-Stimmen ist, der nach einer Abstimmungsregel erforderlich ist, um eine kollektive Handlung zu verabschieden, desto größer sind die erwarteten Kosten von Abstimmungsniederlagen im Rat, insofern die Wahrscheinlichkeit einer Niederlage mit sinkendem Inklusivitätsgrad steigt. Maximal ist die Gefahr, ungewünschte Entscheidungskosten zu tragen, dann, wenn bei der ‚Jedes-Land-Regel' jeder einzelne Staat das Recht hat, verbindlich für alle EU-Länder zu entscheiden. Die erwarteten externen Kosten aus Sicht des Politikers werden jedoch – entgegen einer zentralen Annahme von *Buchanan* und *Tullock* (1962) – nicht stetig mit dem Inklusivitätsgrad fallen. Vielmehr werden die Kosten von Abstimmungsniederlagen bei der Regel der einfachen Mehrheit (50 Prozent plus eine Stimme) einen ‚Knick' aufweisen, insofern diese Regel die kleinste mögliche Entscheidungsregel ist, die das Treffen sich widersprechender Kollektiventscheidungen verhindert (*Mueller* 1989, S. 55-57 und 1996, S. 154-157).[17]

Die aus Politikersicht optimale nicht-einstimmige Entscheidungsregel für den Ministerrat ist nach diesem Modell diejenige Abstimmungsregel, bei welcher die Summe dieser beiden Kostenarten – die sog. Interdependenzkosten – minimal ist. Sinken die erwarteten externen Kosten EEK_P bei der Regel von 50 Prozent plus einer Stimme drastisch ab, so wird aus Sicht eines Politikers auch die Kurve der gesamten Entscheidungskosten, die sich durch vertikale Addition von Konsens- und externen Kosten ergibt, einen ‚Knick' bei der Mehrheitsregel aufweisen, bevor sie oberhalb dieser Regel

[17] Gilt ein kleineres Quorum als dasjenige der einfachen Mehrheit, sagen wir: eine 40-Prozent-Regel, so könnten sich zwei Koalitionen bilden und einander widersprechende Ratsentscheidungen treffen. Die Tagungen des Rats könnten dann in einer endlosen Serie sich widersprechender Kollektiventscheidungen verharren – eine Möglichkeit, die oberhalb eines Quorums von 50 Prozent ausgeschlossen ist.

wieder ansteigen. Das Eintreten von Politikern für Mehrheitsentscheidungen im Rat erscheint daher rational, da diese Regel im allgemeinen aus ihrer Sicht optimal ist.

Etwas anderes wird allenfalls bei solchen Arten von Ratsentscheidungen gelten, die der Politiker aufgrund seiner eigenen ideologischen Ausgangsposition für sakrosankt hält oder wenn er eine Lobby befriedigen muß, die ihn trägt. In diesem Fall wird der Politiker die erwarteten externen Kosten für alle Entscheidungsregeln unterhalb von Einstimmigkeit oder einer sehr hohen qualifizierten Mehrheit für maximal halten, so daß die verlangte Zahl an Ja-Stimmen in seinem individuellen Optimum für diese Abstimmungsgegenstände entsprechend hoch sein wird. Dabei ist jedoch auch zu berücksichtigen, daß Mehrheitsentscheidungen im Ministerrat den Politiker sogar ein wenig aus der Abhängigkeit von den ihn tragenden Interessengruppen befreien, insofern er sogar im Falle der Abstimmung über Verbandsinteressen, die er selbst nicht teilt, unter Wahrung des Scheins im Sinne des Verbandes stimmen kann, wenn er genau weiß, daß die übrigen Ratsmitglieder sich dem widersetzen werden.[18]

b) Die Präferenz der Politiker für die Mehrheitsregel entspricht jedoch nicht den Interessen der konstitutionellen Verfassungsgeber für Europa unter dem ‚Schleier der Unkenntnis'. Zwar stellen auch sie einen rationalen Entscheidungskalkül auf der Basis des relativen Verhältnisses von zu erwarteten externen und Konsensfindungskosten an. Der zentrale Unterschied im Vergleich zu den Interessen der Politiker besteht jedoch darin, daß sich die konstitutionellen Entscheidungsträger in *jeder* postkonstitutionellen Gesellschaftsposition wiederfinden könnten und sie daher nur mit einer sehr geringen Wahrscheinlichkeit die Partialinteressen von nationalen Politikern bzw. Ministerratsmitgliedern haben werden. Hieraus folgt eine wesentliche Asymmetrie in den Verhältnissen beider Kostenarten zueinander.

Die oben dargestellten Konsensfindungskosten KFK_P fallen nämlich nur für die Mitglieder des Ministerrats an. Nur diese müssen sich im Ministerrat einigen; alle übrigen Bürger Europas haben auf den Einigungsprozeß demgegenüber keinen Einfluß. Ein rationaler Entscheider wird, da er unter dem ‚Schleier der Unkenntnis' nur eine Wahrscheinlichkeit nahe null annehmen kann, sich in der Rolle des Ministers einer nationalen Regierung wiederzufinden, aus konstitutioneller Sicht einen Gegenwartswert der Konsensfindungskosten von nahe null annehmen. In der Abbildung liegt die Kurve der konstitutionell kalkulierten Konsensfindungskosten KFK_k daher auf der Abszisse. Damit soll nicht völlig ausgeschlossen werden, daß nicht auch die Bürger-Souveräne in der verfassungsgebenden Versammlung selbst ein Interesse an der Schnelligkeit und Flexibilität der Entscheidungsfindung im Ministerrat haben. Es soll hier nur argumentiert werden, daß sie keine großen Nutzenunterschiede verzeichnen werden, ob sich nun alle 15 Ratsmitglieder einigen müssen oder ein paar weniger.

Im Unterschied dazu streuen die aus konstitutioneller Sicht erwarteten externen Kosten EEK_k über die Gesamtheit aller steuerzahlenden EU-Bürger, wenn diese auch, je nach Einkommen- oder Verbrauchsteuersätzen, unterschiedlich stark betroffen sein

---

[18] Die Interessenverbände haben ihrerseits einen Anreiz, die Mehrheitsregel zu befürworten, da Mehrheitsentscheidungen im Vergleich zu Abstimmungen mit höheren Quoren ihre Rent seeking-Kosten verringern. Vgl. *Vaubel* (1994).

werden. Die Entscheidungsträger, die unter dem Unkenntnisschleier ihre eigene Gesellschaftsposition nicht kennen, werden sich daher in jede der rund 370 Millionen Gesellschaftspositionen in Europa versetzen, sich fragen, welchen Nutzenwert sie darin hätten, und diesen Nutzen mit der Wahrscheinlichkeit multiplizieren, mit der sie erwarten, diese Gesellschaftsposition tatsächlich zu bekleiden.[19] Die Kurve der erwarteten externen Kosten EEK_k verläuft daher aus konstitutioneller Sicht über den gesamten Inklusivitätsgrad bis zur Einstimmigkeit im Ministerrat sehr weit oberhalb der Kurve der externen Kosten aus Sicht der Ministerratsmitglieder. Wie die Politikerkurve EEK_P werden die konstitutionell kalkulierten externen Kosten jedoch mit steigender Anzahl erforderlicher Ja-Stimmen abnehmen. Um nur einige Gründe dafür zu nennen (siehe vor allem *Vaubel* 2000 und 2001, S. 32 ff.):

- Die Wahrscheinlichkeit, überstimmt zu werden, nimmt mit steigendem Inklusivitätsgrad ab.
- Entscheidungen nach der Mehrheitsregel machen es nationalen Politikern möglich, die EU als Sündenbock für ihre eigenen Entscheidungen darzustellen und sich der politischen Verantwortung zu entziehen.
- Eine Mehrheitsregel im Rat beschleunigt den Prozeß der Zentralisierung und fortschreitenden Entmündigung der Bürger auf europäischer Ebene. Je niedriger nämlich die Höhe des erforderlichen Quorums ist, desto größer wird ceteris paribus der Regulierungsumfang sein und desto mehr wird auf europäischer statt auf einzelstaatlicher Ebene entschieden.
- (Qualifizierte) Mehrheitsentscheidungen ermöglichen es Ländern mit besonders scharfen Regulierungen – vor allem am Arbeitsmarkt, in der Steuer- oder Umweltpolitik – sich mit anderen Hochregulierungsländern zusammenzutun und die Minderheit zu zwingen, diese Vorschriften zu übernehmen. Daß die Minderheit dadurch Wettbewerbsvorteile verliert, kann im Zuge einer *strategy of raising rivals' costs* ausdrücklich gewollt sein.

Die optimale Entscheidungsregel für den Ministerrat ist aus Sicht eines konstitutionellen Entscheidungsträgers unter dem ‚Schleier der Unkenntnis' jene Abstimmungsregel, für welche die Summe aus Konsens- und externen Kosten null ist. Bei Konsensfindungskosten, die über den gesamten Inklusivitätsgrad null (oder sehr gering) sind, kommt es allein auf die Kurve der erwarteten externen Kosten an. Diese hat ihr Minimum bei der Einstimmigkeit. Gegeben den verfassungsrechtlichen Status quo in der Europäischen Union, werden die Teilnehmer der fiktiven europäischen Verfassungsversammlung im allgemeinen einstimmige statt Mehrheitsentscheidungen präferieren.

---

[19] Unter dem ‚Schleier der Unkenntnis' maximieren die Entscheidungsträger in dieser Variante mithin eine Zielfunktion, die der sozialen Wohlfahrtsfunktion des Nutzensummen-Utilitarismus sehr ähnlich, im Extremfall mit dieser sogar identisch ist. Vgl. dazu im einzelnen *Müller* (2000, S. 96 ff.).

4. Für ein Europa der Bürger

Entscheidungsumfang und Entscheidungsstrukturen der Europäischen Union in ihrer gegenwärtigen Form, so wurde in diesem Beitrag argumentiert, sind mit den modernen Theorien des Gesellschaftsvertrags nicht zu legitimieren. Zum einen würde eine potentielle Vollversammlung aller europäischen Bürger den derzeitigen EU-Haushalt auf einen kleinen Bruchteil seiner derzeitigen Größe zusammenstreichen. Auf die supranationale Ebene gehören nur reine öffentliche Güter mit über die gesamte Union steigenden Skalenerträgen. Insofern solche Güter eher den Ausnahme- denn den Regelfall darstellen dürften, ist der Spielraum für eine originär europäische Aufgabenerfüllung sehr begrenzt. Zum anderen hätten die Entscheidungsträger in einer verfassungsgebenden Versammlung für Europa wohl wenig Anlaß, sich auf ein demokratisch kaum kontrolliertes bürokratielastiges Kompetenzwirrwarr zu einigen, das die ihnen auferlegten Vertretungskosten in unkontrollierbare Höhen wachsen läßt.

Mögliche Reformen der EU, welche eher eine Chance hätten, einen europäischen Verfassungskonvent zu passieren, können hier nur skizziert werden. Europa braucht zunächst Klarheit über die Aufgaben, die legitimerweise auf der obersten Ebene der Föderation erfüllt werden sollen. Wie auch immer die – möglichst von den EU-Bürgern – getragene Entscheidung aussehen mag, sie bedarf der konstitutionellen Absicherung durch ein klares Aufgabentrennungsprinzip. Die Einhaltung der Subsidiarität muß einklagbar sein.

Darüber hinaus ist eine Strukturreform der europäischen Entscheidungsorgane dringend erforderlich. In Europa gibt es gegenwärtig (mindestens) vier Organe (Rat, Kommission, Parlament und Gerichtshof) zur Wahrnehmung der drei politischen Gewalten; eine Kompetenzaufteilung, in welcher sich die drei Gewalten auf effiziente Weise gegenseitig kontrollieren, ist nicht zu erkennen. Eine Verfassungsreform gegenüber dem Status quo, welche die Vertretungskosten der europäischen Bürger reduzierte, könnte daher darin bestehen, daß man eines der Organe auflöste und die Gewalten, institutionell klar voneinander getrennt, den übrigen drei Entscheidungsgremien zuwiese. Die niedrigsten Vertretungskosten dürften sich im Falle der Auflösung des Rates ergeben, insofern hierdurch auch eine überflüssige und demokratietheoretisch zweifelhafte Delegationsstufe entfiele.[20] Die Kompetenzkompetenz muß dabei zurück in die Hände der EU-Bürger gelegt werden, die nicht länger nur nomineller Souverän des europäischen Integrationsprozesses sein dürfen. Das Europaparlament müßte die dann als supranationale Regierung fungierende EU-Kommission demokratisch kontrollieren. Grundlagenentscheidungen, etwa über geographische Erweiterungen des Integrationsgebietes, müßten von den Bürgern in direkt-demokratischer Abstimmung genehmigt werden. Der auf diese Weise intensivierte politische Wettbewerb würde dann nicht nur zu qualifi-

[20] Nichts deutet allerdings darauf hin, daß sich die Europäische Union in diese Richtung bewegen wird. Zur Zeit des Abschlusses dieses Manuskripts, im Juni 2002, diskutierte der aus 105 Abgesandten von Regierungen und Parlamenten gebildete europäische Reformkonvent, der Vorarbeiten für die im Jahr 2004 geplante umfassende Überarbeitung der EU-Verträge leisten soll, sogar kurzzeitig darüber, neben den bisherigen Entscheidungsgremien der Union eine weitere, aus Mitgliedern der einzelstaatlichen Volksvertretungen gebildete europäische Kammer einzurichten. Vgl. *o.V.* (2002).

zierteren Politikern, geringeren Einflußnahmen von Interessenverbänden und besseren Politikergebnissen führen, sondern auch die Entdeckung mancher Politikinnovationen überhaupt erst ermöglichen.

In den vergangenen Jahren ist viel über das eher unterkühlte Verhältnis der EU-Bürger zum europäischen Integrationsprozeß debattiert worden. Die schönsten (und teuersten) Kampagnen der EU-Marketingstrategien haben daran wenig ändern können. Nun soll seit Dezember 2000 eine Charta der Bürgerrechte den Bürgern die europäische Einigung etwas schmackhafter machen, die auf europäischer Ebene letztlich nochmals jene Grundfreiheiten und -rechte aufzählt, die ihnen die Nationalstaaten ohnehin schon garantieren.[21] Solange jedoch die Politik der Europäischen Union, die in ihrem Kern nach wie vor Wirtschaftspolitik ist, nicht stärker an den Präferenzen der Bürger ausgerichtet wird, werden alle hehren Begriffe von einem ‚Europa der Bürger' nichts als Makulatur bleiben.

Literatur

Apolte, Thomas (1995), Die Theorie der Clubgüter, in: Wirtschaftswissenschaftliches Studium, Jg. 24, S. 610-616.

Apolte, Thomas (1999), Die ökonomische Konstitution eines föderalen Systems: Dezentrale Wirtschaftspolitik zwischen Kooperation und institutionellem Wettbewerb, Tübingen.

Berglas, Eitan (1976), On the theory of clubs, in: American Economic Review, Vol. 66, S. 116-121.

Berglas, Eirik (1981), The market provision of club goods once again, in: Journal of Public Economics, Vol. 15, S. 389-393.

Berglas, Eirik und *David Pines* (1980), Clubs as a case of competitive industry with goods of variable quality, in: Economic Letters, Vol. 5, S. 363-366.

Bergstrom, Theodore C. und *Robert P. Goodman* (1973), Private demand for public goods, in: American Economic Review, Vol. 63, S. 280 - 296.

Berndt, Arnold und *Nils Goldschmidt* (2000), "Wettbewerb als Aufgabe" – Leonhard Mikschs Beitrag zur Ordnungstheorie und -politik, in: ORDO, Bd. 51, S. 33-74.

Blankart, Charles B. (1993), Club governments and representative government, in: Constitutional Political Economy, Vol. 5, S. 273-285.

Blankart, Charles B. (2001), Öffentliche Finanzen in der Demokratie, 4. Aufl., München.

Blankart, Charles B. und *Rainald Borck* (2000), Local public finance, Humboldt Universität Berlin, Discussion Paper, No. 154.

Böhm, Franz (1991), Demokratie und ökonomische Macht, in: Institut für ausländisches und internationales Wirtschaftsrecht (Hg.), Kartelle und Monopole im modernen Recht, Bd. 1, Karlsruhe, S. 3-24.

Borcherding, Thomas. E. und *Robert. T. Deacon* (1972), The demand for the services of non-federal governments, in: American Economic Review, Vol. 62, S. 891-901.

Brennan, Geoffrey und *James M. Buchanan* (1988), Besteuerung und Staatsgewalt, Hamburg.

---

[21] Auch am Zustandekommen dieses Dokuments waren die Bürger indes nicht beteiligt. Siehe zu dieser Kritik *Schachtschneider* (2000).

Brennan, Geoffrey und *James M. Buchanan* (1993), Die Begründung von Regeln, Tübingen.

Brueckner, Jan K. (1981), Congested public goods: The case of fire protection, in: Journal of Public Economics, Vol. 15, S. 45 - 58.

Buchanan, James M. und *Gordon Tullock* (1962), The calculus of consent, Ann Arbor.

Buchanan, James M. (1965), An economic theory of clubs, in: Economica, Vol. 32, S. 1 - 14.

Buchanan, James M. (1966), Externality in tax response, in: Southern Economic Journal, Vol. 23, S. 35-42.

Buchanan, James M. (1984), Die Grenzen der Freiheit: Zwischen Anarchie und Leviathan, Tübingen.

Buchanan, James M. (1990), The domain of constitutional economics, in: Constitutional Political Economy, Vol. 1, S. 1-18.

Buchanan, James M. und *Roger D. Congleton* (1998), Politics by principle, not interest: Toward nondiscriminatory democracy, Cambridge.

Commission Européenne (1999), Budget général de l'Union Européenne pour l'exercice, Brüssel.

Dowding, Keith, Peter John und *Stephen Biggs* (1994), Tiebout: A survey of the empirical literature, in: Urban Studies, Vol. 31, S. 767-797.

Eschenburg, Rolf (1977), Der ökonomische Ansatz zu einer Theorie der Verfassung: Die Entwicklung einer liberalen Verfassung im Spannungsverhältnis zwischen Produktivität und Effektivität der Kooperation, Tübingen.

Eschenburg, Rolf (1980), Die Legitimation von Ordnungen, in: *Warnfried Dettling* (Hg.), Die Zähmung des Leviathan: Neue Wege der Ordnungspolitik, Baden-Baden, S. 21-38.

Eucken, Walter (1990), Grundsätze der Wirtschaftspolitik, 6. Aufl., Tübingen.

Feld, Lars und *Gebhard Kirchgässner* (1998), Fiskalischer Föderalismus, in: Wirtschaftswissenschaftliches Studium, Jg. 27, S. 65-70.

Feld, Lars, Gebhard Kirchgässner und *Marcel Savioz* (1997), Institutioneller Wettbewerb in der Europäischen Union: Das Ende des Sozialstaats? in: *Eckhard Knappe* und *Albrecht Winkler* (Hg.), Sozialstaat im Umbruch: Herausforderungen an die deutsche Sozialpolitik, Frankfurt am Main und New York, S. 17-45.

Fuest, Clemens und *Bernd Huber* (1999), Tax coordination and unemployment, in: International Tax and Public Finance, Vol. 6, S. 7-26.

Gordon, Rogor H. (1986), Taxation of investment and savings in a world economy, in: American Economic Review, Vol. 76, S. 1086 - 1102.

Hayek, Friedrich August von (1969), Freiburger Studien, Tübingen.

Hensel, K. Paul (1949), Ordnungspolitische Betrachtungen zur katholischen Soziallehre, in: ORDO, Bd. 2, S. 229-269.

Hirschman, Albert O. (1974), Abwanderung und Widerspruch, Tübingen.

Hobbes, Thomas (1976), Leviathan oder Stoff, Form und Gewalt eines bürgerlichen und kirchlichen Staates, Frankfurt am Main.

Holcombe, Randall G. und *Russell S. Sobel* (1995), Empirical evidence on the publicness of state legislative activities, in: Public Choice, Vol. 83, S. 47-58.

Huber, Bernd (1999), Tax competition and tax coordination in an optimum income tax model, in: Journal of Public Economics, Vol. 71, S. 441 - 458.

Inman, Robert P. und *Daniel L. Rubinfeld* (1996), Designing tax policy in federalist economies: An overview, in: Journal of Public Economics, Vol. 60, S. 307-334.

Jensen, Michael C. und *William H. Meckling* (1976), Theory of the firm: managerial behavior, agency-costs and ownership structure, in: Journal of Financial Economics, Vol. 3, S. 305-360.

Kantzenbach, Erhard (1996), Wettbewerbspolitik versus Industriepolitik, in: Beihefte der Konjunkturpolitik, Bd. 44, S. 43-57.

Kerber, Wolfgang (1998a), Erfordern Globalisierung und Standortwettbewerb einen Paradigmenwechsel in der Theorie der Wirtschaftspolitik? in: ORDO, Bd. 49, S. 253-268.

Kerber, Wolfgang (1998b), Zum Problem einer Wettbewerbsordnung für den Systemwettbewerb, in: Jahrbuch für Neue Politische Ökonomie, Bd. 17, S. 199 - 230.

Kerber, Wolfgang (2000), Wettbewerbsordnung für den interjurisdiktionellen Wettbewerb, in: Wirtschaftswissenschaftliches Studium, Jg. 29, S. 368-374.

Kirsch, Guy (1974), Die Betroffenen und die Beteiligten, München.

Kirsch, Guy (1993), Neue Politische Ökonomie, 3. Aufl., Düsseldorf.

Leschke, Martin (1993), Ökonomische Verfassungstheorie und Demokratie: Das Forschungsprogramm der Constitutional Economics und seine Anwendung auf die Grundordnung der Bundesrepublik Deutschland, Berlin.

Mackie, John L. (1980), Ethik: Die Erfindung des moralisch Richtigen und Falschen, Stuttgart.

Miksch, Leonhard (1947), Wettbewerb als Aufgabe, 2. Aufl., Stuttgart und Berlin.

Möschel, Wernhard (1999), Europäisches Kartellrecht in liberalisierten Wirtschaftssektoren, in: Wirtschaft und Wettbewerb, Bd. 49, S. 832-841.

Müller, Christian (2000), Das vertragstheoretische Argument in der Ökonomik, Berlin.

Müller, Christian (2001), Finanzpolitik: Allokative und politische Effizienz durch internationalen Steuerwettbewerb? in: *Lambert T. Koch* (Hg.), *Wirtschaftspolitik im Wandel*, München u. a., S. 81-112.

Müller, Christian (2002), The methodology of contractarianism in economics. Erscheint in: Public Choice.

Müller, Christian und *Manfred Tietzel* (2002), Merit goods from a constitutional perspective, in: *Geoffrey Brennan, Hartmut Kliemt* und *Robert D. Tollison* (Hg.), Method and Morals in Constitutional Economics: Essays in Honor of James M. Buchanan, Berlin u. a. 2002, S. 375-400.

Mueller, Dennis C. (1989), Public Choice II: A revised edition of Public Choice, Cambridge.

Mueller, Dennis C. (1996), Constitutional democracy, New York und Oxford.

Nechyba, Thomas J. (1997), Local property and state income taxes: The role of interjurisdictional competition and collusion, in: Journal of Political Economy, Vol. 105, S. 351-384.

Nicolaysen, Gert (1991), Europarecht I, Baden-Baden.

Oates, Wallace E. (1968), The theory of public finance in a federal system, in: Canadian Journal of Economics, Vol. 1, S. 37-54.

Oates, Wallace E. (1999), An essay on fiscal federalism, in: Journal of Economic Literature, Vol. 37, S. 1120-1149.

o.V. (2002), Konvent gegen drittes EU-Beschlußorgan, in: Frankfurter Allgemeine Zeitung, Nr. 130 vom 8. Juni 2002, S. 6.

Pies, Ingo und *Martin Leschke* (1996), (Hg.), James Buchanans konstitutionelle Ökonomik, Tübingen.

Pommerehne, Werner W. und *Bruno S. Frey* (1976), Two approaches to estimating public expenditures, in: Public Finance Quarterly, Vol. 4, S. 395-407.

Rauhut, Siegfried (2000), Soziale Marktwirtschaft und parlamentarische Demokratie, Berlin.

Rawls, John (1992), Der Gedanke eines übergreifenden Konsenses, in: *Wilfried Hinsch* (Hg.), J. Rawls, Die Idee des politischen Liberalismus, Aufsätze 1978-1989, Frankfurt/Main, S. 293-332.

Rawls, John (1994), Eine Theorie der Gerechtigkeit, 8. Aufl., Frankfurt am Main.

Samuelson, Paul A. (1954), Pure theory of public expenditure, in: Review of Economics and Statistics, Vol. 40, S. 332-338.

Sandler, Todd und *J. Tschirhart* (1980), The economic theory of clubs: An evaluative survey, in: Jorunal of Economic Literature, Vol. 18, S. 1481-1521.

Sandler, Todd und *J. Tschirhart* (1997), Club theory: Thirty years later, in: Public Choice, Vol. 93, S. 335-355.

Schachtschneider, Karl A. (2000), Ein Oktroi, nicht die gemeinsame Erkenntnis freier Menschen von ihrem Recht, in: Frankfurter Allgemeine Zeitung, Nr. 206 vom 5. September 2000, S. 9-10.

Schatz, Klaus-Werner (2001), Europäische Beschäftigungspolitik: Existiert Handlungsbedarf? in: *Renate Ohr* und *Theresia Theurl* (Hg.), Kompendium Europäische Wirtschaftspolitik, München, S. 535-576.

Schilling, Theodor (1991), Die deutsche Verfassung und die europäische Einigung, in: Archiv des öffentlichen Rechts, Bd. 116, S. 32-71.

Schmidt, André (2001), Europäische Wettbewerbspolitk: Ordnungspolitische Weichenstellungen, in: *Renate Ohr* und *Theresia Theurl* (Hg.), Kompendium Europäische Wirtschaftspolitik, München, S. 363-416.

Siedentopf, Heinrich und *Jacques Ziller* (1988), Making European policies work: The implementation of community legislation in the member states, Volume I, London.

Sinn, Hans-Werner (1997), The Selection Principle and Market Failure in Systems Competition, in: Journal of Public Economics, Vol. 66, S. 247-274.

Sinn, Hans-Werner (2000), Eine Quarantänestation auf dem Weg in die EU, in: Frankfurter Allgemeine Zeitung, Nr. 186 vom 12. August 2000, S. 13.

Theurl, Theresia und *Eric Meyer* (2001), Institutionelle Grundlagen der Europäischen Union, integrationspolitische Strategien und aktuelle Entwicklungsperspektiven, in: *Renate Ohr* und *Theresia Theurl* (Hg.), Kompendium Europäische Wirtschaftspolitik, München, S. 41-203.

Tiebout, Charles (1956), A pure theory of local expenditures, in: Journal of Political Economy, Vol. 64, S. 416-424.

Tietzel, Manfred (1998), Politischer Wettbewerb als Aufgabe: Konstitutionelle Voraussetzungen der Sozialen Marktwirtschaft, in: *Dieter Cassel* (Hg.), 50 Jahre Soziale Marktwirtschaft, Stuttgart, S. 679-710.

Tietzel, Manfred und *Christian Müller* (2000), Ordnungspolitische Implikationen der Vertragstheorie, in: *Helmut Leipold* und *Ingo Pies* (Hg.), Ordnungstheorie und Ordnungspolitik: Konzeptionen und Entwicklungsperspektiven, Stuttgart, S. 303-328.

Vanberg, Viktor (2000a), Der konsensorientierte Ansatz der konstitutionellen Ökonomik, in: *Helmut Leipold* und *Ingo Pies* (Hg.), Ordnungstheorie und Ordnungspolitik: Konzeptionen und Entwicklungsperspektiven, Stuttgart, S. 251-276.

Vanberg, Viktor (2000b), Globalization, democracy, and citizens' sovereignty: Can competition among governments enhance democracy?, in: Constitutional Political Economy, Vol. 11, S. 87-112.

Vaubel, Roland (1994), The political economy of centralization and the European Community, in: Public Choice, Vol. 51, S. 151-190.

Vaubel, Roland (1999), Enforcing competition among governments: Theory and application to the European Union, in: Constitutional Political Economy, Vol. 10, S. 327-338.

Vaubel, Roland (2000), Die Macht der europäischen Mehrheiten, in: Frankfurter Allgemeine Zeitung, Nr. 139 vom 17. Juni 2000, S. 15.

Vaubel, Roland (2001), Europa-Chauvinismus: Der Hochmut der Institutionen, München.

Windisch, Rupert (1999), Globalisierung, Systemwettbewerb und Steuerpolitik, in: *Norbert Andel* (Hg.), Probleme der Besteuerung II, Berlin, S. 127-174.

Witte, Kirsten (1995), Ordnungspolitische Perspektiven der Europäischen Union: Eine Analyse aus Sicht der Neuen Institutionenökonomik, Bergisch Gladbach und Köln 1995, S. 38-71.

Autoren und Seminarteilnehmer

Baer, Prof. Werner, University of Illinois at Urbana-Champaign, USA
Berg, Prof. Dr. Hartmut, Universität Dortmund
Budzinski, Dr. Oliver, Universität Marburg
Cassel, Prof. Dr. Dieter, Universität Duisburg
Cavalcanti, Prof. Tiago, New University of Lisbon, Portugal
Delhaes, Dr. Karl von, Herder-Institut Marburg
Delhaes-Guenther, Prof. Dr. Dietrich von, Hochschule Leipzig
Dietrich, Dr. Diemo, Universität Leipzig
Fehl, Prof. Dr. Ulrich, Universität Marburg
Fey, Dipl.-Vw. Gerrit, Universität Marburg
Geruschkat, Dipl.-Kfm. Ralf, Universität Marburg
Greif, Dr. Siegfried, München
Gutmann, Prof. Dr. Drs.h.c. Gernot, Bergisch-Gladbach
Hamel, Dr. Hannelore, Marburg
Hartwig, Prof. Dr. Karl Hans, Universität Münster
Hertner, Prof. Dr. Peter, Universität Halle-Wittenberg
Hof, Prof. Dr. Hans-Joachim, Fachhochschule Pforzheim
Kaiser, Dr. Corinne, Universität Duisburg
Kendler, Victoria, Universität Marburg
Kerber, Prof. Dr. Wolfgang, Universität Marburg
Knauff, Dr. Rudolf, Kassel
Knorr, Prof. Dr. Andreas, Universität Bremen
Kobel, Dipl.-Ök. Claudius, Universität Münster
Krap, Niels, Universität Leipzig
Langhammer, Prof. Dr. Rolf J., Institut für Weltwirtschaft, Kiel
Leipold, Prof. Dr. Helmut, Universität Marburg
Leschke, Prof. Dr. Martin, Universität Bayreuth
Ludwig, Dipl.-Vw. Sandra, Universität Marburg
Michler, Dr. Albrecht F., Universität Düsseldorf
Müller, Dr. Christian, Universität Duisburg
Peterhoff, Dr. Reinhard, Universität Marburg
Pfahler, PD Dr. Thomas, Universität Bayreuth
Pies, PD Dr. Ingo, Universität Münster
Reuter, Prof. Dr. Hans-Georg, Wolfenbüttel
Sally, Prof. Dr. Razeen, London School of Economics, London, GB
Schreiter, PD Dr. Carsten, Universität Marburg
Schüller, Prof. Dr. Alfred, Universität Marburg
Silva, Prof. Peri, University of Illinois at Urbana-Champaign, USA
Sket Dipl.-Vw. Michael, Universität Düsseldorf
Smeets, Prof. Dr. Heinz-Dieter, Universität Düsseldorf
Sundmacher, Dr. Torsten, Universität Duisburg
Surgudladse, Ekaterina, Universität Marburg
Thieme, Prof. Dr. H. Jörg, Universität Düsseldorf
Tietzel, Prof. Dr. Manfred, Universität Duisburg
Vollmer, Prof. Dr. Uwe, Universität Leipzig
Wacker, Dipl.-Vw. Katharina, Universität Düsseldorf
Wagner, Prof. Dr. Ulrich, Fachhochschule Pforzheim
Welsch, Dipl.-Vw. Thomas, Universität Marburg
Wößmann, Dr. Ludger, Institut für Weltwirtschaft, Kiel

FSC
www.fsc.org
MIX
Papier | Fördert gute Waldnutzung
FSC® C083411

Kolibri 360 GmbH
Ferdinand-Jühlke-Straße 7
99095 Erfurt, Deutschland
produktsicherheit@kolibri360.de